Financial Times
Mastering: Strategie

Financial Times Mastering: Strategie

Das gesammelte Wissen der weltweit führenden Business-Schools

FINANCIAL TIMES PRENTICE HALL

München • Amsterdam • Hongkong • Kapstadt
London • Madrid • New York • Paris • San Francisco
Singapur • Sydney • Tokio • Toronto

Die Deutsche Bibliothek – CIP-Einheitsaufnahme

Ein Titeldatensatz für diese Publikation ist bei
Der Deutschen Bibliothek erhältlich.

Die englische Originalausgabe erschien 2000 bei Pearson Education Limited
unter dem Titel *Mastering Strategy*.

Alle Rechte vorbehalten, auch die der fotomechanischen
Wiedergabe und der Speicherung in elektronischen Medien.

Umwelthinweis:
Dieses Buch wurde auf chlorfrei gebleichtem Papier gedruckt.
Die Einschrumpffolie – zum Schutz vor Verschmutzung – ist aus
umweltverträglichem und recycelfähigem PE-Material.

10 9 8 7 6 5 4 3 2 1

03 02 01

ISBN 3-8272-7058-8

© University of Chicago Graduate School of Business
© INSEAD
© University of Michigan Business School
© Saïd Business School, Oxford University

Für die deutsche Ausgabe:
© 2001 by Financial Times Deutschland /
Financial Times Prentice Hall
ein Imprint der Pearson Education Deutschland GmbH
Martin-Kollar-Straße 10–12, D-81829 München/Germany
Übersetzung: Volker Bormann, Financial Times
Redaktion: Julia Jäkel, Stefanie Winter, Financial Times
Lektorat: Kerrin Hintz, khintz@pearson.de
Herstellung: Claudia Bäurle, cbaeurle@pearson.de
Einbandgestaltung: Jarzina Kommunikations-Design, Köln
Satz: PC-DTP-Satz und Informations GmbH, München
Druck und Verarbeitung: Kösel, Kempten (www.koeselbuch.de)
Printed in Germany

Inhalt

	Vorwort...	7
	Einleitung: Renaissance der Strategie	9
1	Geschichte und Grundlagen von Strategie	17
2	Strategie und Mikroökonomie	37
3	Strategie und das Umfeld	105
4	Strategie und Globalisierung	141
5	Strategie und Unternehmenskulturen	169
6	Strategie und Technologie	219
7	Strategie der Übernahmen und Fusionen	235
8	Strategie, Shareholder-Value und Corporate-Governance	273
9	Strategie und Risikomanagement	299
10	Strategie und Führung	331
11	Strategie und Menschen	365
12	Strategie und Sektoren	397
13	Strategische Allianzen	429
14	Strategie und Wissen	469
15	Strategie und Produktion	499
	Ausblick: Frischer Wind für die Zukunft	522
	Die Autoren	529
	Die Business-Schools	535
	Register	537

Vorwort

In den vergangenen 40 Jahren sind gewiss viele Bücher über Unternehmensstrategie erschienen – doch keines bietet eine vergleichbare Vielfalt an Perspektiven und solch differenzierte Interpretationen wie die hier gebündelten Beiträge. Der Beginn des neuen Jahrtausends – an dem die Unternehmen bemüht sind, durch die Stromschnellen von Liberalisierung, Globalisierung und des E-Commerce zu steuern, um nur drei Herausforderungen zu nennen – bietet Führungskräften einen willkommenen Anlass, sich auf die Kunst der Strategie in Theorie und Praxis zu besinnen.

Die alten Gewissheiten der zentralisierten und langfristigen Planung sind längst dahin, doch was ist im Einzelnen an ihre Stelle getreten? Sollten Unternehmen ihr Augenmerk in erster Linie nach außen richten, auf ihr Umfeld, oder nach innen, auf ihre eigenen Kernkompetenzen? Wie können sich Manager zwischen den konkurrierenden Strategielehren entscheiden? Lassen sich die verschiedenen Ansätze, die im Laufe der Jahre getestet wurden, zu einem einheitlichen Ganzen zusammenfügen?

Zwar gibt es auf diese und ähnliche Fragen keine einfachen Antworten, doch wir hoffen, dass dieses Buch dem Leser neue Informationen und Denkanstöße zur Entwicklung eigener, seiner Lage möglichst angemessener Lösungen bietet.

Mastering: Unternehmensstrategie ist in 16 Teile gegliedert. Es gilt auch hier, wie beim Studium sämtlicher Managementthemen heutzutage, dass der Leser nicht von strikten funktionalen Abgrenzungen ausgehen darf. Die 16 Teile stellen das Strategiewissen unter verschiedenen Aspekten dar: Geschichte und Grundlagen der Unternehmensstrategie, Mikroökonomie, wirtschaftliches Umfeld, Globalisierung, neue Unternehmensstrukturen, Technologie, Übernahmen und Fusionen, Shareholder-Value und Corporate-Governance, Risikomanagement, Führung, Menschen und Mitarbeiter, branchenspezifische Strategien, strategische Allianzen, Wissensmanagement, Produktion sowie künftige Herausforderungen.

Im Rahmen dieser Themenvielfalt wird die Dynamik des Preiswettbewerbs ebenso behandelt wie das Resource Margin Accounting und die Gefahren firmeninterner »Denkverbote«. Neue Ansätze stehen neben nützlichen Definitionen und Darlegungen gängiger, aber nicht immer gänzlich verstandener Begriffe wie strategische Ergänzung und Szenarienanalyse. Zahlreiche Fallstudien und Beispiele leisten einen engen Bezug zur unternehmerischen Praxis.

Die Hauptthemen jedes Teiles werden in kurzen Einleitungen umrissen, und Zusammenfassungen am Anfang jedes Artikels erleichtern dem Leser das rasche Auffinden von Themen. Weiterführende Literaturangaben helfen Ihnen, sich umfassender mit einem Thema zu beschäftigen oder die Quellen heranzuziehen.

Die Zusammenstellung der Artikel erfolgte in Teamarbeit. Beteiligt waren die mitwirkenden Business-Schools: die University of Chicago Graduate School of Business, die nahe Paris gelegene Insead, die University of Michigan Business School und die Saïd School of Business an der Oxford University. Alle Autoren leisteten unschätzbare Beiträge, dennoch sollten Rob Gertner und Will Mitchell gesondert erwähnt werden. Neben ihrer anspruchsvollen Tätigkeit als Autoren erteilten sie unermüdlich kluge, motivierende Ratschläge. Von nicht geringerer Bedeutung ist natürlich die Leistung der Professoren und anderen Experten an den Fakultäten der Business-Schools, die weder Zeit noch Mühen scheuten, um die rund 60 Artikel zu verfassen, sich dabei – was sie später zweifellos bereuten – dem Termindruck beugten und die redaktionellen Eigenheiten des FT-Teams für die Mastering-Serie mit erstaunlicher Gelassenheit ertrugen. Ein großes Lob und Dankeschön!

Tim Dickson geschäftsführender Herausgeber des »European Business Forums«, einem Gemeinschaftsprojekt der Community of European Business Schools (CEMS) und von PricewaterhouseCoopers.
tim.dickson@europeanbusinessforum.com

Einleitung: Renaissance der Strategie

Die modernen Kommunikations- und Informationstechnologien beschleunigen unsere Wirtschaft und unser Leben: so schnell, dass wir kaum noch folgen können. Freie Kapitalmärkte, Deregulierung ehemaliger Monopolbranchen, enorme Fortschritte in der Bio-, Gen- und Nanotechnologie sowie ein ungeahntes Gründungsfieber tun ihr Übriges. Wir befinden uns mitten in einer Phase tiefgreifender wirtschaftlicher, technischer und gesellschaftlicher Umwälzungen. Innehalten täte Not. Doch: Die Versuchung ist groß, sich mit dem Taktischen zu begnügen, dem Primat des Tagesgeschäftes zu erliegen.

Es gehört zu den Konstanten der Wirtschaftsgeschichte, dass längeren Zeiträumen relativer Stabilität immer wieder kurze Abschnitte heftiger Veränderungen folgen, die wiederum von einem beständigeren Umfeld abgelöst werden. Stabile Zeiten, in denen sich Muster verfestigen und klare Strukturen identifizieren lassen, machen Erfahrung wertvoll und Taktik wichtig. Wenn aber die wesentlichen wirtschaftlichen Annahmen ihre Gültigkeit verlieren, dann spielt Erfahrung kaum noch eine Rolle. In stürmischen Zeiten sollte man daher nicht überrascht sein, wenn die herkömmlichen Werkzeuge schnell stumpf und erprobte Vorgehensweisen wirkungslos werden.

Der Bedeutungsverlust von Erfahrung in Zeiten großer Umwälzungen heißt nicht, dass Strategie unbedeutend wird. Sie muss jedoch viel grundlegender betrachtet werden. Bruce D. Henderson, Gründer der Boston Consulting Group, schrieb schon vor 20 Jahren: »Taktik lässt sich aus Erfahrung ableiten, Strategie nicht. Strategie ist die langfristige, nicht unmittelbar erkennbare Führung eines Systems über längere Zeiträume. Gute Strategie muss in erster Linie auf Logik aufbauen, weniger auf intuitiv abgeleiteter Erfahrung.« Neues zu denken und nicht bekannten, auf Erfahrung beruhenden Mustern zu folgen – das ist der Kern von Strategie.

Bezahlter Störenfried

Die Suche nach einer neuen Logik führt in das Grundkonzept von Strategie: die herrschenden Marktgleichgewichte zu stören; sie im Schumpeterschen Sinne sogar zu zerstören und laufend neue Ungleichgewichte zu schaffen. Strategisches Denken steht den Überlegungen des vollkommenen Wettbewerbs oder des Gleichgewichts diametral entgegen. Insofern sind technisch-wirtschaftliche Umbrüche eine fruchtbare Zeit für Strategie. Kein Zeitpunkt ist besser geeignet, um eine neue Wirklichkeit zu schaffen.

Die strategische Maxime heißt: das bestehende Wettbewerbssystem stören und nochmals stören! Der Vorstand ist ein bezahlter »Störenfried«. Wollte er nicht stören, könnte man ihn durch einen Verwaltungsbeamten ersetzen, der das Bestehende pflegt. John Kay schreibt zurecht: »Charismatischen Managern ist es möglich, sämtliche Grenzen ihrer Unternehmen zu überwinden.«

Bei Strategie geht es um mehr als um kleine Änderungen. Die sind im Unternehmensalltag fest einprogrammiert. Jeder erwartet das verbesserte Nachfolgeprodukt, jährlich niedrigere Kosten, effizientere Abläufe. Das wirklich Strategische ist das Unvorhergesehene, die Überraschung: wenn Freundschaft mit dem Feind geschlossen wird, wie bei den Luftfahrtallianzen oder der Gründung gemeinsamer elektronischer Marktplätze oder der Etablierung technischer Standards. Überraschend ist auch, wenn der Kunde nicht nur als König, sondern auch als Konkurrent betrachtet wird; als Wettbewerber, der einem die Innovationsführerschaft streitig macht, wie beim Open-Source-Standard Linux. Es überrascht ebenfalls, wenn auf Übernahmen und Fusionen verzichtet wird, weil es keine Konsolidierung der Branche geben wird. Am Ende eines Branchenspiels wartet schon ein neues Spiel – meist mit anderen Wettbewerbern. Überraschung – das ist, wenn das Unerwartete auf der Überholspur fährt!

Selten wurden so viele unerwartete Ereignisse beobachtet wie in der New Economy – einer typischen Wirtschaftsphase heftiger Veränderungen. Und noch nie waren die Spekulationen so groß, welche weiteren überraschenden Ereignisse sich aus der Kommunikations-, Nano-, Bio- und Gentechnologie ergeben werden. Selten waren so viele Möglichkeiten gegeben, alternative Geschäftsmodelle zu entwickeln, bestehende Wirtschaftsregeln zu brechen, technische Standards neu zu setzen und wettbewerbliche Gleichgewichte aus den Angeln zu heben. Das ist Strategie in Reinkultur!

Dabei richtet sich Strategie immer gegen Wettbewerber: gegen bereits vorhandene und gegen potenzielle. Selbst wenn sie heute noch nicht erkennbar sind oder wenn sie sich noch nicht entschieden haben, in den Markt einzutreten. Strategie heißt, mit begrenzten Mitteln in ein komplexes System einzugreifen und dadurch einen Wandel im Gleichgewicht des Systems herbeizuführen. Gute Unternehmensstrategie zerstört das Gleichgewicht der Wettbewerber und beherrscht damit das Konkurrenzgeschehen.

Strategie ist Revolution

Strategie heißt also nicht zu warten, bis sich die Muster der Wettbewerber angleichen und sich eine Branchenlösung herausbildet – das wäre der Tod von Strategie. Strategie ist ein gestalterischer und eingreifender Akt, der die normale, stetige Entwicklung einer Organisation bewusst unterbricht und den entscheidenden Wendepunkt definiert. Strategischer Wettbewerb ist nicht evolutionär, sondern revolutionär.

Hier liegt der große Unterschied zwischen natürlichem und strategischem Wettbewerb: Stabilität und Langsamkeit zeichnen den natürlichen, evolutionären Wettbewerb aus. In der Natur herrscht zwar immerwährender Wettbewerb, da viele Arten dieselbe Nahrung benötigen. Aber es bedarf Tausender von Generationen, bis sich ein hochgradig komplexes System stabil hält. Wirtschaftlicher und biologischer Wettbewerb würden nach dem gleichen Muster evolutionärer Entwicklung ablaufen, wenn es die Unternehmensstrategen nicht gäbe. Sie können ihre Vorstellungskraft und ihr logisches Denken darauf verwenden, die Wirkungen des Wettbewerbs und das Tempo der Veränderungen zu beschleunigen. Somit hat strategischer Wettbewerb einen ganz entscheidenden Effekt: Er verkürzt die Zeit.

Einmaligkeit

Das strategische Ziel, das Wettbewerbssystem zu beherrschen, führt zum Anspruch auf Dominanz. Aber wo lässt sich Dominanz herstellen? Die Grenzen werden durch eine kreative und dynamische Segmentierung gezogen. Sie ist unerlässliche Voraussetzung für wettbewerbliche Verschiebungen.

Strategie verlangt Einmaligkeit. Einmaligkeit beruht auf Ausschluss. Das in der Biologie beobachtbare »Prinzip der gegenseitigen Ausschließung« lässt sich sinngemäß auf Strategie übertragen. Unternehmen, die auf dieselbe Art und Weise zu leben versuchen, können nicht koexistieren. Sie werden sich gegenseitig zu verdrängen versuchen. Die Zahl der Wettbewerber in einem Markt hängt somit direkt von der Anzahl der möglichen Vorteile und der damit verbundenen Differenzierungsansätze ab. Wer diesen Zusammenhang missachtet, schwächt das Unternehmen, er gefährdet es sogar grundlegend. In zu vielen Firmen wird zu viel Energie für »sterbende« Geschäfte vergeudet. Geschäfte, die auf dem Wege sind vom Erfolg »ausgeschlossen« zu werden.

Diese Prinzipien des natürlichen Wettbewerbs können zu neuen Einblicken führen:

- das Erkennen von Grenzen;
- die Zahl der möglichen Kombinationen von Verhaltensweisen und Fähigkeiten, die einen Vorteil erzeugen;
- die Variabilität der Umwelt und der Ressourcen als Maß für die Anzahl möglicher Wettbewerbskombinationen;
- die notwendige Überlegenheit im relevanten Segment;
- die Bedeutung des Zufalls;
- die Forderung, dass jeder Wettbewerber seine eigene Kombination von Fähigkeiten besitzen muss;
- der Einfluss der Kundenpräferenz auf die Ausweitung der Segmentierung.

Die Botschaft ist klar: Jedes Unternehmen muss seine Nische finden und besetzen; es muss eigene Lösung suchen, es muss sein eigenes »Habitat« gründen. Wer dies nicht verstanden hat, wird vom Wettbewerb »bestraft« – die gnadenlose Logik der Auslese entfaltet ihre Wirkung.

Dekonstruktion

An keiner Stelle wurden diese Strategieprinzipien so deutlich erlebt wie unter dem strategischen Phänomen der Dekonstruktion, mit dem sich die neunziger Jahre gut beschreiben lassen. Dekonstruktion beinhaltet zwei unternehmerische Vorgänge: Auflösen und (neu) zusammenfügen – Destruktion und Konstruktion in einem. Das ist wie der Lego-Baukasten im Kinderzimmer. Die Bausteine eröffnen unzählige Möglichkeiten – nur die Fantasie setzt dem Baumeister Grenzen. Und wenn das Gebilde zu keinen neuen Anregungen mehr führt, wird es auseinander genommen und mit alten und neuen Steinen ganz anders zusammengefügt. Die Steckverbindungen, die Informationen, sind zwar stabil. Sie lassen sich jedoch auch einfach wieder trennen.

Business-Migration machte den Anfang: Einzelne Wertschöpfungsstufen – die »Legosteine« – wanderten von einer Branche zur anderen. Mit der Revolution in der Informationstechnik setzte eine noch viel grundsätzlichere Bewegung ein. Nun wird jede – noch so kleine – Wertschöpfungsstufe auf ihre Wettbewerbsfähigkeit hin überprüft.

So entstanden Unternehmen, die sich nur auf eine einzelne Schicht aus der Wertschöpfungskette fokussierten, aber mit dieser Schicht globale Anbieter wurden. Microsoft und Intel sind die prominentesten und frühesten Beispiele. Einige Firmen haben mit Holdingstrukturen versucht, den Schichten ein eigenes Leben zu geben, gleichzeitig aber die Gesamtheit der Schichten unter einem Dach zusammenzuführen. Andere Unternehmen haben sich von vielen Wertschöpfungsaktivitäten gelöst und sind dafür feste Verbindungen mit Partnern eingegangen, die die jeweils einzelnen Schichten beherrschen. So zerbrachen die festgefügten Wertschöpfungsketten und wurden durch Netze ersetzt.

Dekonstruktion beruht auf der Trennung von physischem Produkt und Information. Zahlreiche Neugründungen sind erfolgreich, indem sie aus eigenständigen Informationen eigenständige Geschäfte machen. Ein unvorstellbarer Gedanke für die etablierten Unternehmen. Aber dies war schon vor der Internetrevolution möglich – nur nicht so ausgeprägt. Denn was ist eine Marke anderes als eine freie Information, losgelöst vom Produkt?

Durch Dekonstruktion entstanden in kürzester Zeit neue Möglichkeiten, sich zu differenzieren. Eine unendliche Zahl von Kombinationen ist möglich geworden. Die Trennschärfe der Grenzen ist verloren gegangen: Branchengrenzen haben sich aufgelöst, Unternehmensgrenzen verschwimmen. Neugründungen haben die etablierten Firmen herausgefordert. Die Destabilisierung bestehender Gleichgewichte ist zur Tagesordnung geworden.

Strategie denken

Dekonstruktion hat eine anhaltende strategische Phase ausgelöst. Sie verlangt vom Management ein hohes Maß an Strategiefähigkeit. Gerade weil sich die Elemente dieses dynamischen Systems laufend verändern, kann sich der Vorstand bei Strategieänderungen aber nicht mehr auf seine Intuition verlassen. Denn die beruht schließlich auf Erfahrungsmustern der Vergangenheit. Um eine zukunftsweisende Strategie zu entwickeln, muss der Vorstand die Dynamik des neuen Wettbewerbssystems antizipieren.

Diese Systemvorausschau wird durch eine einfache empirische Beobachtung erschwert: Die Strategie eines Unternehmens kann natürlich nicht oft geändert werden, da sie den Einsatz von Produktionsfaktoren festlegt. Deshalb erleben nur wenige Manager den Wechsel einer Strategie; und selbst wenn sie gewechselt wird, weiß man nicht, was andere Strategien erreicht hätten. Außerdem werden Führungskräfte erst kurz vor dem Höhepunkt ihrer Karriere mit strategischen Überlegungen konfrontiert. Erfahrung und Intuition können also zur Erarbeitung einer Strategie kaum beitragen – obwohl sie zu ihrer Durchsetzung unerlässlich wären.

Verliert der Manager also seine Strategiefähigkeit? Wird er von der revolutionären Wirkung der Dekonstruktion überrollt? Kann er überhaupt noch – wie gefordert – in die Zukunft blicken? Wird er in der Lage sein, das neue Wettbewerbssystem mit seinen neuen Spielregeln zu antizipieren und die Rolle des eigenen Unternehmens darin deutlich zu erkennen? Trotz aller (offenen) Fragen – es gibt eine uns wohlvertraute Zukunft der Strategie. »Strategie denken« ist der Weg, denn gute Strategien bauen auf kreativer Logik auf. Je anspruchsvoller und komplexer die Fragen werden, desto wichtiger wird ein umfassendes Denken – ein Denken, das den Möglichkeitsraum des Unternehmens erweitert.

Es kommt eben nicht darauf an, durch Erfahrung Dinge nur besser zu gestalten, sondern durch Erkennen neuer Zusammenhänge die Dinge anders anzugehen. Dabei kann es sehr hilfreich sein, die wettbewerbliche Situation aus unterschiedlichen Perspektiven zu betrachten, sie durch verschiedene »Brillen« zu analysieren. Wenn zum Beispiel ein Philosoph und ein Biologe die gleich strategische Situation überprüfen, besteht eine gute Chance, dass sie sie anders einschätzen, weil sie unterschiedliche Fragen stellen. Diese anderen Fragen werden zu anderen Antworten führen. Neue Fragen zu stellen ist der Anfang jeder Strategie.

Mehr als Reengineering

Die große Reengineering-Welle der achtziger und frühen neunziger Jahre drohte zeitweise für viele Unternehmen zur Ersatzstrategie aufzusteigen. Aber Reengineering war zu keinem Zeitpunkt wirklich Strategie. Es gab keine Einmaligkeit. Benchmarking sorgte – ganz im Gegenteil – dafür, dass alle Wettbewerber möglichst nach den gleichen Leistungsdaten strebten und den gleichen Spielregeln folgten. Wo war

Raum für Überraschungen? Reengineering war eine äußerst wirkungsvolle und wichtige Methode zur Produktivitätssteigerung. Sie ertüchtigte alle Unternehmen gleichermaßen. Aber: Sie hat das Wettbewerbssystem eher zementiert als destabilisiert. Obwohl die modernen Management-Werkzeuge wie Reengineering, Total-Quality-Management, Shareholder-Value und Lean-Managemet im Operativen nützlich sind, versagen sie doch in der Strategiefindung. Sie können keinen Beitrag leisten, um die Märkte zu überraschen, sie können Bestehendes nur verbessern. Strategie verlangt aber mehr: Bestehendes grundlegend anders zu gestalten.

Strategie erfordert also Überraschung. Dieser hohe Anspruch setzt jedoch voraus, dass das strategisch handelnde Unternehmen über Mitarbeiter verfügt, die überraschen können, Mitarbeiter, die die großen Einschnitte verstehen und gravierende Veränderungen mittragen. Fast verlangt man zu viel: Einerseits die laufende Weiterentwicklung des Bestehenden, andererseits die Antizipation des Unvorhergesehenen, Verwirklichung des Neuen. Diesen Spagat schaffen nur wenige. Er gelingt denen, die ihre Mitarbeiter ernst nehmen, die ihnen ausreichend Freiräume lassen, die ihre Bedürfnisse kennen und die es verstehen, sie langfristig zu binden, für die der Mensch wichtiger ist als das System. Je anspruchsvoller eine Strategie wird – und das ist typisch für turbulente Zeiten –, desto wichtiger wird die Fähigkeit, frei und kreativ zu denken. Diese Kraft und nicht das Kapital bestimmen den Wert des Unternehmens. Aber dazu muss sich einiges im Denken ändern.

Glaubenssätze

Veränderungen sind so schwer, weil erfolgreiche Unternehmen ihre vergangenen Siege in Glaubenssätzen verewigen. Sie meißeln in Stein, wie ihr Geschäft erfolgreich betrieben wird. Diese Glaubenssätze führen zu einem gewohnheitsrechtlich motivierten Verhalten der Organisation. Ohne Änderung der Glaubenssätze ändern sich aber nicht die Gewohnheiten – auch die Strategie kann sich nicht ändern.

Der Versuch, Wandel vornehmlich durch Maßnahmen herbeizuführen, durchbricht die Einheit von Glaubenssätzen, Strategien und Maßnahmen. Man verlangt von Mitarbeitern, etwas zu tun, wovon sie nicht überzeugt sind. Dann wird von ihnen ein Verhalten gefordert, das von den Rechnungs-, Kontroll- und Anreizsystemen nicht honoriert wird.

Veränderung muss daher auf der Ebene der Glaubenssätze beginnen. An dieser Tatsache scheitern die meisten Veränderungen. Glaubenssätze bieten viele Vorteile: Wer sich daran hält, macht keine Fehler. Da sie Erfolgsmuster sind, hat man die Moral auf seiner Seite. Da sie tief verankert sind, kann man sicher sein, dass der Arbeitskollege hunderte Kilometer entfernt zur gleichen Zeit die gleiche Entscheidung treffen wird – man braucht nicht zu koordinieren. Dieses System muss aufgebrochen werden: Das ist die eigentliche Veränderung.

Selbstentdeckung

Jede wirkliche Veränderung bedeutet, dass man das Geschäft anders betreibt, als man es bisher gewohnt war. Die gesamte Organisation muss eines begreifen: Erfolg ist vergänglich; wesentliche Elemente des vergangenen Erfolges sind nicht ad infinitum gültig. Und darin liegt die Herausforderung der Umsetzung. Die Mitarbeiter müssen zum »Besitzer« der Veränderung, das heißt der Strategie, werden. »Selbstentdeckung der Strategie« ist der einzige Weg, der eine Ablehnung der Strategie praktisch unmöglich macht. Jeder Außenstehende, sei es der Berater, sei es der neue Vorgesetzte, muss sich an diese Regel halten. Oder er wird scheitern. Nur durch die Selbstentdeckung ist es möglich, die Zukunft zu besuchen.

Die neuen Ideen, Analysen und Überzeugungen und ihre praktische Umsetzung müssen parallel und nicht sequentiell in die Organisation fließen. Denn derjenige, der etwas selbst entdeckt, kann vorsichtig erste Veränderungen vornehmen, ausprobieren, lernen und weiter entdecken. So schlägt sich im täglichen Handeln die veränderte Strategie nieder und verstärkt in direkter Rückkopplung den neuen Ansatz. In diesem Prozess spielt der Vorstandsvorsitzende eine gewichtige Rolle, er gibt das Tempo vor, er ist der Schrittmacher; er ist im Sinne der obigen Beschreibung ein Störenfried.

Komplexität

Unternehmen sind komplexe wirtschaftliche und soziale Gebilde. Das typische Großunternehmen besteht aus einem Portfolio unterschiedlicher Geschäfte, die sich in unterschiedlichen Wettbewerbssystemen und -situationen befinden. Aber es ist mehr als nur ein Portfolio, das sich nach Wertgesichtspunkten optimieren lässt. Ein gutes Unternehmen ist auch eine Institution, die in der Lage ist, sich selbst zu erneuern. Dieses ewige »noch einmal«, diese Fähigkeit zur selbstständigen, von innen getragenen Erneuerung ist die entscheidende Kraft. Sie verleiht der Institution die notwendige Dauerhaftigkeit. Und sie befähigt, das Portfolio laufend umzugestalten. Die Institution ist der stabilere Teil, das Portfolio der labilere. Daher kann der Zweck des Unternehmens nicht nur darin bestehen, einen höheren Wert zu erwirtschaften. Wertsteigerung oder höhere Profitabilität sind Mittel zum Zweck. Sie sind Ausdruck der Gesundheit des Unternehmens, um sich den Luxus der Überraschungen leisten zu können, um überhaupt erfolgreich sein zu können.

Ohne Sauerstoff kein Leben, ohne Gewinn und Wert keine Überlebenschance. Aber so wie das Leben aus mehr als aus Atmen besteht, so ist das Unternehmensleben mehr als die Anhäufung von Shareholder-Value. Es ist eine Frage von Wachstum. Es ist das Verfolgen einer Vision. Das Bestreben an etwas Größerem zu bauen. Etwas zu tun, auf das die Organisation stolz sein kann und das Menschen in ihrem Tatendrang erfüllt. Das selbstständige Unternehmen hat nur eine Wahl: wachsen oder sterben. Es gibt keinen Kompromiss. Die Empirie bestätigt es. In einer Untersuchung von weltweit 4.125 börsennotierten Unternehmen hat die Boston Consulting Group herausgefunden: Wachstum ist der wichtigste Hebel zur Wertschaffung – über 80 Prozent der Top-Performer sind durch Wachstum erfolgreich geworden; nur wenige durch Effizienzsteigerungen. Was bedeutet das? Wachsen kann man nur mit Strategie, mit einer »überraschenden« Strategie. Wer lediglich den Shareholder-Value aufs Podest erhebt oder sich auf Kostenreduzierung konzentriert und dabei die Strategie vernachlässigt, der wird von der Konkurrenz überrascht werden. Und diese Überraschung tut weh. Fazit: ohne Strategie kein Shareholder-Value, kein Wachstum, keine Perspektive. Ohne Strategie keine Begeisterung für die Zukunft.

Bolko von Oetinger
Partner der Boston Consulting Group und Direktor des BCG-Strategie-Institutes

1
Geschichte und Grundlagen von Strategie

Dieser Band beginnt mit zwei pointierten Essays über Geschichte und Bedeutung von Strategie. Unter diesem Begriff versteht man die Abstimmung der internen Kompetenzen eines Unternehmens auf sein äußeres Umfeld. Der erste Artikel argumentiert, dass der irrige Glaube an die Kontrollierbarkeit der Zukunft vor der Geschichte nicht bestehen konnte. Strategie müsse heute vielmehr als ein Bündel analytischer Techniken aufgefasst werden, mit deren Hilfe die Marktstellung eines Unternehmens beeinflusst werden kann. Die Autoren des zweiten Artikels unterscheiden zehn Auffassungen von Strategie, deren Bandbreite von Design und Planung bis hin zu Intellekt oder Kultur reicht. Sie setzen sich mit der Frage auseinander, ob es sich wirklich um unterschiedliche Ansätze oder lediglich um verschiedene Bestandteile eines einzigen Prozesses handelt. Wissenschaftler und Unternehmensberater neigen zu einem verengten Blickwinkel, doch Geschäftsleute sind dann am erfolgreichsten, wenn sie die größeren Zusammenhänge erkennen.

Unternehmensstrategie: Analyse statt Visionen 19
    (John Kay)

Viele Standpunkte – bessere Strategien 28
    (Henry Mintzberg, Bruce Ahlstrand und Joseph Lampel)

John Kay

Unternehmensstrategie: Analyse statt Visionen

Es wird viel debattiert über das wahre Wesen von Unternehmensstrategien. Bei allem Streit aber stimmen die meisten zumindest darin überein, dass Strategie der Abstimmung interner Fähigkeiten eines Unternehmens auf die äußeren Umstände dient. In diesem Zusammenhang geht es nicht länger um Planung, Visionen oder Vorhersagen. All dies sind Relikte eines Irrglaubens, man könne die Zukunft tatsächlich vorhersehen und kontrollieren. Unternehmensstrategien bestehen heute vielmehr aus einer Reihe von Analysetechniken, mit denen die Position eines Unternehmens am Markt nachvollzogen und beeinflusst werden kann. Wichtig sind die Konzepte Differenzialrente, Wettbewerbsvorteile sowie spezifische und reproduzierbare Fähigkeiten.

Wir befinden uns in den frühen sechziger Jahren. Robert McNamara – der dem Automobilhersteller Ford abgeworben worden ist, um US-Verteidigungsminister zu werden – führt den Vietnamkrieg in seinen ersten Phasen vom Computer des Pentagon aus. John Kenneth Galbraith – der die Welt, für die McNamara steht, ablehnt – beschreibt in seinem Buch *The New Industrial State* (*Der neue Industriestaat*) eine Gesellschaft, in der gigantische, mechanistisch handelnde Konzerne unser Leben bestimmen. Die Sowjetunion liegt vorn im Wettlauf um die Eroberung des Weltraums. Und obgleich die Mehrheit der Westmächte das sowjetische Imperium verabscheut – die wirtschaftlichen Erfolge, die es für sich reklamiert, sind unbestritten. Jedes der zahlreichen Länder, die soeben der Kolonialherrschaft entronnen sind, strebt die Umsetzung seines eigenen Entwicklungsplans an. Der britische Premierminister Harold Wilson spricht von der Gluthitze der technologischen Revolution; der stellvertretende britische Premierminister George Brown verordnet Großbritannien den ersten (und einzigen) nationalen Plan. Dies ist das Umfeld, in dem die Idee von einer Unternehmensstrategie entstanden ist. Igor Ansoff und Ken Andrews zählen zu den ersten Autoren, die sich dieses Themas annehmen (siehe Literatur). Die führende einschlägige Zeitschrift trägt den Titel *Long Range Planning* (*Langfristige Planung*). Sie wird getragen vom Glauben an die Vernunft und an Möglichkeiten der Kontrolle. Diese Welt jedoch wird bald nicht mehr existieren. McNamara wird zur Weltbank versetzt werden; die Geschichte aber wird jede seiner Karrieren als Fehlschlag verbuchen – sei es die als Manager, Staatsminister oder internationaler Politiker. Eine halbe Million Hippies werden sich in Woodstock versammeln, um

Abschied von der neuen Industriegesellschaft zu feiern. Und obgleich es damals noch wenige erkennen, befindet sich die Sowjetunion unaufhaltsam auf dem Weg von der Diktatur in die Selbstauflösung.

Vision als Klischee: Umsetzung ist alles

Der Irrglaube, dass Kontrolle möglich ist, beherrscht noch immer das Thema Unternehmensstrategie. In der Aufbruchstimmung der sechziger Jahre gab es kaum eine größere Firma ohne eigene strategische Planung. Das ist bis heute so geblieben, wenngleich man nicht mehr derart viele Kräfte darauf konzentriert wie früher. Heute enthalten Unternehmensstrategien keine Ziele und keine Vorhersagen mehr, sondern lediglich Zahlen, die die geschäftliche Entwicklung des Unternehmens in den kommenden fünf Jahren beschreiben. Planung und Strategie aber sind nicht länger ein und dasselbe. Der Irrglaube an eine mögliche Kontrolle hat sein Erscheinungsbild, wenn nicht sein Wesen verändert; was heute zählt, sind Visionen und Missionen. Charismatischen Managern ist es möglich, sämtliche Grenzen ihrer Unternehmen zu überwinden. Allein ihr eigenes Vorstellungsvermögen scheint ihnen – und den Unternehmen, die sie beeinflussen – noch Grenzen zu setzen. Tatsächlich werden Grenzen nicht allein durch die Vorstellungskraft gesetzt, sondern auch durch Fähigkeiten, technische Möglichkeiten, Konkurrenz und Kundenbedürfnisse. Die visionäre Strategie wurde daher abgelöst durch eine Zeit, in der das Klischee sich durchsetzt: »Visionen zu formulieren fällt leicht, die Schwierigkeiten liegen in der Umsetzung.« Wenn Strategie jedoch aus Visionen besteht, liegt es nahe, dass die Formulierung einfach und die Umsetzung kompliziert ist – alle wesentlichen Schwierigkeiten einer Strategie werden in der Folge schlicht zu Umsetzungsproblemen deklariert.

Zukunft erkennen

Weil Unternehmen also häufig beim Anpassungsversuch an die Visionen ihrer Führung scheitern müssen, überrascht es nicht, dass die Umgestaltung von Unternehmensstrukturen eine der bevorzugten Aufgaben von Unternehmensberatern ist. Möglicherweise richtet sich die Vision der Unternehmensführung auch überwiegend auf das äußere Umfeld und nicht auf die inneren Fähigkeiten der Firma. Denn die Zukunft soll ja demjenigen gehören, der ihre Zeichen als Erster oder am deutlichsten erkennt. In der Praxis allerdings gelingt das selten.

Nicht allein, weil es schwer ist, die Zukunft vorherzusehen – obwohl bereits diese Schwierigkeit nicht unterschätzt werden darf. Doch selbst wenn man Zukünftiges exakt absähe, blieben Zeitpunkt und Konsequenzen stets unsicher.

Der amerikanische Telekommunikationsgigant AT&T zum Beispiel hatte schnell begriffen, dass die Annäherung von Telekommunikation und Computern nicht allein die eigenen Märkte verwandeln, sondern auf die Wirtschaft als Ganzes profunde Auswirkungen haben würde. Diese Vision wurde von nur wenigen geteilt. Was AT&T jedoch nicht erkannte – wie hätte es auch sollen? –, war, dass die Vision gerade durch das Internet realisiert werden würde. Und dass die Fusion von AT&T mit dem Büromaschinenhersteller NCR eine entsprechend ungeeignete Reaktion war.

Während es zahlreiche Beispiele gibt für Unternehmen, die Probleme bekamen, weil sie die Zukunft nicht einmal erkannten, als sie bereits da war (wie General Motors und IBM), existiert kaum ein Unternehmen, das dauerhaft Wettbewerbsvorteile aus einer überragenden Fähigkeit zur Voraussicht gezogen hätte.

Strategie hat also nichts mit Kristallkugeln zu tun und nichts mit großen Plänen und Visionen. Der Versuch, solche Visionen für eine nationale Wirtschaft zu formulieren, wirkt rückblickend bestenfalls lächerlich und schlimmstenfalls katastrophal – wie die Planwirtschaft der Sowjetunion, Maos Kulturrevolution oder die Fortschrittsstrategien fast aller Entwicklungsländer. Niemand verfügt über die notwendigen Kennisse, um solche Transformationspläne zu entwerfen, und niemand wird sie jemals haben. Und: Gleichgültig, wie totalitär die Strukturen des Staates oder des Unternehmens gestaltet werden – die Macht, solche Pläne wirklich durchzusetzen, hat tatsächlich kein Mensch.

Umfeld berücksichtigen

Unternehmensstrategie befasst sich damit, die inneren Fähigkeiten eines Unternehmens dem Umfeld, in dem es tätig ist, anzupassen. Die Fachautoren sind sich zwar in vielen wesentlichen Punkten nicht einig, doch die meisten stimmen hierin überein. Die Methoden einer Strategie und ihre zentralen Fragestellungen folgen aus ebendieser Definition.

Sie machen eine Analyse der unternehmerischen Eigenschaften ebenso erforderlich wie die Untersuchung der Branchen und Märkte, in denen es tätig ist. Und sie werfen zwei Fragen auf: Worin besteht eine gute Übereinstimmung; warum haben Unternehmen Erfolg? Und: Wie können Unternehmen die Übereinstimmung verstärken; auf welche Weise können Unternehmen erfolgreich sein?

Ich war früher der Meinung, dass diese Kernfragen der Strategiediskussion – die deskriptive Frage nach dem Verständnis der Abläufe, durch die Strategie entwickelt wurde, und die normative Frage, wie eine effektive Strategie aussehen sollte – wenig miteinander zu tun hätten. Heute bin ich überzeugt, dass es kaum lohnt, zwischen ihnen zu unterscheiden. Eine Strategie ist nicht Planung, weder Vision noch Vorhersage. All dies sind allein die Überreste eines Glaubens daran, dass man die Zukunft durch höhere Einsicht und starken Willen tatsächlich steuern kann. Heute setzt sich Unternehmensstrategie zusammen aus einer Reihe von Analysemethoden zum besseren Verständnis der Stellung eines Unternehmens auf vorhandenen und potenziellen Märkten – und damit auch zur Verbesserung der Situation.

Strategieentwicklung

Strategie, wie ich sie definiert habe, ist ein Anwendungsfach, keine wissenschaftliche Disziplin – ähnlich wie sich die Geriatrie zu ihren Grundlagen Pharmazie und Zellbiologie verhält. Ganz offensichtlich bilden Wirtschaftswissenschaften und Organisationssoziologie die Basis für Strategie. Die tatsächliche Entwicklung in der Praxis war jedoch eine andere.

Als die Inhalte von Strategie vor 30 Jahren erstmals beschrieben wurden, dominierte das Paradigma Struktur – Verhalten – Leistung die betriebswirtschaftliche Diskussion. Und danach nimmt insbesondere die Struktur des Marktes – die Anzahl der Wettbewerber und der Grad ihrer Rivalität – ausschlaggebenden Einfluss auf das Verhalten eines Unternehmens. Die Marktstruktur wurde teilweise durch die externen Kräfte von Angebot und Nachfrage bestimmt und teilweise (soweit keine Kartellbehörden eingriffen) durch Handlungen der Unternehmen, die die Intensität des Wettbewerbs beeinflussen sollten. Dies war eine Sichtweise des Marktes, die auf die Politik ausgerichtet war und nicht auf unternehmerische Entscheidungen. Man ging zutreffend davon aus, dass sie wenig Bedeutung für die Grundlagen von Unternehmensstrategie hatte. Die Vernachlässigung der internen Eigenschaften von Unternehmen ist deutlich zu erkennen. Einige strategische Instrumente, die in den siebziger Jahren von Unternehmensberatern entwickelt wurden – wie die »Erfahrungskurve« und die »Portfoliomatrix« –, hätten eine wirtschaftswissenschaftliche Grundlage durchaus gut vertragen können. Die mikroökonomische Theorie aber wurde von der Praxis weitgehend ignoriert.

Moderne Theorien

Erst nach 1980, mit der Veröffentlichung von Michael Porters Buch *Competitive Strategy* (*Wettbewerbsstrategie*), setzten die Wirtschaftswissenschaftler an, das Feld der Unternehmensstrategie zurückzuerobern. Letztlich sollte sich dies allerdings als ein falscher Schritt erweisen. Die Arbeit Porters – im Wesentlichen eine Übersetzung des Paradigmas Struktur – Verhalten – Leistung in ein sprachliches Kleid, das für Unternehmer angemessener war – litt unter Einschränkungen durch das Material, auf das sie sich stützte. Porters Five Forces (Fünf Kräfte) und die Value-Chain (Wertschöpfungskette) beschreiben unternehmerische Strukturen sehr anschaulich, werfen jedoch kein Licht auf die zentrale Fragestellung einer Strategie: Warum verschiedene Unternehmen in gleicher Umgebung unterschiedlich erfolgreich sind.

Die Organisationssoziologie der sechziger Jahre widmete sich in weiten Teilen strategischen Fragestellungen. Das maßgebliche Werk *Strategy and Structure* von Alfred Chandler oder die empirischen Arbeiten von Tom Burns und G. M. Stalker befassten sich mit den Beziehungen zwischen Organisationsform und Umfeld von Technologie und Markt. Doch die akademisch geprägte Soziologie wurde meist von Leuten vereinnahmt, die dem Konzept der kapitalistischen Marktwirtschaft grundsätzlich feindlich gegenüberstanden. Das Thema glitt deshalb ins Abstrakte ab und entfernte sich dadurch immer weiter von den alltäglichen Belangen der Geschäftsleute.

Jüngere Einsichten in das Wesen von Organisationen entstammen entweder den Wirtschaftswissenschaften oder dem Schatz praktischer Erfahrungen, für den Charles Handy und Henry Mintzberg, jeder auf seine Weise, einflussreiche Vertreter sind. Michael Porter wandte seine Aufmerksamkeit schließlich wieder den Interessengebieten seiner früheren Mentoren in Harvard zu, insbesondere der Public Policy. Dies erkennt man auch in seinem Buch *The Competitive Advantage of Nations* (*Nationale Wettbewerbsvorteile*).

Ungefähr zur selben Zeit, als Porter sich erstmals zu Strategien äußerte, wurde das *Strategic Management Journal* gegründet, heute die führende Zeitschrift auf ihrem Gebiet. Die zurzeit vorherrschende Auffassung von Strategie als ressourcengestützter Theorie wurde im Wesentlichen auf den Seiten dieser Publikation entwickelt. Sie verfügt über einen wirtschaftswissenschaftlichen Hintergrund, wurde jedoch genauso durch andere Quellen und auch historisch beeinflusst. Sie bezieht sich auf Ricardos Ansatz zu den Grenzen der Differenzialrente ebenso wie auf die Betrachtung eines Unternehmens als Ansammlung von Fähigkeiten, wie es Edith Penrose und George Richardson beschrieben haben.

Den Gewinn zu erhöhen ist nicht genug

Die Differenzialrente (Economic Rent) ist der Betrag, den ein Unternehmen über die Kosten des Kapitals hinaus erwirtschaftet, mit dem es arbeitet. Der Begriff ist unglücklich gewählt. Er wird verwendet, weil das zentrale Ideengerüst vom Anfang des 19. Jahrhunderts stammt, als die Landwirtschaft noch die Wirtschaft beherrschte und die (Grund-) Rente ein wesentliches Konzept war. Die Differenzialrente wurde auch schon als »wirtschaftlicher Profit«, »supranormaler Profit« und »überschüssiger Profit« bezeichnet – Begriffe mit geringer Anziehungskraft für moderne Geschäftsleute. In jüngster Zeit dann hatte das Beratungsunternehmen Stern Stewart einigen Erfolg damit, das Konzept als »wirtschaftlichen Mehrwert« (»Economic Value added«) zu vermarkten.

Das Problem ist, dass die übliche Bedeutung des Begriffes »Mehrwert«, der steuerliche Mehrwert, etwas anderes meint. Auch mein Erklärungsversuch als »added value« mag kaum Abhilfe schaffen. Vielleicht ist »Differenzialrente« doch der beste Begriff. Und letztlich kommt es ohnehin nicht auf die Bezeichnung an, sondern auf das zugrunde liegende Konzept.

Das Ziel eines Unternehmens ist es, nicht seinen Gewinn als solchen, sondern seine Differenzialrente zu erhöhen. Ein Unternehmen, das nur seinen Gewinn erhöht, nicht jedoch seine Differenzialrente – zum Beispiel durch Investitionen oder Übernahmen, die weniger einbringen als die Kapitalkosten –, vernichtet Werte.

Auf einem offenen Markt – einem Markt, in den neue Unternehmen relativ früh eintreten können und der Marktaustritt erfolgloser Unternehmen relativ rasch erfolgt – verdienen Unternehmen, die gerade erfolgreich genug sind, um zu überleben, die branchenüblichen Kapitalkosten für den Wiederbeschaffungswert ihrer Aktiva. Die Differenzialrente ist ein Maßstab für den Wettbewerbsvorteil, den erfolgreich etablierte Unternehmen genießen. Und ein Wettbewerbsvorteil ist die einzige Art und Weise, in der Unternehmen auf einem offenen Markt eine Differenzialrente erwirtschaften können.

Die Möglichkeit eines Unternehmens, diesen Wettbewerbsvorteil aufrechtzuerhalten, wird von seinen Kompetenzen bestimmt. Diese können sehr verschieden sein. Im Rahmen einer Strategiediskussion unterscheidet man vor allem zwischen spezifischen und reproduzierbaren Kompetenzen.

Spezifische Kompetenzen sind jene Eigenschaften eines Unternehmens, die von seinen Mitbewerbern nicht oder nur unter großen Schwierigkeiten reproduziert werden können. Und selbst dann, wenn die Mitbewerber die Vorteile erkannt haben, die diese Eigenschaften für das ursprüngliche Unternehmen mit sich bringen, können sie diese nicht einfach übernehmen.

Unnachahmlichkeit

Spezifische Kompetenzen können unterschiedlicher Natur sein. Behördliche Genehmigungen, gesetzliche Monopole oder wirksam geschützte Patente und Urheberrechte sind besondere Beispiele für spezifische Eigenschaften. Unternehmen in hart umkämpften Märkten haben außerdem weitere, sehr eigene spezifische Kompetenzen ausgebildet. Hierzu gehören starke Marken, besondere Modelle für Lieferanten oder Kundenbeziehungen sowie Fertigkeiten, Wissen und Prozeduren, die in bestimmten Mitarbeiterteams verankert sind.

Reproduzierbare Fähigkeiten hingegen können von jedem beliebigen Unternehmen mit hinreichenden Führungseigenschaften, ausreichend Eifer und genügend Geld eingekauft oder entwickelt werden. Die meisten technischen Kompetenzen gehören in diese Gruppe. Marketingfähigkeiten sind manchmal spezifisch, manchmal reproduzierbar.

Diese Unterscheidung bedeutet für die Strategie eines Unternehmens: Nur spezifische Fähigkeiten können eine Grundlage für einen nachhaltigen Wettbewerbsvorteil bilden. Eine Ansammlung von reproduzierbaren Fähigkeiten kann und wird von anderen dupliziert werden und daher auf einem wettbewerbsintensiven oder offenen Markt keine Differenzialrente erzeugen.

Ein Stratege muss daher zunächst den Blick nach innen richten, dabei die spezifischen Fähigkeiten des Unternehmens erkennen und diese schließlich in eine Auswahl reproduzierbarer Fähigkeiten einordnen. Erst diese erlauben es dann dem Unternehmen, seine spezifischen Fähigkeiten auf dem Markt, auf dem es tätig ist, zu verkaufen.

Kernkompetenzen wurden zur Chefsache

Dies ist leichter gesagt als getan, definiert jedoch eine Struktur, in der die Prozesse und die Implementierung einer Strategie aneinander gekoppelt sind. Die ressourcengestützte Sicht von Strategie – welche die Erwirtschaftung einer Differenzialrente durch spezifische Fähigkeiten betont – wurde durch den Kernkompetenz-Ansatz von C. K. Prahalad und Gary Hamel besonders populär.

Problematisch ist hier jedoch das Fehlen von klaren Kriterien zur Unterscheidung zwischen Kernkompetenzen und anderen Kompetenzen. Das öffnet dem Wunschdenken, das für Strategien auf der Grundlage von Visionen und Missionen so kennzeichnend ist, erneut eine Hintertür. Kernkompetenzen sind dann immer genau das, was das Spitzenmanagement eines Unternehmens dafür halten möchte.

Ursache oder Folge?

Durch die Perspektive der Differenzialrente – die jeder Diskussion die Frage aufzwingt: »Warum kann die Konkurrenz das nicht?« – lichtet sich dieser Nebel. Eigenschaften wie Größe, strategische Vision, Marktanteil und -position werden häufig als die Grundlage von Wettbewerbsvorteilen betrachtet. Sie sind jedoch reproduzierbar für Unternehmen mit eigenen Wettbewerbsvorteilen und zu erkennen als Ergebnis, nicht als Grundlage von Wettbewerbsvorteilen.

Strategische Analyse also richtet sich nach außen, um die Märkte zu identifizieren, auf denen die Kompetenzen eines Unternehmens einen Wettbewerbsvorteil ergeben können. Wiederum liegt hier der Akzent auf den spezifischen Eigenschaften, da nur diese eine Differenzialrente erzeugen. Diese individuellen Fähigkeiten müssen jedoch durch eine geeignete Palette ergänzender reproduzierbarer Fähigkeiten unterstützt werden.

Märkte besitzen produktgeografische Dimensionen, und unterschiedliche Fähigkeiten haben jeweils ihre eigene Bedeutung für die Grenzen des entsprechenden Marktes. Ein guter Ruf oder ein Markenimage sind oft für eine besondere Kundengruppe entscheidend und können eingesetzt werden, um dieser Gruppe folglich auch andere, verwandte Produkte zu verkaufen. Wettbewerbsvorteile, die aus Innovation hervorgehen, legen normalerweise einen stärkeren Fokus auf Produkte, können jedoch auch Ländergrenzen überschreiten, wie dies dem guten Ruf oder einer starken Marke nicht ohne weiteres gelingt. Die distinktiven Fähigkeiten können darüber entscheiden, wie sich ein Unternehmen auf dem Markt positioniert und auf welchem Markt es sich überhaupt betätigt. Spezifische Fähigkeiten auf der Grundlage von Lieferantenbeziehungen lassen sich vielleicht am besten bei einer Marktführerschaft einsetzen, während die Wirksamkeit einer Marke von der Kundengruppe abhängt, die sich mit der Marke identifiziert.

Da spezifische Fähigkeiten die Grundlage von Wettbewerbsvorteilen bilden, fragen sich sämtliche Unternehmen, wie sie diese Kompetenzen erwerben können.

Die Frage aber ist ein Widerspruch in sich. Könnte man nicht reproduzierbare Fähigkeiten reproduzieren, dann hörten sie auf, nicht reproduzierbar zu sein. Was wirklich nicht reproduzierbar ist, speist sich aus drei Quellen: Aus den Strukturen, die den Markteintritt beschränken. Aus der Firmengeschichte, bei der es in der Natur der Sache liegt, dass ihre Nachahmung erhebliche Zeit dauern würde. Und aus einer gewissen Stimmigkeit von Beziehungen – Verfahren und Verhaltensweisen »ungewisser Imitierbarkeit«, die nicht reproduziert werden können, weil nicht einmal ihre Protagonisten deren wahre Natur verstehen.

Unternehmen täten also gut daran, zuerst die distinktiven Fähigkeiten zu betrachten, die sie besitzen, und nicht die, die sie gern hätten. Und etablierte, erfolgreiche Unternehmen wären normalerweise nicht etabliert und erfolgreich, wenn sie nicht gewisse spezifische Fähigkeiten besäßen. Noch einmal: Die Auswirkungen bewusster Planung auf die Entwicklung von Unternehmen und Marktstrukturen werden nur zu leicht überschätzt.

Evolutionäre Prozesse

Die Entwicklung von Fähigkeiten und einer am Umfeld orientierten Strategie, mit dem Schwerpunkt auf der Übereinstimmung von Eigenschaften und Umgebung, führt wie selbstverständlich zu einer evolutionären Betrachtungsweise von Organisationen. Wenn Prozesse Eigenschaften begünstigen, die an die Umwelt angepasst sind, bringen sie Organismen oder Firmen hervor, deren Fähigkeiten den Erfordernissen entsprechen. Das gegenwärtige Verständnis evolutionärer Prozesse unterstreicht, wie wenig Absicht erforderlich ist, um dieses Ergebnis zu erreichen. Erfolgreiche Unternehmen sind nicht deswegen erfolgreich, weil jemand (außer im Nachhinein) irgendwelche überlegenen Einsichten in organisatorische Strukturen oder strategische Ausrichtungen hatte.

Es existieren vielmehr zahlreiche unterschiedliche Ansichten darüber, welche Fähigkeiten eines Unternehmens eine bestimmte Handlung erforderte. Und es ist der Markt und nicht der »Visionär« an der Spitze eines Unternehmens, der über das erfolgreiche Zusammenspiel entscheidet. Spezifische Fähigkeiten entwickeln sich – sie werden nicht am Reißbrett entworfen. Es soll an dieser Stelle kein Pessimismus verbreitet werden hinsichtlich des Potenzials für eine strategische Richtungsbestimmung oder der Fähigkeit von Managern, entscheidenden Einfluss zu nehmen. Was aber noch einmal unterstrichen werden muss: Ein Tabula-rasa-Ansatz in der Unternehmensstrategie ist ebenso absurd wie irrelevant.

Ein neues Paradigma

Die ressourcenbasierte Sicht von Strategie zeichnet sich durch eine Kohärenz und Integrationsfähigkeit aus, die sie allen anderen Mechanismen der strategischen Entscheidungsfindung weit überlegen macht. Ich habe kaum Zweifel daran, dass in der vorhersehbaren Zukunft die entscheidenden Beiträge zum strategischen Denken entweder Teil dieses Gefüges sind oder daraus hervorgehen.

Nach etwa 30 Jahren erwirbt das Thema Strategie nun etwas, das als Paradigma beschrieben werden kann – um den in der Untersuchung der Managements vielleicht am meisten strapazierten und missbrauchten Begriff zu verwenden.

Literaturhinweise

Andrews, K. R.: *The Concept of Corporate Strategy*, USA 1965.
Ansoff, H. I.: *Corporate Strategy*, New York 1965.
Barney, J.: »Firm Resources and Sustained Competitive Advantage«,
   Journal of Management 17, 1991.
Kay, J. A.: *The Business of Economics*, Oxford 1996.

Henry Mintzberg, Bruce Ahlstrand und Joseph Lampel

Viele Standpunkte – bessere Strategien

Zehn fest verankerte Konzepte kennzeichnen die aktuelle Strategiediskussion: Sie reichen von den frühen Gestaltungs- und Planungsansätzen bis zu den Lern-, Kultur- und Umweltansätzen der Gegenwart. Akademiker und Berater werden sich auch zukünftig im Zusammenhang mit Strategien zweifellos auf eingeengte Perspektiven konzentrieren. Managern ist jedoch besser gedient, wenn sie danach streben, ein vollständiges Bild zu erkennen. Einige der größten Fehler im strategischen Management ereigneten sich nämlich dann, wenn ein einzelner Ansatz zu wichtig genommen wurde. Die Lehre daraus: Es besteht Bedarf an einer verbesserten Umsetzung, nicht an weiteren »feinen« Methoden oder Theorien.

Wir alle verhalten uns wie Blinde, und der Strategieprozess ist unser Elefant. Jeder klammert sich an den einen oder anderen Teil des Tieres, ohne den Rest zu beachten. Berater stürzen sich üblicherweise auf die Stoßzähne, während Akademiker eine Fotosafari bevorzugen und das Tier dabei auf eine statische, zweidimensionale Darstellung reduzieren. Manager werden in der Folge dann aufgefordert, ebenfalls die eine oder andere enge Perspektive einzunehmen – wie die Verehrung der Planung oder des Wunderwerks der Kernkompetenzen. Bedauerlicherweise aber verläuft der Prozess nur dann vorteilhaft für sie, wenn sie sich mit dem Tier als Ganzem – als lebendem Organismus – befassen.

Zehn strategische Ansätze

Nachstehend geben wir eine Übersicht über zehn Ansätze zum Strategie-Entwicklungsprozess, die im Laufe der Jahre populär gewesen sind. Sie sind auch heute noch in unserer Denkweise fest verankert – allzu häufig allerdings ohne Bezug zueinander.

1. Gestaltung
Ursprünglich gilt Strategieentwicklung als das Erreichen der erforderlichen Übereinstimmung von internen Stärken und Schwächen und externen Risiken und Chancen, wie sie der Gestaltungsansatz beschreibt. Die Geschäftsleitung formuliert klare und einfache Strategien in einem bewussten Prozess – der weder streng analytisch noch informell intuitiv verläuft –, sodass jeder fähig ist, diese Strategien umzusetzen. Diese Auffassung von Strategieprozessen war zumindest bis in die siebziger Jahre

dominierend – und ist es, wie einige angesichts des Einflusses auf die meisten aktuellen Methoden und Verfahren argumentieren mögen, bis zum heutigen Tag.

2. Planung

Der Planungsansatz hat sich parallel zum Gestaltungsansatz entwickelt. Gemessen am Umfang seiner Veröffentlichungen jedoch nahm der Planungsansatz bis Mitte der siebziger Jahre eine Vorrangstellung ein. Obwohl dieser Trend in den achtziger Jahren nachließ, übt er bis heute einen bedeutenden Einfluss aus. In weiten Teilen spiegelt der Planungsansatz dabei die Annahmen des Gestaltungsansatzes wider – mit einer entscheidenden Ausnahme: Der strategische Prozess ist nicht allein ein intellektueller, sondern auch ein streng methodischen Vorgang, in einzelne Schritte zerlegbar, durch Checklisten veranschaulicht und mit verschiedenen Techniken unterstützt (speziell mit Blick auf Ziele, Budgets, Programme und Operationspläne). Das bedeutete, dass faktisch Personalplaner die Geschäftsführer als Schlüsselfigur abgelöst haben.

3. Positionierung

Der dritte der präskriptiven Ansätze, im Allgemeinen als Positionierungsansatz bezeichnet, dominierte mit seinem Konzept die Strategiebildung in den achtziger Jahren. Den Anstoß gab 1980 insbesondere der Harvard-Professor Michael Porter, der damit früheren Arbeiten zur strategischen Positionierung im akademischen Bereich und in der Unternehmensberatung (durch die Boston Consulting Group und das PIMS-Projekt) folgte. All dem vorangegangen waren umfangreiche Schriften zu militärischer Strategie, die bis auf das Jahr 400 vor Christus zurückgehen, wie SunTzus »Die Kunst des Krieges«. In dieser Lehre wird Strategie auf allgemeine Positionen reduziert, die jeweils bestimmt werden durch formalisierte Analysen der konkreten Situation einer Branche. Folglich wurden aus Planern Analytiker.

Dies erwies sich als besonders lukrativ für Berater und Akademiker, die sich nun in harte Daten verbeißen und bei Firmen und in Fachzeitschriften für ihre »wissenschaftlichen Wahrheiten« werben konnten. Diese Literatur entwickelte sich in sämtliche Richtungen und schloss strategische Gruppen, Werteketten, Spieltheorien und andere Ideen ein – immer aber mit der Tendenz zum Analytischen.

4. Unternehmerisch

Unterdessen entstanden an anderen Fronten, überwiegend als Rinnsale und Bäche und nicht in Wellen, vollkommen andere Ansätze in der Strategieentwicklung. Wie beim Gestaltungsansatz auch konzentrierte sich der Prozess im unternehmerischen Ansatz auf den Unternehmenschef. Doch anders als beim Gestaltungsansatz und im Gegensatz zum Planungsansatz ließ der unternehmerische Ansatz diesen Prozess in den Geheimnissen der Intuition wurzeln. Dies verwandelte Strategien von präziser Gestaltung, präzisen Plänen und Positionen hin zu vagen Visionen oder Perspektiven, die üblicherweise nur metaphorisch betrachtet werden sollten. Diese Idee fand ihre Anwendung bei Start-ups, Nischen-Akteuren, Privatfirmen und in »Turn-

	Gestaltung	Planung	Positionierung	Unternehmerisch	Kognitiv	Lernen	Macht	Kultur	Umwelt	Konfiguration
Quellen	P. Selznick (evtl. auch frühere Arbeiten, z. B. von W. H. Newman), außerdem K. R. Andrews	H. I. Ansoff	Arbeiten der Purdue University (D. E. Schendel, K. J. Hatten), außerdem M. E. Porter	J. A. Schumpeter, A. H Cole und andere Vertreter der Wirtschaftswissenschaften	H. A. Simon und J. G. March	C. E. Lindblom; R. M. Cyert und J. G. March; K. E. Weick; J. B. Quinn, C. K. Prahalad und G. Hamel	G. T. Allison (Micro); J. Pfeffer, G. R. Salancik und W. G. Astley (Macro).	E. Rhenman und R. Normann in Schweden; keine weitere augenfällige Quelle	M. T. Hannan und J. Freeman; Zufallstheoretiker (D. S. Pugh u. a.)	A. D. Chandler; McGill University-Gruppe (H. Mintzberg, D. Miller u. a.), R. E. Miles und C. C. Snow
Basisdisziplin	Keine (Architektur in metaphorischer Weise)	Verbindungen zur Stadtplanung, Kybernetik und Systemtheorie	Wirtschaftswissenschaften (Industrieökonomik) und Militärgeschichte	Keine (obgleich die frühen Arbeiten von Wirtschaftswissenschaften stammen)	(Erkenntnis-) Psychologie	Keine (einige wenige Verbindungen zu Pädagogik und Erziehungswissenschaften); Chaostheorie in der Mathematik	Politikwissenschaft	Anthropologie	Biologie	Geschichte
Vertreter	Experten für Fallmethoden (insbesondere an oder der Harvard oder University), leidenschaftliche Führungskräfte – vor allem in den USA	»Profi-Manager, Personal Fachleute (besonders Finanzen), Unternehmensberater, Aufsichtsbeamte – vor allem in Frankreich und den USA	Wie beim Planungskonzept besonders analytische Personalleute, Beratungseinrichtungen und Militär-Autoren	Populäre Wirtschaftspresse, Individualisten, »kleine« Geschäftsleute, besonders in Lateinamerika, und Auslands-Chinesen	Menschen mit einem Hang zum Psychologisieren – Pessimisten auf der einen Seite, Optimisten auf der anderen	Menschen mit Neigung zum Experimentieren, zur Vieldeutigkeit und Anpassungsfähigkeit, besonders in Japan oder Skandinavien	Personen, denen Macht, Politik und Verschwörungen gefallen – vor allem in Frankreich	Personen, die sich für Soziales, Spirituelles und Gemeinschaft interessieren – verbreitet in Skandinavien und Japan	Bevölkerungsökologen und Positivisten allgemein – vor allem in angelsächsischen Ländern	Macher mit Sinn fürs große Ganze, Organisationsentwickler; Konfiguration in den Niederlanden besonders populär
Intendierte Botschaft	Anpassen	Formalisieren	Analysieren	Imaginieren	Bewältigen oder Erschaffen	Lernen	Gründen	Verbinden	Reagieren	Integrieren, Umwandeln
Realisierte Botschaft	Denken (Strategieentwicklung als Fallstudie)	Programmieren (eher als formulieren)	Kalkulieren (eher als erzeugen oder empfehlen)	Zentralisieren (und hoffen)	Sich quälen (und niemals in der Lage sein, es zu bewältigen)	Eher spielen als streben	Horten (eher als teilen)	Fortsetzen (eher als verändern)	Kapitulieren (eher als konfrontieren)	Pauschalisieren (eher als trennen oder angleichen)
Konzeptkategorie	Präskriptiv	Präskriptiv	Präskriptiv	Deskriptiv (einige auch präskriptiv)	Deskriptiv	Deskriptiv	Deskriptiv	Deskriptiv	Deskriptiv	Deskriptiv und präskriptiv
»Moral«	»Erst wägen, dann wagen«	»Gleich getan ist viel gespart«	»Nur die Fakten, bitte«	»Bringt uns zu eurem Anführer«	»Ich sehe nur, was ich glaube«	»Versuch macht klug«	»Kümmere dich um dich selbst«	»Der Apfel fällt nicht weit vom Stamm«	»Alles ist relativ«	»Alles hat seine Zeit«

Quelle: Sloan Management Review, Spring 1999

Auf einen Blick: die zehn etablierten Konzepte für Strategieentwicklung, ihre Quellen, Aussagen und Perspektiven around«-Situationen – obwohl natürlich suggeriert wurde, dass auch jede andere Organisation die Erkenntnisse eines visionären Führers benötigte.

5. Kognitiv

An der akademischen Front erwachte das Interesse am Ursprung von Strategien. Wenn der Verstand Strategien in Form von Rahmen, Modellen oder Diagrammen bildet, welche geistigen Prozesse laufen dabei ab? Insbesondere in den achtziger Jahren und bis heute hat die Forschung über die kognitive Basis von Strategieentwicklung und über Kognition als Informationsverarbeitung stetig zugenommen. Inzwischen nahm ein neuerer Zweig dieses Ansatzes eine subjektivere, deutende oder konstruktivistische Haltung ein: Kognition dient der Konstruktion von Strategien in einer kreativen Auslegung, statt einfach die Realität mehr oder weniger objektiv zu erfassen.

6. Lernen

Unter den deskriptiven Konzepten baute sich der Lernansatz zu einer wahrhaftigen Welle auf und forderte die omnipräsenten präskriptiven Konzepte heraus. Man griff zurück auf frühe Arbeiten zum »Inkrementalismus« (einer Vorstellung, die viele kleine Happen einem einzigen großen Bissen vorzieht) sowie auf Konzeptionen wie »Risikobereitschaft«, »aufstrebende Strategie« (das Erwachsen aus individuellen Entscheidungen statt einer »unbefleckten Empfängnis«) und eine »retrospektive Sinnhaftigkeit« (die meint, dass wir handeln, um zu denken, und gleichsam denken, um zu handeln). Es wurde ein Modell entwickelt, das Strategiebildung als Lernprozess beschrieb und sich dadurch von den früheren Ansätzen unterschied. Nach dieser Auffassung entstehen Strategien einfach, sind Strategen in der gesamten Organisation vorhanden, und die so genannte Formulierung und Implementierung sind miteinander verknüpft.

7. Macht

Ein ganz anderer, jedoch eher nebensächlicher Ansatz in der Literatur betrachtet Macht als Basis für Strategiebildung auf zwei Ebenen. Mikromacht betrachtet die Entwicklung von Strategien innerhalb der Organisation als einen im Wesentlichen politischen Prozess, zu dem Verhandeln, Überreden und Konfrontation der internen Akteure gehören. Makromacht stellt die Organisation als ein Wesen dar, das seine Macht über andere und unter seinen Partnern in Bündnissen, Gemeinschaftsunternehmen und anderen Netzwerken ausübt, um »kollektive« Strategien im eigenen Interesse auszuhandeln.

8. Kultur

Das Spiegelbild von Macht ist Kultur. Während die eine sich auf Eigennutz und Fragmentierung konzentriert, richtet sich die andere auf das Gemeinschaftsinteresse und die Bildung eines Integrationskonzepts als einen in der Kultur verwurzelten sozialen Prozess. Und die wenige vorhandene Literatur befasst sich damit, auf welche

Weise die Kultur bedeutenden strategischen Wandel verhindert. In der amerikanischen Literatur hat Kultur dann eine große Rolle gespielt, als man in den achtziger Jahren die Auswirkungen des japanischen Managements in vollem Umfang erkannt hatte. Denn dabei war deutlich geworden, dass ein strategischer Vorteil das Resultat von einzigartigen und schwer zu imitierenden kulturellen Faktoren sein kann.

9. Umwelt

Auch der Umweltansatz verdient ein gewisses Maß an Aufmerksamkeit, obgleich er sich vom allgemeinen strategischen Management unterscheidet, wenn man damit freie Entscheidungen beschreibt, auf deren Grundlage Organisationen ihre Strategien selbst bestimmen. Dieses Konzept hingegen wirft Licht auf die Bedürfnisse der Umgebung. Sie bezieht die so genannte »Eventualitätstheorie« (»contingency theory«) ein, die berücksichtigt, welche Reaktionen von Organisationen erwartet werden, die bestimmten Umweltbedingungen gegenüberstehen; ebenfalls einbezogen wird die »Bevölkerungsökologie«, die eine strenge Begrenzung strategischer Wahlmöglichkeiten annimmt.

10. Konfiguration

Schließlich kommen wir zu einer umfangreicheren, integrativen Literatur und Praxis. Die eine Linie dieses Konzepts, wissenschaftlich ausgerichtet und deskriptiv, betrachtet eine Organisation als Konfiguration – kohärente Bündel von Eigenschaften und Verhaltensmerkmalen – und dient auf diese Weise der Integration von Forderungen anderer Ansätze, jede Konfiguration im Wesentlichen an einem Ort: Planung in maschinenartigen Organisationen beispielsweise unter Bedingungen relativer Stabilität, Unternehmertum hingegen in den dynamischeren Strukturen der Start-ups und Turn-arounds. Wenn jedoch Organisationen in diesen Stadien beschrieben werden können, dann muss Veränderung als ziemlich drastische Umgestaltung beschrieben werden – als der Sprung von einem Zustand zum anderen. Und somit entwickelten sich Theorie und praktische Verfahren für Transformationen – eher präskriptiv und praxisorientiert (und von Beratern angetrieben) – als die Kehrseite der Medaille. Diese beiden theoretisch und praktisch sehr verschiedenen Felder ergänzen sich jedoch und gehören unserer Meinung nach zum selben Konzept.

Dies mag wie ein historischer Überblick erscheinen, doch all diese Sichtweisen sind heute noch sehr lebendig und aktiv, obgleich einige davon derart von der Praxis verinnerlicht wurden, dass sie als solche nicht mehr erkennbar sind (wie zum Beispiel der Gestaltungsansatz).

Das Tier als Ganzes

Selbstverständlich müssen die Fürsprecher in Schriften und Beratungen ihre Positionen verteidigen, um Erfolg zu haben und verkaufen zu können. Deshalb setzen sie ihre Ansichten möglichst nicht der Kritik aus, gehen über die Auffassungen anderer hinweg oder bestreiten sie. Wie ein Metzger – um auf unsere Metapher zurückzukommen – zerlegen sie die Realität nach ihren Vorlieben, so wie Wilderer dem Elefanten die Stoßzähne ausreißen und den Kadaver verwesen lassen.

Um einen zentralen Punkt dieses Artikels neu zu formulieren: Ein solches Verhalten dient dem Manager in der Praxis letzten Endes nicht. Diese Menschen müssen sich mit dem gesamten Tier der Strategieentwicklung befassen, nicht nur, um es als lebenswichtige Stärke zu erhalten, sondern um dem strategischen Prozess wahre Energie zu verleihen.

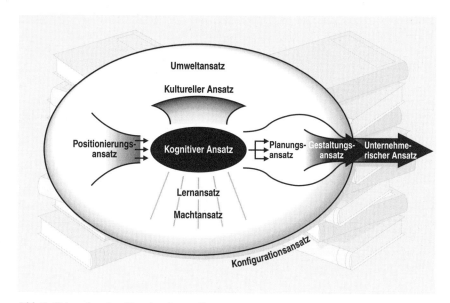

Abb 2: Die zehn Ansätze in einem Prozess

Die größten Fehler beim strategischen Management ereigneten sich, wenn Manager einen einzelnen Aspekt zu wichtig nahmen. Es folgten generische Positionen, die auf exakten Berechnungen beruhen. Derzeit dominiert das Wissen. Und zweifellos halten sich weitere Perspektiven bereit und werden mit dem gleichen Enthusiasmus begrüßt, ehe sie wieder in der Versenkung verschwinden.

Folglich gefällt es uns, dass einige neuere Ansätze zur Strategieentwicklung diese zehn Ansätze auf elektische und interessante Weise einbeziehen, wie zum Beispiel Lernen und Gestaltung im »Dynamische-Fähigkeiten«-Ansatz der Strategie Gurus Gary Hamel und C. K. Prahalad. So nachvollziehbar die Ansätze sein mögen, eine Frage allerdings ist nicht klar. Repräsentieren sie verschiedene Prozesse der Strategieentwicklung oder verschiedene Teile des gleichen Prozesses? Wir beantworten beide Fragen mit »Ja«.

Es ist offensichtlich, dass sich mancher der Ansätze als ein Abschnitt oder Aspekt in einzelne Strategieentwicklungsprozesse einfügt – der kognitive Ansatz im Kopf des Strategen, der Positionierungsansatz für die Analyse historischer Daten und so weiter. All das im gleichen Prozess zu verarbeiten erscheint uns ein bisschen viel verlangt.

Doch das liegt in der Natur des Tieres. Strategieentwicklung ist bewertendes Gestalten, intuitives Entwickeln von Visionen, das Entstehen von Wissen. Umwandlung spielt ebenso eine Rolle wie Fortdauer. Sie muss individuelle Erkenntnis und soziale Interaktion einschließen, kooperativ oder widersprüchlich; sie muss die vorausgehende Analyse, die anschließende Programmierung sowie die Verhandlungen währenddessen umfassen. Und all dies als Antwort auf ein möglicherweise schwieriges Umfeld.

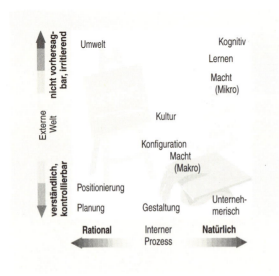

Abb. 3: Die Ansätze als eigenständige Prozesse

Der Prozess jedoch kann klar zum einen oder anderen Konzept tendieren: unternehmerisch bei der Gründung oder, falls ein drastischer Turn-around ansteht, lernend unter dynamischen Bedingungen, die Voraussagen erschweren, und so weiter. Manchmal muss der Prozess eher individuell kognitiv sein als sozial interaktiv (zum Beispiel bei den meisten kleinen Unternehmen). Einige Strategien scheinen rational überlegter zu sein (besonders in der entwickelten industriellen Massenproduktion und der Verwaltung), während andere eher anpassungsfähig sind (wie in dynamischen, hoch technologischen Industriezweigen).

Bessere Fragen stellen

Wissenschaftler und Berater sollten weiterhin alle wichtigen Aspekte eines jeden Ansatzes prüfen, genauso wie die Biologen mehr über Stoßzähne, Rüssel und Schwanz des Elefanten wissen müssen. Noch wichtiger ist jedoch, dass wir den engen Rahmen der einzelnen Konzepte hinter uns lassen. Sei es bei der Beratung oder in der Forschung: Wir müssen bessere Fragen stellen und uns mehr von den Sorgen in der Welt da draußen leiten lassen als uns von den Konzepten hier drinnen drängen zu lassen. Anders gesagt: Wir brauchen eine bessere Praxis, nicht ausgeklügeltere Techniken oder Theorien. Wir sollten nicht nur die Teile des Elefanten »Strategie« untersuchen, sondern auf den inneren Aufbau achten. Wir werden ihn niemals als Ganzes sehen, aber wir können ihn ohne Frage deutlicher erkennen.

Literaturhinweis
Der Artikel basiert auf einem gemeinsamen Buch der Autoren: *Strategy Safari*, deutsch bei Ueberreuter, Wien 1999.

2
Strategie und Mikroökonomie

Die Wirtschaftswissenschaften bieten zahlreiche Einblicke in die Beschaffenheit von Unternehmen und deren Umfeld. Einige davon werden hier beleuchtet. Thema ist das Spannungsverhältnis zwischen den Wirtschaftswissenschaftlern, die sich gern auf die Verfahren und Ursachen der Profitschöpfung konzentrieren, und den Unternehmensberatern, deren normative Empfehlungen eine »objektiv beste« Vorgehensweise nahe legen. Es werden wichtige Begriffe eingeführt (Netzwerkeffekt, Spieltheorie, strategische Ergänzungen, Preiswettbewerb, Hemmschwellen für den Markteintritt) und deren Anwendung in realen Situationen untersucht. So wird der Fall von Hernán Cortés anschaulich geschildert – dem spanischen Eroberer, der seine eigenen Schiffe versenkte –, um den Nutzen einer unwiderruflichen Entscheidung zu verdeutlichen.

Weshalb der Netzwerkeffekt so entscheidend ist 39
    (Austan Goolsbee)

Wirtschaftswissenschaft: Verzicht auf Normen 45
    (Fiona Scott Morton)

Spieltheorie: Einsichten statt Antworten 53
    (Luis Garicano)

Unterschätzt: Die Dynamik des Preiswettbewerbs 63
    (Luis Garicano und Robert Gertner)

Entscheidungen ohne Chance zur Umkehr 73
    (Judith A. Chevalier)

Marktzutritt: verboten oder angeraten? 79
    (Judith A. Chevalier)

Welche Verhaltensmuster den Wettbewerb prägen 87
    (Fiona Scott Morton)

Integrationsstrategien und Alternativen 96
    (Thomas N. Hubbard)

Austan Goolsbee

Weshalb der Netzwerkeffekt so entscheidend ist

Das Herz der neuen IT-geprägten Wirtschaft bilden Unternehmen und Branchen, die auf Netzwerkeffekte setzen und daraus ihre besondere Stärke ziehen. Von simplen Telefonen bis zu komplexen Persönlichen Digitalen Assistenten (PDAs) steigen der Gewinn für den Anbieter und der Wert für den einzelnen Kunden exponentiell zur Zahl der Nutzer. Während Unternehmen mit großem Kundenstamm daher von Netzwerken profitieren, haben Firmen, die erst später ins Rennen gehen, das Nachsehen. Welches sind die verschiedenen Netzwerkeffekte des heutigen Marktes? Wie sind Branchen strukturiert, und welche Strategien erweisen sich als funktionsfähig? Schnelligkeit, die Fähigkeit, einen »Hype« zu schaffen, sowie das Bestreben, möglichst früh möglichst viele Kunden zu gewinnen, gehören zu den wichtigsten Herausforderungen. Denn in der New Economy gibt es lediglich zwei Arten von Unternehmen: die schnellen und die toten.

Als eines der wichtigsten Merkmale vieler Hochtechnologiebranchen galten in den letzten Jahren die so genannten Netzwerkeffekte (»network externalities«). Vereinfacht ausgedrückt besitzt ein Produkt dann Netzwerkeffekte, wenn sein Wert für den einzelnen Nutzer im gleichen Maße wächst wie die Gesamtzahl derer, die das Produkt ebenfalls verwenden. Ein klassisches Beispiel ist das Telefon. Es macht wenig Spaß, der einzige Netzteilnehmer im Land zu sein. Der individuelle Nutzen des Telefons wird umso größer, je mehr Leute eines besitzen.

Dass der Wert bestimmter Produkte mit der Zahl ihrer Nutzer ansteigt, wird den meisten Verbrauchern einleuchten und mag strategisch eine untergeordnete Rolle spielen. In den letzten 20 Jahren allerdings ist Wissenschaftlern und Managern bewusst geworden, mit welch gewaltiger Macht Netzwerkeffekte Einfluss nehmen auf Strategie, Branchenstruktur und Unternehmenserfolg.

Die Fähigkeit, Netzwerkeffekte zu erkennen und rasch Vorteile aus ihnen zu ziehen, hat in den vergangenen zwei Jahrzehnten in zahlreichen Branchen darüber entschieden, ob ein Unternehmen den Markt dominierte oder in der Versenkung verschwand. Mehr noch: Unternehmen, die auf Netzwerkeffekte bauen, gelten geradezu als Sinnbild für die New Economy, die nach Auffassung zahlreicher Wirtschaftswissenschaftler von der Informationstechnologie vorangetrieben wird. Viele Geschäftsideen von Internetunternehmen basieren direkt auf der Nutzung solcher Effekte.

Drei Arten von Effekten

Man unterscheidet drei grundlegende Arten von Netzwerkeffekten:

- *Direkt:* Sie sind im Allgemeinen mit Produkten der Telekommunikation verknüpft, dem Telefon zum Beispiel. Der Netzwerkeffekt ergibt sich aus der Wichtigkeit direkter Verbindungen. Industrien wie diese setzen auf Netzwerke von Faxnutzern, von Anwendern derselben Textverarbeitungsprogramme oder anderer Software sowie seit kurzem Netzwerke von Anwendern bestimmter Online-Chat-Programme wie ICQ von Mirabilis. Bei all diesen Fällen ist der Wert eines weit verbreiteten Produkts größer als der eines seltener verwendeten. Ein Teenager will das Chat-Programm nutzen, das auch alle anderen Teenager haben. Ein Unternehmen möchte ein Fax des Typs, mit dem auch die anderen Unternehmen arbeiten. Dieser Sachverhalt wird als direkter Netzwerkeffekt bezeichnet.
- *Indirekt:* Volkswirtschaftler würden in diesem Zusammenhang von nachfrageseitigen Größenvorteilen (»Economies of Scale«) sprechen. Das klassisches Beispiel ist der Vorteil, den die Nutzung des Computersystems mit dem größten Netz bietet: Für die Computersysteme mit den meisten Anwendern werden mehr Softwareentwickler Produkte herstellen wollen. Die Anwender profitieren hier indirekt von der Größe des Netzes. Ein ganz ähnlicher Netzwerkeffekt lässt sich bei Auktions-Websites wie E-Bay beobachten oder bei anderen, die Angebot und Nachfrage zusammenbringen, wie zum Beispiel Branchenverzeichnisse. Je mehr potenzielle Käufer auf E-Bay zugreifen, desto eher werden Verkäufer ihre Produkte dort anbieten. Der indirekte Nutzen für die eine Partei ist also vom Nutzen für die jeweils andere Partei abhängig. Dies verschafft den Netzwerkeffekten der Online-Makler besondere Stärke.
- *Lernen und Mundpropaganda:* Diese Aspekte wirken ein wenig unkonventionell, haben jedoch ganz ähnliche Konsequenzen. Denn je größer das Netzwerk der Menschen ist, die mit einer Software oder einem Hightech-Produkt arbeiten, desto leichter fällt es, Informationen über die Produkte oder die Art ihrer erfolgreichen Anwendung zu erhalten. Ein einfaches Beispiel: Je mehr Käufer das Computerspiel Riven in einer Region findet, desto mehr Personen kann man anrufen, wenn man einmal nicht mehr weiterkommt.

Diese Art von Netzwerkeffekt ist den beiden anderen zwar ähnlich, weist aber auch Unterschiede auf. Jeff Bezos, Gründer und Chef des Online-Buchhändlers Amazon, betont, dass Mundpropaganda besonders für Internetunternehmen wichtig ist. Aus diesem Grund investiere Amazon viel Zeit, das Einkaufserlebnis seiner Kunden zu verbessern – und erwartet, dass der Kunde seine positiven Erfahrungen an andere weitergibt. Ein und dasselbe Produkt kann dabei alle drei Formen von Netzwerkeffekten ausweisen, wie der Markt für PDAs zum Beispiel. Marktführer auf diesem Sektor ist das Unternehmen 3Com mit seinem Palm Pilot. Obwohl es mit einem anderen Betriebssystem arbeitet als Windows CE, konnte es seine Marktführerschaft bisher verteidigen. Verantwortlich dafür ist zum großen Teil das positive Feedback, das auf die drei skizzierten Formen von Netzwerkeffekten zurückzuführen ist.

In Netzwerkbranchen dominieren Einzelne

Je mehr Menschen einen Palm Pilot besitzen, desto größer ist sein Wert für den Einzelnen. Ein Teil dieses Gewinns ergibt sich dabei aus der direkten Verbindung der Anwender, die der PDA ermöglicht. Da viele Palm Pilots über Infrarot-Schnittstellen verfügen, können die Anwender problemlos ihre Visitenkarten austauschen oder Software gleichzeitig anwenden. Wenn jeder über dasselbe System verfügt, wollen auch neue Käufer kompatibel sein.

Ein größerer Teil der Netzwerkeffekte für den Palm Pilot ist indirekt und resultiert aus der wachsenden Zahl von Programmen, die angesichts einer derart große Zahl von Nutzern geschrieben werden. Schließlich: Je mehr Palm-Pilot-Nutzer es gibt, desto größer ist die Chance, dass man bei Schwierigkeiten Hilfe erhält.

Der größte Unterschied zwischen den von Netzwerkeffekten geprägten und den »normalen« Branchen besteht darin, dass Erstere wesentlich häufiger von einem einzigen Unternehmen oder einem bestimmten Standard dominiert werden. Wenn Netzwerkeffekte auftreten, stellt sich ein positives Feedback ein. Das führt dazu, dass die aktuellen Gewinner wahrscheinlich auch in Zukunft Erfolg haben werden. In einer von Netzwerkeffekten dominierten Branche den Vorsprung eines anderen Unternehmens aufzuholen ist also sehr schwierig, da Unternehmen mit bereits vorhandenem Kundenstamm über einen beträchtlichen Vorteil verfügen. Besonders wichtig ist dabei, dass beim Auftreten ausgeprägter Netzwerkeffekte nicht zwangsläufig das Produkt mit dem größten Wert, dem besten Service oder dem niedrigsten Preis den größten Erfolg verzeichnet. Sonys Betamax-Videorekorder wurde zwar als technisch überlegen angesehen, hatte aber gegen das VHS-System von JVC das Nachsehen. Die konventionelle Schreibmaschinentastatur wird zwar als langsamer eingeschätzt als andere Tastaturen, sobald sich jedoch die Menschen mit der QWERTZ-Anordnung vertraut gemacht haben, lassen sie sich kaum überzeugen, als Erste eine Alternative auszuprobieren. Während sich in einigen Sektoren mit Netzwerkeffekten der Spielführer erst nach einiger Zeit herauskristallisiert, geschieht dies in anderen Bereichen sofort. Unabhängig davon erzeugt ein positives Feedback eine Macht aufseiten des bereits bestehenden Kundenstamms, damit eine sehr effektive strategische Barriere für potenzielle Neueinsteiger, und führt dazu, dass der Wettbewerb zwischen denkbaren Standards besonders hart geführt wird.

Allgemeine Strategien

Obwohl alle Branchen Unterschiede aufweisen, existieren einige wichtige allgemeine Strategien:

Geschwindigkeit: Die erste und wichtigste Strategie in einer Branche mit Netzwerkeffekten besteht darin, die Vorteile als Pionier (First Mover) auszunutzen. Unternehmen, die Standards setzen oder kurzfristig einen tragfähigen Kundenstamm aufbauen können, haben bedeutende Vorteile: Der Wert ihres Produkts für potenzielle neue Kunden fällt bedeutend höher aus. Integraler Bestandteil dieser Strategie sind Patente, Warenzeichen und begehrte Domainnamen. In Branchen mit Netzwerkexternalitäten zahlt sich bloße Geschwindigkeit bereits aus.

In vielerlei Hinsicht gibt es in der New Economy zwei Arten von Unternehmen: die schnellen und die toten. Rückblickend gab es zwar viele Pioniere, denen kein Erfolg beschieden war, zum Beispiel Visicalc – Pionier in der Tabellenkalkulation, der Organizer Newton von Apple oder der Commodore 64, der dem PC in Europa wesentlich zum Durchbruch verhalf. Dennoch – die Zahl erfolgloser Nachzügler ist wesentlich größer. Und es gibt eine Reihe von Beispielen, in denen Unternehmen durch die frühe Entwicklung technologisch ausgereifter Produkte einen tragfähigen Kundenstamm aufgebaut und sich dadurch einen großen strategischen Vorteil verschafft haben.

Hype: Da das Produkt, das sich zuerst durchsetzt, letztlich auch das ist, das alle haben werden, sind die Zukunftserwartungen von extremer Bedeutung für strategischen Erfolg. Wenn ein Unternehmen seine Kunden davon überzeugen kann, dass sein Produkt in Zukunft die größte Akzeptanz finden wird, erfüllt sich diese Prophezeiung häufig von selbst. Deshalb werden Gerüchte in die Welt gesetzt und Begehrlichkeiten geweckt.

Die Öffentlichkeit ist häufig überrascht von der Intensität, mit der Software- oder Elektronikunternehmen Produkte anpreisen, die noch weit davon entfernt sind, überhaupt in Produktion zu gehen. Weshalb aber sollten Unternehmen Werbung für ein Produkt machen, das noch gar nicht existiert? Weil das Hypen ein absolut zuverlässiges Mittel darstellt, um in einer von Netzwerkeffekten beherrschten Branche Erfolg zu haben. Bevor sich die Spreu vom Weizen trennt und schließlich ein dominanter Anbieter übrig bleibt, gibt es viele Anwärter auf den Thron. Welch wichtige Rolle die Erwartungen über die zukünftige Akzeptanz eines Produkts spielen, wurde im Übrigen auch in wissenschaftlichen Arbeiten belegt.

Wenn zum Beispiel E-Steel (ein Busines-to-Business-Marktplatz für Stahl) potenzielle Lieferanten und Kunden davon überzeugen kann, dass der Stahlhandel in Zukunft primär über ihn läuft, wird E-Steel bereits heute Kunden gewinnen und auf diese Weise die oben skizzierten Netzwerkeffekte optimal für sich nutzen. Das Marketing ist in diesem Umfeld von entscheidender Bedeutung, denn wenn ein Unternehmen erst einmal hinter die Konkurrenz zurückfällt, kann es diesen Rückstand nur sehr schwer wieder aufholen.

In Branchen mit Netzwerkeffekten setzen etablierte Unternehmen einen Hype als Waffe gegen neue Herausforderer ein. Bereits eingeführte Player mit guter Reputation kündigen an, dass sie »bald« ein Produkt auf den Markt bringen werden, das dem neuen Konkurrenzprodukt überlegen sei. Auf diese Weise werden beim Kunden Zweifel gesät. Soll er das Produkt des Herausforderers wirklich kaufen?

Als PDAs auf den Markt kamen und diese Handheld Computer, die nicht auf dem Betriebssystem Windows basieren, reißenden Absatz fanden, kündigte Microsoft an, es werde eine abgespeckte Windows-Version namens Windows CE entwickeln. Das Unternehmen wollte die Kunden davon überzeugen, dass nicht auf Windows basierende PDAs nicht zum Standard werden würden. Wenn ein solcher Schachzug Erfolg hat und die Kunden zum Abwarten bewegt, wird verhindert, dass das Konkurrenzprodukt frühzeitig den dringend benötigten Kundenstamm gewinnt und damit Netzwerkeffekte erzeugt. Allein der Ruf eines Unternehmens kann in diesem Zusammenhang bereits eine große Rolle spielen. Als IBM ankündigte, es würde PC produzieren, waren sie für viele bereits Standard, noch bevor das Unternehmen überhaupt ein Produkt auf den Markt gebracht hatte.

Erste Anwender (Early Adopters): Da es in von Netzwerkeffekten dominierten Branchen entscheidend darauf ankommt, möglichst früh einen tragfähigen Stamm an Kunden zu gewinnen, die dann wieder andere zum Kauf des Produkts animieren, ist es nahe liegend, nach möglichst zugkräftigen Vorzeigekunden Ausschau zu halten. Wenn also Silicon Graphics, das mittlerweile unter dem Namen SGI firmiert, *Star-Wars*-Macher George Lucas dafür gewinnt, die Highend Workstations des Unternehmens einzusetzen, ist dies der Versuch, weiteren Kunden den Kauf eines der Geräte schmackhaft zu machen. Sony glaubte, der wichtigste Markt für Betamax-Videorekorder seien Kunden, die Fernsehsendungen aufzeichnen. Bei VHS ging es dagegen darum, dafür zu sorgen, dass möglichst viele Kinofilme in diesem Format auf den Markt kamen.

Computerhersteller versuchen häufig, die wichtigsten und besten Informatikabteilungen für sich zu gewinnen, oft sogar, indem sie ihnen ihre Geräte einfach schenken. All dies sind Beispiele dafür, wie Hersteller versuchen, möglichst früh werbeträchtige Vorzeigekunden für ihre Produkte zu gewinnen, um dann weitere Kunden von den Perspektiven der Produkte überzeugen zu können. Preis und Qualität: Trotz aller Unterschiede gibt es in Branchen mit Netzwerkeffekten eine Standardstrategie, die sich in vergleichbarer Form auch in Sektoren mit ausgeprägten Skaleneffekten finden lässt. Es handelt sich hierbei um die Penetrationspreispolitik. Bei dieser Strategie gilt jeder frühe Kunde als eine Art Brückenkopf, über den das Unternehmen weitere Kunden gewinnen kann. Dementsprechend honoriert es den frühen Kauf eines Produkts durch niedrigere Preise. Strategien wie die Penetrationspreispolitik spielen zwar oft eine wichtige Rolle, sind aber auch riskant. Unternehmen konkurrieren vordergründig um die Vormachtstellung auf einem Markt. Tatsächlich steht mehr auf dem Spiel, auch die potenziellen Gewinne sind höher. Das Unternehmen, das bei diesem Kampf ins Hintertreffen gerät, verliert in seinen Anfangsjahren wahrscheinlich Geld und kann in den Ruin getrieben werden. Das erfolgreiche Unternehmen zahlt zu Anfang wahrscheinlich ebenfalls drauf, wird aber letztlich dominieren.

Auch sorgfältigere Entwicklungsarbeit zahlt sich am Ende aus. In vielen Branchen mit Netzwerkeffekten bestehen zwischen Produkten nur geringe Unterschiede. Innovationen, die die Kosten senken, erlauben es, Produkte zu geringeren Preisen anzubieten. In einer Situation, in der sich Netzwerkeffekte vor allem aus dem frühzeitigen Aufbau eines Kundenstamms ergeben, kann dies einen gewaltigen Vorsprung verschaffen.

Allianzen: Da die Unternehmen in diesem Bereich vor allem versuchen, Standards zu setzen, erweisen sich starke Allianzen als hilfreich, wenn strategische Entscheidungen anstehen. Versucht ein Unternehmen zum Beispiel, einen internetfähigen PC zu entwickeln, der nicht unter Windows läuft, benötigt es vor allem hochkarätige Referenzkunden und zuverlässige Hard- und Softwarehersteller, um sich durchzusetzen. Ohne diese Verbündeten wird niemand die neue Technologie einsetzen und bewerben. Manchmal schließen sich auch Konzerne zusammen, um Kundenstämme zusammenzuführen und größere Netzwerkeffekte zu erzeugen. So hat AOL Netscape sicher auch mit dem Ziel übernommen, zwei der am häufigsten aufgerufenen Internetsites zu kombinieren.

Beim Schmieden von Allianzen ist es zudem wichtig, einander ergänzende Produkte so zusammenzuführen, dass das resultierende Produkt möglichst günstig angeboten werden kann. So ist zum Beispiel Palm-Pilot-Hersteller 3COM daran interessiert, dass möglichst viele Softwareentwickler möglichst preisgünstige Software für seine Geräte entwickeln. Je billiger die Softwarekomponenten sind, desto wahrscheinlicher ist es, dass Kunden die Palm-Plattform erwerben, mit der 3COM letztlich sein Geld verdient.

Überleben genügt nicht

In den letzten zwei Jahrzehnten hat sich auf immer mehr Märkten die gewaltige, zunehmende Bedeutung von Netzwerkeffekten gezeigt. Die Gewinne, die durch Erfolge auf dem Markt erzeugt werden können, sind größer geworden, aber Gleiches gilt für das Risiko zu scheitern. Netzwerkeffekte zu erkennen und schnell und effektiv darauf zu reagieren kann letztendlich den Ausschlag geben.

Unternehmen, die sich gegen Veränderungen wehren oder keine vernünftige Strategie für die Nutzung von Netzwerkeffekten besitzen, argumentieren häufig, dass diese Situationen überbewertet sind. Der Unterschied zwischen der neuen und der alten Wirtschaft sei nur gering, sagen sie, und wenn sie ihren gewohnten Pfad einschlagen, werden sie schon überleben. Unternehmen, die umfassend und strategisch Netzwerkeffekte einsetzen, haben gelernt, welche Gewinne damit zu machen sind. Sie sind zu dem Schluss gekommen: Überleben allein ist nicht genug.

Literaturhinweis
Shapiro, C. und Varian, H.: *Information Rules*, dt.: *Online zum Erfolg*, Langen-Müller/ Herbig, München 1999.

Fiona Scott Morton

Wirtschaftswissenschaft: Verzicht auf Normen

Zahlreiche Veröffentlichungen zum Thema Strategie legen nahe, dass Unternehmen zwangsläufig strategische Fehler begehen, wenn sie die formulierten Ratschläge nicht befolgen. Ökonomen jedoch, die an Wettbewerb und die Effizienz der Märkte glauben, bereitet dieser Ansatz einiges Kopfzerbrechen. Die Wirtschaftswissenschaften sind ein wirksames Instrument zur Analyse von Strategien, beschäftigen sie sich doch mit der Schaffung und Verteilung von Ressourcen. Und dieses Wissen ist entscheidend, um Gewinne zu erwirtschaften. In dem Bereich von Strategie, der erklären will, wie und warum Unternehmen Profit machen, fühlen sich Wirtschaftswissenschaftler also zu Hause. Bei der Erstellung »normativer« Regeln allerdings stoßen Ökonomen auf große Schwierigkeiten. Angesichts aktueller Erkenntnisse in der wirtschaftswissenschaftlichen Forschung kann eine »beste« Strategie nicht existieren. Eine Strategie muss stets auf bestimmte Unternehmen, Märkte oder Produkte angewendet werden. Was für das eine Unternehmen richtig ist, kann also für ein anderes Unternehmen falsch sein.

Die Instrumente und Vorgehensweisen im Bereich Strategie ändern sich stetig. Instinkt oder Erfahrung bleiben dabei wichtige Einflussfaktoren. Die Forschung auf diesem Gebiet entfernt sich allerdings immer weiter von Normen, die auf bewährten Unternehmenspraktiken beruhen und wendet sich disziplingebundenen Ansätzen wie der Erstellung eines wirtschaftlichen Modells oder der empirischen Erprobung von Ideen zu. Disziplinen wie die Wirtschaftswissenschaft oder die Soziologie liefern uns ein einheitliches Denkmodell, das bei komplizierten Fragestellungen ein strukturiertes »strategisches Denken« ermöglicht. Viele Lehrer an MBA und anderen Managementschulen arbeiten im Unterricht in hohem Maß mit mikroökonomischen Prinzipien und aus ihnen abgeleiteten empirischen Arbeiten.

Dieser Aufsatz erklärt, warum sich der wirtschaftswissenschaftliche Ansatz in der Strategieanalyse bewährt hat und wie er sich von anderen Ansätzen unterscheidet. Die Wirtschaftsforschung untersucht die Erzeugung und die Distribution knapper Güter bei Menschen, Unternehmen und Regierungen. Viele Strategieexperten versuchen noch einen Teilbereich zu erforschen – wie einzelne Unternehmen vorgehen, um Gewinn zu erzielen und aufrechtzuerhalten (gemeint ist eine über dem Wettbewerbsniveau liegende Rendite auf die eingesetzten Produktionsfaktoren wie Kapital und Land).

Theorie oder Norm

Strategie weist zwei Seiten auf: eine empirische und eine normative:

- Der *empirische Bereich* – das Verständnis, wie und warum bestimmte Beteiligte Gewinne erzielen – gehört eindeutig zu den Wirtschaftswissenschaften. Es ist nahe liegend, dass Ökonomen hier wesentliche Beiträge leisten.
- Der *normative Aspekt* einer Strategie verlangt nach konkreter Anwendung. Unternehmen sollen den Rat der Fachleute in die Praxis umsetzen, um höhere Gewinne zu erzielen. Dieser Bereich gilt nicht als klassische wirtschaftswissenschaftliche Teildisziplin und erzeugt Spannungen zwischen einzelnen Forschungsansätzen.

Zunächst lege ich dar, mit welchen Instrumenten Wirtschaftswissenschaftler die empirischen Fragestellungen bearbeiten und welche Erkenntnissen daraus folgen. Anschließend werde ich auf das Spannungsverhältnis eingehen, das durch die starken normativen Konsequenzen der meisten strategischen Analysen entsteht.

Erfolgreich: Warum?

Am Anfang steht die Frage: Warum sind einige Unternehmen erfolgreich? Dies inhärent zu beantworten heißt, eine Geschichte zu erzählen. Da stellt sich gleich die nächste Frage: Wie kann ein Geschichtenerzähler (oder Entwickler eines Modells) eine Handlung beschreiben, die gleichzeitig überzeugend und wahrheitsgetreu ist?

Wirtschaftswissenschaftler konzipieren gute »Geschichten«, indem sie auf einfache Weise und plausibel drei Dinge miteinander verbinden: die jeweiligen Akteure, deren Ziele und die ihnen zur Verfügung stehenden Optionen. Ein Beispiel: Wir haben zwei Firmen. Bei der einen sind die variablen Kosten höher als bei der anderen. Beide können wählen, ob sie ihr Produkt an eine neue Marktnische anpassen, also modifizieren wollen. Um die Marktnische zu füllen, müsste man zunächst investieren, um das Produkt zu verändern und es so für einen kleinen Kundenkreis attraktiver zu machen.

Beide Unternehmen haben das gleiche und einzige Ziel: Gewinnmaximierung. Die beschriebenen Akteure, ihre Ziele sowie ihre Möglichkeiten sind sehr viel starrer als in der Realität; in diesem Modell wird das Auftauchen eines weiteren Konkurrenten ausgeschlossen, die Manager dürfen kein weiteres Ziel verfolgen und das Unternehmen muss sich zwischen lediglich zwei Optionen entscheiden: Soll es das Produkt modifizieren oder nicht?

Man darf nicht glauben, ein Modell – wie auch immer geartet – könne die Vielfalt der realen Geschäftswelt tatsächlich abbilden; ein solches Modell wäre gar nicht sinnvoll. Je komplexer – und damit realistischer – das Modell, desto schwieriger ist seine konkrete Interpretation oder Anwendung.

Realitätsrelevante Details bleiben bei einem Modell absichtlich unberücksichtigt, soweit sie nicht unmittelbarer Bestandteil der jeweiligen Studie sind. So erhält man glasklare Ergebnisse über kleine Strategie-Teilbereiche. Interessanterweise kreist die Diskussion der verschiedenen Strategieansätze häufig gerade um die Relevanz der Faktoren, die in den jeweiligen Disziplinen ausgelassen werden.

Ein zentraler Bestandteil des wirtschaftswissenschaftlichen Ansatzes ist der Begriff des Gleichgewichts: Ein Akteur geht bei einer kontextunabhängigen Wiederholung eines Vorgangs absolut gleich vor; die Beteiligten verhalten sich stets optimal. Illustriert an unserem Beispiel heißt das: Die Firma H mit den höheren Kosten macht mit dem Standardprodukt weniger Gewinn als die Konkurrenz N. Deshalb ist die Modifizierung des Produkts für sie attraktiver. Angenommen, die Firma H machte mehr Gewinn, wenn sie die Marktnische befriedigt – dann wird sie bereitwillig investieren. Die Firma N mit niedrigen Kosten wird eine Modifizierung nicht erwägen, da sie erwartet, dass Firma H in die Marktnische eindringen wird, die nicht groß genug ist für zwei.

Jetzt liegt ein Gleichgewicht vor: Firma H wird, wenn die Nische frei ist, zugreifen; Firma N hingegen wird dann gar nicht in die Nische gehen wollen. Beide Firmen verhalten sich in Kenntnis des Vorgehens der Konkurrenz und im eigenen Interesse strategisch klug. (Bei vielen Konstellationen gibt es mehr als ein mögliches Gleichgewicht. Die Handlungen des Gegenspielers abzuändern, um dadurch zu einem anderen Gleichgewichtspunkt zu gelangen, ist ein interessanter Bereich der Strategieforschung.)

Warum ist das Gleichgewicht als Vorgabe so wichtig? Erhielten wir Ergebnisse aus einem Modell, bei dem einer der Beteiligten einen Fehler macht und der andere nur davon profitiert; unter anderen Voraussetzungen würde er nicht profitieren. Keine dieser beiden angewandten Strategien könnte man verallgemeinern oder gar als nachahmenswert empfehlen.

Grundsätzlich legen Wirtschaftswissenschaftler ihre Studien so an, dass man bei der Untersuchung strategischer Handlungen immer davon ausgeht, dass die jeweils Beteiligten versuchen, das Optimum zu erreichen. Die Idee des Gleichgewichts soll dabei verhindern, dass Fehler oder Glück zu ausschlaggebenden Kriterien werden.

Modelle setzen Perspektiven voraus

Wirtschaftswissenschaftler verfügen also über ein aussagekräftiges Instrumentarium: ein schematisches Modell, das Axiom, dass sich alle Beteiligten optimal verhalten, und das Gleichgewicht als Vorgabe. Diese Vorgehensweise garantiert klare und überprüfbare Ergebnisse; das ist sehr wichtig, schließlich wollen wir hier eine glaubhafte Geschichte erzählen. Die Glaubwürdigkeit aber hängt nicht allein vom Modell selbst ab, sondern auch davon, ob das Modell der Überprüfung in der Realität standhält. Können wir eine solche Strategie in der Welt, die uns umgibt, ausmachen? Um das zu klären, benötigen wir ein Modell mit einer klaren Annahme, um die entsprechenden Belege zu suchen.

In einer 1990 veröffentlichten Forschungsarbeit »The Economics of Modern Manufacturing: Technology, Strategy, and Organisation« entwickeln Paul Milgrom und John Roberts ein Modell von mentären Methoden im Management. Sie vertreten die These, dass die Rentabilität einer bestimmten betrieblichen Maßnahme von anderen, im Betrieb vorhandenen und genutzten Möglichkeiten abhängt. Wenn beispielsweise Arbeiter intensiv geschult werden, ist es aus Sicht der Personalentwicklungsstrategie rentabler, wenn die Arbeiter auch Qualitätskontrollen vornehmen. 1999 veröffentlichten Ian Cockburn, Rebecca Henderson und Scott Stern die Studie »Balancing Incentives: The Tension between Applied and Basic Research«. Die Autoren überprüfen, ob pharmazeutische Unternehmen, die akademische Veröffentlichungen besonders honorieren, identisch sind mit solchen, die Forschern besonders attraktive Anreize zur Entwicklung von anwendungsorientierten Patenten bieten. Wenn Neuentwicklungen eines Spitzenforschers als wertvoller gelten als vergleichbare andere Forschungsergebnisse, lässt sich ein Anreizsystem entsprechend strukturieren. Die Autoren haben eine solche Abhängigkeit feststellen und somit ihre Theorie bestätigen können.

Der Nobelpreisträger Ronald Coase erörtert in »The Nature of the Firm« (1937), wie unterschiedlich die Märkte effiziente Transaktionen handhaben. Wenn ein freier Markt gut funktioniert, dann besteht nicht unbedingt die Notwendigkeit, eine Transaktion vom Markt weg ins Unternehmen zu verlagern. Coases Theorie impliziert, dass der für eine notwendige Transaktion untaugliche Markt das Unternehmen veranlassen wird, die Funktion zu integrieren.

1982 haben Kirk Monteverde und David Teece in ihrer Studie »Supplier Switching Costs and Vertical Integration in the Automobile Industry« ermittelt, welche Autoteile General Motors selbst produziert und welche ausgelagert werden.

Sie fanden heraus, dass kompliziertere Teile, die sich weniger leicht vertraglich spezifizieren lassen, im eigenen Haus hergestellt werden. Diese Beispiele sind zugleich Modell und Ausdruck unternehmensinterner Strategien. Bereits 1929 stellte Harold Hotelling in seiner Schrift »Stability In Competition« sein berühmtes Modell einer »Verbrauchergeraden« (Line of Consumers) vor. Dieses besagt: Wenn zwei Firmen frei wählen können, an welcher Stelle der Geraden, auf der die Konsumenten nach Präferenzen geordnet aufgereiht sind, sie sich ansiedeln wollen, dann werden sich beide für die Position in der Mitte entscheiden. Dasselbe tun übrigens auch Politiker, die einen Posten anstreben: Sie wählen die »goldene Mitte«, um vom eigenen Standpunkt aus zur Extremposition in ihrer Partei wählbar zu sein.

Nach der Einführung von Preisen allerdings wird das Modell komplizierter. Siedeln sich Firmen verhältnismäßig dicht beieinander an, entsteht ein Preiswettbewerb. Die Firmen erkennen, dass sie durch Differenzierung oder Marktsegmentierung höhere Preise und mehr Profit erzielen können. Wohl deshalb gibt es bei Frühstücksmüslis eine größere Vielfalt als unter Politikern. John Sutton weist in »Sunk Costs and Market Microstructure« nach, dass Unternehmen in jenen Branchen, in denen die Werbung eine große Rolle spielt, die Zahl der Wettbewerber beeinflussen. Durch den Einsatz von Werbung erhöhen sie nicht nur die Produktnachfrage, sondern auch die Einstandskosten für andere Firmen, die in den Markt eintreten wollen; dadurch verringert sich die Zahl der Firmen, die in der Branche erfolgreich sein können. In diesen Branchen zeigt sich eine Tendenz zur Unternehmenskonzentration. Sutton hat seine Theorie an einer Vielzahl internationaler Branchen für die verschiedensten Konsumgüter angewandt und verifiziert.

Garth Saloner beschreibt 1987 in einem Artikel »Predation, Mergers, and Incomplete Information« eine Situation, in der jemand eine ruinöse Preisunterbietung vornimmt, um das Konkurrenzunternehmen, dessen Übernahme er plant, von seiner größeren Effizienz zu überzeugen. Erwartet die andere Seite eine Fortsetzung dieses harten Wettbewerbs, wird das Unternehmen die für seine Aktionäre zu erwartenden Renditen niedriger veranschlagen und wird einer Übernahme – zu einem niedrigeren Preis als ursprünglich vorgesehen – zustimmen.

So hat Malcolm Burns das Firmen fressende Verhalten von American Tobacco zu Beginn des letzten Jahrhunderts analysiert und die Höhe der Akquisitionskosten und das Vorgehen während dieser Zeit untersucht. Burns folgert, dass die Kosten, die American Tobacco durch die übernahmebezogene Preispolitik entstanden (für die American Tobacco bekannt wurde), durch niedrigere Kosten für Firmenkäufe ausgeglichen werden konnten – eine erfolgreiche Strategie also.

Obgleich im Lauf der Zeit immer wieder neue strategische Grundregeln gefunden und getestet werden, haben die einmal aufgestellten unabhängig von der Art des Unternehmens und dem Zeitpunkt ihrer Anwendung Bestand. Ein Manager kann und sollte sie nutzen, um die für seine jeweilige Situation geeignete Strategie zu finden. Bei der Suche nach Entscheidungshilfe stellt die normative Literatur eine alternative Quelle dar. Die darin enthaltenen Anweisungen vereinfachen jedoch viel zu stark; sie unterstellen, dass fast jedes Unternehmen durch die Befolgung solcher Ratschläge und Patentrezepte profitiert.

Ökonomen neigen hingegen eher zu der Annahme, dass ein Unternehmen gute Gründe haben wird, wenn es diese Anweisungen gerade nicht befolgt. Wissenschaftlich begründetes Vorgehen rät einem Unternehmen davon ab, durchweg eine »universelle« Strategie anzuwenden.

Die Annahme ist vielmehr die, dass eine Gruppe von Unternehmen sich jeweils optimal verhält. Ein Wissenschaftler gewinnt Erkenntnisse aus der Untersuchung, warum die Strategie X für das Unternehmen Y besser war als für das Unternehmen Z. Er würde niemals eine Strategie zur grundsätzlich »besten« ernennen.

Das Ziel: Heterogenität

Der ökonomische Ansatz legt daher den Schwerpunkt auf Heterogenität. Folglich unterscheiden sich Unternehmen in einer oder gleich mehreren Dimensionen, die sämtlich in das Modell integriert werden können. Merkmale wie materielle Vermögenswerte, Unternehmenskultur, Markenprofil und Kompetenzen, durch die sich ein Unternehmen von anderen unterscheidet, sorgen dafür, dass die beste Strategie für dieses eine spezifische Unternehmen sich ebenfalls von denen anderer unterscheidet.

Bei der Entscheidung für die jeweils optimale Strategie ist ein standardisierter Maßstab also untauglich, da er der komplexen Aufgabe nicht gerecht wird. Eine Strategie muss den anderen Charakteristika eines Unternehmens angepasst sein – Organisationsformen, Märkten, Produkten. Obgleich die jeweils beste Strategie also in jedem konkreten Fall eine andere ist, ist sie doch in keinem Fall unabhängig von den Grundprinzipien der Ökonomie zu betrachten.

Diese geben einem Manager Kriterien an die Hand, mittels derer er die »beste« Strategie auf sein Unternehmen zuschneiden kann. Das heißt: In der realen Geschäftswelt existieren keine zwei Firmen – ob nun innerhalb einer Branche oder branchenübergreifend –, die sich für exakt dieselbe Strategie entscheiden. Was für ein Unternehmen gut ist, könnte für ein anderes genau falsch sein.

Sharon Oster zeigt in ihrem Artikel »The Diffusion of Innovation Among Steel Companies: the Basic Oxygen Furnace« auf, dass die Einführung des Konverters innerhalb der Stahlbranche zeitlich versetzt in den Betrieben stattfand. Sie untersucht, ob diejenigen, die nicht sofort auf die neue Technolgie umrüsteten, einen strategischen Fehler machten. Ergebnis: Hätten auch die traditionellen Firmen alle sofort auf die erwiesenermaßen bessere Technolgie umgerüstet, wären ihnen viel höhere Kosten entstanden als den Neueinsteigern. Im Gegensatz zu den Japanern, die nicht auf bestehende Betriebe Rücksicht nehmen mussten, verfügten diese Firmen über eine hochwertige, nur auf die herkömmliche Herstellung ausgerichtete Technologie. Statt durch Abschaffung Verlust zu machen, gab es eine Gewinnmaximierung durch Nicht-Umstellung; geknüpft an die Gegebenheiten dieser bereits vorhandenen Investition wurde diese voll ausgeschöpft.

Andrea Shepard hat 1993 ermittelt, warum manche Tankstellen vertikal in Öl produzierenden Unternehmen integriert sind, andere hingegen unabhängig betrieben werden. In einigen Fällen war die Tankstelle zugleich eine Werkstatt. Da aber die Qualität von Reparaturarbeiten schwer zu überprüfen ist, stellt die leistungsgerechte Bezahlung der Mechaniker eine Schwierigkeit dar. Haben die Mechaniker jedoch einen starken Anreiz, ihre Arbeit gut zu machen, kann man einen guten Reparaturservice und ein profitableres Geschäft erwarten. Folglich geht der Trend zu Franchise- und selbstständigen Unternehmen.

Meine 1997 erschienene Arbeit über die Handelsschifffahrt um die Jahrhundertwende zeigt, wie die damaligen Kartelle einen Preiskrieg gegen einige Neueinsteiger anzettelten, nicht jedoch gegen alle. Warum soll es damals nicht auch etwas wie die »beste« Strategie gegeben haben? Einige der Neueinsteiger waren sehr finanzkräftig. Ein Preiskampf gegen sie wäre aussichtslos gewesen. Also entschied sich das Kartell, den Preiskampf nur gegen schwächere Unternehmen zu führen, die man auf diese Weise tatsächlich ausschalten konnte. Diese kurze Liste verschiedener Arbeiten mag dazu dienen, eine grundsätzliche Aussage über die wirtschaftswissenschaftliche

Arbeit im Bereich Strategie zu untermauern: Grundregeln sind immer anwendbar, unabhängig von den jeweils »modischen« Managementmethoden. Unternehmen hingegen sind einmalig in ihrer Art und sollten dieses Instrumentarium dazu benutzen, die in eigener Sache jeweils beste Strategie zu ermitteln.

Als Feld innerhalb der Sozialwissenschaften ist die Strategie ungewöhnlich normativ; sie liefert nicht nur Erklärungsmodelle, sie gibt den Managern auch Lösungsmöglichkeiten an die Hand. Es gibt also durchaus Manager, die Fehler machen und zur Ermittlung der richtigen Strategie Hilfe und Beratung von außen brauchen. Dieser Teil der Strategie steht im Konflikt mit einer Wirtschaftswissenschaft, deren Grundannahme die Verschiedenartigkeit von Unternehmen ist und von unterschiedlich effizienten Märkten ausgeht – tatsächlich »verschenkte Gelegenheiten« stellen demnach eher die Ausnahme dar.

Verschenkte Gelegenheiten sind selten

Ein beliebter alter Witz veranschaulicht dies: Zwei Betriebswirte gehen eine Straße entlang, als plötzlich einer von ihnen einen 20-Dollar-Schein auf dem Gehweg sieht. »Guck mal, da drüben liegt ein 20-Dollar-Schein!«, sagt der eine. »Blödsinn, das kann nicht sein! Wenn dort einer läge, hätte ihn schon längst jemand mitgenommen!«, antwortet der andere.

Ein Wettbewerbsmarkt ist dadurch gekennzeichnet, dass Profit wegkonkurrenziert wird. Selbstverständlich gibt es auch ruhigere Phasen, in denen einem die Konkurrenz nichts anhaben kann und der Gewinn auch tatsächlich Gewinn bleibt. Unternehmen können sich durch Patente oder Regulierungsmaßnahmen den alleinigen Profit für eine gewisse Zeit sichern. Zu Zeiten allerdings, wo Privatunternehmer den Markt erstürmen, und etablierte Unternehmen plötzlich neue Chancen wittern, mag es kaum noch Mehr- oder Sondergewinne mehr geben. Hier und da wird man sicher noch einen 20-Dollar-Schein finden, aber wenn sich herumspräche, wo sie zu finden sind, dann wäre alles Fragen und Suchen nach der richtigen Strategie umsonst. Der Ökonom Friedrich August von Hayek kam bereits 1945 in seiner Schrift »The Use of Knowledge in Society« zu einem möglichen Lösungsansatz für den Konflikt zwischen Wirtschaftswissenschaft und Strategie. Hayek stellt heraus, dass die Beschaffung von Informationen durch die richtige Person, zum richtigen Zeitpunkt und am geeigneten Ort in einer Marktwirtschaft ein fundamentales Problem darstellen.

Diese Informationen sind deshalb so bedeutsam, weil sie die effiziente Allokation von Ressourcen ermöglichen und dem Anwender erlauben, Teile des dadurch erzielten Vorteils als Profit zu behalten. Man stelle sich einen Unternehmer vor, der zu einer bestimmten Zeit an einem bestimmten Ort einen bisher ungesättigten Bedarf für ein bestimmtes Produkt feststellt. Übertragen auf unser Beispiel mit dem 20-Dollar-Schein hieße das, es gibt eine ganze Menge 20-Dollar-Scheine (einige sind sogar noch mehr wert). Sie liegen aber nicht einfach auf der Straße – nur jemand, der über das richtige Wissen verfügt, kann sie tatsächlich finden. Für den Ökonom ist Strategie das Wissen, das jemanden befähigt zu erkennen, welche Informationen gewinnbringend sind, und wo man sie finden kann, um sie dann bestmöglich zu nutzen. Im Bereich der Strategie versuchen Wirtschaftswissenschaftler, unsere Kenntnisse über Prinzipien, die dem Erfolg von Unternehmen zugrunde liegen, zu erhöhen. Denn dies ist die Quelle allen Profits.

Literaturhinweise

Brander, J.; Lewis, T.: »Oligopoly and Financial Structure: the Limited Liability Effect«, *American Economic Review* 76 (5), 1986

Bulow, J. I., Geanakoplos, J. D.; Klemperer, P. D.: »Multimarket Oligopoly: Strategic Substitutes and Complements«. *Journal of Political Economy* 93 (3), 1985; June: 488-511

Burns, M.: »Predatory Pricing and the Acquisition Cost of Competitors«, *Journal of Political Economy* 94 (2), 1986

Chevalier, J.: »Do LBO Supermarkets Charge more? An Empirical Analysis of the Effects of LBOs on Supermaket Pricing«, *Journal of Finance* 50 (4), 1995

Coase, R.: »The Nature of the Firm«, *Economia* 4, 1937

Cockburn, I.; Henderson, R.; Stern S.: *Balancing Incentives*, NBER Working Paper No. 6882, 1999.

Garicano, L.: »Hierarchies and the Organization of Knowledge in Production«, *mimeo Graduate School of Business*, University of Chicago, 1999

Ghernawat, P.: »DuPont in Titanium Dioxide, Caso No 384140«, Cambrige, MA: Harvard Business School Publishing, 1999

Hayek, F.:»The Use of Knowledge in Society«, *American Economic Review* 35 (4), 1945

Hotelling, H.: »Stability in Competition«, *Economic Journal* 39: 41-57, 1929.

Milgrom, P.; Roberts, D. J.: »The Economics of Modern Manufacturing«, *American Economic Review* 80 (3), 1990.

Monteverde, K.; Teece, D.: »Supplier Switching Costs and Vertical Integration in the Automobile Industry«, *Bell Journal of Economics* 13 (1), 1982.

Oster, S.: »The Diffusion of Innovation among Steel Companies«, *Bell Journal of Economics* 13 (1), 1982.

Saloner, G.: »Predation, Mergers and Incomplete Information«, *RAND Journal of Economics* 13 (1), 1982.

Scott Morton, F.: »Entry and Predation: British Shipping Cartels 1879-1929«, *Journal of Economics and Management Strategy* 6 (4), 1997.

Shepard, A.: »Contractual Form, Retail Price and Asset Characteristics in Gasoline Retailing«, *RAND Journal of Economics* 24 (1), 1993.

Showalter, D.: »Oligopoly and Financial Structure: Comment«, *American Economic Review* 85 (3), 1995

Spence, A. M.: »Entry Capacity, Investment and Oligopolistic Pricing«, *Bell Journal of Economics* 8 (2), 1977

Sutton, J.: *Sunk Costs and Market Microstructure*, MIT Press, 1991.

Luis Garicano

Spieltheorie: Einsichten statt Antworten

Anders als die meisten der von Ökonomen entwickelten Entscheidungshilfen bringt die Spieltheorie relativ wenig, wenn als Lösung eines Problems ein numerisches Ergebnis erwartet wird. Will man hingegen verstehen, wie das interaktive Verhalten von Marktteilnehmern in bestimmten Situationen aussieht, ist sie ein echter Gewinn. Mithilfe der Spieltheorie lernen Wettbewerber neben der »richtigen« Art zu spielen auch Wesentliches über Wettbewerbsregeln und darüber, welche Konsequenzen das Ändern von Spielregeln hat. Die Spieltheorie hat aber nicht nur die analytischen Möglichkeiten im Rahmen von Unternehmensstrategien erweitert, sondern auch die Wettbewerbsfähigkeit der Unternehmen und deren Strategien vorangebracht. Neben der Wirtschaftswissenschaft hat sie zudem Einzug gehalten in die Gerichtsprozessführung, Evolutionstheorie und Politikwissenschaft.

Soll der US-Flugzeugbauer Boeing wegen der Konkurrenz durch den europäischen Airbus den Preis für seine 737 senken? Oder sollte der US-Einzelhandelsriese Wal-Mart in den Internet-Buchhandel einsteigen? Um Fragen wie diese zu beantworten, müssen Boeing und Wal-Mart die naheliegenden Reaktionen ihrer Konkurrenten einschätzen können.

Boeing muss einkalkulieren, dass Airbus auf die Preissenkung mit einer eigenen Preisoffensive antwortet – und damit möglicherweise einen Preiskampf in der Branche auslöst. Und auch Wal-Mart sollte darauf gefasst sein, dass sein Einstieg in den Internet-Buchhandel heftige Reaktionen vonseiten der bisherigen Marktführer Amazon.com und Barnes and Noble.com hervorrufen könnte. In beiden Fällen könnten die von Spieltheoretikern entwickelten Konzepte hilfreich sein.

Bevor der Mathematiker John von Neumann und der Ökonom Oskar Morgenstern 1944 ihr bahnbrechendes Werk *Spieltheorie und ökonomisches Verhalten* veröffentlichten, waren Ökonomen bei der Untersuchung strategischer Wechselwirkungen zwischen Unternehmen mehr oder weniger auf sich gestellt. Seriöse Studien beschränkten sich auf Situationen, in denen zu viele Marktteilnehmer in Interaktion treten (was Ökonomen »perfekten Wettbewerb« nennen) oder aber keine Konkurrenz vorhanden ist (wie bei Monopolen). Durch die Spieltheorie wurde der analytische Rahmen nicht nur für Unternehmensstrategien, sondern auch für verschiedene Fachgebiete wie Prozessführung, Evolutionstheorie und Politikwissenschaft erweitert. Angenommen, Ihr Unternehmen gehört zu den beiden einzigen in einer gesättigten Konsumgüterbranche. Der in der Branche erwirtschaftete Gewinn beläuft sich auf 50 Millionen Euro, die zu gleichen Teilen auf Ihr und das andere Unternehmen entfallen. Ihr Unternehmen steht nun vor der Entscheidung, eine Werbekampagne durchzuführen, die 15 Millionen Euro kosten soll. Und die von Ihnen betriebene Marktforschung kommt zu dem Ergebnis, dass die Werbekampagne das Marktvolumen nicht vergrößern wird, da es sich um einen bereits gesättigten Markt handelt.

Abb. 1: Strategiematrix des Werbekampagnenspiels

Sie haben allerdings herausgefunden, dass die Verbraucher äußerst imagebewusst sind. Wirbt nur das eine Unternehmen und das andere nicht, so erhöht sich der Marktanteil des werbenden Unternehmens auf 90 Prozent. Der Bruttogewinn ohne Werbekosten steigt dadurch von 25 auf 45 Millionen Euro und der Nettogewinn von 25 auf 30 Millionen Euro. Für das nichtwerbende Unternehmen bedeutet dies einen Gewinnrückgang von 25 auf 5 Millionen Euro. Werben hingegen beide Unternehmen, bleibt der jeweilige Marktanteil konstant – bei gleichzeitigem Rückgang des Nettogewinns in Höhe des für die Werbekampagne aufgewendeten Betrags.

Abbildung 1, die als Strategiematrix des Spiels bezeichnet wird, stellt die Situation schematisch dar, in der sich beide Unternehmen befinden. Die Zahlen entsprechen Ihrem Nettogewinn (erste Zahl) und dem Ihres Konkurrenten (zweite Zahl), den sie in jeder der vier möglichen Situationen erzielen können. Gleichgültig was Ihr Konkurrent tut – Sie haben die besseren Karten, wenn Sie werben. Wirbt Ihr Konkurrent nicht, können Sie mithilfe der Werbung einen Teil des Marktanteils Ihres Rivalen dazu gewinnen (Sie verdienen 30 statt 25 Millionen Euro). Falls Ihr Konkurrent nun doch eine Werbekampagne startet, können Sie Ihren Gewinn auf 10 Millionen Euro erhöhen, wenn Sie ebenfalls werben. Ohne Werbung würde Ihr Gewinn lediglich 5 Millionen Euro betragen.

In der Sprache der Spieltheoretiker ist hierbei Werben die dominante Strategie und Nichtwerben die dominierte Strategie. Also: Egal, was Ihr Konkurrent tut – Sie stehen immer besser da, wenn Sie werben.

Für Ihren Konkurrenten gestaltet sich die Situation ähnlich. Auch er verbessert seine Situation mit Werbung, unabhängig davon, was Sie tun. Die Lösung des Spiels besteht in der Elimination der dominierten Strategien. Der Spielausgang ist im oberen linken Feld der Matrix in Abbildung 1 dargestellt: Beide Unternehmen werben und erzielen jeweils einen Gewinn von 10 Millionen Euro. Bleibt anzumerken, dass dieses Ergebnis deutlich schlechter ist als der Gewinn von 25 Millionen Euro, den sie beide ganz ohne Werbung erzielt hätten. Damit führt die jeweilige Motivation der Spieler dazu, dass jeder eine Strategie wählt, mit der sich letztlich beide verschlechtern. Mit diesem ungünstigen Ergebnis ist dann zu rechnen, wenn beide nur ein einziges Mal gegeneinander antreten und Reputation demnach keine Rolle spielt.

Die beschriebene Situation ist ein typisches Spieltheorie-Kollektivdilemma, das zum ersten Mal in den fünfziger Jahren im Rahmen des klassischen Gefangenendilemmas beschrieben wurde (siehe Seite 57). Dass das oben beschriebene Werbespiel dem Gefangenendilemma gleicht, hängt mit der Auszahlungsfunktion zusammen, die sich aus den Aktionen der Spieler ergibt. Ändert man die Auszahlungsfunktion, so ändert sich die angewandte Strategie und damit der Spielausgang.

Abb. 2: Strategiematrix für das asymmetrische Werbekampagnenspiel

Angenommen, Ihr Unternehmen ist in dieser 50 Millionen Euro-Branche dominierend und erzielt 70 Prozent des Gewinns. Nun taucht ein kleiner, aber stetig wachsender Wettbewerber auf. Ihre Marktforschung hat ergeben, dass eine Werbekampagne in Höhe von 15 Millionen Euro den Umsatz dieses Start-up-Unternehmens wesentlich mehr beflügelt als den Ihren. Wirbt also Ihr Konkurrent und Sie nicht, so wird sein Anteil am Bruttogewinn vermutlich um 40 Prozentpunkte auf 35 Millionen Euro (ohne Werbekosten) steigen oder auf einen Nettogewinn von 20 Millionen Euro. Ihr eigener Gewinn wird entsprechend um 40 Punkte auf insgesamt 15 Millionen Euro zusammenschmelzen.

Werben Sie und Ihr Konkurrent nicht, so steigt Ihr Anteil um 10 Punkte auf einen Gewinn von 40 Millionen Euro (ohne Werbekosten), während der Gewinn Ihres Wettbewerbers auf 10 Millionen Euro zurückgeht. Werben Sie beide, erhöht das den Bruttogewinn Ihres Konkurrenten um 15 Punkte auf einen Gesamtgewinn von 22,5 Millionen Euro (7,5 Millionen Euro bei Abzug der Werbekosten). Ihr eigener Anteil am Bruttogewinn reduziert sich von 35 auf 27,5 Millionen Euro (12,5 Millionen Euro bei Abzug der Werbekosten). Die Spielmatrix sieht nun wie in Abbildung 2 aus:

Sie wenden die dominante Strategie an, nicht zu werben. Tut Ihr Konkurrent das Gleiche, so stehen Sie ohne Werbung besser da und können Ihren großen Vorsprung sichern. Selbst wenn Ihr Konkurrent wirbt, stellt sich die Situation für Sie besser dar, wenn Sie keine 15 Millionen Euro Werbekampagne durchführen, um 25 Punkte des Marktanteils oder 12,5 Millionen Euro zurückzugewinnen. Allerdings: Ihr Konkurrent weiß, dass Nichtwerben Ihre dominante Strategie ist. Er muss sich entscheiden, nicht zu werben und 15 Millionen Euro Nettogewinn zu erzielen, oder zu werben und einen Gewinn von 20 Millionen Euro einzufahren. Keine Frage, dass sich Ihr Konkurrent für Werbung entscheiden wird. Der Spielausgang ist im Feld links unten dargestellt. Ihr Gewinn beträgt nun 15 statt 35 Millionen Euro.

Es wird deutlich, dass Sie sehr wahrscheinlich auf den für Sie ungünstigsten Spielausgang zusteuern, wenn Sie nichts am Spielverlauf ändern. Was aber können Sie tun? Angenommen, Sie könnten sich dazu verpflichten, in jedem Fall zu werben. In diesem Fall würde Ihr Konkurrent sich dafür entscheiden, nicht zu werben. Dieser Spielausgang ist im oberen rechten Feld der Matrix dargestellt: Sie erzielen einen Nettogewinn von 25 Millionen Euro, für Ihren Konkurrenten bleiben 10 Millionen Euro. Das Problem hierbei ist, dass eine solche Verpflichtung wenig glaubwürdig ist. Denn ihr Konkurrent weiß, dass Sie – konfrontiert mit seiner Werbung – in jedem Falle auf Werbung verzichten werden, da Sie unter dem Strich damit besser fahren. Soll der Spielzug glaubwürdig sein, muss Ihr Unternehmen die Spielregeln ändern. Wie das geschehen kann, werden wir später erörtern.

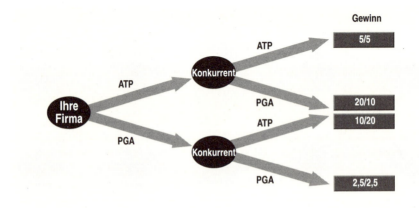

Abb. 3: Sponsoringspiel (eine Firma beginnt)

Glaubwürdigkeit braucht Wandel

Das Nash-Gleichgewicht

Nicht alle Spiele lassen sich durch die Beseitigung der dominierten Strategien lösen. Stellen Sie sich eine neue Variante Ihres Werbeproblems vor. Sie müssen entscheiden, ob Sie das ATP-Tennisturnier der Männer oder das PGA-Golfturnier als Werbeträger benutzen. Sie und Ihr Konkurrent bevorzugen – wegen des größeren Publikums – Tennis, wollen sich aber nicht gegenseitig ins Gehege kommen, indem Sie den gleichen Werbeträger wählen. Damit würden Sie außerdem den Preis erheblich in die Höhe treiben. In Abbildung 4 ist der geschätzte Gewinn in Millionen Euro angegeben, den Sie und Ihr Konkurrent mit jeder Variante erzielen können.

Was ist die Lösung dieses Spielproblems? Es gibt es bei dieser Spielform keine dominante Strategie. Entscheidet sich Ihr Konkurrent für Tennis (ATP), so werden Sie vermutlich Golf (PGA) wählen, um einen direkten Wettbewerb zu vermeiden. Nimmt Ihr Konkurrent hingegen Golf, so werden Sie sich vermutlich für Tennis entscheiden. Im Sprachgebrauch der Spieltheoretiker ist dieser Konflikt nicht durch Dominanz lösbar.

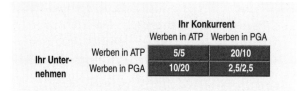

Abb. 4: *Strategiemix für das Werbeträgerspiel*

Das von Ökonomen für diese Spielform angewandte Lösungskonzept heißt Nash-Gleichgewicht, benannt nach seinem Entdecker, dem Nobelpreisträger John Nash. Ein Nash-Gleichgewicht ist dann erreicht, wenn keiner der Kontrahenten seine Position durch einseitiges Ändern der Strategie verbessern kann. Anders ausgedrückt: Bei einem Nash-Gleichgewicht gibt jeder Spieler wechselweise die beste Erwiderung auf die Strategie des anderen. In der beschriebenen Spielsituation stellt Ihre Wahl des ATP-Turniers und die Ihres Konkurrenten für das PGA-Turnier ein Nash-Gleichgewicht dar, da weder Ihr einseitiges Abkehren vom ATP-Turnier noch der einseitige Verzicht Ihres Konkurrenten, PGA als Werbeträger zu benutzen, die Situation für einen von Ihnen verbesserte. Auch Ihre Entscheidung für PGA und die Ihres Konkurrenten für ATP stellt ein Nash-Gleichgewicht dar.

Das Gefangenendilemma
Zwei mutmaßliche Verbrecher werden wegen einer schweren Straftat verhaftet. Die Polizei kann ihnen jedoch nichts nachweisen. Beim Verhör wird beiden das Angebot gemacht, einer Bestrafung zu entgehen, wenn sie den anderen belasten, während der andere zu einer langen Haftstrafe verurteilt wird. Die dominante Strategie für jeden ist es nun, den anderen zu belasten. Das Dilemma: Beide landen im Gefängnis.

»Geschlechterkampf«
Bei diesem paradigmatischen Spiel wollen die Spieler ihre Aktionen koordinieren, haben aber unterschiedliche Präferenzen. Im Namen gebenden Beispiel will ein Ehepaar seine Abendgestaltung abstimmen. Der Mann möchte zum Fußballspiel gehen, die Ehefrau ins Theater. Beide wollen jedoch lieber eine der beiden Aktivitäten gemeinsam statt ihre Präferenz allein durchführen. Eine Unternehmenssituation mit ähnlicher Struktur ist das Standardisierungsproblem. Zwei Unternehmen wollen sich auf einen Standard einigen, beide ziehen es jedoch vor, ihre eigene Technologie als Standard zu übernehmen.

Sequenzielle Spiele

Wie bei einer asymmetrischen Werbekampagne kann die Analyse der Wettbewerbssituation dazu dienen, den Spielausgang zu optimieren – durch die Veränderung der Spielregeln. Vielleicht kann Ihr Unternehmen die Initiative ergreifen und dem Konkurrenten zuvorkommen. Sie könnten öffentlich bekannt geben, dass Sie beim ATP Turnier als Sponsor auftreten. Das würde zwangsläufig zu einem sequenziellen Spielverlauf führen.

Rückwärts-Induktion

Bisher haben wir uns mit Spielsituationen beschäftigt, in denen zwei Wettbewerber gleichzeitig agieren. Jeder trifft seine Entscheidung, ohne die Entscheidung des anderen zu kennen. Beim Spiel um die Auswahl des passenden Werbeträgers liegt es jedoch nahe, dass einer der beiden Spieler versucht, dem anderen zuvorzukommen. Obwohl sich sequenzielle Spiele auch anhand einer etwas abgeänderten Matrix entsprechend der in Abbildung 4 darstellen lassen, bevorzugen Spieltheoretiker hierzu die Darstellung eines umgekehrten Baumes wie in Abbildung 3 (für extensive Spielformen, siehe Seite 60 ff.).

Bei der Suche nach einem Lösungskonzept für sequenzielle Spiele greifen Spieltheoretiker auf die Rückwärts-Induktion zurück. Das heißt: Sie versuchen zunächst zu bestimmen, was Ihr Konkurrent am Ende des Spiels tun wird. Dann entscheiden Sie, wie Sie unter Berücksichtigung seiner Spielzüge am besten vorgehen. Entscheiden Sie sich für ATP, so wird Ihr Gegenspieler das PGA-Turnier sponsern und damit 10 Millionen Euro Gewinn erzielen, statt in direkten Wettbewerb mit Ihnen zu treten und nur 5 Millionen Euro einzunehmen. Ist das PGA-Turnier Ihr bevorzugter Werbeträger, wird sich Ihr Konkurrent für das ATP-Turnier entscheiden und 20 Millionen Euro Gewinn erzielen, statt Ihnen beim PGA-Turnier Konkurrenz zu machen und nur 2,5 Millionen Euro einzufahren. Ist der erste Zug bei Ihnen, dann sollten Sie ihre Wahl des ATP-Turniers bekannt geben. In diesem Fall wird Ihr Konkurrent sicher als PGA-Sponsor auftreten.

Verpflichtung und Glaubwürdigkeit

Die Wechselwirkung in einer sequenziellen Interaktion haben wir dahingehend abgewandelt, dass wir Ihrem Unternehmen den ersten Zug einräumen. In der Praxis bedeutet der erste Zug aber, dass Sie sich in jedem Fall zur Werbung beim ATP-Turnier verpflichten werden. Können Sie also glaubhaft versichern, beim ATP-Turnier als Sponsor aufzutreten, so können Sie einen teuren Konkurrenzkampf vermeiden.

Um das in Abbildung 4 dargestellte Spiel in ein sequenzielles Spiel zu verwandeln, reicht es allerdings nicht aus, eine Absicht zu bekunden. Ein Konkurrent, der Ihre Absicht anzweifelt, könnte immer noch den anderen Gleichgewichtsausgang erzwingen. Denn er weiß, dass Sie – vor vollendete Tatsachen gestellt – am Ende nachgeben werden. Um also den Spielausgang tatsächlich zu verändern, müssen Sie Ihre Verpflichtung für Ihre Werbestrategie glaubhaft machen. Nur wie?

In »Thinking strategically«, einer hervorragenden Einführung in die Spieltheorie, beschreiben Avinash K. Dixit von der Princeton University und Barry J. Nalebuff von der Yale University, wie sich Spieler im Vorhinein zu einer Handlung verpflichten können, die im Anschluss an die Entscheidung des Konkurrenten irrational sein könnte. Die Vorschläge sind unter anderem: Verträge aufzusetzen, sich den Ruf eines unnachgiebigen Konkurrenten zu erwerben oder die Brücken zum Rückzug abzubrechen und Entscheidungen zu fällen, die eine Umkehr unmöglich machen.

Abschreckung vor dem Markteintritt

Das Problem der Abschreckung vor dem Markteintritt ist ein gutes Beispiel für ein sequenzielles Spiel. Bei dieser Spielvariante muss ein potenzieller Marktteilnehmer entscheiden, ober den Eintritt in den Markt wagt oder nicht. Der potenzielle Marktteilnehmer weiß, dass sich das alteingesessene Unternehmen vermutlich mit dem Markteintritt arrangieren wird, wenn es erst einmal mit dem neuen Teilnehmer konfrontiert wird.

Für das alteingesessene Unternehmen besteht das Problem nun darin, sich glaubhaft zu einer Strategie zu verpflichten, die zwar im weiteren Verlauf ungünstig ist (wie Preissenkung nach Eintritt des neuen Unternehmens in den Markt), die aber den Konkurrenten zur Änderung seiner Strategie zwingt und davon abhält, auf den Markt zu drängen.

Spiele zur Abschreckung des Markteintritts sind in ihrer formalen Struktur mit dem »Spiel der atomaren Abschreckung« identisch, das die USA und die UdSSR gespielt haben. So mussten sich die USA glaubhaft einer Strategie verpflichten, die eigentlich völlig irrational war, denn die USA beteuerten ihre Entschlossenheit, die ganze Welt wegen der »Lappalie« einer Invasion in Westeuropa atomar zu zerstören. Wenn es den USA gelänge, ihre Entschlossenheit glaubhaft zu machen, so die Überlegung, könnte ein Erstschlag der UdSSR in Europa verhindert werden. Thomas Shelling merkt in seiner grundlegenden spieltheoretischen Analyse der atomaren Strategien »The Strategy of Conflict« (1960) paradoxerweise an, dass »die Macht, einen Gegenspieler im Zaum zu halten, von der Macht abhängen kann, sich selbst zu etwas zu verpflichten«.

Informationen

Dieses Beispiel stellt ein bislang vernachlässigtes Problem in den Vordergrund. Jeder Spieler ist häufig im Unklaren darüber, in welcher Situation sich der Gegenspieler gerade befindet. Für die Kontrahenten bleiben daher wesentliche Unsicherheiten über Fragen wie: Wird mein Gegenspieler nachgeben? Ist meine Drohung auch glaubhaft? Daher beschäftigt sich die Forschung zur Spieltheorie zunehmend mit Spielen »unvollständiger Information«, bei der die Spieler unterschiedliche Informationen über die Auszahlungsfunktion haben. Die in Europa und den USA durchgeführten Auktionen von Telekommunikationsfrequenzen sind hierfür ein gutes Beispiel.

Nutzen und Grenzen

Die Spieltheorie ist anders als sonstige von Wirtschaftswissenschaftlern entwickelte Entscheidungshilfen nicht von Nutzen, wenn als Spiellösung ein numerisches Ergebnis erwartet wird. Denn Spiellösungen reagieren häufig zu empfindlich auf Annahmen, die über den Zeitpunkt des Zuges, die den Spielern bereitgestellten Informationen und die Rationalität der Entscheidungen unterstellt werden. Das in Abbildung 3 dargestellte einfache Sponsoring-Spiel veranschaulicht dieses Problem sehr gut. Die Annahme darüber, welche Informationen ein Spieler über die unumkehrbare Sponsoring-Entscheidung des anderen hat, bevor er seine eigene Entscheidung fällt, ist entscheidend für den Spielausgang. Der größte Nutzen der Spieltheorie besteht vielmehr darin, Einblicke in das interaktive Verhalten zweier Gegenspieler zu gewähren und die richtige Art des Spielens zu vermitteln. Zudem kann mithilfe der Spieltheorie das Verständnis für die bestehenden Möglichkeiten und die Konsequenzen einer Änderung der Spielregeln erweitert werden.

Sieht beispielsweise Boeing, dass sein Preiskampf mit Airbus dem Gefangenendilemma gleicht, so kann es die Spielregeln ändern und den Anreiz beseitigen, der zu einem Preiskampf mit Airbus führen könnte. Und auch Wal Mart, dem Amazon mit drastischen Preissenkungen für den Fall des Markteintritts in den Internetbuchhandel droht, muss verstehen, warum Amazon seine Drohung wahrmachen wird, um eine fundiertere Entscheidung treffen zu können.

Spieltheorie in der Praxis:
Wie die Auktion von Frequenzen gestaltet werden kann

Im Jahr 1993 beschloss der US-Kongress die Versteigerung von Lizenzen zur Nutzung von Telekommunikationsfrequenzen für private Kommunikationsdienste. Hiermit war der Verkauf von mehreren tausend Lizenzen mit unterschiedlicher geografischer Abdeckung und an verschiedenen Spektrenorten verbunden.

Die Lizenzversteigerung bedeutete einen Bruch mit der bisherigen Tradition, Lizenzen direkt an jene Marktteilnehmer zu vergeben, die den größten »Bedarf« nachweisen konnten. Um die Lizenzen effizient an den Meistbietenden versteigern zu können, musste die Federal Communications Commission (FCC) ein neues Verfahren entwickeln. Bei der Entwicklung des Auktionsverfahrens und der Beratung der Bietergruppen über die optimale Bieterstrategie waren die Spieltheorie und Spieltheoretiker maßgeblich beteiligt.

A priori sind Auktionen eine hervorragende Möglichkeit, Güter denjenigen Personen zuzuteilen, die den Wert dieser Güter besonders hoch einschätzen, denn sie werden voraussichtlich das höchste Angebot machen. Die spieltheoretische Forschung hat jedoch gezeigt, dass das Auktionsdesign sowohl für die ökonomische Effizienz als auch für die optimale Zuteilung (das heißt es bekommt tatsächlich derjenige die Güter, der sie auch am meisten wertschätzt) und die Erlöse des Verkäufers von Bedeutung ist. In diesem konkreten Fall bekam die FCC vom Kongress neben der Maximierung des Auktionserlöses die Vorgabe, eine effiziente und intensive Nutzung der Frequenzen sicherzustellen.

Für die Bieterkonsortien hing der Wert jeder einzelnen Lizenz im Wesentlichen davon ab, ob sie bereits über andere Lizenzen verfügten, sodass mehrere Lizenzen für eine Region gebündelt werden konnten. Auf diesen Punkt musste mit dem Auktionsdesign Rücksicht genommen werden. Ein Bieter sollte schließlich nicht für eine Lizenz als Teil eines Pakets bieten und später feststellen, dass ihm unzusammenhängende Lizenzen zugeteilt wurden – mit einem für ihn weit geringerem Wert.

Dem Rat verschiedener Wirtschaftstheoretiker folgend, die von den Bieterkonsortien als strategische Berater engagiert worden waren (darunter Paul Milgrom und Robert Wilson von der Stanford University sowie Preston McAfee von Texas A&M und John McMillan von der University of California in San Diego), entschied sich die FCC für das neue Auktionsverfahren einer simultan ansteigenden Auktion. Hierbei bleibt das Bieten für sämtliche Lizenzen so lange offen, bis für keine der Lizenzen mehr Gebote abgegeben werden. Erleichtert wurde die Bündelung von Lizenzen durch das gleichzeitige Bieten und Beobachten der Gebote.

Neben all ihren Vorteilen beinhaltet die simultan ansteigende Auktion aber die nicht zu unterschätzende Gefahr einer geheimen Absprache zwischen den rivalisierenden Bieterkonsortien. Bis die Auktion beendet war, sollte daher die Identität der Bieter geheim gehalten werden. Dessen ungeachtet fanden die Bieter Möglichkeiten, ihre Absichten verdeckt zu signalisieren, um eine bevorzugte Lizenz zu möglichst niedrigen Kosten zu bekommen.

Je weiter die Auktion der Telekommunikationsfrequenzen voranschritt, umso mehr häuften sich die diesbezüglichen Beschwerden. Der US-Telekommunikationsbetreiber Mercury PCS zum Beispiel soll sein Interesse an einer bestimmten Lizenz durch einen cleveren Trick offenbart haben: Sein im Januar 1997 abgegebenes Angebot endete mit den Postleitzahlen der Stadt, an der das Unternehmen besonderes Interesse hatte.

Ihre Empfehlungen an die Bieterkonsortien haben die Berater allerdings nie offen gelegt. Daher kann man nur spekulieren, dass spieltheoretische Ansätze verwendet wurden, um die Rationalität der Gebote zu erhöhen, aber auch, um das Bieterverhalten der konkurrierenden Teilnehmer zu verstehen und zu beeinflussen.

Mithilfe der Spieltheorie ließ sich zum einen der Bietprozess rationalisieren, da mit ihr optimale Bieterstrategien entwickelt werden konnten. Denn Spieltheoretiker wissen seit langem, dass der Anreiz, bis zur vollen Zahlungsbereitschaft zu bieten, schließlich zu dem bekannten Phänomen des »Fluch des Gewinners« führen kann: Angenommen, eine Lizenz ist für alle Bieter gleich viel wert. Dennoch wird jedes Unternehmen den potenziellen Wert anders einschätzen. Das Höchstgebot wird daher vermutlich von dem Unternehmen kommen, das die optimistischste Bewertung zugrunde legt.

Doch die Bewertung der Telekommunikationsfrequenzen des optimistischsten Unternehmens dürfte zu optimistisch und damit zu hoch sein, selbst wenn die Bewertung jedes einzelnen Bieters neutral ist. Gewinnt daher der Meistbietende, ohne sich dieses Phänomens bewusst zu sein, so wird er zu viel zahlen und das Gewinnen der Lizenz ein Fluch statt eines Segens sein. Will man einen Bieteralgorithmus entwickeln, bei dem genau dieser Fluch berücksichtigt wird, so muss man auf die Spieltheorie zurückgreifen.

Ein Bieter kann mithilfe der Spieltheorie aber auch die Anreize der konkurrierenden Bieter besser verstehen und Strategien entwickeln, mit denen er ihr Verhalten ändern kann. Ist es einem Bieter beispielsweise möglich, seine Entschlossenheit zum Ersteigern einer Lizenz glaubhaft zu vermitteln, so wird er die Lizenz fast zum Nulltarif bekommen. Der Anreiz der anderen Bieter, ein Angebot abzugeben, dürfte äußerst gering sein, wenn sie wissen, dass sie die Lizenz ohnehin nicht bekommen. Ein gutes Beispiel ist die im April 1997 erfolgte Zuteilung von Lizenzen für Mobilfunkfrequenzen für verschiedene Städte wie Minneapolis zum Preis von nur 1 US-Dollar.

Zusammenfassend hat die Spieltheorie sowohl den Entwicklern als auch den Beratern der Auktion ein besseres Verständnis für den Einfluss von Spielregeln auf das Verhalten der Akteure ermöglicht. Denn somit wurden die Interessen und Anreize der Teilnehmer der Auktion transparent. Wie McAfee und McMillan es in ihrem Bericht sinngemäß ausdrückten: Es ist die Aufgabe von Theorien aufzuzeigen, wie Menschen in bestimmten Situationen handeln und was sie in Kauf nehmen müssen, wenn sie diese Situation ändern wollen.

Literaturhinweise

Baird, Douglas G.; Gertner, Robert H.; Picker, Randal C.: *Game Theory and the Law.* Cambridge, Mass.: Harvard Univ. Press, 1994.

Brandenburger, Adam M.; Nalebuff, Barry J.: *Co-opetition.* New York: Doubleday, 1996.

Dixit, Avinash K.; Nalebuff, Barry J.: *Thinking Strategically.* New York: Norton, 1993.

Gibbons, Robert: *Game Theory for Applied Economists.* Princeton, NJ: Princeton Univ. Press, 1992.

Kreps, David M.: *Game Theory and Economic Modelling.* Oxford: Clarendon Press, 1992.

Luis Garicano und Robert Gertner

Unterschätzt: Die Dynamik des Preiswettbewerbs

Die Preisbildung spielt in der Wirtschaft eine wichtige strategische Rolle. Doch die Dynamik des Preiswettbewerbs wird häufig unterschätzt. In welchen Situationen sollten Unternehmen den Preis als Waffe im Wettbewerb einsetzen, unter welchen Voraussetzungen lohnen sich Preissenkungen und welche Bedingungen führen zu höheren Preisen bei allen Unternehmen einer Branche? Will ein Unternehmen Preiskämpfe grundsätzlich vermeiden und ändert die Spielregeln entsprechend, ist Vorsicht geboten: Schnell meldet sich das Kartellamt zu Wort.

Kaum etwas lässt Gewinne so schnell zusammenschmelzen wie der Preiswettbewerb. Mit Computern oder Lebensmitteln beispielsweise wird kaum Geld verdient, hauptsächlich wegen des intensiven Preiswettbewerbs in diesen Branchen. Trotz der großen strategischen und wirtschaftlichen Bedeutung ist es kaum vorherzusagen, wo und wie lange ein ausgeprägter Preiswettbewerb zwischen den Branchen oder innerhalb einer Branche stattfinden wird. Einfache Faustregeln dafür gibt es nicht. Zwar ist der Preiswettbewerb in Branchen mit höherem Konzentrationsgrad durchschnittlich geringer, doch die Korrelation ist erstaunlich schwach. Es gibt stark konzentrierte Branchen wie die Flugzeugbauindustrie, in denen ein intensiver Preiswettbewerb herrscht, ebenso wie es weniger konzentrierte Branchen gibt, in denen der Preiswettbewerb nur begrenzt ist, im Bankenwesen zum Beispiel.

In den meisten Branchen legen die Unternehmen ihre Preise selbst fest. Dem sind durch das Verhalten der Mitbewerber und der Verbraucher Grenzen gesetzt; trotzdem verfügen die Unternehmen über Bewegungsspielraum. In der Presse wird dennoch häufig von einem »Ausbruch von Preiskämpfen« geschrieben, als handele es sich dabei um eine ansteckende Krankheit und nicht um das Ergebnis bewusster Entscheidungen – getroffen von Unternehmen, die im eigenen Interesse zu handeln glauben. Wie wir zeigen werden, verringern oder zerstören interessanterweise Preiskämpfe oft die Gewinnmargen einer Branche.

Preiskämpfe

Die Logik des Preiswettbewerbs wurde zuerst im 19. Jahrhundert durch den französischen Ökonomen Joseph Bertrand in einem einfachen Modell erfasst: Angenommen, Firma A und Firma B sind die einzigen Hersteller einer bestimmten Ware. Es gibt nur einen potenziellen Kunden, und dieser wäre bereit, bis zu 50 US-Dollar pro Stück zu zahlen und 10 000 Stück abzunehmen. Die Ware kostet in der Herstellung 10 US-Dollar, darin enthalten sind eine angemessene Kapitalverzinsung und der Verwaltungsaufwand. Die Firma mit der niedrigsten Preisforderung erhält den Auftrag; wenn beide den gleichen Preis fordern, teilen sich beide Firmen den Auftrag.

Firma A und Firma B könnten beide 50 US-Dollar fordern und sich den Auftrag teilen. Jede Firma würde dann 200 000 US-Dollar Gewinn machen. Diese Strategie ist individuell gesehen jedoch nicht optimal. Wenn Firma A 49,90 US-Dollar fordert, Firma B jedoch noch immer 50 US-Dollar, bekommt Firma A den gesamten Auftrag und erhöht auf diese Weise den Gewinn auf 399 000 US-Dollar, während der Konkurrent aus dem Markt gedrängt wird. Bei jedem beliebigen Preis oberhalb von 10 US-Dollar können beide Firmen ihre individuelle Situation verbessern, indem sie den Konkurrenten unterbieten und sich den gesamten Auftrag sichern.

Erst wenn beide Firmen 10 US-Dollar fordern und gerade noch genug verdienen, um im Markt zu bleiben, gibt es keinerlei Anreiz mehr für ein gegenseitiges Unterbieten. In der Sprache der Spieltheorie liegt bei 10 US-Dollar das einzige Nash-Gleichgewicht des Spiels – der einzige Preis, bei dem niemand durch Preisreduktion seine eigene Situation verbessern kann. Wenn beide Firmen allerdings 10 US-Dollar fordern, stehen sie viel schlechter da, als wenn sie sich bei 50 US-Dollar den Auftrag geteilt hätten.

Die Analyse von Bertrand ist eine vereinfachte Variante des Preisbildungsproblems, dem sich Unternehmen in einem Markt mit wenigen Konkurrenten gegenüber sehen. Aber die Logik des Beispiels bleibt auch dann bestehen, wenn einige Voraussetzungen in schwächerer Form postuliert werden. Allgemein führt der Anreiz für den individuellen Marktteilnehmer, die Preise zu senken, zu Preisen, bei denen es allen Teilnehmern insgesamt schlechter geht. Wenn etwa zwei Konkurrenten Güter anbieten, die nicht hundertprozentig austauschbar sind, führt eine geringfügige einseitige Preissenkung noch nicht dazu, dass dem Konkurrenten der ganze Markt verloren geht. Dies verringert den Anreiz, den Preis zu senken, und vermeidet die Gefahr von Nullgewinnen. Es führt aber immer noch zu Preisen unterhalb eines Niveaus, auf dem beide Firmen gemeinsam einen maximalen Gewinn erzielen würden.

Reaktionen

Die besonders unrealistische Vereinfachung des Bertrandschen Modells für den Preiswettbewerb liegt darin, dass es von einer einmaligen unveränderlichen Entscheidung ausgeht. Tatsächlich gibt es aber praktisch bei allen Preiswettbewerben die Möglichkeit, auf die Preissetzung der Mitbewerber zu reagieren.

Wann reagiert die Konkurrenz?

Diese Dynamik wird gut illustriert durch das Beispiel von zwei einander nahe gelegenen Tankstellen in einem Ort. Der Einfachheit halber sei angenommen, dass es dort keine weiteren Tankstellen gibt und der Ort etwas abseits liegt. Für die Kunden ist das Benzin der einen Tankstelle ein hundertprozentiger Ersatz für das Benzin der anderen. Bei unterschiedlichen Preisen zieht die Tankstelle mit den niedrigeren Preisen die gesamte Nachfrage auf sich. Angenommen, beide Tankstellen fordern zu Beginn den vollen Monopolpreis (den Preis, der den gemeinsamen Gewinn der beiden Tankstellen maximiert). Was passiert, wenn Tankstelle A nach der bertrandschen Logik den Preis um einen Pfennig pro Liter senkt? Der Inhaber der Tankstelle B beobachtet die Preissenkung im selben Moment, in dem die Ziffern auf der Preistafel umspringen. Er weiß, dass der kleine Preisunterschied seinen Umsatz auf null drücken wird, und wird mit dem neuen Preis gleichziehen. Der Inhaber von Tankstelle A sieht diese Reaktion voraus und wird den Preis daher gar nicht erst senken. Das Ergebnis ist das genaue Gegenteil des bertrandschen Resultats: Der vorherrschende Preis ist der Monopolpreis und nicht der Wettbewerbspreis.

Auch dies ist natürlich eine Vereinfachung, doch das Beispiel zeigt eine grundlegende Logik des Preiswettbewerbs auf. Ein Unternehmen, das eine Preissenkung erwägt, sollte alle Auswirkungen der Preissenkung auf den Gewinn bedenken, einschließlich der Reaktionen der Mitbewerber. Muss ein Unternehmen damit rechnen, dass die Mitbewerber beim Preis mitziehen oder gar selbst zur Preisoffensive übergehen, kann eine Preissenkung unwirtschaftlich sein. Ein potenzieller Preissenker muss sich unter anderem folgende Fragen stellen: Wie stark kann ich meinen Marktanteil erhöhen, bevor meine Konkurrenten reagieren? Auf welche Weise werden meine Konkurrenten reagieren? Wie wirken sich die Preise nach deren Reaktion auf meinen Gewinn aus? Das Tankstellenbeispiel beinhaltet eine Reihe von Voraussetzungen, die eine leichte Beantwortung dieser Fragen und somit die Prognose einer kooperativen Preisbildung ermöglichen. Die Preisbildung beginnt mit dem Monopolpreis. Beide Konkurrenten sind sich stillschweigend einig, wo dieser Monopolpreis liegt, beide beobachten die Preise des anderen unmittelbar und ohne Kosten, auch die Verbraucher beobachten beide Preise direkt und kostenfrei, es gibt ausschließlich zwei Tankstellen und keinen relevanten Ersatz für Benzin, und Preisänderungen kosten nicht viel. Die Eigenschaften der meisten Märkte aber sind komplexer als im Tankstellenbeispiel; das macht Vorhersagen weit schwieriger. Besonders wichtig ist also ein Verständnis dafür, wie man in einer komplexeren Umgebung Antworten auf unsere einfachen Fragen erhält. Damit wollen wir uns im Folgenden beschäftigen.

Bedingungen

Wenn alle Unternehmen einer Branche bindende Verträge untereinander aushandelten, die die Preise und die Produktion jedes einzelnen Unternehmens festlegten (einschließlich Ausgleichszahlungen zwischen den Unternehmen), dann können diese Unternehmen die Gewinne der gesamten Branche möglicherweise maximieren. Ein solcher Vertrag wäre aber vermutlich schwierig abzuschließen, weil sich jedes Unternehmen einen größeren Anteil am Gewinn sichern möchte. Vor allem aber würde kein Gericht einen solchen Vertrag anerkennen; bereits die Vorverhandlungen verletzten vermutlich das Kartellrecht.

Die Koordination bei Monopolpreisen ohne Verletzung des Kartellrechts ist wesentlich problematischer, obgleich sie durch eine dynamische Strategie wie die so genannte Tit-for-Tat-Strategie ermöglicht werden kann. Die Koordination kann schwierig sein, wenn das Ziel die Erhöhung eines Preises ist und nicht das Verhindern einer Preissenkung. Dies erkennt man zum Beispiel an dem unschlüssigen Verhalten von Fluggesellschaften nach dem Versuch einer Preiserhöhung (siehe Seite 67). Wir wollen hier betrachten, wie unabgesprochene kooperative Ergebnisse durch von Varianten derartiger Strategien wahrscheinlicher werden.

1. Die Anzahl der Unternehmen in einer Branche

Je mehr Unternehmen beteiligt sind, desto schwieriger wird die kooperative Preisbildung. Eine Koordination wird komplexer und dadurch weniger wahrscheinlich. Weitaus problematischer stellt sich die Koordination von Preisen und Mengen bei vielen konkurrierenden Unternehmen dar, wenn das Kartellrecht die Kommunikation stark einschränkt. Die Existenz vieler Unternehmen kann den Anreiz verringern, eine Preissenkung zu strafen. Ein Unternehmen, das keinen großen Marktanteil erreichen kann, braucht unter Umständen keine Reaktion der Konkurrenz zu befürchten. Denn die Marktanteilsverluste anderer Unternehmen auf seine Preissenkung wiegen weniger schwer als deren Margenverluste.

Mit steigender Zahl der Konkurrenten wird darüber hinaus die Beobachtung von deren Preisen schwieriger. Wie wir noch sehen werden, nehmen die Unterschiede zwischen Unternehmen mit steigender Zahl der Wettbewerber zu. Wie schwierig eine Kooperation bei zahlreichen Mitwirkenden ist, lässt sich an der Organisation der Erdöl exportierenden Länder (OPEC) beispielhaft zeigen.

Obwohl das OPEC-Kartell Preise und Förderquoten in einer Art und Weise festlegen kann, die bei Einzelunternehmen innerhalb eines Landes ungesetzlich wäre, ist es der OPEC bislang noch nie gelungen, den Ölpreis dauerhaft hoch zu halten, trotz gelegentlicher Erfolgsperioden wie der derzeitigen. Ein Grund dafür liegt darin, dass es für jede einzelne Erzeugernation Gewinn bringt, den Ausstoß über die ihr zugewiesene Fördermenge hinaus zu erhöhen, selbst wenn der Preis dadurch sinkt: Die geringeren Einnahmen aus bereits verkauften Mengen (nicht die Einnahmen des Kartells, die bei dieser Berechnung keine Rolle spielen), werden durch die steigenden Einnahmen aus der Mehrproduktion mehr als ausgeglichen.

2. Unterschiede zwischen den Unternehmen einer Branche

Anders als bei den Tankstellen in unserem Beispiel gleicht kein Unternehmen exakt seinen Konkurrenten. Unternehmen unterscheiden sich durch Kostenstruktur, Kapazitäten, Produktqualität, Marktanteile, Produkteigenschaften und Produktpalette. Diese Unterschiede verkomplizieren eine Koordination. Die Schwierigkeiten der OPEC sind nicht allein auf die große Zahl der Mitgliedsländer zurückzuführen, sondern auch auf Unterschiede bei den Förderkosten, der Höhe der Ölreserven, dem Reichtum des Landes, dem Interesse an einer eigenen Erdölverarbeitung und schließlich auch der politischen Motivation. Natürlich nehmen mit der Zahl der Unternehmen auch die Unterschiede zwischen ihnen zu. Wenn sich Unternehmen unterscheiden, können sie sich vielleicht nicht einmal auf einen einzigen kooperati-

Zeitpunkt	Ereignis
März	Northwest führt Spezialtarife ein für 14-Tage-Vorausbuchungen. Andere schließen sich an
April	Continental versucht zwei Mal, den Round-Trip-Freizeittarif um 29 US-Dollar zu erhöhen. Andere folgen, Northwest jedoch stoppt beide Versuche.
Mai	Northwest führt eine Preissenkung um 25 Prozent für 21-Tage-Vorausbuchungen ein. Andere schließen sich an. Später versucht Continental, alle regulären Tarife um 5 Prozent erhöhen. United, American, Delta und US Airways folgen, Northwest nicht. Die Erhöhung wird zurückgenommen.
Juli	Continental erhöht den Round-Trip-Freizeittarif um 29 US-Dollar; Northwest verhindert das.
11. August	Delta und American erhöhen die Tarife um 4 Prozent, Northwest blockiert.
14. August	American erhöht die Tarife um 4 Prozent in Märkten, die Northwest nicht bedient; alle anderen außer Northwest schließen sich an.
17. August	Delta nimmt die Erhöhung zurück, andere Fluglinien folgen.
18. August	Northwest erhöht die Tarife um 4 Prozent. Alle anderen übernehmen die Preiserhöhung.
19. August	Northwest nimmt die Preiserhöhung zurück; US Airways und TWA folgen am gleichen Tag.
20. August	American, Delta, Continental vollziehen die Umkehr nach; weitere folgen.
21. August	Northwest erhöht die Preise um 4 Prozent, andere Fluglinien schließen sich an.

Tabelle 1: Die Tit-for-Tat-Strategie in der Praxis am Beispiel der US-Luftfahrtindustrie 1998

Quelle: PaineWebber Airline Research, WSJ, authors elaboration

ven Preis einigen – ein Unternehmen mit geringen Produktionskosten wird einen niedrigeren Preis durchsetzen wollen als ein Unternehmen mit hohen Kosten.

Lösungsansätze für das Gefangenendilemma in der Praxis: Strategie in den Schützengräben des Ersten Weltkriegs

Der Preiskampf ist nur ein Beispiel für den Spieltyp, der als Gefangenendilemma bekannt ist. Bei diesen Spielen führt der Anreiz für den Einzelnen, nicht kooperativ zu sein (beim Preisbildungsspiel: die Preise zu senken), zwei Spieler in eine Situation, in der sie sich beide schlechter stellen.

In seinem Klassiker *The Evolution of Cooperation* untersuchte Robert Axelrod, Politikwissenschaftler an der Universität von Michigan, die Strategien, die die Teilnehmer an Spielen vom Typ Gefangenendilemma zu einem kooperativen Ergebnis führen. Ausgangspunkt war das unerwartete Ergebnis eines Experiments: Als Experten Strategien für Wiederholungen von Spielen des Gefangenendilemma-Typs angeben sollten und diese Strategien in einem Computerturnier einander gegenübergestellt wurden, gewann die einfachste – die Tit-for-Tat-Strategie. Dabei gingen beide Spieler mit einer kooperativen Haltung an den Start und verhielten sich dem anderen gegenüber genau so, wie dieser sich ihnen gegenüber gerade verhalten hatte.

Axelrods Analyse ergibt, dass Tit-for-Tat vier Eigenschaften aufwies, die eine erfolgreiche Strategie ausmachen: Freundlichkeit – in der Konfrontation mit einem kooperativen Spieler sollte man ebenfalls kooperativ sein. Provozierbarkeit – bei einer unbegründeten Attacke sollte sie reagieren. Nachsichtigkeit – nach der Reaktion auf einen Angriff sollte sie zur Kooperation zurückkehren. Einfachheit – andere Spieler sollten Konsequenzen ihrer Handlungen absehen können.

Für die Nützlichkeit einer Variante dieser Strategie präsentiert Axelrod ein überraschendes Beispiel: »Die historische Situation lässt sich in den Abschnitten der Westfront als iteriertes Gefangenendilemma auffassen. In jeder Zeiteinheit muss gewählt werden zwischen ›gezielt schießen, um zu töten‹ und ›vorsätzlich so schießen, dass Verletzungen vermieden werden‹. Für beide Seiten ist die Schwächung des Feindes von großem Wert, weil sie das eigene Überleben erleichtert. Es ist daher kurzfristig günstiger, Schaden anzurichten.

Der Stellungskrieg aber unterschied sich dadurch stark von anderen Gefechten, dass sich die gleichen kleinen Verbände längere Zeit gegenüberlagen. Dadurch wurde aus dem einmal gespielten Gefangenendilemma, in dem Defektion die dominante Wahl ist, ein iteriertes Gefangenendilemma, in dem Strategien bedingt angewendet werden können. Das Ergebnis entsprach den Vorhersagen der Theorie: Bei länger andauernder Interaktion konnte sich als stabiles Resultat wechselseitige, auf Gegenseitigkeit beruhende Kooperation ergeben. Insbesondere verfolgten beide Seiten Strategien, die nicht als Erste defektierten, aber durch Defektion der anderen Seite provoziert wurden.

Als sich aber der Frontverlauf stabilisierte, entstanden zwischen den Truppen an vielen Stellen entlang der Front spontan Situationen, in denen auf gegenseitige Angriffe verzichtet wurde. Die ersten Fälle könnten mit Mahlzeiten verbunden gewesen sein, die gleichzeitig auf beiden Seiten des Niemandslandes eingenommen wurden.

> Ein Augenzeuge berichtete: »In einem Abschnitt war die Zeit von acht bis neun Uhr morgens Privatangelegenheiten gewidmet und bestimmte durch einen Wimpel gekennzeichnete Stellen galten für die Scharfschützen beider Seiten als verboten.«
> Im Sommer 1915 erkannte ein Soldat: Es wäre ein Kinderspiel, die mit Verpflegungswagen und Wasserkarren vollgestopfte Straße hinter den feindlichen Linien zu beschießen und in eine blutige Wüste zu verwandeln, aber im Großen und Ganzen ist es ruhig. Wenn du deinen Feind daran hinderst, seine Verpflegung zu fassen, verfügt er schließlich über ein einfaches Mittel: Er wird dich daran hindern, deine zu bekommen.
> Strategien, die wechselseitige Kooperation in Gang hielten, waren solche, die provoziert werden konnten. Während Perioden wechselseitiger Zurückhaltung waren die feindlichen Soldaten darauf bedacht zu zeigen, dass sie nötigenfalls tatsächlich zurückschlagen konnten. Deutsche Scharfschützen bewiesen den Briten zum Beispiel dadurch ihre Tüchtigkeit, dass sie so lange auf den Flecken an der Mauer einer Hütte schossen, bis sie ein Loch durchgebrochen hatten.«
>
> Quelle: Robert Axelrod: Die Evolution der Kooperation, München: Oldenbourg 2000.

Wenn sich Unternehmen unterscheiden, werden einzelne Unternehmen feststellen, dass sie die Preise senken können, ohne dass die Konkurrenten reagieren. Oder ein Unternehmen setzt sich für niedrigere Preise sein, selbst wenn die Konkurrenten reagieren. Ein neuer Teilnehmer auf einem relativ stabilen Markt könnte möglicherweise aus einem dieser Gründe mit niedrigen Preisen in den Markt eintreten. Ein etablierter Marktteilnehmer reagiert vielleicht deswegen nicht darauf, weil die Margenverluste bei allen seinen Kunden größer sein könnten als der geringfügige Verlust von Marktanteilen an den neuen Teilnehmer. Selbst wenn alle etablierten Marktteilnehmer nur noch den niedrigen Preis des Neulings forderten, könnte der Markt über den niedrigen Preis neue Kunden anziehen. Von diesen neuen Kunden profitiert der Neuling möglicherweise überdurchschnittlich stark, weil diese noch keine Bindungen an einen etablierten Anbieter haben. Ein Beispiel für eine Preisunterbietung durch neue Marktteilnehmer findet sich auf dem Mobilfunkmarkt in den USA, wo die ersten Anbieter von digitalem Mobilfunk mit Preisen gestartet sind, die deutlich unter denen der beiden etablierten traditionellen Anbieter lagen.

3. Kurzfristige Vorteile einer Preissenkung

Wenn der Nutzen aus Preisunterbietungen gering ist, ist auch die Versuchung schwach, stillschweigend vereinbarte hohe Preise zu unterlaufen. Der Gewinn durch kurzfristige Preissenkungen kann durch zwei Faktoren verringert werden: hohe Kapazitätsauslastung und hohe Produktdifferenzierung. Gibt es nur wenig oder keine freien Kapazitäten, dann bringen niedrigere Preise nur wenig Nutzen in Form höherer Umsätze. Hat ein Unternehmen allerdings Überkapazitäten, ist der Anreiz für eine Preissenkung groß. Dann werden möglicherweise die Kapazitäten besser ausgelastet, vor allem wenn das Unternehmen –gemessen an den herrschenden Preisen – geringe Grenzkosten hat. Der Gewinn für eine Fluglinie beim Verkauf eines leeren Sitzplatzes oder für ein Hotel beim Vermieten eines leeren Zimmers stellt einen starken Anreiz für eine Preissenkung dar.

4. Preistransparenz
Um effizient auf eine Preissenkung der Konkurrenz zu reagieren, muss man wissen, dass eine Preissenkung überhaupt stattgefunden hat. Wenn »geheime« Preissenkungen möglich sind, reagieren die Konkurrenten auf Preissenkungen sehr langsam oder überhaupt nicht; der Anreiz, die Preise zu senken, wird größer. Er wird hingegen umso geringer, je transparenter der Markt ist, weil Konkurrenten dann Preissenkungen eher nachvollziehen. Bilden sich Preise oder andere Handelskonditionen durch komplexe und nichtöffentliche Verhandlungen heraus, sinkt die Wahrscheinlichkeit einer monopolistischen Preisbildung. Die stillschweigende Koordination ist sehr schwierig, wenn Unternehmen die Handlungen ihrer Konkurrenten nicht beobachten können, sondern aus dem Marktergebnis indirekte Schlussfolgerungen ziehen müssen. Erst wenn ein erheblicher Teil des Umsatzes verloren gegangen ist, kann man in einem solchen Fall darauf schließen, dass ein Konkurrent preisaggressiv handelt. Je länger Preissenkungen unbestraft bleiben, desto höher ist der Anreiz für Preissenkungen. Manche Eigenschaften des Marktes beeinträchtigen vielleicht die Fähigkeit, Schlüsse auf die Handlungen der Konkurrenten zuziehen. Häufige Nachfrageschwankungen zum Beispiel erschweren das Erkennen von Preissenkungen durch Wettbewerber. Stellt ein Marktteilnehmer dann einen plötzlichen Umsatzrückgang fest, weiß er nicht, ob ein Konkurrent seine Preise unterbietet oder ob er möglicherweise nur einen schwachen Monat (oder ein schwaches Jahr) hat. Wenn andererseits eine natürliche Marktsegmentierung nach Produkten oder geografischen Kriterien vorliegt, erkennt ein Unternehmen aggressive Vertriebsmethoden eines Mitbewerbers daran, dass es Umsätze verliert, die ihm »gehören«.

Insgesamt finden sich also hohe Preise am ehesten in Branchen mit einer geringen Zahl von Unternehmen, mit Preistransparenz, stabiler Nachfrage und stark differenzierten Produkten und mit guten Gelegenheiten für eine stillschweigende Koordination. Es gibt allerdings keine einfache Formel, mit der die Kombination dieser Elemente und eine Vorhersage möglich sind, wenn einzelne Faktoren in verschiedene Richtungen weisen.

Die Spielregeln ändern

Unternehmen können versuchen, die Spielregeln zu ändern, indem sie ein Umfeld schaffen, das zu höheren Preisen führt. Zu diesem Zweck wird die Markttransparenz erhöht oder der mögliche kurzfristige Gewinn durch Preissenkungen verringert – hauptsächlich durch stärkere Produktdifferenzierung. Die kartellrechtliche Würdigung dieser Maßnahmen ist sehr komplex; die Autoren können daher keine dieser Maßnahmen strategisch empfehlen. Unternehmen können viele verschiedene Taktiken einsetzen, um die Markttransparenz zu erhöhen. Dazu zählen: Versuche einer

Marktsegmentierung, Festlegung auf veröffentlichte Preislisten, im Voraus angekündigte Preisveränderungen oder Preisführerschaft durch ein Unternehmen, das größer ist als seine Wettbewerber und die Preisbildung anführt – sodass alle anderen Unternehmen ihm folgen müssen. Wie wir gesehen haben, hängt der kurzfristige Gewinn aus Preissenkungen außerdem vom Grad der Produktdifferenzierung auf dem betreffenden Markt ab. Nimmt die Differenzierung zu, dann sinkt die Neigung der Verbraucher, auf Preissenkungen zu reagieren. Eine Maßnahme, die ausschließlich getroffen wurde, um den Grad der Produktdifferenzierung in einem Markt zu erhöhen, ist beispielsweise die Einführung von Vielfliegerprogrammen. Wenn ein Kunde am Vielfliegerplan von American Airlines teilnimmt, wird er eher nicht auf einen niedrigeren Flugpreis von KLM ansprechen. Für KLM und alle weiteren Fluglinien wird somit der Anreiz für Preissenkungen geringer. Das Ergebnis: höhere Ticketpreise. Es gibt noch weitere Wege, den Anreiz, Preise zu senken, zu reduzieren – indem man den daraus resultierenden kurzfristigen Gewinn verringert, zum Beispiel. Hierzu zählt auch das Angebot eines Vorzugskundenstatus, die so genannte Meistbegünstigung.

Wie sich die Spielregeln auswirken können: Meistbegünstigungsklauseln im Preiswettbewerb

Eine Meistbegünstigungsklausel besagt: Der Anbieter räumt jedem Kunden ebenso gute Konditionen ein wie dem Kunden, den er am vorteilhaftesten behandelt. Die Auswirkungen einer derartigen Klausel scheinen auf den ersten Blick für den Verbraucher günstig zu sein, denn jeder Verbraucher erhält die bestmögliche Behandlung. Tatsächlich schränken solche Klauseln jedoch den Preiswettbewerb ein, weil sie es für den Anbieter sehr teuer machen, einem Kunden im Einzelfall einen Rabatt einzuräumen.

Angenommen, ein Anbieter führt Preisverhandlungen mit einem besonders großen Unternehmen. Ohne Meistbegünstigungsklausel könnte der Anbieter versucht sein, über niedrigere Preise das Großunternehmen als Kunden zu gewinnen und so zusätzlichen Umsatz zu machen. Wenn aber eine Meistbegünstigungsklausel in Kraft ist, heißt das: Jeden Preisabschlag, den der Anbieter einem Kunden gewährt, muss er auch allen anderen Kunden einräumen. Um also den einen Großkunden zu gewinnen, müsste der Anbieter den Preis für alle Kunden reduzieren und damit auch die Handelsspanne: Seinen Absatz könnte der Anbieter aber nur um die Menge erhöhen, die er an diesen einen Großkunden verkauft. Der Anreiz für eine Preissenkung ist damit jetzt eindeutig geringer, und die Wahrscheinlichkeit steigt, dass die Preise für alle Kunden anziehen.

In einer 1997 im *Rand Journal of Economics* veröffentlichten Studie untersuchte Professor Fiona Scott Morton von der Yale School of Management empirisch die Wirkung einer Version dieser Klausel innerhalb des Medicare-Kostenerstattungsprogramms im Jahr 1990.

Der amerikanische Kongress hatte festgestellt, dass große private Einrichtungen des Gesundheitswesens von den Pharmaunternehmen Medikamente billiger kaufen konnten als das Medicaid-Programm der amerikanischen Bundesregierung.

Daher legte der Kongress gesetzlich fest, dass die Pharmaunternehmen Markenmedikamente entweder zum günstigsten Preis abzugeben hatten, den sie irgendeinem anderen Kunden einräumten, oder aber für 87,5 Prozent des durchschnittlichen Herstellerabgabepreises. Man erwartete, dass die Preise durch dieses Programm fallen würden. Scott Morton fand jedoch heraus, dass in Wirklichkeit die Preise von Markenmedikamenten im Wettbewerb mit Generika als Ergebnis der neuen Regeln sogar um vier Prozent gestiegen waren! Woher kam dieser unerwartete Effekt? Das Programm gab den Herstellern einen Anreiz, ihre Preise anzuheben. Wie der Leiter des Medikamenteneinkaufs des größten Gesundheitskonzerns der USA es ausdrückte (Zitat aus »Coopetition« von Adam M. Brandenburger und Barry J. Nalebuff): »Früher boten wir einem Pharmaunternehmen an, 90 Prozent unseres Bedarfs von ihm zu beziehen, das machte dann vielleicht 10 Millionen US-Dollar zusätzlichen Umsatz, und dafür bekamen wir oft wirklich gute Preise. Heute will niemand unter den Medicaid Preis gehen.«

Durch die gesetzlich festgelegte Meistbegünstigungsklausel verringerte der amerikanische Kongress den Anreiz für Pharmaunternehmen, in einen Preiswettbewerb einzutreten, und das Ergebnis waren allgemein höhere Marktpreise.

Judith A. Chevalier

Entscheidungen ohne Chance zur Umkehr

Unumkehrbare Entscheidungen können strategisch wichtig sein. Es gibt zwei Ansätze: Das »harte« Vorgehen soll die Konkurrenz vom Markt fern halten oder verdrängen. Beim »sanften« Vorgehen kann der Konkurrent den Markt nicht verlassen, und ein harter Preiswettbewerb würde die Ausgangssituation für keinen der Beteiligten verbessern. Man muss die Vor- und Nachteile sorgsam abwägen: Legt man sich durch bestimmte Maßnahmen strategisch fest oder ist es sinnvoller, sich Entscheidungsspielräume zu belassen? Das wohl berühmteste Beispiel für eine unumkehrbare Entscheidung ist die Entscheidung, die der spanische Eroberer Hernán Cortés traf, als er sämtliche Schiffe seiner Flotte vernichtete. Egal jedoch, welchen Weg man einschlägt – auf keinem ist man vor Enttäuschungen gefeit.

Flexibel zu bleiben und jederzeit den Kurs ändern zu können, ist fast immer wichtig für ein Unternehmen. Es gibt jedoch Situationen, in denen eine unumkehrbare Handlungsweise von enormem strategischem Wert ist. In diesem Artikel erläutere ich zwei Arten von Strategien – die Entscheidung, ein »harter« Wettbewerber zu sein, und die Festlegung auf ein »sanftes« Vorgehen.

Das harte Vorgehen

Das klassische Beispiel für den strategischen Wert einer solchen Handlungsweise stammt nicht aus der Geschäftswelt, sondern aus dem Krieg. 400 vor Christus schrieb Sun Tzu in *Die Kunst des Krieges*: »Ist der kritische Moment gekommen, verhält sich der Kriegsherr wie jemand, der eine Leiter hinaufgeklettert ist und sie dann unter sich wegstößt.«

Der spanische Eroberer Hernán Cortés nahm sich diesen Rat zu Herzen, als er 1519 mit seinen Truppen in Mexiko landete. Vor der Invasion der Azteken-Stadt Tenochtitlan versenkte er den Großteil seiner Schiffe. Bernal Díaz de Castillo, ein Gefährte Cortés', schrieb: »Nun konnten wir nur noch auf Gottes Hilfe vertrauen, denn Schiffe für die Rückkehr nach Hause hatten wir nicht mehr.« Das Versenken der Schiffe sollte die Soldaten, die nun keine Rückzugsmöglichkeit mehr hatten, zu einem noch verbisseneren Kampf anspornen. Es war jedoch auch für den Gegner ein unmissverständliches Signal. Azteken-König Montezuma erkannte daran, dass

Widerstand gegen Cortés nur in einem blutigen Kampf auf Leben und Tod und unter keinen Umständen mit dem Rückzug der feindlichen Truppen enden würde. Die Azteken leisteten bei der Eroberung Tenochtitlans keinen Widerstand. Das aggressive Vorgehen Cortés' hatte also genau die gewünschte Wirkung auf den Gegner: Er verhielt sich passiv. Um noch einmal mit Sun Tzu zu sprechen: »Der gewitzte Kriegsherr unterwirft die feindlichen Truppen ohne Kampf.«

Unumkehrbarkeit

Eine strategische Entscheidung wie das Versenken der eigenen Schiffe lässt sich kaum rückgängig machen. Wenn Unternehmen Fabriken bauen, Verträge unterzeichnen und Werbekampagnen starten, treffen sie ebenfalls Entscheidungen, die nur schwerlich rückgängig zu machen sind. Diese Unumkehrbarkeit kann gleichermaßen Vor- und Nachteile bergen. Der größte Vorteil einer unumkehrbaren Entscheidung ist ihre Wirkung auf die Konkurrenz.

Ein Beispiel: Eine neue Spedition erwägt den Eintritt in zwei örtliche Märkte für den Transport von Agrargütern. Nehmen wir einmal an, die beiden Märkte sind in jeder Sicht identisch, nur die Unternehmen, die momentan auf dem jeweiligen Markt agieren, sind verschieden. Im ersten Fall ist es eine Eisenbahngesellschaft. Das Unternehmen hat 20 Millionen US-Dollar in den Bau der Gleisverbindungen investiert. Die Betriebskosten für den Getreidetransport belaufen sich für diese Firma auf 0,20 US-Dollar pro Tonne die Meile. Die Firma auf dem zweiten Markt ist ein LKW-Transportunternehmen. Dieses Unternehmen setzt Fahrzeuge im Wert von 20 Millionen US-Dollar ein. Die Betriebskosten für den Getreidetransport belaufen sich auf 0,20 US-Dollar pro Tonne die Meile. Für welchen der beiden Märkte wird sich das neue Unternehmen eher entscheiden?

Auf den ersten Blick scheinen die Marktbedingungen in beiden Fällen gleich zu sein. Es gibt jedoch einen gravierenden Unterschied: Bei der Eisenbahngesellschaft war der Hauptkostenfaktor beim Bau des Streckennetzes die Erschließung des Landes und das Legen der Gleise. Sollte das Unternehmen schließen, so ist diese Investition für immer verloren. Sollte die Spedition dagegen schließen, wird sie ihre 20-Millionen-US-Dollar-Investition unter Umständen fast vollständig wieder hereinholen können. LKW lassen sich leicht verschieben und es gibt einen Markt für dieses Gut. Will die Spedition auf dem Markt bleiben, muss sie ihre Betriebskosten decken und einen Gewinn auf die Investition in LKWs machen. Rentiert sich die Investition für die Lkws nicht, kann das Unternehmen die Fahrzeuge verkaufen oder anderswo einsetzen.

Das Eisenbahnunternehmen muss, über seine Betriebskosten hinaus, nur eine Rendite auf den Veräußerungswert seiner Investitionen erwirtschaften – also den relativ geringen Schrottwert der Schienen. Die Ausgaben für die Gleislegung sind verloren und fallen folglich bei der Entscheidung des Unternehmens für oder gegen einen Verbleib auf dem Markt gar nicht ins Gewicht. Sollte es zu einem Preisabfall und einer Marktschrumpfung kommen, könnte das Unternehmen schnell bedauern, in den Streckenbau investiert zu haben. Die Strecke existiert aber, und solange der Markt sich nicht extrem negativ entwickelt, ist es für dieses Unternehmen sinnvoll, weiterzumachen. Folglich wird es für den Neueinsteiger wesentlich einfacher, das LKW-Speditionsunternehmen vom Markt zu drängen als das Eisenbahnunternehmen. Es ist also attraktiver, auf den Markt zu drängen, auf dem der andere LKW-Spediteur tätig ist.

Die unumkehrbare Investition der Eisenbahn zeigt ihre Entschlossenheit, auf dem Markt zu bleiben, und kann dazu beitragen, mögliche Wettbewerber abzuschrecken. Das Eisenbahnunternehmen kann also »die feindlichen Truppen ohne Kampf unterwerfen«.

Das »sanfte« Vorgehen

Um Vorgehensweisen unter dem Aspekt der strategischen Unternehmensführung abzuwägen, muss ein Manager zunächst feststellen, welche Festlegung wertvoll sein könnte. Anschließend muss er abschätzen, ob der strategische Vorteil dieser Handlung den des Erhalts von Handlungsspielraum überwiegt. Die Entscheidungen der Manager sind in zwei Kategorien zu unterscheiden – einen »harten« und einen »sanften« Ansatz. Der harte Ansatz kann für ein Unternehmen von Vorteil sein, wenn es die Konkurrenz am Markteintritt hindern, ihr nur einen geringen Marktanteil einräumen oder sie völlig vom Markt verdrängen will. Die angeführten Beispiele von Cortés und dem Eisenbahnunternehmen sind Musterbeispiele für unumkehrbare Entscheidungen. Ein Unternehmen kann aber auch Vorteile aus einem »sanften« Ansatz ziehen. Konkurrieren zwei Betriebe auf einem Markt, den sie beide wahrscheinlich nicht verlassen werden, kann es vorteilhaft sein, den sanften Ansatz zu wählen.

Betrachten wir beispielsweise den harten Konkurrenzkampf unter Discount-Kaufhäusern. Immer mehr von ihnen führen jetzt Treuekarten oder andere Rabattsysteme für Stammkunden ein mit dem Ziel, dass der Kunde möglichst nur noch im eigenen Kaufhaus einkauft. Deshalb wird der Kunde belohnt, je mehr Einkäufe er dort tätigt. Nun fragen sich außen stehende Beobachter: Wäre es nicht sinnvoller, das Geld, dass für Treuerabatte und die entsprechende Infrastruktur ausgegeben wird, zur Senkung der Preise zu nutzen? Würden Kunden dies nicht ebenso sehr – oder sogar noch mehr – zu schätzen wissen als ein Belohnungssystem?

Willkommen im Klub

Der Kunde schätzt vermutlich niedrige Preise genauso sehr wie einen Treuebonus, auf den Wettbewerb dagegen hat ein solches System eine ganz andere Wirkung. Als Beispiel mag in diesem Zusammenhang das größte und wohl erfolgreichste

Bonussystem Nordamerikas dienen. Etwa jeder dritte Kanadier gehört dem Club Z an, dem Bonusprogramm des Großkaufhauses Zeller Stores. Nach Schätzungen sind acht von zehn Kunden, die dort einkaufen, Mitglied im Club Z. Welche Signale sendet die Einrichtung und Fortführung dieses Programms Zellers Konkurrenten?

Zunächst einmal könnte man davon ausgehen, dass allein die Tatsache des unternehmengebundenen Kaufverhaltens der Zeller-Kundschaft für Konkurrenzunternehmen wie Wal-Mart und Sears Roebuck von Nachteil ist. Aber auch die Konkurrenz profitiert von Zellers treuen Kunden. In einer Einzelhandelsfachzeitschrift wurde Thomas Haig, der Präsident von Zeller, mit den Worten zitiert: »Wir können uns im Preisniveau leicht über Wal-Mart positionieren.« Wenn Zellers Kundschaft wirklich dem Unternehmen die Treue hält, hat Zeller keinen Grund, durch Niedrigpreise einen aggressiven Preiswettbewerb auszulösen.

Vielleicht könnte Zeller durch niedrigere Preise noch einige Kunden dazugewinnen. Dadurch würde das Unternehmen aber die Gewinnmargen bei all den Kunden schmälern, die bereit sind, etwas mehr zu bezahlen. Somit ist das Treuesystem aus Zellers Sicht eine Entscheidung, die Preise nicht zu stark zu senken.

Wie sollte Wal-Mart reagieren? Mit Sicherheit wird Wal-Mart die Preise von Zeller unterbieten, dabei aber nicht so aggressiv vorgehen, wie man es andernorts vielleicht täte. Es wäre schließlich ein äußerst kostspieliges Unterfangen, loyale Zeller-Kunden abzuwerben. Und wenn Zeller nicht zu stark um seine »Gelegenheitskunden« wirbt, muss Wal-Mart auch nicht mit extremen Niedrigpreisen versuchen, diese wegzulocken. Dank Zellers Treueprogramm kämpft Wal-Mart weniger aggressiv um Kunden, Zeller wiederum profitiert vom weniger scharfen Wettbewerb.

Vor einer Entscheidung, welche Maßnahmen man ergreifen sollte, muss man sich darüber im Klaren sein, welche Ziele man verfolgt und wie die allgemeine Lage auf dem Markt ist. Zellers Bonussystem ist eine gute Strategie, denn Zeller steht im Preiswettbewerb mit einem Konkurrenten, der sich kaum vom Markt drängen lässt. Vielleicht ist deshalb ein »sanfter« Preiswettbewerb die für Zeller lukrativste Taktik. Sollte Zeller aber doch eines Tages vorhaben, Wal-Mart vom Markt zu drängen, könnte sich ebendiese Strategie als Hindernis erweisen. Nehmen wir an, Zeller senkt die Preise, um Wal-Mart zur Aufgabe zu zwingen. Wal-Mart bleibt standhaft, wohlwissend, dass Zeller eine treue Kundschaft hat, die bereit ist, höhere Preise zu zahlen, und dass die Strategie der Niedrigpreise für Zeller deshalb ein enorm kostspieliges Unterfangen ist. Zeller würde keinen langwierigen Preiskrieg führen wollen und Wal-Mart weiß das. Zeller seinerseits kann davon ausgehen, dass Wal-Mart seine Absichten durchschaut, und wird deshalb vermutlich nie ernsthaft in Erwägung ziehen, Wal-Mart durch einen Preiskrieg vom Markt zu drängen.

Eines ist klar: Um das Verhalten eines Konkurrenten zu ändern, bedarf es mehr als einer Entscheidung, die leicht rückgängig zu machen ist. Montezuma wäre bestimmt nicht beeindruckt gewesen, hätte Cortés einfach nur angekündigt: »Wir werden nicht nach Kuba zurückfahren!« Es mussten schon die Schiffe versenkt werden, um Montezuma zu überzeugen, wie ernst es Cortés war. Selbst wenn die Invasion fehlgeschlagen und ein Rückzug notwendig geworden wäre – ohne die

Schiffe war dies unmöglich. Hätte Cortés seine Absicht hingegen nur mit Worten und nicht durch Taten erklärt, hätte Montezuma ihn kaum ernst genommen.

Der Online-Buchversand Amazon.com hat im Juni 1999 angekündigt, in Georgia ein neues 75 000 qm großes Distributionszentrum mit 1000 Mitarbeitern aufzubauen. Obwohl dieses Projekt eine für Amazon durchaus beachtliche Kapazitätserweiterung bedeutete, legte man sich durch diese Ankündigung keineswegs auf Expansion fest. Die Infrastruktur eines Versandbetriebes verlangt keinerlei besondere Gegebenheiten, das Gebäude könnte problemlos weiterverkauft werden. Erwägt ein Konkurrent, in Amazons Markt zu expandieren, wird er den Bau dieses neuen Versandgebäudes kaum als unumkehrbare Enscheidung Amazons werten, seine Kapazitäten zukünftig nicht zu reduzieren.

Man könnte angesichts dessen argumentieren, dass auch Zeller sein Treueprogramm jederzeit wieder einstellen kann. Zeller hat jedoch bei der Einführung des Programms erheblich investiert. Diese Investitionen lassen sich nicht rekapitalisieren. Durch das Treueprogramm hat Zeller sich festgelegt, auch für die Zukunft. Zeller weiß ebenso wie die Konkurrenz, dass man sich durch das Bonusprogramm einen Stamm von Kunden aufgebaut hat, die dem Unternehmen wirklich treu sind. Und eine Fortsetzung dieses Programms ist relativ kostengünstig. Die Stammkundschaft gleicht einer Sachinvestition mit nur geringem Wiederverkaufswert. Die Hauptaufwendungen wurden bereits getätigt, deshalb wird Zeller wohl auf dem eingeschlagenen Weg bleiben und sein Verhalten im Wettbewerb eher auf die Pflege der Stammkundschaft als auf einen harten Preiskampf ausrichten. Unumkehrbare Entscheidungen können also hilfreich sein, um die Reaktionen eines Wettbewerbers zu beeinflussen. Doch bevor man einen solchen Schritt erwägt, ist es absolut notwendig, den Verlust an Flexibilität gegen die Vorteile einer solchen Handlung abzuwägen.

Anita McGahan, Professorin an der Harvard Business School, untersucht in ihrem Artikel »The Incentive Not To Invest: Capacity Commitments In The Compact Disk Introduction« (etwa: »Der Anreiz, nicht zu investieren: Kapazitätsentscheidungen bei der Einführung der CD«) ein Beispiel, in dem ein Unternehmen die Entscheidung treffen muss, ob es eine größere Fabrik bauen soll, bevor tatsächlich Bedarf dafür besteht: 1982 stand die Einführung von CDs auf dem US-Markt kurz bevor. Der holländische Philips-Konzern musste sich entscheiden, ob sofort ein großes Presswerk für CDs gebaut werden sollte. Als Erfinder der neuen Technik könnte Philips schon 1983 betriebsbereit sein, deutlich früher als alle Mitbewerber. Sollte sich die CD am US-Markt durchsetzen, würden Philips' Erfahrung und ein großes eigenes Presswerk Konkurrenten möglicherweise davon abhalten, ebenfalls eigene Presswerke zu errichten. Durch schnelles Handeln könnte Philips also den Markteintritt anderer verhindern und sich so vor einem zukünftigen, destruktiven Preiswettbewerb schützen.

Diese Situation hatte jedoch einen erheblichen Mangel: 1982 konnte niemand voraussehen, ob den CDs wirklich eine Zukunft als Massenmedium bevorstand. Schließlich besaßen die Verbraucher bereits Plattenspieler und umfangreiche LP-

Sammlungen. Mit den DAT-Kassetten sollte zudem in wenigen Jahren bereits die nächste technische Neuerung bevorstehen. Falls die CD sich nicht durchsetzen würde, hätte Philips 25 Millionen US-Dollar für ein Werk ausgegeben, für das es kaum einen anderen Verwendungszweck gab. Lässt man die Handlungsmöglichkeiten der Wettbewerber außer Acht, erscheint Philips' Entscheidung folgerichtig: Die CDs wurden aus bestehenden Werken in Europa importiert und die Entscheidung über die Investition in ein US-Werk wurde vertagt, bis klar war, dass sich die CD am dortigen Markt durchsetzen würde. Philips wartete die Reaktion der Verbraucher in den USA auf die CD ab und hielt sich die wichtige Option offen, bei einer zu geringen Nachfrage nicht zu investieren. Aus Furcht vor einer geringen Akzeptanz des Marktes entschied sich Philips für eine Abwartetaktik. Zum Nachteil von Philips baute jedoch Sony 1984 ein CD-Presswerk in den USA. Wie wir alle wissen, wurde die CD zu einem immensen kommerziellen Erfolg. Ebenso wie der Rest der Konkurrenz baute Philips bald darauf sein eigenes Werk.

Die Verbraucherpreise für Musik-CDs sind über die Jahre relativ stabil geblieben. Die Preise allerdings, die die Plattenfirmen an die Presswerke zahlen, sind durch Überkapazitäten und einen gnadenlosen Preiskrieg rapide gefallen. Hätte Philips eher gehandelt, würde der Markt heute möglicherweise anders aussehen. Mit dem Wissen von damals war es jedoch wohl die richtige Entscheidung, sich alle Möglichkeiten offen zu halten. Das Beispiel Philips verdeutlicht, wie schwer es ist, zwischen einer unumkehrbaren Entscheidung und dem Wunsch nach Handlungsspielraum abzuwägen. Beide Strategien haben Vorteile. Doch bei keiner ist man davor gefeit, sie später vielleicht zu bereuen.

Judith A. Chevalier

Marktzutritt: verboten oder angeraten?

Was muss ein Unternehmen bei der Entscheidung beachten, ob es einen Markt betreten soll oder nicht? Bieten wirtschaftstheoretische Konzepte Entscheidungshilfen für die Praxis? Folgt man der Fachliteratur, dann müssen Pioniere mit rückläufigen Marktanteilen und harten Preiskämpfen rechnen, sobald neue Teilnehmer auftauchen. Dafür können sie die Kontrolle über knappe Ressourcen gewinnen und müssen weniger für Produktwerbung aufwenden. Doch ganz so einfach liegen die Dinge in der Praxis nicht. Selbst wenn Unternehmen in bestimmten Märkten hoch profitabel arbeiten, muss der Markt nicht unbedingt für andere lohnend sein. Und: Es gibt verschiedene Barrieren für einen Marktzutritt.

Im Grundkurs Wirtschaftswissenschaften heißt es, dass immer dann mit neuen Marktzutritten zu rechnen ist, wenn die Gewinne der in einem Markt tätigen Unternehmen höher sind als ihre Kapitalkosten. Die Zahl der neuen Konkurrenten steigt, bis die Gewinne nach Abzug der Kapitalkosten gegen null tendieren. So weit die Theorie. Die Praxis ist jedoch weitaus komplexer. Denn es gibt viele Märkte ohne rechtliche Zutrittsbeschränkungen, in denen etablierte Unternehmen hohe Gewinne erzielen und dennoch von neuen Wettbewerbern weitgehend verschont bleiben.

Der Wirtschaftswissenschaftler Marc Rysman von der Boston University stellte 1998 fest, dass in den USA mit Branchenverzeichnissen Umsatzrenditen von 35 bis 40 Prozent erzielt werden. Trotzdem haben nur wenige unabhängige Verlage den Markt betreten, um den Gelben Seiten der lokalen Telefongesellschaften Konkurrenz zu machen. Dann wiederum gibt es Märkte, die trotz schlechter Gewinnaussichten viele Unternehmen anziehen (wie der Online-Buchhandel). Ich werde in diesem Artikel verschiedene Faktoren untersuchen, die Unternehmen bei der Entscheidung über einen Marktzutritt beachten sollten. Dabei sollen die in der Realität beobachteten Abläufe mit der wirtschaftswissenschaftlichen Theorie verglichen werden.

Zutrittsbedingungen

Verfolgen wir zunächst die Abläufe bei einem Marktzutritt anhand eines theoretischen Falls. Ein Unternehmen erschließt einen neuen Markt und macht Gewinne. In der Regel folgen dann andere Unternehmen auf diesen Markt und sorgen für Konkurrenz. Die Gewinnaussichten des etablierten Unternehmens werden in der Folge durch zwei Faktoren beeinträchtigt: Erstens verliert es Marktanteile an die

Konkurrenz; Zweitens löst der Wettbewerb oft harte Preiskämpfe aus, die sinkende Margen zur Folge haben.

Auf die US-Firma Rollerblade, die heute Benetton Sportsystem gehört, trifft dieses theortische Konzept weitgehend zu. Rollerblade hat 1980 als erstes Unternehmen Inlineskates auf dem US-Markt eingeführt und viel investiert, um den Sport populär zu machen. Mit Erfolg: Der Markt für Inlineskates entwickelte Ende der achtziger und Anfang der neunziger Jahre enormes Potenzial. Die Zahl der Anhänger dieser neuen Sportart stieg in den USA zwischen 1989 und 1995 von 3,1 auf 20 Millionen. Diese Entwicklung blieb der Konkurrenz natürlich nicht verborgen. Zwar besaß Rollerblade verschiedene Patente für einzelne Merkmale der Rollschuhe, jedoch nicht für die Grundidee, die Rollen hintereinander anzuordnen. Diese Idee stammt aus der Mitte des 19. Jahrhunderts, und Inlineskates waren damals nur kurze Zeit in Mode.

Rollerblade konnte die Konkurrenz also nicht am Marktzutritt hindern. Ende der achtziger Jahre beherrschte Rollerblade den Markt fast vollständig und verkaufte sein billigstes Modell für 90 US-Dollar. Der einzige Konkurrent zu diesem Zeitpunkt, First Team Sports, verkaufte seine Modelle knapp 15 Prozent billiger als Rollerblade. 1994 gab es bereits knapp 30 Unternehmen auf dem Markt für Inlineskates. Rollerblades Marktanteil war auf etwa 40 Prozent gefallen. Die billigsten Inlineskates kosteten nur noch 29,99 US-Dollar. Rollerblade bot sein günstigstes Modell für 69,99 US-Dollar an.

Zutrittsbarrieren

Der Gewinnrückgang durch den Marktzutritt von Wettbewerbern vollzieht sich in verschiedenen Märkten mit unterschiedlicher Geschwindigkeit. Wirtschaftswissenschaftler sprechen von Zutrittsbarrieren, wenn etablierte Unternehmen in einem Markt Gewinne machen und dennoch von Konkurrenten unbehelligt bleiben.

Rechtliche Barrieren

Bei einigen Märkten behindern rechtliche Barrieren den Zutritt – in Form von Gesetzen oder Patenten zum Beispiel. Doch selbst bei bestehenden Patenten hängt es stark vom Umfang des Patentschutzes ab, ob ein Wettbewerb grundsätzlich ausgeschlossen ist.

In einer 1987 von Richard Levin und anderen in den Brookings Papers on Economic Activity veröffentlichten Studie wurden die Leiter von Forschungs- und Entwicklungsabteilungen befragt, wie sie die Wirksamkeit von Patenten als Schutz vor dem Nachbau ihrer Erfindungen beurteilen. Auf einer Skala, die von 1 »völlig unwirksam« bis 7 »sehr wirksam« reichte, lagen die Antworten für Verfahrenspatente im Durchschnitt bei 3,52 und für Produktpatente bei 4,33. Die Schutzwirkung von Produktpatenten beurteilten Vertreter der Pharmaindustrie mit 6,5 am höchsten. Während Produktpatente bisweilen wirksam eine exakte Kopie (duplication) verhindern, schützen sie häufig nicht vor Nachahmung (imitation) – selbst in der Pharmaindustrie nicht. Ende der sechziger und Anfang der siebziger Jahre dominierte der Pharmahersteller Eli Lilly den US-Markt für Cephalosporine, bakterizid wirkende Antibiotika. Die von Lilly patentierten Produkte Keflin und Keflex gehörten zu den meistverkauften Medikamenten in den USA. Zwar konnten die Konkurrenten bis zum Ablauf der Patente keine Produkte mit der gleichen chemischen Zusammensetzung wie Keflin und Keflex produzieren; sie waren jedoch in der Lage, aus ähnlichen Komponenten starke Antibiotika zu entwickeln, die im Körper die gleiche Wirkung entfalten. Bereits zu Beginn des Jahres 1982, in dem das erste der Cephalosporin-Patente auslaufen sollte, war Lillys Anteil am Cephalosporin-Markt auf 75 Prozent gesunken.

Hoher Produktionsaufwand im Vergleich zur Marktgröße
Neben rechtlichen Barrieren kann auch ein im Vergleich zur Marktgröße hoher Produktionsaufwand den Marktzutritt erschweren.

Richardson Electronics wurde 1947 gegründet und stellt Vakuumröhren her. Dass bereits ein Jahr später die Festkörperphysik entdeckt wurde, die zur Entwicklung des Transistors führte und die Vakuumröhre überflüssig machte, mag bei flüchtiger Betrachtung als extremes Pech für Richardson erscheinen. Tatsächlich jedoch erwies sich diese Entwicklung für Richardson als glückliche Fügung. Während der Absatz von Vakuumröhren in den siebziger, achtziger und neunziger Jahren stark zurückging und Hersteller wie Western Electric, General Electric, RCA, Sylvania und Westinghouse die Produktion einstellten, legte Richardsons Marktanteil stark zu. Viele Vakuumröhren werden seit den siebziger Jahren nur noch von Richardson hergestellt. Deshalb gibt es kaum noch Preiswettbewerb.

Richardsons Jahresbericht von 1998 zeigt, welche Marktstellung das Unternehmen mittlerweile erreicht hat. Die von einem Autohersteller zur Gummihärtung eingesetzten Maschinen arbeiten mit Vakuumröhren. Findet der Hersteller keine Ersatzteile für seine Maschine, muss er für nahezu 1 Millionen US-Dollar eine neue Maschine anschaffen. Der Hersteller war also bereit, einen hohen Preis für eine Vakuumröhre zu zahlen. Und Richardson war der einzige Hersteller, der ihm helfen konnte. Da den Kunden oft nur die Alternative bleibt, bei Richardson zu kaufen oder die Maschine zu verschrotten, hat Richardson eine starke Position und kann den besonderen Wert, den seine Produkte für die Käufer darstellen, beim Preis berücksichtigen.

Warum bekommt Richardson und sein profitables Geschäft mit Vakuumröhren keine Konkurrenz? Weil es für Wettbewerber schlicht keinen Sinn macht, den für eine echte Konkurrenz mit Richardson erforderlichen Produktionsaufwand zu betreiben. Richardson hat viele tausend Vakuumröhren aus aller Welt auf Lager und liefert für die schwer zu beschaffenden Teile schnell Ersatz. Der enge Markt für Vakuumröhren ist groß genug für einen Hersteller, aber möglicherweise zu klein für zwei.
Verlorene Investitionen. Bei einigen Märkten ist der Zutritt mit hohen Investitionen verbunden. Hohe Investitionen allein sind jedoch noch keine Zutrittsbarriere. So

muss eine neue Fluggesellschaft, die einen Liniendienst zwischen Dublin und London anbieten will, zwar viel für ein Flugzeug investieren, doch das ist keine Zutrittsbarriere. Denn wenn sich der Liniendienst als nicht lukrativ erweist, kann sie das Flugzeug zu einem Preis nahe am Anschaffungswert an eine andere Fluggesellschaft verkaufen.

Verluste sind nicht immer verloren
Der Begriff »verloren« (sunk) bezeichnet Kosten, die nicht wieder hereingeholt werden können. Ein Marktzutritt erfordert erhebliche Investitionen, aber investiert wird meist in Anlagegüter, die relativ liquide sind. Solche Investitionen sind nicht verloren, wenn das Geschäftsvorhaben scheitert. Ein Beispiel für verlorene oder buchstäblich versenkte Investitionen ist der Kanaltunnel. Als deutlich wurde, dass die prognostizierten Erträge nicht erreicht werden, wünschten sich die Investoren sicher, die Investition nie getätigt zu haben. Der Tunnel bleibt in Betrieb, weil die Investitionskosten nicht auf anderem Wege wieder hereingeholt werden können.

Erweist sich die Nachfrage- und Kostensituation in einem neuen Markt als günstig, spielt es keine Rolle, ob die Startinvestition verloren ist oder nicht. Erweisen sie sich jedoch als ungünstig, wird der Unterschied deutlich spürbar. Einen Marktzutritt, der potenziell mit dem Verlust von Investitionen verbunden ist, werden Unternehmen also eher scheuen – auch wenn auf dem Markt etablierten Unternehmen attraktive Gewinne machen.

Ob Investitionen für einen Marktzutritt verloren sind oder nicht, ist schwerer einzuschätzen, als es zunächst den Anschein haben mag. Um das Verlustrisiko zu bestimmen, muss ermittelt werden, welchen Risikofaktoren das Geschäftsvorhaben ausgesetzt ist. Betrachten wir als Beispiel ein Unternehmen, das die steigende Nachfrage nach Produkten von Kleinbrauereien ausnutzen und ein Bier auf den Markt bringen will, das statt aus Gerste oder Weizen aus Mais gebraut ist. Dazu muss das Unternehmen zunächst eine Brauanlage kaufen. Besteht der wichtigste Unsicherheitsfaktor darin, ob die Verbraucher Maisbier annehmen, ist die Investition der Brauerei nicht verloren. Wird das Produkt nicht angenommen, kann die Anlage für einen Preis knapp unter dem Anschaffungswert an eine andere Brauerei verkauft werden. Besteht der wichtigste Unsicherheitsfaktor jedoch darin, ob die starke Nachfrage nach Produkten von Kleinbrauereien anhält, betrifft dies auch die Nachfrage nach kleinen Brauanlagen. Die gebrauchte Anlage ließe sich dann nur zu einem Preis weit unter dem Anschaffungswert verkaufen. Ein großer Teil der Investition wäre also verloren, wenn die Nachfrage nach dem Bier von Kleinbrauereien nachlässt.

Netzwerkeffekte
Netzwerkeffekte liegen vor, wenn sich Verbraucher bei ihrer Entscheidung an anderen Verbrauchern orientieren. Solche Gemeinschaftseffekte können den Marktzutritt für neue Unternehmen uninteressant machen. Die Verbraucher entscheiden sich beispielsweise bei Kauf eines Videorekorders für das VHS-System von JVC

statt für das Beta-System von Sony, weil man in Videotheken nur VHS-Videos ausleihen kann. Sie entscheiden sich also für das gleiche System, das auch andere Verbraucher verwenden.

Besitzt das etablierte Unternehmen Kostenvorteile bei der Produktion oder Patente für alle vergleichbaren Produkte, können Netzwerkeffekte dem etablierten Unternehmen eine Monopolstellung verschaffen. Rysman vertritt in seinem Artikel die Auffassung, dass ein ganz ähnlicher Effekt den Zutritt auf den Markt für Branchenverzeichnisse beschränkt. Verbraucher benutzen nur das Branchenverzeichnis für ihre Region, das die meisten Einträge enthält. Das veranlasst die Inserenten dazu, ihre Dienste und Produkte vor allem in dem Branchenverzeichnis anzubieten, in dem auch alle anderen inserieren. Neue Anbieter können diesen Teufelskreis kaum durchbrechen. Denn Inserenten werden sich nur dann für einen Eintrag im neuen Verzeichnis entscheiden, wenn sie davon überzeugt sind, dass auch alle anderen dort inserieren.

First-Mover-Vorteile
Besitzen die auf einem Markt etablierten Unternehmen wichtige Kosten- und Nachfragevorteile gegenüber potenziellen Neulingen, kann dies eine wirksame Zutrittsbarriere darstellen. First Mover besitzen in der Regel drei wichtige Vorteile gegenüber Neulingen: Sie verfügen über mehr Erfahrung, kontrollieren begrenzte Ressourcen und müssen den Verbraucher nicht auf kostspielige Weise zum Umstieg auf ihr Produkt bewegen.

Manche Produktionsprozesse sind nur schwer zu meistern. First Mover haben mehr Zeit, um die nötigen Produktionserfahrungen zu sammeln. C. Lanier Benkard schreibt, dass die Produktionskosten für Verkehrsflugzeuge mit jedem hergestellten Flugzeug deutlich abnehmen. Für Marktneulinge kann dieser Kostennachteil gegenüber etablierten Herstellern eine unüberwindliche Barriere darstellen. Der Marktzutritt kann auch erschwert sein, weil das etablierte Unternehmen begrenzte Ressourcen kontrolliert, die für die Produktion wichtig sind. Zum Beispiel, wenn ein etabliertes Unternehmen sich die Exklusivnutzung wichtiger Vertriebskanäle gesichert oder mit Alleinlieferanten langfristige Verträge für wichtige Materialien geschlossen hat. In diesem Fall werden Neulinge durch die hohen Kosten für Fertigung und Vertrieb am Marktzutritt gehindert. Weil die Kontrolle über Ressourcen eine wirksame Zutrittsbarriere darstellt, sind First Mover oft bemüht, Liefer- oder Vertriebskanäle zu blockieren. Solche Versuche werden jedoch von Wettbewerbsbehörden kritisch überwacht und häufig verhindert. Eine schwer zu überwindende Zutrittsbarriere besteht schließlich auch dann, wenn die Verbraucher nur ungern auf ein neues Produkt umsteigen. Dies gilt in gewissem Umfang für jeden Markt, in dem die Verbraucher dazu bereit sind, aus Markentreue und wegen der Reputation eines etablierten Unternehmens einen höheren Preis für dessen Produkte zu zahlen. Noch höher ist die Zutrittsbarriere, wenn das Produkt des etablierten Unternehmens für den Verbraucher eine gewisse Investition darstellt und der Umstieg auf ein Konkurrenzprodukt deshalb mit Kosten verbunden ist. So konnte IBM mit seinem Betriebssystem OS/2 auch deshalb keine nennenswerte Marktdurchdringung erreichen, weil die Verbraucher die ihnen vertraute Windows-Umgebung nicht aufgeben mochten.

Wem Barrieren nutzen

Von Zutrittsbarrieren profitieren eindeutig die etablierten Unternehmen. Deshalb sollte vor der Erschließung eines neuen Marktes auf jeden Fall geprüft werden, welche Zutrittsbarrieren für die nachfolgenden Unternehmen bestehen. Wie solche Überlegungen genutzt werden können, zeigt die Strategie des US-Discounters Wal-Mart bei der Ausbreitung über die gesamten USA. Wal-Mart hat große Kaufhäuser in kleinen Städten gebaut, die zuvor noch nicht von großen Kaufhausketten versorgt worden waren. Viele dieser Städte waren so klein, dass zwar ein Kaufhaus mit Gewinn arbeiten konnte. Für einen Wettbewerber hätte es sich jedoch nicht gelohnt, dort mit einem konkurrenzfähigen Preis- und Warenangebot gegen Wal-Mart anzutreten. Der Pionier Wal-Mart profitiert also von der Besetzung eines Marktes, der Wettbewerbern erhebliche Zutrittsbarrieren in den Weg stellt.

Fit für den Marktzutritt

Sind Zutrittsbarrieren also rundweg schlecht für Unternehmen, die einen bestehenden Markt betreten wollen? Nur zum Teil. Gäbe es nämlich keine Barrieren, würden so lange neue Unternehmen auf den Markt drängen, bis dort keine Gewinne mehr erzielt werden könnten. Der Markt böte keine echte Chance. Zutrittsbarrieren können für einen potenziellen Neuling also vorteilhaft sein, weil sie andere am Zutritt hindern. Ein Markt mit Zutrittsbarrieren bietet jedoch nur dann eine echte Chance, wenn der potenzielle Neuling über die Fähigkeiten oder Ressourcen verfügt, die Barriere mit geringerem Kostenaufwand zu überwinden als andere.

Neues Produkt oder neue Geschäftsidee
Wann ist ein Unternehmen also fähig, Zutrittsbarrieren zu überwinden? Zum Beispiel wenn es ein innovatives Produkt oder eine neue Geschäftsidee besitzt. Aber auch dann ist Vorsicht geboten. Wenn ein etabliertes Unternehmen das Produkt oder die Geschäftsidee einfach kopieren kann, lohnt ein Zutritt möglicherweise nicht.

Der kleine US-Hersteller Minnetonka betrat 1979 den Seifenmarkt mit dem neuen Produkt Soft Soap, einer attraktiv verpackten Flüssigseife fürs Badezimmer. Mit einem herkömmlichen Seifenstück hätte Minnetonka auf dem Markt kaum Chancen gehabt. Die großen etablierten Unternehmen wie Procter & Gamble, Unilever und Colgate-Palmolive unterhielten enge Beziehungen und Verträge mit Vertriebsorganisationen und Einzelhändlern, die ihnen massive Kostenvorteile gegenüber Marktneulingen sicherten. Mit einem innovativen Produkt wie Soft Soap konnte Minnetonka die hohen Zutrittsbarrieren überwinden und bis Ende des Jahres 1980 auf dem US-Markt für Pflegeseifen einen Anteil von fünf Prozent erobern.

Minnetonka konnte Procter & Gamble und die anderen etablierten Unternehmen jedoch nicht daran hindern, eigene Flüssigseifen auf den Markt zu bringen. Procter & Gamble war beim Marktzutritt von Minnetonka bereits im Besitz »ruhender« Patente für eigene Seifenmischungen. 1983 hatten alle großen Seifenhersteller bereits Flüssigseifen im Angebot, und Minnetonkas Marktanteil fiel zwischen 1981 und 1983 von über 80 Prozent auf unter 30 Prozent. Während das Unternehmen 1980 noch 11 Millionen US-Dollar Gewinn machte, musste es 1982 einen Verlust von 7 Millionen US-Dollar ausweisen.

Synergien mit vorhandenen Produkten
Zutrittsbarrieren können auch überwunden werden, wenn Synergien bestehen zwischen der Herstellung eines neuen Produkts oder der Bereitstellung einer neuen Leistung und Produkten oder Leistungen, die der potenzielle Neuling schon auf dem Markt anbietet, in dem das Unternehmen bereits etabliert ist. Ergibt sich die Möglichkeit, vorhandene Marketingkapazitäten oder eingeführte Markenamen gemeinsam zu nutzen, reicht das unter Umständen schon aus, um einen neuen Markt zu betreten. Ein Beispiel dafür sind E-Bay und der Online-Buchhändler Amazon.com. E-Bay ist das größte Auktionshaus im Internet. Auch Amazon bietet seit kürzerem Auktionen an.

Vieles spricht dafür, dass jeder Konkurrent es schwer haben müsste, gegen E-Bay anzutreten. Schließlich wollen die Verbraucher ihre Produkte vorzugsweise bei einem Auktionshaus anbieten, das ein großes Publikum anzieht, und nicht auf einem Markt, wo sich nur wenige potenzielle Käufer tummeln. Als Pionier auf diesem Markt müsste E-Bay von Netzwerkeffekten profitieren, da es als größtes Auktionshaus im Internet gilt.

Trotz der großen Vorteile, die E-Bay als Pionier besitzt, hat Amazon den Markt 1999 betreten. Mit welcher Strategie ist Amazon gegen E-Bay angetreten? Zunächst hat Amazon seinen bestehenden großen Kundenkreis durch Website- und E-Mail-Werbung über das neue Angebot informiert. Außerdem wollte das Unternehmen seinen starken Markennamen und seine Bekanntheit dazu nutzen, um die nötige Marktbasis für einen effektiven Wettbewerb mit E-Bay zu schaffen. Die Nutzung von Synergien ist wichtig und sinnvoll, man sollte ihre Wirkung aber nicht überschätzen. Ob Amazon im Wettbewerb gegen E-Bay bestehen kann, scheint fast entschieden: Noch immer wickelt E-Bay deutlich mehr Auktionen ab als Amazon.

Auf einen Nenner

Auf einen Nenner gebracht lässt sich die Entscheidungsregel für einen Marktzutritt wie folgt formulieren: Ein Marktzutritt ist dann sinnvoll, wenn der zu erwartende Gewinn die für den Zutritt aufgewendeten verlorenen Investitionen übersteigt. Wie das Beispiel des Seifenherstellers Minnetonka zeigt, sind die von den etablierten Unternehmen erzielten Gewinne aber kein zuverlässiger Indikator für die Gewinnaussichten des Marktneulings, da die etablierten Unternehmen auf jeden neuen Konkurrenten reagieren werden.

Literaturhinweise

Brookings Papers on economic Activity: Appropriating the returns on industrial research an development. Erhältlich unter www.nberg.org, 1987.

Benkard, C. Lanier: *Learning and forgetting: The Dynamics of Aircraft Production.* Cambridge, Mass., 1999.

Dunne, T.; Roberts, M. J.; Samuelson, L.: »Patterns of Firm Entry and Exit in US Manufacturing Industries«, *Rand Journal of Economics*, 19 (4), 1988

Rysman, M.: *Competition between Networks: A Study of the Market for Yellow Press.* Boston University Working Paper, September 1999.

Sutton, John: *Sunk Costs and Market Structure.* Cambridge, Mass.: MIT Press, 1991.

Fiona Scott Morton

Welche Verhaltensmuster den Wettbewerb prägen

Die Entscheidungsfindung in Märkten mit wenigen großen Mitbewerbern kann deutlich verbessert werden, wenn man versteht, wie Wettbewerb funktioniert und wie man ihn beeinflussen kann. Um die Reaktion eines Mitbewerbers vorherzusehen, muss man sich darüber im Klaren sein, welches Spiel gerade gespielt wird – das strategischer Substitute oder strategischer Komplemente – und ob man dabei freundlich oder aggressiv auftritt. Die hier vorgestellten Methoden sind relativ simpel, legen jedoch den Grundstein für komplexere Methoden der Spieltheorie.

Wettbewerbsstrategien sind so kompliziert, weil die anderen Kräfte im Umfeld lebendig sind – sie können ihre Strategie jederzeit ändern. Ein Manager muss deshalb den besten Kurs für das »Schiff« Unternehmen auswählen, dabei unverrückbaren Hindernissen wie Felsen ausweichen und Kollisionen mit anderen Dampfern in Fahrt vermeiden.

Bevor man unter solchen Bedingungen eine strategische Entscheidung trifft, ist es wichtig zu begreifen, wie ein Konkurrent auf diese Handlung reagieren wird. Werbung kann mit noch mehr Werbung beantwortet werden, eine Erweiterung der Kapazitäten kann einen Konkurrenten dazu veranlassen, weniger Kapazitäten aufzubauen. Es ist klar, dass die Vorteile einer bestimmten Strategie zum Teil von der Reaktion der anderen abhängig sind.

Eine strategische Denkweise erkennt die Schritte des Mitbewerbers im Voraus. Wenn Sie seine wahrscheinliche Reaktion kennen, werden Sie viel eher eine erfolgreiche Strategie verfolgen. Mithilfe der im Folgenden beschriebenen ökonomischen Instrumente können Manager feststellen, wie die Reaktion des Mitbewerbers aussehen wird und welche Art von Anfangshandlungen positives oder negatives Feedback hervorrufen. Informierte Manager verstehen diese Mechanismen und können die Reaktionen der Wettbewerber zu ihrem Vorteil beeinflussen.

Welches Spiel spielt die Branche?

Diese Analyse gilt nur für Märkte, in denen es wenige große Mitbewerber gibt – ein Umfeld also, in dem die Handlung jedes beteiligten Unternehmens merklich Einfluss auf die Gewinne der anderen nehmen kann. Solche Märkte werden Oligopole genannt. Wettbewerbsinteraktionen können kompliziert und sehr komplex werden. Die Modelle in diesem Artikel sind die Grundlagen, die ersten Schritte, die man machen muss, bevor man sich fortgeschritteneren Wettbewerbsstrategien zuwendet. Sie scheinen zwar in mancher Hinsicht einfach zu sein, liefern aber fundamentale Informationen über die Funktionsweise des Wettbewerbs. Ausgefeiltere Strategien bauen auf diesen Einsichten auf.

Annahmen

Will ein Manager die wahrscheinlichste Reaktion auf eine Wettbewerbshandlung bestimmen, muss er wissen, welche Ziele sein Konkurrent verfolgt, welche Handlungen dem Konkurrenten möglich sind und wie sich die eigenen Reaktionen auf den Konkurrenten auswirken. Mitbewerber können – anders als Außenstehende – die technischen Optionen, Kosten und Profitabilität ihres Konkurrenten gut abschätzen. Wenn das Ziel identifiziert ist, beispielsweise die Profitmaximierung, lässt sich die Entscheidung eines Unternehmens vorhersagen: Wenn wir in etwa wissen, wie viel Gewinn sich aus zwei verschiedenen Handlungen ergeben wird und die Manager des Unternehmens eindeutig nach Profit streben, werden sie wohl die Alternative mit den höheren Gewinnchancen wählen.

Wie werden Gewinne gemacht? Hierbei ist das »Spiel«, das in der Branche gespielt wird, von entscheidender Bedeutung. Zwei ökonomische Grundmodelle – Preis- oder Mengenwettbewerb – werden im Folgenden vorgestellt. (Die Unterscheidung wurde ursprünglich von Jeremy Bulow, John Geanakoplos und Paul Klemperer vorgenommen.) Beides sind kurzfristige Modelle, die eine direkte Profitabilität der Wettbewerbstaktik widerspiegeln. Dynamische Faktoren – den heutigen Ausbau von Marktanteilen, um morgen von den Gewinnen zu leben – sind bereits Verfeinerungen dieses Modells.

Preiswettbewerb

Wettbewerb wird meist über den Preis geführt. Coca-Cola und Pepsi sind beispielsweise Substitute, also relativ leicht austauschbar, und doch zeigen die Verbraucher unterschiedliche Präferenzen. Senkte Coke seinen Preis in einer bestimmten Stadt, würden manche Pepsi-Kunden sofort zu Coke wechseln, während andere Pepsi so sehr bevorzugen, dass sie den höheren Preis bezahlen. Coke wird einige Kunden gewinnen, die bis zur Preissenkung gar nicht auf dem Softdrink-Markt anzutreffen waren, und auch einige frühere Pepsi-Kunden.

Joseph Bertrand hat 1883 eine Formel entwickelt für die Gewinne eines Unternehmens, die auf dieser Art der Verbrauchernachfrage beruhen. Er wies nach, dass es für jedes Unternehmen in einem Preiswettbewerb (hier Pepsi) eine beste (Gewinn maximierende) Reaktion auf die Preisänderungen durch den Mitbewerber gibt.

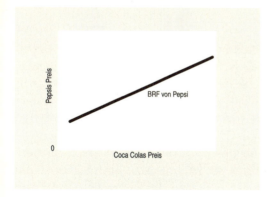 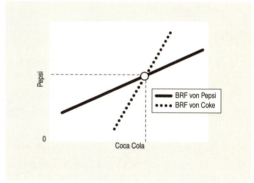

Abb. 1: Pepsis beste Reaktion   *Abb. 2: Bertrand-Gleichgewicht*

Wenn Coke die Preise senkt, ist es das Beste für Pepsi, die Preise zu senken, aber nicht ganz so weit wie die von Coke. Warum? Pepsi verliert Kunden an Coke, wenn die Preise bei Coke niedriger sind. Wenn Pepsi die eigenen Preise ebenfalls senkt, werden einige Kunden vielleicht nicht wechseln. Aber ein geringerer Preis bedeutet auch eine geringere Gewinnmarge, sodass es sich für Pepsi nicht lohnt, die Preissenkung von Coke ganz mitzumachen, sondern sich stattdessen einen Teil der Marge über vorhandene Kunden sichern sollte.

Wenn im umgekehrten Fall Coke den Preis anhebt, könnte Pepsi seinen Gewinn steigern, indem es den Preisanstieg von Coke teilweise nachvollzieht. Pepsi könnte – zu einer höheren Marge als vorher – einige Kunden von Coke übernehmen, wenn es den Preis nicht ganz so weit anhebt. Die beste Reaktion in einem Preiswettbewerb besteht also darin, die ursprüngliche Aktion des Konkurrenten zu imitieren. Die beste Reaktionsfunktion (Best Response Function, BRF) für Pepsi wird in Abbildung 1 dargestellt. In einem Preiswettbewerb führt ein niedrigerer Preis zu einem niedrigeren Preis, während eine Preisanhebung die Konkurrenz ebenfalls zur Preisanhebung motiviert; die Preise der Mitbewerber bewegen sich also parallel.

Auch für Coke gibt es eine Funktion für die beste Reaktion, die in Abbildung 2 zusammen mit den Gleichgewichtspreisen des Marktes gezeigt wird. Warum tritt das Gleichgewicht an der Stelle ein, an der die beiden Funktionen sich kreuzen? Wenn beide Unternehmen die beste Reaktion auf die Preise des anderen wählen – und das ist die beste Reaktion auf ihre Preise –, dann ist der Kreuzungspunkt die einzige Option. Eine der wichtigen Eigenschaften dieser Märkte ist die Tatsache, dass Auswahlmöglichkeiten und Profite der beiden Unternehmen sich parallel bewegen. Die Preise und Profite in der Branche steigen oder die Preise und Profite in der Branche fallen. In einem gewissen Sinne sitzen alle in einem Boot. Dies nennt man einen Markt der strategischen Komplemente.

Mengenwettbewerb

Das Gegenstück hierzu ist ein strategisches Substitut. Die Entscheidung eines Unternehmens über die Produktionsmengen ist ein klassisches Beispiel dafür. Wenn ein Unternehmen die Menge festlegt, die es auf den Markt bringen will, kann es nicht auch einen bestimmten Preis festlegen. (Denken Sie an die OPEC, die über Mengen und nicht über Preise entscheidet.) Stattdessen bestimmt die Verbrauchernachfrage den Preis. Ein weiterer Franzose, Augustin Cournot, zeigte ebenfalls vor mehr als einem Jahrhundert, dass man im Mengenwettbewerb immer das Gegenteil von dem tun sollte, was der Mitbewerber tut. Wenn der Mitbewerber beispielsweise die Mengen senkt, die er auf den Markt bringt, sollte man die Mengen erhöhen, weil die geringeren Mengen des Mitbewerbers den allgemeinen Marktpreis erhöhen, was die Gewinnmarge pro Einheit erhöht. Wenn die OPEC beispielsweise geringere Produktionsraten ankündigt, ist die beste Reaktion für andere Öl produzierende Länder, ihre Produktion zu erhöhen.

Der Mengenwettbewerb ist zwar die klassische Parallele zum Preiswettbewerb, wird aber viel seltener betrieben, nämlich ausschließlich in Gütermärkten. Das Wichtigste ist dabei die Festlegung der Produktionskapazitäten. Beispielsweise führt eine erhöhte Produktionskapazität von Computer-Speicherchips dazu, dass andere in der Branche ihre Produktion zurückschrauben. Denn eine erhöhte Chipproduktion bei erhöhten Kapazitäten senkt die Marktpreise. Geringere Preise schmälern die Rentabilität von Kapazitätsinvestitionen, die andere Unternehmen planen. Die besten Reaktionsfunktionen in einem Markt mit strategischen Substituten sind in Abbildung 3 dargestellt. Auch hier ist das Gleichgewicht markiert.

Im Gegensatz zum ersten Markttyp ist die beste Reaktion auf eine Mitbewerberaktion in einem Wettbewerb mit strategischen Substituten, das genaue Gegenteil zu tun. Auch das Muster, nach dem sich die Gewinne verändern, ist anders. Geringere Mengen gehen mit geringeren Gewinnen einher, höhere Mengen mit höheren Profiten. Wenn ein Konkurrent seinen Output erhöht, wird Ihr Profit geschmälert. Sie können ihn noch etwas verbessern, indem Sie Ihre eigene Produktion verringern, Sie sind insgesamt gesehen jedoch schlechter dran. Wenn andererseits ein Mitbewerber seine Kapazitäten senkt, steigen Ihre Gewinne und werden weiter steigen, wenn Sie Ihre Kapazitäten erhöhen.

Unterschiede

Einen Preiswettbewerb erkennt man daran, dass das Unternehmen die Preiskomponente in der Nachfragefunktion festlegt. Coke und Pepsi haben genau den Preis gewählt, zu dem sie ihr Produkt verkaufen können. In einem Mengenmarkt wählt ein Unternehmen die Mengen (oder Kapazitäten) aus, die es auf den Markt bringen möchte; es ist dann die Marktnachfrage für das Produkt selbst, die den Preis bestimmt.

Festlegung

Ein Unternehmen kann sich auf zwei gegensätzliche Verhaltensmuster festlegen. Es geht freundlich oder aggressiv vor, je nachdem ob es im Wettbewerb nutzt oder schadet. Als Verhaltensmuster bezeichne ich Entscheidungen, die schwer (oder teuer) rückgängig zu machen sind, und die optimalen Handlungsalternativen, die ein Unternehmen beeinflussen. Eine solche Entscheidung verschiebt die Position der Reaktionsfunktion eines Unternehmens, da die zugrunde liegenden Funktionen für Kosten oder Erträge verändert werden.

Sehen wir uns den Preiswettbewerb etwas näher an. Ein Unternehmen führt eine neue kostensenkende Technologie ein. Dadurch wird das Unternehmen auch zu niedrigeren Preisen als vorher anbieten, unabhängig von den Preisen der Mitbewerber. Die Reaktionsfunktion hat sich verschoben (hin zu niedrigeren Preisen). Niedrigere Preise schaden der Konkurrenz. Deswegen ist dieses Verhalten aggressiver Natur. Steigen hingegen die lokalen Steuern an und erhöhen sich dadurch die variablen Kosten des Unternehmens, wird der Betrieb versuchen, höhere Preise als vorher durchzusetzen. In diesem Fall hat die Politik das Unternehmen dazu getrieben, die Preise zu erhöhen, und die Reaktionsfunktion verschiebt sich nach oben. Die sich daraus ergebenden höheren Preise verbessern die Profitabilität des Mitbewerbers. Die Politik hat somit das Unternehmen veranlasst, eine freundliche strategische Entscheidung zu treffen. Diese Verschiebungen sind in Abbildung 4 dargestellt.

Gegensätzliche Verhaltensmuster

In einem Mengenwettbewerb sehen solche strategischen Festlegungen etwas anders aus. Angenommen, ein Unternehmen verpflichtet sich in einem langfristigen Vertrag (mit Konventionalstrafen für jeden Vertragsbruch), große Mengen von Speicherchips der nächsten Generation zu liefern. Das Unternehmen muss jetzt mehr Kapazitäten

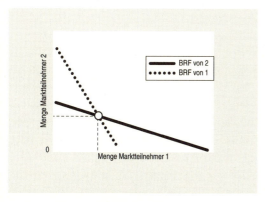

Abb. 3: Cournot-Gleichgewicht

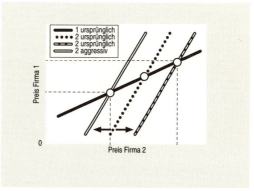

Abb. 4: Strategische Entscheidungen bei einem Preisspiel

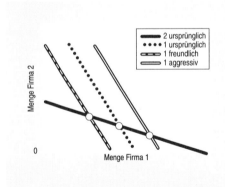

	Freundliche Überantwortung	Aggressive Überantwortung
Preiswettbewerb (strategischer Ergänzung)	POSITIV Konkurrent verhält sich freundlicher	NEGATIV Konkurrent verhält sich aggressiv
Mengen-/Kapazität Wettbewerb (strategischer Ersatz)	NEGATIV Konkurrent verhält sich aggressiv	POSITIV Konkurrent verhält sich freundlicher

Abb. 5: Strategische Entscheidungen bei einem Mengenspiel

Abb. 6: Auswirkungen strategischer Ausrichtung

herstellen als zuvor. Seine Reaktionsfunktion wird nach außen verschoben; es wird mehr Chips produzieren. Aus dem oben Gesagten wissen wir, dass die beste Reaktion der Konkurrenz die ist, Kapazitäten abzubauen. Denken Sie daran, dass die Profite in einem Mengenwettbewerb mit dem Marktanteil schwanken, so dass Mitbewerber weniger Profit erzielen. Der Vertrag entspricht also einer aggressiven strategischen Entscheidung, weil er dem Konkurrenten schadet.

Stellen Sie sich den Fall vor, dass ein Unternehmen sich in einem Entwicklungsland befindet und das andere in einem Industrieland. In dem Industrieland werden die Umweltgesetze verschärft. Für das dort ansässige Unternehmen ist jetzt jedes produzierte Stück teurer, da zusätzliche Verarbeitungs- und Entsorgungskosten anfallen. Die Reaktionsfunktion wird nach innen verschoben und die Produktion wird verringert, während Produktion und Gewinn des Konkurrenten zunehmen. Das Gesetz hat hier die Ausrichtung bestimmt, das Unternehmen hat keine Entscheidung getroffen. Dennoch profitiert der Konkurrent, und der Effekt steht letztlich für eine freundliche strategische Ausrichtung in einem Mengenwettbewerb. Die entsprechende Funktion finden Sie in Abbildung 5.

Eine Verschiebung der optimalen Reaktionen eines Unternehmens zieht also auch eine Verschiebung im Gleichgewicht der Branche nach sich. Offensichtlich will ein Unternehmen, das sich strategisch festlegt, den Preis oder die Menge verändern. Weniger offensichtlich sind die Reaktionen der Konkurrenz und die Antwort auf die Frage, auf welche Weise die Konkurrenz Preise oder Mengen verändern wird. Verstärkt die Reaktion des Konkurrenten den Wettbewerbsdruck in der Branche oder verringert sie ihn? Das hängt davon ab, welche Art von Wettbewerb in der Branche herrscht und welche Art von strategischer Entscheidung gefällt wurde. Im Preiswettbewerb erhält man zurück, was man eingebracht hat: Eine freundliche strategische Ausrichtung wird mit freundlichen Reaktionen erwidert, aggressive mit aggressiven Reaktionen. Im Mengenwettbewerb haben aggressive Mitspieler einen Vorteil: Aggressives Verhalten wird mit freundlichen Reaktionen belohnt.

Bluff

Ist der Konkurrent nicht davon überzeugt, dass sich die Ziele des Unternehmens geändert haben (bei reversiblen Entscheidungen zum Beispiel), hat diese Entscheidung keinen Einfluss. Stellen Sie sich vor, dass der oben erwähnte Vertrag für die Speicherchips nur vorläufig ist und ohne Strafe geändert oder aufgekündigt werden kann. Hier wird die Reaktionsfunktion des Herstellers kaum oder gar nicht verschoben. Die Strategien der anderen ändern sich nicht. Im Gegensatz beeinflussen wirkliche Festlegungen (die sich nur unter hohen Kosten ändern lassen) die Ziele permanent. Das wiederum verändert die Erwartungen und Entscheidungen der Konkurrenten. Das »Spiel« in der Branche wird einen anderen Ausgang nehmen.

Direkte Auswirkungen

Bislang wurden die indirekten Auswirkungen gegensätzlicher strategischer Festlegungen erklärt. Eine Festlegung bringt aber auch direkte Kosten und direkten Nutzen mit sich. Beispielsweise haben Aufbau und Nutzung einer neuen Fabrik direkte Anfangskapitalkosten, einen direkten langfristigen Betriebsnutzen und einen strategischen Einfluss durch das veränderte Verhalten der Mitbewerber. Der Gesamteinfluss der neuen Fabrik auf die Profitabilität des Unternehmens ist die Summe der direkten und strategischen Effekte. Eine einfache Analyse des Projekts würde nur die direkten Effekte berücksichtigen und die Reaktion der Mitbewerber außer Acht lassen. Weil die direkten und strategischen Effekte positiv oder negativ sein können, ist eine sorgfältige Analyse notwendig. Eine vereinfachte Sichtweise der strategischen Festlegung besagt, dass nur die direkten Effekte wichtig sind. Das ist nicht richtig. Der strategische Effekt kann sehr wichtig sein und manchmal sogar die direkten Auswirkungen überlagern.

Negative Effekte
Vorstellbar ist auch, dass eine neue Fabrik zu geringeren Kosten und niedrigeren Preisen führt. Die neue, größere Preisdifferenz zu den Konkurrenzprodukten befähigt das Unternehmen, dem Hauptkonkurrenten 20 Prozent seines Marktanteils abzunehmen. Unberücksichtigt ist hierbei allerdings die mögliche Reaktion des Konkurrenten, der angesichts dieser Änderung seine Preise nicht halten wird. Unsere Theorie besagt, dass der strategische Effekt (Preiswettbewerb + aggressive Ausrichtung) negativ ist. Der Konkurrent wird den Preis als Reaktion auf den niedrigeren Preis ebenfalls senken. Die neue Fabrik wird dem Unternehmen folglich nicht so viele neue Marktanteile bescheren wie man angenommen hat. Die Analyse der Gesamtrendite aus einer neuen Fabrik muss also auch den strategischen Effekt berücksichtigen.

Nehmen wir eine Situation an, in der die Unternehmen A und B ihre Produktion für die Verkäufe in einem gemeinsamen Markt festlegen. Sie befinden sich also in einem Mengenwettbewerb. Das Unternehmen B ist in einen langwierigen Patentprozess verstrickt. Eines Tages erfährt B, dass es den Prozess verloren hat und in Zukunft hohe Lizenzgebühren für jedes produzierte Stück bezahlen muss. Die Kosten von Unternehmen A bleiben von diesem Urteil unberührt. Wie wird sich der Wettbewerb in dem Markt verändern? Die Reaktionsfunktion von B wird nach innen verschoben. Um seine Marge wieder herzustellen, wird das Unternehmen seine Produktion verringern, um so einen Anstieg des Marktpreises zu bewirken.

Das führt zu einem negativen strategischen Effekt (Mengenwettbewerb + freundliche Ausrichtung). Das Gerichtsurteil hat einen direkten negativen Effekt auf B (höhere Kosten) und führt außerdem zu einem negativen strategischen Effekt, da B gezwungen ist, eine freundliche Ausrichtung in einem Mengenwettbewerb zu wählen. Der Marktanteil von A ist jetzt größer und die Gewinne sind höher, weil B durch den Prozess in eine schwache Wettbewerbsposition gedrängt wurde. B hätte bei den Verhandlungen lieber entsprechende jährliche Zahlungen anstatt einer Lizenzgebühr pro Stück anstreben sollen. Eine jährliche Zahlung würde nämlich keinen negativen strategischen Effekt erzeugen, durch den Unternehmen A auf Kosten von B profitieren kann.

Positive Effekte

Angenommen, es ist gerade eine neue Generation von Halbleiterchips erfunden worden. Ein koreanisches und ein japanisches Unternehmen werden den Markt zu gleichen Teilen beherrschen. Das japanische Unternehmen will eine Fabrik errichten, die die Hälfte der Marktnachfrage befriedigen kann. Überraschend stellt das koreanische Unternehmen eine große Fabrik fertig, bevor dieses mit dem Bau seiner Fabrik überhaupt begonnen hat. Die Kapazität der koreanischen Fabrik beträgt zwei Drittel der erwarteten Marktnachfrage. Was wird das japanische Unternehmen tun?

Die Marginalkosten in der Chipproduktion sind nach der Fertigstellung der Fabrik gering und eine möglichst hohe Auslastung ist besonders profitabel. Die Koreaner verfolgen in diesem Mengenwettbewerb eine aggressive Strategie. Diese Entscheidung ist faktisch unumkehrbar, da die Fabrik bereits erbaut wurde. Das japanische Unternehmen würde die Preise drücken, wenn es seine Fabrik wie geplant baut; deswegen wird es eine kleinere Fabrik bauen. Das neue Gleichgewicht (Abbildung 5) zeigt dieses Ergebnis mit einem erhöhtem koreanischem und einem verringertem japanischem Marktanteil. Der strategische Effekt ist positiv, während die direkten Kosten negativ sind: Die Fabrik ist zu früh fertig. Wiegen die zusätzlichen Profite aus dem höheren Marktanteil die Kosten der zu frühen Fertigstellung auf, ist diese strategische Ausrichtung empfehlenswert.

Zusammengefasst

Dieser Artikel zeigt, dass die Entscheidungsfindung von Managern in Oligopol-Märkten deutlich verbessert werden kann, wenn diese den Wettbewerb und ihre

Einflussmöglichkeiten begreifen. Wenn das Verhalten der Mitbewerber Einfluss auf die Gewinne eines Unternehmens nimmt, muss es diese Wettbewerbsverhältnisse zu den eigenen Gunsten nutzen.

Erkennt man, ob es sich um einen Wettbewerb mit strategischen Substituten oder Komplementen handelt, und ob die eigene Ausrichtung freundlich oder aggressiv ist, dann kann man die Reaktionen der Mitbewerber vorhersehen. Manager können somit nachteilige Entwicklungen im Wettbewerb vermeiden und profitable Gelegenheiten wahrnehmen. Das Modell ist simpel und berücksichtigt nicht alle denkbaren Wettbewerbssituationen. Es ist jedoch ein sehr guter Einstieg, und komplexere Wettbewerbsmodelle basieren auf diesen Einsichten.

Literaturhinweise

Bertrand, J.: »Book Review of Recherche sur Les Principes Mathématiques de la Theorie des Richesses«, *Journal des Savants 67*, 1883.

Bulow, J.; Geanakoplos, J.; Klemperer, Paul: »Multimarket Oligopoly: Strategic Substitutes and Complements«, *Journal of Political Economy*, 93 (3). 1985.

Cournot, Augustin: Kapitel 7 in: *Untersuchungen über die mathematischen Grundlagen der Theorie des Reichtums*. Jena: Fischer, 1924.

Morton, Fiona Scott: »The Strategic Response by Pharmaceutical Firms to the Medicaid Most Favored Customer Rules«, *National Bureau of Economic Research NBER working paper series, 5717*, Cambridge, Mass., 1996.

Spence, A. M.: »Entry, Capacity, Investment and Oligopolistic Pricing«, *Bell Journal of Economics*, 8 (2), 1977.

Thomas N. Hubbard

Integrationsstrategien und Alternativen

Integration ist riskant. Denn die Integrationsstrategie kann scheitern, wenn ein Unternehmen die damit verbundenen Kosten nicht ausreichend berücksichtigt. Zudem können die Beschaffungs- und Vermarktungskosten steigen, wenn firmenintern Marktmechanismen umgangen werden. Durch die Integration fällt außerdem von den Managementressourcen weniger für alle ab; Entscheidungen können darunter leiden. Entsprechend häufig verringert die Diversifizierung den Wert eines Unternehmens. Und obgleich durch Integration günstigere Preise erzielt werden: Solche Preise lassen sich auch vertraglich absichern. Die Preisvorteile einer Integration sind also auch ohne deren Kostennachteile erhältlich.

Welche Geschäftszweige eignen sich für Ihr Unternehmen? Welche Vorprodukte beziehungsweise -leistungen sollten von Ihnen selbst bereit gestellt und welche von unabhängigen Lieferanten bezogen werden? Sollten Sie Ihre Waren selber vermarkten oder sich auf unabhängige Groß- oder Einzelhändler verlassen? Ob Teile der Lieferkette integriert werden sollen, ist eine der wichtigsten strategischen Entscheidungen, die ein Unternehmen trifft.

Integration ist ein riskantes Unterfangen, das im Allgemeinen mit zwei Hauptnachteilen verbunden ist. Zum einen nutzen integrierte Unternehmen selten die Möglichkeit, sich auf Märkten zu bewegen. Und auf gut funktionierenden Märkten können Unternehmen vom kostengünstigsten Lieferanten beziehen und über den besten Vertriebsweg verkaufen. Beziehen Unternehmen jedoch ihre eigenen Vorprodukte und -leistungen, produzieren oder vertreiben ihre eigenen Waren, dann ist ihnen das nicht mehr in diesem Umfang möglich. Die Beschaffungs- und Marketingkosten sind folglich höher. Außerdem werden durch die Integration die Unternehmensressourcen auf mehr Tätigkeiten verteilt. Unternehmensentscheidungen könnten darunter leiden: Viele Manager werden in Märkten eingesetzt, ohne das entsprechende Fachwissen zu haben. Und grundsätzlich fallen Entscheidungen von Managern umso besser aus, je mehr Verantwortung sie übernehmen.

Schwächt Integration die Führung?

Diese Nachteile fallen besonders dann ins Gewicht, wenn Unternehmen einen Betrieb integrieren wollen aus einer Branche, die starke Größenvorteile aufweist. Betrachten wir beispielsweise die Entscheidung eines Supermarktes darüber, ob er seine Tomaten selbst produzieren soll. Auch größere Supermärkte verkaufen nicht genügend Tomaten, um eine effizient dimensionierte Tomatenplantage zu unterhalten. Sollte ein Supermarkt Rückwärtsintegration (in den Tomatenanbau) betreiben wollen, so müsste er entweder eine zu kleine, mit hohen Kosten arbeitende Plantage betreiben oder einen Teil der Ernte an andere Einzelhändler verkaufen. Die erste Option ist mit hohen Beschaffungskosten verbunden. Bei der zweiten müssten die Tätigkeiten des Supermarkts nicht nur auf den Anbau von Tomaten, sondern auch den Tomatengroßhandel erweitert werden. Die Managementressourcen würden noch weiter gestreut und auf noch weniger vertraute Geschäftsfelder verteilt. Es verwundert also kaum, dass Supermärkte nur solche Waren selbst produzieren, bei denen die Größenvorteile gering sind – Sandwiches zum Beispiel.

Forscher, die sich mit Unternehmensfinanzen beschäftigen, haben an der Börse einen »diversification discount« entdeckt, einen Diversifikationsabschlag, der auf die Risiken der Integration schließen lässt.

Randall Morck, Andrei Shleifer und Robert Vishny berichteten 1990 im *Journal of Finance*: Sobald Unternehmen ihr Vordringen in neue Geschäftsbereiche ankündigen, fallen im Allgemeinen die Aktienkurse dieser Firmen. Dabei können die Vorteile einer Integration in bestimmten Situationen die Kosten übertreffen; das macht diese Strategie schließlich attraktiv. Nachfolgend wird erörtert, wie das technologische und wirtschaftliche Umfeld eines Unternehmens die Integration beeinflusst. Obwohl sich die Analyse überwiegend auf Integration im Allgemeinen bezieht, wird dabei stets die vertikale Integration fokussiert – der Anteil also, den ein Unternehmen innerhalb einer Lieferkette hat. Denn in solchen Zusammenhängen sind Aspekte zu berücksichtigen, durch die Integration zu einer besonders interessanten und besonders schwierigen Sache wird.

Synergien

Integrationsentscheidungen werden oft begründet mit den Synergieeffekten, die sie erzeugen. Synergien oder Ergänzungen entstehen dann, wenn die Aktiva, sobald sie zueinander in Wechselbeziehung stehen, mehr Wert schaffen, als wenn sie getrennt eingesetzt würden. Synergien können sich sowohl auf materielles als auch auf immaterielles Vermögen beziehen. Zu Letzteren gehört das äußerst wichtige Humankapital – die Fähigkeiten und das Know-how von Einzelpersonen.

Synergien – wie auch immer sie geartet sind – sind die unverzichtbare Voraussetzung einer erfolgreichen Integration. Wenn keinerlei Synergien vorhanden sind, bietet die Integration kaum oder gar keinen potenziellen Nutzen. Die eingangs beschriebenen Kosten, die mit der Beschaffung oder einem ineffizienten Management im Zusammenhang stehen, werden dann die Vorteile einer Integration mit Sicherheit übersteigen.

Synergien können auf sehr unterschiedliche Weise zustande kommen. Für die Produktion entstehen Verbundvorteile, wenn das Unternehmen mit der Herstellung der einen Ware die Herstellungskosten auch von anderen Waren senkt. Filmstudios wie Paramount produzieren und vertreiben zum Beispiel sowohl Spielfilme als auch Fernsehshows. Dadurch nutzen sie ihre Kapazitäten bestmöglichst aus. Marketingbezogene Verbundvorteile entstehen, wenn sich Markennamen auf verschiedene Produkte ausdehnen lassen. Das Unternehmen Walt Disney kann diese Überkreuzvorteile der Verkaufsförderung in vielen Branchen nutzen – einschließlich der Filmproduktion, mit Freizeitparks und im Einzelhandel.

Synergien als Voraussetzung

Synergien sind also notwendige Bestandteile erfolgreicher Integrationsstrategien. Daraus folgt jedoch nicht, dass man sie durch Integration auch immer am besten erlangen kann. Zum Beispiel erzielen Fahrzeug Montagewerke, die eng mit Zulieferbetrieben verflochten sind, einen gewissen Mehrwert. Um produktionsbezogene Synergien zu erhalten, ist gemeinsames Eigentum jedoch keine notwendige Voraussetzung. Wie man in der Automobilindustrie beobachten kann, lassen sich Synergien mit den unterschiedlichsten Arrangements erreichen – von einfachen Ad-hoc-Vereinbarungen über detaillierte Verträge bis zur Integration. In ähnlicher Weise können viele Unternehmen (auch Disney) Marketingsynergien hervorrufen, wenn sie Artikel, die ihre Subunternehmer produzieren, mit ihrem Warenzeichen versehen. Ob Synergieeffekte entstehen, ist gemeinhin nicht die schwierige Frage, sondern ob Integration die beste Methode ist, um diese zu erlangen.

Preisgestaltung

Im folgenden Abschnitt wird untersucht, unter welchen Voraussetzungen Unternehmen durch Integration günstigere Preise erzielen können.

Beseitigung von Preisverzerrungen

Durch die Integration können Unternehmen von einer Beseitigung von Preisverzerrungen profitieren. Nehmen wir als Beispiel einen Hersteller und einen Einzelhändler. Beide haben in ihrem jeweiligen Markt einen gewissen Einfluss auf die Preisgestaltung. Beide setzen aus der Sicht des Gegenübers die Preise zu hoch an, weil sie die verminderten Erlöse des Gegenübers nicht in Betracht ziehen. Bei einem Zusammenschluss könnten beide Unternehmen einen Einzelhandelspreis festsetzen, der ihre gemeinschaftlichen Gewinne erhöht, weil über die Preise einvernehmlich entschieden wird. Aus diesem Grund, kann das »Ausschalten des Mittelsmannes« von Nutzen sein. Einige PC-Händler gründen einen Teil ihrer Gesamtstrategie auf diesem Prinzip. Zum Beispiel begann der US-Computerkonzern Compaq mit dem Direktverkauf seiner Rechner, nachdem er festgestellt hatte, dass die Einzelhändler seine Computer zu höheren Preisen verkauften, als es ihm recht war. Durch sein vertikales Vordringen in den Einzelhandel ist es Compaq möglich, die Einzelhandelspreise für einige seiner Rechner festzusetzen.

Steigerung der Kosten bei den Konkurrenz

Andere Integrationsstrategien zielen darauf ab, die Position des Unternehmens zulasten der Konkurrenz zu verbessern. Dazu gehören Strategien, die zu einer Kostenerhöhung beim Konkurrenten führen Wettbewerbsausschlüsse zum Beispiel. Unter einem Wettbewerbsausschluss versteht man die Integration eines anderen Abschnitts der Lieferkette, um potenzielle Zulieferer oder Kunden der Konkurrenz auszuschalten. Durch solche Handlungen kann der Wettbewerb abgeschwächt und der Unternehmensgewinn durch steigende Kosten bei der Konkurrenz erhöht werden. In extremen Fällen – wenn beispielsweise integrierte Unternehmen Vorleistungen mit-Schlüsselfunktion vollständig kontrollieren – ermöglicht die Integration den Unternehmen, andere völlig vom Wettbewerb auszuschließen.

England: Wie Brauereien die Bierpreise kontrollieren

Viele Pubs in England sind vertraglich an eine Brauerei gebunden und verkaufen nur die Produkte dieser Brauerei. Einige dieser Pubs befinden sich im Besitz der Brauereien und werden von Geschäftsführern im Angestelltenverhältnis geleitet. Der Endpreis in diesen »bewirtschafteten« Pubs wird von den Brauereien bestimmt. Andere werden von Einzelpersonen betrieben, die die Räumlichkeiten von den Brauereien pachten und den Pub selbst leiten. In »Pächter«-Pubs werden die Bierpreise üblicherweise vom Eigentümer und Wirt bestimmt.

Im Jahre 1989 war mehr als die Hälfte aller Pubs in England vertraglich gebunden und im Besitz von Brauereien. Bedenken, dass die Zugehörigkeit der Pubs zu den Brauereien zu höheren Bierpreisen und geringerer Auswahl führen könnten, veranlasste die damalige Monopolies and Mergers Commission (MMC), Reformen zu empfehlen. Eine davon sah vor, dass die Brauereien des Landes einige ihrer bewirtschafteten Pubs veräußern. Fast alle veräußerten Pubs blieben vertraglich gebunden, wurden jedoch Teile nationaler Pub-Ketten. Zum Leidwesen der Biertrinker haben diese MMC-Reformen anscheinend zu einer Preiserhöhung geführt. In einem im Jahre 1998 im Economic Journal erschienenen Artikel führt Margaret Slade an, dass sich die Preise in vertraglich gebundenen Häusern im Verhältnis zu unabhängigen Pubs nach der Veräußerung erhöhten.

Slade erbringt auch den Nachweis, dass die Gewinne in der Branche abnahmen und den Brauereien zugute kamen. Slades Feststellungen lassen vermuten, dass die Brauereien vertikal integrieren, um die Preisdifferenz zu verhindern, die entsteht, wenn Brauereien und Pubs unabhängig voneinander Einkaufs- und Verkaufspreise festlegen. Besitzen Brauereien Pubs, hat dies den Nachteil, dass ihre Managementressourcen sich nicht nur auf die Produktion, sondern auch auf den Einzelhandel erstrecken müssen. Die Anreize für Pub-Wirte sind geringer, als dies bei Pächter-Pubs der Fall ist, da sie Angestellte und nicht Eigentümer sind. Aber anscheinend können Brauereien durch Integration die Einzelhandelspreise besser kontrollieren.

Ein geläufiges historisches Beispiel ist der Erwerb von Eisenerzschürfrechten im Norden der Vereinigten Staaten durch US-Steel Anfang des 20. Jahrhunderts. Weil man die Bezugsquelle der Konkurrenz eliminierte, wurde der Wettbewerb auf den Stahlmärkten abgeschwächt. Vor nicht allzu langer Zeit hätte die angekündigte Übernahme von Ingram Books, dem größten Buchgroßhändler in den Vereinigten Staaten, durch Barnes & Noble, den größten Bucheinzelhändler in den Vereinigten Staaten, zumindest kurzfristig die Kosten bei der E-Commerce-Gruppe Amazon.com erhöht. Auf den neuerdings deregulierten Telekommunikationsmärkten der USA ergeben sich ähnliche Anreize. Die lokalen Telefongesellschaften dort haben den Antrieb, Kabel-TV-Gesellschaften zu kaufen. Denn wenn sie einen der Kanäle kontrollieren, erhöhen sie Kosten von Marktneulingen, die über diesen Kanal Ortsgespräche anbieten wollen.

Wenn Integrationsstrategien auf eine Kostensteigerung beim Konkurrenten aufbauen, ergeben sich drei Risiken: Zum einen hängt der langfristige Erfolg überwiegend davon ab, ob für die Märkte, in die die Unternehmen vordringen wollen, Zutrittsbarrieren bestehen. Wenn nämlich weitere Firmen in die Liefer- oder Vertriebsmärkte eintreten können, macht die Kontrolle der vorhandenen Anbieter oder ihrer Absatzwege keinen Sinn. Ein zweites Risiko besteht darin, dass solche Strategien am attraktivsten sind, wenn die Integration dazu dient, die Rechte an einer knappen Ressource zu erwerben. Solche Situationen sind allerdings tendenziell von einer kartellrechtlichen oder Regulierungsintervention betroffen. Die Fusion von Barnes & Noble mit Ingram wurde vereitelt, nachdem die US-Kartellbehörden Einwände erhoben hatten. Und viele lokale Telefongesellschaften wurden unlängst durch die amerikanische Gesetzgebung am Kauf von Kabel-TV-Gesellschaften gehindert.

Wenn ein Unternehmen seiner Integrationsstrategie entsprechend gezwungen ist, knappe Ressourcen zu erwerben, könnte durchaus eher der Eigentümer der knappen Ressourcen als Gewinner dastehen und nicht das integrierende Unternehmen. Der Eigentümer der Ressource hat den Antrieb, den höchstmöglichen Preis abzuwarten. Zu diesem Preis könnte sich jedoch eine Integration als nicht profitabel erweisen, selbst wenn ein Unternehmen anschließend die Kosten der Konkurrenz steigern könnte. Obwohl die US-Steel durch den Erwerb der Abbaurechte den Wettbewerb auf den Stahlmärkten ausschloss, ist unklar, ob US-Steel oder aber der Verkäufer dieser Rechte, Great Northern Railway, aus dieser Strategie den größeren Nutzen gezogen hat.

Als Reaktion auf die Integrationsstrategien der Konkurrenz können Unternehmen ihrerseits integrieren. Die Integration könnte den Zugang zu Gütern mit Schlüsselfunktion gewährleisten und somit die Aussicht auf einen Wettbewerbsausschluss verringern. Viele US-Unternehmen aus der Abfallwirtschaft haben beispielsweise Entsorgungsanlagen gekauft. Darin spiegelt sich die Befürchtung wider, dass ein Erwerb durch die Konkurrenz die Kosten erhöhen würde. Denn in der Folge wäre man auf weiter entfernte Anlagen angewiesen.

Verträge? Warum nicht!

In vielen Fällen können Unternehmen durch Verträge die Preisvorteile der Integration ohne die bereits genannten Nachteile erreichen. Durch ein »Vorstufenmonopol« ließe sich dabei eine Verzerrung ausschließen, indem man die Mindestmengen vertraglich festlegt, die Unternehmen in einem früheren Glied der Lieferkette bestellen oder verkaufen müssen. Exklusive Handelsabsprachen wirkten sich dabei gleichwohl wie eine Integration aus und würden zu einer Steigerung der Kosten bei der Konkurrenz beitragen. Manchmal mag es schwer sein, Preiseffekte durch Verträge statt durch Integration zu erzielen – vielleicht deshalb, weil passende Preisstrategien kompliziert, nicht leicht zu formulieren oder schwer durchzusetzen zu sind. Dennoch sollten Manager vor der Umsetzung einer Integrationsstrategie gründlich prüfen, ob vertragliche Lösungen eine machbare Alternative sind.

Weil Verträge – zumindest hinsichtlich der Beeinflussung von Preisen – einen attraktiven Ersatz für eine Integration darstellen, haben Wirtschaftswissenschaftler und Strategen andere Begründungen für eine Integration erforscht. Ihre Arbeit setzt auf früheren Untersuchungen von Benjamin Klein, Robert Crawford und Armen Alchian (1978), Oliver Williamson (1979), Sanford Grossman und Oliver Hart (1986) sowie Oliver Hart und John Moore (1990) auf und konzentriert sich auf die Tatsache, dass eine Integration die Verfügung über Sachanlagen ändert. Im folgenden Abschnitt wird beschrieben, wie diese Verschiebung solche Investitionsentscheidungen beeinflusst, die vertraglich schwer zu konkretisieren sind. Die Rentabilität der Integration hängt dann davon ab, ob sie die Investitionsanreize stärkt oder aber abschwächt.

Spezifische Güter

Manchmal investieren Unternehmen und Einzelpersonen in spezifische Wirtschaftsgüter. Wirtschaftsgüter sind dann spezifisch, wenn zwischen ihrem Wert für den höchsten und den zweithöchsten Nutzer eine Lücke klafft. Sachanlagen können aufgrund ihrer materiellen Eigenschaften oder geografischen Lage spezifisch sein. Maschinen zum Beispiel, mit denen ein besonderes Teil für einen bestimmten Fahrzeughersteller gefertigt wird, sind spezifisch für den Hersteller des Fahrzeugs; weit weniger sind sie wert, wenn damit ein anderer Fahrzeughersteller beliefert wird. Humankapital – Fähigkeiten oder Know-how – kann ebenfalls spezifisch sein. Wirtschaftsgüter können unter verschiedenen Aspekten spezifisch sein, abhängig davon, wie schnell sie für andere Verwendungszwecke verfügbar gemacht werden können. Diese Spezifizierung ist dann von besonderer Relevanz, wenn sie von Dauer ist. Simple Marktabsprachen taugen nicht sonderlich, wenn die Umsetzung auch Investitionen in spezifische Wirtschaftsgüter umfasst. Denn die Absprachen derartiger Investitionen können nicht vor einer Übernahme schützen. Kommen wir auf das Beispiel des Fahrzeugherstellers zurück und nehmen wir an, dass ein Lieferant eine Maschine konstruieren würde, die dieses spezielle Teil produziert. Sobald die Maschine aufgestellt ist, könnte der Fahrzeughersteller sich einen Großteil des Maschinenwertes aneignen, indem er einen niedrigeren Preis für das Teil fordert.

Solche Forderungen nach Neuverhandlungen haben möglicherweise dann Erfolg, wenn eine Umwandlung der Maschine nicht ohne weiteres möglich ist. Kann der Teilehersteller die Maschine nicht für andere Fahrzeughersteller einsetzen, steckt er in der Falle. In weiser Voraussicht würde der Teilehersteller Vorkehrungen treffen, um seine Interessen zu schützen: Er könnte sich beispielsweise weigern, das Teil dem speziellen Bedarf des Fahrzeugherstellers anzupassen. Derartige Entscheidungen mögen vom Standpunkt des Teileherstellers aus optimal sein. Sie verringern jedoch die potenziellen Gewinne und somit auch die Wertentwicklung.

Eine in diesem Umfeld erfolgreiche Strategie strukturiert die Gegebenheiten so, dass der Gewinn aus dem Handel möglichst hoch ausfällt. Die Strategie, Verträge abzuschließen, ist dann attraktiv, wenn Entscheidungen und Bedingungen problemlos formuliert werden können. Ist dies nicht der Fall, sind eher Integrationsstrategien reizvoll. Auf welche Weise sich die Besonderheiten der Wirtschaftsgüter auf Integrationsstrategien auswirken, hängt davon ab, ob die spezifischen Investitionen in materielle Güter oder in Humankapital getätigt werden.

Erfolgt eine spezifische Investition in Form von Kapital, verhindert eine Integration Anreizprobleme; sämtliche Investitionsentscheidungen werden dann mit einem Unternehmen oder einer Einzelperson abgestimmt. Ist für die Anfertigung eines Teils eine Spezialmaschine erforderlich, ist die Verfügung unstrittig. Der Fahrzeughersteller selbst besitzt die Maschine und fertigt das Teil nach seinen Erfordernissen. Durch Integration kann somit die Produktion rationalisiert oder können Transportkosten innerhalb der Lieferkette reduziert werden. Integrierende Unternehmen könnten von Gestaltung des Produktionsablaufs profitieren. Die Stahlproduktion ist ein Paradebeispiel dafür. Direkt im Anschluss an die Herstellung des Rohmetalls wird aus dem unverarbeiteten Stahl Blech gewalzt. So vermeidet man Kosten, die entstehen würden, wenn das Material nach der Härtung erneut erhitzt werden müsste. Es ist somit effizient, die Produktion so anzuordnen, dass die Produktionsanlage für das Metallblech in unmittelbarer Nähe der Anlage liegt, die den Rohstahl erzeugt.

Grundsätzlich könnten Rohstahl und Blech von unterschiedlichen Unternehmen hergestellt und dennoch effiziente Abläufe erreicht werden, wenn die Unternehmen nur dicht beieinander liegen. Beide müssten jedoch befürchten, vom anderen ausgenutzt zu werden. Diese Bedenken durch einen detaillierten Vertrag auszuräumen, wäre vermutlich nicht leicht. Folglich produzieren Stahlhersteller sowohl Rohstahl als auch Blech.

Bezieht sich die spezifische Investition jedoch auf Humankapital, lassen sich Verfügungsprobleme nicht dadurch lösen, dass alle Entscheidungen nur auf eine Einzelperson übertragen werden. Einzelpersonen müssen selbst über Investitionen in Humankapital entscheiden. Integration kann Anreizprobleme verstärken, wenn sie Einzelpersonen in Bezug auf solche Investitionen verunsichert. Nehmen wir beispielsweise an, dass für die Anfertigung eines kundenspezifischen Teils keine besondere Maschine erforderlich ist, der Lieferant jedoch ein spezielles Verfahren beherrschen muss. Besäße der Fahrzeughersteller und nicht der Zulieferer die Maschine, wäre dieser in einer prekären Lage: Der Fahrzeughersteller könnte die Wertschöpfung des Zulieferers verringern, wenn er diesem den Zugang zur Maschine verweigerte. Lieferanten würden in einer solchen Situation fürchten, dass sich die Investition in das Wissen nicht lohnt, wenn sie die Maschine nicht selbst besitzen. Die Integration würde somit den Anreiz mindern, in das neu erworbene Unternehmen zu investieren.

Kosten des Erfolgs

Dieser Artikel erstellt Faustregeln für Integrationsstrategien in Umgebungen, in denen spezifische Investitionen wichtig sind. Integration wirkt sich demnach wertsteigernd aus, wenn sie zu spezifischen Investitionen in Sachanlagen führt; sie ist hingegen wertmindernd, wenn dadurch Anreize für Investitionen in Humankapital innerhalb des Zielunternehmens erreicht werden sollen.

Wenn Unternehmen den Integrationskosten nicht genügend Aufmerksamkeit widmen, haben Integrationsstrategien keinen Erfolg. Findet die Integration in wettbewerbsstarken Branchen statt, verhindert dies häufig den Bezug oder den Absatz über effiziente Kanäle. Außerdem werden die Managementressourcen durch zusätzliche Aufgaben beansprucht. Daher mindert eine Diversifizierung häufig den Wert eines Unternehmens.

Die Integration ist manchmal vorteilhaft, wenn auf Märkten unvollkommener Wettbewerb herrscht oder wenn spezifische Investitionen wichtig sind. Bei unvollkommenem Wettbewerb können Unternehmen durch Integration günstigere Preise erzielen. Dies lässt sich häufig auch mit Verträgen erreichen; Unternehmen erhalten dann die Preisvorteile der Integration, ohne dass die entsprechenden Kosten anfallen. Durch Integration können außerdem Investitionen in spezifische Sachanlagen angeregt werden – besonders dann, wenn sich derartige Investitionen schwer im Rahmen eines rechtswirksamen Vertrages regeln lassen. In jedem Fall kann Integration jedoch Investitionen in spezifisches Humankapital innerhalb des neu erworbenen Unternehmens verhindern, weil dadurch der entsprechende Antrieb der Unternehmensführung schwindet.

3
Strategie und das Umfeld

Bei der Gestaltung ihres individuellen Geschäftsmodells müssen Unternehmen die Wirkung globaler Kräfte berücksichtigen und zu schnellen Reaktionen fähig sein. Dieses Modul befasst sich mit sozialpolitischen Einflüssen auf die Strategiebildung. Es behandelt insbesondere die neuartige Wettbewerbssituation der vergangenen zehn Jahre, den Wandel von der Produktions- zur Wissensgesellschaft und das wachsende öffentliche Interesse an einer nachhaltigen Entwicklung. Nach Jahren des Downsizing müssen neue Wachstumsmöglichkeiten erschlossen werden. Eine solche Möglichkeit ist die Methode der Value-Innovators, die mithilfe strategischer Preisfestlegungen expandieren und ihre Gewinne durch die Konzentration auf so genannte Zielkosten steigern.

Abrupter Wandel in der Wettbewerbslandschaft 107
    (C. K. Prahalad)

Unternehmensstrategien für die Wissensgesellschaft 115
    (W. Chan Kim, Renée Mauborgne)

Nach der Verschlankung: neue Wege zum Wachstum 121
    (Aneel G. Karnani)

Nachhaltigkeit: Antwort auf drängende Fragen 130
    (Thomas N. Gladwin)

C. K. Prahalad

Abrupter Wandel in der Wettbewerbslandschaft

Zahlreiche Strategiekonzepte sind Ende der siebziger und im Laufe der achtziger Jahre entwickelt worden. Damals entsprachen die zugrunde liegenden Wettbewerbsbedingungen stets einem gängigen Muster. Japans industrielle Erfolge durch die Konzentration auf effiziente Produktionsabläufe hatten zwar einige althergebrachte Annahmen infrage gestellt. Doch erst in den vergangenen zehn Jahren ist eine neue Wettbewerbslandschaft mit veränderten Spielregeln entstanden. Während die Strategen heute vor einer großen, leeren Leinwand stehen, müssen die Unternehmen die globalen Kräfte begreifen, schnell darauf reagieren und innovative Geschäftsmodelle definieren: ein neues Paradigma.

Manager wenden Konzepte und administrative Prozesse nicht selten auch dann noch an, wenn sie ihren Sinn schon verloren haben. Dies überrascht kaum; Experten benötigen Zeit, um neue Probleme und mögliche Lösungen zu identifizieren – und entsprechende Theorien vorzulegen. Zwischen der Entwicklung dieser Theorien und ihrer Durchsetzung in der allgemeinen Geschäftspraxis kommt es zu weiteren Verzögerungen.

Immer wenn Managementkonzepte von einer solchen, nicht selten Jahre dauernden Verzögerung betroffen sind, stellt sich folgende Frage: Müssen Manager in einer Zeit schneller und explosiver Veränderungen im wirtschaftlichen, politischen, sozialen, rechtlichen und technologischen Umfeld die etablierten und bewährten analytischen Instrumente im selben Tempo verwerfen? Oder: Wie können sie die möglicherweise doch fortdauernde Relevanz von Konzepten und Werkzeugen in einem sich verändernden Umfeld überprüfen?

Konzepte und Prozesse

In meinem Beitrag »Weak Signals and Strong Paradigms« (»Schwache Signale und starke Paradigmen«), veröffentlicht im August 1996 in *Journal of Marketing Research*, untersuche ich den Konflikt zwischen starken, fest etablierten Paradigmen und schwachen wirtschaftlichen Signalen, die eine neue, sich entwickelnde Wettbewerbsrealität ankündigen. Im vorliegenden Artikel beabsichtige ich nun, das Wesen von Veränderungen darzustellen, die in zweierlei Hinsicht wirksam werden: in den

Konzepten, die bei der Strategieanalyse verwendet werden. Und während des Prozesses, mit dem moderne Unternehmen Strategien entwickeln.

Zu den besonders häufig eingesetzten Instrumenten der Strategieanalyse gehören die SWOT-Analyse (Strength, Weakness, Opportunities, Threats), die Branchenstrukturanalyse (Five-Forces-Modell), die Analyse der Wertschöpfungskette oder Strategiegruppenanalyse (1980 dargestellt von Michael Porter).

Diese Konzepte und Instrumente – viele von ihnen das tägliche Brot der Wirtschaftswissenschaftler – wurden für die Anwendung im Management vereinfacht. Die Formalisierung dieser Konzepte hat wesentlich dazu beigetragen, Strategieentwicklung vom »intuitiven Geniestreich« eines Managers in einen logischen Prozess zu überführen. Die meisten dieser Konzepte wurden jedoch Ende der siebziger und im Verlauf der achtziger Jahre erarbeitet. Während dieser Zeit entwickelten sich die zugrunde liegenden Wettbewerbsbedingungen zwar fort, bewegten sich jedoch stets im Rahmen eines allgemein akzeptierten Paradigmas.

Einen radikalen Wechsel der Wettbewerbsbedingungen stellte für amerikanische und europäische Unternehmen der spektakuläre Erfolg der japanischen Produktionsverfahren dar in so unterschiedlichen Branchen wie der Stahl-, Unterhaltungselektronik-, Automobil- und Halbleiterindustrie. In jener Dekade lag der Wettbewerbsvorteil bei denen, die durch Qualität, Produktionsgeschwindigkeit, Reengineering und Gruppenarbeit ihre Produktivität erheblich verbessern konnten. Man konzentrierte sich innerhalb eines relativ stabilen Branchenstrukturparadigmas vorrangig auf die Effizienz von Produktionsabläufen. Dies ließ manchen Manager glauben, dass Strategie unwichtig sei und es im Management allein um die Umsetzung gehe.

Sprunghafter Wandel

Die neunziger Jahre stehen für signifikante, sprunghafte Veränderungen im Wettbewerbsumfeld. Der weltweite Trend zur Deregulierung und Privatisierung gewinnt an Tempo. Schlüsselindustrien wie Telekommunikation, Energie, Wasser, Gesundheitswesen und Finanzdienstleistungen sind bereits dereguliert worden. Und so unterschiedliche Länder wie Indien, Russland, Brasilien und China befinden sich in verschiedenen Stadien der Privatisierung ihres öffentlichen Sektors. Die technologische Konvergenz – zwischen Chemie- und Elektronikunternehmen, bei Computer-, Kommunikations-, Komponenten- und Unterhaltungselektronikfirmen, zwischen Lebensmittel- und pharmazeutischen Betrieben oder Kosmetik- und Pharmafirmen – bricht die herkömmlichen Branchenstrukturen auf. Ob es nun der amerikanische Foto-Gigant Eastman Kodak ist oder der globale Elektronikkonzern Sony, sei es IBM oder der angloholländische Konsumgütergigant Unilever, ob der amerikanische Kosmetikkonzern Revlon oder aber Ford – die Manager müssen Umwälzungen in den Griff bekommen, die durch die technologische Konvergenz und die Digitalisierung der Branchen erzeugt werden. Und: Die Folgen der Ausbreitung des World Wide Web und des Internets beginnen gerade erst spürbar zu werden.

Ökologische Fragen und die Entstehung von Nicht-Regierungsorganisationen wie der Umweltbewegung sind ebenfalls neue Dimensionen in der Wettbewerbslandschaft. Verändert diese Diskontinuität das Wesen von Branchenstrukturen, die Beziehungen zwischen Verbrauchern, Wettbewerbern, Partnern und Investoren? Stellen sie die etablierten Positionen der Platzhirsche infrage und ermöglichen sie neue Arten von Wettbewerbern und neue Wettbewerbsgrundlagen?

Es existiert eine lange Liste von Diskontinuitäten und von Beispielen, die diese illustrieren können. Doch darum geht es an dieser Stelle nicht. Wir müssen vielmehr selbst schwache Signale wahrnehmen, die das Entstehen einer neuen Wettbewerbslandschaft ankündigen – mit anderen Spielregeln als in den achtziger Jahren. Strategen müssen andere Fragen stellen als: »Wie positioniere ich mein Unternehmen und gewinne einen Vorsprung in einem bekannten Spiel?« Immer häufiger lautet die entscheidende Frage: »Wie erahne ich die Umrisse einer entstehenden und sich verändernden Branchenstruktur und somit die Regeln des neuen Spiels?« Branchen repräsentieren eine solche Vielfalt von neuen, gerade entstehenden und sich entwickelnden Spielen. Während die Unternehmen und Manager experimentieren und ihre Methoden auf den Wettbewerb abstimmen, werden die Spielregeln geschrieben.

Vier Grundannahmen

Strategen müssen beginnen, auf eine neue Weise zu denken. Herkömmliche Strategieplanungsprozesse konzentrierten sich auf die Verteilung von Ressourcen – welche Betriebe, welche Standorte, welche Produkte und manchmal welche Geschäftszweige – innerhalb eines als gegeben vorausgesetzten Geschäftsmodells. Sprunghafte Veränderungen stellen jedoch Geschäftsmodelle infrage. Vier Transformationen werden die Geschäftsmodelle und die Arbeit von Strategen in den kommenden Dekaden beeinflussen.

1. Der strategische Raum wird sich ausdehnen

Denken Sie nur an die stark regulierte Energiebranche. Einst hatten sämtliche Energieversorger das gleiche Erscheinungsbild; ihr Aktionsradius wurde von öffentlichen Instanzen und Kontrollbehörden eingeschränkt.

Aufgrund der Deregulierung bestimmen die Energieversorger ihre strategischen Möglichkeiten mittlerweile selbst. Heute können sie das Ausmaß der vertikalen Integration frei wählen, zwischen Stromerzeugung oder Stromübertragung beispielsweise. Die Unternehmen können ihre Konzernsparten entflechten und ihr Geschäft segmentieren in Gewerbe- oder Privatkunden. Sie können auch ihre geografische Ausdehnung bestimmen, ein globales oder nationales Unternehmen werden oder ein lokales bleiben. Schließlich können sie auch ihr Geschäftsportfolio ändern und in Wasser, Telekommunikation, Gasleitungen oder Dienstleistungen investieren.

Die Kräfte des Wandels – Deregulierung und die Wandlung großer Entwicklungsländer wie Indien, China und Brasilien zu wichtigen Wirtschaftsstandorten –

schaffen ein neues Spielfeld. Gleichzeitig bieten die Kräfte der Digitalisierung – das Entstehen des Internets und die technologische Konvergenz – den Strategen ganz neue Chancen. Ihnen steht eine große, leere Leinwand zur Verfügung. Jeder kann das Bild malen, das er möchte.

2. Geschäfte werden global betrieben
Der Unterschied zwischen lokalem und globalem Geschäft wird immer geringer. Unternehmen müssen Bedingungen vor Ort gegenüber aufgeschlossen sein, unterliegen jedoch ebenso dem Einfluss der Global Player. Nehmen Sie das Beispiel von McDonald's und Coca-Cola, die als echte Global Player gelten – scheinbar unbeeinflusst von örtlichen Kunden und nationalen Unterschieden.

In Indien musste McDonald's sein Rezept ändern und Lamm (statt Rindfleisch) sowie vegetarische Burger anbieten. Coca-Cola musste die Stärke der lokalen Cola »Thums Up« erkennen, kaufte das Unternehmen und fördert nun dieses Produkt. Offenkundig ist es notwendig, örtliche Gegebenheiten zu berücksichtigen, insbesondere wenn globale Unternehmen Märkte mit unterschiedlicher Verbraucherkaufkraft durchdringen wollen. Andererseits war die lokale indische Fast-Food-Kette Nirula gezwungen, in ihren eigenen Restaurants auf die Sauberkeit und Atmosphäre von McDonald's zu reagieren. In diesem Fall wurden einem Local Player globale Standards aufgezwungen.

Bei Produkten und Dienstleistungen wird es auch weiterhin globale und lokale Unterschiede geben. Gerade mit Standards könnte die Globalisierung viel zu tun bekommen – Qualität, Service, Sicherheit, Umweltschutz, Schutz geistigen Eigentums und Talentförderung.

Zweifellos wird die Globalisierung Strategen zwingen, in sämtlichen Bereichen (von der Produktion über die Produktentwicklung und globale Kundenverwaltung bis zur Logistik) mit vielen verschiedenen Standorten, neuen Standards, Anpassungskapazitäten für lokale Bedürfnisse, verschiedenen Kulturen und einer Zusammenarbeit über nationale und regionale Grenzen hinweg zurechtzukommen.

3. Geschwindigkeit als wesentliche Grundlage
Angesichts eines veränderten Wettbewerbs wird die Reaktionszeit zum entscheidenden Element einer Strategie. Sie wird in jedem Fall die übliche periodische Jahresplanung infrage stellen. Denken Sie nur an den üblichen Strategieplanungsprozess eines großen Unternehmens. Strategiediskussion und Zielsetzung beginnt normalerweise im Oktober. Dabei werden strategische Ziele für das nächste Kalenderjahr und die folgenden drei bis vier Jahre festgelegt.

Wozu braucht ein neu gegründetes Internetunternehmen ein solches Verfahren? Was ist der Nutzen dieses Vorgangs für Unternehmen wie General Motors oder Ford, wenn sie mit dem Verkauf über das Internet beginnen? Oder für Lucenttechnologies, den führenden Anbieter von Computer und Netzwerkkomponenten, wenn das Unternehmen sich internetbasierten Diensten zuwendet (dabei dem erfolgreichen Beispiel des amerikanischen Marktführers bei der Datenvernetzung Cisco Systems folgend)? Es zählen kurze Reaktionszeiten, die gerade nicht an einen starren Zeitplan gebunden sind. Und Strategie muss ständig diskutiert werden, nicht nur im Verlauf von Planungskonferenzen. Strategieentwicklung und strategisches Denken dürfen nicht zum kollektiven »Regentanz« eines Unternehmens in jedem Oktober ausarten! Auch beim Erlernen neuer Technologien und bei deren Integration in die alten ist Geschwindigkeit von wesentlicher Bedeutung. Da jedes traditionelle Unternehmen mit sprunghaften Veränderungen konfrontiert wird, bildet die Fähigkeit, schnell zu lernen und zu handeln, immer häufiger die Grundlage von Wettbewerbsvorteilen.

4. Innovation als Quelle von Wettbewerbsvorteilen
Das Innovationskonzept war jedoch an Produkt- und Prozessinnovation gebunden. In zahlreichen großen Unternehmen wird der Innovationsprozess noch immer als »Produktentwicklungsprozess« bezeichnet. Als Kennzeichen eines innovativen Unternehmens galten die Reduzierung von Produktionszeiten, mehr Modularität, die Messung der Umsätze neuer, in den vergangenen zwei Jahren eingeführter Produkte gegenüber dem Gesamtumsatz und globale Produkteinführungen.

Dieser Fokus auf produktabhängiger Innovation muss sich nun auf die Innovation von Geschäftsmodellen verschieben. Wie verändert die Preisbildung durch Auktionen das Geschäftsmodell einer Branche mit Überkapazitäten (zum Beispiel Fluglinien, Hotels)? Wie betrachtet man die Ressourcen, die dem Unternehmen für Produktentwicklung zur Verfügung stehen, wenn die Kunden zu Koentwicklern von Produkten oder Dienstleistungen werden?

Die 400 000 bis 500 000 Menschen, die die Beta-Version von Microsoft Windows 2000 getestet haben, entsprechen einer F&E-Investition von 500 Millionen US-Dollar (bei bescheidenen 1000 US-Dollar pro Testperson) zusätzlich zur Investition des Unternehmens. Müssen wir unsere Vorstellung von verfügbaren Ressourcen erweitern? Welche Auswirkungen hat die massenhafte Individualisierung – oder wichtiger: die Personalisierung von Produkten und Dienstleistungen – auf die gesamte Logistikkette? Geschäftliche Innovationen sind entscheidend in einer Wettbewerbslandschaft, die abrupten Veränderungen unterworfen ist.

Zwei klare Prämissen

Angesichts der dramatischen Veränderungen in der Wettbewerbslandschaft werden sich meiner Ansicht nach sowohl das Strategiekonzept als auch der Strategieentwicklungsprozess verändern. Frühere Verfahren werden dabei nicht genügen. Manager werden von zwei klaren Prämissen ausgehen müssen:

- Sie können das Wettbewerbsumfeld beeinflussen. Strategie positioniert ein Unternehmen nicht in einem vorhandenen gewerblichen Raum, sondern sie beeinflusst, formt und kreiert diesen Raum in zunehmendem Maße. Was Manager tun, wirkt sich auf die Entwicklungsweise von Branchen aus. Dabei geht es nicht nur um Reaktionen von großen, gut situierten Unternehmen wie Citicorp, Merill Lynch, Hilton Hotels, IBM oder General Motors. Auch kleinere Unternehmen können die Branchenentwicklung steuern. So haben E-Trade, E-Bay, Price.com und Amazon.com (Unternehmen, die ihr Entstehen dem Internet verdanken) die Dynamik etablierter und traditioneller Branchen erheblich beeinflusst.

- Wer sein entstehendes Branchenumfeld beeinflussen möchte, braucht eine Vorstellung davon, wie er die Welt verändern will. Damit ist keine Utopie und nicht die Verbesserung von Vorhandenem gemeint, sondern eine wirklich radikale Veränderung. Die Vorstellung von einem neuen Wettbewerbsraum und der Versuch, wirklich dorthin zu gelangen, sind von entscheidender Bedeutung. Strategie ist nicht die Bestandsaufnahme einer aktuellen Situation, sondern eine Übung zur Imagination und Gestaltung von Zukunft.

Dieser Prozess benötigt einen besonderen Ausgangspunkt. Eine strategische Richtung muss darin angelegt sein, eine Perspektive – und im günstigsten Fall auch die wichtigsten Meilensteine auf dem Weg dorthin. Niemand allerdings versucht dabei, bereits feste Produktpläne oder Budgets vorzugeben. Und die Kenntnis der groben Umrisse einer Zukunft ist längst nicht so schwer zu erwerben, wie es vielen scheint. So ist uns schließlich auch die ungefähre demografische Zusammensetzung sämtlicher Länder bekannt. Wir kennen die starken Trends: den Wunsch nach Mobilität und den nach Zugang zu Informationen, die Ausbreitung des Internets und die wachsende Abhängigkeit der Länder vom Welthandel. Die Schwierigkeit liegt nicht im Beschaffen von Informationen, sondern im Gewinn von Erkenntnissen darüber, wie diese Trends zukünftig die Branchen verändern und welche neuen Chancen sich ergeben werden.

Eine grobe strategische Richtung ist also grundlegend für diesen Prozess. Ebenso entscheidend ist es jedoch zu erkennen: Drastische Veränderungen des Umfelds machen es erforderlich, dass Manager beim Auftauchen neuer Hindernisse und unvorhergesehener Umstände taktisch geschickt navigieren müssen. Denn taktische Richtungswechsel sind schwierig, wenn es keine übergeordnete Perspektive gibt. Man beginnt jedoch zu erkennen, dass die Struktur der Ressourcen laufend den veränderten Wettbewerbsbedingungen angepasst werden muss.

Ein wichtiges Element strategischen Handelns besteht also in der Fähigkeit, innerhalb einer vorgegebenen strategischen Richtung schnell Anpassungen vorzunehmen. Das könnte man als »die Erfindung neuer Sandkastenspiele« bezeichnen, wobei der Sandkasten die ungefähre strategische Orientierung darstellt.

Die dramatischste Veränderung im Strategieentwicklungsprozess ist das Aufbrechen der traditionellen Hierarchie: Spitzenmanager entwickeln Strategien, das mittlere Management setzt sie um. Sprunghafte Veränderungen des Wettbewerbsumfeldes schaffen eine vollständig neue Dynamik. Nun treten Menschen, die mit den neuen Technologien, Wettbewerbern und Kunden vertraut sind, als mittleres Management auf. Sie verfügen über die Informationen, den Druck und die Motivation zu handeln. Spitzenmanager hingegen sind in einer Phase diskontinuierlicher Veränderungen ziemlich weit entfernt von der neuen, sich entwickelnden Wettbewerbsrealität.

Das mittlere Management muss also mehr Verantwortung für die strategische Ausrichtung übernehmen und – noch wichtiger – bei der Abstimmung dezentraler Entscheidungen mit der groben Richtung des Unternehmens. Die Beteiligung des mittleren Managements ist ein entscheidendes Element des Strategieprozesses.

Schließlich ist jedoch die Gestaltung der Zukunft eine Aufgabe, die nicht das traditionelle Einzelunternehmen betrifft. Das Management wird gezwungen, Allianzen einzugehen und mit Lieferanten, Partnern und oft auch Wettbewerbern zusammenzuarbeiten bei der Entwicklung neuer Standards (zum Beispiel DVD-Digital Versatile Disk), von Infrastruktur (wie Breitband) oder Betriebssystemen (wie Java). Allianzen und Netzwerke sind ein integraler Bestandteil des Gesamtprozesses. Diese Voraussetzung ist allgemein akzeptiert, sodass man an dieser Stelle kaum noch ein Wort darüber verlieren muss. Die einem Unternehmen zur Verfügung stehenden Ressourcen werden durch Allianzen und Netzwerke entscheidend vergrößert.

Bewährtes aufgeben

Die nun entstehende Sichtweise von Strategie unterscheidet sich drastisch von der traditionellen Anschauung. Die Schwerpunkte in der Konzeption und im Entwicklungsprozess einer Strategie haben sich entscheidend verlagert. Und offenbar verstärken sich die destruktiven Kräfte, die diese Veränderung bewirkt haben. Es wird Zeit, dass die Manager die bequemen, erprobten und bewährten Werkzeuge und Konzepte aufgeben und sich neuen zuwenden. Die Veränderungen des Wettbewerbs werden den Status quo infrage stellen. Diejenigen, die die Herausforderung annehmen und aktiv Veränderungen herbeiführen, werden die Zukunft gestalten.

Alte und neue strategische Perspektiven unterscheiden sich grundlegend

Traditionelle Perspektive	Neue Sicht
• Strategie in *Übereinstimmung* mit Ressourcen	• Strategie als *Erweiterung* und *Beeinflussung*
• Strategie als *Positionierung* in *gegebenem* Branchenumfeld	• Strategie als *Erschaffung* *neuer* Umgebungen
• Strategie als Aufgabe des *Top-Managements*	• Strategie als Prozess im *gesamten* Unternehmen
• Strategie als *analytischer* Vorgang	• Strategie als *analytischer* und *planerischer* Vorgang
• Strategie als *Extrapolation* der *Vergangenheit*	• Strategie als *Gestaltung* der *Zukunft*

Literaturhinweise

Brown, Shona L.; Eisenhardt, Kathleen M.: *Competing on the Edge: Strategy as Structured Chaos*. Boston, Mass.: Harvard Business School Press, 1998.

Hamel, Gary: »Strategy as Revolution«, *Strategie*. Wien; Frankfurt [Main]: Ueberreuter, 2001.

Hamel, Gary; Prahaland, C. K.: *Competition for the Future*. Boston, MA: Harvard Business School Press, 1994.

Porter, Michael E.: *Wettbewerbsstrategie: Methoden zur Analyse von Branchen und Konkurrenten*. 10. durchges. und erw. Aufl. Frankfurt [u. a.]: Campus, 1999.

Porter, Michael E.: *Wettbewerbsvorteile: Spitzenleistungen erreichen und behaupten*. 6. Aufl. Frankfurt u. a.: Campus, 2000.

Prahaland, C. K.: »Weak Signals and Strong Paradigms«, *Journal of Marketing Research*, August 1996.

Prahaland, C. K.; Lieberthal, K.: »The End of Corporate Imperialism«, *Harvard Business Review*, Juli-August 1998.

W. Chan Kim und Renée Mauborgne

Unternehmensstrategien für die Wissensgesellschaft

Der Wandel von der traditionellen Produktion zur Wissensarbeit bringt gewaltige neue Chancen, aber auch Risiken mit sich. Auf der einen Seite sind die Renditemöglichkeiten extrem gewachsen, auf der anderen Seite entwickelt sich ein enormes Potenzial für Trittbrettfahrer, die neue Ideen schlicht kopieren. Der Artikel erläutert, warum erfolgreiche »Wertschöpfer« konventionelle Marktstrategien ablehnen und einer neuen Strategie folgen: Sie steigern die Nachfrage mit strategischen Preissytemen und erhöhen die Gewinnmargen durch klare Zielvorgaben für die Kosten.

Fusionen und Übernahmen liegen im Trend. Dennoch schaffen gerade solche Firmen neuen Wohlstand, Arbeitsplätze und eine Aufbruchstimmung, denen es nicht ausschließlich um das reine Wachstum geht. Diese Unternehmen stellen vielmehr die üblichen Managementmethoden infrage, denken auf eine neue Weise über die Wirtschaft nach und entwickeln vollkommen neue Strategien.

Und das trifft nicht nur auf die Hightechfelder Computer, Software und Internet zu. Zwar setzen Microsoft, Intel, Cisco, Yahoo! und Dell zu innovativen Höhenflügen an, doch auch in traditionelleren Branchen hat ein Umdenken begonnen. Das gilt zum Beispiel für Einzelhändler wie Wal-Mart, Fluggesellschaften wie Southwest, Heimwerkerketten wie Home Depot, Kaffeehäuser wie Starbucks, Börsenmakler wie Charles Schwab und Buchhändler wie Borders und Amazon.com.

Wert von Ideen steigt dramatisch

Vier Jahre in Folge hat das US-Wirtschaftsmagazin »Fortune« die Firma Enron als innovativstes Unternehmen der USA bewertet. Der Energiekonzern mit Sitz in Houston verdient sein Geld in zwei der ältesten Industriezweige – Gas und Elektrizität. Doch heute sitzen in der Enron-Zentrale ebenso viele Makler, Analysten und Raketenwissenschaftler – darunter einer aus der früheren Sowjetunion – wie Experten für Gas und Pipelines.

Enron ist ein Paradebeispiel für den Wandel von der Industrie zur Wissensgesellschaft. Der Wert von Ideen im Verhältnis zu Grundbesitz, Arbeit und Kapital steigt dramatisch, und das sogar in der »Alten Wirtschaft«.

Wichtige Konsequenzen

Der Wandel von der Industrie zur Wissensgesellschaft hat zwei wichtige Konsequenzen:

- Die Wissenswirtschaft ermöglicht steigende Erträge. Ein besonders gutes Beispiel ist die Firma Microsoft: Die Herstellung des ersten Exemplars des Betriebsprogramms Windows 95 kostete das Unternehmen Millionen US-Dollar, jede weitere Kopie allerdings nur noch den Preis eines einfachen Datenträgers. Doch auch für kapitalintensive Branchen wie die von Enron gilt ganz Ähnliches: Die Kosten für die Entwicklung von komplizierten Risikomanagement-Systemen zur Stabilisierung der Gaspreise entstehen einmalig; das Produkt kann anschließend jedoch beinahe unendlich häufig genutzt werden. Die dabei entstehenden Kosten sind dann letztlich unerheblich.
- Gleichzeitig ergibt sich ein unglaubliches Potenzial für Trittbrettfahrer. Denn Wissen ist nur teilweise exklusiv und kann zum Teil leicht von Konkurrenten kopiert werden. Exklusive Güter können nur von einem Unternehmen genutzt werden, die Konkurrenz ist automatisch außen vor. Ein Nobelpreisträger in den Diensten von IBM kann zur selben Zeit von keinem anderen Unternehmen beschäftigt werden. Stahlschrott kann nicht zugleich von Nucor und einer anderen Hütte zu Stahl verschmolzen werden.

Im Gegensatz dazu können inklusive Güter von mehreren Firmen gleichzeitig genutzt werden. Ideen gehören zu dieser Art von Gütern. Als eine Chrysler-Erfindung, der Minivan, 1983 Erfolg hatte, konnten andere Autohersteller ähnliche Fahrzeuge produzieren, ohne dabei Chrysler an der Produktion weiterer Minivans zu hindern. Das macht Nachahmungen nicht nur möglich, sondern auch preiswert: Die Kosten und Risiken einer Neuentwicklung trägt allein der Erstproduzent, die Nachahmer beteiligen sich daran nicht.

Diese Herausforderung wird noch verstärkt, wenn es um die Idee der Ausschließlichkeit geht. Ausschließlichkeit kann sowohl durch die Art der Güter als auch durch die Rechtsordnung gesichert sein. Güter sind dann ausschließlich, wenn eine Firma durch Patente oder durch Güterverknappung andere an einer Nutzung hindern kann. Zum Beispiel kann Intel andere Mikrochip-Hersteller durch Eigentumsrechte davon abhalten, die Intel-Fabriken zu nutzen. Die Kaffeehauskette Starbucks kann sich weigern, potenziellen Nachahmern die Kaffeebohnen zu verkaufen. Starbucks kann jedoch nicht verhindern, dass andere in ein Starbucks-Kaffeehaus gehen, sich die Einrichtung, die Atmosphäre und das Angebot genau anschauen und diese Idee dann für das eigene Konzept nachahmen. Das wertvollste Element des Starbucks-Konzepts ist also nicht ausschließlich. Ist die Idee erst mal öffentlich vorgestellt worden, können alle anderen Unternehmen davon lernen. Und das Risiko der Trittbrettfahrerei steigt. Niedriger ist dieses Risiko dann, wenn innovative Ideen durch Patente geschützt werden können. Pharma-Konzerne haben schon lange das Privileg, dass ihre Entwicklungen eine gewisse Zeit lang geschützt sind, sodass andere Firmen währenddessen nicht davon profitieren können. Doch wie will man Patente vergeben für ein radikal neues Kaffeehauskonzept wie das von Starbucks, wenn das Konzept keine technologischen Neuerungen enthält? Der Mehrwert entsteht durch das Arrangement der Güter, nicht durch die Güter selbst.

Es ist keine Magie erforderlich, um exotische Kaffeemixturen zu brauen. Hochwertige Kaffeebohnen sind für viele Erzeuger erhältlich, und es ist leicht, Tische und Stühle in einen Raum zu stellen, Zeitungen auszulegen, freundliche Musik zu spielen und die Mitarbeiter zur Höflichkeit anzuhalten. Starbucks verdient sein Geld also mit einer guten Idee, ebenso wie der britische Kosmetik Einzelhändler Body Shop, Unternehmen wie Home Depot, Charles Schwarz, Virgin Atlantic Airways, Amazon.com, der Buchhändler Borders oder der oft imitierte Minivan von Chrysler. Alle bieten ihren Kunden Mehrwert in traditionellen Geschäftszweigen, weil sie eine neue und innovative Idee verfolgen.

Sogar auf Innovationen im Softwarebereich können Trittbrettfahrer aufspringen. Das Programm selbst lässt sich zwar patentieren, die Funktionen der neuen Software können hingegen kopiert werden, da es schwierig ist, sie zu patentieren. Faktisch bedeutet dies, dass jedes erfolgreiche Programm kopiert werden kann. Die Wettbewerber müssen eine Software zwar selbst schreiben, doch die Funktionen, die interne Komponentenstruktur und die Optik der Anwendungen können imitiert werden, wie es zum Beispiel Netscape zu seinem eigenen Nachteil erfahren musste.

Den Gewinn maximieren

Wie aber lassen sich die Profite aus einer Neuentwicklung maximieren, die das Potenzial für Trittbrettfahrerei in sich trägt? Gilt hierbei noch die alte Strategie für die Erfinder technischer Innovation: Hohe Preise, erschwerter Zugang und hohe Gewinnmargen zu Beginn, um dann mit der Zeit Preise und Kosten zu senken, dadurch den eigenen Marktanteil zu sichern und Nachahmer abzuschrecken? In vielen Fällen muss die Antwort »Nein« lauten. Denn die Wettbewerbsdynamik wandelt sich gerade auf grundlegende Weise.

In einer Welt, in der Produkte keine Ausschließlichkeit mehr besitzen, kommen Menge, Preis und Kosten eine nie da gewesene Bedeutung zu. Je werthaltiger ein Produkt ist, bei für die Masse erschwinglichen Preisen, desto größer wird der Markt. Daher rücken die Kosten in den Mittelpunkt jeder Kalkulation. Der Amazon.com-Gründer Jeff Bezos hat das Motto »GBF« – »Get Big Fast« – geprägt.

Kosten rücken in den Mittelpunktpung

Die Schöpfer wertvoller Ideen sollten daher nicht alles daran setzen, den kurzfristigen Profit zu maximieren. Hohe Preise und Warenverknappung, die traditionelle Strategie, provozieren geradezu Trittbrettfahrerei und Billigpreisanbieter. Der technologische Vorsprung, der die kostengünstige Weiterverwendung einer neuen Idee für lange Zeit ermöglicht, wird damit verspielt. Heute muss mit neuen Ideen radikal anders umgegangen werden, als es Monopolisten in der Vergangenheit getan haben. Dazu gehört es, eine Nachfrage zu schaffen durch strategisch gestaltete Preise und Gewinn zu erzeugen durch Kostenkontrolle.

Strategisch kluge Preise können zu einem hohen Verkaufsvolumen und der raschen Entwicklungskraft wertvoller Marken führen. Kostenkontrolle kann zur Erreichung attraktiver Gewinnmargen beitragen und zu einer Kostenstruktur, die es Nachahmern schwer macht, in den Markt zu drängen. Die Kombination bei der Techniken führt zu hohen Gewinnen und raschem Wachstum.

Als beispielhaft gilt hierbei Nicholas Hayek, der Chef der Swatch-Gruppe (ehemals SMH). Hayek wandte diese Managementstrategie an und brachte damit die gesamte Schweizer Uhrenbranche wieder auf die Beine. Swatch verschaffte der Armbanduhr ein neues Ansehen: Sie war nicht mehr nur ein funktionaler Zeitanzeiger, sondern wurde Modeartikel und Symbol eines Lebensgefühls. Swatch verband Ganggenauigkeit, eine immense Zahl neuer Designs, eine starke emotionale Botschaft und künstlerischen Anspruch zu einem innovativen Konzept für eine Armbanduhr.

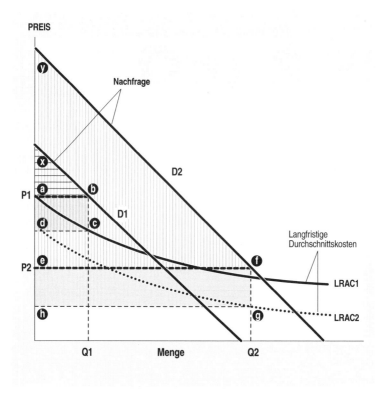

Abb. 1: Die Dynamik von Preis, Kosten und Absatz in der Wissenswirtschaft

Ausgangspunkt: Einführungspreis

Um die Rendite seiner Idee einzufahren, bestimmte Hayek ein Projektteam, das den Einführungspreis der Swatch festlegen sollte. Zum selben Zeitpunkt wurde der Markt überschwemmt mit billigen, doch sehr genauen Quartzuhren aus Japan und Hongkong. Diese Quartzuhren wurden für bis zu 75 US-Dollar pro Stück verkauft. SMH entschied sich, die Swatch für 40 US-Dollar anzubieten, um neue Nachfrage zu schaffen und um schnell einen starken Markennamen zu etablieren.

Dieser Preis verleitete die Kunden, sich gleich mehrere Uhren zuzulegen, so wie sie es mit anderen modischen Accessoires wie Hüten, Mänteln oder Haarbändern auch taten. Zudem ließ der Preis den potenziellen Imitatoren aus Fernost kaum eine Chance, mit ähnlichen Produkten in den Markt zu drängen.

Die Vorgabe für das Projektteam war: Die Uhr muss genau zu diesem Preis verkauft werden, und nicht einen Pfennig mehr. Das Team arbeitete entsprechend rückwärts, um das vorgegebene Ziel zu erreichen. Das beinhaltete auch die Frage, wie groß die Gewinnmarge sein musste, damit SMH noch Promotion und Werbung für die neue Armbanduhr bezahlen konnte. Das Projektteam erhielt dann den Auftrag, ein Produktionssystem zu erarbeiten, mit dem die Swatch zu den festgelegten Kosten hergestellt werden konnte und letztlich auch noch Gewinne einfuhr. SMH automatisierte die Gestaltung der Swatch-Mechanik, die Produktion und die Montage von Uhr und Uhrwerk. Das Ergebnis war eine unschlagbare Kostenstruktur, weltweit führend in dieser Branche.

In der Grafik lässt sich der Zusammenhang von Preis, Kosten und Absatz am Beispiel Swatch nachvollziehen. Der Reiz, der von einem Produkt ausgeht, wird durch Innovation radikal erhöht. Die Nachfragekurve verschiebt sich von D1 zu D2. Da es sich nicht um ein ausschließliches Gut handelt, legt der Hersteller den Preis von Beginn an so fest, dass viele Kunden in einem erweiterten Markt angesprochen werden. Das Verkaufsvolumen verschiebt sich von Q1 zu Q2 und erzeugt auf diese Weise eine wertvolle Marke mit starkem Wiedererkennungswert. Der Hersteller senkt die langfristigen Durchschnittskosten durch seine Kostenvorgabe von LRAC1 auf LRAC2, macht somit Gewinn und hält Trittbrettfahrer vom Markt fern. Die Käufer erhalten deutlich mehr Wert für ihr Geld. Diese Kundenrendite verschiebt sich von axb auf eyf. Die schnelle Markenbildung – Resultat eines hochwertigen Angebots bei gleichzeitiger Kostensenkung – erlaubt es dem Hersteller, sich mit einem Quantensprung von der Konkurrenz abzusetzen, um dann durch Größenvorteile und Lerneffekte zu weiter wachsenden Erträgen zu kommen. Es entstehen Märkte, in denen der Sieger fast alles bekommt, bestimmte Firmen den Markt beherrschen und der Kunde dennoch gleichzeitig als Gewinner gelten kann.

Der Sieger bekommt (fast) alles

Zwar wenden nicht alle Wertschöpfer eine Niedrigpreisstrategie wie im Swatch-Beispiel an, dennoch steht ihre Strategie im krassen Widerspruch zu der Strategie traditioneller Monopolisten. Ob und wie sehr das Produkt – die Idee – nachgeahmt werden könnte, hat Einfluss auf die Preispolitik der Wertschöpfer. Es gibt jedoch auch Wertschöpfer, deren Neuentwicklungen für eine bestimmte Zeit patentiert, also ausschließlich genutzt werden können.

In solchen Fällen kann der Anbieter des verbesserten Produkts oder der verbesserten Dienstleistung denselben oder gar einen höheren Preis verlangen als sein Wettbewerber. Doch aufgrund der enormen Größenvorteile und Lerneffekte wird der Preis für Produkte und Dienstleistungen, die auf Wissen basieren, dennoch von Anfang an so festgelegt, dass eine Masse an Kunden angesprochen wird.

Ein Beispiel ist ein neuartiger Staubsauger von Dyson Appliances, der Dyson Dual Cyclone. Das Gerät benötigt keine Staubsaugerbeutel mehr und ist sehr einfach zu handhaben. Auch die Saugleistung wurde deutlich erhöht. Da Dyson Appliances ein Patent auf diese Neuerung hat, konnte das Unternehmen den Preis relativ hoch ansetzen; aufgrund seiner Vorteile wurden die Neuerungen von den Kunden in Großbritannien noch immer als wertsteigernd angesehen. Sogar hier hat das Unternehmen seinen technologischen Vorsprung nicht voll auf die Preisstruktur übertragen, wie es alte Monopolisten getan hätten.

Ballast abwerfen

In der Industriegesellschaft haben Unternehmen mit dominanter Marktposition den Wohlstand der Gesellschaft doppelt belastet:

- Erstens setzen sie die Preise so hoch an, dass viele Menschen sich die Produkte oder die Dienstleistungen zwar wünschten, sie jedoch wegen des hohen Preises nicht kaufen konnten.
- Zweitens ließ die fehlende Konkurrenz das Unternehmen in der Monopolposition fett und faul werden. Die fehlende Effizienz zehrte an den Ressourcen der gesamten Gesellschaft.

In der Wissensgesellschaft liegen die Dinge anders. Innovative Unternehmen sind nicht an hohen Preisen interessiert, sondern an einer hohen Nachfrage. Das Ziel ist es, mit geringen Preisen die Masse der Kunden anzusprechen. Daher gibt es einen Grund, die Kosten nicht nur einfach zu senken, sondern sie auf den niedrigst möglichen Punkt zubringen.

Literaturhinweise
Kim, W. C.; Mauborgne, R.: »Value Innovation: the Strategic Logic of High Growth«, *Harvard Business Review*, Januar-Februar, 1997.
Kim, W. C.; Mauborgne, R.: »Creating New Market Space«, *Harvard Business Review*, Januar-Februar, 1999.
Kim, W. C.; Mauborgne, R.: »Strategy, Value Innovation, and the Knowledge Economy«, *Sloan Management review*, Frühjahr 1999.

Aneel G. Karnani

Nach der Verschlankung: neue Wege zum Wachstum

Die Phase der Umstrukturierung und Verschlankung ist vorbei. Jetzt müssen sich die Unternehmen auf Wachstum konzentrieren. Denn die Konkurrenz, die eigenen Mitarbeiter und vor allem die Aktionäre üben entsprechend Druck auf die Unternehmen aus. In den USA wie in Europa verlangen die Aktionäre lautstark nach Wertschöpfung. Es gibt besonders viel versprechende Wege zum Wachstum – von der vertikalen Integration über die Diversifizierung bis hin zur Globalisierung. Welches sind Vor- und Nachteile, Probleme und Erfolgsaussichten? Die These: Selbst erfolgreiche Unternehmen kommen nicht um eine Kursänderung herum.

Nachdem jahrelang umstrukturiert, »reengineert« und verschlankt wurde, legen viele Unternehmen inzwischen den Schwerpunkt wieder auf Wachstum. Das liegt daran, dass von drei Seiten Druck auf sie ausgeübt wird – von den Aktionären, den Wettbewerbern und den eigenen Mitarbeitern. Sowohl in Amerika als auch in Europa sind die Aktionäre aktiver geworden und verleihen ihren Forderungen mehr Nachdruck. Zahlreiche Vorstandsvorsitzende und Geschäftsführer wurden in den letzten Jahren gefeuert oder aus dem Amt gedrängt; bei Apple und Compaq, dem Mobilfunkanbieter Ericsson, bei Philips, Eastman Kodak oder Pharmacia & Upjohn, um nur einige zu nennen. Selbst in Japan mehren sich die Anzeichen, dass Unternehmen zunehmend auf die Interessen der Aktionäre eingehen.

Aktionäre fordern Wertschöpfung. Diese hängt eng mit dem Unternehmenswachstum zusammen. Das Wertschöpfungspotenzial reiner Kostensenkungen ist begrenzt; ein Wachstum der Umsätze ist entsprechend von höchster Bedeutung. Auch der Konkurrenzdruck ist erheblich, besonders in Branchen, die sich konsolidieren. Dazu gehören das Bankenwesen, die Pharma-Industrie, die Automobilbranche, der Rüstungssektor, die Fluglinien und die Computerbranche. Wer wächst, kann hier von Größenvorteilen profitieren – bei Forschung und Entwicklung, Arbeitsprozessen, Kapazitätsauslastung, Marketing, Vertrieb und Netzwerkeffekten. Unternehmen, die mit der allgemeinen Expansion nicht Schritt halten können, verlieren hingegen der schnelleren Konkurrenz gegenüber ihren Wettbewerbsvorteil und geraten in eine Abwärtsspirale. Dann bleibt nur noch die Möglichkeit zur Expansion. Oder man gerät in einen Teufelskreis, der letztendlich das Aus bedeutet. Letztlich nehmen auch die eigenen Mitarbeiter entscheidend Einfluss. Denn Aufstiegsmöglichkeiten, finanzielle Sonderzulagen, sichere Arbeitsplätze und Freude an der Arbeit sind in einem expandierenden Unternehmen eher gegeben. In einem Wachstumsunternehmen geht man jeden Tag gern zur Arbeit; die allgemeine Stimmung ist positiver.

So wichtig Wachstum auch ist, so schwierig ist es tatsächlich zu erreichen. Die Wachstumsziele sind in Amerika und Europa identisch – durchschnittlich strebt man ein Wachstum von zehn bis 15 Prozent an. Bedenkt man, dass das durchschnittliche Wachstum in diesen Ländern nur zwei bis drei Prozent beträgt, können offenkundig längst nicht alle dieses Ziel erreichen. Anders ausgedrückt: Wenn man die Marktanteile addiert, die alle Unternehmen einer Branche in fünf Jahren erreicht haben wollen, kommt man leicht auf mehr als 100 Prozent. Für jedes Unternehmen, das seine angestrebte Wachstumsrate tatsächlich erreicht, muss ein anderes erhebliche Einbußen hinnehmen. Um erfolgreich zu sein, bedarf es also einer klugen Wachstumsstrategie. Richtung und Art des Wachstums sind dabei die beiden wichtigsten Punkte.

Es gibt fünf unterschiedliche Wachstumspfade:

1. Wachstum durch Vergrößerung der Marktanteile und Intensivierung der Marktdurchdringung;
2. Wachstum durch Erschließung neuer Regionen im gleichen Geschäftsfeld;
3. Wachstum durch vertikale Integration, entweder vorwärts oder rückwärts (Forward Integration/Backward Integration);
4. Wachstum durch Einstieg in verwandte Branchen;
5. Wachstum durch Einstieg in fremde Branchen.

		Wachstumspfade				
		Markt durchdringung	Globalisierung	Vertikale Integration	Diversifizierung (ähnl. Branche)	Diversifizierung (fremd Branche)
Art des Wachstums	organisch/ intern	Toyota: Lexus	Honda (in USA)	Enron: (Energie)	Disney: Kreuzfahrten	TATA (India)
	Strategische Allianzen	GM + SAAB	Renault + Nissan	Acer + TI	Disney + Infoseek	Siam Cement (Thailand)
	Fusion und Übernahmen	Ford + Jaguar	Daimler + Chrysler	Merck + Medco	Disney + ABC	Hanson Trust (GB)

Abb. 1: Wachstumsstrategien

Ein Unternehmen kann stets mehrere dieser Maßnahmen zur gleichen Zeit einleiten. Ein zeitgleicher Vorstoß in alle oben genannten Richtungen wäre allerdings nicht ratsam. Angesichts begrenzter Mittel sollte sich ein Unternehmen Prioritäten setzen und entscheiden, welcher der gewählten Wachstumspfade welches Gewicht erhalten soll. Im Folgenden werden die Vor- und Nachteile dieser fünf Vorgehensweisen analysiert. Die Ergebnisse zeigen, dass heutzutage drei der genannten Wege die größte Aussicht auf Erfolg haben, nämlich Marktdurchdringung, Globalisierung (besonders auf den Märkten der Entwicklungsländer) und vorwärts gerichtete Integration.

Konglomerate

Durch branchenübergreifende Firmenzusammenschlüsse lassen sich Risiken verringern. Nun ist die Risikominderung zwar eine gute Idee, aber Aktionäre können dank gut funktionierender Kapitalmärkte ihre Risiken viel effizienter streuen als ein Konglomerat.

Aktionäre sollten zur Risikominimierung eine Streuung ihrer Aktien vornehmen; Unternehmen hingegen sollten sich darauf konzentrieren, ihre Kernkompetenzen zu entwickeln und auszuschöpfen.

Der heutige Trend geht eindeutig weg von Konglomeraten und hin zu fokussierten Firmen. Man denke in diesem Zusammenhang an die Kursänderungen von Unternehmen wie Eastman Kodak oder Westinghouse, an die Auflösung von Konglomeraten wie ITT oder die Ausgliederung von Unternehmensbereichen, die nicht zum Kerngeschäft gehören, so bei Hightech-Unternehmen wie Hewlett Packard.

Der Trend zu fokussierten Unternehmen hat sich in Europa relativ langsam entwickelt, setzt sich dort aber ebenfalls durch. Der Mobilfunkkonzern Nokia hat diverse Unternehmenszweige abgestoßen und sich ganz auf den Sektor der Telekommunikation konzentriert. Philips zog sich ebenfalls aus verschiedenen Bereichen zurück, DaimlerChrysler konzentriert sich zunehmend auf die Automobilbranche, die Unilever-Gruppe hat ihre Chemiewerke verkauft und Imperial Chemical Industries hat seinen Pharmaziebereich ausgelagert.

Trend: fokussierte Unternehmen

Während Unternehmen in den USA und Europa sich vom Konglomerat wegentwickeln, ist diese Unternehmensform in anderen Ländern, wie zum Beispiel Japan, Südkorea, Indien, Thailand und Brasilien weiterhin vorherrschend. Dafür gibt es drei Gründe: Die dortigen Kapitalmärkte sind ineffizient, die Märkte unterliegen politischen Interessen und es mangelt an geeigneten Führungskräften.

Doch selbst hier ändern sich die Bedingungen, und die Konglomerate werden auch in diesen Ländern an Bedeutung verlieren. In Südkorea zum Beispiel stehen Konglomerate zunehmend unter Druck, sich auf einige wenige Geschäftsbereiche zu konzentrieren. In Japan schreiben nicht etwa die traditionellen Konglomerate die schönsten Erfolgsstorys, sondern Unternehmen wie Sony, Honda, Bridgestone und Canon, die sich auf einige wenige Bereiche konzentrieren. Das bedeutet nicht, dass jedes Konglomerat schlechte Leistungen bringt. US-Unternehmen wie General Electric oder der Pharmakonzern Johnson & Johnson zeigen weiterhin eine gute Performance. Für ein Konglomerat jedoch, das unzusammenhängend diversifiziert, stehen die Chancen schlechter.

Vertikale Integration

Auch von der vertikalen Integration wenden sich Unternehmen immer häufiger ab. Tatsächlich nimmt das genaue Gegenteil – das Outsourcing – zu. Durch Auslagerung kann sich ein Unternehmen auf die Tätigkeiten konzentrieren, die seinen Wettbewerbsvorteil ausmachen. Die Flexibilität wird dadurch erhöht und einige der für vertikale Integration typischen organisatorischen Probleme werden beseitigt. Die Integration vorgelagerter Produktionsstufen ist nicht mehr gefragt und rasant rückläufig. In der Automobilindustrie zum Beispiel zeigt sich die Tendenz zur Auslagerung der Komponentenfertigung.

Der Autoriese General Motors, einer der größten Konzerne auf Basis vertikaler Zusammenschlüsse, hat Delphi abgestoßen, den weltweit größten Hersteller für Motorenteile. Interessanterweise geben viele Unternehmen ihre vorgelagerten Produktionsstufen auf, während in vielen Branchen die Integration nachgelagerter Glieder der Wertschöpfungskette Wettbewerbsvorteile und Wachstumschancen bietet. Das wirtschaftliche Gewicht verschiebt sich in Richtung des Kunden.

In zunehmendem Maße spielen Fahrzeughersteller auch beim Vertrieb eine Rolle. Die Pharma Firma Merck & Co. hat mit Medco einen großen Zwischenhändler aufgekauft. LVMH, der weltweit größte Produzent von Luxusgütern, hat das US-Unternehmen Duty Free Shops gekauft. Internet und E-Commerce werden den Trend der Reduzierung der Zwischenschritte in der Wertschöpfungskette und hin zum Direktvertrieb sicherlich beschleunigen.

Die zunehmende Ausgliederung bietet gute Wachstumschancen für Unternehmen, die sich in den outgesourcten Bereichen engagieren. Seit die Elektronikindustrie die Herstellung auslagert, verzeichnen Unternehmen wie Selectron Corp oder der Elektronikdienstleister Jabil Circuit ein rapides Wachstums. Dank der Ausgliederung der IT-Technologie konnten IBM, EDS und Andersen Consulting schnell wachsende IT-Serviceunternehmen einrichten. Auch internationale Kurierdienstunternehmen wie Federal Express und DHL profitierten von der Ausgliederung des Logistikmanagements bei anderen Firmen.

Hier muss man die Fähigkeit entwickeln, Produkte und Dienstleistungen, die andere ausgliedern wollen, möglichst schon im Voraus zu erkennen und dies zu nutzen. Ein Wettbewerbsvorteil entsteht nicht selten durch einen engen Kontakt zum Kunden – in diesem Fall dem Unternehmen, das auslagert – und der Erbringung zusätzlicher Dienste.

Synergieeffekte

Eine viel versprechende Wachstumsrichtung ist die Unternehmenserweiterung in artverwandte Märkte. Der Wettbewerbsvorteil besteht darin, Kernkompetenzen zu nutzen und Synergieeffekte zu entwickeln. Wenn sie erfolgreich ist, stellt sie eine ausgesprochen kraftvolle Wachstumsstrategie dar. Die Walt Disney Company hat durch Verstärkung von Synergieeffekten innerhalb ihrer verschiedenen Unternehmenszweige (Vergnügungsparks, Filme, Cartoons, Markenartikel, Software und Kabelfernsehen) ein schnelles und einträgliches Wachstum erreicht.

Synergie ist ein sehr verführerisches Konzept, dass allerdings in der Praxis schwerer zu erreichen ist, als es den Anschein haben mag. Während sie nach Expansion und Diversifikation streben, erkennen Manager häufig mögliche Synergieeffekte dort, wo überhaupt keine existieren. So musste Eastman Kodak feststellen, dass es keine Synergieeffekte zwischen Foto- und Pharmaziesektor gibt, obwohl beide mit »Chemikalien« zu tun haben. Auch gibt es keine Synergieeffekte zwischen Fotografie und dem Markt für Kopierer, wie Kodak feststellen musste, obwohl beide Branchen mit Bildbearbeitung zu tun haben.

Der Volksweisheit folgend, dass Kommunikations- und Computerbranche konvergieren, kaufte der US-Telefonkonzern AT&T das IT-Hardwareunternehmen NCR, nur um festzustellen, dass Synergien zwischen diesen Bereichen nicht gegeben sind. AT&T hat inzwischen NCR wieder abgestoßen – mit großem Verlust. Die Kunst besteht darin, herauszufinden, ob es zwischen den beiden Unternehmen eine ausreichend große Schnittmenge bei den wichtigsten Erfolgsfaktoren und Kompetenzen gibt. Es genügt nicht, übergeordnete Begriffe wie »Imagination« oder »Konvergenz« in den Raum zu stellen.

Selbst wenn die Bedingungen für Synergieeffekte tatsächlich gegeben sind, müssen die Unternehmen erst einmal den einfachsten Weg dahin finden. Zwischen Fluglinien und Hotels besteht ein derartiges Potenzial: gemeinsamer Kundenstamm, gemeinsame Reservierungssysteme, One-Stop-Shopping, eine vergleichbare Service-Gesinnung. Obwohl eine ganze Reihe von Fluglinien (Air France, Air Nippon, United Airlines und SAS zum Beispiel) einen Einstieg in die Hotelbranche versucht haben, sind sie sämtlich gescheitert. Statt durch Diversifikation lassen sich Synergieeffekte leichter durch Cross-Marketing und unabhängige Reservierungssysteme nutzen.

Um einen Synergieeffekt zu erreichen, müssen sich verschiedene Teile des Unternehmens untereinander abstimmen und zusammenarbeiten – innerhalb großer Konzerne ein seltenes Phänomen. Philip Morris zum Beispiel, einer der weltweit größten Zigarettenhersteller, hätte die Möglichkeit, das zwischen der Tabak und der Lebensmittelbranche bestehende Synergiepotenzial zu nutzen. Die Tabaksparte ist in China äußerst stark und genau diesen Markt will das Lebensmittelressort für sich erschließen. Trotzdem muss die Lebensmittelsparte ganz allein versuchen, sich am Markt zu behaupten, denn von der Zigarettensparte erhält sie keine Unterstützung. Das ist darauf zurückzuführen, dass Diversifizierung und Synergiestrategien vom Topmanagement vorgegeben werden, die tatsächliche Synergie aber auf der Ebene des mittleren Managements erreicht wird. Unternehmen sind vertikal strukturiert – auf niedrigeren Ebenen gibt es nur wenige horizontale Berührungspunkte. So können Synergien nicht erzielt werden. Mit der Synergie ist es wie mit dem Himmel: Viele Leute reden davon, aber nur wenige kommen wirklich dorthin. Gelingt es einem Unternehmen, nicht in die oben beschriebenen Fallen zu tappen, kann Synergie das Wachstum enorm ankurbeln. Disney zum Beispiel erzielte mit seinem 50-Millionen-US-Dollar-Film »Der König der Löwen« Umsätze von über 2 Milliarden US-Dollar, indem Synergien zwischen Film, Video und dem Verkauf von Unterhaltungsartikeln ausgeschöpft wurden.

Globalisierung

Die meisten Unternehmen wählen heute die Globalisierung, um Wachstum zu erreichen. Diese Entwicklung reflektiert die Veränderungen in der Weltwirtschaft (und der Politik) und den gegenwärtigen Trend, dass Unternehmen sich auf Kernbereiche konzentrieren.

Sogar in traditionell auf Inlandsmärkte beschränkten Branchen wie Strom, Gas und Wasserversorgung, Telekommunikation und Einzelhandel setzt man inzwischen auf Globalisierung. Der Einzelhandel zum Beispiel sieht in der Globalisierung – nicht etwa in der Diversifizierung – das erfolgreichste Wachstumsinstrument. In der Vergangenheit versuchte der US-Einzelhandelsriese Sears durch den Einstieg in die Finanzdienstleistungsbranche zu wachsen. Diese Strategie hat sich nicht bewährt und wurde inzwischen rückgängig gemacht. Heute setzen Wal-Mart und der französische Lebensmitteleinzelhändler Carrefour auf Globalisierung.

Konzentration auf Schwellenmärkte

Innerhalb dieses allgemeinen Trends zur Globalisierung konzentrieren sich die Unternehmen in zunehmendem Maße auf Schwellenmärkte (beispielsweise die asiatische Pazifikregion, Indien, Zentraleuropa und Lateinamerika). Ein Grund dafür liegt klar auf der Hand: Die Industrienationen weisen im Schnitt ein Wirtschaftswachstum von drei Prozent jährlich auf; bei den Entwicklungsländern beträgt dieser Wert auf längere Sicht etwa sechs Prozent. Ford veranschlagt für die Industrienationen ein Wachstum von einem Prozent auf dem Automobilmarkt – im Gegensatz zu sieben Prozent auf den aufstrebenden Märkten. Allein die Größe einiger dieser neuen Märkte macht sie höchst attraktiv. In China, Indien und Indonesien leben 2,4 Milliarden Menschen, das entspricht 40 Prozent der Weltbevölkerung.

Außerdem sind die Märkte in diesen Ländern viel größer, als das Pro-Kopf-Einkommen vermuten lässt. Die Wechselkurse entsprechen nicht annähernd der tatsächlichen Kaufkraft der jeweiligen Währungen, da die offiziellen Zahlen in vielen Ländern nicht das beträchtliche Ausmaß der Schattenwirtschaft berücksichtigen.

Alle Entwicklungsländer leiden unter einem massiven Ungleichgewicht bei der Verteilung von Einkommen und Wohlstand. Dies stellt ein schwer wiegendes menschliches, gesellschaftliches und politisches Problem dar, sorgt aber für neue Märkte. Wenn wirklich jeder Inder nur ein jährliches Einkommen von etwa 400 US-Dollar hätte, könnte es gar keinen Markt für Motorräder und Motorroller geben. Tatsache ist aber, dass Indien den größten Markt für diese Art Verkehrsmittel stellt.

Auch der Wettbewerb liefert Gründe, sich auf diese aufstrebenden Märkte zu konzentrieren. Die Liberalisierung der Wirtschaft und die Globalisierung bringen nicht nur neue Kunden, sondern auch neue Konkurrenz. Einige Unternehmen aus den Entwicklungsländern haben sich zu einer starken, international anerkannten Konkurrenz entwickelt: Die taiwanesischen Unternehmen Acer und Taiwan Semiconductor Manufacturing sowie die mexikanische Firma Cemex, das drittgrößte Zementunternehmen der Welt. Einheimische Unternehmen lernen dazu, was gute Managementqualitäten wie Qualitätsmanagement, Kundenservice und Marketing angeht. Diese Unternehmen bauen ihre Position nicht nur auf dem Binnenmarkt aus, sie streben bereits jetzt in andere Märkte oder werden es in absehbarer Zeit tun. Erfolg auf dem eigenen Markt wird zukünftig Vorbedingung sein für den weltweiten Durchbruch. Der viertgrößte Stahlproduzent der Welt Ispat, International – ursprünglich in Indien ansässig, heute in London –, hat sich durch eine Konzentration auf die Märkte aufstrebender und ärmerer Länder zum Unternehmen mit der höchsten Wachstumsrate unter den Stahlerzeugern entwickelt. Kürzlich konnte Ispat den US-Konzern Inland Steel Industries übernehmen.

Will man in den Entwicklungsländern erfolgreich sein, reicht es nicht, seine Ware auf den schon vorhandenen Märkten an den Käufer zu bringen, man muss auch neue Märkte schaffen. Der Markt in den Entwicklungsländern ist mit einer Pyramide vergleichbar: Die Basis bilden viele Menschen – praktisch ohne Kaufkraft, die Spitze besteht aus einigen wenigen Reichen, die der Kundschaft in den Industrienationen entsprechen. In der Mitte schließlich findet sich eine große aufstrebende Mittelschicht. Die Herausforderung besteht darin, nicht an die wenigen Reichen an der Spitze der Pyramide zu verkaufen, sondern vielmehr die breite Masse in der Mitte zu erreichen.

Wichtig: Standards und Flexibilität

Um bei der Globalisierung erfolgreich zu sein, sollte ein Unternehmen ein Gleichgewicht zwischen weltweiter Standardisierung und Anpassung an den jeweiligen Markt schaffen. Globale Unternehmen können die Größenvorteile ausnutzen und ihre weltweiten Möglichkeiten bei der Herstellung, Technik und im Marketing nutzen. Gleichzeitig müssen sich die Unternehmen jeweils auf die Bedürfnisse vor Ort einstellen, denn eine zu große Vereinheitlichung kann lokale Konsumenten, Verkäufer und Regierungen abschrecken. Die Fast-Food-Kette McDonald's versteht es ausgezeichnet, hier das richtige Maß zu finden. Das Unternehmen standardisiert das Grundkonzept seiner Restaurants – die Marke, eine Grundfassung der Speisekarte, Qualitätsstandards- und Arbeitsabläufe. Gleichzeitig passt es Teile des Angebots dem jeweiligen Land an – in Frankreich wird Bier ausgeschenkt, in Malaysia gibt es Rendang-Burger mit Rindfleisch-Curry und auf den Philippinen Spaghetti.

Die Zielgruppe in den reichen Ländern sind Kinder, daher die Verbindung mit Disney-Produkten. In den armen Ländern sind die Jugendlichen und jungen Erwachsenen die Zielgruppe. Sie gehen zu McDonald's, um »herumzuhängen«. Je nach Zielgruppe ändern sich Größe und Standort, Preisstruktur, Werbe- und Promotionstrategien. Die Teenager in Bangkok tragen T-Shirts mit dem Aufdruck McDonald's in großen Lettern. In Bangkok gelten die Restaurants als »cool« – in den USA dagegen würde ein solches T-Shirt jemanden als McDonald's-Mitarbeiter kennzeichnen. Das Erfolgsgeheimnis von McDonald's liegt darin, gleichzeitig zu standardisieren und sich den örtlichen Gegebenheiten anzupassen.

Marktdurchdringung

Viele schnell wachsende Unternehmen haben festgestellt, dass Wachstum sich am ehesten aus dem laufenden Geschäft ergibt. Um dieses schnelle Wachstum zu erzielen, muss das Unternehmen einen beträchtlichen Marktanteil erreichen – leichter gesagt als getan. Am besten lässt sich dies durch die Erfindung eines neuen Geschäftsmodells realisieren. Southwest Airlines (im Bereich nationaler Fluglinien), Body Shop (Kosmetik), Ikea (Möbel), Nucor (Stahl), Amazon.com (Internethandel) und Dell (PCs) sind nur einige Beispiele für Unternehmen, die durch ein radikal neues Geschäftsmodell Erfolg haben. Das ist Innovation in Reinkultur und obendrein zuverlässiger als etwa ein Wettbewerbsvorteil, der einzig auf innovativer Technik beruht.

Ein schnelles Wachstum lässt sich auch durch die Übernahme einer Schlüsselrolle bei der Konsolidierung der eigenen Branche erzielen. Viele Branchen setzen sich anfänglich aus diversen Unternehmen zusammen und konsolidieren sich erst im Lauf der Zeit. »Je größer, desto besser« ist dabei die Devise und die Herausforderung besteht darin, den Ursprung für mögliche Economies of Scale zu finden. Der Unternehmer und Milliardär H. Wayne Huizenga beispielsweise löste durch Gründung von Waste Management (heute WMX) eine Konsolidierungswelle in der amerikanischen Abfall- und Müllindustrie aus. Nachdem Huizenga das Unternehmen verkaufte, baute er Blockbuster Entertainment auf und konsolidierte die Videothekenbranche. Auch Blockbuster hat er wieder verkauft und ist nun dabei, durch Auto Nation USA den US-Automobilhandel zu konsolidieren.

Wal-Mart wuchs anfänglich nicht dadurch, dass man Konkurrenten wie K-Mart oder Sears Marktanteile abnahm, sondern indem man kleine Familienbetriebe in Kleinstädten vom Markt drängte. Andere Einzelhandelsketten haben Wal-Mart kopiert und ihre Branche auf diese Weise konsolidiert: Home Depot, das größte Do-it-yourself-Heimwerker-Unternehmen in Amerika, Office Depot (Bürobedarf), Best Buy Co. (Unterhaltungselektronik) sowie Barnes & Noble (Buchhandel).

Sogar auf dem gesättigten Markt der Beerdigungsinstitute hat es Service Corporation International geschafft, ein immenses Wachstum zu erzielen, indem es Familienunternehmen aufgekauft und effizienter gemacht hat. Auf einer höheren Ebene findet ein Konsolidierungsprozess in Branchen wie Pharma- und Automobilindustrie, Banken und Rüstung statt. Die Bedrohung durch Branchenkonsolidierung macht eine größere Marktdurchdringung (und die Globalisierung, wenn es sich um einen weltweit vertretenen Industriezweig handelt) zur einzig sinnvollen Möglichkeit für Wachstum. Unternehmen in diesen Branchen haben nur zwei Optionen: zu wachsen oder unterzugehen.

Der richtige Pfad

Es ist nicht leicht, sich für den richtigen Wachstumspfad zu entscheiden. Der Softdrinkhersteller Coca-Cola verfolgt seit Jahren eine Politik der Globalisierung. Die Konkurrenz bei PepsiCo hat hingegen diversifiziert und sich in den Snackbereich und Restaurants erweitert. Vor kurzem gab Pepsi die Restaurants auf. Man konzentriert sich nun auf eine weltweite Expansion. Maytag, ein US-Hersteller von Haushaltsgeräten, hat global expandiert und dabei katastrophale Ergebnisse hinnehmen müssen. Seit es sich auf den heimischen Markt beschränkt, geht es dem Unternehmen wieder besser. Wäre vielleicht auch der amerikanische PC-Konzern Compaq besser beraten gewesen, wenn er sich auf die Computerbranche beschränkt und Digital Equipment nicht gekauft hätte? BancOne ist durch Zukäufe örtlicher und regionaler Banken rasant gewachsen. Jetzt verlegt das Unternehmen seine Wachstumsstrategie auf das Internetbanking. Auch erfolgreiche Unternehmen müssen unter Umständen Richtungsänderungen vornehmen.

Thomas N. Gladwin

Nachhaltigkeit: Antwort auf drängende Fragen

Dies ist ein leidenschaftliches Plädoyer: Es begründet, warum sich die wirtschaftliche Führung einer langfristigen, vielschichtigen strategischen Herausforderung stellen muss, wenn wir nicht einer düsteren Zukunft entgegengehen wollen. Sozial verantwortlich eingestellte Unternehmer müssen sich unangenehmen Fragen stellen. Können sie die ökologischen und sozialen Auswirkungen ihres unternehmerischen Handelns in ihrem ganzen Umfang erfassen? Werden ihre Produkte wirklich gebraucht? Und sind sie für die Gesellschaft wirklich von Wert? Wenn Geschäftstätigkeit und Strategie sich trennen von Biosphäre, Weltgemeinschaft und ethischem Verhalten, dann entstehen unweigerlich Probleme.

Die meisten Autoren dieser Serie haben die ökonomischen und technologischen Dimensionen von Unternehmensstrategien ausgelotet und ihre Konzepte scheinbar wertfrei präsentiert. Einige wenige sind auf soziale Belange eingegangen, doch praktisch niemand hat sich mit dem Thema Ökologie auseinander gesetzt. Die meisten Argumente bezogen sich auf die Marktinstrumente und eine effiziente Verteilung von Ressourcen. Ausgespart blieb die Frage, wie sich die Strategien auf das Endziel (Befriedigung der Bedürfnisse von Menschen und Gemeinwesen) und die im Endeffekt verfügbaren Mittel (die Fähigkeit der Biosphäre, Leben zu ermöglichen) auswirken.

Die Autoren scheinen stillschweigend davon auszugehen, dass fortwährendes Wachstum und technologischer Fortschritt unvermeidlich sind. Sie neigen dazu, bei der Entwicklung von Theorien über wirkungsvolle Unternehmensstrategie, die unmittelbar anstehenden Belange zu sehen. Auf stärker systemische, nichtlineare, großräumige, langfristige und langsam ablaufende Prozesse setzen sie bei der Formulierung von Strategien für die kommenden Jahrzehnte eher nicht. In diesem letzten Teil der Reihe möchte ich gern ein Gegengewicht herstellen.

Die beschriebene Einseitigkeit ist für Management-Theoretiker grundsätzlich nicht untypisch. Wenn sich die Unternehmen im Allgemeinen und die Strategien im Besonderen von der Biosphäre, der Völkergemeinschaft und einem ethischem Verhalten abwenden, sind eine ganze Reihe von Störungen die Folge. Unsere strategischen Überlegungen führen beispielsweise weg von den grundlegenden wechselseitigen Abhängigkeiten (und der damit verbundenen Verwundbarkeit), die letztendlich den unternehmerischen Erfolg und das Überleben bestimmen. Unser

Einfühlungsvermögen ist abgestumpft durch die moralischen Gebote, Verpflichtungen und Verantwortlichkeiten, die Anteilseigner sich als »verantwortungsbewusste« Strategien vorstellen. Bei der Verbindung von ausgezeichneten Geschäftsmöglichkeiten mit der Befriedigung menschlicher Grundbedürfnisse ist unsere Fantasie eingeschränkt. Obendrein wird unsere Suche nach dem eigentlichen Sinn und unserer Aufgabe in der Welt dann behindert, wenn wichtige Fragen nach Adressat, Ort, Zeitpunkt und Zweck der Strategien nicht gestellt werden dürfen.

Mit einer nachhaltigen Entwicklung und den damit verbundenen Herausforderungen für die Unternehmer beschäftigt sich dieser Artikel.

Nachhaltigkeit

Wissenschaftler haben in den letzten Jahren immer wieder auf die Bedrohung der Integrität, Leistungsfähigkeit und Belastbarkeit unserer natürlichen und sozialen, »lebenserhaltenden« Systeme hingewiesen (siehe Abbildung 1). Zu den gut dokumentierten Beispielen zählen Überfischung, sinkende Grundwasserspiegel auf allen Kontinenten, das Trockenfallen großer Flüsse, Überweidung und Bodenerosion.

Der Kohlenstoffgehalt in der Atmosphäre nimmt zu, die Durchschnittstemperaturen steigen global, Unwetter gewinnen an Häufigkeit und Schwere, Flüsse und Seen kippen aufgrund der hohen Stickstofffracht um, durch den Abbau der Ozonschicht gelangt ein größerer Teil der UV-Strahlung auf die Erdoberfläche und giftige Schwermetalle sowie schwer abbaubare Chemikalien belasten Organismen und Ökosysteme immer stärker.

Die Waldflächen schwinden weltweit, fruchtbare Feuchtgebiete verschwinden insbesondere in Küstenzonen, Korallenriffe sterben ab, natürliche Ökosysteme werden immer häufiger einer veränderten Bodennutzung geopfert. Durch den globalen Verkehr nimmt die Invasion nicht heimischer Arten zu, und das Artensterben hat im Vergleich zu den üblichen Raten um das Tausendfache zugenommen.

Auf solche Nachrichten wird normalerweise automatisch mit Leugnung, Verdrängung oder rationalen Argumenten reagiert. Die Unternehmensstrategen müssen jedoch anerkennen, dass Bevölkerungswachstum und zunehmender Ressourcenverbrauch unseren Planeten auf unvorhersehbare Weise schneller und umfassender verändern als zuvor. Wir verbrauchen das natürliche Kapital unseres Planeten, indem wir an einigen Punkten die Schwelle nachhaltigen Wachstums überschreiten, warnen Wissenschaftler. Durch die zunehmende Verknappung natürlicher Rohstoffe schüren wir intra- sowie intergenerative Konflikte.

Wie in Abbildung 1 dargestellt, sind die stetige Verschlechterung des biophysikalischen Zustands der Erde und die stagnierende oder abnehmende Lebensqualität für eine Mehrheit der Menschen eng miteinander verknüpft. Bevölkerungswachstum, ständiger Mangel und wachsende soziale Zerrüttung sind nur einige der Probleme. Berichten der Vereinten Nationen ist zu entnehmen, dass die Weltbevölkerung nach einem sprunghaften Anstieg von 1,6 Milliarden in 1900 auf derzeit etwas über sechs Milliarden dann bis 2020 trotz niedrigerer Geburtenraten auf geschätzte acht Milliarden steigen und sich bis 2050 möglicherweise bei neun bis zehn Milliarden stabilisieren wird. Während Sie diesen Artikel lesen, wird die Bevölkerungszahl netto um 1 800 Menschen zunehmen. Schätzungsweise 350 Millionen Paare haben immer noch keine Möglichkeit zur Familienplanung.

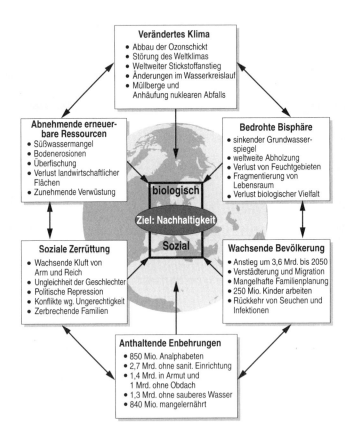

Abb. 1: Globale Anzeichen für die Bedrohung der Nachhaltigkeit durch den Menschen

Der Bevölkerungsdruck und der damit verbundene ökonomische, ökologische und politische Verfall fördert die Migration innerhalb der Staaten und über die Grenzen hinweg. Durch die Landflucht entstehen insbesondere in den Entwicklungsländern Megastädte. Gesundheitsexperten warnen, dass sich das epidemiologische Umfeld verschlechtert. Überwunden geglaubte Erkrankungen wie Tuberkolose treten wieder auf und neue, wie Aids, kommen hinzu.

Die globalen Daten zu den Auswirkungen des ständigen Mangels sind noch bedrückender. Schätzungsweise 37 000 Kinder sterben täglich an durch Armut bedingten Umständen; über 260 Millionen Kinder besuchen keine Schule; 840 Millionen

Menschen sind unterernährt; 850 Millionen Erwachsene sind Analphabeten; 880 Millionen Menschen haben keinen Zugang zum Gesundheitswesen; eine Milliarde Menschen leben in unzureichenden Unterkünften; 1,3 Milliarden Menschen (davon 70 Prozent Frauen) versuchen, mit weniger als 1 US-Dollar pro Tag auszukommen – diese Zahl ist im vergangenen Jahrzehnt um 200 Millionen gestiegen; zwei Milliarden Menschen leben ohne Strom und 2,6 Milliarden ohne irgendwelche sanitären Einrichtungen.

Dieses Elend drückt sich in massiver sozialer Zerrüttung aus. Rund 1,2 Milliarden Erwachsene sind entweder arbeitslos oder verdienen weniger als das Existenzminimum. Dies entspricht einem Drittel der Erwerbstätigen weltweit und ist der höchste Anteil seit den dreißiger Jahre des vergangenen Jahrhunderts. Über 250 Millionen Kinder zwischen 5 und 14 Jahren leisten Kinderarbeit. Die Einkommensunterschiede nehmen innerhalb und zwischen den Ländern zu. Das Einkommen des reichsten Fünftels der Weltbevölkerung ist heute schätzungsweise 74-mal so hoch wie das des ärmsten Fünftels – diese Kluft hat sich in den vergangenen 30 Jahren verdoppelt. Laut Schätzungen des »Forbes Magazine« entspricht das Vermögen der 225 reichsten Menschen der Welt zusammen genommen nun dem Jahresverdienst der ärmsten Hälfte der Menschheit. Die sich verbreiternde soziale Kluft erzeugt Wut, Frustration, Entfremdung, Gesetzlosigkeit und Hoffnungslosigkeit.

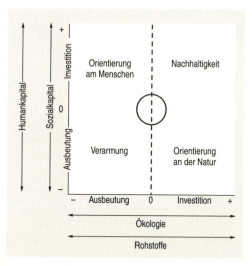

Abb. 2: Nachhaltigkeit als Kapitalerhaltung und Investition

Welche Bedeutung hat dies für die Verantwortlichen der Weltwirtschaft? Eine Antwort liegt auf der Hand: Wenn diese Entwicklungen keine Korrektur erfahren, kommen wachsende äußere Risiken jeglicher Art sowie massive Einschränkungen des globalen »Handlungsspielraums« bei der Entwicklung von Geschäften auf uns zu. In vielen Teilen der Welt führen Umweltschäden und wachsende Ressourcenverknappung im Verbund mit Armut und Bevölkerungsdichte bereits zu Konjunktureinbrüchen, Abwanderung von Arbeitskräften, ethnischen Auseinandersetzungen, grenzüberschreitenden Epidemien, Hungersnot, Fundamentalismus, regionalen Konflikten über die Nutzung von Ressourcen, geschwächten Regierungen und sogar »Ökoterrorismus«.

Eine solche Instabilität wirkt sich negativ auf das Investitionsklima aus und fördert die Abwärtsspirale des sozioökonomischen und ökologischen Niedergangs. Überbevölkerte Gebiete verschwinden vom strategischen »Radarschirm« für Geschäfts- und Marktentwicklung. Diese Feststellung lässt sich an der Realität überprüfen. Das Wort Afrika ist in dieser Serie bislang gerade zweimal vorgekommen. Es ist zwar verständlich, dass einige Menschen nicht den Verstand verlieren wollen, dennoch genügt es nicht, wenn von Führungskräften aus dem entwickelten Norden nichts weiter zu hören ist als: »Ja, aber dieses ganze Chaos wird weit weg sein, und uns wird es hier in unseren abgeschotteten Festungen gut gehen.«

Die Folgen für alle

Jedes unternehmerische Engagement ist in jeder Form, an jedem Ort und zu jeder Zeit direkt oder indirekt, unmittelbar oder letzten Endes von Störungen des ökologischen oder sozioökonomischen Gleichgewichts betroffen, wo immer diese auftreten mögen. Unternehmerisches Handeln findet innerhalb der von der Biosphäre bereitgestellten unverzichtbaren »lebensunterstützenden« Systeme statt und ist somit von diesen abhängig. Das Wohlergehen eines Unternehmens hängt gleichermaßen von gesunden Sozialsystemen ab. Die Geschäftswelt würde ohne gebildete Bürger, öffentliche Sicherheit und Ordnung, eine Versorgung mit Krediten aus Ersparnissen, rechtsstaatliche Gerichtsverfahren oder die Wahrung von Rechten nicht länger erfolgreich sein.

Daher erscheint es nur logisch, wenn die Unternehmer die Integrität, Belastbarkeit und Leistungsfähigkeit dieser unverzichtbaren lebensunterstützenden Systeme schützen, wahren und wieder herstellen. Diese Prämisse führt unausweichlich zu einem Konzept des ethischen Unternehmens, frei nach dem christlichen Philosophen Albert Schweitzer: »Es ist gut, entwicklungsfähiges Leben zu schützen, zu fördern und seine größtmögliche Entfaltung zu unterstützen; schlecht dagegen ist es, entwicklungsfähiges Leben zu zerstören, zu schädigen und zu unterdrücken. Dies ist das grundlegende Prinzip von Moral. Ein Mensch (Unternehmen) verhält sich nur dann ethisch, wenn das Leben an sich für ihn (es) heilig ist.«

Strategiemodell

Der Grundgedanke von nachhaltiger Entwicklung wurde maßgeblich von der Weltkommission für Umwelt und Entwicklung formuliert als »dasjenige, das die Bedürfnisse der Gegenwart erfüllt, ohne dabei künftigen Generationen die Möglichkeit zu nehmen, ihre Bedürfnisse zu befriedigen.« Darauf folgten Hunderte von abgeleiteten Definitionen, und der Begriff schien auf absehbare Zeit verschwommen, schwer fassbar oder umstritten zu bleiben. Dies kann in der Anfangsphase eines neuen, großen und allgemein sinnvollen Denkmodells auch nicht anders sein. Es herrscht weitgehend Übereinstimmung, dass es Wohlstand erzeugenden Kapitals bedarf, um sicherzustellen, dass es den künftigen Generationen nicht schlechter geht als der heutigen. Eine Gesellschaft, die sich ihrer Verantwortung gegenüber den nachkommenden Generationen bewusst ist, lebt von den »Erträgen« ihres Kapitals, statt dieses aufzuzehren. Unterschiedlich werden die Versuche bewertet, die exakten Voraussetzungen, Bedingungen und Regeln zur Sicherstellung von Entwicklungswegen zu formulieren, die sowohl fair gegenüber den einzelnen Generationen als auch langfristig wirksam sind.

Abbildung 2 stellt ein »starkes« Modell für nachhaltige Entwicklung dar. Dieses Modell geht davon aus, dass das natürliche und soziale Kapital das erwirtschaftete Kapital ergänzt statt ersetzt. Die einzelnen Kapitalarten müssen jede für sich intakt bleiben, da ihre Leistungsfähigkeit von der Verfügbarkeit der anderen abhängt (das Modell verabschiedet sich also von der herkömmlichen neoklassischen Annahme einer nahezu vollständigen Ersetzung der einzelnen Kapitalarten).

Wir können daher die Funktionsweise des erwirtschafteten Kapitals (den Bestand an Produktionsmitteln und Konsumgütern wie Werksanlagen, Gebäude, Maschinen, Werkzeuge, Technologien, Infrastruktur und Produkte) anhand ihrer Folgen für vier Arten von Kapital in primären Sektoren (das Handlungsfähigkeit entweder ermöglicht oder ein schränkt) beurteilen: 1. Ökologie (erneuerbare, zyklische, biologische Ressourcen, Prozesse, Funktionen und Dienstleistungen); 2. Rohstoffe (nicht erneuerbare oder geologische Rohstoffe wie Erze, fossile Brennstoffe, Grundwasser); 3. Humankapital (Wissen, Fertigkeiten, Gesundheit, Ernährung, Sicherheit, Motivation) und 4. Sozialkapital (gesellschaftliche Relevanz, sozialer Zusammenhalt, Vertrauen, Gegenseitigkeit als Prinzip, Gerechtigkeit, Empowerment, Vereinigungsfreiheit, Ordnung und andere Faktoren, die Koordination und Kooperation zum Nutzen aller vereinfachen).

Eine ernstlich um Nachhaltigkeit bemühte Gesellschaft gestaltet ihre Wirtschaftstätigkeit so, dass Ökologie, Rohstoffe, Human- und Sozialkapital erhalten bleiben. Dies erfolgt auf einer Minimalbasis, die genau der Mitte oder dem »Bullauge« des Rasters in Abbildung 2 entspricht, und hält sich damit an die alte Weisheit, »nicht das Saatgut zu essen«.

Eine Gesellschaft würde zunehmend nachhaltig werden (ihre Fähigkeit zum Weiterbestehen steigern), wenn sie ihre Wirtschaftstätigkeit so gestaltet, dass sie in vorhandenes Primärkapital (nach oben rechts im Raster) investiert und dieses mehrt. Eine solche Wiederherstellung ist gemäß einem neuen Buch von Paul Hawken, Amory B. und L. Hunter Lovins das Zentrum des »Ökokapitalismus«.

Das Raster aus vier Quadranten entspricht vier gesellschaftlichen Zuständen, von denen nur einer nachhaltig ist. Der Quadrant unten links ist die Verarmungszone, in der die Gesellschaft unüberlegt von einer abnehmenden Kapitalbasis zehrt.

Diese Gesellschaft erhält sich lediglich durch Raubbau und Aufzehrung eines einmaligen Erbes an natürlichem Kapital (wie Mutterboden, Artenvielfalt, Grundwasser, fossile Brennstoffe und Erze), ohne in Erhaltung oder Erneuerung zu investieren. Diese Gesellschaft (leider die heute vorherrschende Form) investiert nicht in Menschen und insbesondere nicht in ihre Kinder; sie lässt zu, dass die Kräfte eines mobilen ökonomischen Kapitals, die abgespaltene Elite und Lobbyismus das bürgerliche und soziale Gemeinwesen verstümmeln.

Der untere rechte Quadrant in Abbildung 2 ist die Zone, in der die Natur einbezogen wird, also die Handlungen der Wirtschaft zunehmend mit den Imperativen der Natur in Einklang gebracht werden. Dies geschieht jedoch, zumindest übergangsweise, auf Kosten des Human- und Sozialkapitals. Ein Beispiel dafür könnte die »ökologische« Biotechnologie sein, durch die traditionell arbeitenden Bauern Arbeitslosigkeit droht oder sauberere automatisierte Fabriken entstehen, die Jobs in Montage und Fertigung vernichten. Fehlen alternative Quellen einer nachhaltigen Lebensgrundlage, dann könnten diese vermeintlich »umweltfreundlichen« Entwicklungen sozialen Zerfall und politische Umstürze auslösen. Ohne die gleichzeitige Berücksichtigung menschlicher Bedürfnisse vereitelt Ökologie sich möglicherweise selbst.

Ähnliches gilt für den oberen linken Quadranten in Abbildung 2, die Zone, in der dem Menschen das größte Gewicht zukommt und in der die Handlungen der Wirtschaft zunehmend menschenfreundliche Züge annehmen. Dies geschieht jedoch auf Kosten des natürlichen Kapitals. Beispiele dafür könnten die Ansiedlung von Menschen in trockengelegten Feuchtgebieten oder das Fällen von Bäumen mit der Folge eines Kahlschlags sein. Arbeitsplätze oder Gemeinwesen, die durch systematische Ausbeutung des natürlichen Kapitals entstanden sind, werden auf lange Sicht nicht nachhaltig sein. Die Konzentration auf den Menschen und die Konzentration auf die Ökologie ergänzen sich grundsätzlich.

Damit ist der obere rechte Quadrant die einzige wirklich nachhaltige Zone. Wirtschaftliche und technologische Entwicklung behalten hier gleichzeitig die Menschen und die Ökologie im Blick. Eine Schädigung der Ökosysteme wird verhindert, Artenvielfalt und Fruchtbarkeit werden erhalten, der unumkehrbar scheinende Fluss von Energie und Materie wandelt sich und die Ökonomie hat sich insofern geändert, als sie auf erneuerbare Rohstoffe und anpassungsfähige Technologien setzt. Die nachhaltige Gesellschaft nimmt bürgerliche Ordnung und Selbstverwaltung für sich in Anspruch, demokratisiert die politischen und die Arbeitsumfelder, humanisiert Kapitalbeschaffung und Arbeit und sorgt dafür, dass die menschlichen Grundbedürfnisse ausreichend befriedigt werden.

Diese auf der Makroebene wirkenden Prinzipien nachhaltiger Entwicklung ergeben eine Vielzahl nachgeordneter Prinzipien, Richtlinien und Messgrößen, die es auf der Mikroebene anzuwenden gilt.

Ein ökologisch nachhaltig wirtschaftendes Unternehmen würde von allen schädigenden Belastungen der Biosphäre absehen, Ressourcen wie Wälder, Fischgründe und Süßwasser unterhalb oder in den Grenzen der Erneuerbarkeit nutzen, die

Artenvielfalt angemessen erhalten und Ökosysteme so weit wieder herstellen, wie sie sie geschädigt haben. Sie würden nicht erneuerbare Rohstoffe wie Erdöl in geringeren Mengen abbauen, als erneuerbare Energien, mit denen sich eine vergleichbare Leistung erzielen lässt, würden Risiken und Gefahren kontinuierlich senken, Materie durch Information ersetzen und Verfahren sowie Produkte so gestalten, dass ein zyklischer Materialfluss möglich ist und der Materialkreislauf geschlossen wird.

Sozial nachhaltig wirtschaftende Unternehmen würden zu den Gemeinwesen zurückkehren, in denen sie so viel anbieten und verkaufen, wie sie von ihnen erhalten. Sie würden die von ihren Tätigkeiten Betroffenen in die entsprechenden Planungs- und Entscheidungsfindungsprozesse einbinden, sicherstellen, dass die politischen und Bürgerrechte innerhalb ihres Aktionsradius nicht eingeschränkt werden, sondern deren Gewährung fördern. Auf breiter Basis böten sie wirtschaftliche Möglichkeiten und Unterstützung, um Ungerechtigkeiten abzubauen oder auszuschließen, trügen direkt oder indirekt dafür Sorge, dass ihre Belegschaften und Betriebe keine Nettoverluste an Humankapital erfahren; stellten sicher, dass unterm Strich keine Möglichkeiten für direkte und indirekte produktive Beschäftigung verloren gehen, erfüllten die Grundbedürfnisse ihrer Mitarbeiter angemessen und sähen ihre Aufgabe darin, die Grundbedürfnisse der Menschheit vorrangig vor dem Wunsch nach Luxus zu befriedigen.

Transformation

Nachhaltige Entwicklung ist ein Konzept, dessen Zeit gekommen ist. Dennoch ist anzuerkennen, dass auf dem Weg zu ihrer allgemeinen Akzeptanz und Durchsetzung noch gewaltige Hindernisse liegen (eine detaillierte Untersuchung enthält »Northern Mind«, siehe Literatur). Dazu zählen eine mechanistische Denkweise, konventionelles Wachstumsdenken, Konsum- und Technikfixierung, Strukturen wie verdrehte Subventionen und Steuersysteme sowie eine tief sitzende Trägheit, die durch Eigeninteresse und Leugnung noch mehr Unheil anrichtet.

Mir macht das Auftauchen einer Reihe gut informierter und visionärer Unternehmer große Hoffnung. Diese sind bereit, ihre Firmen so auszurichten, dass die Menschheit eine Zukunft hat. Solche transformierten Unternehmer finden sich beispielsweise in Familienunternehmen; sie wagen sich an erneuerbare Energien heran, leiten Unternehmen, die aus öffentlichen Auseinandersetzungen gelernt haben, finden sich in »kulturell programmierten« skandinavischen Gesellschaften und in solchen, die von Konsumgütern auf die wissensintensiveren Life Sciences umgestiegen sind. Diese und andere Vorreiter können über den World Business Council for Sustainable Development, Sustain-Ability Ltd. und das »Tomorrow Magazine« erfragt werden.

Ein umfassender organisatorischer Umbau in Richtung auf ein der Nachhaltigkeit verschriebenes Unternehmen ist eine langfristige und vielschichtige Angelegenheit, die eine Reihe von unterstützenden Funktionen und Aufgaben verlangt. Greifbare

Bilder einer nachhaltigen Zukunft müssen gemalt, erreichbare Ziele müssen gesteckt werden. Zweck, Identität und Sinn des Unternehmens sind mit dem ökologischen und sozialen Beitrag in Einklang zu bringen. Die Unternehmer müssen tief verwurzelte Annahmen infrage stellen durch unangenehme Fragen wie: Welche ökologischen und sozialen Spuren hinterlassen wir? Werden wirklich unsere Produkte oder nur deren Funktionen oder Nutzen benötigt? Konzentrieren wir uns auf Überflüssiges oder Notwendiges? Schaffen wir echte Werte für die Gesellschaft oder berauben wir sie ihrer Werte? Wo ist unser rechtmäßiger Platz auf dieser Erde?

Wie Unternehmen Nachhaltigkeit bewerten
Einige Unternehmensführer haben überzeugend für eine ökologische und soziale Nachhaltigkeit argumentiert:
Verantwortung »Die Wirtschaft ... muss die Führung bei der Bewahrung der Erde vor einem Kollaps und der Ausrichtung auf Nachhaltigkeit und Erneuerung übernehmen.« – Ray C. Anderson, Chef des US-Teppichherstellers Interface.
Ethik »Einrichtungen, die so arbeiten, dass wenige vom gesamten Gewinn profitieren, aber vielen der gesamte Verlust aufgebürdet wird, sind ethisch, sozial und unternehmerisch unseriös. Das muss sich ändern.« – Dee Hock, Gründer, President und CEO Emeritus des Kreditkartenunternehmens Visa International.
Rationalität »Nachhaltige Entwicklung ist weit davon entfernt, eine weiche Angelegenheit zu sein, die auf Emotionen und Ethik basiert. Sie fordert eine klare, rationale Geschäftslogik.« – Robert B. Shapiro, Chef des multinationalen Konzerns Monsanto.
Ansehen »Die Kluft zwischen Rhetorik und Realität nimmt zu. Ich würde multinationalen Konzernen empfehlen, vorsichtig zu sein – sie sind weitaus verletzlicher, da sie jeden Tag der Öffentlichkeit gegenüber rechenschaftspflichtig sind.« – Thilo Bode, Geschäftsführer von Greenpeace.
Gelegenheit »Die Nachhaltigkeitsagenda entwickelt sich rascher als nahezu jeder andere Teil der Wirtschaftsagenda.« – Livio D. DeSimone, Chairman und CEO des US-Mischkonzerns 3M Corporation.
Performance Als Erläuterung zu den Ausflügen seines Unternehmens in das Gebiet der erneuerbaren Energien und einer besseren Unterstützung der Gemeinden, in denen das Unternehmen tätig ist: »Diese Bemühungen haben nichts mit guten Taten zu tun, aber extrem viel mit langfristigen Eigeninteressen – unsere Anteilseigner fordern heute, morgen und übermorgen Performance.« – Sir John Browne, Chef von British Petroleum/Amoco.
Private Bedeutung »Als meine Enkel zum ersten Mal die riesige Schildkröte in dem Teich sahen, in dem ich als Junge spielte und Fische fing, staunten sie genauso wie ich damals. Ohne nachhaltige Entwicklung [wird die Welt] ein weniger angenehmer Platz für meine Enkel sein. Für mich geht es um diese Dinge.« – Samuel C. Johnson, Chef von S. C. Johnson & Son, dem US-Hersteller von Reinigungs- und Insektenvernichtungsmitteln sowie Pflegeprodukten.

Grundannahmen stehen infrage

Die Umsetzung muss durch dramatische Veränderungen beim Anreizsystem für Führungskräfte, den internen Informationssystemen und der öffentlichen Ergebnisberichterstattung gefördert werden. Umfassende innerbetriebliche Lernprogramme sind aufzustellen, um Bewusstsein, Wissen und strategische Begeisterung zu fördern. Es müssen unterstützende unternehmerische Werte und ethische Prinzipien vermittelt werden, es müssen wirkungsvolle Partnerschaften mit anderen Unternehmen und Regierungs-/Nicht-Regierungsorganisationen geschlossen werden. Und schließlich müssen Unternehmer, die sich der Nachhaltigkeit verpflichten und die schwierige Aufgabe lösen, auf Öffentlichkeit und Institutionen Einfluss zu nehmen, die sich ernsthaft für Nachhaltigkeit einsetzen.

»Zwischen Idee und Wirklichkeit fällt ein Schatten«, sagt T. S. Eliot. Die Begriffe »nachhaltige Entwicklung« und »nachhaltiges Wirtschaften« liegen derzeit in diesem Schatten. Die zentrale Aufgabe der Unternehmer am Beginn dieses neuen Jahrhunderts besteht darin, beides durch Willen und Inspiration gleichermaßen ans Licht zu bringen.

Literaturhinweise
Gladwin, T., Kennelly, J., Krause, T.: »Shifting Paradigms for Sustainable Development: Implications for Management Theory and Research«, *Academy of Management Review*, 20.10.1995
Gladwin, T.; Newbury, W.; Reiskin, E.: »Why is the Northern Elite Mind Against Community, the Environment and Sustainable Future?«, in: *Environment, Ethics, and Behavior*. Bazerman, Max H. San Francisco, Calif.: New Lexington Press, 1997.
Hawken, Paul; Lovins, Amory & Hunter: *Öko-Kapitalismus: die industrielle Revolution des 21. Jahrhunderts, Wohlstand im Einklang mit der Natur*. Aus dem Amerikan. von Jürgen Dünnebier. 1. Aufl. [München]: Riemann, 2000.

4
Strategie und Globalisierung

Die Globalisierung stellt viele traditionelle Annahmen infrage. Die Tage der vertikalen Märkte scheinen gezählt, da die Konzentration auf vom Verbraucher definierte Marktsegmente den Unternehmen mehr Erfolg verspricht. Die frühere Konzentration der Marktforschung und -entwicklung auf die Förderung von Marketing und Produktion in ausgewählten anderen Ländern weicht der globalen Jagd nach regionalen Wissenschaftszentren außerhalb des heimischen Territoriums. Ein aus ganz unterschiedlichen Branchen zusammengesetztes globales Unternehmen zu bilden und mit Leben zu erfüllen, erfordert einen ganz anderen organisatorischen Ansatz als die Leitung traditioneller multinationaler und transnationaler Unternehmensformen. Die globale Ausdehnung der Geschäftstätigkeit hat jedoch nicht nur Vor-, sondern auch Nachteile, und ein globales Unternehmen ist kein Ersatz für eine solide Geschäftsstrategie.

Schöne neue Welt der horizontalen Märkte 143
   (Thomas C. Kinnear)

Forschung und Entwicklung für weltweites Wissen 149
   (Joan Penner-Hahn)

Warum Veränderung zur Routine werden muss 154
   (Mitchell P. Koza)

Globalisierung: Mythen und Tatsachen 160
   (Subramanian Rangan)

Thomas C. Kinnear

Schöne neue Welt der horizontalen Märkte

Die Tage der vertikalen Märkte sind gezählt. In der globalen Wirtschaft werden diejenigen gewinnen, die sich auf Marktsegmente konzentrieren, die der Verbraucher definiert. Keine leichte Aufgabe – selbst im inländischen Markt. Und besonders schwierig wird es, wenn diese Segmente über den ganzen Erdball verteilt sind. Wie machen Unternehmen horizontale Marktsegmente ausfindig? Woran erkennen sie eine geeignete globale Strategie für den Markteintritt? Wie definieren sie im Zusammenhang mit einer globalen Marketingstrategie die Rolle des Länder- und zentralen Managements?

Betrachten wir die folgenden Herausforderungen für das höhere Management, die sämtlich auf realen Fällen beruhen: Ein großer Hersteller abgepackter Konsumgüter mit Hauptsitz in Großbritannien ist von jeher nach einzelnen Ländern organisiert. Der Länderverantwortliche hat stets das letzte Wort im Zusammenhang mit Neueinführungen von Produkten, Marken-Zielgruppen, Markennamen, Markenpositionierung, Werbung, Verkaufsförderung, Preisgestaltung und so weiter. Die obere Leitungsebene in Großbritannien war aus mehreren Gründen besorgt: 1. Wichtige neue Produkte, entwickelt in einem der Länder oder in den zentralen Forschungs- und Entwicklungslabors, wurden in verschiedenen Ländern sehr langsam oder gar nicht eingeführt; 2. Es wurden keine globalen und nicht einmal regionale Markennamen geschaffen; 3. Bei weltweit eingeführten Neuprodukten sind unter anderem Zielgruppe, Positionierung, Werbung in den einzelnen Ländern häufig unterschiedlich. Das Unternehmen brauchte zum Beispiel zehn Jahre, um in allen großen EU-Ländern ein bedeutendes neues Lebensmittelprodukt einzuführen. Dieses kam unter sechs verschiedenen Markennamen auf den Markt, Zielgruppendefinition und Markenpositionierung sowie Werbe- und Promotionskampagnen waren unterschiedlich und im Preisgefüge schwankte es zwischen Spitzenprodukt und Schnäppchen.

Eine der größten global aufgestellten Banken ist ein führender Anbieter von Kreditkarten in Nordamerika und Europa gewesen. In einigen asiatischen Ländern verfügte die Bank über eine gewisse Präsenz im Firmenkunden-, Hypotheken- und Privatkundengeschäft und hatte einige Filialen in größeren Städten Asiens. Das obere Management war davon überzeugt, dass sehr gute Chancen bestünden für die Einführung von auf Visa und Mastercard basierenden Kreditkarten in 16 asiatischen

Ländern. In jedem Land gab es unterschiedlich starke Konkurrenz durch Kreditkarten von lokalen Banken und American Express. Praktisch sämtliche Länderverantwortliche der Bank waren gegen die Einführung der Kreditkarten in ihrem Land.

Ein großer weltweit operierender Anbieter von Industrierobotern, Kontrollsystemen und den damit verbundenen Dienstleistungen hatte bisher seine Marketing- und Verkaufsaktivitäten auf branchenspezifische vertikale Märkte ausgerichtet, zum Beispiel spezielle Chemikalien, Kraftfahrzeuge, Elektronik oder Luft- und Raumfahrt. Innerhalb dieses Systems betrieb jede vertikale Sparte die Weiterentwicklung von technischen Produkt- und Serviceanwendungen unabhängig von den anderen. Die Unternehmensleitung befürchtete, dass bei dieser Marktstrategie Synergieeffekte nicht erkannt würden, die zwischen den vertikalen Märkten und Sparten vorhanden sein könnten. Außerdem ging diese vertikal ausgerichtete Organisationsform mit einer ebenfalls vertikalen Länderstruktur einher, vergleichbar mit dem oben erwähnten System des britischen Konsumgüterherstellers. Die Abteilungen Luft- und Raumfahrt, Kraftfahrzeuge und Elektronik des Anbieters entwickelten jede separat für sich »visuelle« Kontrollsysteme. Die Forschungs- und Entwicklungskosten für diese drei Projekte waren sehr hoch, ebenso die Kosten für die Implementierung und die branchenspezifische Anfertigung in den verschiedenen Ländern. Diese Produktgruppe erwies sich als äußerst unrentabel.

Was »Markt« bedeutet

Alle drei Unternehmen sind davon überzeugt, sich am Markt orientiert zu haben. Der britische Konsumgüterhersteller berücksichtigte länderbedingte Unterschiede, die Kreditkartengesellschaft ermöglichte dem Länderverantwortliche, das zu tun, was je nach Wettbewerbslage in seinem Land das Beste war, und der Roboterhersteller entwickelte ein tiefes Verständnis für die spezifischen Anforderungen, die unterschiedliche Branchen an seine Produkte stellen. Diese Art »vertikalen« Denkens ist in vielen globalen Unternehmen noch heute gang und gäbe.

Problematischerweise repräsentiert dieser vertikale Ansatz in vielen Fällen nicht mehr den realen Markt, dem er angeblich dient. Ein marktorientiertes Unternehmen baut seine Organisation um Marktsegmente, die auf der Verbrauchernachfrage beruhen. Ein Marktsegment ist eine Menge von Verbrauchern mit gleichen Bedürfnissen, nicht notwendigerweise in einem bestimmten Land oder einer bestimmten vertikalen Branche. Die dargestellte vertikale Struktur reflektiert nicht die bedürfnisorientierte Marktsegmentierung, die in vielen Märkten entstanden ist.

Horizontale Märkte

Untersuchen wir die Horizontalität von Marktsegmenten am Beispiel der drei am Anfang des Artikels geschilderten Situationen. Der Konsumgüterhersteller entdeckte, dass sich der Markt für innovative Joghurtprodukte nicht automatisch auf alle Verbraucher in allen EU-Ländern erstreckt, sondern dass es vier nachfrageorientierte Segmente gibt, die in jedem Land in unterschiedlicher Größe vorhanden sind. Das Segment »gesundheitsbewusst und innovativ« ist ein Beispiel für solche Zielgruppen. In Dänemark, Deutschland und Großbritannien machte diese Gruppe rund 25 Prozent der Joghurtkonsumenten aus, 18 Prozent in Irland und den Niederlanden und nur etwa 4 Prozent in Frankreich, Portugal und Spanien. Ein weiteres Segment – Konsumenten, die in erster Linie Produkte höchster Qualität wollen – war innerhalb der gesamten EU stark vertreten. Durch die Existenz identischer Bedürfnisse in all diesen Ländern bot sich die Gelegenheit, unterschiedliche Joghurtmarken und -produkte horizontal auf diesen Märkten zu platzieren.

In ähnlicher Weise stellte die globale Bank nach intensiver Marktforschung fest, dass in Hongkong, Singapur, Indien, Indonesien, Malaysia, Thailand und Taiwan ein bedürfnisorientiertes Marktsegment für Kreditkarten erschließbar war. Hier wurde eine Karte benötigt, die einen flexiblen Kreditrahmen bot, für Reisen ins Ausland benutzt werden konnte und Premiumdienste bot wie Zugang zu Airline-Lounges oder Versicherungen. Bei einer Einführung Land für Land wären manche Märkte nicht groß genug, um die Kosten für die Kundenwerbung zu tragen. Bei gleichzeitiger Einbeziehung aller Länder fiele die Kosten-Nutzen-Rechnung jedoch positiv aus. Bei einem horizontalen Aufbau des Geschäfts würde es ausreichend potenzielle Kunden und Größenvorteile bei Logistik und Marketing geben.

Ähnlich lag der Fall bei der Roboterfirma. Bei robotergesteuerten, visuellen Kontrollsystemen gab es über vertikale Branchen hinweg gemeinsame Segmente. In der Automobilindustrie, bei der Herstellung elektronischer Geräte und in der Luftfahrt gab es jeweils einen Inspektionsprozess, bei dem überprüft wurde, ob ein montiertes Produkt tatsächlich ein bestimmtes Teil enthielt (eine Niete oder einen Chip). Die technische Herangehensweise war ähnlich, daher konnte das Unternehmen mehr standardisierte Produkte herstellen und erhebliche Kosten für die Spezialisierung von Software einsparen.

Unternehmen, die häufig horizontale bedürfnisorientierte Strömungen nicht verstehen und nicht entsprechend handeln, müssen oft hohe Gewinneinbußen hinnehmen. Führungskräfte, die das Prinzip verstanden haben, ermöglichten ihrem Unternehmen hingegen schon so manches Mal legendäre Erfolge. Das Unternehmen IBM musste schließlich feststellen, dass ihr vertikal strukturierter, bei Großrechnern erfolgreicher Ansatz bei den Privat- und den Firmenkunden auf wenig Resonanz stieß. Diese Kunden benötigten für ihre PCs keine Schulungen oder Komplettinstallationen und waren nicht bereit, dafür Geld auszugeben. Dell und Gateway, zwei amerikanische Hersteller, die ihre Produkte direkt an den Endverbraucher verkaufen, haben dies begriffen und bauten ein diesem horizontalen Markt entsprechendes Logistiksystem auf.

Für »Dotcom-Unternehmen« haben Ländergrenzen kaum eine Bedeutung, denn bei diesen beruht die Marktstrategie auf gebietsübergreifenden Gemeinsamkeiten. So haben Unternehmen wie E-Trade, ein Internethändler für Wertpapiere, und der

Online-Buchhändler Amazon.com bei ihren traditionellen Konkurrenten Überlegungen ausgelöst wie: was sie mit ihrer vertikal orientierten Infrastruktur anfangen sollen und ob sie neben ihrem klassisch vertikalen Unternehmen eine neue »Dotcom-Firma« betreiben können. Das US-Broker-Unternehmen Merrill Lynch hat jahrelang in dieser Zwickmühle gesteckt. In der Zwischenzeit sicherten sich innovative Unternehmen eine stabile Kundenbasis und starke Marktpositionen.

Ein Beispiel für eine positive Reaktion ist Procter & Gamble. Der US-Konsumgüterkonzern stellte schon vor fast 20 Jahren fest, dass sich die Märkte in Europa horizontal entwickelten. Heute ist P & G in der Lage, ein neues Produkt in weniger als 18 Monaten weltweit einzuführen. Dies steht in krassem Gegensatz zu den Zeiten, in denen allmächtige Länderverantwortliche dafür noch 15 bis 20 Jahre brauchten.

Herausforderungen

Wer Märkte auf horizontale Weise angeht, muss mit zahlreichen Herausforderungen rechnen. Dazu gehören das Erkennen bedürfnisorientierter Marktsegmente, entsprechende Einsatzfelder für vertikal orientierte Spezialisten, die Machtverteilung zwischen Zentrale, Ländern oder anderen vertikalen Größen und der Entwurf eines angemessenen Vergütungssystems.

Erkennen bedürfnisorientierter Marktsegmente

Das besonders Positive an der vertikalen oder länderspezifischen Segmentierung ist die einfache Durchführung. Man muss lediglich entscheiden: »Wir zielen auf den französischen Markt oder den Automobilmarkt ab.« Da ist es schon weit schwieriger herauszufinden, wer und wo die Joghurtkonsumenten mit den höchsten Ansprüchen sind oder wie das Segment für die visuelle Kontrolle von Maschinenteilen durch Roboter aussieht. Ein horizontales Unternehmen ist eines, das die Marktforschung nutzt, um bedürfnisorientierte Segmente ausfindig zu machen. Die Topmanager dieser Unternehmen erkennen auch, dass bedürfnisorientierte Segmente sich mit der Zeit verändern und dass ihre Unternehmen sich dementsprechend mitverändern müssen.

Die Rolle von Teams

Das Management eines horizontalen Unternehmens erfordert Teams, die funktions- und gebietsübergreifend arbeiten können. Diese Teams erfüllen die entscheidende Funktion der Integration. Es ist von größter Bedeutung, dass das obere und mittlere Management die Verantwortlichkeiten für diese Teams festlegt. Deren Autorität muss unmissverständlich klargestellt werden. Normalerweise müssen effektive horizontale Teams direkt dem oberen Management unterstellt sein und eine Kontinuität der Mitglieder wahren; sie sollten von Personen gebildet werden, die für entscheidende Funktionen und geografische Regionen verantwortlich und bereit sind, zu dem ausgewiesenen Verantwortungsbereich zu stehen.

Einbeziehung von Spezialisten

Horizontalen Teams mangelt es häufig an Spezialkenntnissen, nicht zuletzt im Marketing. Effektive Teams benötigen einen einfachen Zugang zu einer Gruppe von Experten in Marktforschung, Marketingstrategie, Werbung, Produktionsplanung, Finanzen und so fort. Es ist von zentraler Bedeutung, dass diese Spezialisten in den Entscheidungsprozess einbezogen werden. Ohne die hierfür verantwortlichen Gruppenintegratoren kann das Team die Aufgabe nicht vollständig bewältigen. Ohne den effektiven Einsatz von Spezialisten läuft das Team Gefahr, nur oberflächliche Analysen aufzustellen und unterdurchschnittliche Marketing und andere Programme zu entwickeln. Es muss die Fähigkeiten der vertikalen Organisation im Zusammenhang mit den die Bedürfnisse befriedigenden Aspekten der horizontalen Organisation erwerben.

Zentral kontra dezentralisiert

Parallel zur horizontalen Teamstruktur existieren normalerweise auch eine funktionale vertikale Organisation sowie die Organisation der Länder- und Länderverantwortlichen. Welche Aufgaben fallen demnach dem horizontalen Team zu? Möglicherweise sind die Teams für die strategischen Aspekte verantwortlich; die Details der Umsetzung können der vertikalen Organisation und den Regionalverantwortlichen überlassen werden. Ein globales Team ist niemals kompetent genug, um sämtliche Detailentscheidungen der Umsetzung zu treffen, zum Beispiel in Bezug auf Werbemaßnahmen, Werbetexte oder Verkaufsförderungswettbewerbe. Das Team kann jedoch wesentlich dazu beitragen, horizontale Segmente herauszufinden und anzupeilen, die Positionierung für die Marke zu bestimmen, ein allgemeines Preisgefüge aufzustellen, die Hauptrichtung für die Werbung anzugeben und die Produktinnovation voranzutreiben. Dies sind die entscheidenden strategischen Faktoren für das Unternehmen. In der Teamcharta müssen die Art der Ausführung und die Lokalisierung dieser Aufgabenbereiche ausdrücklich festgeschrieben werden.

Erfolgsprämien

Bei den oben genannten Beispielen der Konsumgüter und der Kreditkarten haben wir festgestellt, dass sich Länderverantwortliche in der Regel horizontalen Initiativen widersetzt haben. Grund dafür könnte einerseits ihre Überzeugung gewesen sein, dass die Kenntnis der lokalen Märkte einen höheren Stellenwert haben. Andererseits sind unternehmenspolitische Spannungen eine denkbare Ursache. Im Idealfall würde diese Frage durch die Teamcharta geklärt werden. Eine Frage jedoch lässt sich im Rahmen der Charta nicht beantworten, und zwar die Vergütung von funktionellen Managern und Länderverantwortlichen. Dies war die Hauptursache für den Widerstand der Länderverantwortlichen bei dem Konsumgüterunternehmen und bei der Bank gegenüber horizontalen Initiativen. Die Länderverantwortlichen hatten die Befürchtung, dass ihre Gewinne durch die Einführungskosten der horizontalen Marke und durch andere Entscheidungen, auf die sie keinen Einfluss hatten, geschmälert würden. Somit verhielten sie sich verständlicherweise feindselig, da ihre

Erfolgsprämien von den finanziellen Kennziffern oder den länderspezifischen Messinstrumenten abhingen.

Vernünftigerweise liegt die Lösung darin, das Vergütungssystem so zu verändern, dass es den wahren Charakter ihrer Verantwortlichkeiten widerspiegelt. Somit muss ein Teil der Vergütung für einen Länderverantwortlichen von seiner konstruktiven Teilnahme an den Aktivitäten der horizontalen Teams abhängen sowie auf der Performance der horizontalen Marken in den Ländern und der Performance der Teile der Marketing- und anderer Programme, die für die Länder spezifisch sind.

Zusammengefasst

Die drei oben besprochenen Unternehmen haben eine horizontal ausgerichtete Organisation und Strategie eingeführt und waren damit überaus erfolgreich. So wurde beispielsweise die Kreditkartensparte in Asien zum profitabelsten Geschäftsbereich der Bank. Das Konsumgüterunternehmen führt jetzt routiniert Marken innerhalb nur weniger Jahre weltweit ein und verzeichnet sowohl Zuwächse beim Marktanteil als auch bei der Kostenersparnis. Das Roboterunternehmen rettete sich vor dem Bankrott. Die Tage, in denen das vertikale Denken vorherrschte, sind gezählt. Die Gewinner werden jene leitenden Manager sein, die ihre Unternehmen mutig in diese schöne neue Welt der horizontalen Märkte führen.

Literaturhinweise

Engel, James F.; Warshaw, Martin R.; Kinnear, Thomas C.; Reece, B.: »Market Segmentation and Competitive Positioning. Chapter 7«, in: *Promotional strategy*. Cincinnati, Ohio: Pinaflex Educational Resources, 2000.

Georg, M.; Freeling, A.; Court, D.: »Reinventing the Marketing Organization«, *The McKinsey Quaterly*, 1994.

Ostroff, Frank: *Horizontal Organization*. New York [u. a.]: Oxford Univ. Press, 1999.

Steenkamp, J. B.; Traill, B.: A Consumer-Led Approach to Marketing of Yoghurt in the EU. Belgium, European commission, *Agro-Industrial Research*, 1994.

Joan Penner-Hahn

Forschung und Entwicklung für weltweites Wissen

Früher sollten Forschung und Entwicklung im Ausland lediglich einige Marketing- und Produktionsvorhaben auf bestimmten ausländischen Märkten unterstützen. Heute stehen die Unternehmen außerhalb des eigenen Landes im globalen Wettbewerb um regionale Wissenszentren. Unternehmen können auf unterschiedliche Weise ausländische Forschung und Entwicklung integrieren: durch Kauf, Sponsoring, Zusammenarbeit oder durch kontrollierte Forschung. Jede dieser Varianten hat Vor- und Nachteile.

Bis Anfang der achtziger Jahre galt, dass Forschung und Entwicklung (F&E) zentralisiert sein müssen, um von wissenschaftlichen und technologischen Erkenntnissen tatsächlich profitieren zu können. Die wenigen Forschungs- und Entwicklungstätigkeiten im Ausland dienten vorwiegend dazu, vorhandene Produkte an neue Märkte anzupassen. Dies entsprach der lange Jahre weit verbreiteten Strategie, durch Direktinvestitionen im Ausland eigene Ressourcen auf fremden Märkten zusätzlich zu nutzen. Noch immer ist die Marktanpassung ein möglicher Beweggrund, um mit F&E im Ausland zu beginnen. Die pharmazeutische Industrie hat beispielsweise klinische Labors in anderen Ländern eingerichtet, mit denen dann die Produktzulassung für ein bestimmtes Land erreicht werden soll.

In den achtziger Jahren haben multinationale Unternehmen – besonders in technologielastigen Branchen wie Arzneimittel, Chemie und Elektronik – damit begonnen, in spezielle wissenschaftliche und technologische Zentren im Ausland vorzudringen. Diese Bereiche sind Orte oder Regionen, in denen sich eine Reihe von Unternehmen und anderer Einrichtungen auf ein bestimmtes wissenschaftliches oder technologisches Gebiet konzentrieren. Bekannte Beispiele sind Silicon Valley (Elektronik), La Jolla in Kalifornien (Biotechnologie) und Oxford/England (Neurowissenschaften).

Multinationale Unternehmen haben an diesen Orten Forschungs- und Entwicklungsstätten eingerichtet, um zu den wissenschaftlichen und technologischen Errungenschaften dort Zugang zu erhalten. Auf diese Weise konnten sie ihr eigenes Wissen erweitern und stärken, statt lediglich ihr vorhandenes Wissen wirtschaftlich zu nutzen.

Einige Unternehmen engagieren sich auch deshalb in internationaler F&E, weil sie nicht alle möglicherweise wichtigen technologischen Forschungsbereiche selbst abdecken können. Ein großes Unternehmen der pharmazeutischen Industrie stellt auf seiner Website nüchtern fest: »Wir wissen, dass kein vereinzeltes Unternehmen über das erforderliche Fachwissen verfügt, um innovative Lösungen für die vielen noch vorhandenen medizinischen Probleme zu finden. Daher ist es ein integraler Bestandteil unserer F&E-Strategie, neue Forschungskapazitäten und neue Substanzen mit hohem pharmazeutischem Potenzial aus externen Quellen zu gewinnen.« Diese Firmen suchen also zunehmend nach einem Wissenstransfer von außen, wo immer die Quellen sich befinden.

Vier Zugänge zum Wissen anderer

Unternehmen, die sich für ausländische Expertise interessieren, haben vier verschiedene Zugangsmöglichkeiten:

1. Technologie vor Ort einkaufen

Diese Strategie umfasst entweder den Erwerb von Lizenzen oder Vertriebsvereinbarungen. Dieser Weg hat sich als sinnvoll erwiesen für Unternehmen, denen es um eine forcierte Vermarktung neuer Produkte ging. In der pharmazeutischen Industrie ist dieses Vorgehen seit Jahrzehnten die Regel: Unternehmen vertreiben auf ihren eigenen Märkten Medikamente von ausländischen Firmen, die diese wiederum für ihre eigenen Märkte entwickelt hatten. Dies macht Sinn, da die meisten Unternehmen nicht die erforderlichen Mittel haben, um für alle Indikationsbereiche Medikamente zu entwickeln. Über ihre Vertriebsorganisation können sie jedoch eine vollständige Produktpalette anbieten. Der Nachteil allerdings ist, dass das Unternehmen hier keine eigene technologische Kompetenz aufbaut. Pharmazeutische Unternehmen suchen zunehmend nach einem technologischen Austausch durch wechselseitige Lizenzierung, um Lücken in der eigenen Produktpalette zu schließen. Dies impliziert, dass sie ihrerseits Technologien entwickeln müssen, die für andere Unternehmen attraktiv sind.

2. Forschungsprojekte finanziell unterstützen

Hier fördern Unternehmen die Forschung an einer Universität (Drittmittelforschung) oder gelegentlich auch bei einem anderen Unternehmen. Das Sponsorunternehmen forscht nicht selbst, sondern erwartet, dass die finanziell unterstützten Projekte bestimmte Produkte entwickeln oder Phänomene entdecken. Solche Forschungsprojekte sind daher meist befristet. Eine finanzielle Unterstützung von Forschungen durch Dritte ist nach der Lizenzierung die preiswerteste Möglichkeit. Sie setzt außerdem am wenigsten Wissen über das Umfeld voraus. Allerdings erzielt Drittmittelforschung tendenziell besonders geringe Gewinne – denn das Unternehmen erwirbt weniger Wissen und ist nicht unbedingt in der Lage ist, sämtliche Ergebnisse wirksam zu schützen.

Drittmittelforschung ist ein erster Schritt für Unternehmen, um etwas über die Forschungslandschaft in einem bislang unbekannten Land zu erfahren. Die Firmen müssen den wissenschaftlichen Standard, die geografische Konzentration bestimmter Forschungskapazitäten und die Stärken und Schwächen der Forschungseinrichtungen kennen lernen. Erst anschließend können sie in diesem Land eigenständig Wissen erwerben.

3. Kooperationen vor Ort
Hierbei vereinbart ein Unternehmen eine Zusammenarbeit mit Institutionen oder Firmen im Zielland. Diese kann als umfangreiches Joint Venture gestaltet werden oder auch als kurzfristige Schulungsmaßnahmen für eigene Mitarbeitern in ausländischen Labors. Die Zusammenarbeit bei Forschungsprojekten setzt eine zumindest zeitweilige Teilnahme von eigenen Mitarbeiter an den Forschungsaktivitäten vor Ort voraus. Firmen arbeiten in solchen Projekten mit Universitäten oder mit anderen Unternehmen zusammen. Diese Möglichkeit nutzen besonders solche Unternehmen, die auf einem speziellen wissenschaftlichen Gebiet sehr tief gehende Expertise und Erfahrung haben.

4. Forschungseinrichtungen vor Ort gründen oder übernehmen
Letztlich können Unternehmen Zugang zu international vorhandenem Wissen erhalten, wenn sie vor Ort Forschungseinrichtungen gründen oder erwerben – wobei die Mitarbeiter dann oft aus dem Zielland stammen. Diese Wissenschaftler haben meist an den akademischen Einrichtungen studiert, wo auch die wissenschaftliche Grundlage des jeweiligen Gebietes erarbeitet wurde. Sie sind Teil eines wissenschaftlichen Netzes, das aus den lokalen »Wissenszentren« hervorgeht.

Eine Firma kann aber auch eigene Wissenschaftler an die ausländische Einrichtung versetzen. Die Gründung oder Übernahme eines Labors erfordert einen längerfristigen Vorbereitungs- und Integrationsprozess. Kontrollierte Forschungstätigkeiten sind solche, deren Ergebnisse anschließend dem Unternehmen gehören. Wird Forschung kontrolliert, ermöglicht sie den wirksamsten Schutz und den größten potenziellen Lerneffekt. Sie setzt allerdings auch besonders hohe Investitionen und Managementanstrengungen voraus und erfordert detaillierte Kenntnis der Verhältnisse vor Ort, soll das Potenzial tatsächlich ausgeschöpft werden.

Auf welche Weise im Ausland geforscht und entwickelt werden soll, ist also abhängig von einer Abwägung zwischen dem Schutz des Unternehmens und dem potenziellen Wissenszuwachs. Die Entscheidung eines Unternehmens berücksichtigt seine Fähigkeit, vorhandenes Wissen zu schützen und neues Wissen zu integrieren. Zurückliegende Erfahrungen und bereits vorhandene Forschungseinrichtungen beeinflussen diese Entscheidung ebenfalls.

Diversifikation

Bei meiner Untersuchung von japanischen Pharma-Unternehmen stellte sich heraus, dass die eher traditionell ausgerichtete Firmen ihre Forschung und Entwicklung im

Ausland durch eine Zusammenarbeit beginnen. Nach Diversifikation strebende Unternehmen finanzierten indessen eher externe Forschungsprojekte. Hierfür gibt es zwei Gründe: Ist ein Unternehmen bereits in einer bestimmten Branche tätig, kann es Möglichkeiten durch Kooperationen besonders gut bewerten. Zum anderen gilt ein solches Unternehmen in den Augen potenzieller Partner oft als besser geeignet, weil es ergänzende Stärken zum Beispiel in der Entwicklung und im Marketing mitbringt, die dem Partner vielleicht fehlen.

Wie wird neues Wissen integriert?

Neben der Entscheidung über die Art der internationalen Forschung und Entwicklung ist auch zu überlegen, wie neu gewonnene Erkenntnisse in das vorhandene Wissen des Unternehmens integriert werden sollen. Unternehmen erproben verschiedene Methoden für die Koordinierung ihrer weltweiten Forschungs- und Entwicklungsaktivitäten. Die meisten meinen, dass eine erfolgreiche Forschungs- und Entwicklungsstrategie in die Gesamtstrategie eines Unternehmens eingebettet sein muss. Ein mit Wissenschaft und Technik vertrautes Mitglied der Geschäftsleitung wird also aktiv an der Entwicklung einer solchen Strategie beteiligt sein.

Guido Reger vom Fraunhofer Institut für Systemtechnik und Innovationsforschung sagt, dass Führungskräfte in japanischen Unternehmen viel stärker in die Entwicklung von Technologien eingebunden sind als ihre europäischen Kollegen. Man stimmt außerdem überein, dass das Wissen stärker koordiniert werden muss, damit es effizient genutzt werden kann, nachdem es durch die Forschungs- und Entwicklungstätigkeit eines Unternehmens gewonnen wurde. Reger berichtet, dass japanische Unternehmen mehr Gebrauch machen von Zusammenkünften, um hier die Integration von Forschern an den verschiedenen Standorten und die Koordination ihrer Tätigkeiten zu fördern.

Erfolgsaussichten

Die allgemeine Begeisterung der Unternehmen für internationale Forschung und Entwicklung scheint den Schluss nahe zu legen, dass sich die entsprechenden Investitionen ausgezahlt haben. Die Ausgaben für Forschung und Entwicklung, die auf ausländischen Quellen basiert, steigen seit den späten achtziger Jahren stetig an. Es gibt verschiedene Indizien, dass die Unternehmen in der Folge ihre technologischen Kompetenzen erweitern konnten.

Die Fähigkeit von Unternehmen, wissenschaftliche Erkenntnisse aus ausländischen Wissenszentren aufzunehmen, wurde von Paul Almeida von der Georgetown University und John Cantwell von der Reading University beschrieben. Beide Wissenschaftler haben Patentdaten für Unternehmen mit Forschungs- und Entwicklungstätigkeiten im Ausland untersucht und ihr besonderes Augenmerk auf die

Referenzen in den Patenten gerichtet. Almeida fand heraus, dass ausländische Halbleiterhersteller das in den USA vorhandene Wissen anzapfen. Cantwell wies nach, dass die Technologieführer sich mit ihrer Arbeit immer stärker geografisch ausrichten.

Bei Untersuchungen der pharmazeutischen Industrie in Japan entdeckten Myles Shaver von der New York University und ich Anzeichen für eine verstärkte Innovationsbereitschaft bei Unternehmen, die Forschungs- und Entwicklungseinrichtungen im Ausland etabliert hatten. Dies führte jedoch nur bei denjenigen Unternehmen zu verstärkter Innovationsbereitschaft, die bereits eigene Erfahrungen mit Forschung und Entwicklung gemacht haben. Dies scheint einer der Fälle zu sein, in denen die Reichen immer noch reicher werden. Tatsächlich aber ist dies einfach ein Weg, Kompetenzen aufzubauen. Ein Unternehmen muss zunächst die Grundlagen entwickeln, bevor es sich an neue wissenschaftliche und technologische Erkenntnisse heranwagt. Eine Abkürzung für diesen Weg scheint es nicht zu geben, zumindest nicht in der pharmazeutischen Industrie.

Als Phänomen tritt internationale Forschung und Entwicklung immer stärker in Erscheinung. Während die Patentdaten darauf hindeuten, dass Unternehmen durch Forschung lernen, konnte jedoch bislang noch keine überzeugende Verbindung zwischen Forschung und der aktuellen Produktpalette hergestellt werden.

Literaturhinweise

Almeida, P.: »Knowledge Sourcing by Foreign Multinationals: Patent Citation Analysis in the US Semiconductor Industry«, *Strategic Management Journal*, 17 (Winter), 1996.

Cantwell, J.: »The Globalisation of Technology. What Remains of the Product Cycle Model?«, *Cambridge Journal of Economics*, 19, 1995.

Penner-Hahn, J.: »Firm and Environmental Influences on the Mode and Sequence of Foreign Research and Development Activities«, *Strategic Management Journal*, 19, 1998.

Penner-Hahn, J.; Shaver, M.: *Does International Research and Development Increase Patent Output?* An Analysis of Japanese Pharmaceutical Firms. Submitted for publication, 1999.

Reger, G.: How R&D is Coordinated in Japanese and European Multinationals. *R&D Management*, 29 (1), 1999.

Arie Y. Lewin und Mitchell P. Koza

Warum Veränderung zur Routine werden muss

Es ist für Manager eine große Herausforderung, ein globales Multi-Business-Unternehmen zu leiten. Welches sind die wichtigen Elemente, mit denen ein globales Multi-Business-Unternehmen aufgebaut und vorangebracht werden kann? Mit solchen Techniken – es ist die Essenz aus den Erfahrungen erfolgreicher, führender Konzerne – kann sich ein Unternehmen an die fortwährend wachsende Unordnung seines Umfelds anpassen. Der traditionelle multinationale und transnationale Managementansatz wird konfrontiert mit den aktuellen Erfordernissen in globalen Multi-Business-Unternehmen – einschließlich der ganz entscheidenden Führung ohne Kontrolle.

»Die Geschäfte sind heute viel schwieriger als jemals zuvor.« Gewiss hat diese Aussage schon immer ihre Anhänger gehabt. Oder hat man jemals von unzufriedenen Managern gehört, die sich über eine zu bequeme Geschäftswelt oder zu geringe Herausforderungen auf den Märkten beklagt haben? Wie diese Serie so treffend gezeigt hat, sind sowohl das Tempo als auch die Richtung von Veränderungen mit immer mehr Unsicherheit und Unvorhersehbarkeit verbunden. Und die zukünftige Entwicklung tendiert zu noch mehr Turbulenzen und Unbeständigkeit, nicht zu weniger.

Turbulenzen und Unbeständigkeit

Beim Übergang vom Industriezeitalter in das aufkommende Informationszeitalter erleben die Unternehmen sprunghafte Veränderungen. Die Makrokräfte des Wandels, die dies vorantreiben und fördern, sind mittlerweile bekannt. Die Globalisierung der Märkte gehört ebenso dazu wie eine gegenseitige Abhängigkeit von Wirtschaftssystemen, fallende Handelsschranken, die Cyber-Revolution, massive Bevölkerungsbewegungen, Deflation und ähnliche Entwicklungen. Solche Veränderungen stellen den modernen Manager in ein Umfeld, das man durchaus als chaotisch bezeichnen kann.

Es sind in der Tat große Veränderungen. Aber sie sind nicht so einzigartig, wie einige populäre Wirtschaftsautoren uns glauben machen wollen. Beim Übergang zur Renaissance und zur zweiten industriellen Revolution kam es zu ähnlichen

Brüchen. Von Mitte bis Ende des neunzehnten Jahrhunderts gab es beispielsweise die Erfindung und Verbreitung von Eisenbahn, Telegraf und Telefon sowie umfangreiche Migration, den französisch-preußischen Krieg 1870/71 und den Bürgerkrieg in Amerika sowie das Aufkommen des modernen Unternehmens mit mehreren Geschäftsbereichen.

Die politischen, wirtschaftlichen und technologischen Kräfte, die den Übergang ins Informationszeitalter antreiben, sind andere als beim Übergang in das Industriezeitalter. Sie sind jedoch nicht einzigartig, was das Ausmaß des Wandels angeht. Die Herausforderungen der Anpassung sind nicht neu. Die strategischen und organisatorischen Lösungen müssen allerdings andere sein.

Wie diese Serie bereits gezeigt hat, reicht es für die Entwicklung Gewinn bringender Strategien nicht mehr aus, das Umfeld wahrzunehmen und entsprechende Strukturen aufzubauen. Patentlösungen wie die Integration der Kundenorientierung oder Anreize durch hoch gesteckte Ziele klingen gut, haben sich aber in der Praxis oft als sehr flüchtig erwiesen.

Der Aufbau

Unsere Forschung über Unternehmen aus vielen verschiedenen Branchen und von jedem Kontinent hat gezeigt, dass in Zeiten wachsender Unordnung eine neue Managementlogik erforderlich ist. Manager müssen begreifen, wie wichtig es ist, erstens ein globales Unternehmen aufzubauen und zweitens die Selbsterneuerungskräfte des gesamten Unternehmens zu stärken.

Der Aufbau globaler Organisationen beginnt mit der Einsicht, dass ein modernes, globales Großunternehmen aus etwas besteht, das General-Electric-Chef Jack Welch »Multi-Businesses« genannt hat. Die neuen Multi-Business-Gesellschaften unterscheiden sich deutlich von den alten »Multis« oder ihrer moderneren Variante, den so genannten »transnationalen« Konzernen. Erstere entstanden aus der Notwendigkeit zu diversifizieren, Letztere waren die Lösung für die Probleme bei zentralisiertem Management. Der strategische Neuaufbau ist die Reaktion auf die Notwendigkeit, zeitgleich Entscheidungen über geografische Märkte, auf Produktmärkte oder Marktsegmente, auf Managementkompetenzen und -fähigkeiten sowie auf Technologien und Marken fällen zu müssen und zu können.

Dafür werden die traditionellen Instrumente des Wachstums durch Akquisition und aus eigener Kraft ebenso eingesetzt wie die ganze Bandbreite strategischer Allianzen, Partnerschaften, Netzwerken und Firmenbeziehungen, die für den Erfolg auf dem globalen Markt notwendig ist.

Der grundlegende Unterschied jedoch besteht in den Managementaufgaben. Bei den alten multinationalen Gesellschaften und den traditionellen Konglomeraten lag der Schwerpunkt auf der Zuweisung von Kapital über die verschiedenen Geschäftsbereiche hinweg. Bei den Transnationalen konzentrierte man sich auf den Transfer von Wissen und Fähigkeiten im globalen Unternehmen. Zum Management globaler

Multi-Business-Unternehmen gehört es außerdem, die Selbsterneuerung im gesamten Unternehmen voranzutreiben. Führungskräfte müssen zunächst über die Zusammensetzung des Unternehmens entscheiden. Noch wichtiger ist es jedoch, dass sie die Organisation als Ganzes mit einer Vitalität erfüllen, die Veränderung zu einer Konstante werden lässt. Ein globales Unternehmen zu beleben bedeutet, das Ideal einer ständigen Selbsterneuerung einzupflanzen und zu hegen.

Wachstumskurve kontra Lebenszyklus

Im historischen Rückblick scheinen Unternehmen dem unausweichlichen Lebenszyklus von Wachstum, Reife, Niedergang, Verjüngung und erneutem Wachstum zu folgen. Die Verjüngung erfolgt im Unterschied zum Wandel durch Restrukturierung, Rationalisierung, Neupositionierung, Kostenreduktion und Diversifikation. Die angestrebte neue Wachstumskurve sollte sich aus der Bereitstellung von Ressourcen für viel versprechende Aktivitäten wie Fusionen und Übernahmen ergeben und durch neue interne Investitionen verstärkt werden. Solche Umstrukturierungen zielten darauf, von Größenordnungsvorteilen und Reichweitenvorteilen profitieren zu können.

In dem neuen Umfeld ist es riskant, auf Verjüngung zu setzen, nachdem der Niedergang bereits begonnen hat. Denn möglicherweise ist es dann für einen Kampf gegen den endgültigen Untergang zu spät. Die Manager sind gefordert, den inneren Wandel des Unternehmens so voranzutreiben, dass es mit dem Umfeld Schritt hält oder sich sogar schneller verändert. Dies ist die grundlegende Strategie, um das Wachsen struktureller Trägheit zu bekämpfen. Denn diese ist der eigentliche Grund für den Lebenszyklus aus Wachstum, Niedergang und Verjüngung.

Das Vorantreiben

Wie kann Veränderung für ein Unternehmen zur Routine werden? Und wie kann es sich selbst in die Lage versetzen, immer den entscheidenden Schritt weiter zu sein als die anderen? Manager sind in den letzten 20 Jahren mit entsprechenden Ideen bombardiert worden: von Total Quality Management und Reengineering über »Führer als Unternehmer« oder als »freie Moderatoren« bis zum »Unternehmen als Jazzband oder Fußballteam«. Eine Reihe von Managementgurus hat die Unternehmen gedrängt, sich in »Hyperkonkurrenten«, »lernende Organisationen«, »intelligente Unternehmen«, »Netzwerkorganisationen« und neuerdings »wissensbasierte Organisationen« zu verwandeln.

Es zeigt sich jedoch deutlich, dass Unternehmen wie Daimler-Benz (jetzt DaimlerChrysler) und General Electric die Suche nach der Patentlösung aufgegeben haben. Sie richten mittlerweile ihr Management nach einer neuen kontraintuitiven Maxime aus: »Auch wenn noch nichts kaputt ist, repariere es trotzdem.«

Das Vorantreiben von Veränderungen beginnt mit der grundsätzlichen Einsicht, dass Rationalisierung und Wandel als stetige, zusammenhängende und sich gegenseitig fördernde Handlungen die Balance halten müssen. Wir haben in unseren Arbeiten die Metapher vom Gleichgewicht zwischen Verwertung und Erkundung eingeführt. Verwertung impliziert die niemals endende Möglichkeit zur Verbesserung, Erweiterung, Verfeinerung, Entwicklung und Kostenreduzierung bei vorhandenen Produkten, Technologien, Fähigkeiten und Kompetenzen. Bei der Erkundung geht es um die Betrachtung neuer Regionen und Investition in neue Geschäfte, die Erzeugung neuer, innovativer Produkte, Technologien und Märkte, wobei bisherige Rivalen ausgestochen werden. Manager, die dieses Gleichgewicht von Verwertung und Erkundung herstellen, wissen außerdem: Wenn man sich zu sehr auf die Verwertung verlässt, können langfristig keine überdurchschnittlichen Erlöse erzielt werden. Vorteile durch Effizienz können jederzeit kopiert werden und sind ständigem Wettbewerb ausgesetzt.

Häufig sind Manager nicht in der Lage, eine anhaltende Balance zwischen Verwertung und Erkundung herzustellen. Das liegt hauptsächlich an den asymmetrischen Anreizstrukturen der Finanzmärkte. Manager neigen in der Folge dazu, auf die sicheren, kurzfristigen Gewinne aus der Verwertung zu setzen und die Risiken schwankender Erlöse aus Erkundungshandlungen zu meiden. Diese Prioritäten entwickeln eine eigene Dynamik, wenn ein Unternehmen die erwarteten negativen Ergebnisse tatsächlich erhält. Denn diese hängen oft mit einem für viele Firmen typischen Zickzackkurs zusammen: In guten Zeiten werden Erkundungen gestartet, in schlechten Zeiten sofort wieder gestoppt.

Veränderung als Routineaufgabe geht jedoch über das Ausbalancieren von Verwertung und Erkundung hinaus. Es erfordert außerdem eine aufmerksame Beobachtung aller Veränderungen – beispielsweise durch die Einführung von Benchmarks für die Änderungsraten der Mitbewerber mit der strategischen Absicht, diese Änderungsraten dann selbst zu übertreffen. Sämtliche denkbaren Ursachen, die Änderungen auslösen können, müssen gemanagt werden. Dazu gehören auch Strategien gegen Ausfälle und unvorhergesehene Situationen, die Einführung flexibler formaler Strukturen, die Begrenzung der Bürokratie, eine Förderung aufkommender Dynamik und eine neue Führung, die auf Vertrauen gründet.

Selbstorganisation

Für eine nachhaltige Selbsterneuerung benötigt man eine Führung, die weiß, wie wichtig es ist, neue Strömungen zu erkennen und zu initiieren. Das bedeutet nicht, dass man jede neue Managementtheorie unkritisch nachahmen und Änderungen um der Änderung willen verwirklichen muss. Beispielsweise hat Jack Welch in seinen 17 Jahren als CEO von GE etwa alle drei Jahre eine Veränderung veranlasst. Diese Initiativen erweiterten und stärkten jeweils die vorherige (Six Sigma folgte auf Workout) und demonstrierten somit seine Absicht, Stillstand auf keinen Fall zuzulassen. Außerdem führte er GE dadurch in neue strategische Dimensionen, indem er nach der Expansion nach Osteuropa in Asien investierte oder vor kurzem den Weg ins E-Business vorgab. Das Ziel sollte insgesamt darin bestehen, das Tempo der Änderungen vorzugeben und die Bereitschaft für den Wandel zu institutionalisieren. Die neue Führungslogik akzeptiert den Grundsatz der Selbstorganisation. Führungskräfte und Manager müssen sich in diesem Zusammenhang darauf konzentrieren, das Grundgerüst zu formulieren und zu vermitteln, das die Selbstorganisation auf allen Ebenen der Organisation erzwingt und ermöglicht.

Die Auslösung und Förderung neuer dynamischer Prozesse sind die am wenigsten genutzten Quellen für Änderungen und Selbsterneuerung. Dazu gehört die Beseitigung veralteter Kompetenzen, um dadurch neue Märkte oder neue Produkte zu erschaffen. (So hat es beispielsweise Mercedes-Benz bei der Einführung der A-Klasse oder des Smart gemacht.) Improvisation muss gefördert und unterstützt werden, Regelbrüche sollten begrüßt und Auslöser für Veränderungen belohnt werden.

Außerdem müssen Führungskräfte geschult und ausgewählt werden, die das Management von Mehrdeutigkeiten nicht scheuen und die demokratischen Implikationen akzeptieren können, die der Anerkennung und Unterstützung neu entstehender Prozesse innewohnen. Die neue Managementlogik verlangt darüber hinaus solcherart geschulte und erfahrene Manager, dass sie die Grenzen und Kontrollen von Prozesse formulieren und einrichten können, die Veränderungen stimulieren und ermöglichen.

Abhängigkeiten

Die Grundlagen für das Management von innerem Wandel, für die Balance zwischen Verwertung und Erkundung und Nutzung neu entstehender Prozesse sind universell. Die spezifische Umsetzung, die Art und Ausrichtung der Selbstorganisation eines Unternehmens sind abhängig von Merkmalen wie der Verwaltungstradition, der Branche, dem sozialem und politischem Umfeld sowie der nationalen Identität und Kultur.

	Multinational	Transnational	Multi-Business
Wachstum durch	Diversifikation	erhöhte Kompetenzen	strategischen Aufbau
Führungsaufgaben	Zuweisung von Kapital	Transfer von Kompetenzen	Gleichgewicht herstellen
Kontrolle erfolgt über	Finanzen	Verhalten	Veränderung
Führungsprinzipien	Befehle und Kontrolle	Unterstützung	Motivation

Abb. 1: Aufbau global operierender Unternehmen im Vergleich

In Unternehmen, in denen traditionell ein strenges Top-Down-Management herrscht, oder in Kulturen, in denen eine kleine Managementelite die Herrschaft ausübt, wird die Stimulation und Förderung von selbst organisierten, neuen Prozessen eine besondere Herausforderung darstellen. Aber auch in einer Kultur, die sich durch Individualität, Selbstsicherheit und hohe Mobilität der Mitarbeiter auszeichnet, kann die Anerkennung der gemeinsamen Vorteile einer kollektiven Selbstorganisation als Zwang empfunden werden (siehe obige Tabelle).

Neue Erfordernisse

In Zeiten wachsender Unordnung ist das Management globaler Multi-Business-Unternehmen verbunden mit einer weitgehenden Abkehr von den konventionellen Erkenntnissen des internationalen Managements. Das traditionelle multinationale Unternehmen folgte der Logik von Diversifikation, zentral bestimmtem Kapitaleinsatz, starken Finanzkontrollen und einer Führung nach dem Prinzip von Befehl und Kontrolle. Die transnationale Unternehmensform legte verstärkten Wert auf die Ausnutzung von Kompetenzen, die Förderung der Kooperationen zwischen den Geschäftsbereichen, die Anwendung von komplexen Verhaltenskontrollen. Außerdem erwartete sie von den Managern, die Mitarbeiter anzuleiten und zu betreuen.

Im Gegensatz dazu verlangt das Vorantreiben einer globalen Multi-Business-Organisation die Perspektive eines strategischen Aufbaus, eine Anpassung durch gleichzeitiges und fortwährendes Balancieren zwischen Verwertung und Erkundung, durch Prozesskontrollen, die neue Entwicklungen und die Selbstorganisation auslösen und ermöglichen, sowie – wichtigster Punkt – eine Führung ohne Kontrolle.

In diesem Artikel haben wir einige der wichtigsten Elemente aufgezeigt, die dieser aufstrebenden, neuen Managementlogik zugrunde liegen und die zum Vorantreiben und Aufbau von globalen Multi-Business-Unternehmen in Zeiten zunehmender Unordnung notwendig sind. Wir haben sie den Erfahrungen einiger führender, erfolgreicher Unternehmen entnehmen können.

Literaturhinweise

In Search of Strategy: Special Issue of the *Sloan Management Review*, 40 (3), 1999.
Co-evolution of Strategy and New Organizational Forms. Special issue of *Organization Science*, 10 (5), 1999.

Subramanian Rangan

Globalisierung: Mythen und Tatsachen

Bei der Globalisierung trifft ein Unternehmen gleichermaßen auf Hindernisse und Vorzüge. Sie wird dabei mit verschiedenen Mythen in Verbindung gebracht. Was ist der Einfluss von sieben dieser weit verbreiteten Mythen auf Unternehmen? Nationale Grenzen und Regierungen spielen dabei auch bei »grenzenlosen« Geschäften noch immer eine wichtige Rolle. Eine globale Strategie kann grundsätzlich kein Ersatz sein für eine gute Geschäftsstrategie. Ein Erfolg jenseits der eigenen Landesgrenzen setzt nämlich meist ein besonderes Dienstleistungskonzept, den Besitz von Wissen oder Technologien, Kostenvorteile oder eine starke Marke voraus.

Unternehmen jeder Art und Größe denken über globale Strategien nach. Es gibt viele sinnvolle Gedanken und Meinungen zu diesem Thema, aber leider auch eine Reihe von Mythen. Sieben besonders weit verbreitete Mythen werde ich in diesem Artikel beschreiben und diskutieren.

1. Mit Kapital kann jedes Unternehmen global werden

Nicht jede Globalisierung ist jedoch auch eine erfolgreiche Globalisierung. Das Pariser Kaufhaus Galerie Lafayette hatte seine Globalisierung mit viel Tamtam angekündigt und vor ein paar Jahren eine Filiale in New York eröffnet. Als sich kein Erfolg einstellte, kehrte das Unternehmen geläutert und mit Verlusten in die Heimat zurück. Auch der amerikanische Hersteller von Haushaltsgeräten, Whirlpool, hatte bei der Expansion nach Europa Probleme.

Die Gründe hierfür liegen in einem Phänomen, das als »Liability of Foreigness«, die Last des Fremdseins, bekannt ist: Ein Unternehmen, das in einen ausländischen Markt einzudringen versucht, trägt im Vergleich zu den lokalen Konkurrenten ein höheres Risiko. Kundenbedürfnisse und Geschmäcker sind andere, die Suche nach zuverlässigen lokalen Lieferanten oder der Umgang mit misstrauischen Behörden im Gastland kann schwierig sein; vielleicht ist auch das Wirtschaftssystem ein ganz anderes. Lokale Mitbewerber haben hier einen entscheidenden Heimvorteil.

Wenn ein Unternehmen im Ausland erfolgreich sein will, muss es über besondere Werte verfügen, mit denen die lokalen Mitbewerber auf dem eigenen Markt geschlagen werden können. Das kann eine fortschrittliche Technologie sein (beim Kopierer- und Kamerahersteller Canon), ein deutlich überlegenes Werteangebot (wie es vom schwedischen Möbelhersteller Ikea entwickelt wurde), eine bekannte Marke (wie Coca-Cola), geringe Stückkosten durch Massenproduktion oder Verarbeitungs Know-how (wie Dell bei PCs oder South African Breweries) oder auch ein Mix aus diesen Dingen (wie bei Toyota, L'Oréal oder Citibank).

Als Galerie Lafayette nach New York ging, sah man sich mit so unterschiedlichen etablierten Mitbewerbern wie Macy's, Bloomingdale's und Saks Fifth Avenue konfrontiert und konnte keine besonderen Werte aufweisen, um sich von der Konkurrenz abzuheben. Whirlpool erging es in Europa ähnlich.

Daraus folgt: Wenn Ihr Unternehmen den Drang zur Expansion ins Ausland verspürt, beobachten Sie zunächst die Mitbewerber vor Ort und suchen Sie nach konkreten Anzeichen, dass Sie diese schlagen können. Wenn Sie schon länger und zunehmend in den Zielmarkt exportieren, bieten Sie möglicherweise einen Wert, den die lokalen Mitbewerber nicht selbst liefern können oder wollen. Deshalb exportieren die meisten Unternehmen, bevor sie ins Ausland expandieren.

Sie sollten außerdem der Marktführer auf Ihrem heimischen Markt sein. Da der ausländische Markt mit ganz eigenen Hindernissen aufwartet, sind Sie wahrscheinlich noch nicht bereit für eine globale Expansion, wenn Sie nicht den heimischen Markt dominieren. Der eigentliche Punkt ist, dass eine globale Strategie kein Ersatz für eine gute Geschäftsstrategie sein kann. Auch ein geringes Wachstum in der Heimat ist weder eine notwendige noch eine ausreichende Bedingung für globale Expansion.

Besitzt Ihr Unternehmen keine besonderen Werte, wird eine Expansion ins Ausland – unabhängig vom verfügbaren Kapital – wahrscheinlich nicht profitabel sein (und sollte somit verschoben werden).

2. Die Internationalisierung von Dienstleistungen ist anders

Tatsächlich unterscheiden sich Unternehmen aus dem Dienstleistungssektor in vielen wichtigen Punkten von Unternehmen aus dem verarbeitenden Gewerbe und der Grundstoff- und Agrarindustrie. Dienstleistungen sind weniger leicht zu übertragen (und damit zu handeln), schlechter zu bevorraten und stärker reglementiert. Aber in Bezug auf die Internationalisierung gelten für Dienstleistungen die gleichen Regeln wie für die anderen Sektoren.

Unabhängig davon, ob es dabei um Gaststätten oder Gesundheitsfürsorge, Installateure oder Immobilienmakler, Finanzdienstleister oder Fast-Food-Ketten geht – die Unternehmen des Dienstleistungssektors müssen den gleichen Überlebenstest bestehen wie oben beschrieben. Wenn also ein Dienstleister keine speziellen Werte anbieten kann (ein einzigartiges Servicekonzept, den Besitz von Wissen, Kostenvorteile oder einen etablierten Markennamen), wird sich die Internationalisierung nicht lohnen.

Dienstleister müssen vor einer internationalen Expansion – ebenso wie Produktionsunternehmen – zwei weitere Fragen kritisch prüfen.

1. Gibt es im Ausland eine ausreichende und beständige Nachfrage (getragen von Kaufkraft) für die Dienstleistung? Französische Küche, spanischer Stierkampf und American Football würden diesen Test vielleicht nicht bestehen.
2. Sind die bisherigen Erfahrungen mit der Dienstleistung auf das Ausland übertragbar? Disney mag (mit einigen Schwierigkeiten) Vergnügungsparks in Japan und Frankreich errichten, der Club Mediterranee verbreitet seine fröhliche Urlaubsdorf-Atmosphäre nicht nur in Südeuropa – aber Virgin Airways oder indische Diamantenschleifer sind wohl nicht unbedingt in der Lage, ihre zentralen wertschöpfenden Leistungen im Ausland zu kopieren. Die Gründe hierfür sind unter anderem gesetzliche Hürden, teurer Zugang zu wichtigen Informationen und die Schwierigkeit, Kompetenzen ins Ausland zu übertragen.

Daraus folgt: Bei der Internationalisierung von Dienstleistungen und Produktion gibt es keinen Unterschied. Ein Dienstleister kann international erfolgreich tätig sein, wenn er über besonderes Potenzial verfügt, eine wirkliche Nachfrage ausgemacht hat und sein Angebot im Ausland replizieren kann. So unterschiedliche Unternehmen wie der amerikanische Videoverleiher Blockbuster Video, das französische Cateringunternehmen Sodehxo Alliance und die amerikanische Investmentbank Goldman Sachs haben diese Kriterien erfüllt und sind erfolgreich ins Ausland expandiert. Ist mindestens eines dieser Kriterien nicht erfüllt, wird die Expansion ins Ausland nicht profitabel ausfallen.

3. Entfernungen und Ländergrenzen spielen keine Rolle mehr

Angespornt von Entwicklungen wie dem Internet, haben einige Beobachter den Fall aller Entfernungsgrenzen proklamiert. Andere – wahrscheinlich überwältigt von der Omnipräsenz des amerikanischen Nachrichtensenders CNN und der Fast-Food-Kette McDonald's von Island bis Neuseeland – meinen, dass sich nationale Kulturen angenähert haben und bei globalen Geschäften nicht mehr berücksichtigt werden müssen. Nach Ansicht dieser Leute ist die einzige noch interessante Kultur die Unternehmenskultur.

In manchen Fällen mag dies zum Teil der Wahrheit entsprechen; Skepsis ist dennoch angebracht. Solche Aussagen sind nicht nur übertrieben, sondern in ihrer Verallgemeinerung auch falsch. Bei Büchern, CDs, Software und Ferndiagnosen beispielsweise sorgen die neuen Technologien für schrumpfende räumliche Entfernungen. Doch in den meisten Wirtschaftsbereichen sind Transport- und Telekommunikationskosten noch vorhanden. Und selbst wenn sie geringer geworden sind, steigen sie doch mit der Entfernung immer noch an.

Darüber hinaus weiß jeder Manager, dass zuverlässige Informationen der Lebensnerv ökonomischer Entscheidungen sind. Und selbst heutzutage erhält man zuverlässige Informationen leichter und besser vor Ort als aus der Ferne. Unter anderem deswegen siedeln sich Unternehmen in der Nähe der Mitbewerber ihrer Branche an. Dies erklärt vielleicht auch zum Teil den »Heimateffekt«, den Wirtschaftswissenschaftler in Handel und Investitionen immer wieder feststellen, und auch, warum die Entfernung selbst bei geringen Transportkosten einen entscheidenden (und negativen) Einfluss auf den wirtschaftlichen Austausch hat.

Nationale Kulturen und Grenzen sind ebenfalls noch von Bedeutung. Sie prägen nationale Institutionen und beeinflussen ökonomische Werte und den Wirtschaftsethos. Kulturelle Werte unterstützen die Auslegung bei geschäftlichen Entscheidungen. Das Verhältnis eines Unternehmens zu seinen Kunden, den nationalen und lokalen Regierungen, den Mitbewerbern, Aktionären, Finanzinstituten und der lokalen Gemeinde wird von der nationalen Kultur beeinflusst. Und Nation und Region prägen die Abläufe in Bezug auf Sprache und Arbeitsmarktpolitik, Pünktlichkeit, Eigentumsrechte, Besteuerung, Transferpreise, Buchführungsvorschriften oder Lieferantenbeziehungen. Ein Unternehmen, das die Landesgrenzen überschreitet, muss demnach mit merklichen Brüchen rechnen. Wenn man dies ignoriert, werden die im eigenen Land sehr erfolgreichen Strategien im Ausland wahrscheinlich nicht greifen (wie es bei dem Technologieunternehmen ABB, dem Schweißgeräteherstller Lincoln Electric Holdings oder dem Fahrstuhl- und Rolltreppenproduzenten Otis der Fall war).

Nationale Grenzen stehen für die vereinten Kräfte nationaler Geschichte, Institutionen und Prägung und geben den Begriffen »Insider« und »Outsider« eine neue Bedeutung. Dies trifft selbst auf die so harmlos erscheinende Grenze zwischen den USA und Kanada zu. Empirisch gesehen haben sich Sprache und nationale Grenzen als signifikante und große Hemmnisse für den internationalen Handel und Investitionen erwiesen. Selbst in unserer digitalisierten und anglizierten globalen Wirtschaft sind Nationalsprache und kulturelle Affinität immer noch wichtige Determinanten bei Handels- und Investitionsentscheidungen. US-amerikanische Unternehmen tendieren immer noch zuerst nach Kanada, portugiesische Unternehmen nach Brasilien, spanische Unternehmen nach Lateinamerika und japanische Unternehmen in andere Teile Asiens.

Daraus folgt: Es ist immer noch sinnvoll, erst einmal regional zu expandieren, bevor man sich zu weiter entfernten, unbekannten Märkten aufmacht. Unternehmen, die nationale Grenzen und Kulturen respektieren, werden eher von ihren Mitarbeitern, Lieferanten, Kunden und den nationalen Behörden anerkannt. Das heißt nicht, dass man der Globalisierung entsagen muss, es bedeutet nur, dass man mehr darauf achten sollte, ebenso lokal wie global zu denken. Wenn ein Unternehmen beides schafft, wird es mit größerer Wahrscheinlichkeit durch ein profitables Wachstum belohnt.

4. Globalisierung in Entwicklungsländer lohnt sich am meisten

In vielen öffentlichen Diskussionen über die Globalisierung heißt es, dass die lukrativen Märkte in den großen Entwicklungsländern zu finden sind (wie Mexiko, Brasilien, China und Indien). Tatsächlich aber ist die Globalisierung immer noch eine sehr konzentrierte, auf die reichen Länder beschränkte Sache. Von den 100 größten multinationalen Konzernen stammen nur zwei aus Entwicklungsländern. In Bezug auf internationalen Handel sowie Zu- und Abflüsse ausländischer Direktinvestitionen machen zehn Nationen (Kanada, USA, Großbritannien, Deutschland, Frankreich, Niederlande, Schweden, Schweiz, Japan und Australien) 50, 70 und 90 Prozent der jeweiligen Summen weltweit aus. Ihre Kaufkraft ist trotz wirtschaftlicher Umschichtungen in der letzten Zeit noch immer unangefochten.

Daraus folgt: Kein Unternehmen, das zur Weltspitze gehören will, kann es sich leisten, die Märkte in den Industrieländern zu ignorieren. Japan hat seine Wirtschaft umstrukturiert und sich von einer lang anhaltenden Depression erholt; es sollte also niemanden überraschen, wenn nach der Fusionswelle über US-amerikanische und europäische Grenzen hinweg eine ähnliche europäisch-japanische und amerikanisch-japanische Integration stattfindet. Der Deal von Renault und Nissan war vielleicht nur ein Vorbote der kommenden Ereignisse.

5. Man sollte dort produzieren, wo die Lohnkosten am niedrigsten sind

In der Debatte um das Freihandelsabkommen für Nordamerika, NAFTA, hatte die These Hochkonjunktur, dass die multinationalen Konzerne ihre Betriebe in die Länder mit besonders niedrigen Lohnkosten verlagern würden. Tatsächlich aber können geringe Arbeitslöhne kaum einen Manager in Euphorie versetzen. Wie jeder Geschäftsmann weiß, sind die Stückkosten wichtig und nicht allein die Lohnkosten. Die Materialien machen üblicherweise einen großen Teil der Gesamtkosten aus und durch Importzölle oder Ähnlichem verteuern die Entwicklungsländer (in denen es niedrige Löhne gibt) häufig die Produktionskosten vor Ort.

Außerdem ist dort, wo die Löhne niedrig sind, meistens auch die Produktivität niedrig. Die Lohnkosten pro Stunde sind also lächerlich gering, die Stückkosten hingegen hoch. Und schließlich ist es grundsätzlich am besten, in den großen Märkten oder zumindest in ihrer Nähe zu produzieren. Eine solche Strategie verringert nicht nur die Zölle, Transportkosten und logistische Probleme, sie sorgt auch für eine strukturelle Absicherung gegen ungünstige Veränderungen der Wechselkurse. Wenn Mercedes beispielsweise ein Werk in Mexiko statt in den USA eröffnet, tauscht es das Währungsrisiko von Euro zu US-Dollar gegen das Währungsrisiko von Euro zu Peso ein.

Daraus folgt: Allgemein (aber nicht als Regel) gilt: Produziere, wo du verkaufst. Für große Konzerne, die auf den drei großen Märkten Europa, Japan und USA verkaufen, bedeutet dies, dass sie auf diesen Märkten auch Betriebe haben sollten. Junge europäische Manager sollten vielleicht langsam Japanisch lernen, denn je mehr die europäischen Verbraucher sich zu japanischen Produkten hingezogen fühlen, desto mehr werden japanische Firmen sich in Europa ansiedeln. Aus den gleichen Gründen sollten junge japanische Manager ihr Englisch auffrischen: Auch die Auslandsinvestitionen in Japan werden wahrscheinlich beträchtlich zunehmen. Man kann die Briten und Amerikaner nur beneiden – in Bezug auf Fremdsprachen haben sie das große Los gezogen, da Englisch die internationale Wirtschaftssprache ist.

6. Die Globalisierung ist da!

Ein Teil der Aufregung um die »New Economy« wird verursacht durch den Eindruck, dass die Globalisierung wie ein Flaschengeist ist, der, sobald er einmal aus der Flasche gelassen wurde, nicht wieder hineingeht. Auch in dieser Behauptung steckt ein wenig Wahrheit. Skepsis ist jedoch ebenfalls angebracht. Wenn Sie sich die entscheidenden Entwicklungen ansehen, die die Globalisierung ermöglicht haben, werden Sie verstehen warum.

Am geläufigsten sind Veränderungen in den Technologien. Dass sie wieder rückgängig gemacht werden, ist wenig wahrscheinlich. Außerdem wichtig: das Phänomen der wirtschaftlichen Konvergenz. Wenn das Pro-Kopf-Einkommen sich über Nationen hinweg annähert, nähern sich auch die Bedürfnisse an (in immer mehr Ländern wollen die Menschen Fast Food, Autos und Computer) und die Fähigkeiten (in immer mehr Ländern können Menschen programmieren, neue Medikamente entwickeln und tolle Produkte schaffen). Dieser Annäherungsprozess kann unterbrochen werden, aber er wird sich nicht dauerhaft stoppen oder gar umkehren lassen.

Der wichtigste Antrieb der Globalisierung aber ist die Verbreitung wirtschaftlicher Liberalisierung. Die weit reichenden Änderungen in der Ideologie – vom Staatssozialismus hin zur Marktwirtschaft – haben in der letzten Zeit zu großen inneren Umwälzungen und zur Öffnung nach außen geführt. Die Öffnung in den späten achtziger und frühen neunziger Jahren war die Folge eines halben Jahrhunderts wirtschaftlichen Wachstums und globalen Friedens. Fällt eine der beiden Bedingungen weg, dürfte auch die Liberalisierung darunter leiden. Die Globalisierung ist gewollt; sie gründet auf veränderten Ansichten und wird von nationalen Regierungen gefördert. Kommt es zu einem ernsten Krieg oder anhaltend hoher Arbeitslosigkeit, reagieren die Regierungen vielleicht in einer Art und Weise, dass der Trend zur Globalisierung umgekehrt wird. Selbst heutzutage, angesichts niedriger Arbeitslosigkeit und einer anscheinend unaufhaltbaren Wirtschaftskraft, scheinen die USA manchmal der Globalisierung zwiespältig gegenüber zu stehen. Wie wäre die Einstellung der USA, wenn man dort die zweistelligen Arbeitslosenquoten wie in Europa verkraften müsste?

Daraus folgt: Wirtschaftswachstum ist der Schlüssel, wenn die Globalisierung weiter in diesem Tempo voranschreiten soll. In einer Wirtschaft, in der der Gewinner alles bekommt, errichten wir instabile Unternehmen und eine zerbrechliche Sozialgemeinschaft, wenn nicht alle (früher oder später) zu den Gewinnern gehören können. Unternehmen müssen sich mit solchen Anliegen befassen wie Arbeitslosigkeit, Mitarbeiterschulung und Gleichberechtigung sowie der Gleichstellung beim Verdienst. Werden diese Themen vernachlässigt, wird es erheblich mehr Widerstand gegen den strukturellen Wandel geben, den die Globalisierung auslöst, und auch die Regierungen werden sich bemerkbar machen.

7. Regierungen haben keine Bedeutung mehr

Unter einer Überschrift, die besagte, dass der Umsatz der 100 größten multinationalen Konzerne im Jahr 1998 anderthalbmal so groß wie das Bruttosozialprodukt von Frankreich gewesen sei, erschien in der Zeitung »Le Monde« ein Cartoon, in dem sich eine Gruppe von Managern über die Bemerkung »L'état ne peut pas tout« (etwa »Der Staat kann nicht alles tun«) von Premierminister Lionel Jospin halb totlacht. Die Botschaft dieses Cartoons: Die multinationalen Konzerne sind die wahren Führer der modernen Welt, Regierungen sind machtlos. Erkennt man dies nicht als stark übertriebene Behauptung, erlebt man möglicherweise eine unangenehme Überraschung. Solange die Menschen einer kollektiven nationalen Identität einen Wert zumessen und solange sie eine lokale Repräsentanz bei der Entscheidungsfindung für relevant halten, werden die Regierungen auch weiterhin eine große Bedeutung haben.

Globalisierung als »Flaschengeist«?

Die Menschen sind tatsächlich nicht sehr mobil, wenn es um die Überquerung der Nationalgrenzen geht; wir neigen dazu, Teil der lokalen und nationalen Gesellschaften zu bleiben, in denen wir geboren wurden. In solchen gesellschaftlichen Konzepten haben lokale und nationale Interessen noch eine echte Bedeutung.

Lokale und nationale Regierungen sind dabei zu den Schlüsselinstitutionen geworden, die diese Interessen konstant vorantreiben. Unternehmen entstehen und vergehen (wie Digital Equipment in Massachusetts) oder wechseln ihre Identität durch Übernahmen (wie bei DaimlerChrysler oder Renault-Nissan). Sofern die Unternehmensinteressen sich mit denen der örtlichen Gemeinde decken, mag dies eine gute Sache sein, aber man kann sich nicht länger darauf verlassen.

In einer Welt, in der die Menschen von den Unternehmen nicht mehr erwarten, dass sie lokalen Interessen den Vorrang geben, wird man lokale und nationale Regierungen als notwendiges Gegengewicht ansehen. Die Regierungen wissen das und werden diese Funktion gern ausfüllen. Um das aber glaubwürdig tun zu können, müssen die Regierungen von Zeit zu Zeit ihr Gewicht in die Waagschale werfen. Vielleicht zerschlagen sie Microsoft, verhindern ausländische Investitionen im »Kulturgüter«-Sektor oder schränken Unternehmen auf andere Weise ein. All dies lässt sich leichter bewerkstelligen, wenn die Unternehmen ausländisch sind und die Wähler ortsansässig. Wie Raymond Vernon schon in seinem Buch »In The Hurricane's Eye« warnt, werden die multinationalen Konzerne und die Regierungen sich wieder im Streit gegenüberstehen. Wenn es so weit ist, wird sich zeigen, dass die unabhängigen Staaten ihre Macht noch nicht verloren haben. Eine globale Wirtschaft benötigt globale Regeln, dieser Punkt ist ebenfalls wichtig. Es gibt sehr viele Unternehmen (mit wahrscheinlich ebenso vielen Interessen), und sie können nicht alle bei der Festlegung solcher Regeln mitwirken. Globale Regeln fallen deswegen immer noch in das Ressort der Regierungen, und solange Regeln eine Bedeutung haben (und die wird in Zukunft wahrscheinlich eher zunehmen), werden auch Regierung eine Bedeutung haben.

Daraus folgt: Unternehmen sollten der Versuchung widerstehen, Regierungen als ineffizienten Anachronismus abzutun. Stattdessen sollten sie Regierungen als wichtige und legitime Institutionen der Weltwirtschaft anerkennen. Wollen die Unternehmen von der Globalisierung profitieren und sie weiter vorantreiben, sollten sie mit den Regierungen zusammenarbeiten und dafür sorgen, dass Lokales und Globales sich ausgewogen entwickeln kann. Kurzfristig kann dies Arbeitsplätze und Gewinne kosten, langfristig hingegen nicht. Manager müssen das anerkennen.

Im letzten Jahrhundert lag die Hauptverantwortlichkeit für die Arbeitsplätze bei den Regierungen und die für Gewinne bei den Unternehmen. Wenn wir weiter so immense wirtschaftliche Fortschritte wie im 20. Jahrhundert machen wollen, muss diese Arbeitsteilung gut funktionieren. Sich mit dem Internet und dem Shareholder-Value zu beschäftigen, reicht hierfür nicht aus.

Literaturhinweise

McCallum, J.: »National Borders Matter: Canada-US Regional Trade Patterns«, *American Economic Review*, 85, 1995.

Rangan, Subramanian; Lawrence, Robert Z.: *A Prism on Globalization: Corporate Responses to the Dollar.* Washington, DC: Brookings Inst. Press, 1999.

United Nations Conference on Trade and Development UNCTAD: World investment report; New York: United Nations publication,1999.

Vernon, Raymond: *In the Hurricane's Eye: The Troubled Prospects of Multinational Enterprises.* Cambridge, Mass. [u. a.]: Harvard Univ. Press, 1998

5
Strategie und Unternehmenskulturen

Strategie und Hyperwettbewerb gehören zu den zahlreichen neuen Einflussfaktoren der Unternehmensgestaltung. Diese Faktoren werden hier in einen größeren Zusammenhang gestellt und auf spezifische Gestaltungsmöglichkeiten untersucht wie zum Beispiel Franchising. Führungskräfte müssen häufig Vor- und Nachteile gegeneinander abwägen: Sie müssen einen vernünftigen Ausgleich zwischen Spezialisierung und Koordination oder zwischen Verlässlichkeit und Flexibilität herstellen. Besonders schwierig ist die Entscheidung, wann bestimmte Funktionen ausgelagert oder vertikal integriert werden sollten. Oft müssen dabei der relative Wert von Börsentransaktionen und der Wert von langfristigen Beziehungen gegeneinander abgewogen werden. Außerdem geht es hier um den Faktor der kritischen Masse: Wie setzen sich Manager und Unternehmen in Entscheidungskämpfen durch, bei denen es um alles geht? – »The winner takes all.«

Wann Synergien das Wachstum fördern 171
   (Randall Morck und Bernard Yeung)

Kompromisse beim Aufbau einer Organisation 179
   (Marc J. Knez)

Franchising: wann dieses Modell passt 185
   (Francine Lafontaine)

Vertikale Integration: wann sie etwas bringt 193
   (Robert Gertner und Marc J. Knez)

Struktur und Strategie müssen ins Konzept passen 201
   (Richard Whittington, Andrew Pettigrew und Winfried Ruigrok)

Kritische Masse: wenn der Sieger alles bekommt 209
   (Karel Cool)

Randall Morck und Bernard Yeung

Wann Synergien das Wachstum fördern

Ob ein Unternehmen sich vergrößert, verkleinert, veräußert oder fusioniert, hängt mit dem Vorhandensein von Synergien zusammen. Synergien schaffen Wert, allerdings immer nur im Zusammenspiel mit speziellen Technologie-, Marketing- oder anderen wissensbasierten Kompetenzen. Und wie mit geistigem Kapital grundsätzlich umgegangen wird, entscheidet letztlich die Unternehmensführung – mit Auswirkungen auf viele strategische Managemententscheidungen.

Großunternehmen, die an vielen Standorten und in zahlreichen Branchen tätig sind, gelten als Archetyp für wirtschaftlichen Erfolg und wirtschaftliche Macht. Garantieren Größe, Kapazität und Umfang also einen sicheren Wettbewerbsvorteil? Die Beweislage ist keinesfalls eindeutig. Einige stark diversifizierte Konzerne wie der US-Konzern General Electric erfreuen sich anhaltender Beliebtheit unter Investoren. Bei ITT Corporation hingegen, einem früheren stark diversifizierten Konzern, war das Verhältnis vom Markt- zum Buchwert vor dem Verkauf katastrophal niedrig. In vielen Branchen schnitt das Unternehmen schlechter ab als das Gros seiner Konkurrenten. Warum?

Wissenschaftliche Untersuchungen der Diversifikation tragen vorwiegend zur bestehenden Verwirrung bei. Manche schlussfolgern, dass sie sich wertsteigernd auswirkt, andere halten sie für wertzerstörend. Die Auswirkungen scheinen letztlich modeabhängig zu sein. In den sechziger und siebziger Jahren wurde Diversifikation als Heilsbringer gehandelt. Unternehmen, die sich in andere Branchen vorwagten, bedachte man mit großem Lob. In den achtziger und neunziger Jahren setzte man Diversifikation plötzlich mit schwacher Unternehmensführung gleich. Hoch gezüchtete Unternehmen wurden bevorzugtes Ziel für feindliche Übernahmen mit anschließender Zerschlagung des Konzerns.

Diversifikation ist modeabhängig

Diese 180-Grad-Wende war jedoch mehr als eine bloße Modeerscheinung im Wissenschaftsbetrieb. Seriöse empirische Untersuchungen belegen, dass Diversifikation in den achtziger Jahren tatsächlich zu realen Werteinbußen führte, in früheren Jahrzehnten hingegen nicht: Verlässliche Studien zeigen, dass in den sechziger Jahren tatsächlich eine Verbindung zwischen Diversifikation und Wertsteigerungen bestand. Wie sollen wir dieses Durcheinander deuten?

Ein Unternehmen verfolgt den wirtschaftlichen Zweck, bestimmte Tätigkeiten und Vermögenswerte einer Gruppe von Führungskräften zu unterstellen. Diversifikation erweitert das Tätigkeitsfeld. Ob Diversifikation einem Unternehmen einen Wertzuwachs beschert, hängt davon ab, wo die Grenzen eines Unternehmens gezogen werden sollten. Ronald Coase, Wirtschaftswissenschaftler an der University of Chicago, erhielt den Nobelpreis unter anderem für eine 1937 entwickelte Theorie, nach der die Grenzen eines Unternehmens dort gezogen werden sollten, wo der Nutzen zusätzlicher Tätigkeiten sich mit den Kosten für deren Integration die Waage hält.

Welche Kosten bei einer Erweiterung des Tätigkeitsfeldes anfallen können, ist klar: Größere und komplexere Organisationen sind schwerer zu führen. Die Unternehmenspolitik leidet; dies wiederum wirkt sich negativ auf das Unternehmensergebnis aus. Auch sind größere und komplexere Unternehmen für Anleger weniger transparent. Möglicherweise wird ein schlechtes Management dadurch so lange verschleiert, bis die Probleme fast zu groß geworden sind, um noch gelöst zu werden.

Der Nutzen aus einem weiteren Tätigkeitsfeld lässt sich hingegen weniger leicht bestimmen. Ein Vorteil besteht angeblich darin, dass diversifizierte Großunternehmen die Finanzressourcen ihrer Unternehmensteile zusammenlegen können, wobei der Zentrale die Rolle einer internen Bank zu kommt. Dabei können hoch profitable Geschäftszweige kapitalknappen Abteilungen oder Töchtern bei neuen Projekten oder erforderlichen Expansionen finanziell unter die Arme greifen. Theoretisch kann diese interne Finanzierung im Gegensatz zu einer externen besser überwacht werden. Falls das zutrifft, können große und diversifizierte Unternehmen Investitionsmöglichkeiten flexibler und präziser wahrnehmen als Unternehmen, die ihr Kapital von Banken oder vom Kapitalmarkt beziehen.

Auch für die Weiterbildung ihrer Mitarbeiter und die Personalentwicklung stehen diversifizierten Großunternehmen mehr Mittel zur Verfügung. Ebenso können durch Diversifikation Risiken gestreut und Unternehmen zu interessanteren Arbeitgebern werden. Das zieht bessere Führungskräfte und Arbeiter an. Die Attraktivität als Lieferant, Kunde oder als Partner in einem Joint Venture steigt ebenfalls. Jeder dieser Vorteile kann zu einem Bonus beim Anleger führen.

Der träge Riese

Gängige Argumente für einen möglichen Nutzen von Diversifikation kommen eher in Wirtschaftssystemen mit schwächer ausgeprägten Institutionen zum Tragen. Wenn Banken, Versicherungen, Kapital-, Arbeits- und Warenmärkte sowie Bildungssysteme effizienter und besser strukturiert werden, gewinnen Alternativen zu großen diversifizierten Unternehmen an Attraktivität. Dies könnte die empirischen Ergebnisse der Wirtschaftswissenschaftler erklären, nach denen in früheren Jahrzehnten

Diversifikation mit Wertsteigerung einherging, während sie heute eher den Börsenwert drückt.

Märkte und wirtschaftliche Institutionen funktionieren heute besser als in früheren Zeiten. Dadurch wird Diversifikation zu einem zweischneidigen Schwert. Viele Unternehmensberater und Strategen predigen heute, dass es grundsätzlich falsch sei zu diversifizieren. Sie empfehlen Unternehmen, sich ausschließlich auf ihr Kerngeschäft zu konzentrieren. Ganz so einfach ist die Sache jedoch nicht. Ein Unternehmen sollte seine Grenzen so verschieben, dass Synergien entstehen. Tatsächlich spielen Synergien – oder ihr Fehlen – bei Unternehmensentscheidungen über Vergrößerungen, Verkleinerungen, Fusionierung oder Ausgliederung von Unternehmensteilen eine zentrale Rolle. Leider wird der Begriff häufig als Allheilmittel beschworen und führt zu der Annahme, dass das Ganze automatisch größer ist als die Summe seiner Teile.

Daimler-Benz und Chrysler hatten bei der Zusammenlegung ihrer Unternehmen mit Synergieeffekten gerechnet. Ein führender europäischer Automobilhersteller und eine profitable US-Firma – das müsste trotz relativ geringer Produkt- und Absatzmarktüberschneidungen Synergien freisetzen. Auch Citicorp und Traveler's Group erkannten Synergien bei der Zusammenlegung ihrer Bank und Versicherungsdienstleistungen. Hier sollten die Tätigkeiten und Talente von Citicorp gemeinsam mit denen von Traveler's Group Wunder wirken. Nicht immer ist eins plus eins gleich drei, aber manchmal eben doch.

Manche wirtschaftlichen Tätigkeiten führen tatsächlich zu Wertzuwachs. Wert basiert auf Gewinn, und Gewinn ist der Unterschied zwischen Umsätzen und Kosten. Daher kommt die magische Formel »1+1 = 3« bei einer Fusion in mindestens zwei Bereichen zum Tragen: Kostenteilung (bei Verwaltungskosten) und Ertragssteigerung (größeres Umsatzvolumen ohne Kostenvermehrung). Kostenteilung und Ertragssteigerung scheinen sich eher bei Tätigkeiten in ähnlichen Branchen zu ergeben, wie die oben genannten Beispiele zeigen. Synergien zeigen sich also eher bei Fusionen in »verwandten« als in »nicht verwandten« Geschäftsfeldern.

Synergien mögen Verwandtschaft

Der Begriff »verwandt« lässt sich jedoch nicht ohne weiteres bestimmen. Geschäftsfelder, die unzusammenhängend wirken, können sich überraschend als »verwandt« erweisen. So haben Transport und Elektronik auf den ersten Blick nichts miteinander zu tun, aber die Elektronik ist von großer und noch zunehmender Bedeutung im Fahrzeugbau. Bis vor kurzem schienen die Unterhaltungsindustrie und Computernetzwerktechnologie keine Berührungspunkte zu haben. Und in einigen der interessantesten Fortschritte in der Stromübertragung spielen neue keramische Supraleiter eine Hauptrolle.

Ob sich Unternehmen in »verwandten« oder aber »nicht verwandten« Geschäftsfeldern zusammentun, lässt sich also gar nicht so einfach beantworten. Überraschende Kombinationen können zu wirtschaftlich sinnvollen Paarungen führen. 3M, der US-Hersteller von Scotch Tape, verfügt über umfassende Erkenntisse über Klebstoffe, Leime und Filmkleber. Dem Konzern ist es gelungen, sein Wissen in auf den ersten Blick nicht verwandten Bereichen gewinnbringend einzusetzen – Bürobedarf (Post-it-Notizzettel und Klebestreifen) beispielsweise oder auch Elektronikbedarf (beim Aufbringen magnetischer Substanzen auf Plastikband für Audio- oder Videokassetten). Auch Wirtschaftsprüfer, die über eine Fülle einschlägigen Wissens verfügen, haben ihre Tätigkeit auf Unternehmensberatung ausgeweitet. Unternehmen mit starken Marken sichern sich mit ihrem guten Namen Marktanteile in neuen Geschäftsfeldern. Als Beispiel sei hier Calvin Klein genannt, eine der weltweit wohl bekanntesten US-Marken, die mittlerweile neben Jeans auch für Parfums oder Unterwäsche steht.

Unternehmen diversifizieren in Geschäftsfelder, in denen sie ihre vorhandenen Stärken wie Technologie, unternehmerisches Know-how, Marketingwissen oder ihren Markennamen gewinnbringend einsetzen können. Diese auf Wissen basierenden Werte scheinen meist die Grundlage zu sein, wenn eine Firma erfolgreich in neue Märkte eintritt. Es ist somit flüchtiges, kaum greifbares geistiges Kapital, das wirkliche Synergien hervorbringt und sich an den Aktienkursen erfolgreich diversifizierter Unternehmen ablesen lässt. Es verwundert daher kaum, dass »Synergie« ein schwer zu definierender Begriff ist. Warum die genannten Wertschöpfungspotenziale Synergieeffekte erzeugen, zeigt sich häufig bei genauerer Betrachtung der Kosten und Erträge eines Unternehmens. Der Trick bei der Sache ist, dass die Entwicklung von wissensbasierten Vermögenswerten zwar große Investitionskosten verschlingt, die Kosten jedoch nur geringfügig ansteigen, wenn man dieses Kapital in großem statt in kleinem Maße einsetzt: Nachdem das Unternehmen 3M jede Menge Wissen über Klebstoffe angehäuft hatte, verursachte der Sprung von Klebe- zu Videobändern nur geringe zusätzliche Kosten. Gleiches gilt für Calvin Klein: Das Unternehmen hatte ein schnittiges Image für seine Jeans und T-Shirts etabliert und konnte so beim Verkauf von Unterwäsche und Parfums hohe Gewinnmargen erzielen. Die Geschäftssparten Unterwäsche und Parfum steigern die Umsätze der Marke Calvin Klein (Umsatzsteigerung), ohne dass dabei das Rad neu erfunden werden müsste (Kostenteilung). Geistiges Kapital macht sich also dann besonders bezahlt, wenn es in möglichst vielen verschiedenen Geschäftsfeldern zum Einsatz kommt.

Synergien bewahren

Wissensbasierte Vermögenswerte lassen sich schwer verkaufen, tauschen oder vermieten. Aus diesem Grund sind die Erfahrungen von 3M mit Klebstoffen wertvoll, denn niemand besitzt etwas annähernd Vergleichbares. Es leuchtet ein, dass die Besitzer wissensbasierter Vermögenswerte diese Einzigartigkeit entsprechend schützen wollen und einen wirksamen gesetzlichen Schutz für ihr geistiges Eigentum fordern.

Viele Gesetzesgeber haben sich bemüht, geistiges Eigentum stärker zu schützen, dennoch bleiben große Lücken. Ob sich diese Lücken überhaupt schließen lassen, ist fraglich. Die meisten Unternehmen setzen deshalb darauf, geistiges Kapital durch Geheimhaltung zu schützen.

Beim Markenschutz sieht die Situation ähnlich aus. Calvin Klein sollte alles tun, um billige Raubkopien vom Markt zu halten, und nicht mit unverlässlichen Lizenzpartnern zusammenarbeiten, deren Produktqualität zu wünschen übrig lässt. Eine Auslagerung der Produktion kann sich als kaum praktikabel erweisen, da sich wissensbasierte Fähigkeiten im Design und Marketing schwer weitervermitteln und schulen lassen.

Wissen zu verkaufen ist schwer, auf Wissen basierende Dienstleistungen anzubieten dagegen leicht. Für den Beratungskonzern Andersen beispielsweise wäre es schwer, das Wissen anzubieten, auf dem die Beratung beruht; die Beratung selbst können sie dagegen leicht verkaufen. Vor diesem Hintergrund neigen die Unternehmen dazu, ihr geistiges Eigentum im Haus zu halten.

Das Schlüsselproblem beim Management von wissensbasierten Vermögenswerten ist deutlich geworden: Diese Güter sind desto wertvoller, je weiter gestreut sie zum Einsatz kommen; sie müssen andererseits oft eng ans Unternehmen gebunden werden, um ihren Wert zu schützen. Die Lösung ist, dass ein Unternehmen mit wertvollem wissensbasiertem Kapital so weit und so schnell wie möglich expandiert. Dies schließt auch Wachstum durch Diversifikation mit ein. Dabei stellen Fusionen oder Akquisitionen den schnellsten Weg zum Wachstum dar. Aus diesem Grund könnte die Verbindung zwischen Diversifikation und Unternehmenswert sehr wichtig sein. Im Allgemeinen mag die Nützlichkeit von Diversifikation als Unternehmensstrategie auf schwachen Märkten und bei dysfunktionalen Wirtschaftsinstitutionen schwinden; als Strategie für eine breitere Anwendung wissensbasierten Kapitals ist sie nach wie vor von Bedeutung.

Dies hat ganz praktische Auswirkungen. Unsere Untersuchungen haben ergeben, dass umfangreiche branchenübergreifende und geografische Diversifikationen denjenigen US-Unternehmen Wertsteigerungen bescheren, die zuvor große Beträge in Forschung und Entwicklung investierten; bei anderen Unternehmen hingegen wurde Wert vernichtet. Daraus folgen zwei wichtige Aspekte, die letztlich beide dieselbe Botschaft vermitteln. Erstens: Wertsteigernde Diversifikation ist eine Konsequenz aus dem wissensbasierten Kapital eines Unternehmens. Um erfolgreich zu diversifizieren, muss Wissen erzeugt, gepflegt und entsprechend eingesetzt werden. Zweitens: Steht wissensbasiertes Kapital nicht zur Verfügung, dürften die Kosten der Diversifikation die üblichen Vorteile übersteigen.

Führungsqualität

Auch wenn beide auf den ersten Blick häufig identisch erscheinen: Gewinnträchtiges wissensbasiertes Kapital lässt sich weit weniger leicht hervorbringen als narzisstische

Ausreden für den Aufbau eines Imperiums. Corporate-Governance wird hier zum entscheidenden Faktor: Wie kann ein Unternehmen das Kapital seiner Aktionäre verantwortungsvoll verwalten, wenn es um die Erzeugung, Entwicklung und profitable Anwendung von geistigem Kapital geht?

Um dies zu beantworten, sollte man sich drei wesentliche Unterschiede zwischen Markt- und Planwirtschaft bewusst machen: 1. Die Akteure einer Marktwirtschaft erkennen die wirtschaftlichen Folgen ihres Handelns und müssen diese akzeptieren. 2. Die Preise in einer Marktwirtschaft entsprechen den tatsächlichen Kosten und nicht den Absprachen staatlicher Planung. 3. Eine Marktwirtschaft erzeugt und erhöht Wissensbestände. Planwirtschaften hingegen verschanzen sich hinter unverrückbaren Barrieren vor jeglichen ökonomischen Veränderungen und gehen letztlich daran zugrunde. Die Leiter von Staatsbetrieben beurteilen Innovation vorwiegend als Störfaktor, der ihren Fünfjahresplan durcheinander bringt.

Ein schlecht geführtes Großunternehmen gleicht häufig einer sozialistischen Volkswirtschaft. Es ist zu groß, um allein durch persönliches Vertrauen geleitet werden zu können, also ahmt es die Befehls- und Kontrollstrukturen sozialistischer Wirtschaftssysteme nach. Die schwerfällige Bürokratie trennt Entscheidungen von ihren Konsequenzen und Innovation von finanziellen Erfolgen ab, verhindert dadurch Innovationen. Und verschleiert gegenüber den Entscheidungsträgern die tatsächlichen wirtschaftlichen Kosten. Die Mitarbeiter solcher Betriebe mögen zwar über das erforderliche Fachwissen verfügen, es liegt jedoch brach. Möglicherweise wären sie in der Lage, innovative Vermarktungsstrategien zu entwickeln. Sie haben es allerdings niemals wirklich versucht.

Innovation setzt Anreiz voraus

Erfolgreiche Großunternehmen hingegen versuchen, die Effizienz einer freien Marktwirtschaft nachzuahmen, verbinden Entscheidung mit ihren wirtschaftlichen Konsequenzen, ihr internes Preissystem spiegelt die realen Kosten wider und sie fördern Innovationen. Ebenso wie der Gedanke an wirtschaftlichen Erfolg einen Erfinder antreibt, brauchen die Mitarbeiter eines Unternehmens Anreize, um Innovationen hervorzubringen. So wie ein Erfinder Geld von Risikokapitalgebern erhalten kann, muss auch den Betriebsangestellten bewusst sein, dass ihre guten Ideen finanzielle und andere Unterstützung erhalten werden. Die Zentrale eines Großunternehmens stellt beispielsweise innovationsfreudigen Abteilungen Geld zur Verfügung und lässt die beteiligten Mitarbeiter angemessen am Ertrag teilhaben. Im Gegenzug trägt diese Abteilung die internen Kosten, die den realen Kosten für Arbeit, Finanzierung und andere Faktoren entsprechen. Ein internes Preissystem sowie leistungsbezogene Gehälter bringen die Abteilungsleiter dazu, wie Besitzer oder Leiter von Kleinunternehmen zu handeln. Agieren Abteilungsleiter wie Eigentümer, hat ein Unternehmen die notwendige Vorbedingung zur Schaffung und Verwendung geistigen Kapitals erfüllt.

Absprachen

Innerhalb eines Unternehmens ist die Implementierung von Marktmechanismen eine nützliche Idee, branchenintern jedoch sieht die Situation anders aus. Wenn Unternehmen einer Branche ihre wirtschaftlichen Ziele untereinander abstimmen, dürften schon bald die Kartellwächter anklopfen. Zwischen den Abteilungen ein und desselben Unternehmens sind solche Absprachen und Zielkoordination nicht nur wünschenswert, sondern werden erwartet und sind oft sogar notwendig, damit die Synergieeffekte erzielt werden, von denen hier die Rede ist.

Ein diversifiziertes Unternehmen wie 3M wird sein geistiges Kapital effizienter einsetzen, wenn die Abteilungen miteinander kommunizieren, kooperieren und sich abstimmen.

Ist das alles überhaupt von Bedeutung? Zweifellos! Unsere Forschungen zeigen, dass Aktionäre zwischen angemessen und exzessiv diversifizierten Unternehmen unterscheiden können. Diversifizierte Unternehmen mit hohem wissensbasiertem Kapital haben höhere Aktienkurse als Kontrahenten, die darüber nicht verfügen.

Unternehmen, die umfassend diversifizieren, jedoch nur in geringem Maß in Forschung und Entwicklung oder Werbung investiert haben, sind besonders anfällig für feindliche Übernahmen. Nicht diversifizierten Unternehmen hingegen, die über geistiges Kapital verfügen, sind überdurchschnittlich häufig Ziel von freundlichen Übernahmen.

Insgesamt stellen wir fest, dass Diversifikation ohne eine Unterstützung durch wissensbasierte Werte zehnmal so häufig vorkommt wie wertsteigernde Diversifikation. Beratern, die ohne Unterlass die Konzentration auf Kernkompetenzen predigen, sei verziehen: In 90 Prozent der Fälle liegen sie richtig.

Gesetzmäßigkeiten

Wirtschaftswachstum gilt überwiegend als ein Resultat von Innovation – durch die Schaffung und Anwendung neuer, wissensbasierter Werte. Entsprechende Fusionen und Akquisitionen fördern vermutlich das Wirtschaftswachstum. Konglomerate allerdings, die über nur geringes geistiges Kapital verfügen und sich übermäßig in zahlreichen Branchen engagieren, scheinen der Wirtschaft zu schaden. Solche Unternehmen brechen auseinander, sobald ihr Dilemma offenbar wird. Übernahmen können hier als Dienst an der Allgemeinheit gelten. Durch die Förderung solcher Akquisitionen könnte der Gesetzgeber schlecht gemanagte Unternehmen disziplinieren.

Viele Fusionen und Firmenkäufe mögen in der Tat eher einem übergroßen Ego als wirtschaftlicher Notwendigkeit entsprungen sein. Fusionen, bei denen materielle Werte und neues wissensbasiertes Kapital zusammengeführt werden, um Synergieeffekte zu erschaffen, sind allerdings wichtig für das Wirtschaftswachstum. Und letztlich benötigen wir Fusionen und Übernahmen, die zwar vielleicht nicht zu Synergien führen, aber Großkonzernen Disziplin beibringen.

Literaturhinweise

Acs, Z.; Morck, R.; Shaver, M.; Yeung, B.: »The Internalization of Small and Medium Size Firms: A Policy Perspective«, *Small business Economics*, 9 (1, Februar), 1997.

Coase, R. H.: The Nature of the Firm. *Economica*, 4 (November), 1937.

Jensen, M. C.: »Eclipse of the Puplic Corporation«, *Harvard Business Review*, 67 (5, Sept.-Okt.), 1989.

Jensen, M. C.; Meckling, W. H.: »Specific and General Knowledge, and Organizational Structure«, *Journal of Applied Corporate Finance*, 8 (Summer), 1995.

Morck, R; Yeung, B.: *Why Firms Diversify: Internalization vs. Agency Behavior.* 1998.

Marc J. Knez

Kompromisse beim Aufbau einer Organisation

Zum Organisationsaufbau eines Unternehmens gehören seine formale Struktur, Abläufe und Hierarchien in Planung, Kontrolle und Personalentwicklung sowie seine Unternehmenskultur. Wird über den Organisationsaufbau diskutiert, dann meist darüber, wie gut diese und weitere Dimensionen ineinander greifen. Es gibt zwei entscheidende Kompromisse, die in diesem Zusammenhang geschlossen werden müssen: Ein Unternehmen wird zum einen zwischen Spezialisierung und Koordination abwägen und zum anderen zwischen Zuverlässigkeit und Flexibilität. Die Herausforderung für das Management besteht darin, die jeweiligen Nachteile der Kompromisse möglichst gering zu halten.

Die Strategie eines Unternehmens definiert zweierlei: Wie sich ein Unternehmen zum Zweck der Wertschöpfung am Markt positionieren will und welche Ressourcen und Fähigkeiten erforderlich sind, um diesen Wert zu erzeugen und auf den Markt zu bringen. Die Strategie bestimmt also, worauf sich ein Unternehmen spezialisieren muss.

Der formale Aufbau des Unternehmens muss die Implementierung der Strategie ermöglichen. Daraus ergibt sich ein formaler Plan für die Gruppierung von Tätigkeiten, um sowohl die Spezialisierung innerhalb der Gruppen als auch die Koordination zwischen den Gruppen möglichst optimal zu bewerkstelligen. Vor diesem Hintergrund können wir die Komponenten der formalen Unternehmensstruktur entlang zweier sich ergänzender Dimensionen aufteilen.

Spezialisierung

Eine Spezialisierung erfolgt entlang dreier wesentlicher Dimensionen: Funktion, Produkt und Marktsegment. Dabei kann jede dieser Dimensionen auf unterschiedlichen Ebenen einer Organisation eine Rolle spielen. So kann eine Investment-Bank ihr Geschäft in Funktionen gliedern wie Investment-Banking, Verkauf und Handel oder Analyse.

Außerdem kann die Funktion Investment-Banking einen Spezialbereich Fusionen und Akquisitionen aufweisen, der wiederum nach Marktsegmenten oder Produkten unterteilt ist. Jede Hierarchieebene definiert einen Spezialisierungsansatz. Die in die Formalstruktur eingebettete Spezialisierungsstruktur muss der Unternehmensstrategie angepasst werden.

Integration

Die Aufteilung spezialisierter Tätigkeiten in Gruppen fördert die Koordination und Spezialisierung innerhalb der Gruppen. Eine Koordination zwischen den Gruppen wird aber dadurch eher behindert. Sie soll daher über die Organisationsintegration erreicht werden, die sich angesichts unterschiedlicher Zielsetzungen und Verhaltensweisen innerhalb der Gruppen äußerst schwierig gestaltet. An dieser Stelle wird der erste grundlegende Kompromiss im Organisationsaufbau geschlossen, da eine verstärkte Spezialisierung und Koordination innerhalb einer Gruppe entlang einer Dimension (Markt, Produkt oder Funktion) bei den anderen Dimensionen unweigerlich zu Einbußen in der Koordination zwischen den Gruppen führt (siehe Beispiel Hewlett Packard auf Seite 181).

Die Integration kann entweder vertikal oder horizontal erfolgen. Dabei wird die vertikale Integration durch eine Befugnishierarchie erreicht. In traditionellen Strukturen entsprechen sich die Hierarchien spezialisierter Gruppen und die Befugnishierarchie. Jede Gruppe spezialisierter Tätigkeiten hat dabei einen Vorgesetzten, der dafür verantwortlich ist, dass die Gruppe funktioniert. Er übernimmt außerdem die Koordination zwischen den Managern innerhalb der Gruppe und kontrolliert Informationsfluss oder Konflikte zwischen den Gruppen.

Eine horizontale Integration erfolgt über Mechanismen, die eine direkte Kommunikation und Koordination zwischen Spezialisten unterschiedlicher Gruppen ermöglichen, ohne dass die vertikale Hierarchie durchlaufen werden muss. Die Integrationsmechanismen können je nach Tragweite des Integrationsproblems unterschiedlich stark formalisiert sein. Der am wenigsten formale Mechanismus besteht aus einem informellen Beziehungsnetz, während am oberen Ende die vertikale Befugnishierarchie steht. Dazwischen gibt es weitere drei Kategorien: koordinierende Aufgaben, funktionsübergreifende Teams und Integratoraufgaben.

Information braucht Koordination

Koordination soll vor allem sicherstellen, dass voneinander abhängige Gruppen ausreichend Informationen austauschen. Auf aktuelle Entscheidungen hat das kaum Einfluss. Funktionsübergreifende Teams bestehen aus Mitgliedern unterschiedlicher Gruppen, die in der Regel Koordinationsaufgaben für eine oder mehrere Dimensionen wahrnehmen, die nicht für eine Unterteilung der spezialisierten Einheiten genutzt werden. Folglich können sie innerhalb des gleichen Unternehmens auf ganz unterschiedliche Weise auftreten. So gibt es in einem Großunternehmen der Konsumgüterindustrie möglicherweise Produktentwicklungsteams, denen Vertreter ver-

Kompromiss zwischen Flexibilität und Zuverlässigkeit
Fall 1: Umstrukturierung des Druckergeschäfts von Hewlett Packard (HP)
Mitte der neunziger Jahre war das Druckergeschäft von Hewlett Packard nach Produktlinien (Laserdrucker und Tintenstrahldrucker) unterteilt. Jeder Druckertyp wurde sowohl an Privat- als auch an Geschäftskunden verkauft. Dabei war jeder Bereich für den Absatz seiner Produkte auf dem jeweiligen Markt zuständig. Durch diese Hierarchie der Spezialisierung – erst das Produkt, dann der Markt – wurde der produktbezogenen Spezialisierung und Koordination Vorrang vor der Spezialisierung und Koordination innerhalb der verschiedenen Marktsegmente eingeräumt. Vorteile aus einer Integration der Absatzaktivitäten für Tintenstrahl- und Laserdrucker innerhalb eines Marktsegments ließen sich nur über diese internen Grenzen hinweg erzielen. HP befand, dass seine Laserdrucker bei den Privatkunden (Hauptzielgruppe Tintenstrahldrucker) und eine Tintenstrahldrucker bei den Geschäftskunden (Hauptzielgruppe Laserdrucker) unterrepräsentiert waren. HP drehte seine Spezialisierungshierarchie um. Es gibt nun einen Bereich für Privat- und einen für Geschäftskunden, wobei jeder Bereich sowohl Tintenstrahl als auch Laserdrucker verkauft. Die Überlappung von Produktlinien und Märkten bei HP hat Vor- und Nachteile. Sie erzeugt ein Integrationsproblem. Andererseits werden Synergien zwischen den beiden Produktlinien geschaffen, die nur durch eine effektive Integration der beiden Produktlinien genutzt werden können.

Fall 2: Bereich Finanzdienstleistungen für den Einzelhandel von General Electric (GE)
Der Bereich Finanzdienstleistungen für den Einzelhandel von GE Capital ist einer der führenden Anbieter maßgeschneiderten Handelsketten mit einem kompletten Dienstleistungspaket rund um die händlereigene Kreditkarte. Durch diese Spezialisierung hat GE Capital seine Tätigkeiten direkt um seine Kunden herum gruppiert. Der Erfolg ist vor allem auf die Teamstruktur zurückzuführen. Die Teams übernehmen die Kreditkarten, Kundendienst- und Debitorenbuchhaltungsfunktionen für jede Einzelhandelskette in ihrem Zuständigkeitsbereich. Die Teammitglieder haben erhebliche Befugnisse im Umgang mit dem Kunden, und die Teams selbst arbeiten autonom. Verfügt ein Teammitglied über besondere Kenntnisse, so beziehen sich diese immer auf die spezifischen Anforderungen einer Kundengruppe. Nicht kundenspezifische Aktivitäten und Ressourcen werden zentral gesteuert, damit sie so effizient wie möglich eingesetzt werden.

schiedener Fachgebiete angehören; diese Teams sollen Grundlagenforschung über mehrere Produktkategorien hinweg betreiben. Auch die Bildung von Kundenteams, die den Verkauf eines kompletten Produktbündels an denselben Großkunden koordinieren, ist denkbar. Die einzelnen Teammitglieder sind dabei weder für den Erfolg des Teams verantwortlich noch anderen Teammitgliedern gegenüber weisungsbefugt.

Für besonders komplexe Koordinationsprobleme wurde die Rolle des Integrators geschaffen. Dieser ist für die funktionsübergreifende Koordination und für die Leistung einer Gruppe aus funktionsübergreifenden Teams verantwortlich. Integratoren sind Generalisten und wissen, wie ein Problem der funktionsübergreifenden Koordination am besten zu lösen ist. Produktmanager und Kundenbetreuer sind klassische Integratoren. Sie haben dabei keine Weisungsbefugnisse für einzelne Funktionsbereiche. Der wichtigste Unterschied zwischen horizontalen Integrationsmechanismen und einer Befugnishierarchie liegt in den Befugnissen selbst: Die Mechanismen sollen für eine funktionsübergreifende Koordination sorgen, ohne die Handelnden mit Befugnissen auszustatten. Diese verbleiben bei den Managern einer höheren Ebene, die nicht direkt mit Detailfragen befasst sind. Letztlich muss jedoch immer ein Kompromiss zwischen Spezialisierung und Koordination gefunden werden. Die Koordination von Tätigkeiten innerhalb der spezialisierten Einheiten wird stets Vorrang vor der Koordination zwischen den Einheiten haben.

Erzeugte eine Priorität erhebliche Kosten, etablierte ein Unternehmen eine Struktur, die zwei oder mehr Dimensionen auf die gleiche Stufe stellt. Die beiden bekanntesten Beispiele für mehrdimensionale Strukturen sind Matrix- und Teamstrukturen. Eine Matrixstruktur räumt zwei Dimensionen durch zwei Befugnisketten die gleiche Priorität ein und ist damit wirklich mehrdimensional. Ein Standardtypus der Matrixstruktur gruppiert Tätigkeiten je nach Funktion entlang einer Dimension (F&E, Konstruktion, Fertigung, Marketing) und Projekte oder Produkte entlang der anderen Dimension. Für Matrixstrukturen ergeben sich jedoch meist daraus Probleme, dass die Vorteile einer einzigen Befugniskette nicht genutzt werden können. Besonders problematisch ist, dass der einfache Mitarbeiter koordinieren und Konflikte zwischen den beiden Vorgesetzten lösen soll. Bei einer einzigen Befugniskette ist hingegen ein gemeinsamer Vorgesetzter dafür zuständig, zu koordinieren und Konflikte zwischen Mitarbeitern zu lösen.

Um ein Gleichgewicht zwischen Spezialisierung und Koordination herzustellen, wird oft versucht, Unternehmen um Prozesse statt um Funktionen herum zu organisieren. Das Team wird hier zur Basis des Organisationsaufbaus. Funktionsübergreifende Teams sollen auf derselben Stufe stehen wie funktionsspezifische Teams. Erstere sind dann für den vollständigen funktionsübergreifenden Prozess verantwortlich. Nach diesem Muster organisierte Unternehmen werden oft als teamorientiert bezeichnet. Typischerweise beginnt ein solcher Prozess mit dem Wunsch, die unmittelbaren und spezifischen Bedürfnisse großer, wichtiger Kunden zu befriedigen (siehe Beispiel GE auf der Vorseite).

Teamorienterte Unternehmen unterscheiden sich durch zweierlei vom schlichten Einsatz funktionsübergreifender Teams: Eine Organisation mit Teamstrukturen unterstützt funktionsübergreifende Teams ausdrücklich. Außerdem haben solche Teams wesentlich mehr Ermessensspielraum als klassische funktionsübergreifende Teams. Die Funktionseinheiten bestehen jedoch fort. Ihre Aufgabe besteht vor allem darin, für das Gesamtunternehmen relevante Prozesse und Ressourcen zu steuern und Experten hervorzubringen, die in den Teams eingesetzt werden.

Wie lässt sich eine ausreichende funktionale Spezialisierung erreichen, wenn man den Funktionseinheiten die Kontrolle über spezialisierte Ressourcen entzieht? Lässt sich der Konflikt zwischen Spezialisierung und Koordination dadurch wirklich lösen? Welche Kompromisse dabei erforderlich sind, hängt von der informellen Organisationsstruktur ab.

Die informelle Struktur

Die formale Struktur eines Unternehmens bestimmt, wie dort gearbeitet werden soll, legt Rollen und Zuständigkeiten fest. Sie wird umschlossen von einer informellen Struktur, die die Arbeitsweise der Mitarbeiter und ihren Umgang miteinander bestimmt. Die informelle Struktur besteht aus einem Beziehungsnetz und gemeinsamen Überzeugungen, die das Verhalten regeln (Unternehmenskultur).

Formalstruktur und informelle Struktur hängen eng zusammen: Je stärker die Formalisierung und Standardisierung, desto kleiner die Ermessensspielräume. In einer relativ statischen Umgebung, in der sich Produkte und Dienstleistungen eines Unternehmens nur langsam verändern, kann durch eine höhere Formalisierung die Zuverlässigkeit optimiert werden. Fluggesellschaften benötigen eine extrem hohe Zuverlässigkeit und damit stark formalisierte Abläufe. Sie verfügen folglich immer über hochgradig standardisierte Arbeitsabläufe und klar definierte Zuständigkeiten.

Eine formalisierte Struktur erschwert natürlich die Umgestaltung von Organisationsprozessen. Da sich die Formalstruktur nicht ständig ändern lässt, kann Flexibilität in einem dynamischen Umfeld nur über die informelle Struktur erreicht werden. Veränderungen müssen in das Ermessen der Manager auf niedrigerer Ebene gestellt werden. Weicht man die Formalstruktur zugunsten einer größeren Flexibilität auf, sinkt damit die Zuverlässigkeit. Dieser zweite grundlegende Kompromiss wird in der Abbildung 1 dargestellt.

Bei innovativen Ansätzen für den Organisationsaufbau geht es meist darum, die Nachteile der skizzierten Kompromisse zu minimieren. Zwei Faktoren treiben die Innovation voran: Erstens zwingt der verschärfte Wettbewerb die Unternehmen, wichtige Ressourcen zu entwickeln und einzusetzen. Die Bedeutung spezialisierter Tätigkeiten, die diese Ressourcen hervorbringen und koordinieren, nimmt entsprechend zu. Gleichzeitig muss ein Unternehmen flexibel auf veränderte Märkte und Kundenbedürfnisse reagieren.

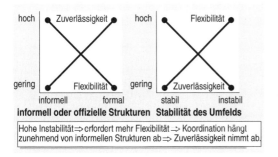

Abb. 1: Kompromiss zwischen Flexibilität und Zuverlässigkeit

Zweitens ermöglicht es die Entwicklung leistungsfähiger Informationstechnologie, auf die Kontrolle und Verbreitung von Informationen durch die vertikale Hierarchie zu verzichten. Man muss nur noch durch geeignete Mechanismen sicherstellen, dass die Informationen wirksam zur Umsetzung der Unternehmensstrategie eingesetzt werden. Die Organisation ist also so zu strukturieren, dass der Grad der funktionsübergreifenden Koordination spezialisierter Tätigkeiten innerhalb der informellen Struktur maximiert wird. Gleichzeitig müssen all jene Prozesse formalisiert werden, die die Grundlage dafür bilden, dass die horizontale Koordination zuverlässig funktioniert.

Um diese Anforderungen zu erfüllen, muss eine Mindestzahl an formalen Integrationsmechanismen effizient implementiert werden. Diese Mechanismen lenken die Aufmerksamkeit auf spezifische Probleme bei der funktionsübergreifenden Koordination. Indirekt tragen sie außerdem zur Entstehung eines Netzes persönlicher Beziehungen bei, die über Funktionsgrenzen hinausgehen, und fördern das Verständnis für funktionsübergreifende Zusammenhänge. Und ebendieses Verständnis dient als Basis für eine spontane und zuverlässige Koordination zwischen den verschiedenen Funktionen.

Literaturhinweise

Ashkenas, Ron: *The Boundaryless Organization: Breaking the Chains of Organizational Structure.* San Francisco, Calif.: Jossey-Bass Publ., 1995.

Eccles, Robert G.; Crane, Dwight B.: *Doing Deals: Investment Banks at Work.* Boston, Mass.: Harvard Business School Press, 1988.

Fisher, M.: *How Hewlett Packard Runs its Printer Division.* Strategy and Business, 1996

Mohrman, Susan Albers; Cohen, Susan G.; Mohrman, Allan M.: *Designing Team-Based Organizations.* San Francisco, Calif.: Jossey-Bass, 1995.

Francine Lafontaine

Franchising: wann dieses Modell passt

Franchising kann eine effiziente und somit anzustrebende Art sein, ein Geschäft aufzubauen und zu organisieren. Ein Erfolg ist jedoch keineswegs garantiert. Längst nicht alle Franchise-Systeme sind so gut etablierte Ketten, wie es meist mit dem Franchising-Konzept verbunden wird. Dieser Artikel räumt mit zahlreichen Mythen auf, insbesondere damit, dass Franchising ein sicheres Geschäftsmodell sei, außergewöhnlich hohe Zuwachsraten verzeichne und dass Franchise-Nehmer in der Regel Kleinunternehmer seien mit nur einer Unternehmenseinheit. Wer zum ersten Mal über Franchising als Geschäftsmöglichkeit nachdenkt, bekommt hier Entscheidungskriterien an die Hand.

Franchising ist ein wichtiger Bestandteil der US-Wirtschaft und ein Phänomen, dass weltweit immer häufiger wird. Dieser Zulauf liegt an einer besonderen Kombination aus Know-how und unternehmerischem Anreiz, die dieser Unternehmensform zugrunde liegt. Franchise-Ketten profitieren von einem hohen Markenwiedererkennungswert und Größenvorteilen, auf die unabhängige Unternehmer normalerweise verzichten müssen. Weil die einzelnen Franchise-Betriebe von Unternehmern und nicht von Angestellten geführt werden, kommt den Franchise-Ketten außerdem die Motivation und Einsatzbereitschaft jedes einzelnen Unternehmers zugute.

Ein Allheilmittel ist das Franchising aber keineswegs. Nach einer Definition von »Franchising« und einer Bestimmung des wirtschaftlichen Stellenwertes dieses Konzepts wird in diesem Artikel mit einer Reihe von Mythen und Legenden zum Franchising aufgeräumt. Es wird sich zeigen, dass es weder für Franchise-Geber noch für Franchise-Nehmer eine Erfolgsgarantie gibt, dass nicht jedes Franchise-System erwartungsgemäß einer fest etablierten Kette entspricht und dass nicht alle Franchise-Nehmer Kleinunternehmer mit nur einem Betrieb sind. Mit der kritischen Untersuchung dieser Punkte soll zu einer realistischeren Auffassung von Stärken und Schwächen des Franchising beigetragen werden. Potenzielle Franchise-Geber wie Franchise-Nehmer werden sich in der Folge mit angemessenen Erwartungen dem Franchising annähern – und bewusstere Entscheidungen treffen können.

Was ist Franchising?

Unter Franchising versteht man eine vertragliche Vereinbarung zwischen zwei rechtlich selbstständigen Unternehmen, mit der ein Franchise-Geber einem Franchise-

Nehmer das Recht zum Verkauf seiner Produkte oder zur Nutzung seines Markennamens an einem bestimmten Ort und für eine bestimmte Zeit einräumt. Der Franchise-Nehmer verpflichtet sich zur Zahlung verschiedener Gebühren an den Franchise-Geber, die sich in der Regel aus einer pauschalen Franchise-Gebühr, Umsatzbeteiligung und einem Anteil am Werbeetat zusammensetzen.

Die Zahlen zur Verbreitung von Franchising in den USA sind eher dürftig. Die meisten Analysten stimmen aber überein, dass 35 bis 40 Prozent des Einzelhandelsumsatzes in den USA von Franchise-Ketten erwirtschaftet werden. Dies entspricht etwa 15 Prozent des Bruttoinlandsprodukts. Darin sind jedoch auch die Umsätze von Tankstellen und Autohändlern enthalten, da diese zum »traditionellen Franchising« in den USA zählen. Bei dieser Art des Franchisings ist der Franchise-Geber in der Regel ein produzierendes Unternehmen, das seine Produkte über ein Franchising-Netz vertreibt. Die andere Form ist das »Business-Format-Franchising«, bei dem der Franchise-Geber dem Franchise-Nehmer das Konzept für eine Geschäftstätigkeit verkauft.

Business-Format-Franchising beinhaltet Schnellrestaurants und die sonstige Gastronomie, Hotels und Motels, Bau- und Reparaturbetriebe sowie den Non-Food-Einzelhandel. Die letzte Erhebung der US-Regierung ergab, dass auf Business-Format-Franchising 27 Prozent des mit Franchising erzielten Umsatzes und 68 Prozent der Franchise-Betriebe entfallen. Diese beschäftigen 74 Prozent aller in Franchise-Betrieben angestellten Mitarbeiter. Dies zeigt die arbeitsintensive Struktur des Business-Format-Franchising und die – im Vergleich mit dem Franchising im Autohandel – niedrigeren Umsätze.

Länderübergreifende Vergleiche zum Verbreitungsgrad von Franchising sind rar; meist fehlt es an den erforderlichen Daten. Zudem werden in den meisten Ländern, anders als in den USA, offiziell nur Business-Format-Franchising erfasst. Um die Lücken zumindest teilweise zu schließen, hat Arthur Andersen 1995 eine Befragung unter Business-Format-Franchising-Gebern und -Nehmern durchgeführt. Die Studie umfasste Betriebe, die zu diesem Zeitpunkt in den Listen der Franchising-Verbände von insgesamt 36 Ländern geführt wurden.

Die Untersuchung zeigte, dass die Anzahl der Franchise-Geber in den verschiedenen Ländern sehr unterschiedlich ist. Sie schwankt zwischen null in Bulgarien und 3000 für die USA, dahinter rangierten Kanada mit 1000 und Brasilien mit 932 Franchise-Gebern. Am unteren Ende der Skala standen Israel mit 18 und die Tschechische Republik mit 35 Franchise-Gebern. Der Durchschnitt lag bei 333 Franchise-Gebern pro Land oder 252 ohne die USA. In Deutschland waren es rund 550 Franchise-Geber und ungefähr 22 000 Franchise-Nehmer.

Die Zahl der Franchise-Nehmer beträgt nach Arthur Andersen mehr als 250 000 in den USA, 140 000 in Japan und 65 000 in Kanada. Im Durchschnitt ergab dies fast 25 000 Franchise-Nehmer pro Land, nur noch 12 253 allerdings ohne die USA. Demnach gibt es in Kanada pro 500 Einwohner einen Franchise-Nehmer. In den USA, Japan und Australien sind es einer je 1000 Einwohner und in Großbritannien, Brasilien und Frankreich ein Franchise-Nehmer je 2000 Einwohner.

Die Tschechische Republik und Kolumbien bilden das Schlusslicht mit nur einem Franchise-Nehmer auf 100000 Einwohner. Der Anteil von Franchising am Einzelhandelsvolumen betrug in den USA 40 Prozent, in Großbritannien 32 Prozent und in Australien und Brasilien 25 sowie 24 Prozent des Umsatzvolumens. In manch anderen Ländern lag der Beitrag des Franchising-Sektors zum Einzelhandelsvolumen bei lediglich einem oder zwei Prozent. Solche Vergleiche sind wegen unklarer Definitionen mit Vorsicht zu genießen, sie vermitteln dennoch einen Eindruck von der weltweit sehr unterschiedlichen Verbreitung des Franchising.

Aus den genannten Zahlen ergibt sich Folgendes:

- Im internationalen Vergleich stehen die USA aufgrund der absoluten Zahl der Franchise-Nehmer und -Geber klar an der Spitze.
- Bei der Zahl der Franchise-Nehmer pro Einwohner können Länder wie Kanada, Japan und Australien Franchising-Sektoren vorweisen, die mindestens so gut, wenn nicht gar besser ausgebildet sind als in den USA.
- Der Verbreitungsgrad des Franchising-Konzepts ist von Land zu Land sehr unterschiedlich. Einige Länder sind nahezu unerschlossen.

Falsche Vorstellungen

Die Ergebnisse der Studie machen deutlich, dass Franchising in vielen Fällen eine sinnvolle, anzustrebende und effiziente Art ist, um ein Geschäft aufzubauen und zu führen. Dennoch müssen verschiedene Missverständnisse von Franchising geklärt werden. In diesem Zusammenhang möchte ich Zahlen vorlegen und diskutieren, die mit den vier am häufigsten anzutreffenden Mythen des Franchising Schluss machen: Franchising ist sicher; Franchising verzeichnet vor allem in den USA, aber auch in anderen Ländern, rasante Zuwachsraten; alle Franchise-Geber sind große etablierte Ketten; alle Franchise-Nehmer betreiben nur ein einzelnes Unternehmen.

1. Franchising ist sicher

Seit Jahrzehnten wird in der Wirtschaftspresse, von Verbänden und Franchise-Gebern die Botschaft verbreitet, dass die Beteiligung an einem Franchise-System wesentlich sicherer sei als eine eigenständige Unternehmensgründung. Dies hat sich in den Köpfen der Menschen festgesetzt. Untersucht man die Misserfolgsquote von Betrieben, die sich einer der großen Franchise-Ketten angeschlossen haben, so ist die Wahrscheinlichkeit eines Fehlschlages tatsächlich vergleichsweise gering. Laut Frandata Inc., einem in Washington, D. C. ansässigen Marktforschungsinstitut, scheitern jährlich 4,4 Prozent der Betriebe von 584 führenden Franchise-Systemen in den USA. Professor Timothy Bates von der Wayne State University hat jedoch herausgefunden, dass diese Quote bei kleinen Franchise-Betrieben größer ist als bei unabhängigen Unternehmen (34,7 Prozent gegenüber 28 Prozent in einem Zeitraum von

6 bis 7 Jahren). Diese Diskrepanz ist zum Teil auf die unterschiedlichen Stichproben zurückzuführen. Die Studie von Frandata konzentriert sich auf führende Franchise-Geber, während die Zahlen von Bates repräsentativ aus der Gesamtzahl der Franchise-Betriebe sämtlicher Ketten ermittelt wurden. Die Zahlen weichen aber auch deshalb voneinander ab, weil das Risiko eines Scheiterns für Franchise-Geber in den ersten Jahren besonders hoch ist. Und in der Regel treiben sie ihre Franchise-Nehmer mit in den Ruin.

Bei der Erstellung ihres Jahresverzeichnisses hat »The Franchising- Annual« herausgefunden, dass pro Jahr 350 Franchise-Geber von der Bildfläche verschwinden. Eine Studie von Scott Shane aus dem Jahr 1996 hat ergeben, dass weniger als ein Viertel der 138 Unternehmen, die 1983 in den USA als Franchise-Geber anfingen, zehn Jahre später noch im Geschäft waren. Andere Franchising-Studien, aus Großbritannien beispielsweise, kommen zu ähnlichen Ergebnissen. Mit Fragen der Messbarkeit und Definition des Franchisings mussten sich jene befassen, die den Versuch einer Quantifizierung von Erfolgen und Misserfolgen unternommen hatten. Eine gemeinsame Schlussfolgerung der erwähnten und auch weiterer Studien lautet, dass Franchising weder für Franchise-Geber noch Franchise-Nehmer eine sichere Sache ist. Die genannten Zahlen belegen, dass Franchise-Geber mit ihren Unternehmen scheitern können. Viele haben das Franchising auch nach einer Testphase abgebrochen. Sie haben offenbar festgestellt, dass es nicht das Richtige ist. Aus Sicht des Franchise-Nehmers hat sich gezeigt, dass der Anschluss an eine Franchise-Kette im Aufbau riskanter sein kann als die Gründung eines unabhängigen Unternehmens. Denn ein Erfolg hängt in diesem Fall nicht allein von den eigenen Ressourcen und der eigenen Motivation ab. Die Fähigkeiten des Franchise-Gebers spielen ebenso eine Rolle wie die Bereitschaft der anderen Franchise-Nehmer, an einem Strang zu ziehen. Selbstverständlich kann eine Beteiligung an neuen Franchise-Ketten auch sehr vorteilhaft sein: Diejenigen, die sich der Fast-Food-Kette McDonald's in ihren Anfängen anschlossen, haben hiervon enorm profitiert. Dennoch ist die Wahrscheinlichkeit eines Scheiterns geringer, wenn man sich etablierten Ketten anschließt. Die Erträge sind es dann aber auch.

2. Rasante Zuwachsraten

Dass Franchising oder genauer gesagt: Business-Format-Franchising, in den USA und in anderen Ländern starke Zuwachsraten verzeichnet, wird in der Fachpresse regelmäßig verbreitet. Seit das amerikanische Handelsministerium 1988 seine jährliche Publikation »Franchising in the Economy« einstellte, sind Daten zu Verbreitung und Wachstum des Franchising in den USA jedoch kaum verfügbar. Illustrieren lässt sich das Problem der fehlenden Daten mit einem Artikel in »The Franchising-Times«, der im April 1996 erschienenen ist. Er beginnt mit den Worten: »Im Jahr 1996 dürfte die Zahl der Franchise-Betriebe um zwölf bis 14 Prozent zunehmen, nach zehn bis zwölf Prozent 1995.«

Diese Prognose, heißt es weiter, sei der jährlichen Studie zur Geschäftsentwicklung von Franchising-Recruiters Ltd. entnommen, die unter 100 Franchise-Unternehmen mit den höchsten projektierten Wachstumsraten in den USA durchgeführt wurde. Kaum verwunderlich, dass aus einer solchen Stichprobe besonders hohe Zuwachsraten hervorgehen.

Der Mythos der enormen Zuwachsraten beim Franchising wird außerdem durch Berichte genährt, die jedes Jahr zahlreiche neue Franchise-Möglichkeiten entdeckt haben wollen. So sind in der jährlichen Untersuchung des Magazins »Entrepreneur« unter neuen Franchise-Betrieben annähernd 200 neue Unternehmen pro Jahr aufgeführt. Im Jahr 1996 findet sich in diesem Bericht die folgende Aussage: »Im vergangenen Jahr schlossen sich Hunderte kleiner Unternehmen dem Franchising-Konzept an ...«

Die Anzahl der neuen Franchise-Geber ist jedoch allein noch kein gültiger Nachweis für Wachstum beim Business-Format-Franchising. Es werden hierbei auf der anderen Seite der Gleichung schließlich solche Franchise-Geber unterschlagen, die sich von dieser Idee verabschiedet haben. Und wie bereits erwähnt, ist dies eine nicht zu vernachlässigende Größe. Tatsächlich deuten die seit Ende der achtziger Jahre in Franchise-Verzeichnissen gelisteten Unternehmen darauf hin, dass beim Business-Format-Franchising in den USA bestenfalls Wachstumsraten erreicht werden, die denen der Gesamtwirtschaft entsprechen. Da die Zahl der Business-Format-Franchising-Geber als guter Indikator für die Verbreitung des Franchisings in der Wirtschaft gilt, kann hieraus geschlossen werden, dass der Zulauf nach einer rasanten Verbreitung in den sechziger und siebziger Jahren im letzten Jahrzehnt deutlich abgenommen hat. Die Zuwachsraten beim Business-Format-Franchising entsprechen bestenfalls denen der Gesamtwirtschaft in diesem Zeitraum.

Und dieser Rückgang ist keineswegs ein ausschließlich US-amerikanisches Phänomen, wie John Stanworth und seine Kollegen am International Franchising Research Centre der Universität von Westminster in London herausfanden. So hat sich in den Jahren 1990 bis 1995 eine »Konsolidierung« beim Franchising in Großbritannien vollzogen. Lediglich Zuwachsraten von zwölf Prozent waren in diesem Zeitraum zu verzeichnen. Inflationsbereinigt ist der Umsatz britischer Franchise-Betriebe in besagtem Zeitraum sogar leicht gesunken. Und während zahlreiche andere internationale Märkte erkennbare Wachstumsraten beim Franchising aufweisen, sollte schließlich immer berücksichtigt werden, wie irreführend eine Wachstumsstatistik gerade bei einer kleinen Anzahl sein kann.

So würde beispielsweise die Gründung von nur drei neuen Franchise-Gebern in Israel eine Wachstumsrate von 16,6 Prozent ergeben. Diese zweifellos augenfällige Zuwachsrate kann aber wohl kaum dem Beweis dienen, dass diese Unternehmensform in Israel auf dem Vormarsch ist.

3. Größe der Franchise-Geber

Zwei der am häufigsten genannten Vorteile für Franchise-Nehmer gegenüber unabhängigen Unternehmern sind zum einen der Zugang zu einem gut eingeführten und beworbenen Markennamen, unter dem das Geschäft betrieben wird. Zum anderen steht ein erprobtes und standardisiertes Geschäftsmodell zur Verfügung. Vom ersten Vorteil wird eine höhere Nachfrage nach dem Produkt oder der Dienstleistung erwartet, während der zweite Vorteil die Kosten des Franchise-Nehmers erheblich reduzieren soll. Beide Vorteile ergeben sich dabei aus der Zugehörigkeit zu einem gut etablierten Franchise-System.

Tatsächlich aber sind viele Franchise-Systeme vergleichsweise neu und klein. So hat die International Franchising Association Educational Foundation in ihrer jüngsten Untersuchung herausgefunden, dass bei mehr als der Hälfte von 1156 Franchise-Gebern in den USA maximal 50 inländische Betriebe zur Kette gehören. Das US-Handelsministerium kommt in seinem vorletzten Jahresbericht auf einen noch umfangreicheren Anteil von kleinen Franchise-Systemen: Bei 1503 von insgesamt 2177 im Jahr 1986 betriebenen Franchise-Gebern sind 50 oder weniger Betriebe zusammengeschlossen. Und 739 von diesen vereinigen sogar weniger als 10 Betriebe in ihrem Franchise-System. In der Regel arbeiten diese kleineren Systeme regional und sind außerhalb dieser Märkte kaum bekannt.

Im Gegensatz zu den vielen kleinen und vergleichsweise unbekannten Franchise-Gebern bevorzugt die überwiegende Mehrheit der Franchise-Nehmer einen Anschluss an große etablierte Ketten. So belegen die Zahlen des Handelsministeriums von 1986, dass auf Franchise-Geber mit 500 oder mehr Betrieben etwa 65 Prozent aller in Franchise-Systemen zusammengeschlossenen Unternehmen entfallen. Aktuellere, von Roger Blair vom Fachbereich Wirtschaftswissenschaften der Universität von Florida und mir ermittelte Daten weisen auch für 1997 ganz ähnliche Proportionen auf.

Es scheint jedoch erwiesen zu sein, dass sich eine nicht unerhebliche Zahl von Franchise-Nehmern Systemen anschließt, die weit weniger gut entwickelt sind als man mit Franchising gemeinhin assoziiert. Dies hat entscheidenden Einfluss darauf, was ein Franchise-Nehmer vom Franchise-Geber erwarten kann. Auch die Wahrscheinlichkeit eines wirtschaftlichen Erfolgs hängt grundsätzlich davon ab. Die Überprüfung verschiedener Franchise-Geber vor einer endgültigen Entscheidung ist für den potenziellen Franchise-Nehmer von kaum zu überschätzendem Wert. Auch die Stärken und Schwächen des Franchise-Nehmers sowie der vom Franchising erwartete Nutzen sollte in diesem Zusammenhang sorgfältig geprüft werden. Nur auf diese Weise wird ersichtlich, ob die verschiedenen Franchise-Geber auch wirklich die angestrebten Vorteile bieten und welche Kosten dabei entstehen.

4. Größe der Franchise-Nehmer

Und schließlich soll mit dem Irrglauben aufgeräumt werden, dass Franchise-Nehmer grundsätzlich Eigentümer von nur einem Betrieb sind. Tatsächlich sind Unternehmer mit mehreren Betrieben der Normalfall. So besitzen McDonald's-Franchise-Nehmer in den USA durchschnittlich drei Restaurants. Eine 1996 von Patrick Kaufmann und Rajiv Dant von der Boston University School of Management durchgeführte Untersuchung hat ergeben, dass sogar bei der überwiegenden Mehrheit der Fast-Food-Systeme Unternehmer mit mehreren Betrieben das Bild bestimmen. Jüngste Untersuchungen von Arthurs Kalnins vom Fachbereich Wirtschaft an der University of Southern California und mir zeigen, dass 88 Prozent der Restaurants, die zu den sechs größten Fast-Food-Ketten in Texas gehören, im Jahr 1997 von Unternehmern betrieben wurden, die mehrere Betriebe leiteten. Vor allem bei Pizza Hut ist dies zu beobachten. Jeder Pizza-Hut-Franchise-Nehmer in Texas betreibt durchschnittlich 24 Betriebe.

Welche Anforderungen und Konsequenzen ergeben sich daraus für Unternehmer, die ein Geschäft im Franchising betreiben wollen? Aus Sicht des Franchise-Gebers deuten diese Zahlen darauf hin, dass Franchise-Nehmer in vielen Fällen an einer Ausweitung ihres Unternehmens innerhalb der Kette interessiert sind. Und: Dies ist für die meisten Franchise-Geber durchaus von Vorteil. Doch wer sich als Franchise-Nehmer mit mehreren Betrieben durchsetzt, ist möglicherweise ein ganz anderer Typ als jener, der mit nur einem Betrieb gut vorankommt. Ein Unternehmen, dass ein Franchise-System aufbaut, sollte daher eine langfristige Strategie entwickeln, bei der auch die maximale Größe der Franchise-Nehmer festgelegt wird. Die Rekrutierung erfolgt dann dieser Maßgabe entsprechend. Denn die Größe der einzelnen Holdings eines Franchise-Nehmers hat auch Auswirkungen auf das Verhältnis der Unternehmer untereinander. So hat jemand mit mehreren Betrieben in der Regel eine bessere Verhandlungsposition und fordert eine stärkere Beteiligung an wichtigen Entscheidungen des Franchise-Gebers als ein Unternehmer mit nur einem Betrieb. Auch diese unterschiedliche Eingebundenheit der Franchise-Nehmer sollte Einfluss haben bei einer Entscheidung darüber, wie viele Betriebe eines Franchise-Nehmers das System erlaubt.

Bei der Übernahme des ersten Betriebs sollten Franchise-Nehmer daher auch die entsprechende Politik und Praxis des Franchise-Gebers aufmerksam beobachten und sich absichern, dass diese mit den eigenen Wachstumsplänen übereinstimmen. Wer über mehrere Betriebe nachdenkt, sollte gleich zu Beginn den Abschluss von Gebietsverträgen in Erwägung ziehen. Hierbei tritt der Franchise-Geber an den Franchise-Nehmer ein Vertragsgebiet und die Rechte und Pflichten ab, mehrere Betriebe innerhalb dieses Gebiets zu führen. Es besteht aber auch die Möglichkeit, mit Zustimmung des Franchise-Gebers langsam einen Betrieb nach dem anderen aufzubauen. Dies sind die beiden wesentlichen Möglichkeiten, im Rahmen von Franchise-Vereinbarungen der Eigentümer mehrerer Betriebe zu werden.

Keine Garantien

Franchising ist in vielen Fällen eine durchaus Gewinn bringende Geschäftsform. Der Erfolg ist jedoch weder für Franchise-Geber noch für Franchise-Nehmer garantiert. Außerdem sind längst nicht alle Franchise-Systeme groß und etabliert genug, um den allgemeinen Erwartungen an Franchising tatsächlich zu genügen. Unternehmer, die ihr Geschäft auf diese Weise vergrößern wollen, sollten sich Zeit nehmen, um ihr Geschäftsmodell zu entwickeln und den langfristigen Nutzen durch das Franchising prüfen.

Potenzielle Franchise-Geber müssen selbstverständlich eine vertragliche Regelung ausarbeiten, die ihnen und ihren Franchise-Nehmern in partnerschaftlicher Weise zugute kommt. Und jeder potenzielle Franchise-Nehmer sollte sich vor einer endgültigen Entscheidung selbstkritisch fragen, ob das Franchising unter Berücksichtigung aller Kosten wirklich die beste Möglichkeit ist, die angestrebten Unternehmensziele zu verwirklichen.

Literaturhinweise
Arthur Andersen & Co.: *Worldwide Franchising Statistics.* 1995
Bates, T.: »Survival Patterns among Newcomers to Franchising«, *Journal of Business Venturing,* 13, 1998.
Bond, R. E.: *Bond´s Franchise Guide, 11th edn.* Oakland, CA: Source Book Publications, 1998.
IFA Educational Foundation Inc.: *The Profile of Franchising, Vol. 1.* Washington: International Franchise Association Educational Foundation, 1998.
Info Press: *The Info Franchise Newsletter.* December 1992.
Kaufmann, P. J.; Dant, R. P.: »Multi-unit Franchising: Growth and Management Issues«, *Journal of Business Venturing,* 11, 1996.
Lafontaine, F.; Shaw, K. L.: »Franchising Growth and Franchisor Entry and Exit in the US Market: Myth and Reality«, *Journal of Business Venturing,* 13, 1998.
Shane, S. A.: »Hybrid Organizational Arrangements and their Implications for Firm Growth and Survival: A Study of New Franchisors«, *Academy of Management Journal,* 39, 1996.
Stanworth, J.; Purdy, D.; Price, S.; Zafris, N.: »Franchise versus Conventional Small Business Failure Rates in the US and UK: More Similarities than Differences«, *International Small Business Journal,* 16, 1998.

Robert Gertner und Marc J. Knez

Vertikale Integration: wann sie etwas bringt

Es gibt keine Standardantwort auf die Frage, ob ein Unternehmen die Fertigung von Vorleistungen auslagern oder die vertikale Integration anstreben sollte. Die Entscheidungsträger müssen die Vorteile des jeweiligen Vorgehens gegen die Risiken abwägen. Nach einer Beobachtung von Abwägungsprozessen zwischen Transaktionen am Markt und langfristigen Geschäftsbeziehungen wird hier untersucht, ob eine vertikale Integration besonders in jenen Fällen sinnvoll sein könnte, in denen bereits eine langfristige Geschäftsbeziehung besteht. In jedem Fall setzt das Verständnis dessen, was überhaupt mit einer vertraglichen Regelung erreicht werden kann, eine genaue Kenntnis der Unsicherheiten, Investitionen, Verhandlungs- und Koordinationskosten voraus.

Entscheidungen über vertikale Integration gehören zu den schwierigsten, mit denen sich Führungskräfte auseinander setzen müssen. Zur Entscheidung steht, ob Vorarbeiten wie Dienstleistungen in der Informationstechnologie selbst erbracht oder eingekauft werden und wie weit nach unten in der vertikalen Vertriebskette eine Integration erfolgen soll. Die meisten Wirtschaftsstudenten liegen in den Strategievorlesungen mit einem guten intuitiven und analytischen Verständnis bei den meisten strategischen Entscheidungen richtig. Ausgenommen davon sind Fälle, in denen es um vertikale Integration geht. Wir beobachten außerdem, dass Entscheidungen über die Eigenfertigung oder den Kauf von Leistungen eine Menge Nerven kosten und die vertikale Integration von Unternehmen derselben und auch verschiedener Branchen sehr unterschiedlich verlaufen kann.

Es gibt immer Alternativen

Ein Unternehmen, das über eine vertikale Integration entscheidet, entscheidet über den Eintritt in einen neuen Wirtschaftszweig. Daher gelten viele Überlegungen, die beim Eintritt in einen neuen Markt anstehen, auch für die vertikale Integration. Der Unterschied zwischen einem einfachen Markteintritt und einer vertikalen Integration wird sichtbar, wenn ein Unternehmen sich gegen den Schritt entscheidet. Bei der Entscheidung über einen Standard-Markteintritt ist die Alternativen die Fortsetzung des Bisherigen. Bei der vertikalen Integration hingegen heißt die Alternative, die Leistung von einem externen Unternehmen einzukaufen. Damit hängt die Entscheidung von den Kosten der Integration und denen für den Einsatz eines Zulieferers ab. Es gibt verschiedene Alternativen zu einer vertikalen Integration. Ein Extremfall wäre die anonyme Transaktion am Markt, wenn beispielsweise ein Unternehmen Benzin für seinen Fuhrpark an der Tankstelle kauft. Wenn Unternehmen allerdings bestimmte Vorleistungen nicht selbst erbringen, dann bauen sie meist langfristige Beziehungen zu einem oder mehreren Zulieferern auf. Dazu gehört normalerweise ein formaler Vertrag über Preise, Mengen, Qualität, Lieferzeiten, Service und andere Punkte. Die Beteiligten könnten aber auch im Rahmen einer strategischen Allianz Ausschließlichkeitsklauseln und das Bündeln der Kräfte bei der Entwicklung oder Herstellung von Vorleistungen vereinbaren. Auch ein Joint Venture ist vorstellbar, bei dem sich ein eigenständige Unternehmen für die Herstellung der Vorprodukte im gemeinschaftlichen Besitz befindet. Beim Abwägen zwischen Tun oder Kaufen muss daher sorgfältig bedacht werden, welche Struktur bei einer Kaufentscheidung vorgefunden wird.

Zwei grundlegende Ansätze beschäftigen sich in diesem Zusammenhang mit den verschiedenen Aspekten des »Kaufens«. Anhand des »Marktansatzes« untersuchen wir die Wahl zwischen Transaktionen am Markt und langfristigen Geschäftsbeziehungen. Beim »organisatorischen Ansatz« setzen wir eine langfristige Beziehung als gegeben voraus und widmen uns der Frage, ob die Struktur dieser Beziehung auch eine vertikale Integration beinhalten sollte.

Der Marktansatz

Transaktionen am Markt haben den wesentlichen Vorteil, dass Märkte sehr effizient Produkte herstellen und dass der Käufer vom Wettbewerb unter den Zulieferern profitiert, durch Produktverbesserungen oder niedrigere Kosten. Ein vertikal integriertes Unternehmen ist hingegen auf seine eigene Kostenstruktur und Produktauswahl angewiesen und kann sich nicht aus der Vielfalt am Markt das Beste heraussuchen. Auf die erheblichen Vorteile eines funktionierenden Marktes zu verzichten, will daher reichlich überlegt sein. Gleichwohl spricht einer der beiden folgenden Gründe für die vertikale Integration. Als Grund denkbar ist, dass die Präsenz eines Unternehmens in einem Markt ihm Vorteile in einem vertikal verknüpften Markt verschafft oder aber der Wettbewerb dort nicht effizient funktioniert.

Interessanterweise kann die vertikale Integration vieler Unternehmen einer Branche die Begründung für andere Unternehmen sein, ebenfalls diesen Schritt zu wagen. Wenn Wettbewerber durch den Kauf unabhängiger Händler vertikal integrieren, so wird es für nicht vertikal integrierte Unternehmen schwieriger, von den Vorteilen des Wettbewerbs im Handel zu profitieren. Dadurch kann eine vertikale Integration erstrebenswerter werden. Wenn Filmstudios beispielsweise Kinos besitzen, wird ein neues Filmstudio nur dann seine Filme vertreiben können, wenn es selbst Kinos unterhält. Besitzt hingegen keines der Studios eigene Filmtheater, so dürfte der Markt für Filmvorführungen bestens funktionieren und ein neues Studio seine Filme zeigen können, ohne den Schritt in die vertikale Integration zu gehen.

Durch Synergien, die durch Tätigkeiten auf vertikal verknüpften Märkten entstehen, können die Kosten für Produktion, Koordination, Transport und Ähnliches sinken. Diese Effekte sind jedoch oft gering im Vergleich zu den Vorteilen des Wettbewerbs unter vielen externen Anbietern. Ist der Nutzen hingegen beträchtlich, kann eine vertikale Integration durchaus Sinn machen. Harvard-Professor Michael Porter erörtert hierfür ein Beispiel aus der Stahlproduktion. Liegen beispielsweise Herstellung und Auswalzen des Stahls in einer Hand, dann muss ein Stahlblock kein zweites Mal erhitzt werden – was Kosten sparen kann.

Eine etwas subtilere Quelle für Größenvorteile ist das Wissen über Märkte, das eine feste Kostengröße darstellt. Zahlreiche Ölraffinerien sind beispielsweise vertikal im Öltankertransport integriert. Denn die Betreiber von Raffinerien müssen als Einkäufer von Transportleistungen und als Abnehmer von Rohöl über die weltweite Angebots- und Nachfragestruktur im Öl- und Transportgeschäft Bescheid wissen. Durch Investitionen in dieses Know-how können sie sich einen Wettbewerbsvorteil im Transportbereich verschaffen.

Eine vertikale Integration kann außerdem die Verhandlungsposition gegenüber Zulieferern stärken. Herrscht im vorgelagerten Markt vollständiger Wettbewerb, macht eine vertikale Integration keinen Sinn, da der Preis den Grenzkosten entspricht und die Verhandlungsmacht keine Rolle spielt. Ist jedoch eine gewisse Marktmacht im vorgelagerten Markt vorhanden, so hängt der Preis für die Vorleistung von der Nachfrageelastizität des in der Produktionskette nachgeordneten Unternehmens ab. Die Nachfrageelastizität wiederum wird durch die Ersatzmöglichkeiten begrenzt. Ist die Ausweitung der Eigenproduktion als Option glaubwürdig, so erhöht dies die Nachfrageelastizitäten und reduziert den Preis. Wenn eine Brauerei einen Teil der benötigten Dosen selbst herstellt, ist die Ausweitung dieser Produktion als Druckmittel gegen einen Dosenzulieferer allemal glaubwürdiger, als wenn eine Brauerei selbst keine Dosen produziert.

Bereits seit längerem beschäftigen sich Ökonomen mit der Frage, auf welche Weise Unternehmen mit Marktmacht von vertikaler Integration profitieren. Zu den potenziellen Vorteilen zählen differenziertere Preise, die Vermeidung doppelter Preisaufschläge, Umgehung von Wettbewerb und Vermeidung von Regulierung und kartellrechtlichen Problemen. Auf solche und ähnliche Fragen wird ein Artikel in Teil 11 der Mastering: Strategie-Serie eingehen, der den Wirkungsbereich von Unternehmen untersucht. Wir werden uns daher auf die mit einer vertikalen Integration verbundenen organisatorischen Fragen konzentrieren.

Organisatorische Sicht

Transaktionen am Markt mit Blick auf vertikal verknüpfte Waren und Dienstleistungen funktionieren dann nicht besonders gut, wenn Käufer und Verkäufer Investitionen tätigen müssen, die den einen an den anderen binden. Der US-Flugzeughersteller Boeing muss beispielsweise enge Geschäftsbeziehungen zu seinen Teilezulieferern haben. Ein Zulieferer wiederum muss seine Produktionsanlage auf ein bestimmtes Modell seines Kunden abstimmen – Mengen, Qualität oder Umschlagzeiten werden gemeinsam festgelegt. Hat sich Boeing für einen Zulieferer entschieden, kann das Unternehmen nicht mehr von der Macht des Wettbewerbs profitieren. Alternative Zulieferer sind nur ein schlechter Ersatz, sobald sich eine Geschäftsbeziehung gefestigt hat. Hier wird nicht mehr entschieden zwischen Transaktionen am Markt und einer langfristigen Geschäftsbeziehung, sondern zwischen verschiedenen Formen einer langfristigen Zusammenarbeit, von langfristigen Verträgen zwischen Käufer und Zulieferer (vertikale Allianz) bis zur vollständigen vertikalen Integration.

Synergien können Kosten senken

Überraschenderweise gibt es keine klare und eindeutige Definition von vertikaler Integration. Man denke an Franchising in der Gastronomie: Der Franchise-Geber ist nicht vertikal integriert, jedoch über einen sehr detailreichen und langfristigen Vertrag eng mit seinen Franchise-Nehmern verbunden. Zahlreiche Aspekte dieser Verbindung ließen sich auch erreichen mit Restaurants im Besitz von nur einem Unternehmen und ausgeklügelte Verträgen für die Geschäftsführer. Nicht zuletzt deshalb sind viele Franchise-Geber auch Besitzer eines Teils ihrer Verkaufsstellen. Auf den ersten Blick ist also nicht ganz klar, wo der Unterschied zwischen beiden liegt. Dies ist ein äußerst wichtiger Punkt, denn die Integration/vertragliche Bindung ist nicht die einzige wichtige Entscheidung, die die Beziehung bestimmt. In vielen Fällen ist sie noch nicht einmal die wichtigste. Beim Restaurantbeispiel steht Eigentum für das verbleibende Recht, die zum Restaurant gehörenden Vermögenswerte zu kontrollieren. Ein Eigentümer entscheidet, was er wann mit seinem Besitz tut. Diese Rechte kann der Eigentümer allerdings über einen Vertrag an andere abtreten. Der Eigentümer hat damit nicht zwangsläufig die umfassendsten Kontrollrechte, sondern trifft Entscheidungen, die nicht ausdrücklich im Vertrag geregelt wurden.

Im Beispiel des Restaurants sagt der Vertrag möglicherweise nichts über die Öffnungszeiten aus. Handelt es sich um einen Franchising-Vertrag, so kann der Franchise-Nehmer diese frei gestalten. Will der Franchise-Geber die Öffnungszeiten verlängern, muss er dies mit dem Franchise-Nehmer aushandeln. Befindet sich das Restaurant jedoch im Besitz einer Muttergesellschaft, kann diese den Geschäftsführer anweisen, die Öffnungszeiten des Restaurants zu verlängern. Legt der Vertrag neben anderen relevanten Entscheidungen auch die Öffnungszeiten fest, so spielt die Eigentümerschaft hier keine Rolle. In den meisten Fällen ist Eigentum aber sehr wohl von Bedeutung, da es keine lückenlosen Verträge gibt. Angesichts dessen können die mit der Eigentümerschaft verbundenen Vorteile Unternehmen dazu veranlassen, die vertikale Integration einer vertikalen Allianz vorzuziehen. Insbesondere zwei Vorteile gehen damit einher: Zum Ersten die Fähigkeit zu bestimmen, wie das Betriebskapital genutzt wird. Hierdurch entfallen Verhandlungskosten und die Koordination und Kontrolle voneinander abhängiger Tätigkeiten wird erleichtert. Zum Zweiten erhöht Eigentum den Anreiz, Investitionen zugunsten der Geschäftsbeziehungen zu tätigen.

Niedrigere Verhandlungskosten
Einer der bedeutenden Unterschiede zwischen Vertragsbeziehungen und Integration besteht darin, dass die Neuverhandlung und die Koordination einer vertraglichen Beziehung angesichts unvollständiger Verträge sehr aufwendig ist. In einem 20-Jahres-Vertrag zwischen einem Bauxitbergwerk und einer Aluminiumhütte dürfte es schwer sein, die richtige Preisanpassungsklausel vertraglich zu fixieren. Selbst der simple Zugriff auf den Marktpreis kann Schwierigkeiten machen, wenn nicht festgelegt wurde, wie dieser exakt bestimmt wird. So hat es in der Kohleindustrie erhebliche Preisschwankungen bei verschiedenen Kohlearten gegeben, da es wegen neuer Umweltbestimmungen billiger geworden war, alternative Kohlearten zu verbrennen.

Das Aushandeln neuer Preise kann also kostenaufwändig sein und die betrieblichen Abläufe stören. In einem vertikal integrierten Unternehmen ist den Beteiligten klar, dass das Bergwerk an die Hütte liefern sollte. Es kann kontrollieren, dass dies wirklich geschieht. Möglicherweise ist der Preis wichtig für Rechnungswesen und Motivation. Andererseits wird so die Gefahr von Störungen vermieden.

Koordination

Ein wesentlicher Unterschied zwischen einem vertikal integrierten Unternehmen und einer vertikalen Allianz ist die Art, wie Konflikte bewältigt werden. Einer der Autoren (Knez) hat gemeinsam mit Duncan Simester von der M. I. T. 's Sloan School Entscheidungen über Herstellung oder Kauf von Teilen bei einen Produzenten hochkomplexer kundenspezifischer Hightech-Produkte untersucht. Bei diesem Unternehmen werden manche Vorprodukte ausgelagert, andere im Betrieb gefertigt und wieder andere intern sowie extern beschafft. Sowohl innerbetrieblich als auch extern treten dabei Konflikte und Koordinierungsprobleme auf. Der interne oder externe Käufer erwartet höchste Qualität, Pünktlichkeit und effiziente Berücksichtigung von Veränderungen in der Konstruktion. Die Teilehersteller – intern wie extern – wollen hingegen Kosten und Produktionsunterbrechungen auf ein Mindestmaß reduzieren.

Die Studie zeigt, dass die Koordination zwischen einem externen Teilezulieferer und den Ingenieuren eines Unternehmens schwieriger sein kann als der gleiche innerbetriebliche Vorgang. Wichtigster Unterschied: Preise und Verhandlungsmacht spielen bei Beziehungen zu externen Zulieferern eine größere Rolle. Eine Änderung in der Konstruktion kann dazu führen, dass der Preis neu ausgehandelt werden muss. Die Umsetzung einer solchen Änderung wird so zum komplexen Vorgang. Können sich hingegen zwei Abteilungen nicht über die notwendigen Schritte einigen, wird der technologische Leiter den Konflikt lösen. Dessen Interessen entsprechen denen des gesamten integrierten Unternehmens; mit dem erforderlichen Fachwissen dürften hieraus richtige Entscheidungen erwachsen. Das Wissen, dass Konflikte korrekt gelöst werden, kann dabei die einzelnen Abteilungen zur Kooperation motivieren und die Intervention eines technologischen Leiters seltener erfordern.

Legt der Vertrag nicht die Vorgehensweise für jede Konstruktionsänderungen exakt fest, wird sich die Lösung des Problems vermutlich auf den Gewinn jedes Unternehmens auswirken. Außerdem kann es in diesem Zusammenhang für jedes Unternehmen von Interesse sein, wichtige Informationen zurückzuhalten, um die eigene Verhandlungsposition zu stärken. Eine Koordination ist daher entsprechend schwieriger.

Das von Knez und Simester untersuchte Unternehmen beschäftigt Einkäufer, die als Bindeglied zwischen Unternehmen und Zulieferern fungieren. Zwar stärken sie die Nachfragemacht des Unternehmens, behindern jedoch den Informationsfluss und eine effiziente Koordination. Als hauptsächlichen Nutzen einer vertikalen Integration haben Knez und Simester die niedrigeren Verhandlungskosten sowie besserer Koordination und Kontrolle ausgemacht. Diesen Vorteilen stehen jedoch Verluste durch den fehlenden Wettbewerb unter Zulieferern gegenüber.

Insbesondere sind Verträge alles andere als perfekt und vollständig, und das Aufsetzen und Umsetzen ist kostspielig. So ist es nahezu unmöglich oder in jedem Fall enorm teuer, alle Eventualitäten in der Beziehung zwischen einem Käufer und einem Zulieferer bei Vertragsschluss zu berücksichtigen. Noch kostspieliger ist das Aufsetzen von Verträgen, in denen die Reaktion der Vertragspartner auf solche Eventualitäten festgelegt wird. Vertragsbeziehungen bergen also Risiken, insbesondere solche, die dem Zulieferer eine gewisse Kontrolle über strategisch wichtige Produktionsmittel des Käufers einräumen.

Durch Integration kontrolliert ein Unternehmen das Risiko, dass unvorhergesehene Ereignisse zu Betriebsstörungen durch das vertraglich gebundene Unternehmen führen.

Verträge sind niemals perfekt

Wenn ein Unternehmen einen starken Markennamen hat, der ihm in einem neuen Geschäftszweig von Nutzen sein kann, kann diese Überlegung relevant werden. Es wird nämlich nur widerwillig die Nutzung seines Markennamens lizenzieren wollen. Der US-Unterhaltungsgigant Walt Disney verfügt über einen starken Markennamen und hat erkannt, dass dieser bestens beim Verkauf von Bekleidung oder anderen Artikeln eingesetzt werden kann. Also stand die Entscheidung an, eigene Verkaufsstellen aufzubauen oder Lizenzverträge abzuschließen. Entschiede man sich für Lizenzverträge, bestünde die Möglichkeit, dass der Vertragsschutz möglicherweise nicht ausreicht, um eine Herabsetzung des Markenwerts zu verhindern – was den Gewinn von Disney verringern würde.

Andererseits kann vertikale Integration problematisch werden, wenn ein Unternehmen in einem Geschäftszweig keine Erfahrung hat. Für dieses Dilemma sind unterschiedliche Lösungen denkbar. Disney hat sich entschlossen, eigene Verkaufsstellen zu eröffnen und außerdem einen langfristigen Werbevertrag mit McDonald's abzuschließen. Die Entscheidung gegen eine vertikale Integration fällt hier leicht – es dürfte nicht allzu schwierig sein, die Verwendung des Disney-Markennamens durch McDonald's zu kontrollieren. McDonald's hat außerdem ein erhebliches Interesse am Fortbestehen der Geschäftsbeziehung. Disney ist wiederum aufgrund der völlig anders gelagerten Fertigkeiten, Managementanforderungen und sonstigen Aufwendungen sowie der hohen Eintrittsbarrieren nicht daran interessiert, ins Fast-Food-Geschäft einzusteigen.

Der Besitz des Produktionsvermögens bei vertikaler Integration ermöglicht dem Unternehmen die letztendliche Kontrolle über diese Vermögenswerte. Diese Kontrollrechte wirken sich auch auf die Bereitschaft aus, besondere Investitionen zu tätigen. So wird die Partei mit mehr Kontrollrechten über einen Vermögenswert in stärkerem Maße von Investitionen profitieren, die den Wert des Vermögens erhöhen. Ein Vorteil des Franchising besteht beispielsweise darin, dass der Anreiz für den Geschäftsführer, in den langfristigen Wert des Franchise-Systems zu investieren, dadurch größer ist.

Solche Punkte lassen sich nur schwer vertraglich regeln. Ein angestellter Geschäftsführer kann zum Beispiel Investitionen tätigen, die zu hoch sind im Verhältnis zum Gewinn und zu den damit verbundenen künftigen Verbesserungen. Einem Franchise-Nehmer hingegen werden diese Vorteile wieder zugute kommen, wenn er oder sie das Franchise-Unternehmen verkauft.

Zusammengefasst

Eine einfache Formel für das optimale Maß an vertikaler Integration eines Unternehmens gibt es nicht. Das umfassende Verständnis dessen, was mit einer Vertragsbeziehung überhaupt erreicht werden kann, setzt eine genaue Untersuchung der Unsicherheiten, Investitionen, Koordinations- und Verhandlungskosten voraus. Als die Giganten der Verbraucherelektronik, Sony und Matsushita, vertikal in das Unterhaltungsgeschäft einstiegen, lautete eine der Begründungen, dass sie nun über ein Softwareangebot für jede ihrer neu entwickelten Plattformen verfügten. Warum dies für beide Unternehmen so wichtig ist, liegt auf der Hand. Die Frage ist jedoch, warum sie dies nicht ebenso erfolgreich über eine Vertragsbeziehung realisiert haben. Sony hätte CBS Records schließlich vertraglich verpflichten können, seine 100 besten Alben in Verbindung mit neuen Plattformen von Sony herauszugeben.

Argumente für eine vertikale Integration müssen eine Begründung liefern, warum ein Vertrag nicht das gleiche Ergebnis erzielen kann wie der Eintritt in einen Markt, der anders gelagerte Anforderungen und Führungsstile erforderlich macht. Eine Entscheidung für oder gegen Integration kann nicht getroffen werden, ohne die vollständige Struktur der beiden alternativen Geschäftsbeziehungen und ihre Auswirkungen auf die Effizienz und Koordination eines Unternehmens zu berücksichtigen.

Literaturhinweise
Hart, Oliver: *Firms, Contracts, and Financial Structure.* Oxford: Clarendon Press, 1995.
Putterman, Louis: *The Economic Nature of the Firm.* Cambridge u. a.: Cambridge Univ. Press, 1996.
Williamson, Oliver E.: *Die ökonomischen Institutionen des Kapitalismus: Unternehmen, Märkte, Kooperationen.* Tübingen: Mohr, 1990.
Williamson, Oliver E.; Winter, S.: *The Nature of the Firm: Origins, Evolution and Development.* New York u. a.: Oxford Univ. Press, 1991.

Richard Whittington, Andrew Pettigrew und Winfried Ruigrok

Struktur und Strategie müssen ins Konzept passen

Die Unternehmen experimentieren mit neuen Organisationsformen – mit virtuellen, horizontalen oder projektbezogenen Strukturen. Diese Häufung von Innovationen erinnert an die Situation in Nordamerika vor rund 80 Jahren, als Firmen wie General Motors und DuPont neue Strukturen und Strategien entwickelten, die bis heute Bestand haben. Ebenfalls hartnäckig hält sich die Ansicht, dass eine Struktur der Strategie angepasst werden muss. Dies müssen wir jedoch überprüfen: Struktur und Strategie sollten als gleichgestellte Partner betrachtet werden, die sich im Zusammenspiel mit anderen Variablen für ein Unternehmen als Ganzes eignen. Im Rahmen der Komplementaritätstheorie lässt sich eine gute Performance erreichen, wenn Unternehmen gleichzeitig in den drei Schlüsselbereichen Struktur, Strategie und Prozess agieren.

Zunehmender Wettbewerb, neue Informationstechnologien, der Bedeutungsgewinn der Wissenswirtschaft und ein erweiterter globaler Horizont zwingen viele große Unternehmen, mit neuen Formen der Selbstorganisation zu experimentieren. Die Konzepte variieren: vernetzt, virtuell, horizontal oder projektbasiert. Doch alle diese Konzepte drücken das Bedürfnis aus, am Beginn des neuen Jahrtausends flachere, flexiblere und intelligentere Organisationsformen zu entwickeln.

Viele Beobachter vergleichen die gegenwärtigen organisatorischen Veränderungen mit dem Entstehen des divisional gegliederten Unternehmens vor mehr als 80 Jahren in den großen amerikanischen Betrieben wie DuPont und General Motors. Diese Firmen hatten damals ihre Strategie von der Konzentration zur Diversifikation verlagert. Sie bemerkten, dass sie nun auch entsprechende neue Strukturen benötigten. Der Diversifikation folgte die Dezentralisierung in gesonderte Produktbereiche. Immer mehr Unternehmen auf der ganzen Welt diversifizierten in der Mitte des letzten Jahrhunderts und nahmen die Form eines divisional gegliederten Unternehmens an. Der große Wirtschaftshistoriker Alfred Chandler fasste diese Entwicklung als »structure follows strategy« zusammen.

Dass die Struktur der Strategie angepasst werden muss, ist heute allgemein akzeptiert. Doch fast ein Jahrhundert nach Innovationen bei DuPont und General Motors muss nicht nur die alte divisionale Form erweitert werden, sondern auch unsere Vorstellung von passenden Organisationsstrukturen. Die neuen Organisationsformen stellen die traditionellen Profile großer Unternehmen radikal infrage und erfordern ein umfassenderes und dynamischeres Anpassungskonzept. Struktur ist nicht länger eine abhängige Variable der Strategie. Beide sind gleichberechtigte Partner. Und nicht nur Strategie und Struktur müssen zusammenpassen, sondern die Organisation als Ganzes. Die optimale Anpassung wird nicht durch das Zusammenfügen von Teilen erreicht, sondern durch die stetige gemeinsame Entwicklung des komplexen Ganzen. Dieser Artikel wird zeigen, wie wichtig neue Konzepte für Innovationen in Unternehmen sind. Dazu werden eine Untersuchung europäischer Firmen und Fallstudien von ABB, BP Amoco und Unilever herangezogen.

Abb. 1: Kreislauf des komplementären Wandels

Struktur gewinnt Eigenständigkeit

Die neue Vorstellung von Anpassung findet sich in der Komplementaritätstheorie der Wirtschaftswissenschaftler Paul Milgrom und John Roberts wieder. Diese Ergänzungen entsprechen dem Potenzial sich gegenseitig verstärkender Effekte, wenn man Geschäftsmethoden miteinander verbindet. Die Vorgehensweisen sind dann komplementär, wenn die Verstärkung der einen auch die Ergebnisse der anderen erhöhen kann. Anders ausgedrückt: Die Vorgehensweisen erzeugen Synergien.

Komplementaritäten sind allerdings nicht das Gleiche wie Synergieeffekte. Zunächst einmal heben Milgrom und Roberts keine paarweisen Synergieeffekte hervor (wie beispielsweise zwischen Strategie und Struktur), sondern solche zwischen den Systemen vieler Verfahrensweisen. Alle erfolgreichen Geschäftsmodelle – japanische Produktionsweise, flexible Spezialisierung italienischer Handwerker, die Hightech-Unternehmen im Silicon Valley – enthalten vollständige und kohärente Umsetzungsmethoden. In diesen Fällen sind es nicht nur Strategie und Struktur, sondern Prozess, Kultur und Kontext, die zur Performance beitragen. In unserer Arbeit haben wir uns auf die Komplementaritäten zwischen Strategie, Struktur und Prozessen konzentriert. Wir werden zeigen, dass sich im Einklang mit der Komplementaritätstheorie ein stabiler Kreislauf mit hoher Performance aus Strategie, Struktur und Prozess ergeben kann (siehe Abbildung 1).

Dieser Schwerpunkt auf kohärenten Systemen bringt uns zu einer zweiten Erkenntnis bei der Betrachtung von Komplementaritäten – dem Potenzial für negative Synergieeffekte. Synergieeffekte betonen meist die Vorteile; die Komplementaritätstheorie warnt vor den Nachteilen. Das Modell von Milgrom und Roberts zeigt, dass eine bestimmte Vorgehensweise nicht nur von ihren Komplementen abhängig ist, um ihre Stärken voll zu entfalten. Es kann auch negative Auswirkungen haben, wenn diese Komplemente fehlen. Eine Just-in-time-Lieferung funktioniert hervorragend als Teil eines kohärenten Systems. Sie kann aber zu chaotischen Verhältnissen führen, wenn entsprechende Verfahren für Produktion, Information und Personalentwicklung fehlen. Die Bedeutung von Systemen mit synergetischen Verbindungen und die Gefahren negativer Synergieeffekte führen zu einigen beeindruckenden Prognosen. Da die Auswirkungen von Änderungen von einem vollständigen System komplementärer Verfahren abhängen, ist Folgendes zu beachten:

- Lokale Experimente und teilweise Initiativen sind wahrscheinlich nicht von Erfolg gekrönt; erfolgreiche Veränderungen bedürfen meistens einer straffen Führung, um eine systemweite Transformation zu erreichen.
- Selbst systemweite Transformationen können ein signifikantes Performance-Tief durchlaufen, wenn alte Systeme von Komplementen schon aufgebrochen sind und die neuen noch vervollständigt werden müssen.
- Leicht gibt man sich mit einem noch nicht optimalen System von Komplementen zufrieden, denn jeder Schritt außerhalb des Systems zu einer potenziell besseren Situation hat zunächst einen Performance-Verlust zur Folge.
- Die Trägheit suboptimaler Systeme und die anfänglichen Rückgänge bei Veränderungen führen dazu, dass eine komplette Änderung des Systems nur selten erreicht wird.
- Wenn man einen neuen, stabilen Kreislauf komplementärer Verfahren hergestellt hat, führen sie zu beachtlichen Performance-Steigerungen. Sie können von Mitbewerbern kaum kopiert werden, da sie auf nicht transparenten Systemen beruhen.
- Der Kreislauf der Komplementaritäten muss in gleichmäßiger Bewegung bleiben, da auf ständige schrittweise Veränderungen in der Strategie mit entsprechenden Veränderungen in den Strukturen und Prozessen reagiert werden muss.

Innovative Formen

Welche Relevanz haben diese Prognosen in der Praxis? Das Konzept der Komplementaritäten erklärt sicherlich die Schlüsselergebnisse des INNFORM-Forschungsprogramms über innovative Organisationsformen in der ganzen Welt. Im Rahmen dieses Forschungsprogramms wurden große und mittlere Unternehmen in Europa, Japan und den Vereinigten Staaten untersucht und achtzehn Detailstudien von Firmen durchgeführt, die organisatorische Innovationen umsetzen.

Die Ergebnisse des europäischen Teils der Untersuchung (von mehr als 450 europäischen Firmen) bestätigen zwei der Schlüsselprognosen, die sich aus der Komplementaritätstheorie ergeben: Änderungen des gesamten Systems sind selten und teilweise Änderungen sind mit Nachteilen verbunden. Unsere Untersuchung konzentriert sich auf drei potenzielle komplementäre Elemente, die mit neuen Organisationsformen zusammenhängen:

- Strategischer Wandel: ein Trend zu weniger diversifizierten Strategien, die sich auf Kernkompetenzen konzentrieren; verstärkte Nutzung von Joint Ventures und Allianzen für den Zugriff auf Ressourcen; mehr Outsourcing bei nicht strategischen Tätigkeiten.
- Strukturelle Veränderung: Abbau von Hierarchien, um ein möglichst schlankes Unternehmen zu schaffen; stärkere operationale und strategische Dezentralisierung für schnellere Reaktionen; mehr projekt- und teambezogene Organisation, um die gemeinsame Nutzung von Wissen und Ressourcen zu fördern.
- Prozessveränderung: hohe Investitionen in neue Informationstechnologien; mehr vertikale Kommunikation für Verantwortungsbereiche und horizontale Kommunikation für das Teilen von Wissen; Investition in die Bildung von Teams und von Zielen und in Schulung, um Fähigkeiten und Zusammenhalt als Basis flacherer, horizontaler Strukturen zu fördern.
- Die Studie stellte für den Zeitraum von 1992 bis 1996 weitgestreute Initiativen in Bezug auf fast alle diese Bestandteile neuer Organisationsformen fest. Bei der Strategie gab es einen allgemeinen Trend zum Outsourcing und zu Joint Ventures, wenn auch nur einen begrenzten Abbau der Diversifizierung. In Bezug auf Struktur zeigte sich eine weit verbreitete Tendenz in ganz Europa, operationale Entscheidungen zu dezentralisieren (weniger jedoch die strategischen Entscheidungen) sowie Projektstrukturen stärker einzusetzen. Außerdem zeigte sich ein signifikanter Abbau von Managementebenen. In Bezug auf Prozessveränderungen wurden substanzielle Bewegungen in alle drei Richtungen festgestellt, mit besonders deutlichen Investitionen in die Informationstechnologie.

In den europäischen Unternehmen hat es viele Veränderungen gegeben. Aber wie die Komplementaritätstheorie vorhersagt, waren viele dieser Veränderungen eher Stückwerk als systemweite Umwälzungen. Diese teilweisen Veränderungen gingen oft mit negativen Veränderungen der Performance einher.

Stückwerk statt systemweiten Wandels

Die meisten Unternehmen haben mit einigen neuen Initiativen experimentiert, aber nur sehr wenige haben diese zu einem umfassenden Änderungssystem vereinigt. Die Hälfte hat größere Veränderungen quer durch alle Bestandteile strategischer Veränderung vorgenommen, etwas mehr als ein Viertel hat größere Veränderungen in Aspekten der Prozessveränderungen realisiert und ein Fünftel hat Strukturen umfassend verändert. Nur fünf Prozent jedoch haben größere Veränderung in allen drei Dimensionen verwirklicht. Von den wenigen, die überhaupt größere strukturelle Veränderungen realisiert haben, konnten drei Viertel die Veränderungen nicht im Rahmen einer kompletten Systemveränderung zusammenführen.

Belohnung bei systemweiter Veränderung
Unsere Analyse der finanziellen Performance hat ergeben, dass systemweite Veränderungen sich am meisten lohnen. Die Unternehmen, die alle drei Dimensionen der Veränderung kombiniert haben, haben ihre Performance um durchschnittlich 60 Prozent gesteigert.

Trotzdem scheinen nur sehr wenige Unternehmen in der Lage zu sein, diesen Erfolg nachzuvollziehen und umfassende Veränderungen vorzunehmen. Einzig die Informationstechnologie hat auch eigenständig die Performance verbessert. Alle anderen Verknüpfungen von Systemelementen hatten regelmäßig negative Konsequenzen. Der so genannte J-Kurven-Effekt beschreibt das Risiko eines Performance-Rückgangs, während ein Komplementsystem abgebaut und das neue noch kostspielig aufgebaut wird. Nur eine umfassende Veränderung kann hier hohe Steigerungen hervorbringen (siehe Abbildung 2).

Als wichtigstes Ergebnis der Studie lässt sich festhalten, dass sehr viele Unternehmen zu flacheren, flexibleren und intelligenteren Organisationsformen tendieren, nur sehr wenige dies jedoch schlüssig umsetzen.

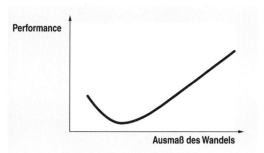

Abb. 2: Der J-Kurven-Effekt

Komplementaritäten

Unsere Untersuchungsergebnisse unterstützen die Prognose der Komplementaritätstheorie, dass nur Veränderungen des gesamten Systems sich wirklich lohnen – diese jedoch sehr selten, schwierig zu imitieren und immer mit anfänglichen Performance-Rückgängen verbunden sind. Die Ergebnisse unserer Studien bei ABB, BP Amoco und Unilever bestätigen dies und bieten Einsichten in die praktischen Anforderungen an das Management von Komplementaritäten.

Den Kreislauf schließen

Die Komplementaritätstheorie betont, wie wichtig die Durchführung von Veränderungen in allen drei Dimensionen Strategie, Struktur und Prozess ist. Unilever, der britisch-niederländische Konsumgüterkonzern, hat sich beispielsweise über ein Jahrzehnt in einem Transformationsprozess befunden. Strategisch hat das Unternehmen in diesem Prozess seit den achtziger Jahren stetig seine Kernkompetenzen ausgebaut und periphere Geschäftszweige verkauft. Seit Anfang der neunziger Jahre hat sich das Unternehmen außerdem auf neue Verfahren konzentriert. Innovationsprozesse, die aus Innovationszentren rund um die Welt hervorgehen, haben durch internationale Produktnetzwerke die Geschwindigkeit neuer Produkteinführungen erhöht. Neue strategische Prozesse entstanden sowohl in der Zentrale als auch in den Geschäftsbereichen.

Die größten Strukturveränderungen bei Unilever gab es erst 1996 als Programm »Restructuring for outstanding performance«. Mit der neuen Struktur übernahm ein neu gegründetes Führungsgremium die Verantwortung für die strategische Kontrolle der Produktbereiche weltweit. Gleichzeitig wurden Verantwortlichkeiten für Gewinne und Abläufe dezentralisiert und dadurch klarer. Es wurden einige Hierarchieebenen abgebaut; Entscheidungen konnten nun integriert auf der Ebene der regionalen Märkte getroffen werden. Unilever war jetzt ein »multilokaler multinationaler« Konzern.

Dieses Programm vervollständigte den Kreislauf von Strategie, Struktur und Prozess. Seit 1997 ist Unilevers Performance gestiegen und hat fast alle Mitbewerber in den wichtigen Maßgaben übertroffen. Das wurde nicht allein durch strukturellen Wandel erreicht. Die strukturellen Veränderungen bauten auf verbesserten Prozessen und der stärker konzentrierten Strategie auf.

Straffe Führung

Die Komplementaritätenperspektive setzt auf starke Führungspersönlichkeiten mit einer nachvollziehbaren Vision von Veränderung. Als Percy Barnevik 1988 durch Verschmelzung von Brown Boveri aus der Schweiz und ASEA aus Schweden den Technikkonzern ABB gründete, hatte er die Chance auf schnelle, systemweite Veränderungen, die einem etablierten Konzern wie Unilever kaum jemals zur Verfügung stehen.

Barneviks Strategie bestand darin, globale Größe mit lokaler Präsenz zu verbinden. Das Leben des neuen Unternehmens ABB begann mit einer Serie weiterer Joint Ventures und Übernahmen. Besonders wichtig waren die Übernahmen von Westinghouse (Energie) und Combustion Engineering (Energie und Automation), die beide ABBs Präsenz auf dem nordamerikanischen Markt sicherten, der ein Drittel des Weltmarktes ausmacht. Gleichzeitig führte Barnevik seine globale Matrixstruktur ein: 1100 stark dezentralisierte Firmen an der Front und eine verkleinerte Zentrale. Es wurden neue Verfahren für schnellere Entscheidungen und Rechenschaftspflichten eingeführt, getragen vom standardisierten und transparenten ABACUS-Berichtssystem.

Starke Führung, schlüssige Vision

Barneviks allgegenwärtige Führung war entscheidend daran beteiligt, dass in den Dimensionen Strategie, Struktur und Prozess eine radikale und schnelle Veränderung erreicht wurde. Sein ständiges persönliches Erscheinen bei Managern rund um die Welt gilt als legendär. Barnevik wurde zum meistbewunderten Manager der Welt und ABB ein Vorbild für internationale Manager weltweit – das jedoch selbst bei ABB nicht ewig funktionierte.

Die Risiken der J-Kurve: Barnevik stellte seine Komplementaritäten schnell zusammen, Unilever hat sie Schritt für Schritt aufgebaut. Der Transformationsprozess beim internationalen Mineralölkonzern BP, jetzt BP Amoco, zeigt die Risiken einer schnellen Entwicklung, wenn sie nicht in einer Ausnahmesituation begründet ist.

1990 wurde Robert Horton Vorstandsvorsitzender und Geschäftsführer von BP und startete ein aggressives Transformationsprogramm namens »Projekt 1990«. Das Unternehmen begann, sich strategisch von Geschäftsbereichen außerhalb des Kerngeschäfts zu trennen. Strukturell wurden die Funktionen der Zentrale radikal beschnitten und dezentralisiert. Prozessveränderungen erfolgten unter dem Schlagwort OPEN: Offenes Denken, Persönliche Betroffenheit, Ermächtigung und Netzwerk. Vernetzte, machtvolle Teams wurden das wichtigste Managementwerkzeug.

Von der Rezession getroffen und durch die Veränderungen geschwächt, brachen BPs Profite ein. Horton trat 1992 nach 35-jähriger Unternehmenszugehörigkeit zurück. Und obwohl das Projekt 1990 ein sehr persönlicher Kreuzzug von Horton war, übernahm sein Nachfolger David Simon es in wesentlichen Teilen. Simons Slogan setzte auf PRT-Performance, Reputation und Teams. Die Performance musste sich erholen, aber Hortons Schwerpunkt auf Teamwork blieb.

Auch Simons eigener Nachfolger, John Browne, folgte im Wesentlichen intern der gleichen Logik, startete gleichzeitig eine Reihe von branchenumwälzenden Übernahmen und Joint Ventures. Somit setzte er die Dezentralisierung fort und entwickelte das Netzwerk und die Teamidee durch die Konzentration auf Problemlösung in Gruppen gleichgestellter Arbeitnehmer. 1997 waren die Profite mehr als doppelt so hoch wie vor der Horton Ära und achtmal so hoch wie während des Horton-Tiefs.

Hortons Rücktritt hatte mit Stil zu tun und mit unglücklicher Fügung. Sein Schicksal illustriert aber auch die Gefahren der J-Kurve. Nach Hortons Abschied wurde der Prozess dem von Unilever ähnlicher: eine Stein für Stein errichtete Konstruktion, die das Unternehmen in die Lage versetzte, Amoco zu übernehmen und weltweit der drittgrößte Mineralölkonzern werden.

Ständige, gemeinsame Weiterentwicklung

Barneviks Erfolg mit einer sehr schnellen komplementären Veränderung hing mit der Krisensituation einer Megafusion zusammen. Aber selbst bei ABB hatte das nicht ewig Bestand. Der Kreislauf der Komplementaritäten muss in gleichmäßiger Bewegung bleiben: Strategie, Struktur und Prozess entwickeln sich gemeinsam weiter.

Als Barnevik 1997 zurücktrat, führte sein Nachfolger Goran Lindahl die Strategie der globalen Größe noch weiter, indem er den Produktbereich stärkte. Aus vier Hauptgeschäftsfeldern wurden sieben und die regionalen koordinierenden Ebenen wurden abgeschafft. Die stark dezentralisierten Operationseinheiten blieben bestehen, aber die Vernetzung zwischen den Einheiten und die Zusammenarbeit wurden wieder stärker gefördert.

Die Veränderungen nach Barnevik bauten auf der Vergangenheit auf, ähnlich wie es Simon und Browne bei BP gemacht hatten. Lindahl betonte die Kontinuität, indem er Globalisierung mit Dezentralisierung kombinierte und das ABACUS-Berichtssystem beibehielt.

Diese Veränderungen zeigen, wie wichtig die komplementäre gemeinsame Weiterentwicklung für etablierte, große Unternehmen ist – stetige kohärente Veränderungen sind besser als unzusammenhängender radikaler Wandel. Lindahl hat dies erkannt und legte den Lebenszyklus einer Struktur auf nur fünf Jahre fest. Weitere Veränderungen bei ABB sind bereits darin enthalten.

Literaturhinweise

Pettigrew, A.; Fenton, E.: *Process and Practice in New Forms of Organising.* London: Sage, 2000.

Pettigrew, A.; Peck, S.; Whittington, R.; Fenton, E.; Conyon, M.: »Change and Complementarities in the New Competitive Landscape«, *Organization Science,* 10 (4), 1999.

Ruigrok; W.; Pettigrew, A.; Peck, S.; Whittington, R.: »Corporate Restructuring and New Forms of Organising in Europe«, *Management International Review,* 39 (2), 1999.

Shaw, D.: *Organising for the 21th Century.* London: PricewaterhouseCoopers, 1999.

Karel Cool

Kritische Masse: wenn der Sieger alles bekommt

Als Manager eines Unternehmens muss man sich der Faktoren bewusst sein, von denen die kritische Masse abhängt. Man sollte wissen, wie man ein Wettrennen gewinnt, bei dem der Sieger alles bekommt. Und schließlich ist es entscheidend zu begreifen, wie man auf der Verliererstraße umkehrt. Was ist die Dynamik einer kritischen Masse und mit welchen Strategien kann dieser Punkt erreicht werden? Denn Wettrennen um die kritische Masse – bei denen die meisten Teilnehmer alles verlieren – gibt es heute in immer mehr Branchen.

Stellen Sie sich eine Situation vor, in der die meisten Unternehmen einer Branche einfach untergehen, während eine kleine Hand voll Mitbewerber – oft mit ähnlichen Produkten – sämtliche Gewinne einfährt. Solche »Wettrennen um die kritische Masse«, bei der der Sieger alles bekommt, gibt es in verschiedenen Umgebungen immer häufiger. Man denke an Smart-Cards, E-Commerce, Flugreservierungssysteme, digitale Aufnahmestudios und den guten Ruf von Institutionen, die MBAs ausbilden.

In diesem Beitrag werden Fragestellungen erörtert wie: Wann muss ich in meiner Branche damit rechnen, dass ein Wettrennen um die kritische Masse beginnt? Was muss ich tun, um zu gewinnen? Wie muss ich reagieren, wenn sich abzeichnet, dass ich den Kampf verliere? Viele Firmen wollen die kritische Masse erreichen.

Es gibt jedoch oft nur vage Vorstellungen davon, was an der kritischen Masse kritisch ist, was das Ganze mit Masse zu tun hat und wie man erkennt, wann man die kritische Masse erreicht hat. Für die meisten hat Masse etwas mit Größe zu tun – die Mindestgröße (im Vertrieb oder in Forschung und Entwicklung), die wirtschaftlich oder innovativ arbeiten kann. Der Begriff der kritischen Masse scheint auf den ersten Blick etwas mit Skaleneffekten zu tun zu haben, basiert jedoch auf völlig anderen Mechanismen.

Skaleneffekte bedeuten, dass man mit geringeren Kosten pro Einheit rechnen kann, wenn eine Organisation wächst oder ihre Kapazität erhöht. Sind die für eine neue Größenordnung erforderlichen Investitionen einmal getätigt, gilt es, den Durchsatz zu maximieren, um die Skaleneffekte tatsächlich zu realisieren. Dies ist im Wesentlichen ein statisches Konzept der Kostenoptimierung.

Herdenverhalten

Die kritische Masse hingegen ist dynamisch. Sie wirkt sich zwar auf die Kosten aus, dies jedoch ist nicht unbedingt die treibende Kraft. Ein Beispiel ist die »sterbende Kommission«: Wenn für eine Business-School ein neuer Leiter gesucht wird, zeigen die Mitarbeiter zunächst enormes Engagement. An der ersten Sitzung der Findungskommission nehmen möglicherweise satte 60 bis 70 Prozent der Mitarbeiter teil. Manche aber denken vielleicht, dass alle Mitarbeiter hätten teilnehmen sollen. Und hätten sie von deren Fernbleiben gewusst, wären sie selbst ebenfalls weggeblieben. Zur zweiten Sitzung erscheinen sie deshalb nicht mehr, und die Beteiligung sinkt auf 50 bis 60 Prozent. Jetzt fragen sich weitere Teilnehmer, warum die anderen wegbleiben, und fehlen bei der dritten Sitzung ebenfalls. Einige Monate später beträgt die Teilnahme die üblichen 20 bis 30 Prozent. Es wird beschlossen, die Initiative zu einem späteren Zeitpunkt wieder aufzugreifen – und die bisherige Kommission vertagt sich erst einmal auf unbestimmte Zeit.

Die kritische Masse ist dynamisch

Dies entspricht dem typischen »Herdenverhalten«. Menschen tun etwas, weil sie sehen oder erwarten, dass andere dasselbe tun. Risiko scheue Menschen warten mit jedem Engagement normalerweise so lange, bis ausreichend viele andere Leute Interesse zeigen. Die Definition von »ausreichend viele« ist dabei von Mensch zu Mensch verschieden. Es ist die Interaktion von Menschen mit unterschiedlichen Vorstellungen von »ausreichend«, die der Dynamik von Situationen zugrunde liegt, in der Sieger alles und die Verlierer nichts bekommen.

Im Beispiel oben würde niemand an den Sitzungen der Findungskommission teilnehmen, wenn alle erwarteten, dass niemand sonst teilnimmt. Rechnet man dort mit fünf bis zehn Prozent der Mitarbeiter, dann wird nur eine Person die Teilnahme für sinnvoll halten: der neue Leiter. Dieses Verhalten hat Auswirkungen auf die Gruppendynamik. Sitzungsteilnehmer ärgern sich zunehmend, dass Mitarbeiter, mit deren Anwesenheit sie gerechnet hatten, wegbleiben. Wer sich besondert ärgert, bleibt den Sitzungen zukünftig ebenfalls fern. Immer mehr Mitarbeiter glänzen durch Abwesenheit, bis man schließlich bei einer stabilen Teilnehmerzahl von null angekommen und die Kommission »gestorben« ist.

An diesem Punkt wird häufig gefolgert, die Aktivitäten seien eingeschlafen, »weil kein echtes Interesse besteht«. Dies trifft jedoch mit Sicherheit nicht zu. Tatsächlich würde ein großer Teil der Mitarbeiter gern in der Findungskommission mitarbeiten – jedoch nur dann, wenn sie mit »ausreichend anderen« rechnen können. Wie also rettet man die Kommission vor dem Tod? Man könnte zum Beispiel eine feste Anzahl von Mitarbeitern zur Teilnahme an den Sitzungen verpflichten, unabhängig vom Verhalten der anderen. In diesem Beispiel soll die Zahl bei acht liegen. Die anderen Mitarbeiter wissen, dass auf jeden Fall immer acht Personen an den Sitzungen teilnehmen. Damit wird es für mindestens einen weiteren Mitarbeiter lohnend, ebenfalls teilzunehmen.

Abbildung 1 zeigt die Auswirkungen der erwarteten Teilnahme dieser acht »Aufrechten«. Bei Punkt I nahmen neun Mitarbeiter teil, die jeweils erwarteten, dass neun andere teilnehmen: Es entsteht ein Gleichgewicht. Die Teilnahmekurve schneidet die 45-Grad-Linie als Diagonale des Gleichgewichts noch an zwei weiteren Stellen – bei einer Teilnahme von 27 Prozent (II) und 67 Prozent (III). Weil also acht Personen unter allen Umständen teilnehmen, lässt sich bei 67 Prozent ein Gleichgewicht erreichen. Ohne die acht geht die Teilnahme unweigerlich auf null.

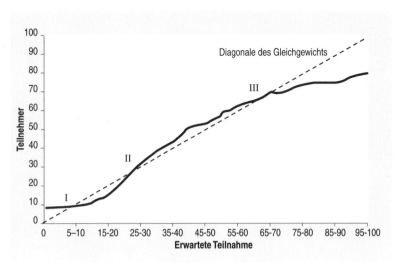

Abb. 1: Die kritische Masse bei der »sterbenden Kommission«

Was für Arten von Gleichgewicht werden erreicht? Dies ist eine Funktion der »Kettenreaktion«, die Prozessen mit einer kritischen Masse eigen ist. Würde die Teilnahme beispielsweise bei einer Sitzung 35 Personen betragen, hätten mehr Personen teilgenommen, als erwartet wurden. Und diese unerwartet hohe Teilnahme wirkt stimulierend und bewirkt eine weiter steigende Teilnahme. Wird letzten Endes jeder teilnehmen? Nein. Die Kettenreaktion stoppt bei Punkt III. Jenseits von 67 Prozent sind einige Teilnehmer enttäuscht und bleiben fern, weil sie mit mehr Teilnehmern gerechnet haben. Wenn die Teilnahme andererseits unter 27 Prozent sinkt, fällt sie weiter auf neun Prozent ab. Ganz auf null geht sie nicht zurück, weil die acht »Aufrechten« einen neunten Teilnehmer anlocken.

Punkt II steht für die kritische Masse. Kritisch deshalb, weil sie instabil ist; eine Teilnahme oberhalb von Punkt II verursacht eine Kettenreaktion in Richtung auf Punkt III. Ein Rückgang unterhalb von Punkt II bewirkt einen weiteren Abfall bis auf Punkt I. Punkt I und III sind stabil, weil die Teilnahme normalerweise in Richtung auf diese beiden Punkte tendiert. Eine stabile Teilnahme in der Größenordnung von 20 oder 35 Prozent ist daher unmöglich. Entweder steigt die Teilnahme dann auf 67 Prozent oder fällt auf neun Prozent. Zwischen diesen beiden »Marktanteilen« gibt es keinen stabilen Haltepunkt.

Geschäftsdynamik

Oft bilden rationale Überlegungen die Grundlage für die »Erfolg-erzeugt-Erfolg«-Dynamik der kritischen Masse. Anhand der folgenden Kriterien lässt sich erkennen, wann das Ergebnis des Wettbewerbs auf den Märkten von der Dynamik der kritischen Masse bestimmt wird.

Beurteilung des Produkts vor dem Kauf: Viele Produkte lassen sich erst dann bewerten, wenn man bereits dafür bezahlt hat. Die Wahl einer Lebensversicherungspolice, eines Restaurants, einer Pauschalreise, einer Business-School, eines Beraters oder eines Investment-Bankers lässt sich erst im Nachhinein beurteilen. Weniger erfahrene Verbraucher neigen daher dazu, Rat zu suchen oder nach Hörensagen zu urteilen. Produkte und Dienstleistungen, die als Erste einen guten Ruf erwerben, liegen im Wettbewerb vorn; der Abstand zwischen ihnen und den Wettbewerbern wird immer größer.

Besonders im Dienstleistungssektor wirken sich Erfahrungen derartig aus. Da jedes »Produkt« spontan hergestellt wird, von den Umständen zum Verbrauchszeitpunkt abhängt und oft auf die aktive Mitarbeit des Verbrauchers angewiesen ist, kann die Qualität der Ergebnisse möglicherweise sehr unterschiedlich ausfallen.

Langlebigkeit des Produkts: Erfahrungseffekte findet man auch bei langlebigen Produkten, deren Versagen den laufenden Betrieb erheblich stören (wie in der Luftfahrt oder beim Bau von Häusern). Da der Verbraucher mit den Konsequenzen seiner Entscheidung unter Umständen längere Zeit leben muss, verhält man sich risikoscheu: Verbraucher kaufen das, was andere Verbraucher als das Beste bezeichnen.

Eine der größten Anfangsschwierigkeiten des europäischen Airbus-Konsortiums war der fehlende Nachweis, dass seine Flugzeuge langlebig waren und beim Wiederverkauf gute Preise erzielten. Auch der Markteintritt bei den Triebwerken für Flugzeuge ist wegen der Vorsicht der Flugzeughersteller und Fluglinien faktisch blockiert. Den Herstellern von Triebwerken kommt dabei zugute, dass ein weltumspannendes Service- und Ersatzteilnetz für sehr kurzfristige Reparaturen an Flugzeugen sofort vorhanden sein muss. Ähnlich stabil zeigt sich der Markt für Anlagen zur Papierherstellung, welche mehr als 40 Jahre überdauern können.

Erprobungskosten: Auch die Kosten für einen versuchsweisen Kauf beeinflussen die Risikofreudigkeit von Verbrauchern. Weil sich die Qualität von Lebensmitteln erst nach einem Kauf beurteilen lässt, haben auch diese Produkte eine Erfahrungskomponente. Die Kosten eines Versuchskaufs sind jedoch oft zu gering, um etablierte Marken zu schützen. Ein großer Preisunterschied zwischen bekannten Marken und neuen Marken verleitet oft zum Umstieg. Der Erfolg von Eigenmarken zeigt, dass schon ein Mindestmaß an Qualitätsversprechen zum Umstieg der Verbraucher führen kann. Für exklusive Restaurants ist hingegen der gute Ruf von Bedeutung, weil die Kosten für einen Versuch vielen Gästen erheblich erscheint.

Netzwerkeffekte: Die Dynamik der kritischen Masse ist oft zu beobachten, wenn Produkte Netzeigenschaften haben, also der Wert eines Produktes oder einer Dienstleistung davon abhängt, wie groß das Netz der Nutzer ist. Der Wert eines Pagers hängt zum Beispiel davon ab, wie viele Personen mit diesem System erreicht werden können. Gleiches gilt für Telefon- oder E-Mail-Dienstleistungen.

Transportkosten: Express-Zustelldienste wie UPS, Federal Express oder DHL können die Lieferkosten pro Kunde in einem bestimmten Gebiet erheblich reduzieren, wenn sie eine hohe Marktdurchdringung erreichen. Ähnliche Einspareffekte beobachtet man für Getränke- oder Zigarettenautomaten. Eine weitere Verbreitung der Automaten fördert den Umsatz und senkt Vertriebskosten.

Impulseffekte: Netzwerkeffekte kann man auch bei Produkten oder Diensten mit Impulswirkung beobachten (wie Schnellrestaurants oder Videotheken). Neben der örtlichen Verfügbarkeit wird der Vertrieb dieser Produkte stark von den früheren Erfahrungen eines Kunden mit dem Produkt – oft an einem anderen Ort – geprägt. Schnellrestaurants wie McDonald's oder Burger King versuchen, in jeder Region häufig präsent zu sein. Neben den geringeren Transportkosten wird so auch der Kunde eingefangen, der unterwegs Lust auf einen Hamburger verspürt.

Interaktion Hauptprodukt – Zusatzprodukte: Wird ein Zusatzprodukt benötigt, damit ein Hauptprodukt gewisse Funktionen erfüllt, dann regt ein Unternehmen, das von dem einen viel verkauft, meist auch die Nachfrage nach dem anderen an. Anfangserfolge führen hier zu weiteren Erfolgen, und für Nachzügler wird es immer aufwändiger, zurückhaltende Kunden zur Teilnahme am ihrem kleineren Netzwerk zu bewegen. Beobachtet wurde dies unter anderem in der Computerbranche (Software und Hardware), in der Verbraucherelektronik (Kameras und Objektive) und in der Automobilbranche (Vertriebsnetz und Servicenetz).

Trendumkehr

Was geschieht, wenn die kritische Masse nicht erreicht wird? Welche Möglichkeiten hat man, wenn das Geschäft zu erlöschen droht? Übernahme-Kurven drücken die Absicht aus, teilzunehmen oder zu kaufen und zwar als Funktion der eigenen Erwartungen bezüglich des Verhaltens anderer.

Anhand von zwei Strategien lässt sich die Überlebenschance erhöhen und möglicherweise doch die kritische Masse erreichen. Zunächst versucht man, die Übernahme-Kurve nach oben umzukehren. Die andere Strategie soll eine Verschiebung entlang der Übernahme-Kurve bewirken (vorausgesetzt, sie kreuzt die Diagonale des Gleichgewichts überhaupt). Die erste Strategie soll die Bereitschaft des Kunden verändern, bei jedem erwarteten Marktanteil zu kaufen – ohne dabei seine Erwartungen zu verändern. Die zweite Strategie soll die Kundenerwartungen hinsichtlich des künftigen Marktanteils des Produktes verändern.

Kaufbereitschaft des Kunden verändern

Wenn das betreffende Produkt netzwerkspezifische Eigenschaften hat, zögern die Kunden mit dem Kauf aus Sorge, aufs falsche Pferd zu setzen oder sich Zusatzprodukte entgehen zu lassen. Daher müssen taktische Maßnahmen entwickelt werden, die solche Befürchtungen verringern.

Verschiedene Maßnahmen sind möglich: Man kann erhebliche Summen in Zusatzprodukte investieren und in der Werbung herausstellen, dass Verträge mit Drittanbietern für Zusatzprodukte geschlossen wurden. Erste Käufer können mit Preisnachlässen gelockt werden. Es kann Kunden eine »Rückfahrkarte« angeboten werden, mit der sie zu ihren ursprünglichen Produkten zurückkehren können, wenn das Netz sich nicht erwartungsgemäß entwickelt.

Auch lässt sich eine Gabelungs- oder Konvertierungstechnik entwickeln, mit der Kunden die Zusatzprodukte des konkurrierenden Standards nutzen können, während sich das eigene Unternehmen auf das überlegene Hauptprodukt und dessen Entwicklung konzentriert. Wenn möglich, sollte die Funktion gegenüber dem existierenden Standard so drastisch verbessert werden, dass neue Kunden ihre Präferenz umstoßen.

Erwartungen des Kunden verändern

Sobald die Erwartungen des Kunden allgemein bekannt sind, erfordert die Umkehr eines Abwärtstrends drastische Maßnahmen und glaubwürdige Signale. Auch hier gibt es verschiedene Taktiken:

1. das Werben um Aufträge sehr wichtiger Kunden (wie staatliche Stellen);
2. die Investition großer Summen in die Produktwerbung;
3. die Ankündigung neuer Produkte weit im Voraus.

Besonders glaubwürdig wirkt es möglicherweise, wenn man den Kunden vermittelt, wie viel man selbst verliert, wenn das Produkt kein Erfolg wird. Setzt das eigene Unternehmen nicht erkennbar alles auf eine Karte, rechnen die Kunden nicht damit, dass es mit der Entwicklung des eigenen Netzes ernst ist. Zeigt ein Hersteller nur wenig Engagement, wechseln die Kunden nicht zu seinem Produkt.

Führung stabilisieren

Ein Verlierer ist beim Kampf um die kritische Masse also bemüht, »die Kurve der kritischen Masse nach oben zu drücken« und »sich entlang der Kurve der kritischen Masse zu bewegen«. Ein Gewinner ist hingegen in der beruhigenden Situation, dass er genau das Gegenteil tun kann – die Kurve des Rivalen nach unten zu drücken und für ein Abgleiten entlang der Kurve zu sorgen. Ein Unternehmen in der Führungsposition bemüht sich, neue Kunden in sein Netz zu ziehen, um auf diese Weise die Loyalität vorhandener Kunden zu stärken.

Wer im Wettlauf um Standards die Nase vorn hat, kann vorn bleiben, wenn er dasselbe tut wie sein Verfolger. Es genügt beispielsweise, die Produkteinführungen oder Preissenkungen eines Konkurrenten nachzuahmen, um schwankende Kunden zurückzuhalten. Wegen der überlegenen Größe des Marktführers ist eine solche Nachahmung für den Verfolgten wirtschaftlicher als für den Verfolger. Der Größenabstand zwischen der eigenen und der fremden Kundenbasis wächst mit der Zeit; eine Nachahmung ist nur so lange erforderlich, wie das rivalisierende Netz potenziell die kritische Masse erreichen kann.

Der Marktführer kann außerdem signalisieren, dass er sein Netz erhalten und weiter ausbauen will. Da solche Entscheidungen von Erwartungen über die zukünftigen Entscheidungen anderer getragen werden, können durch solche Signale die momentanen Kaufabsichten »eingefroren« und der Vorsprung der eigenen Kundenbasis erhalten werden. Daher auch der bekannte Trick von Microsoft, Produkteinführungen weit im Voraus anzukündigen, um Mitbewerber zu behindern, die ihrerseits neue Produkte einführen wollen.

Schließlich kann der Marktführer auch die Funktionsfähigkeit des rivalisierenden Netzes zu beeinträchtigen versuchen. Im Spannungsfeld zwischen Nachahmungs- und Signalisierungstaktiken sind unterschiedliche Tricks zur »Sabotage« vorstellbar:

- *Überschwemmung mit Produkten:* Die Open-Systems-Bewegung im Großrechnersegment wurde eingeleitet, um eine gemeinsame, offene Programmiersprache zu entwickeln. Sie sollte Kunden unabhängig machen und die Integration von Hardware fremder Hersteller erleichtern. Eine einheitliche Softwareumgebung auf der Basis von Unix System V, angeführt von Unix International, sollte die Verwirrung beim Kunden vermindern. IBM und einige andere Hersteller reagierten darauf mit einer rivalisierenden »Open-Systems«-Bewegung. Sie behaupteten, die Programmierumgebung von Unix International sei eben nicht völlig offen, und gaben vor, zur Schaffung einer Alternative gezwungen zu sein. Diese wurde den anderen, bereits verfügbaren Unix-Betriebssystemen hinzugefügt. Bei Kundenanfragen konnten sie dann glaubhaft erklären: »Sie können Unix bekommen, aber welches wollen Sie?« Um nicht auf die falsche Programmierumgebung zu setzen, waren die wenigsten Kunden gewillt, Unix-V-Systeme einzuführen – bis genug andere dies getan hatten. In der Zwischenzeit wuchs die Kundenbasis der eigenen Systeme weiter.
- *Bestehen auf der perfekten Lösung*: Ein Marktführer kann sich einer Bewegung anschließen, die einen neuen Standard hervorbringen soll, zunächst Ressourcen bereitstellen und sich dann zurückziehen mit der Begründung, das Ganze würde nicht funktionieren. In der Open-Systems-Schlacht drängte IBM 1989 seine eigene Unix-Version AIX der Open Systems Foundation (OSF) auf, der von IBM selbst, DEC und anderen IT-Firmen unterstützten Open-Systems-Gruppe. Damit demonstrierte IBM öffentlich seine Absicht, engagiert das Potenzial von Unix-Lösungen zu erkunden. Das Unternehmen konnte später somit nicht bezichtigt werden, die Unix-Umgebung nicht ernsthaft untersucht zu haben. IBM konnte sogar

glaubhaft machen, dass seine eigenen Systeme, wenn nicht insgesamt überlegen, so doch in jedem Fall besser unterstützt seien als die der »schwächlichen« Open Systems Group. IBM zog sich später aus der OSF zurück.

- *Einen Standard schaffen, an den sich niemand hält:* Angesichts mächtiger und glaubwürdiger Konkurrenten kann ein Marktführer den Markt auf einen unbrauchbaren Standard einschwören. Da sich niemand an den vereinbarten Standard halten wird, bilden sich alternative Standards heraus, die beim Kunden Verwirrung stiften. Und von einer solchen Verwirrung profitiert vor allem der Marktführer. So nahmen 1984 an der wichtigen Konferenz zur 8-mm-Videotechnologie sämtliche Hersteller von Verbraucherelektronik teil, um einen Standard für 8-mm-Videos zu schaffen. Es gibt verschiedene Theorien, warum die japanischen Elektronikriesen Matsushita und JVC an diesem Treffen teilnahmen: Eine »Verschwörungstheorie« geht davon aus, dass sie die 8-mm-Bedrohung im Videomarkt abwehren wollten. Die Definition des 8-mm-Standards war insbesondere hinsichtlich der Spieldauer so eng, dass zahlreiche Beta-Anbieter ihre eigene Version herausbringen wollten. Die spätere Harmonisierung war ein Erfolg für das VHS-Lager: Man hatte der Bedrohung durch kommerzielle 8-mm-Videos vorgebeugt und die eigene Position im Videorekordermarkt gefestigt.
- *Über Prinzipien diskutieren*: Ein weiterer Trick, wie die Entwicklung eines konkurrierenden Netzwerkes verhindert werden kann: Man breche eine Diskussion über Prinzipien vom Zaun. Die Aufmerksamkeit wird von Fragestellungen, Möglichkeiten und Kompromissen abgelenkt und angeblich auf ein Gespräch über »höhere« Prinzipien gerichtet, um Verzögerungen und Verwirrung zu verursachen.
- *Den eigenen proprietären Standard für die Konkurrenz öffnen* Um Investitionen in rivalisierende Netze zu verhindern, kann der Marktführer seine Mitbewerber am eigenen System beteiligen. Dies kann in Form von Lizenzen geschehen oder durch Zulieferung entscheidender Komponenten. Dass man beispielsweise Sony die Herstellung und den Vertrieb von VHS-Rekordern ermöglichte, war eine Lösung, bei der das Gesicht gewahrt und die Zeit der Rivalität zwischen den Systemen verkürzt wurde.

Die meisten Flugreservierungssysteme bieten gleichen Zugang zu allen Fluglinien, um die Entwicklung konkurrierender Systeme zu bremsen oder zu stoppen. Das Öffnen des Systems verlagert den Wettbewerb vom Systemwettbewerb hin zum Produktwettbewerb. Wenn der Vorteil des überlegenen Systems neutralisiert ist, muss der Marktführer in anderen Wettbewerbsbereichen überragend sein. Ein Marktführer kann seine eigene Produktbasis außerdem dadurch stärken, dass er die Abwanderung vorhandener Kunden verringert. Dies kann durch besondere Dienstleistungen für Altkunden geschehen, durch häufige Upgrades mit Rabatten für Altkunden, langfristige Serviceverträge, Stammkunden- oder Klubvorteile. All diese Maßnahmen zielen darauf ab, den Wechsel zum Mitbewerber zu verteuern.

Auf Dynamik reagieren

Kämpfe um die kritische Masse finden an immer mehr Orten statt. Das Internet-Zeitalter hat dies für viele Unternehmen zur Realität werden lassen. Die kritische Masse ist aber nicht nur in der Elektronik oder bei der Telekommunikation relevant; die aufgeführten Beispiele haben vielmehr gezeigt, dass auch viele »konventionelle« Geschäftszweige der Dynamik der kritischen Masse unterliegen. Die Unternehmensführung muss sich klar darüber sein, wie die kritische Masse zustande kommt, wie man in einem Kampf ums Ganze triumphiert und wie man das Steuer herumwirft, wenn man sich auf der Verliererstraße befindet.

Literaturhinweise
Besanko, David; Dranove, David; Shanley, Mark: *The Economics of Strategy*. New York [u. a.]: Wiley, 1996.
Cool, Karel: *European Industrial Restructuring in the 1990s*. 1. publ. Basingstoke u. a.: Macmillan, 1992.
Day, George S.: *Market Driven Strategy: Processes for Creating Value*. New York: Free Press, 1990.
Dixit, Avinash K.; Nalebuff, Barry J.: *Spieltheorie für Einsteiger: strategisches Know-how für Gewinner*. Stuttgart: Schäffer-Poeschel, 1995.
Ghernawat, P.: *Commitment: the Dynamic Strategy*. New York: The Free Press, 1991.
Grant, Robert M.: *Contemporary Strategy Analysis*. Cambridge, Mass. [u. a.]: Blackwell, 1995.
Hamel, Gary; Prahalad, C. K.: *Wettlauf um die Zukunft: wie Sie mit bahnbrechenden Strategien die Kontrolle über Ihre Branche gewinnen und die Märkte von morgen schaffen*. Wien: Ueberreuter, 1997.
Hax, Arnoldo C.; Majluf, Nicolas S.: *Strategisches Management: ein integratives Konzept aus dem MIT*. Neubearb. Studienausg. Frankfurt u. a.: Campus, 1991.
Itami, Hiroyuki: *Mobilizing Invisible Assets*. Cambridge, Mass. [u. a.]: Harvard Univ. Pr., 1991.

6
Strategie und Technologie

Schwerpunkt dieses Teils: Welches sind die besten Strategien für Technologieprodukte im Informationszeitalter? Es wird immer schwieriger, die Imitation der eigenen Technologie zu verhindern, sodass Unternehmen oft ihre eigenen Produkte ausschlachten müssen, bevor jemand anderes ein besseres Produkt herstellt – oder sie müssen Allianzen eingehen. Eine besondere Gefahr besteht darin, die Erwartungen des Marktes hinsichtlich erfolgreicher technologischer Innovationen nicht zu erfüllen. Dagegen sollten sich Manager wappnen.

Technologie und Innovation strategisch einsetzen 221
   (Allan Afuah)

Innovation ist mehr als eine gute Idee 228
   (Ron Adner)

Allan Afuah

Technologie und Innovation strategisch einsetzen

Die technologische Strategie eines Unternehmens ist die Bevorzugung einer Reihe von Technologien gegenüber anderen. Es gibt drei grundlegende Ansätze, abhängig von den Kapazitäten des Unternehmens, seiner Stellung im Wettbewerb und seinem Umfeld. »Blockade«: Ein Unternehmen hindert andere, seine Technologie zu kopieren. »Wettlauf«: Ein Unternehmen bringt neue Produkte auf den Markt, bevor es jemand anders tut. »Zusammenarbeit«: Ein Unternehmen kooperiert mit anderen. Im Informationszeitalter wird die Blockade-Strategie immer schwieriger; der Nutzen von Wettlauf und Zusammenarbeit nimmt hingegen zu. Auch die Gegebenheiten vor Ort und ergänzende immaterielle Güter gewinnen an Bedeutung.

Ein Unternehmen, das heutzutage Marktführer werden will, muss seinen Kunden gegenüber der Konkurrenz einen Mehrwert anbieten. Mehrwert entsteht üblicherweise durch die Erzeugung und Verwertung von Wissen, unterstützt durch eine entsprechende Technologie. Im Falle von Intel, dem größten Halbleiterhersteller weltweit, meint dies die Bildung einer Teilmenge aus Forschung und Entwicklung, Gestaltung, Herstellung, Erprobung, Marketing und Vertrieb sowie der Anwendungsunterstützung.

Ein Unternehmen muss sich entscheiden, welche Tätigkeiten es ausübt, wann es das tut und auf welche Weise das geschehen soll. Es müssen einige grundlegende Fragen beantwortet werden: Soll man die Technologie im eigenen Unternehmen entwickeln? Will man als Erster technologisch neu entwickelte Produkte auf den Markt bringen oder anderen die Kinderkrankheiten überlassen? Soll die neue Technologie sofort und vollständig oder lieber schrittweise eingeführt werden?

Der amerikanische Finanzmakler Merrill Lynch stellt derzeit fest, dass sein Markt von Internet-Maklern wie E-Trade Securities überschwemmt wird. Wenn Merrill Lynch nun auch mit dem Online-Handel beginnt, sollte er seine eigene Software entwickeln? Welcher Zeitpunkt eignete sich für einen Einstieg in den Online-Handel? Bei der Beantwortung der Fragen entscheidet sich ein Unternehmen, bestimmte Aktivitäten zu unterschiedlichen Zeitpunkten auf verschiedene Weise durchzuführen. Dies macht die Technologie-Strategie des Unternehmens aus.

Eine gewinnträchtige Technologie-Strategie sollte ein Unternehmen in die Lage versetzen, Wettbewerbsvorteile zu erzielen und zu erhalten; sie erlaubt es dem Unternehmen, überdurchschnittlich viel Geld in seiner Branche zu verdienen. Ein wichtiges Ziel jeder Technologie-Strategie ist die Entwicklung von überlegenen Techniken. Aus drei Gründen allerdings ist eine überlegene Technik nicht immer mit einem Wettbewerbsvorteil gleichzusetzen.

Quelle: Adapted from *Innovation Management: Strategies, Implementation and Profits* by Allan Afuah, copyright © 1997 by Oxford University Press, Inc. Used by permission of Oxford University Press, Inc.

*Abb. 1: Einfluß und **Wechselbeziehungen** der technologischen Strategien*

Ergänzende Potenziale

Erstens braucht man häufig mehr als eine Technologie, um dem Kunden einen Wert zu liefern: Es muss noch etwas dazukommen, was Professor David Teece von der Universität in Berkeley »ergänzende Potenziale« nennt. Solche zusätzlichen Kompetenzen sind beispielsweise Vertriebskanäle, Marketingkapazitäten, die Reputation einer Marke oder Herstellungsverfahren. Es kann also vorkommen, dass ein Unternehmen eine großartige Technologie bereithält, nicht jedoch davon profitieren kann, weil es nicht über notwendige ergänzende Potenziale verfügt.

Ein Beispiel hierfür ist die britische Firma EMI, die ehemals in den Bereichen Elektronik, Forschung und Musik tätig war. Dort erfand man den Computertomographen, der sogar mit einem Nobelpreis ausgezeichnet wurde; dennoch konnte die Firma nicht die gleichen Gewinne damit erzielen, wie es später dem amerikanische Unternehmen General Electric gelang.

EMI fehlten die Vertriebsmannschaft, die Produktionskapazitäten, die Vertriebskanäle und gute Kontakte zu Krankenhäusern, wie sie beim Verkauf solch teurer

Geräte entscheidend sind. Solche ergänzenden Potenziale können sich Unternehmen jedoch dadurch sichern, dass sie mit jemandem kooperieren, der darüber verfügt.

Der zweite Grund, warum eine führende Technologie nicht immer auch einen Wettbewerbsvorteil darstellt, ist die Tatsache, dass Mitbewerber einen Weg finden, um die Technik zu kopieren oder ein ähnliches Ergebnis auf anderen Wegen zu erreichen. Auf diese Weise holen sie auf, oder sie überspringen den Erfinder sogar. Ein Unternehmen, das seine Technologie schützen kann oder über die zusätzlichen Potenziale verfügt, kann Gewinn mit der Technologie machen.

Zum Dritten muss sich nicht unbedingt die überlegene Technik durchsetzen, wenn zwei oder mehr konkurrierende Techniken am Markt sind. Das Videosystem VHS beispielsweise hat sich seinerzeit statt der technisch überlegenen Beta-Technik zum vorherrschenden Videostandard entwickelt.

Nach Ansicht von Professor Brian Arthur, Stanford University, wird dies wegen positiver Rückkopplungseffekte möglich, durch die eine unterlegene Technik die Führung übernimmt (aus Zufall oder durch strategische Maßnahmen ihres Sponsors) und sich einen immer größeren Vorsprung erarbeitet. Auch in diesem Zusammenhang kann eine Kooperation mit anderen Unternehmen der Technologie eines Unternehmens eine frühe, ausbaufähige Führung verschaffen. Die japanische Victor Company (JVC) soll mit ihrem VHS-System den Wettlauf mit dem Rivalen Beta gewonnen haben, weil JVC sich mit seinem Mutterkonzern Matsushita Electric Industrial und anderen zusammenschloss, um die VHS-Technologie voranzutreiben.

Drei Basisstrategien

Um einen anhaltenden Wettbewerbsvorteil durch Technologie zu erzielen, muss ein Unternehmen eine Teilmenge aus drei grundlegenden Strategien anstreben: »Blockade« (»block«), »Wettlauf« (»run«) und »Zusammenarbeit« (»team-up«).

Blockaden setzen Einzigartigkeit voraus

Eine Blockade kann ein Unternehmen dabei auf zwei Arten errichten. Zum einen kann es, wenn seine Fähigkeiten auf jeder Stufe der Wertkette einzigartig und nicht imitierbar sind, den Zugang zu diesen Fähigkeiten beschränken und dadurch Mitbewerber ausschließen. Falls alle Konkurrenten jedoch gleichermaßen in der Lage sind, die Leistungen anzubieten, verhindert ein Unternehmen möglicherweise eher dadurch den Zugang, dass es den Gewinn für Nachahmer als gering darstellt – indem man den Ruf kultiviert, Neuankömmlinge gnadenlos zu verfolgen – oder große unumkehrbare Investitionen tätigt. Solche Signale können profitorientierte potenzielle Mitbewerber davon abhalten, das gleiche Feld zu beackern. Die Blockadestrategie funktioniert so lange, wie die Wettlauf und Zusammenarbeit lösen die Fähigkeiten eines Unternehmens einzigartig sind. Konkurrenten aber können Patente und Urheberrechte umgehen oder zu Fall bringen. Darüber hinaus haben solche Fähigkeiten nur so lange Bestand, bis Störungen wie Deregulierungen, Änderungen der Vorlieben und Erwartungen der Kunden oder technische Neuerungen sie überflüssig werden lassen.

Die Wettlauf-Strategie setzt voraus, dass jede noch so mächtige Zugangsblockade letztlich durchlässig ist. Während man sich hinter einer Blockade versteckt, gewinnt lediglich die Konkurrenz: nämlich Zeit, um aufzuholen. Ein innovatives Unternehmen muss also ständig nach vorn drängen und neue Fähigkeiten ausbilden. Und es ist gezwungen, neue Produkte deutlich vor den Mitbewerbern auf den Markt zu bringen. Es muss in der Lage sein, die eigenen Fähigkeiten überflüssig zu machen oder seine eigenen Produkte zu verdrängen, bevor die Konkurrenz es tut. Der Wettlauf kann einem Unternehmen viele Vorteile des Pioniertums bringen, einschließlich der Möglichkeit, Teile seines eigenen Umfelds selbst zu bestimmen.

Die dritte Strategie, die Zusammenarbeit, stellt das Gegenteil einer Blockade dar. Hier fördert das innovative Unternehmen geradezu den Zugang zu seiner Technologie. Warum sollte ein Unternehmen seine Technologie preisgeben? Ein Grund ist, dass die Zusammenarbeitsstrategie einer Technologie einen kleinen Vorsprung verschaffen kann, wie bei VHS. Und dieser Vorsprung kann in der Folge dazu führen, dass sich die betreffende Technologie zum Standard entwickelt. Als Argumente für eine Zusammenarbeit werden in der Literatur außerdem genannt: einen Standard etablieren (dominantes Design), die Nachfrage verstärken, Kapazitäten aufbauen und in Märkte vordringen, auf die man sonst keinen Zugriff hätte.

Das Umfeld entscheidet

Ein Erfolg der jeweiligen Strategie hängt vom lokalen Umfeld des Unternehmens ab. Setzt sich das Wissen für die Innovation überwiegend aus persönlichen Erfahrungen – wie »learning by doing« oder Beobachtung – zusammen, benötigt man für die Wettlauf-Strategie ein Umfeld mit Lieferanten, Kunden und spezifischen Institutionen wie Universitäten oder staatlichen Forschungslabors in unmittelbarer Nähe.

Denn der Kunde ist möglicherweise nicht in der Lage, seine Vorlieben und Erwartungen ohne einen wiederholten Kontakt zum Hersteller exakt zu formulieren; dieser müsste die Kundenbedürfnisse zunächst herausarbeiten. Auch der Einsatz von Komponenten kann eine wiederholte Interaktion mit einem Lieferanten erforderlich machen. Zusammenarbeit fällt leichter, wenn sich die potenziellen Partner in der Nähe befinden, da sie (wie der Wettlauf) auch mit der lokalen Politik zusammenhängt und dadurch beeinflusst wird.

In den USA waren beispielsweise bis Mitte der achtziger Jahre bestimmte Formen der Kooperation in Forschung und Entwicklung durch das Kartellgesetz verboten. Unter dem Druck vieler Unternehmen wurden die Bestimmungen 1984 gelockert; dadurch sind Allianzen wie das amerikanische Halbleiter-Forschungskonsortium Sematech möglich geworden.

Welche Strategie ein Unternehmen wählt, hängt von seinen Kapazitäten ab. Fällt die Wahl auf die Wettlauf-Strategie, dann müssen Möglichkeiten zur Innovation, zur Umsetzung von neuem Wissen in neue Produkte oder Dienstleistungen, vorhanden sein.

Nicht jedes beliebige Unternehmen kann in die Halbleiterbranche einbrechen und mit der Produktion von Mikroprozessoren des Intel-Typs beginnen. Ein erfolgreiches Unternehmen muss über eine leistungsfähige Forschungs- und Entwicklungsabteilung und das Kapital verfügen, um die Entwicklung und Herstellung neuer Produkte zu finanzieren.

Auch die Struktur, die internen Systeme und die Mitarbeiter eines Unternehmens spielen eine Rolle. Und schließlich ist auch noch die Art der Technologie wichtig. Handelt es sich um eine Art, bei deren Verwertung das Wissen des Unternehmens nicht wichtig ist, dann wird es schwierig, die Wettlauf-Strategie erfolgreich zu verfolgen.

Verfügbares Wissen

Im Informationszeitalter wird die Blockade zunehmend schwieriger, und der Wettlauf gewinnt an Bedeutung. Auch die Zusammenarbeit spielt zunehmend eine Rolle für den Unternehmenserfolg. Denn viele entscheidende Faktoren für eine effektive Blockade werden durch die Informationsfülle infrage gestellt. Betrachtet man die Informationen, die den Unternehmen über das Internet zur Verfügung stehen, dann ist das Wissen über die Produkte der Konkurrenz, die ihnen zugrunde liegenden Techniken und Methoden für eine erfolgreiche Rekonstruktion sehr viel leichter zugänglich geworden.

In diesem informationsreichen Zusammenhang kann ein Softwareentwickler sich nicht länger auf die Knappheit der Vertriebskanäle verlassen, um Mitbewerber zu blockieren, da jedes Unternehmen seine Produkte jetzt auch über das Internet vertreiben kann. Und verlässt sich beispielsweise ein Pharma-Konzern zum Schutz seiner Gewinne aus einem neuen Cholesterin-Medikament auf den Patentschutz und die Loyalität der verschreibenden Ärzte, so wird er bald feststellen, dass seine Position durch die grundsätzlich bessere Verfügbarkeit von Informationen bedroht ist.

Zahlreiche Informationen über Krankheitsbilder und über die Sicherheit und Wirksamkeit von Medikamenten sind online verfügbar; Patienten können also die Loyalität ihres Arztes gegenüber einem bestimmten Medikament beeinflussen und damit die Vorteile bedrohen, die ein Unternehmen durch seine Beziehungen zu den Ärzten hatte.

Ein Mehr an Informationen bedeutet auch, dass die Nachahmer bessere Möglichkeiten finden, Patente anzugreifen und zu umgehen. Auch besondere Kundenbeziehungen, die bisher ein Vorteil für ein Unternehmen waren, können versagen, wenn Kunden Angebote anderer Lieferanten übers Internet einholen. Die Wettlauf-Strategie ist in einer informationsintensiven Zeit aus mehreren Gründen wichtig. Wenn sich eine Blockade immer schwieriger gestaltet, muss ein Unternehmen noch schneller werden, um einen anhaltenden Wettbewerbsvorteil zu erringen. Hat sich ein Unternehmen einen Vorteil erkämpft, ist der beste Weg zu dessen Erhaltung, schnell weiterzumachen – bevor andere auf- oder gar überholen.

Das führt häufig dazu, dass man seine eigenen vorhandenen Produkte aus dem Markt drängt, bevor die Konkurrenz es tut. Intel ist ein gutes Beispiel für dieses Vorgehen. Sie bringen meistens eine neue Mikroprozessorgeneration auf den Markt, bevor die Verkäufe des Vorgängers ihren Höhepunkt erreicht haben. Täten sie es nicht, würden andere Unternehmen trotz der Urheberrechte auf den Mikrocode einen Weg finden, um aufzuholen. Mehr Information führt außerdem zu einer starken Zunahme von Produkten, die zusammenarbeiten müssen.

Für viele Produkte werden außerdem Normen benötigt, was eine verstärkte Zusammenarbeit erforderlich macht. Und sehr häufig mündet auch der Wettlauf in Zusammenarbeit. Die Entwicklung von Computerchips zum Beispiel kann mehr Ressourcen verlangen, als ein einzelnes Unternehmen aufbringen kann. Das erfordert Kooperation – wie die von Toshiba, IBM und Siemens bei der Entwicklung des 256-Mbit-Speicherchips.

Praktische Umsetzung

Damit Unternehmen Ihre Strategie im Informationszeitalter umsetzen können, müssen sie einiges beachten.

Wählen Sie den richtigen Parcours für den Wettlauf
Wenn ein Wettlauf für Unternehmen die erfolgreichste Strategie darstellt, wird nicht allein ein Unternehmen diese Strategie wählen. Es gilt also, den Parcours sorgfältig abzustecken. Ein Unternehmen muss feststellen, was es nicht gut kann, und sich davon trennen, um fit für den Wettlauf zu sein. Intels Erfolg in der Mikroprozessorbranche wird oft mit der Entscheidung in Verbindung gebracht, keine DRAM-Chips mehr zu bauen, sondern sich auf Mikroprozessoren zu konzentrieren.

Beobachten Sie Menschen und Umfeld
Beachten Sie die lokalen Gegebenheiten. Bedenken Sie, dass ein lokales Umfeld mit Lieferanten, Kunden und passenden Forschungsinstituten wichtig für die Innovation ist. Und doch: Es stellt sich hier die Frage, ob Firmen bei der Informationsfülle überhaupt noch ihre lokale Umgebung zur Umsetzung der Wettlauf-Strategie brauchen. Schließlich kann man Informationen über Kunden oder Wissen über Komponenten online erhalten – gleichgültig wo Kunden oder Lieferanten sich befinden. Aber wenn ein Unternehmen einen Wettbewerbsvorteil erringen will, lautet die Antwort auf die Frage »Ja«, und zwar mehr als je zuvor. Ein großer Teil des Wissens für eine Innovation ist nicht jederzeit abrufbar; der Transfer, die Kombination und die Rekombination dieses Wissens zur Entwicklung neuer Produkte ist nur durch

Menschen möglich, die während des Prozesses lernen und beobachten. Beim Wissenstransfer gibt es noch keinen Ersatz für das physische Zusammentreffen der beteiligten Parteien.

Ein Unternehmen, das beispielsweise ein neues Sicherheitssystem für Flughäfen entwickelt und dabei Mikrochips einsetzen will, die sich ebenfalls noch in der Entwicklung befinden, hat einen großen Vorteil, wenn sich der Hersteller der Chips in der Nähe des Unternehmens befindet. So kann das Unternehmen mit dem Hersteller interagieren, während Chips und System sich gemeinsam entwickeln. Es zahlt sich auch aus, Flughäfen in der Nähe zu haben, die besonders hohe Anforderungen an die Sicherheit stellen. Denn: Werden deren Bedürfnisse befriedigt, können auch die Bedürfnisse weniger anspruchsvoller Flughäfen befriedigt werden.

Kümmern Sie sich mehr um immaterielle Werte
Um von einer Innovation zu profitieren, benötigt man sowohl Technologie als auch ergänzendes Potenzial. Dazu gehören immaterielle Werte wie Marken und Image. Die Informationsfülle erleichtert zwar die Imitation von Technologien, stärkt aber auch die Bedeutung von ergänzenden immateriellen Werten. Werden mehr Informationen über die Marke an die Menschen vermittelt, stärkt das die Marke auch bei Hightechfirmen. Weil Intel dies begriffen hatte, wurde die »Intel-Inside«-Kampagne gestartet.

Suchen Sie sich die richtigen Partner aus
Wenn ein Unternehmen nicht über das richtige Umfeld, eine starke Marke oder einen herausragenden Ruf verfügt, kann es einen Partner suchen, um seine Anlagen zu ergänzen. Ein Unternehmen, das sich für den Wettlauf gesundgeschrumpft, wird beachten, dass sein Partner fit genug ist, etwas beiträgt, ohne viel Ballast mitzubringen.

Ein potenzieller Partner, der bislang nicht gut bei Wettläufen abgeschnitten hat, sollte mit Vorsicht betrachtet werden – selbst wenn er »auf dem Papier« das ergänzende Potenzial mitbringt. Als AMD (Intels Erzrivale) sich für eine Kooperation mit der kalifornischen Firma NexGen (die den Intel-kompatiblen Mikroprozessor X86 konstruiert hat) entschied, sah es zunächst nach einem Dream-Team aus, das Intel letztendlich schlagen könnte. Denn NexGen brachte die Fähigkeiten für das Mikroprozessor-Design mit, und AMD verfügte über ergänzendes Potenzial. AMD jedoch hatte nie gut bei Wettläufen abgeschnitten; das Team konnte sein Traumpotenzial nicht erreichen.

Literaturhinweis
Afuah, A.: *Innovation Management, Strategies, Implementation and Profits*, Oxford 1998.

Ron Adner

Innovation ist mehr als eine gute Idee

Eine der schwierigsten unternehmerischen Entscheidungen: aus innovativen Ideen diejenige auszuwählen, die bestehende Märkte beherrschen und neue Märkte öffnen kann. Eine Kernaufgabe für Manager besteht darin, Erwartungen zu definieren. Dabei müssen vier entscheidende Punkte berücksichtigt werden: Wie stark hängt die neue Technik von anderen Erfolgsfaktoren ab? Wie weit muss diese Innovation in die Wertschöpfungskette integriert werden? Welche Märkte sind Einstiegsmärkte? Was für ein Anreiz- und Kontrollsystem benötigt das Unternehmen? Ohne realistische Markterwartung beim Start besteht die Gefahr, dass eine technisch erfolgreiche Innovation zum Flop wird.

Die Herausforderung für Innovatoren und die, von denen sie gemanagt werden, liegt darin, Ideen zu entwickeln, die bestehende Märkte dominieren und neue Märkte schaffen. Ein Mangel an neuen Ideen herrscht dabei grundsätzlich nicht. Viele Unternehmen allerdings haben oft die Gelegenheit verpasst, Innovationen zu vermarkten, die sich später als branchen- und marktbestimmend erwiesen. Das Problem liegt in der Auswahl der besten sich bietenden Möglichkeiten. IBM beispielsweise verkannte das Potenzial der Xerographie, der Kopiergerätehersteller Xerox hat die Bedeutung von Ethernet und der grafischen Benutzeroberfläche nicht wahrgenommen und Digital, heute im Besitz von Compaq, ignorierte den PC.

In diesem Artikel wird es um die Festlegung der Erwartungen durch das Management gehen. Solche Erwartungen geben den Anstoß für eine erste Beschäftigung mit einem innovativen Vorhaben und beeinflussen die Zielsetzung, an der die weitere Unterstützung des Vorhabens gemessen wird. Somit sind gut dosierte Erwartungen sowohl für die erste Auswahl von entscheidender Bedeutung als auch für die Schaffung einer Umgebung, in der die Entwicklung und Umsetzung von Innovationen erfolgreich fortgeführt werden können.

Bei der Festlegung der Erwartungen an eine technologische Entwicklung besteht ein wichtiger Unterschied zwischen der angestrebten Leistung und der Geschwindigkeit, mit der sie erreicht werden soll. Diese Unterscheidung greift die klassische Trennung von Position und Timing auf, die das Herzstück jeder koordinierten Aktivität ist. Die beiden werden aber oft vermengt zu einer einzigen Strategie. Beim Innovationsmanagement müssen die Erwartungen deshalb unterschieden werden nach der angenommenen technischen Leistung und der Geschwindigkeit, mit der sie erreicht wird, zwischen der erwarteten Marktgröße für die Innovation und dem Grad der Marktentwicklung sowie zwischen den Gewinnerwartungen des Unternehmens und der Marktposition. Letzteres hängt von dem Grad der Marktdurchdringung und der Gewinnstrategie des Unternehmens ab.

Kein Mangel an neuen Ideen

Einige Faktoren des Innovationsmanagements liegen sicherlich außerhalb der Kontrolle der Manager. Die Bestimmung von Erwartungen setzt jedoch strategischen Beurteilungen und Entscheidungen voraus, die nicht nur das unmittelbare Schicksal der anstehenden Vorhaben beeinflussen, sondern auch das Umfeld, in dem diese Vorhaben trotz ihrer Weiterentwicklung funktionieren müssen. Vier Punkte müssen dabei berücksichtigt werden: die wechselseitige Abhängigkeit der entwickelten Technik von anderen Erfolgsfaktoren; der Grad der Einbindung der Innovation in die Wertschöpfungskette, bevor sie einen Einfluss auf die entscheidenden Märkte nehmen kann; die Auswahl der Einstiegsmärkte für die Innovation und deren Verhältnis zum angestrebten Markt; das Anreiz- und Kontrollsystem des Unternehmens, das die Motivation und die Handlungen des Managements leiten wird.

Von Technik abhängig

Zur Festlegung von Erwartungen im Innovationsmanagement gehört zunächst einmal die Entwicklung der Technik. Denn letztlich entscheidet die Art und Weise, in der die Technik zur Wertschöpfung beiträgt, über ihren Erfolg. Wenn eine Innovation Bestandteil eines größeren, noch in der Entwicklung befindlichen Systems ist, ist ihre Verwirklichung an die erfolgreiche Entwicklung aller anderen Komponenten des Systems geknüpft. Aus diesem Grund muss bei der Berechnung der Erfolgswahrscheinlichkeit eines solchen Vorhabens die Erfolgswahrscheinlichkeit aller anderen Komponenten berücksichtigt werden, von denen die Innovation abhängig ist. Ein Beispiel dafür ist Go! (nicht zu verwechseln mit der Billigfluglinie von British Airways gleichen Namens). Dieser Pionier hat erfolgreich die Touch-Screen-Technologie und die Softwareoberfläche für stiftbasierte Computer entwickelt, scheiterte jedoch an den zu optimistischen Erwartungen, die man in die Technik der Handschriftenerkennung gesetzt hatte. Die Abhängigkeitsprobleme sind noch größer, wenn die Entwicklungen über diverse Unternehmen oder Plattformen hinweg koordiniert werden müssen. Verflechtungen können auch nichttechnische Komponenten betreffen. Die Investitionen in den kommerziellen Überschallflug wurden nicht wegen technischer Probleme aufgegeben, sondern wegen rechtlicher Schwierigkeiten bei der Änderung von Lärmschutzrichtlinien, die für die Überlandflüge unabdingbar waren. Wenn eine neue Technologie Teil eines solchen Puzzles ist, hängt der Erfolg jeder Komponente vom Erfolg aller anderen ab. Also müssen die Erwartungen an den Erfolg einer einzelnen Komponente auch die Erfolgswahrscheinlichkeiten aller anderen, relevanten Komponenten berücksichtigen. Je stärker die Verflechtung einer Innovation mit anderen Entwicklungen ist, desto weniger kann sie selbst zum eigenen Erfolg beitragen. Das Erkennen dieser impliziten Abhängigkeiten ist wichtig, um zu bestimmen, welche äußeren Schwierigkeiten auf das Projekt zukommen könnten. Nur dann berücksichtigen die Erwartungen tatsächlich die gesamten Erfolgsaussichten, und es wird ein Einblick in die Art von Unterstützung gewährt, die während der verschiedenen Entwicklungsstufen notwendig werden könnten.

Zwischenschritte

Der kritische Markt für eine Innovation ist nicht unbedingt der, indem das Produkt verkauft wird. Je höher eine Innovation in der Wertschöpfungskette angesiedelt ist, desto größer ist die Zahl von Vermittlern, die sie akzeptieren müssen, bevor sie den tatsächlichen Zielmarkt erreicht. Mit zunehmender Anzahl von Vermittlern steigt die Unsicherheit über den Grad und das Ausmaß der Marktrealisierung.

In der Pharma-Industrie ist der kritische Markt für verschreibungspflichtige Medikamente beispielsweise der Patient, der das Medikament einnehmen wird. Aber bevor dieser Zielmarkt erreicht werden kann, muss das Medikament von den Ärzten als die beste Therapie für die Krankheit akzeptiert werden und eventuell auch noch den Ansprüchen der Krankenkassen gerecht werden. Selbst wenn der Erfolg des Medikaments an der Einnahme durch den Patienten am Ende der Wertschöpfungskette bestimmt wird, ist seine Realisierung abhängig von der Akzeptanz und Integration des Medikaments in der Verschreibungsroutine, die verschiedene frühere Stufen der Wertschöpfungskette ausmacht.

Die Verbreitung einer Innovation muss also als ein mehrschichtiger Akzeptanzprozess gesehen werden. Daraus ergibt sich, dass die Zeitspanne bis zur Marktrealisierung umso größer ist, je mehr Vermittler vorhanden sind, die die Innovation akzeptieren müssen. Wenn der Erfolg im kritischen Markt über die einfache Akzeptanz in niedrigeren Stufen der Wertschöpfungskette hinaus von der tatsächlichen Integration der Innovation in andere Produkte abhängt, werden die Unwägbarkeiten für die Marktrealisierung noch größer. Beispielsweise reichen die Anwendungsmöglichkeiten auf dem Markt für Flachbildschirme von Informationssystemen im Armaturenbrett von Autos über Anzeigen auf medizintechnischen Geräten bis hin zu tragbaren Videospielgeräten. Bevor der Hersteller von Flachbildschirmen einen Verbraucher auf einem dieser Märkte erreichen kann, benötigt er selbst einen Produktentwicklungszyklus, um den Bildschirm überhaupt herzustellen. Anschließend durchläuft der Bildschirm als Komponente den Produktentwicklungszyklus des Endgeräteherstellers.

Das Ergebnis wird dann in den Endverbrauchermarkt eingeführt und muss die klassischen Schwierigkeiten bei Vermarktung und Akzeptanz überstehen. Es führte zu verfehlten Zielen und wahrscheinlich zum vorzeitigem Abbruch eines viel versprechenden Vorhabens, wenn die Erwartungen an ein solches Projekt in Bezug auf Terminierung, Finanzierung, Break-even und Zeit bis zum Markteintritt festgelegt würden, ohne die Komplikationen zu berücksichtigen, die durch die notwendige Integration in andere Produkte möglicherweise auftreten.

Einstiegs- und Zielmarkt

Der zuvor angesprochene Grad der Integration und Verflechtung hängt eng zusammen mit dem Marktumfeld, in dem sich die Innovation bewegen soll. Die Wahl dieses Marktumfelds ist somit ein starkes Steuerungsinstrument für die Entwicklung der Innovation.

In den meisten Unternehmen ist die Unterstützung für innovative Vorhaben direkt mit der zu erwartenden Wirkung auf den Markt verbunden. Unterstützung für ein Vorhaben gewinnt man besonders gut, wenn man große und wichtige Märkte dafür findet. Oft ist es allerdings schwierig, in diese Märkte einzudringen, da dies ein hohes Maß an Leistungsfähigkeit der Innovationen verlangt.

Statt mit der Innovation sofort auf etablierte Märkte zu streben, ist es genauso möglich, den Markt schrittweise zu betreten und der Technik weitere Entwicklungschancen einzuräumen. Strebt man erst Nischenmärkte an, die die Vorteile der Innovation unabhängig von den daraus resultierenden Entwicklungen beurteilen können, kann das Unternehmen Nutzen aus diesen Märkten ziehen. Es kann etwas über die Marktumgebung lernen und praktische Erfahrungen mit den Stärken und Schwächen der Technik sammeln.

Einige Unternehmen entwickelten erfolgreiche stiftbasierte Computer für Anwender in der Industrie, deren Anforderungen an die Bilderkennung (wie Unterschriftenaufzeichnung oder Häkchen bei der Inventur) leichter zu erfüllen waren als die der üblichen Computernutzer, die Apple und Go! als Zielgruppe hatten.

Ein anderes Beispiel ist die Einführung der ersten Xerographie-Kopierer. Um eine einzige Kopie zu machen, musste eine Anleitung aus 14 Schritten genau befolgt werden. Erst nach weiteren zehn Jahren Entwicklungsarbeit war ein Automationsgrad erreicht, der die Kopierer für den Büroeinsatz interessant machte. Aber die frühen Maschinen hatten bereits eine profitable Marktnische in der Offset-Druckbranche gefunden.

Durch die Identifizierung von Marktnischen, in der ihre Innovation als unabhängiges Produkt wahrgenommen wird, konnte sich die Haloid Corporation (die später in Xerox umbenannt wurde) finanziell und empirisch abgesichert so lange weiterentwickeln, bis der große Markt der Büroanwender in Reichweite rückte. Durch die Konzentration auf Spezialmärkte können die Lasten der Integration gemildert werden, allerdings ist dafür der Anfangsmarkt kleiner. Diese Strategie, die Märkte dem jeweiligen Entwicklungsstand der Technologie anzupassen, kann auch die Zeitspanne bis zum Erfolg im tatsächlichen Zielmarkt verlängern. Abwägungen dieser Art sind zwar implizit enthalten, wenn der Markt für innovative Projekte gesucht wird. Es empfiehlt sich jedoch, sie auch explizit durchzuführen, um realistische Erwartungen zu entwickeln.

Grenzen festlegen

Die Methoden, mit denen ein Unternehmen die Erwartungen an Innovationen festlegt, müssen abgestimmt werden auf das Anreiz und Kontrollsystem, mit dem das Unternehmen die Erwartungen an das Management bestimmt. Obgleich sich die Unsicherheiten als normale Begleiterscheinung einer Innovation größtenteils der Kontrolle des Unternehmens entziehen, wird doch die Art und Weise, in der Innovatives angegangen wird, von den strategischen und organisatorischen Weichenstellungen beeinflusst.

Welche Grenzen einem innovativen Vorhaben gesetzt werden, nimmt wiederum Einfluss auf die Art, wie es sich an Veränderungen oder Entdeckungen anpasst, die während seiner Entwicklung auftreten. Flexibilität in der Zuteilung und Nutzung von Ressourcen (Finanzierung, zeitliche Abstimmung der Budgetzyklen und Verfügbarkeit der Aufmerksamkeit des Managements und von Entwicklungs- und Produktionskapazitäten) müssen durch eine Personalpolitik unterstützt werden, die Manager nicht daran hindert, Risiken einzugehen, die möglicherweise zu lehrreichen Fehlschlägen oder veränderten Projektzielen führen.

Symbiosis zum Beispiel, ein in Florida ansässiges Unternehmen, verzeichnet einen der wenigen frühen Erfolge auf dem Markt für minimal invasive chirurgische Instrumente. Entscheidend war es hierbei, dass sich Symbiosis fähig zeigte, schnell auf neue Marktchancen zu reagieren – wegen der Verfügbarkeit von kleinen Produktionskapazitäten für neue Vorhaben. Prototypen und Muster konnten schnell hergestellt werden. Zu dieser Flexibilität kam die Erlaubnis hinzu, betriebliche Grenzen zu überschreiten; die Entwickler konnten ihre Produkte auch Kundengruppen außerhalb der etablierten Märkte des Unternehmens anbieten. Diese Struktur ermöglichte eine schnelle und flexible Entwicklung, weil jedes Projekt weder einzeln legitimiert noch neu diskutiert werden musste, wenn Kapazitäten benötigt wurden.

Wenn eine Unternehmenskultur nur herausragende Erfolge belohnt, kann man nicht erwarten, dass sich die Manager mit ganzem Herzen in riskante Vorhaben stürzen, die mit der Entwicklung neuer Technologien einhergehen und zumindest am Anfang lediglich in kleinen Marktnischen Bestand haben werden. Solange die Ressourcenzuteilung durch rigide Budgetzyklen und strikte Verhaltensvorschriften reglementiert wird, werden Manager gewiss kaum in der Lage sein, neue Ideen effizient in Projekte zu überführen.

Realistische Erwartung

Innovationen, die technisch erfolgversprechend sind, können dennoch zu einer Enttäuschung führen. Dann nämlich, wenn sie nicht die Markterwartungen erfüllen, die bei ihrem Start festgelegt worden waren. Durch die bewusste Betrachtung von Verflechtungen und von für den Erfolg des Vorhabens erforderlichen Integrationsleistungen können realistische Erwartungen für das bestmögliche Ergebnis und das

Tempo, mit dem es erreicht werden kann, formuliert werden. Anhand dieser externen Faktoren ist es möglich, das Vorhaben im Unternehmenskontext zu beurteilen. Und abzuschätzen, ob und wie vorhandene Anreiz und Kontrollsysteme unterstützend eingesetzt werden können.

Literaturhinweise

Adner, R. and Levinthal, D.: »Technological speciation and the emergence of emerging technologies«, in: Day, G. and Schoemaker, P. (eds.): *Wharton on Emerging Technologies*, New York: John Wiley and Sons, 2000

Christensen, Clayton M.: *The Innovator's Dilemma*. [Nachdr.] Boston, Mass.: Harvard Business School Press, 2000.

Moore, Geoffrey A.: *Das Tornado-Phänomen: die Erfolgsstrategien des Silicon Valley und was Sie daraus lernen können*. Nachdr. Wiesbaden: Gabler, 2000.

7
Strategie der Übernahmen und Fusionen

Übernahmen und Fusionen sind eine Schlüsseloption für Unternehmen, die Wertschöpfung, Wachstum und Globalisierung anstreben. Statistiken zeigen, dass die Welle von Übernahmen und Fusionen nicht zurückgeht in den wichtigsten Industrien und Regionen. Doch eine Strategie der Übernahmen und Fusionen führt unweigerlich zur Vernichtung von Werten, zu Unruhe im Management und zu unnötigen Arbeitsplatzverlusten. Welches sind gängige Fehler von Aufkäufern? Was gibt es für vorbeugende Maßnahmen der Unternehmensführung gegen das Risiko nachteiliger Übernahmen? Welche Faustregeln gelten für Fusionen zwischen »Gleichen«? Das Wichtigste ist, Unternehmen solide zu integrieren – ein schwieriges Unterfangen.

Wie der Aufsichtsrat Übernahmen verhindert 237
  (Robert Gertner)

Akquisitionen: Drum prüfe, wer sich ewig bindet... 245
  (Jay Anand)

Fusionen: Das Balzverhalten gleichberechtigter Partner 251
  (Philippe Haspeslagh)

Wie horizontale Übernahmen zu besserer Performance führen 256
  (Laurence Capron)

Integration als Lernprozess 265
  (Maurizio Zollo)

Robert Gertner

Wie der Aufsichtsrat Übernahmen verhindert

Erfolgreiche Unternehmensakquisitionen können Wertsteigerungen und zusätzliches Wachstum erzeugen. Die kurzfristigen Kurssteigerungen allerdings sind fast gleich null. Der Markt bewertet zahlreiche Übernahmen und Fusionen so, als seien sie von vornherein zum Scheitern verurteilt. Fehlschläge lassen sich grob in drei Kategorien unterscheiden, unter denen Managementfehler wohl die wichtigste ist. Bessere Mechanismen der Corporate-Governance können Abhilfe schaffen. Und die aktuelle Corporate-Governance-Debatte hat bereits zu einer größeren Unabhängigkeit des Aufsichtsrates beigetragen und das Leistungsanreizsystem verbessert. Dennoch: Ein Aufsichtsrat ist heute nicht in der Lage, die meisten Managementfehler aufzudecken oder gar zu korrigieren. Abhilfe schaffen könnte die Installation einer Opposition – eines »Neinsagers«. Diese Person übernimmt die Rolle eines Advocatus Diaboli, der für das erfolgreiche Kippen einer anvisierten Übernahme eine Prämie erhält.

Akquisitionen gehören zu den wohl bedeutendsten strategischen Entscheidungen, die von Unternehmen getroffen werden. Denn sie können – sofern erfolgreich – eine bedeutende Wertschöpfungs- und Wachstumsquelle sein. Fehlgeschlagene Übernahmen hingegen können Werte rasch zerstören, die Betriebsabläufe des Unternehmens erheblich behindern und manchen Chef vom Thron stürzen.

Die umfangreiche wissenschaftliche Literatur zu Übernahmen stellt fest, dass akquirierende Unternehmen auf dem Aktienmarkt kurzfristig so gut wie keine Gewinne erzielen. Hinter diesem durchschnittlichen Nullgewinn verbergen sich jedoch die großen Unterschiede in der Kursperformance der Bieter – denn der Markt qualifiziert zahlreiche Übernahmen von vornherein als wertvernichtend. Und die Beurteilung des langfristigen Erfolgs von Übernahmen ist noch schwieriger. Denn der Einfluss durch die Übernahme selbst lässt sich von anderen leistungsrelevanten Größen kaum systematisch unterscheiden. Dennoch sind uns allen Geschichten von Akquisitionskatastrophen bekannt, die ausschließlich Kopfschütteln verursachen.

Gründe für Misserfolg

Warum sind eigentlich so viele Akquisitionen Misserfolge? Drei Erklärungsmuster können das Fehlschlagen von Akquisitionen begründen: fehlende Berechenbarkeit, widerstreitende Interessen und schlicht Fehler. Zweifellos treten diese Faktoren nicht isoliert in Erscheinung; wie ich darlegen werde, lohnt sich der Blick auf die zuletzt genannte Kategorie »Fehler« jedoch besonders.

- Als *erste Erklärung* für Fehlkäufe dient die Tatsache, dass man schlicht nicht vorhersagen kann, welche Fusion funktionieren wird und welche nicht. Und viele Zusammenschlüsse, die sich im Nachhinein als falsch erweisen, waren zum Zeitpunkt ihres Zustandekommens nicht unbedingt zum Scheitern verurteilt. Wir glauben zwar, den Misserfolg erklären zu können, vergessen jedoch allzu häufig, dass wir dies aus einer nachträglichen Betrachtung heraus tun – mithilfe von Informationen, die uns ursprünglich gar nicht zur Verfügung standen. Aber so ganz im Dunkeln scheint zumindest die Börse bei der Prognose des Übernahmeerfolgs nicht zu tappen. Mark Mitchell und Kenneth Lehn stellen in einer 1990 veröffentlichten Studie fest, dass gerade solche Akquisitionen, auf deren Ankündigung der Markt negativ reagiert, später eher wieder veräußert werden. Der Markt also scheint über Mechanismen zu verfügen, um das Scheitern einer Übernahme zum Zeitpunkt ihrer Ankündigung vorherzusehen. Überraschenderweise existiert keine methodische Untersuchung, die die Wechselbeziehung dieser Faktoren analysiert.
- Die *zweite Erklärungskategorie* widmet sich Schwierigkeiten, die sich aus Interessensunterschieden ergeben. Wenn Management und Aktionäre unterschiedliche Ziele verfolgen, wirkt sich die Akquisition möglicherweise negativ für die Anteilseigner aus; für das Management hingegen entstehen Vorteile. Diese Erklärung hat gerade in der wissenschaftlichen Literatur viel Aufmerksamkeit erregt. Es gibt mehrere mögliche Ursachen für widerstreitende Zielsetzungen einer Akquisition: Manager bevorzugen möglicherweise die Leitung eines großen Unternehmens, weil es ihnen zum einen schlicht besser gefällt – und zum anderen die Höhe ihrer Vergütung an die Unternehmensgröße gekoppelt sein mag. Einige Ökonomen vertreten die Ansicht, dass Manager sich gerade für solche Übernahmen einsetzen, bei denen sie selbst kaum ersetzt werden können. Neuerdings jedoch zeichnet sich ein deutlicher Trend dahingehend ab, dass die Höhe der Vergütung eines Managers dem Erfolg des Unternehmens am Aktienmarkt angepasst wird. Dies schwächt den Interessenskonflikt zwar ab, kann ihn jedoch nicht aus der Welt schaffen. Und obwohl sich einige fehlgeschlagene Übernahmen auf widerstreitende, nicht sachgerechte Interessen zurückführen lassen, halte ich es für vollkommen unwahrscheinlich, dass ein Firmenchef die folgende Überlegung anstellt: »Auch wenn die Übernahme nicht den Interessen der Anteilseigner meines Unternehmens entspricht, so liegt sie doch in meinem Interesse – und das genügt mir, um sie voranzutreiben.«
- Das *dritte Erklärungsmodell* untersucht Management-Fehler. Individuen und Organisationen verursachen Fehler schließlich aus den verschiedensten Gründen. Möglicherweise mangelt es an Wissen, Fehleinschätzungen sind die Folge. Denn niemand ist allwissend, auch Manager nicht. Und sie müssen Entscheidungen

häufig auf der Grundlage von Informationen treffen, die ihnen (mindestens) ebenso fehlbare Untergebene zur Verfügung stellen. Diese Informanten neigen möglicherweise dazu, ihrem obersten Vorgesetzten das zukommen zu lassen, was er ihrer Meinung nach gern hören möchte – und nicht das, was ihrer Meinung nach richtig wäre. Und Investmentbanken, Rechtsanwälte und Berater haben allein wegen der Aussicht auf lukrative Einnahmen ein Interesse, eine Übernahme zu befürworten. Da es nicht möglich ist, die Auswirkungen dieses Umstands auf die Qualität der Beratung zu messen, bleibt dies allerdings im Bereich des Spekulativen.

Eine weitere, aufmerksam betrachtete Ursache für das Scheitern von Akquisitionen ist schlicht die Selbstüberschätzung des Managements. Angesichts ihrer Stellung und ihres Werdegangs legen einige Unternehmensleiter eine überzogene Einschätzung ihrer persönlichen Entscheidungsfähigkeit an den Tag. Zweifellos benötigt man auf dem Weg zur Spitze eines Unternehmens ein erhebliches Maß an Qualitäten, aber eben auch Glück. Viele allerdings schreiben ihren Fähigkeiten einen größeren Anteil am Erfolg zu, als es berechtigt wäre.

Fehler werden außerdem gemacht, weil bestimmte Themen zu schwierig und komplex sind, um sie bereits vor einer Übernahme exakt einzuschätzen. Dies betrifft besonders heikle Management- und Personalfragen, die es bei der Realisierung einer Übernahme zu klären gilt.

Dazu zählen die Integration der Vertriebsabteilungen, die Neuverteilung von Kompetenzen im Management, die Zusammenlegung fusionierter Unternehmensteile und auch die Entlassung oder Versetzung von Personal. Es leuchtet ein, warum solche Themen vor einem Abschluss nicht erschöpfend behandelt werden. Würden sie vorher angesprochen, könnte Personen mit relevanten Informationen aus Furcht um ihren Arbeitsplatz versuchen, den Handel zu sabotieren. Dies macht es weit schwieriger, derartige Informationen schon im Vorfeld einer geplanten Fusion zusammenzustellen. Die Trennlinie zwischen Fehlern und Unberechenbarkeit ist zwar eher unscharf; eine Unterscheidung ist dennoch sinnvoll. Denn die Kategorie »Fehler« geht von der Vorstellung aus, dass sich bessere Entscheidungen mit einem vernünftigen Aufwand grundsätzlich herbeiführen lassen. Dies wiederum impliziert, dass eine Umgestaltung in der Unternehmensführung Firmen bei der Vermeidung von Fusionen unterstützen könnte. Im Folgenden werden wir die Rolle des Aufsichtsrats bei der Identifizierung und Blockierung von ungünstigen Übernahmen untersuchen.

Die Rolle des Aufsichtsrats

Aufsichtsräte haben die treuhänderische Pflicht, die Geschäftstätigkeit eines Unternehmens zu überwachen. Dieses Gremium verantwortet die Ernennung des Vorstandsvorsitzenden, die Festsetzung seines Gehaltes, die Nominierung neuer Aufsichtsräte, die Kontrolle der Finanzberichte und die Verabschiedung strategisch und finanziell bedeutsamer Entscheidungen. Der Aufsichtsrat überwacht zum einen die Leistungen des Unternehmens und ihrer Führung, andererseits fungiert er als Ratgeber des Managements und macht individuelles oder kollektives Fachwissen verfügbar. Im Allgemeinen ergänzen sich dabei Kontrolle und Beratung; sie können jedoch auch kollidieren. Dem Vorstandsvorsitzenden nahe stehende Personen sind möglicherweise ausgezeichnete Berater, nicht immer aber sind sie gleichzeitig die besten Kontrolleure.

Häufig mangelt es an Informationen

Im Zusammenhang mit Akquisitionen hat der Aufsichtsrat ebenfalls eine Beratungs- und eine Überwachungsfunktion – mit Blick auf strategische Zielvorgaben und Entscheidungen. Auch bei der Beurteilung untauglicher Übernahmeabsichten, die aus Interessenkollisionen oder Managementfehlern hervorgehen, kann der Aufsichtsrat eine wichtige Rolle spielen. Normalerweise allerdings verfügt ein Aufsichtsrat nicht über ausreichende Informationen, um angesichts einer beabsichtigten Akquisition ein sicheres, unabhängiges Werturteil fällen zu können.

Die Vorgehensweise eines Aufsichtsrats variiert dabei stark von Unternehmen zu Unternehmen. Typischerweise wird das Gremium im Zusammenhang mit einer Übernahme die grundsätzliche strategische Ausrichtung erörtern und verabschieden – wie zum Beispiel die Absicht, in einen bestimmten Markt vorzudringen. Hat das Management ein Ziel identifiziert und angepeilt, wird es die Billigung der anschließenden Schritte durch den Aufsichtsrat anstreben. Die Unternehmensspitze und externe Berater werden also dem Aufsichtsrat die strategischen Erwägungen und den entsprechenden Finanzplan vorlegen. Aufsichtsräte, die nicht dem Unternehmen angehören, verfügen gewöhnlich allerdings nicht über ausreichend Informationen und Sachkenntnis, um die Basis der angestrebten Akquisition grundlegend infrage zu stellen.

Daher ist der Aufsichtsrat selten in der Lage, Fehler in der Analyse der Geschäftsführung oder das Übersehen signifikanter Aspekte auszumachen. Marktbeobachter erklären zum Beispiel die fehlgeschlagene Fusion zwischen Quaker Oats, dem US-Hersteller von Zerealien und Sportdrinks, und Snapple, einem US-Softdrinkproduzenten, aus der Schwierigkeit, die ursprünglich guten Geschäftsbeziehungen mit den alten Snapple-Distributoren weiter zu pflegen, während man die traditionell starken Quaker-Vertriebskanäle – die Supermärkte – ausbaute. Es ist höchst unwahrscheinlich, dass außenstehende Aufsichtsräte bei Quaker zum Zeitpunkt ihrer Zustimmung zur Akquisition die erforderlichen Informationen hatten, um dieses potenzielle Risiko zu erkennen.

Die Zusammensetzung des Aufsichtsrats, die Vergütung, Einsetzung oder Entlassung des Managements sind sämtlich Themen, die von Corporate-Governance-Verfechtern aufgegriffen werden. Es trifft zu, dass im Zuge dessen die Unabhängigkeit des Aufsichtsrats tatsächlich gestärkt und das Vergütungssystem des Managements verbessert worden ist. Viel wurde allerdings nicht unternommen, um aus den Aufsichtsräten kompetente Schiedsrichter für sämtliche zentralen Unternehmensentscheidungen zu machen. Nach wie vor ist der Aufsichtsrat kein Gremium, das die Mehrzahl der Managementfehler erkennen, geschweige denn korrigieren kann.

Der Neinsager

Was also kann der Aufsichtsrat tun? Er kann versuchen, bessere, detailliertere und objektivere Informationen auf direktem Weg vom Unternehmen zu erhalten. Dies allerdings ist ein mühsames Unterfangen.

- Erstens nimmt es viel Zeit in Anspruch, ein rares Gut für gefragte nebenamtliche Aufsichtsräte.
- Zweitens ist es schwierig, Informationen zu bekommen und dabei nicht auf die Unternehmensspitze angewiesen zu sein. Aus dieser Abhängigkeit können verzerrte Informationen resultieren oder das Unvermögen, tatsächlich Fehler in einer durch das Management erstellten Analyse aufzudecken. Ein Vorschlag in diesem Zusammenhang ist es, einen ständigen Vertreter des Aufsichtsrats in jeder Hinsicht an der Geschäftsführung zu beteiligen. Dies stellt sich jedoch als äußerst problematisch dar, könnte dieser Stellvertreter doch von der Unternehmensspitze auf ihre Seite gezogen oder aber schlicht ignoriert werden.

Ich empfehle daher eine einfache Institution, die dem Aufsichtsrat auf lange Sicht einen wirkungsvollen Einfluss bei Akquisitionen ermöglichen könnte: Beschließt das Management, eine Übernahme als aussichtsreich verfolgen zu wollen, setzen die nicht betriebsangehörigen Aufsichtsräte einen eigenen externen Berater ein, der während des Verfahrens die Opposition verkörpert. Dieser Berater, eine Investmentbank vielleicht oder eine Consultingfirma, wird als Advocatus Diaboli auftreten und versuchen, die angestrebte Übernahme zu verhindern.

Während der entscheidungsrelevanten Sitzungen des Aufsichtsrats würden Befürworter und der hauptamtliche Opponent jeweils ihre Perspektive darstellen. Der Neinsager hat bei seiner Vorbereitung denselben Zugang zu Informationen gehabt wie ein Berater des Managements. Die Konferenz hätte dann eher den Charakter einer Anhörung oder eines Schiedsverfahrens, bei dem der Aufsichtsrat die Rolle eines Richters oder Schiedsmannes übernimmt. Dieses Schiedsrichter-System hat sich über lange Zeit hinweg für eine effiziente und unparteiische Entscheidungsfindung bewährt. Ein guter Richter verfügt über viele der Qualitäten, die auch nicht betriebsangehörigen Aufsichtsräten eigen sind: Intelligenz, Urteilsvermögen, aber auch eine nur eingeschränkte Kenntnis der Details. In den modernen Demokratien existieren zwei Rechtssysteme – das Common Law, wie es in den angelsächsischen

Ländern praktiziert wird, und das kontinentaleuropäische Zivilrecht, wie es beispielsweise in Frankreich Anwendung findet. Bei Letzterem tritt der Richter gleichsam als Hauptermittler auf, der sich der Feststellung von Tatsachen widmet. Die Analogie ist offensichtlich: Das derzeit übliche Corporate-Governance-System verhält sich einseitig; eine Chefermittler-Position für die Aufsichtsräte ist schwerlich durchzusetzen, während das Schiedsrichter-System ein gewisses Potenzial bieten könnte. Kann der Schiedsrichter nicht zu einem umfassend informierten Experten werden, sollte er zumindest Zugang zu beiden argumentativen Seiten erhalten.

Dieses vom angelsächsischen Rechtssystem abgeleitete System ist sicherlich nicht die effizienteste Einrichtung, die Menschen je ersonnen haben. Es trägt jedoch dazu bei, dass die nicht betriebsangehörigen Aufsichtsräte bei wichtigen Entscheidungen mitreden können. Die Analogie zu privaten Schiedsverfahren trifft demnach zu; fast immer müssen zwei widerstreitende Positionen gewürdigt werden. Der Hauptunterschied zum Rechtssystem besteht darin, dass Schiedsverfahren Kosten und Zeitaufwand und Manipulationsgefahr reduzieren. Der Neinsager nimmt direkt und indirekt Einfluss auf die Qualität der dem Aufsichtsrat verfügbaren Informationen.

- *Der direkte Effekt:* Der Opponent repräsentiert die argumentative Gegenseite und wird beispielsweise dem anvisierten Unternehmen eine Reihe anderer ähnlicher Unternehmen gegenüberstellen, um auf eventuell zu hohe Akquisitionskosten hinzuweisen. Die Berater des Managements werden sich mit einer anderen Zusammenstellung bemühen, die Größenordnung ihres Angebots zu rechtfertigen. Dieses Prozedere eröffnet dem Aufsichtsrat mehr Vergleichsmöglichkeiten.
- *Der indirekte Effekt:* Bereits die Gegenwart einer Opposition wird dazu beitragen, dass Geschäftsleitung und Berater weniger einseitig gefärbte Informationen vorlegen. Am genannten Beispiel anknüpfend bedeutete dies, dass die Auswahl vergleichbarer Unternehmen durch die Berater mehr Vielfalt bieten wird, weil sie wissen, dass die Opposition nicht nur Kritik bereithält, sondern auch Alternativen. Problematische Punkte werden dabei augenfällig und müssen durch die Befürworter analysiert und gerechtfertigt werden.

Der indirekte Effekt könnte sich am Ende als der bedeutsamere erweisen. Vielleicht gelingt es dem Neinsager selten, Übernahmevorhaben erfolgreich zu kippen, doch insgesamt könnten seltener untaugliche Vorschläge unterbreitet werden. Wenn dies gut funktioniert, wird der Opponent selten stark gefordert werden.

Die Umsetzbarkeit

Die direkten Kosten dieser Institution werden nicht unerheblich ausfallen, da der Neinsager einschlägige Fertigkeiten mitbringen und der Aufgabe ausreichend Zeit widmen muss. Angesichts der Größenordnung vieler Akquisitionen und der potenziellen Verluste aus einer ungeeigneten Akquisition scheint der Nutzen dieser Einrichtung die Kosten jedoch zu rechtfertigen.

Die Kontrolle stärkt das Management

Falls sich Fehlschläge bei Akquisitionen eher auf Fehler und den Faktor Unvorhersehbarkeit zurückführen lassen als auf die Folge von Interessenskollisionen, sollte das Management die Einrichtung einer solchen Instanz begrüßen. Gelingt es, dadurch Spreu von Weizen zu trennen, wird dies die Manager stärken. Denn schlechte Akquisitionen führen häufig zu ihrem Ausscheiden aus dem Unternehmen.

Selbst wenn sich die Unternehmensleitung gegen eine institutionalisierte Opposition wehren sollte, die Institution sich jedoch entwickelt und gut funktioniert, werden die Aktionäre und andere Marktkräfte den Aufsichtsrat dazu drängen, von der Einrichtung Gebrauch zu machen. Unternehmensfusionen, die ohne die Einschaltung des Neinsagers genehmigt werden, sind obendrein einer negativen Reaktion des Marktes eher ausgesetzt. Dies legt nahe, dass diese Institution gar nicht unbedingt gesetzlich vorgeschrieben werden muss.

Ein wichtiges Thema stellt die Entlohnung des Neinsagers dar. Seine Gegenspieler haben für gewöhnlich ein materielles Interesse an einem Gelingen des geplanten Deals. Daher würde es sich lohnen, dem Neinsager eine Prämie für das erfolgreiche Verhindern der geplanten Akquisition in Aussicht zu stellen. Andererseits kann der Neinsager durch qualifizierte Arbeit seine Reputation und dadurch auch seinen Gewinn erhöhen. Das könnte bereits ein ausreichender Anreiz sein, um den Job gut zu machen.

Gegen die Installation einer Opposition spricht die Befürchtung, die Unternehmensspitze könne sich dadurch abschrecken lassen, gute, aber riskante Fusionen anzuregen – auf die Gefahr hin, dass bei Ablehnung der Pläne das Management ausgetauscht wird. Schließlich gibt es eine Menge Gründe, um einen Deal abzulehnen. Falls es eine Kostenfrage ist, hat dies wohl wenig Auswirkungen auf die Geschäftsleitung. Stellt der Aufsichtsrat jedoch die Strategie des Managements infrage, kann dies ganz andere Konsequenzen nach sich ziehen. Diese Punkte zu klären, gehört jedoch zu den Aufgaben des Aufsichtsrats. Solche Debatten müssen nicht feindselig geführt werden. Falls aber ein Unternehmen die Harmonie zwischen Management und nicht betriebsangehörigen Aufsichtsräten und Zuträglichkeit ihrer Konferenzen nicht aufs Spiel setzen möchte, hat es guten Grund, einen Neinsager für überflüssig zu halten.

Die stärkste Kritik an einer institutionalisierten Opposition kommt aus den Reihen derer, die die Rolle externer Aufsichtsräte grundsätzlich anders betrachten. Von diesem Blickwinkel aus sollte der Aufsichtsrat alle Entscheidungen – einschließlich derer, die Akquisitionen betreffen – ganz der Unternehmensspitze überlassen, solange diese gut arbeitet. Erst wenn der Aufsichtsrat das Vertrauen in die Führung des Managements verliert, solle es an strategischen Entscheidungsprozessen beteiligt werden. Der Aufsichtsrat schaltete sich also ausschließlich dann ein, wenn die Leistungen schlechter werden. Und selbst dann soll sein Einsatz sich auf die Entscheidung beschränken, ob die Unternehmensführung ersetzt werden soll oder nicht. Sollten die Fehler des Managements allerdings gravierende sein, beraubte man sich durch diese Selbstbeschränkung eines wichtigen Instrumentes, mit dem solche Fehler identifiziert und vermieden werden könnten.

Die Herausforderung

Die Akquisitions-Opposition kann in einen größeren Zusammenhang der Corporate-Governance-Debatte gestellt werden. In der ersten Phase der so genannten Governance-Revolution widmete man sich der Bildung wirklich unabhängiger Aufsichtsräte, die ganz im Interesse der Aktionäre handeln. In der zweiten Phase nun soll den Aufsichtsräten eine effektivere Erfüllung ihrer Aufgaben ermöglicht werden.

Diese zweite Phase ist eine wahre Herausforderung angesichts der begrenzten Verfügbarkeit von Informationen und Zeit, der ein Aufsichtsrat unterworfen ist, weil er sich vorrangig aus nebenberuflichen Mitgliedern mit weiteren wichtigen Jobs konstituieren. Aufsichtsräte, die wirkungsvoll arbeiten wollen, müssen kreative Lösungen entwickeln, um sich dieser Herausforderung zu stellen.

Literaturhinweise
Jemison, D.; Sitkin, S.: »Corporate Aquisitions: A Process Perspective«, *Academy of Management Review*, 11, 1986

Mitchell, M.; Lehn, K.: »Do Bad Bidders Become Good Targets?«, *Journal of Political Economy*, 98, 1990.

Monks, Robert A. G.; Minow, Nell: *Watching the Watchers: Corporate Governance for the 21st century*. Cambridge, Mass. [u. a.]: Blackwell, 1996.

Jay Anand

Akquisitionen: Drum prüfe, wer sich ewig bindet, ...

Für eine Übernahme gibt es nur einen guten Grund: Der Erwerber muss aus den Wertschöpfungspotenzialen des Übernahmekandidaten einen ungleich höheren Mehrwert erzielen. Doch zu viele Unternehmen planen Akquisen, ohne die Geschäftsgrundlage des anderen ausreichend zu kennen. Anhand von Fallbeispielen werden Faustregeln für die Auswahl eines Übernahmekandidaten und die Durchführung einer Akquisition aufgestellt. Gegenstand sind vor allem die als besonders heikel geltenden Übernahmeformen. Dazu zählen Akquisitionen, die mit dem Eigenwert des Übernahmekandidaten, einer vertikalen Integration oder auf der Grundlage abstrakter Definitionen begründet werden.

Der Essayist H. L. Mencken spottete einmal: »Für jedes komplizierte Problem gibt es eine einfache Lösung – und die ist falsch.« Diese Feststellung gilt auch für die gegenwärtige Fusions- und Übernahmewelle in Nordamerika und Europa. Es vergeht kaum eine Woche, in der nicht eine Megafusion zwischen zwei Multis angekündigt wird. Während das M&A-Fieber (mergers & acquisitions: dt. Fusionen und

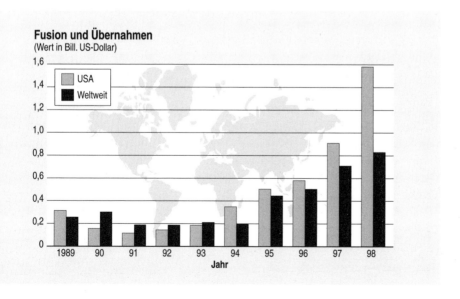

Übernahme) weiter grassiert, drängt sich die Frage auf, ob den neuesten Fusionen mehr Erfolg beschieden sein wird.

Manager begründen ihre Zukäufe damit, auf sich verändernde Marktsituationen und Entwicklungen in der Technik oder Politik reagieren zu müssen. Aus der Vergangenheit lassen sich bereits zahlreiche Lehren ziehen. Es werden im Folgenden einige allgemeine Prinzipien aufgezeigt, die Unternehmen helfen sollen, die größten Klippen zu umgehen und die Wertschöpfung aus M&A-Transaktionen zu steigern.

Wie viele Transaktionen letztlich auch den Aktionären zugute kommen, wird man erst nach einigen Jahren wissen. Frühere Untersuchungen legen jedoch den Schluss nahe, dass es nur wenige sein werden. Forschungsprojekte und Untersuchungen durch Unternehmensberater und nicht zuletzt die Erfahrungswerte von Managern belegen, wie gering die Erfolgsaussichten solcher Transaktionen sind. Einige der Studien ergaben, dass eine »Wertschöpfung« oft nur in der Vorstellung der Geschäftsleitung existiert und sich den Aktienmärkten nicht erschließt – mit negativen Auswirkungen auf die Aktien des Erwerbers.

Wird tatsächlich ein Wert geschaffen, geht dieser meist in Form eines Aufschlags an die Aktionäre des akquirierten Unternehmens, während die Aktionäre des Erwerbers oft leer ausgehen. Man könnte argumentieren, diese Studien bezögen sich nur auf unmittelbare Reaktionen nach Bekanntgabe einer Akquisition und ließen das langfristige Potenzial eines Zusammenschlusses außer Acht. Langzeitstudien zeichnen jedoch ein noch dunkleres Bild. In vielen Fällen wird ein Jahre dauernder negativer Einfluss auf die Erträge festgestellt.

Das Scheitern vieler Transaktionen zeigt sich auch darin, dass viele Akquisitionen nach nur wenigen Jahren wieder aufgegeben werden. Ein Drittel bis mehr als die Hälfte wird letztlich wieder abgestoßen oder ausgegliedert. Nicht eingerechnet sind hierbei die üblichen Verkäufe einzelner Firmenteile im Anschluss an eine Akquisition. Man könnte nun argumentieren, dass einige Transaktionen unweigerlich scheitern müssen, da es sich um Experimente handelt. Das Abstoßen akquirierter Unternehmen ist allerdings ein sehr teures Experiment; der Verkaufspreis liegt meist unter dem Übernahmepreis. Insgesamt sieht es eher so aus, dass ein Bonus gezahlt wird, der kaum zurückgewonnen werden kann.

In der überwiegend negativen M&A-Statistik finden sich jedoch auch einige Erfolgsstorys, aus denen man einiges über erfolgreiche Akquisitionsstrategien lernen kann. Einige Gesetzmäßigkeiten zeigen sich dabei in sämtlichen besonders erfolgreichen Fällen. Die Wachstumsstrategie von Cisco oder der behutsame Integrationsprozess von General Electric sind Beispiele dafür, wie sich Unternehmen diese Gesetzmäßigkeiten erfolgreich zu Eigen gemacht haben. Manche Akquisitionen erzeugen hingegen schon bei ihrer Bekanntgabe ein ungutes Gefühl. In den voll entwickelten Finanzmärkten unserer Zeit gibt es nämlich nur einen triftigen Grund für ein Geschäft: Der Erwerber muss aus den Wertschöpfungspotenzialen des Übernahmekandidaten einen ungleich höheren Mehrwert erzielen.

Wird eine Übernahme hingegen mit dem Eigenwert des Übernahmekandidaten gerechtfertigt, lässt sich schwerlich ein Mehrwert erzielen; dieser Eigenwert schlägt sich bereits im Kaufpreis nieder. Der Erwerber erhält dann bestenfalls den Gegenwert. Die hervorragende Marktpositionierung eines Übernahmekandidaten, seine Wachstumsaussichten oder seine Rentabilität sind also keine ausreichende Basis für eine erfolgreiche Akquisition.

Ein ebenso riskanter M&A-Ansatz ist die vertikale Integration, mit deren Hilfe ein größerer Teil der Gewinne in einer Branche abgeschöpft werden soll. Durch einen solchen Schritt können andere Kunden eines Unternehmens verprellt werden. Lehrgeld musste zum Beispiel PepsiCo nach der Übernahme der Fast-Food-Ketten Kentucky Fried Chicken, Taco Bell und Pizza Hut zahlen. Erzrivale Coca-Cola überzeugte Wendy's und andere Fast-Food-Ketten davon, dass der Ausschank von Pepsi indirekt den im Besitz von Pepsi befindlichen Konkurrenten nutzte. Selbst wenn sie nicht mit solchen Problemen behaftet ist, erzeugt eine vertikale Integration nur selten einen Mehrwert. Häufig führt sie nur dazu, dass bestimmten Interessen andere geopfert werden. Vor einigen Jahren gelang Walt Disney zwar durch die Übernahme des Fernsehsenders ABC eine vertikale Integration. Sämtliche Geschäfte, die im Rahmen von Lizenzvereinbarungen vorher zwischen den beiden Unternehmen bestanden, wurden nun allerdings zu internen Transaktionen, die selbst keinen Wert schaffen.

Stand dahinter die Idee, nach der Akquisition auf ABC mehr Disney-Produktionen zu senden, hätte man die Grundsätze von ABC für die Zusammenstellung seines Programms berücksichtigen müssen, wie sie vor der Übernahme bestanden. Wahrscheinlich galt die Maxime, durch maximale Zuschauerzahlen maximale Erlöse zu erwirtschaften. Eine Veränderung dieses Grundsatzes wird eher Werte zerstören statt neue zu schaffen.

Eine Wertschöpfung ist aber auch dann unsicher, wenn die künftigen Beziehungen zwischen zwei Unternehmen abstrakt definiert werden. Kann ein Unternehmen zu erwartende Synergieeffekte nicht klar benennen, existieren vermutlich keine. Jeder Kommunikationstrainer bringt seinen Seminarteilnehmern in der ersten Stunde bei, dass man nur klar kommunizieren kann, wenn man klar denkt. Eine entschiedene Umsetzung ist folglich nur dann möglich, wenn zuvor eine klare Strategie definiert wurde.

Hat man es sich zum Ziel gesetzt, die Kosten zu senken, können die Manager entsprechende Rationalisierungsmaßnahmen einleiten. Dies ist zwar schwierig und schmerzvoll, kann aber gelingen, wenn die Zielvorgaben klar sind. Wurde als Ziel Cross-Selling festgelegt, können die Verantwortlichen die erforderlichen Strukturen und Anreize schaffen. Für Manager empfiehlt es sich, Ziele und Abläufe einer Transaktion vor deren Abschluss in einer Art Absichtserklärung schriftlich festzulegen, um die eigenen Gedanken zu strukturieren.

Während vor dem Abschluss des Geschäfts eine klare Strategie im Vordergrund stehen muss, kommt es nach dem Abschluss auf eine schnelle und entschlossene Integration an. Je langsamer sie voranschreitet, desto größer müssen die Synergieeffekte sein, wenn man den gezahlten Bonus wettmachen will. Zeit ist hier im wahrsten Sinne des Wortes Geld. Der Bonus ist gleich zu Beginn fällig, beginnt sich aber erst zu amortisieren, wenn die Integration erste Früchte trägt. Die erforderlichen Maßnahmen müssen deshalb schnellstmöglich umgesetzt werden, was nur durch frühzeitige Planung gelingt. Eine Ehe besteht nicht nur aus der Hochzeit. Soll sie ein Erfolg werden, bedarf es viele Jahre harter Arbeit.

Allianzen als Testphase nutzen

Ohne eine echte Integration erreicht man kaum mehr als finanzielle Diversifizierung. Die Aktionäre sind heute aber durchaus in der Lage, ihr Anlagerisiko selbst zu streuen und tun dies auch zunehmend. Also hat diese Überlegung als alleiniger Grund für eine Akquisition schon längst ausgedient. Eine gegenseitige finanzielle Abhängigkeit muss daher von einer strategischen und operativen Verzahnung begleitet werden. Besonders wichtig ist dies bei Akquisitionen, mit denen eine Konvergenz zwischen verschiedenen Branchen hergestellt werden soll. Selbst wenn Akquisitionen lediglich dem Ziel dienen, sich gewisse Optionen zu sichern, müssen sie mehr sein als eine passive Finanzwette. Die Ergebnisse von Markt- und Technologieentwicklungen werden auch durch unternehmensinterne Prozesse beeinflusst, hinter denen daher eine klare Vision stehen muss.

Dies ist natürlich nur dann möglich, wenn das Management des Erwerbers die Geschäftstätigkeit des akquirierten Unternehmens gut kennt. In der Vergangenheit haben zu viele Unternehmen aus unterschiedlichen Branchen versucht, sich zusammenzuschließen, ohne die Geschäftsgrundlagen des jeweils anderen zu kennen. Die Übernahme der Universal Studios durch Matsushita Electric, dem Weltmarktführer bei der Unterhaltungselektronik, im Jahr 1990 sowie die Übernahme von Columbia Pictures durch Sony 1989 wurden damals als Meilensteine der Integration von Software und Hardware gefeiert. Schon bald zeigte sich jedoch, dass die Unternehmen mehr trennt als nur der Pazifik. Die Konstruktion, Herstellung und Vermarktung von Videorekordern folgt nun einmal anderen Gesetzen als das vollkommen auf Publicity ausgerichtete Leben und Wirken exaltierter Hollywood-Stars. Innerhalb weniger Jahre sank der Anteil von Matsushita an Universal auf 16 Prozent, während Sony unverändert seine Beteiligung an Columbia hielt.

Eine wirksame M&A-Strategie kann darin bestehen, zunächst Joint Ventures oder Allianzen mit potenziellen Übernahmekandidaten einzugehen. Einige der erfolgreichsten Fusionen glückten solchen Unternehmen, die bereits langjährige Beziehungen zueinander unterhalten hatten. Unliebsame Überraschungen sind in diesen Fällen seltener. Positive Überraschungen gibt es für einen Erwerber ohnehin selten. Sogar das Management von DaimlerChrysler musste seine Erwartungen an die Fusion herunterschrauben, nachdem das gesamte Ausmaß des Integrationsprozesses erkennbar wurde.

Auch Akquisitionen durch ansonsten erfolglose Unternehmen sollten mit Argwohn betrachtet werden. In diesen Fällen ist es wahrscheinlicher, dass die Schwächen des Erwerbers auch das übernommene Unternehmen infizieren werden, als dass

Letzteres den Erwerber neu belebt. Der legendäre Investor Warren Buffett drückte es einmal folgendermaßen aus: »Firmen kaufende Manager haben in ihrer Kindheit zu oft das Märchen vom Froschkönig gehört. Es wird zwar viel geküsst, aber es geschehen nur wenige Wunder.«

Besonders Manager von ertragreichen, aber wachstumsschwachen Unternehmen müssen beim Kauf viel versprechender Unternehmen vorsichtig sein. Wer von der Leitung eines ausgereiften Unternehmens gelangweilt ist, sucht gern nach einfachen Wachstumschancen außerhalb der eigenen vier Wände, selbst dann, wenn keine strategische Verknüpfung erkennbar ist. Ohne die Kontrolle eines besonnenen Aufsichtsgremiums potenzieren sich die Risiken. Auch feindliche Übernahmen führen nur selten zu den gewünschten Ergebnissen. Ohne den Rückhalt der Manager des übernommenen Unternehmens wird die Integration unweigerlich erschwert. Besonders bei Hightech-Akquisitionen besteht die Gefahr, nach Abschluss der Transaktion nur noch »verbrannte Erde« vorzufinden, weil die wichtigsten Mitarbeiter das Unternehmen verlassen haben. Auch der Versuch, ein Geschäft um jeden Preis abzuschließen, führt häufig nur dazu, dass man zu viel bezahlt. Verlieren die Manager bei einer Akquisition den Preis aus den Augen, kann es ihnen wie manchem Bieter bei einer Auktion ergehen: Der Gegenstand ist zu einem Preis ersteigert, der nach Ansicht aller anderen Auktionsteilnehmer weit über dem tatsächlichen Wert liegt.

Alles aus einer Hand

Die Strategie von Cisco fokussiert die Entwicklung einer Produktpalette, die umfassend genug ist, um der Netzwerkbranche möglichst alles aus einer Hand anzubieten. Bei Akquisitionen konzentriert man sich auf kleine Unternehmen aus angrenzenden Bereichen, die die Produktpalette von Cisco erweitern und relativ leicht zu integrieren sind. Bei der Prüfung von Übernahmekandidaten werden sowohl harte Fakten als auch Faktoren wie die Vereinbarkeit von Visionen und Unternehmenskultur berücksichtigt. Die akquirierten Unternehmen steuern nicht nur Produkte und Technologien bei – sie sind ebenso kundenorientiert wie Cisco. Cisco verzichtet außerdem weitgehend auf die Dienste externer M&A-Berater.

Die größte Stärke der Akquisitionsabwicklung Ciscos besteht allerdings in der reibungslosen Integration. Im Hightechsegment wird der Erfolg einer Übernahme hauptsächlich daran gemessen, inwieweit es gelingt, die Mitarbeiter im übernommenen Unternehmen zu halten. Die Mitarbeiterfluktuation in von Cisco übernommenen Unternehmen liegt deutlich unter den üblichen Werten und entspricht in etwa der Fluktuation im Gesamtkonzern. Ein Grund dafür sind sicher die lukrativen, obgleich leistungsabhängigen Gehälter. Natürlich ist selbst der best Ansatz nicht frei von Risiken. Auch bei Cisco gab es Fehleinschätzungen, wurde das Potenzial eines Unternehmens überschätzt und zu viel dafür gezahlt. Angesichts Dutzender erfolgreicher Akquisitionen ist Cisco trotzdem der bevorzugte Erwerber vieler Start-ups. Allein dieser Ruf garantiert weiteren Wertzuwachs.

Auf der Siegerstraße

Nicht nur im Sport bleibt eine Mannschaft, die bereits erfolgreich ist, auch in Zukunft meist auf der Siegerstraße. Und es gibt viele Gründe, warum eine einzige misslungene Akquisition ein Unternehmen nicht nur viel Geld, sondern auch dauerhaft das Ansehen kosten kann. Einige der erfolgreichsten Erwerber verfügen daher über strenge Richtlinien für die Suche nach Übernahmekandidaten. Akquisitionen verlaufen in drei Phasen:

- Auswahl eines Übernahmeziels,
- Verhandlungen,
- Integration.

Erfolgreiche Akquisitionen basieren auf einer durchdachten Strategie, nach der die Übernahmeziele und akzeptable Preisspannen festgelegt werden. Außerdem hilft die Strategie, während des Integrationsprozesses einen Mehrwert zu erzeugen. Für erfolgreiche Käufer laufen diese Phasen nicht sequenziell ab. Sie beginnen bei ihren Überlegungen vielmehr mit der letzten der drei Phasen. Eine gute Akquisitionsstrategie besteht aus Analyse und Intuition, aus linearen und iterativen Elementen. Die Akquisitionspolitik von Cisco veranschaulicht dies beispielhaft (siehe vorige Seite).

Literaturhinweise
Baumann, R.; Jackson, P.; Lawrence, J.: *From Promise to Performance*. Boston, MA: Harvard Business School Press, 1997.
Sirower, Mark L.: *The Synergy Trap: How Companies Lose the Acquisition Game*. New York [u. a.]: Free Press, 1997.

Philippe Haspeslagh

Fusionen: Das Balzverhalten gleichberechtigter Partner

Großfusionen machen meist große Schlagzeilen. Doch auch viele, vor allem europäische Unternehmen aus der zweiten Reihe, setzen ihre Hoffnungen in »Fusionen unter Gleichen«. Welches sind die Erfolgsfaktoren solcher Fusionen? Welche Rolle spielen die Stärke des Egos der Firmenchefs, die Wahl des Firmennamens oder Geschäftssitzes, die Unternehmensbewertung und Gemeinsamkeiten bei Einschätzungen und Visionen? Punkte, die für den Erfolg einer Fusion besonders entscheidend sind: der Planungsprozess, die Einstimmung der Beteiligten in der Integrationsphase und eine faire Stellenverteilung. Der Schwerpunkt der Zusammenführung muss auf »neu und besser« liegen, statt sich aus beiden Unternehmen das vermeintlich Beste herauszupicken.

Die Fusions- und Akquisitionswelle hat sämtliche Branchen erfasst, seit der Wettbewerb nicht mehr nur national, sondern auch kontinental und global stattfindet. Am deutlichsten wird dies im Bankengewerbe, in der Pharma-, Automobil- und Telekommunikationsindustrie und seit kurzem auch bei den Stromversorgern. Doch auch in verschiedenen unscheinbaren Branchen kommt es zu Fusionen, in der Möbelindustrie, im Speditionsgewerbe oder unter Zulieferbetrieben zum Beispiel.

Die Großen dieser Branchen stärken sich vornehmlich durch Übernahmen; die zweite Riege hingegen strebt immer häufiger nach der Fusion mit einem gleichwertigen Partner, um zur Spitze aufzuschließen und ihr Schicksal auch künftig selbst zu bestimmen. Zahlreiche Branchen sind noch derart fragmentiert, dass die Fusion von zwei mittelgroßen Unternehmen einen starken Konkurrenten für den europäischen Markt und sogar für den Weltmarkt hervorbringen kann.

Der Begriff »Fusion unter Gleichen« gibt dabei zu Zynismus Anlass, zumindest dann, wenn mit »gleich« ein identischer Anteil am Management und am Ergebnis der Fusion gemeint sein soll. Viele Unternehmen wären besser beraten gewesen, wenn sie ihrem Fusionsvertrag dieses Etikett nicht verpasst hätten. DaimlerChrysler ist ein derartiges Beispiel.

Dennoch zeigen genügend Beispiele derartiger Fusionen, wie aus gewöhnlichen Marktteilnehmern globale Wettstreiter werden können, etwa der Pharma-Riese SmithKline Beecham, die internationale Großbank ABN Amro sowie Borealis, Europas größter Hersteller von Polyolefinkunststoffen. Voraussetzung ist, dass das richtige Engagement und die entsprechenden Führungsqualitäten in den Fusionsprozess einfließen. Eine Branche nach der anderen gerät in Balzstimmung. Man linst nach allen Seiten, nimmt Gespräche auf. Sämtliche Risiken und Vorteile grenzüberschreitender Bindungen werden abgewogen oder weniger abenteuerliche Lösungen werden durchgespielt.

Das Fusionsfieber provoziert eine Reihe von Fragen. Zum Beispiel danach, warum manche Verträge geschlossen werden und andere selbst im fortgeschrittenen Verhandlungsstadium scheitern? Wichtiger: Wie beeinflusst eine Fusion unter Gleichen den Fusionsprozess und die wesentlichen Erfolgsfaktoren insgesamt?

Vom Balztanz zur Ehe

Insider wissen, dass auf jede bekannt gegebene Fusion eine Reihe von Fusionsversuchen kommen, die im Sande verlaufen sind. Nach meinen Erfahrungen als Berater und Analyst sind es immer dieselben wenigen Faktoren, die bestimmen, ob eine Fusion durchgeführt wird.

Kompatibilität an der Spitze

Wer wird Vorstandschef, wer führt den Aufsichtsrat? Die scheinbar einfache Frage nach der Besetzung der Spitzenpositionen hat schon manche Fusion zu Fall gebracht, die bereits als beschlossene Sache galt. So scheiterten die Verhandlungen zwischen einem führenden US-Automobilhersteller und einem noch unabhängigen europäischen Unternehmen über die Fusionierung ihres Europa-Geschäfts daran, dass jede Seite den Vorstandschef stellen wollte.

Die Fusionsverhandlungen zwischen den beiden Ölkonzernen Total-Fina und Elf Aquitaine verzögerten sich eher wegen des ausgeprägten Egos ihrer Topmanager als wegen sachlicher Gegensätze. Obgleich Alter, Führungsstil und das Vertrauen des Marktes bei der Besetzung dieser exponierten Positionen eine wesentliche Rolle spielen, bleibt es eine besondere Schwierigkeit, die Stärke und die Verträglichkeit eines Egos vorherzusehen.

Die Beziehung zwischen den beiden obersten Führungskräften geht über das bloße Akzeptieren des anderen in seinem Amt hinaus. Beide benötigen Entschlossenheit und Mut, um ihr Management und ihren Vorstand davon abzubringen, allein der eigenen Stärke zu vertrauen. Schließlich werden dadurch Unzulänglichkeiten in der eigenen gegenwärtigen Strategie offenbar.

Die Grundlage dafür ist Vertrauen in diejenigen Personen, die die Fusion durch die zweifellos auftretenden Schwierigkeiten im Fusionsprozess manövrieren sollen. Von noch größerer Bedeutung ist es, dass beide in der Öffentlichkeit mit einer Stimme sprechen. Wie verschieden der jeweilige Führungsstil oder die Persönlichkeiten auch sein mögen – die Demonstration von Einigkeit in der Öffentlichkeit ist für die Manager beider Seiten noch lange nach der Fusion Symbol und Bewährungsprobe zugleich.

Eine gemeinsame Zukunftsvision für die Branche

Die Dynamik jeder Fusion hängt letztlich von einer übereinstimmenden Vorstellung von der Zukunft ab. Eine einheitliche Bewertung der Branchenentwicklung hat daran wesentlich Anteil. Dies zeigen die Beispiele SmithKline und Beecham sowie SmithKline und Glaxo. Während die Fusion zwischen SmithKline und Beecham klappte, scheiterte der Fusionsversuch mit Glaxo. Der Vorstandschef von SmithKline, Bob Bauman, und Henry Wendt, der Chef von Beecham, sahen nämlich beide die Zukunft der Pharma-Industrie im Bereich der Gesundheitsfürsorge. Baumans Nachfolger Jan Leschly hingegen stand mit seinem Glauben an die integrierte Gesundheitsfürsorge im Widerspruch zu Glaxo-Wellcome-Chef Sir Richard Sykes. Dieser nämlich hielt an der traditionellen Erfolgsformel fest: Forschung und Entwicklung vorantreiben, um neue Medikamente zu verkaufen. Bei jedem Zusammenschluss zweier komplexer Organisationen müssen die Prioritäten frühzeitig bestimmt werden in Bereichen wie Portfolio-Strategie, Ausgliederung und Unternehmensentwicklung. Die Prioritäten lassen sich nur festlegen, wenn beide Parteien die Zukunft des Marktes einheitlich bewerten.

Eindeutiger Nutzen

Die Kapitalmärkte mögen Fusionen und Übernahmen nicht, sie gewähren keinen Bonus für Akquisitionen. Eine Fusion muss also tatsächlich attraktiv sein, um nicht durch Analysten und Fondsmanager unter Beschuss zu geraten. Auch den Mitarbeitern der Unternehmen müssen diese Vorteile einleuchten. In der Praxis erstellen dann sehr kleine Teams bei geheimen Treffen in Hotelzimmern rasch eine Liste mit Vorteilen, die die Fusion mit sich bringt.

Ein paar Investment-Banker kümmern sich dabei um die Kalkulationen. Der Druck, dabei beträchtliche Kosteneinsparungen versprechen zu können, ist hoch. Und die Kluft zwischen den Versprechungen und der Möglichkeit des Managements, akzeptable Synergien anzubieten, vergrößert sich. Dennoch richten Analysten ihr Urteil über die Aussichten einer Fusion nach diesen groben Schätzungen.

Faire Bewertung

Die finanzielle Bewertung scheint bei vielen Verhandlungen der entscheidende Punkt zu sein, besonders bei nicht börsennotierten Unternehmen. Jeder Eigentümer bewertet sein Unternehmen höher, als es externe Gutachter tun. Doch für notierte Unternehmen lässt sich der Börsenwert kaum übergehen. Wie immer man auch die Ertragskraft des US-Autobauers Chrysler zum Zeitpunkt der Verhandlungen mit Daimler-Benz einschätzen mochte, Daimler-Benz war wegen seines höheren Kurs-Gewinn-Verhältnisses der höher zu bewertende Partner.

Grundsätzlich will man gerade an finanziellen Fragen eine Fusion nicht scheitern lassen. Das zeigt sich am Zögern, Kompromisse zu schließen über Bewertungsvorschläge von Investment-Bankern oder festgefahrene Verhandlungen durch einen dritten Beteiligten wieder flott zu bekommen. Dennoch werden viele Fusionsverhandlungen wegen Bewertungsfragen abgebrochen, selbst nachdem sich die Verhandlungspartner auf einen Preis geeinigt haben. Die Verhandlungen können viele Monate dauern, in denen sich die Geschäfte und Kurse der Parteien unterschiedlich entwickeln. Dies kann zu dem Wunsch führen, neu zu verhandeln. Nachverhandlungen scheitern aber fast immer; meist macht dann ein anderer das Rennen.

Emotionale Aspekte
Mit zwei Aspekten sind besonders viele Emotionen verknüpft: Es sind der gemeinsame Geschäftssitz und der neue Firmenname. An ihnen zeigt sich, wer eigentlich die Macht in den Händen hält. Erscheint der Name des einen Unternehmens im Doppelnamen des fusionierten Unternehmens an erster Stelle, wird der Partner darauf bestehen, dass sein Geschäftssitz zum Geschäftssitz des Fusionsunternehmens wird. Die beste Lösung wäre wohl ein völlig neuer Name oder ein neuer Geschäftssitz, um eine Öffnung zu Neuem zu signalisieren. Diese Möglichkeiten nutzen jedoch nur wenige Unternehmen.

Ein neuer Vorstand?
Gab es jemals eine Fusion, bei der die neue Führung nicht einfach aus einer Kombination der beiden alten Vorstände bestand? Die Vorstandsmitglieder müssen jede Fusion absegnen und sie den Aktionären ans Herz legen. Doch was für ein Beispiel geben die Vorstände, wenn sie zunächst ihre Posten sichern und vom mittleren Management verlangen, Opfer zu bringen?

Erfolgreiche Fusionen unter Gleichen

Auch wenn die genannten Aspekte entscheidend sind für das Zustandekommen einer Fusion, können sie einen endgültigen Erfolg nicht garantieren. Der Erfolg hängt wesentlich davon ab, wie gut die Fusionsplanung und der Integrationsprozess gemanagt werden. Ein Patentrezept gibt es nicht. Vieles hängt von Unternehmenskultur und Führungsstil ab. Der Schlüssel zum Erfolg ist die Balance zwischen dem Tempo der formalen Integration und dem Vorankommen bei der Fusion in den Köpfen. Die Zusammenarbeit im Planungsstadium zahlt sich regelmäßig bei der tatsächlichen Vereinigung aus.

Von der formellen Gleichheit zur Chancengleichheit
Im Verlauf einer Fusion unter Gleichen gibt es eine Reihe von Aspekten, die für eine harmonische Fusionsatmosphäre besonders wichtig sind. Die Forderung, verfügbare Stellen zu gleichen Teilen aus beiden Unternehmen zu besetzen, gehört nicht dazu. Dennoch wird dies von vielen fusionierenden Unternehmen so praktiziert. Die Führungskräfte auf der mittleren Managementebene werden zuerst penibel darauf achten, wie und wo ihr Unternehmen in der neuen Geschäftsführung vertreten ist. Fusionen unter Gleichen sind letztendlich jedoch die Summe vieler ungleicher Teile. Dennoch schenken die Unternehmen dem Prinzip Fairness bei der Stellen-

vergabe zunehmend Beachtung. Ein fairer Prozess und Chancengleichheit sind entscheidend, um Personal halten zu können.

Von »Das Beste aus beiden Unternehmen« zu »neu und besser«

Viel zu häufig bemüht man sich, jeweils das Beste von beiden Beteiligten ins neue Unternehmen zu überführen. Besonders Consulting-Firmen verfolgen diese Praxis, indem sie etwa die IT-Systeme beider Partner bewerten. Dieses Vorgehen betont aber lediglich die Unterschiede und verfestigt die eigene Position. Und womöglich hat keiner der beiden Partner Weltklasse. Bob Bauman machte »neu und besser« zum Slogan der Fusion von Smith Kline Beecham. Bauman demonstrierte, wie wichtig es ist, eine vorwärts gerichtete Dynamik zu entwickeln statt einer, die sich in Gegenüberstellungen verliert.

Von der Fusion zum steten Wandel

Fusionen verlangen von den Verantwortlichen viel Kraft und Energie. Die Zusammenlegung muss geplant und umgesetzt werden, während eine gleich bleibende Performance erwartet wird. Nach einer gewissen Zeit lassen allerdings Tempo und Elan normalerweise wieder nach. Topmanager machen sich nicht gerade beliebt, wenn sie ihre Mitarbeiter mit der harten Wahrheit konfrontieren: Die Fusion selbst führt nicht zu einem Weltkonzern; sie eröffnet lediglich diese Möglichkeit, bedarf dabei aber eines stetigen Wandels. Doch viele Manager der ersten Stunde sind möglicherweise schon in der zweiten Runde nicht mehr dabei.

Manager aus aller Welt machen gegenwärtig die Erfahrung, dass eine Fusion eine einmalige Gelegenheit bietet, eingefahrene Wege zu verlassen und Platz für Neues zu schaffen. Ein Allheilmittel ist sie aber nicht. Die Anforderungen an Führungsqualität und Widerstandskraft, die bei einer Fusion gestellt werden, sind beängstigend. Doch lohnt sich der Aufwand für diejenigen, die einen Schritt weitergehen. Sie haben es in der Hand, der neuen Firma etwas mitzugeben, was den alten Unternehmen fehlte.

Literaturhinweise

Haspeslagh, Philippe C.; Jemison, David B.: *Akquisitionsmanagement: Wertschöpfung durch strategische Neuausrichtung des Unternehmens*. Frankfurt/Main u. a.: Campus, 1992.

Lawrence, J. T.; Baumann, R. P.: *From Promise to Performance: A Journey of Transformation at SmithKline Beecham*. Boston, MA: Harward Business School Press, 1997.

Laurence Capron

Wie horizontale Übernahmen zu besserer Performance führen

Zur Rechtfertigung von Übernahmen werden meist zwei Arten von Synergieeffekten angeführt – die Auswirkungen auf Kosten und auf Erträge. Doch wie gut nutzen fusionierende Unternehmen nach einer Übernahme Größenvorteile (»economies of scale«) und Kompetenzen? Auf der Grundlage einer empirischen Untersuchung von mehr als 250 fusionierten Unternehmen werden deren Motive vor einer Übernahme mit ihrem Verhalten danach verglichen. Das Ergebnis: Kostenreduzierung und Gesundschrumpfen sind nicht der effektivste Weg, um die Performance zu erhöhen. Manager müssen vielmehr die Risiken für das Übernahmeziel berücksichtigen und sich auf den Transfer von Kompetenzen und die Ausnutzung der Synergieeffekte konzentrieren.

Horizontale Fusionen und Übernahmen – also solche, an denen Unternehmen aus der gleichen Branche beteiligt sind – werden üblicherweise mit einer von zwei verschiedenen Theorien begründet. Neoklassische Ökonomen und Strategielehrer argumentieren, dass Fusionen und Übernahmen zu einer stärkeren Wettbewerbsposition eines Unternehmens beitragen, durch Synergieeffekte wie Rationalisierung oder den Transfer spezifischer Kompetenzen. Die andere wichtige »Schule« hat ihre Wurzeln in der Industrieökonomik und betrachtet Fusionen und Übernahmen vorwiegend als Mittel, mit dem Unternehmen ihre Marktmacht vergrößern und höhere Profite auf Kosten der Verbraucher erwirtschaften.

Für Fusionen gibt es viele Gründe; auch der Wunsch, ein Imperium zu erschaffen, ein zu großes Ego, Selbstüberschätzung, Trittbrettfahrerei und andere emotionale und politische Faktoren gehören dazu. Mit diesem Artikel, dem eine Untersuchung von mehr als 250 Unternehmen in Europa und Nordamerika zugrunde liegt, sollen die Bedingungen erkundet werden, unter denen horizontale Übernahmen zu größerer Effizienz und langfristiger Performance führen können.

Dieses Thema gewinnt an Aufmerksamkeit, seit Wissenschaftler und Unternehmensberatungen festgestellt haben, dass 50 bis 70 Prozent aller Übernahmen scheitern. Es hat sich außerdem gezeigt, dass die Aktionäre der übernehmenden Konzerne kaum oder gar nicht von der Ankündigung einer Übernahme profitieren. Der Markt scheint den Managern nicht zuzutrauen, dass sie Übernahmeaufschlag und Integrationskosten wieder hereinholen können. Es trifft dabei zu, dass die übernehmende Seite das Ausmaß möglicher Synergieeffekte oft zu optimistisch einschätzt. Einigen

Unternehmen allerdings gelingt es, ihre Performance zu verbessern und mehr als die reinen Fusionskosten zu erwirtschaften.

Synergieeffekte

Zwei Arten von Synergieeffekten müssen unterschieden werden: kostenbasierte und ertragsbasierte. Kostenbasierte Synergieeffekte erregen mehr Aufmerksamkeit, seit horizontale Übernahmen als ein Mittel zur Kostensenkung betrachtet werden, bei dem überlappende Geschäftsbereiche verschmelzen. Solche Übernahmen gelten als effiziente Möglichkeit, Größenvorteile in der Produktion sowie in der Forschung und Entwicklung, Logistik und im Vertrieb zu gewinnen. In einer ausgereiften Branche, die von starkem Kostendruck, Produktstandardisierung und hohen Werbeaufwendungen gekennzeichnet ist, wird eine Übernahme das Volumen und die Standardisierung erhöhen und die Fixkosten verteilen, ohne die Kapazitäten in der Branche entscheidend zu steigern.

Ertragsbasierte Synergieeffekte entstehen, wenn die fusionierenden Unternehmen neue Kompetenzen entwickeln, die ihnen einen Preisaufschlag durch höhere Innovationsfähigkeiten (wie Produktinnovation) oder die Erhöhung des Umsatzvolumens durch mehr Marktanteile (geografische Märkte, Produktpalette) erlauben.

Durch eine Übernahme kann man Zugang zu Fähigkeiten oder Kompetenzen bekommen, die intern nur schwer oder sehr aufwändig entwickelt werden können. Die erfolgreiche Übernahme einer Technologie setzt aber auch das Wissen um die Kultur und die Prozesse hinter dieser Technologie voraus. Durch eine Übernahme kann technische Kompetenz zusammen mit dem unternehmerischen Kontext erworben werden, der diese Entwicklung ermöglicht hat. Ein Beispiel hierfür ist die in Großbritannien ansässige Firma Getty Images, die Bild- und Filmmaterial weltweit in 25 Läden vertreibt und einen schnellen technischen und kulturellen Übergang zum E-Commerce anstrebte. Sie übernahm 1998 die Firma Photo Disc aus Seattle, einen Anbieter von urheberrechtsfreien Fotos im Internet, der sowohl das technische Know-how als auch die digitale Kultur mitbrachte, die Getty Images in all seine anderen Produkte integrieren wollte. Diese beiden Wege zur Wertschöpfung begründen die aktuelle Übernahmewelle. Nur selten wurde allerdings empirisch untersucht, in welchem Ausmaß die Unternehmen nach einer Fusion Größenvorteile und Kompetenzen nutzen.

Die empirische Basis

Dieser Artikel beruht auf einer breiten empirischen Basis. Für die Untersuchung von Konsolidierungsmaßnahmen im Anschluss an eine Fusion haben wir Daten verwendet, die im Rahmen einer großen internationalen Befragung in Europa und Nordamerika erhoben worden sind. Für diese Studie haben wir mehr als 2000 Unternehmen aus dem produzierenden Sektor ausgewählt, die zwischen 1988 und 1992

Konkurrenten übernommen hatten. Damit haben wir Übernahmen ausgeschlossen, die erst kürzlich vollzogen wurden und bei denen die Konsolidierung noch nicht erfolgt ist, sowie weiter zurückliegende Übernahmen, bei denen die Hauptakteure vielleicht nicht mehr im Betrieb tätig sind. Die Unternehmen gehören unterschiedlichen Branchen an und sind vorwiegend in Großbritannien, Frankreich, Deutschland und den USA angesiedelt.

Die Daten entstammen den Angaben der Manager von 253 horizontal fusionierten Unternehmen. 70 Prozent der Fusionen waren länderübergreifend erfolgt, 30 Prozent inländisch. Ein größerer Anteil der Firmen stammte aus dem Chemiesektor (15 Prozent), der Lebensmittelbranche (15 Prozent) und der Arzneimittelherstellung (12 Prozent).

Unsere Daten zeigen, dass Übernahmen in der Regel von starken Unternehmen ausgehen und andere starke Unternehmen zum Ziel haben. Die Performance des Erwerbers lag in 58 Prozent der Fälle über dem Branchendurchschnitt und war in weiteren 31 Prozent der Fälle mindestens ebenso gut. Mehr als zwei Drittel der übernommenen Unternehmen zeigten ebenfalls eine Performance, die dem Branchendurchschnitt entsprach oder besser war, selbst wenn sie schwächer waren als ihre zukünftigen Erwerber. Das gleiche Bild ergab sich bezüglich der Ressourcen vor der Übernahme. Die Übernahmekandidaten waren besonders stark in kommerziellen und technischen Bereichen wie Forschung und Entwicklung oder Produktion. Ihre operativen Ressourcen, Management- und Finanzressourcen aber waren, gemessen am Erwerber, stark eingeschränkt.

Motive für die Akquisition

Die Befragten sahen Übernahmen als effektive Möglichkeit, um Zugriff auf neue Märkte oder ergänzende Produkte, Marken und Fähigkeiten zu erhalten. Häufig scheinen ertragsbasierte Synergieeffekte der Antrieb zu sein. 52 Prozent der Befragten hielten den Zugang zu neuen Marken oder Produkten für ein zentrales Argument bei Übernahmen.

Größenvorteile scheinen weniger wichtig zu sein. 35 Prozent der Befragten meinten, dass dies ein wichtiger Faktor im funktionellen Bereich ist (Forschung und Entwicklung, Logistik, Verwaltung). Ein Fünftel der Befragten nannte defensive Beweggründe für eine Übernahme – also um einem Mitbewerber zuvorzukommen. Strategische Motive können folglich mit taktischen Motiven verflochten sein.

Umsetzung

Wie sahen die Aktionen nach der Akquisition aus? Abbildung 1 zeigt, in welchem Ausmaß Wertschöpfungspotenziale (Einrichtungen und Personal) der fusionierenden Unternehmen in verschiedenen Bereichen nach der Übernahme rationalisiert (freigesetzt) wurden. Unabhängig von der Funktion fanden signifikante Rationalisierungsmaßnahmen nur bei wenigen der fusionierten Unternehmen statt; das Streben nach Kostenreduzierung und Rationalisierungsgewinnen ist scheinbar nur für eine begrenzte Zahl von horizontalen Übernahmen ein Motiv. Dies entspricht den Prioritäten, die die Manager vor der Übernahme gesetzt hatten.

Außerdem betrifft eine Rationalisierung den Erwerber und das übernommene Unternehmen unterschiedlich stark: Es ist drei- bis fünfmal wahrscheinlicher, dass Einrichtungen des Zielunternehmens aufgegeben werden. Bei 24 Prozent der akquirierten Unternehmen wurde in der Herstellung rationalisiert, mindestens 30 Prozent der Belegschaft oder Bereiche waren davon betroffen. Lediglich sieben Prozent der Erwerber machten die gleiche Erfahrung.

Bei rund einem Viertel der Zielunternehmen wurde in der Verwaltung rationalisiert, was ebenfalls mindestens 30 Prozent der Belegschaft oder Bereiche betraf, während nur fünf Prozent der Erwerber solche Rationalisierungen erlebten. Produktion und Verwaltung sind nach einer Übernahme am stärksten von Rationalisierungen betroffen. Denn hier ist das Risiko, innovative Fähigkeiten, kommerzielle Präsenz oder das Image zu schädigen, am geringsten.

Frühere Forschungsergebnisse über ökonomische Motive und Verhaltensmotivation werden durch diese asymmetrische Rationalisierung bestätigt. Vom ökonomischen Standpunkt aus erkennen Erwerber aus der gleichen Branche wie das Zielunternehmen dessen Unzulänglichkeiten, weil sie über Erfahrungen im Management ähnlicher Geschäftszweige verfügen. Von der Verhaltensperspektive aus haben die übernehmenden Manager oft mehr Vertrauen in ihre eigenen Fähigkeiten als in die Manager des akquirierten Unternehmens. Außerdem sind Rationalisierungsmaßnahmen beim übernommenen Unternehmen »politisch« leichter durchzuführen.

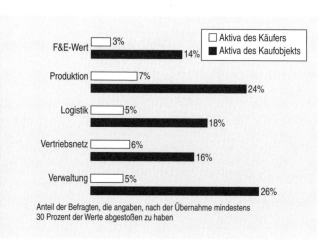

Abb. 1: Verkauf von Aktiva nach horizontalen Übernahmen (253 Fälle)

Kompetenztransfer

Abbildung 2 zeigt das Ausmaß des Kompetenztransfers zu und von dem übernommenen Unternehmen in verschiedenen Kategorien. Bei einer bemerkenswerten Zahl von Übernahmen findet ein elementarer Kompetenztransfer in beiden Richtungen statt. Dieser Transfer erfolgt in technischen (Produktinnovation, Herstellung), kommerziellen (Vertriebsnetz, Marketing) und operativen Bereichen (Lieferantenbeziehungen, Logistikerfahrungen). 43 Prozent der Befragten geben an, dass das Vertriebsnetz des Erwerbers ausgiebig genutzt wurde, um die Produkte des Zielunternehmens zu vertreiben; 35 Prozent berichten, dass das Netz des akquirierten Unternehmens genutzt wurde, um die Produkte des Erwerbers zu vertreiben.

Für die Befragten ist der Zugang zu den Kompetenzen des Zielunternehmens ein wichtigeres Motiv als der Transfer eigener Kompetenzen. In der Realität allerdings neigt der Erwerber mehr zum Kompetenztransfer als dazu, die Kompetenzen des übernommenen Unternehmens zu nutzen.

Das akquirierende Unternehmen mag verschiedene Gründe dafür haben: die Unterstützung des Rationalisierungsprozesses beim Zielunternehmen; mehr Wissen und Kontrolle über den Kompetenztransfer; Schwierigkeiten beim Zugriff auf die Kompetenzen des Zielunternehmens aufgrund von Informationsdefiziten; außerdem Störungen im Zielunternehmen wie das Ausscheiden wichtiger Mitarbeiter oder eine Beschädigung von Kompetenzen im Anschluss an die Übernahme.

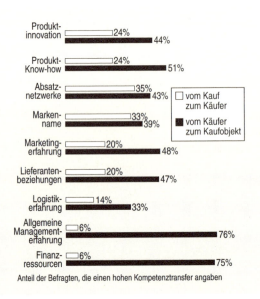

Abb. 2: Kompetenztransfer nach horizontalen Übernahmen (253 Fälle)

Augenscheinlich sind Zeit, Vertrauen, Glaubwürdigkeit und geschicktes Vorgehen notwendig, um wertvolle Kompetenzen aus dem Zielunternehmen zu gewinnen.

Nur wenige Unternehmen haben tatsächlich ausgeklügelte Managementprozesse für die Phase nach der Übernahme entwickelt, um die Fähigkeiten und die Mitarbeiter des übernommenen Unternehmens zu bewahren und zu nutzen.

Performance

Abbildung 3 zeigt die Übernahme-Performance, wie die Befragten sie einschätzen. Sie sollten beurteilen, wie sehr die Übernahme die Performance der beteiligten Unternehmen verbessert hat. Dabei wurden vier Maßstäbe angelegt: allgemeine Performance, Kosteneinsparungen, Innovationsfähigkeiten und Marktanteile. Mehr als die Hälfte der Befragten bewerteten die Übernahme als nicht erfolgreich oder nur wenig erfolgreich. Nur 49 Prozent der Befragten betrachteten die Übernahme als sehr erfolgreich; und wie eingangs erwähnt, bringen 50 bis 70 Prozent der Übernahmen nicht die erwarteten Verbesserungen.

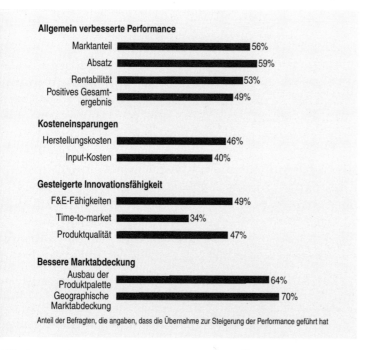

Abb. 3: Langfristige Performance horizontaler Übernahmen (253 Fälle)

In unserer Untersuchung ist dieses Ergebnis noch erstaunlicher, da wir uns auf horizontale Übernahmen konzentriert haben, also solche, die ein höheres Potenzial für Synergieeffekte aufweisen sollten. Dieses Ergebnis legt nahe, dass bei horizontalen Übernahmen die Übernahme- Performance stark variiert. Beispielsweise gaben 56 Prozent der Befragten an, dass die Übernahme den gemeinsamen Marktanteil der fusionierten Unternehmen vergrößert hat. Aber 41 Prozent berichteten, dass die Übernahme in dieser Hinsicht nicht hilfreich war. 53 Prozent der Befragten erkannten eine erhöhte gemeinsame Profitabilität. 47 Prozent gaben an, dass die Übernahme die Profitabilität der fusionierten Unternehmen nicht verbessert oder sogar verschlechtert hat.

Übernahmen verbessern also die Kostenposition der fusionierenden Unternehmen in weniger als der Hälfte aller Fälle. Betrachtet man jedoch die Kapazitäten und die ertragsbasierten Synergieeffekte, erzeugen Übernahmen wichtige Vorteile, insbesondere bei den Marktanteilen. Übernahmen verbesserten die Kapazitäten in der Forschung und Entwicklung in 49 Prozent der Fälle, die Produktqualität in 47 Prozent der Fälle und verringerten die Zeitspanne zwischen Produktentwicklung und Markteinführung in 47 Prozent der Fälle. 64 Prozent der Befragten stellten außerdem fest, dass durch Übernahmen ihre Produktpalette erweitert wurde; 70 Prozent stellten ein Wachstum der Marktanteile fest.

Seine Lektionen lernen

Aus diesen Ergebnissen lassen sich verschiedene Schlüsse ziehen.

Lektion 1: Manager sollten dem Kompetenztransfer und der Nutzung ertragsbasierter Synergieeffekte mehr Aufmerksamkeit schenken. Rationalisierungsmaßnahmen signalisieren dem Markt, dass der Integrationsprozess läuft. Die Untersuchung aber hat ergeben, dass ertragsbasierte Synergieeffekte, die aus einem länger andauernden Prozess des Teilens oder des Übertragens von Kompetenzen entstehen, ebenfalls erheblich zur Übernahme-Performance beitragen.

Lektion 2: Rationalisierungen im Zusammenhang mit einer Übernahme führen nicht automatisch zu Kosteneinsparungen. Es gibt Hinweise, dass der Erwerber bei der Rationalisierung eigener Bereiche effizienter vorgeht als bei der des übernommenen Unternehmens. Dieses Phänomen könnte auf verschiedene Faktoren zurückzuführen sein. Der Erwerber versteht und kontrolliert seine eigenen Anlagen bereits, während der Erhalt von Informationen über die Anlagen des Zielunternehmens von der Kooperation mit dessen Mitarbeitern abhängen. Möglicherweise gewinnt der Erwerber nur einen mangelhaften Einblick in diese Anlagen und setzt eine Rationalisierung durch, die von den Mitarbeitern nicht akzeptiert wird. Oder die Entscheidung, sich von Anlagen des Erwerbers zu trennen, ist vor allem wirtschaftlich motiviert, während sowohl ökonomische als auch politische Motive bei einer Freisetzung beim übernommenen Unternehmen eine Rolle spielen.

Lektion 3: Eine umfangreiche Rationalisierung beim Zielunternehmen kann die Innovations- und Vermarktungskapazitäten der fusionierenden Unternehmen beeinträchtigen. Wertvolle vorhandene Kompetenzen könnten zerstört oder die Entwicklung neuer Kompetenzen verhindert werden, wenn dem übernommenen Unternehmen die organisatorische Freiheit entzogen wird, die für Innovationen und der Eroberung neuer Märkte notwendig ist.

Den negativen Einfluss starker Rationalisierungen zeigen Fusionen wie die zwischen den beiden amerikanischen Banken First Interstate (FI) und Wells Fargo. Die Übernahme von FI durch Wells Fargo im Jahr 1996 führte zu einem großen Verlust von FI-Kunden. Da das FI-Filialnetz als überlappender Geschäftsbereich betrachtet wurde, beschloss Wells Fargo die Schließung; außerdem verließen 75 Prozent der 500 obersten Führungskräfte von FI das Unternehmen. Hier waren nicht nur die Kosteneinsparungen geringer als angenommen, auch die Erträge gingen zurück. Denn Wells Fargo versuchte, FIs Konzept der persönlichen Bankgeschäfte (relational banking) durch das eigene, weniger persönliche Transaktionskonzept (transaction banking) zu ersetzen und FI-Kunden aus den Bankfilialen an kleinere Schalter in Supermärkten zu locken. Viele FI- Kunden wechselten zur Konkurrenz. FI wurde dann 1998 an Norwest verkauft.

Lektion 4: Kosteneinsparungen können durch Kompetenztransfer erreicht werden, insbesondere wenn dieser hin zum übernommenen Unternehmen erfolgt. Deswegen ist eine Freisetzung von Anlagen und Personal nicht unbedingt der effektivste Weg der Kostenreduzierung. Der Transfer von Kompetenzen kann Kosten sparen, wenn sich dadurch die Art ändert, in der das übernommene Unternehmen seine Geschäfte führt.

Lektion 5: Kompetenztransfer in beide Richtungen verbessert die Innovations- und Vermarktungsfähigkeiten der fusionierenden Unternehmen. Die erhobenen Daten zeigen, dass ein Kompetenztransfer in beide Richtungen erfolgen kann. Bei der Fusion von Nortel mit Bay Networks im Jahr 1998 ließ Nortel beispielsweis E-Bay an seinen Kompetenzen in der Schaltungstechnologie teilhaben und erhielt damit Zugang zu IP- und Routing- Technologien sowie zu Bays Know-how über IP-Netzwerke.

Lektion 6: Der Transfer von Kompetenzen des übernommenen Unternehmens in die Geschäfte des Erwerbers ist schwieriger und weniger vorhersehbar als andersherum.

Nutzen und Risiken

Kostenreduzierung und Rationalisierung sind nicht unbedingt die effektivsten Mittel, um die Übernahme-Performance zu verbessern. Und das übernommene Unternehmen trägt die Hauptlast der Rationalisierungsmaßnahmen. Dies birgt das Risiko, Möglichkeiten zur Kostenreduzierung zu übersehen und Kompetenzen zu zerstören. Es hat sich auch herausgestellt, dass durch Übernahmen Kompetenzen gesteigert werden können, da üblicherweise ein Kompetenztransfer zu und von dem akquirierten Unternehmen erfolgt.

Der Kompetenztransfer wird die Kapazitäten der fusionierenden Unternehmen wahrscheinlich sogar dann erhöhen, wenn der Transfer vom Zielunternehmen zum Erwerber vielleicht nicht die Erwartungen erfüllt. Letztlich können sowohl Rationalisierung als auch Kompetenztransfer die Übernahme-Performance verbessern.

Manager sollten aber beachten, dass bei Rationalisierungen immer auch das Risiko besteht, die Übernahme-Performance zu beeinträchtigen.

Literaturhinweise

Capron, L.: »The Long Term Performance of Horizontal Acquisitions«, *Strategic Management Journal*, 20, 1999.

Capron, L.; Hulland, J.: »Redeployment of Brands, Sales Forces, and General Marketing Expertise Following Horizontal Acquisitions: A Resource-based View«, *Journal of Marketing*, 63 (April), 1999.

Haspeslagh, Philippe C.; Jemison, David B.: *Akquisitionsmanagement: Wertschöpfung durch strategische Neuausrichtung des Unternehmens.* Frankfurt/Main u. a.: Campus, 1992.

Maurizio Zollo

Integration als Lernprozess

Die Integration zweier Unternehmen sollte ein kontinuierlicher Lernprozess sein. Das akquirierende Unternehmen folgt dabei zunächst einem ungefähren Plan, überprüft die Ergebnisse und nimmt anschließend auf der Grundlage früherer Erfahrungen Anpassungen und Feinabstimmungen vor. Dieser Prozess ist weder einfach noch billig und erfordert eine Menge Zeit, Überlegung und Technologien. Ob er erfolgreich ist, hängt von mehreren Faktoren ab: vom Verständnis für die gegenseitige Abhängigkeit zahlreicher verschiedener Integrationsaufgaben, von entsprechenden Maßstäben für die Performance und von der Erkenntnis, dass die Integration im Anschluss an die Übernahme eine eigene unternehmerische Fähigkeit ist. Die gute Nachricht: Der Lohn der Mühe kann hoch sein, wenn das akquirierende Unternehmen seine Erfahrungen artikuliert, daraus Regeln ableitet und spezifische Werkzeuge entwickelt.

Bei Fusionen und Übernahmen ist die Integrationsphase nach der Übernahme wahrscheinlich die wichtigste einzelne Determinante für die Steigerung des Shareholder-Value (und ebenso für die Vernichtung von Werten); das haben Managementpraxis und wissenschaftliche Publikationen gleichermaßen gezeigt. Eine neuere Studie der Boston Consulting Group unter Geschäftsführern von akquirierenden Unternehmen hat ergeben, dass eine schlechte Performance in dieser Phase der Hauptgrund für das Fehlschlagen von Übernahmen ist, gefolgt von der Wahl des falschen Übernahmekandidaten und einem zu hohen Kaufpreis.

Wenn akquirierende Unternehmen nicht den richtigen Kandidaten aussuchen oder keinen angemessenen Preis aushandeln, ist der Grund hierfür unter anderem im fehlenden Verständnis für die Komplexität der Integrationsphase zu finden. Akquirierende Unternehmen müssen ausreichende Kompetenzen entwickeln, um die Integration der beiden Organisationsstrukturen managen zu können; die Zusammenführung der Informationssysteme oder das Halten und die Motivation wichtiger Mitarbeiter gehören unter anderem dazu. Erst dann können sie einigermaßen zuverlässig abschätzen, welchen potenziellen Wert die Einheiten im Zusammenschluss haben.

Die besondere Fähigkeit, den Integrationsprozess nach einer Übernahme zu managen, ist somit von entscheidender Bedeutung. Hierbei nämlich wird das Wert erzeugende Potenzial, das während der Such- und Prüfphase für den attraktivsten Übernahmekandidaten ermittelt worden war, in einen tatsächlichen Shareholder-Value umgesetzt. Außerdem ergeben sich hier wichtige »retroaktive«, rückwirkende

Eigenschaften. Die Integration beeinflusst den Erfolg aller bereits getätigten Schritte im Übernahmeprozess: Vorauswahl (screening), Überprüfung (due dilligence), finanzielle Bewertung und Vertragsverhandlungen. Der Umkehrschluss ist allerdings nicht zulässig.

Ein fähiger Integrator wird wahrscheinlich bessere Übernahmekandidaten aussuchen, schnellere und präzisere Entscheidungen beider Überprüfung fällen und mit mehr Informationen in die Verhandlungen gehen. Erfahrung in diesem frühen Stadium führt jedoch nicht zwangsläufig zu effizienten Integrationsverfahren. Im Gegenteil: Übermäßiger Stolz auf raffinierte Kalkulationstabellen oder einen bestimmten strategischen Schachzug kann dazu führen, dass nicht genug Aufmerksamkeit auf die Planung und Verwirklichung der Integrationsphase verwendet wird.

Frühere Erfolge können behindern

Die Integrationsphase ist also wichtig für einen erfolgreichen Übernahmeprozess. Und warum sind die akquirierenden Unternehmen anscheinend nicht in der Lage, die Erfolgsaussichten zu verbessern, indem sie sich auf die Entwicklung der notwendigen Integrationsfähigkeiten konzentrieren? Studien ergeben gemeinhin, dass Übernahmen keinen Wertzuwachs für die Aktionäre des akquirierenden Unternehmens bringen.

Dies ist an sich schon ein erstaunliches Ergebnis. Es wirkt jedoch weniger alarmierend angesichts der Tatsache, dass die Erfolgschancen alternativer Strategien für das Unternehmenswachstum (Joint-Venture- oder interne Lösungen) ähnlich oder sogar noch schlechter aussehen. Bemerkenswert ist allerdings, dass die meisten akquirierenden Unternehmen auch nach mehreren Übernahmen keine verbesserten Ergebnisse vermelden können. Eine Reihe neuerer Studien über die Übernahme-Performance in unterschiedlichen Branchen weist in die gleiche Richtung; das Ausmaß an Übernahmeerfahrungen scheint kein guter Performance-Indikator zu sein. In anderen Worten: Die Lernkurve bei Übernahmen und Fusionen scheint ziemlich flach zu verlaufen. Warum ist das so?

Gibt es hier eine kollektive Lernschwäche? Oder muss man nur den richtigen Mechanismus identifizieren, um den Lernprozess auszulösen? Glücklicherweise zeigen empirische Daten, dass Letzteres zutrifft. Ausgewählte akquirierende Unternehmen scheinen in der Lage zu sein, effiziente Integrationsverfahren zu entwickeln und im Vergleich zu ihren Konkurrenten eine beständige Wertsteigerung zu erzielen.

Wertzuwachs

Durch das energische Streben nach Übernahmen kann ein systematischer Wertzuwachs für die Aktionäre gesichert werden; Unternehmen wie GE Capital, das zum

Konzern General Electric gehört, Nationsbank (jetzt Bank America, die größte US-amerikanische Privatkundenbank) und Cisco Systems, ein Unternehmen für Computernetzwerke, sind hervorragende Beispiele dafür. Andere, ähnlich erfahrene akquirierende Unternehmen wiederum können keine derartigen Erfolge aufweisen: Denken Sie nur an Hanson plc., das neu strukturierte ehemalige Konglomerat, an PepsiCo mit seinen vielfachen Übernahmen im Gaststättengewerbe oder an ICI und viele seiner Mitbewerber in der chemischen Industrie.

Zum Teil erwachsen diese Misserfolge aus Widersprüchlichkeiten zwischen den Gründen für die Übernahme und den Ansätzen, die nach der Übernahme verfolgt werden. PepsiCo Restaurants beispielsweise hat fortgesetzt Restaurantketten aufgekauft (Kentucky Fried Chicken, Pizza Hut, Taco Bell und viele kleinere), um das große Kosteneinsparungspotenzial durch die Integration auszunutzen. Dabei wurde dieses Potenzial jedoch nicht ausgeschöpft. Denn die Art der Integration, die hier gewählt wurde, setzte auf strikt geregelte Verantwortlichkeiten und selbstständige Entscheidungen statt auf Koordination und gemeinsame Verbesserungen in sich überschneidenden Bereichen.

Es ist allerdings nicht zwangsläufig eine Katastrophe, wenn man nach der Übernahme in Bezug auf Wertschöpfungspotenziale (Kosteneffizienz, Erlössteigerung, isolierte Restrukturierung, Innovation) den falschen Ansatz wählt. Akquirierende Unternehmen erkennen allerdings ihre Fehler häufig nicht besonders gut; entsprechend schwer fällt es ihnen, die notwendigen Änderungen zu identifizieren und umzusetzen. Errare humanum est, perseverare diabolicum (Irren ist menschlich, das Verharren im Irrtum teuflisch).

Dieses Besorgnis erregende Phänomen wurzelt in der organisatorischen Aufgabe selbst. Um mit einem stetigen Verbesserungsprozess zu beginnen und die Integrationsfähigkeiten nach der Übernahme zu entwickeln, müssen zunächst die Hindernisse für das kollektive Lernen erkannt werden. Vergleichen Sie einmal Übernahmen mit den meisten anderen Verwaltungs- und Produktionsprozessen, die mehr oder weniger regelmäßig in einem Unternehmen vorkommen (wie die Herstellungsfunktion oder das Bearbeitungssystem für Kundenaufträge, die Auswahl neuer Mitarbeiter oder der Einkauf von Rohmaterial).

Einige Unterschiede sind offensichtlich: Übernahmen kommen erheblich seltener vor und unterscheiden sich stark voneinander. »Keine Übernahme ist wie die andere«, scheint das Mantra vieler Manager zu sein, das sie angesichts der Komplexität dieser Aufgabe sich selbst sagen – und all jenen entgegenhalten, die wissen wollen, warum die Ergebnisse nicht den Erwartungen entsprechen. Doch trifft dies letztlich auf sämtliche organisatorischen Prozesse zu. Und es ist nicht die einzige relevante Dimension.

Übernahmen unterscheiden sich von anderen Prozessen, weil die Eindeutigkeit fehlt in den kausalen Zusammenhänge zwischen Entscheidungen über die Art des Managements, den Handlungen zur Umsetzung dieser Entscheidungen und vor allem den Performance-Ergebnissen nach Abschluss der Übernahme.

Integrationsprozess

An dem Tag, als Intel, der größte Halbleiterhersteller der Welt, den Integrationsprozess der Halbleitersparte von Digital einläutete, mussten Hunderte von Mitarbeitern in Dutzenden von Ländern sechstausend verschiedene Aufgaben bewältigen. Und das war nur der Anfang! Der Integrationsprozess dauerte rund sechs Monate und betraf jede Tätigkeit an allen Standorten, an denen die beiden Firmen geschäftlich tätig waren. Die meisten dieser Aufgaben gehörten nicht zu den täglichen Routineaufgaben der Mitarbeiter und mussten mehr oder weniger spontan bewältigt werden. Trotz umfassender Vorbereitungen und detaillierter Planung (computergestützte Entscheidungsfindung und Projektmanagement, Integrationsleitfäden für die meisten Tätigkeiten) – wie konnte Intel richtige von falschen Entscheidungen unterscheiden, Entscheidungen identifizieren, die gut waren, aber schlecht umgesetzt wurden oder aber tatsächlich falsch waren? Die komplexen Auswirkungen auf die Performance nach der Übernahme zu begreifen, war schwierig. Und die Gründe hierfür gehen weit hinaus über die bloße Anzahl und die Gleichzeitigkeit der Teilaufgaben, die die Integrationsphase ausmachen. Die erfolgreiche Bewältigung jeder dieser Aufgaben hängt jeweils von den anderen ab. Wie effektiv die IT-Mitarbeiter auch immer die Umstellung ihrer Informationssysteme vorbereitet haben – es ist alles vergeblich, wenn es der Personalabteilung nicht gelingt, die Mitarbeiterschulung ähnlich effizient abzuwickeln (und umgekehrt). Und gleichgültig, wie geschickt die Kommunikation mit den wichtigen Kunden des akquirierten Unternehmens auch geführt wurde: Sie werden in Massen abspringen, wenn die Vertriebsmitarbeiter nicht gehalten und motiviert werden können (und umgekehrt).

Performance

Schließlich kommt noch hinzu, dass selbst die erfahrensten akquirierenden Unternehmen große Schwierigkeiten haben bei der Entwicklung von Messverfahren, mit denen sich die Performance des Integrationsprozesses beobachten lässt. Jetzt werden Sie besser verstehen, warum akquirierende Unternehmen nicht nur häufig beim Management von Übernahmen versagen, sondern außerdem noch weniger lernfähig sind als erwartet. Bedenken Sie, dass die üblichen Maßstäbe für das Rechnungswesen nicht genügen, selbst wenn sie zur Verfügung stehen (üblicherweise tun sie das nach einer kompletten Integration der übernommenen Gesellschaft nicht). Um die Integrationsprozesse bewerten zu können, muss das akquirierende Unternehmen weit darüber hinausgehen. Es muss Messverfahren für die Performance der Integration in jeder Funktion der Wertschöpfungskette entwickeln, vom Einkauf bis zum Marketing und Vertrieb, von der Konvertierung der Informationssysteme bis zur Integration der Liefer und Vertriebskette, von der Auswahl, Erhaltung und Motivation der Mitarbeiter bis zur Neustrukturierung und Reorganisation der Produktentwicklung, von der Herstellung bis zu Back-Office-Prozessen. In einer Untersuchung von akquirierenden Banken in den USA habe ich kürzlich herausgefunden, dass nur etwa 40 Prozent von ihnen spezielle Performance-Maßstäbe für den Systemkonvertierungsprozess entwickelt hatten, obwohl diese Aufgabe ganz offensichtlich große Bedeutung für den Erfolg einer Bankenfusion hat. Womit also lässt sich die Chance erhöhen, dass akquirierende Unternehmen die spezifischen Fähigkeiten entwickeln, um einen Integrationsprozess zu managen?

Man sollte sich zum einen darüber im Klaren sein, dass Übernahmeerfahrung an sich nicht ausreicht. Unter bestimmten Umständen kann sie sogar hinderlich sein. Zwei neuere Studien – darunter auch die bisher größte Untersuchung von Integration nach einer Übernahme und von Prozessen zum Erwerb von Fähigkeiten – stellen fest, dass die Erfahrungskurven U-förmig verlaufen. Die Performance fällt also bei den ersten Übernahmen (acht oder neun, um genau zu sein) ab, bevor sie ansteigt. Hinzu kommt, das mit zunehmender Unterschiedlichkeit der Akquisitionen auch die Probleme bei der Realisierung wachsen: Akquirierende Unternehmen neigen dazu, in einem neuen Kontext Erfahrungen anzuwenden, die sie in einem anderen Kontext gemacht haben. Dieser war oberflächlich betrachtet gleich, aber in Wirklichkeit ganz anders.

Ein zweiter Aspekt ist, dass bei der Entwicklung organisatorischer Fähigkeiten angesichts einer so komplexen Lernumgebung in Lernaktivitäten besonders investiert werden muss: Das akquirierende Unternehmen muss eine beträchtliche Menge an Zeit, Geld und auch die Aufmerksamkeit des Managements einsetzen, um aus früheren Übernahmen die entscheidenden Lektionen zu lernen.

Dazu gehören vor allem zwei Dinge: Erstens muss das Wissen zugänglich gemacht werden, das alle an früheren Integrationsprozessen beteiligten Personen bei Entscheidung oder Handlungen gesammelt haben. Bedenkt man die gegenseitigen Abhängigkeiten, dann kann nur eine gemeinsame Anstrengung und das Teilen individueller Erfahrungen das erhoffte Ergebnis bringen – zu begreifen, was funktioniert hat und was nicht.

Der zweite wichtige Lernprozess besteht in der Kodifizierung des Wissens, das sich in den Köpfen der Beteiligten über die bereits abgeschlossenen Integrationsprozesse angesammelt hat – und der Performance-Ergebnisse. Dies erreicht man, wenn spezielle Werkzeuge für das Management des Übernahmeprozesses entwickelt und fortlaufend aktualisiert werden.

Maßstäbe

Die naheliegendsten Werkzeuge sind natürlich die Performance-Messsysteme; diese decken jedoch längst nicht alles ab. Geschickt akquirierende Unternehmen entwickeln eine ganze Reihe unterstützender Instrumente für jede einzelne Phase des Übernahmeprozesses. Sie sind abgestimmt auf jede der Schlüsselfunktionen, von denen der Erfolg einer Übernahme abhängt. In den Phasen der Suche und der Auslese erstellen sie Datenbanken mit allen potenziellen Übernahmekandidaten.

Diese Datenbanken enthalten vorläufige Bewertungen und strategische Einschätzungen für eine anschließende Erörterung mit der Geschäftsleitung. Auf diese Weise wird dann der strategische Ansatz geklärt und die interne Entscheidungsfindung beschleunigt, wenn sich eine Chance zur Übernahme bietet.

In der Phase des Vertragsabschlusses können akquirierende Unternehmen über die Verfeinerung von Bewertungstabellen und Checklisten für die Überprüfung hinausgehen und eine strategisch bedeutsame Due-Diligence-Praxis entwickeln, mit pflichtbewussten Koordinatoren, Projektmanagement-Software und Leitfäden für jedes Team mit Schlüsselfunktion. Man sollte hierbei bedenken, dass Leitfäden nicht einfach umfangreichere Checklisten sind. Sie haben eine völlig andere Qualität. Denn wenn sie gut zusammengestellt und aktualisiert werden, erklären sie, was in unvorhergesehenen Fällen getan werden muss und – besonders wichtig – warum. In der Integrationsphase nach einer Übernahme sind solche Elemente von entscheidender Bedeutung.

GE Capital, Nationsbank, Cisco Systems, Intel und andere akquirierende Unternehmen, die bei ihrem Wachstum durch Übernahmen stetig Wert schaffen, gehen alle gleichermaßen systematisch an Integrationen heran. Sie verfügen nicht nur über Leute, die auf die Koordination der Integrationsphase spezialisiert sind. Sie setzen auch Zeit und Ressourcen ein, um spezielle Werkzeuge für die von ihnen verfolgte Wertschöpfungslogik zu entwickeln. Als Spezialisten für bestimmte Funktionen sind die Teams nicht allein für das Management ihrer Anteile am Integrationsprozess verantwortlich, sondern auch für die Extraktion der Lektionen aus jeder gemachten Erfahrung.

Lernprozess

Und schlussendlich dürfen Sie nicht unterschätzen, welche Rolle die Kodifizierung des Wissens für die Entwicklung eines Integrationsverfahrens nach einer Übernahme spielt. Der Vorteil aus der Erstellung und Entwicklung all dieser übernahmespezifischen Werkzeuge geht weit über den Nutzen hinaus, den akquirierende Unternehmen dann bei der Entscheidungsfindung, Koordination und Umsetzung daraus ziehen.

Der Prozess selbst, in dem diese Werkzeuge erstellt und aktualisiert werden, ist ein Lernprozess. Um einen Leitfaden zur Umstellung des Systems zu verfassen, müssen die für diese Aufgabe verantwortlichen IT-Mitarbeiter selbst begreifen, was sinnvollerweise unter welchen Bedingungen warum zu tun ist.

Während die Mitarbeiter dies tun, klären sie zunächst für sich selbst das Wesen solcher Verknüpfungen von Entscheidungen, Handlungen und Performance-Ergebnissen. Denn diese sind, wie oben beschrieben wurde, wegen der Komplexität des Prozesses und fehlender systematischer Performance-Kontrolle oft wenig transparent. Während des Verfassens eines Leitfadens, der Entwicklung der Software und der Aktualisierung um neu gewonnene Erfahrungen ergibt sich häufig unbemerkt eine gemeinsame Kompetenz. Und mit dieser kann die Integrationsphase dann gehandhabt werden.

Investition

Der Erwerb von Integrationsfähigkeiten ist in erster Linie ein kontinuierlicher Prozess. Das akquirierende Unternehmen formuliert zunächst hypothetisch, was unter welchen Umständen funktionieren könnte. Dann wendet es systematisch das Wissen an, das es aus früheren Übernahmeerfahrungen extrahiert hat, erprobt diese Hypothese, formuliert sie gegebenenfalls anders und entwickelt weitere, verfeinerte Hypothesen. Dieser Prozess ist weder leicht noch leicht zu haben. Er setzt einen großen Aufwand an Zeit, Überlegungen und Technik voraus. Der Lohn für die Investition in diesen Lernprozess kann allerdings sehr hoch ausfallen. Und er ist umso größer, je länger man auf eine Unternehmensentwicklung durch Übernahmen und Fusionen setzt – und je komplexer die Phase nach der Übernahme ist. Je mehr Unternehmen Sie zu kaufen und je stärker die Integration sein soll, desto mehr müssen Sie daran arbeiten, aus den Fehlern und den Erfolgen Ihrer eigenen Zukaufaktivitäten zu lernen.

Literaturhinweise
Singh, H.; Zollo, M.: *The Impact of Knowledge Codification, Experience Trajektories and Integration Strategies on the Performance of Corporate Acquisitions.* Academy of Management Best Papers Proceedings, 1998.

Zollo, M.; Winter, S.: »From Organizational Routines to Dynamic Capabilities«, Working Paper, Jones, R. Center of the Wharton School, and *INSEAD R&D* (99/42/SM), 1999.

8
Strategie, Shareholder-Value und Corporate-Governance

Shareholder-Value und Corporate-Governance sind recht junge »Erfindungen«. Dennoch darf kein Manager diese Konzepte bei der Formulierung der Strategie übergehen. Drei Aspekte werden zu diesem Themenkomplex erläutert. Der erste Aspekt ist der Zusammenhang zwischen Strategie und Besitzverhältnissen – so genannte Insider-Modelle erzeugen Engagement und Vertrauen, Outsider-Modelle sind flexibler gegenüber technologischen Veränderungen und Marktschwankungen. Der zweite Aspekt betrifft die umfassende Problematik, wie Manager in einem Unternehmen, das für nachhaltigen Shareholder-Value sorgt, die treibenden Kräfte erkennen. Der dritte Aspekt sind die verschiedenen Modelle, die Managern zur Auswahl stehen. Das Spektrum reicht vom bekannten Wertschöpfungsmodell (EVA-Modell) bis hin zu der hier vorgeschlagenen Alternative des Resource-Margin-Accounting.

Die Bedeutung von Corporate-Governance 275
    (Colin Mayer)

Mythen entlarven und Shareholder-Value steigern 282
    (Anjan V. Thakor, Jeff DeGraff und Robert E. Quinn)

Projektbewertung mit (neuer) Methode 290
    (Peter Johnson)

Colin Mayer

Die Bedeutung von Corporate-Governance

Corporate-Governance ist entscheidend für den Unternehmenserfolg und den Schutz von Minderheitsaktionären. Der Einfluss von Corporate-Governance auf die Unternehmensstrategie wird deutlich, wenn man die Beteiligungsstrukturen und Kontrollsysteme in verschiedenen Ländern vergleicht. Großbritannien und die USA gehören zu den so genannten Outsider-Systemen, weil hier der Markt die wichtigen Kontroll- und Koordinationsaufgaben übernimmt. Europa und Asien gehören zu den Insider-Systemen, die durch starke Beziehungsgeflechte zwischen Unternehmen und Finanzinstituten und institutionalisierte Kontrollmechanismen charakterisiert sind. Beide Systeme haben Vor- und Nachteile. Insider-Systeme sind gekennzeichnet durch enge Beziehungen und Vertrauen. Outsider-Systeme haben Vorteile, wenn neue Technologien und Märkte flexibles Handeln erfordern.

Ein neueres Sachbuch stellt die Leistungskontrolle ins Zentrum des Corporate-Governance-Begriffs, der die Aktionäre vor den Eigeninteressen des Managements schützt. Ein jüngerer Beitrag zum Thema Corporate-Governance betont den Schutz von Investoren mit kleinen Beteiligungen vor den Interessen großer Anteilseigner.

Der Aspekt der Leistungskontrolle ist vor allem in Großbritannien und den USA wichtig. Denn dort sind die Aktien eines Unternehmens meist auf viele Aktionäre verteilt, die kaum direkten Einfluss auf das Management ausüben können. Der Schutz von Investoren mit kleineren Beteiligungen ist hingegen vorwiegend für Kontinentaleuropa oder Ostasien relevant. Hier gibt es viele große Anteilseigner, die direkten Einfluss auf das Management besitzen, häufig jedoch von anderen Interessen geleitet werden als Investoren mit kleinen Beteiligungen.

Kontrolle hat auch positive Seiten

In beiden Definitionen geht es bei Corporate-Governance um Unternehmenskontrolle. Keine stellt sie in einen engeren Zusammenhang mit Unternehmensstrategie. Und der Begriff Kontrolle weckt bei vielen Menschen schlechte Erinnerungen, an die Schulzeit zum Beispiel: Regeln, Aufsicht, Arrest und Bestrafung. Corporate-Governance hat für sie nichts mit den Dingen zu tun, die wirklich zählen: Klassenbester werden, Wettbewerbe gewinnen und Freundschaften schließen. Deshalb halten sie das Konzept für ziemlich überflüssig. Ich werde hier die These entwickeln, dass Corporate-Governance eng mit Strategie verbunden ist. Sie ist daher entscheidend für den Unternehmenserfolg und den Schutz von Investoren.

Das zeigen auch einige der großen Fusionen von Unternehmen, die aus verschiedenen Corporate-Governance Systemen kommen: Chrysler und Daimler-Benz ebenso wie Bankers Trust und Deutsche Bank.

Der Zusammenhang zwischen Unternehmenskontrolle und Unternehmensstrategie wird unmittelbar deutlich, wenn man die Beteiligungsstrukturen in verschiedenen Ländern vergleicht. Im angloamerikanischen Raum sind Unternehmen meist börsennotiert. Ihre Aktien sind auf zahlreiche private und institutionelle Anleger verteilt, Mehrheitsbeteiligungen sind selten. Die Beteiligungsstrukturen in vielen anderen Ländern unterscheiden sich davon zum Teil erheblich.

Außerhalb Großbritanniens und den USA finden sich nur relativ wenige Unternehmen auf dem Kurszettel. Viele der ganz großen Unternehmen sind nicht börsennotiert. Und wenn doch, dann sind die Anteile sehr viel stärker konzentriert als im angloamerikanischen Raum.

Etwa 80 Prozent der größten börsennotierten Unternehmen in Frankreich und Deutschland haben Anteilseigner, die Beteiligungen von über 25 Prozent halten. In Großbritannien gibt es solche großen Beteiligungen nur bei 16 Prozent der Unternehmen.

Große Beteiligungen werden in Kontinentaleuropa vor allem von zwei Investorengruppen gehalten: Familien und Unternehmen. Beteiligungen in Familienbesitz sind in Kontinentaleuropa sehr viel häufiger als in Großbritannien und den USA.

Unternehmensbeteiligungen können überaus komplexe Strukturen annehmen. Etwa die Form einer Beteiligungspyramide, wobei die weiter oben in der Hierarchie angesiedelten Unternehmen Mehrheitsbeteiligungen an den weiter unten stehenden halten. Auch Überkreuzbeteiligungen oder komplexe Beteiligungsnetze kommen vor.

Komplexe Strukturen

Abbildung 1 zeigt die Beteiligungen an Fiat. Solche komplexen Strukturen sind in Kontinentaleuropa nicht unüblich. Die Abbildung zeigt:

- eine direkte Beteiligung von 22 Prozent durch das börsennotierte Unternehmen IFI, das von Giovanni Agnelli kontrolliert wird;
- eine indirekte Beteiligung von zwölf Prozent durch die IFIL, eine Familien-Holding der Agnellis, die wiederum von der IFI kontrolliert wird;
- eine Beteiligung von acht Prozent durch Kreditinstitute, die Stimmbindungsverträge mit der IFI geschlossen haben;
- Überkreuzbeteiligungen mit Unternehmen, die von der IFIL kontrolliert werden;
- Fiat-Tochtergesellschaften, die ihrerseits in Italien börsennotiert sind.

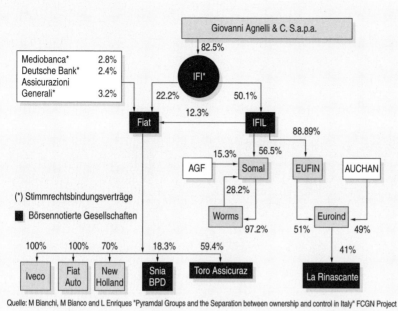

Abb. 1: Beteiligungen an Fiat

Durch Schachtelbeteiligungen entsteht ein »Insider-System«, bei dem Kreditinstitute und Unternehmen über Kreuz durch Mehrheitsbeteiligungen verbunden sind (Abbildung 2). Es gibt externe Beteiligungen, und häufig sind verschiedene Konzerngesellschaften börsennotiert – wie das Beispiel Fiat zeigt. Die externen Anteilseigner sind aber selten dazu in der Lage, Kontrolle auszuüben, denn den Insidern stehen verschiedene Instrumente zur Verfügung, mit denen sie sich die Herrschaft sichern können.

In einigen Ländern gibt es verschiedene Aktiengattungen, die den Aktionären unterschiedliche Stimmrechte verleihen. Die Insider halten Aktien mit Mehrfachstimmrechten, externe Anteilseigner solche mit einfachen Stimmrechten. In einigen Ländern (wie Deutschland und Italien) bestehen häufig hierarchische Beteiligungsstrukturen, wobei die Anteilseigner an der Spitze der Pyramide die weiter unten in der Hierarchie stehenden Unternehmen mit relativ geringem Kostenaufwand kontrollieren können. Im angloamerikanischen Finanzsystem überwiegen Outsider-Strukturen. Verschiedene Aktiengattungen mit unterschiedlichen Stimmrechten und Beteiligungspyramiden sind relativ selten. Es gibt nur wenige Überkreuzbeteiligungen, und die Kontrolle ist verteilt auf eine große Zahl externer Investoren. In den USA waren viele dieser externen Investoren bis vor kurzer Zeit sogar noch Privatanleger. Heute konzentrieren sich Unternehmensbeteiligungen auch in Großbritannien und den USA zunehmend in den Händen von Kreditinstituten, Pensionsfonds, Lebensversicherungen und Investmentfonds. In beiden Ländern besitzen institutionelle Anleger zusammen einen großen Teil des Unternehmenskapitals. Im Allgemeinen hält jedoch keiner dieser Anleger eine Mehrheitsbeteiligung an einzelnen Unternehmen. Unternehmensbeteiligungen sind im angloamerikanischen Raum sehr viel stärker verteilt als auf dem europäischen Kontinent.

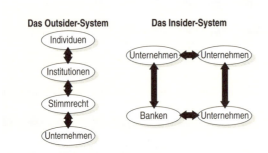

Abb. 2: Outsider/Insider-Systeme

Hier schließt sich die Frage an, wie sich diese Unterschiede letztlich in der Praxis auswirken. Wie eingangs beschrieben, unterscheiden sich die beiden Systeme in den Kontrollmechanismen. Insider-Systeme ermöglichen eine gute Kontrolle und Überwachung des Managements. Große Anteilseigner sind gut informiert und können bei Bedarf kontrollierend eingreifen. Doch die Interessen kleiner Anteilseigner werden leicht übergangen. Bei Insider-Systemen ist der zentrale Aspekt von Corporate-Governance also der Schutz für Investoren mit kleineren Beteiligungen.

Outsider-Systeme haben eine breit gestreute Aktionärsstruktur. Der einzelne Aktionär verspürt wenig Anreiz, sich für eine aktive Kontrolle einzusetzen, und hat wenig Macht zur Disziplinierung eines schlechten Managements. Der zentrale Aspekt von Corporate-Governance ist hier also die Kontrolle des Managements. Outsider-Systeme legen damit besonderes Gewicht auf transparente Information und den Schutz von Minderheitsaktionären.

Doch die Unterschiede sind nicht auf Corporate-Governance-Strukturen begrenzt. Sie kommen auch in den Beziehungen der Unternehmen untereinander und zwischen Investoren und Unternehmen zum Ausdruck. Insider-Systeme fördern starke Beziehungsgeflechte zwischen Unternehmen und zwischen Investoren und Unternehmen. Große Beteiligungen lassen sich bestimmten Investoren zuordnen, die auch die Verantwortung für die Entwicklung und Umsetzung der Unternehmenspolitik tragen.

Outsider oder Insider?

Bei Outsider-Systemen sind Insider-Beteiligungen und Kontrolle auf eine große Zahl anonymer Anteilseigner verteilt. Einzelne Anteilseigner können nicht für die Unternehmenspolitik verantwortlich gemacht werden. Das Management entscheidet über die Entwicklung und Umsetzung von Strategien, die letztlich daran orientiert sind, was den größten Shareholder-Value einbringt. Der Markt bewertet die Unternehmen und liefert maßgebliche Impulse für die Strategie.

Beide Systeme haben Vorteile

Bei Insider-Systemen lassen sich große Anteilseigner identifizieren, mit denen Beziehungen aufgebaut werden können. Große Anteilseigner können sich Dritten gegenüber durch Zusagen verpflichten. Diese Möglichkeit gibt es wegen der heterogenen Aktionärsstruktur in Outsider-Systemen nicht. Insider-Systeme sind daher durch starke Beziehungsgeflechte und Vertrauen gekennzeichnet, Outsider-Systeme nicht.

In dieser Betrachtung sind Insider-Systeme den Outsider-Systemen scheinbar haushoch überlegen. Vielleicht sind Insider-Systeme deshalb weltweit stärker verbreitet. Gäbe es diese Überlegenheit tatsächlich, dürfte es eigentlich nur Insider-Systeme geben. Doch das angloamerikanische Outsider-System ist zurzeit wirtschaftlich leistungsfähiger als die Insider-Systeme in Kontinentaleuropa und Fernost. Outsider-Systeme müssen also an anderer Stelle Vorteile haben, die die beschriebenen Nachteile mehr als aufwiegen.

Anonymität ist der Vorteil und gleichzeitig der Nachteil bei einer Kontrolle durch den Markt. Da man mit anonymen Anteilseignern keine Beziehungen aufbauen kann, sind die Märkte nicht den Interessen und der Einflussnahme wie in Insider-Systemen unterworfen. Der Shareholder-Value bestimmt die Entwicklung und Umsetzung der Unternehmenspolitik. Andere Überlegungen, die auf große Anteilseigner abgestimmt werden oder auf deren individuelle Interessen Rücksicht nehmen müssen, gibt es nicht. Während das Insider-System durch starke Beziehungen und Vertrauen gekennzeichnet ist, ermöglicht das Outsider-System eine weit flexiblere Umsetzung wertmaximierender Strategien.

Beide Systeme haben also unterschiedliche Vor- und Nachteile. Insider-Systeme liegen da vorn, wo solide und auf gegenseitigem Vertrauen basierende Beziehungen wichtig sind. Outsider-Systeme dominieren, wo es auf flexibles und schnelles Handeln zur Umsetzung der jeweils besten Strategie ankommt.

Firmenübernahmen zeigen die Unterschiede zwischen den beiden Systemen auf. Im angloamerikanischen Raum sind freundliche und feindliche Übernahmen relativ häufig. In Großbritannien gibt es jährlich etwa 40 feindliche Übernahmen. In Deutschland gab es in der Zeit nach dem Zweiten Weltkrieg bis Mitte der neunziger Jahre nur drei feindliche Übernahmen. Das Thema wurde in Kontinentaleuropa und Japan ausführlich diskutiert, und in Frankreich registrierte man in jüngerer Zeit heftige Aktivitäten.

Tatsächlich gibt es auch in Kontinentaleuropa einen aktiven Markt für Unternehmensbeteiligungen. Doch dieser Markt unterscheidet sich deutlich von seinem angloamerikanischen Gegenstück. In Großbritannien und den USA ist eine Übernahme stets mit einem Angebot für die Aktien des Übernahmeziels verbunden. In Insider-Systemen ist es häufig unmöglich, Unternehmen einfach durch ein solches Angebot zu übernehmen, weil Mehrheitsbeteiligungen oder große Anteile von einzelnen Investoren gehalten werden.

Nicht immer bestimmt die Masse

Im Insider-System findet eine Unternehmensübernahme meist nur mit der Zustimmung eines identifizierbaren Anteilseigners statt. Im Outsider-System gibt es keine solche einzelne Partei, die für einen Machtwechsel verantwortlich gemacht werden kann. Hier können wertsteigernde Veränderungen in der Eigentümerstruktur auf Marktmechanismen zurückgeführt werden. Im Insider-System geht das nicht.

Das beschreibt die Vor- und Nachteile beider Systeme. Im Insider-System bestimmen dominante Investoren darüber, ob Übernahmen zustande kommen oder nicht. Ihre Entscheidung unterliegt privaten Interessen, Ausgleichszahlungen et cetera. Deshalb kommt es unter Umständen auch dann nicht zu einem Wechsel, wenn die Masse der Investoren davon profitieren würde, ihre Interessen sich aber nicht mit denen der dominanten Anteilseigner decken.

Im Outsider-System wird der Erfolg von Übernahmeangeboten ausschließlich durch den Shareholder-Value bestimmt. Allerdings bietet das Outsider-System keinen Schutz für andere Interessengruppen (Mitarbeiter, Lieferanten, Abnehmer), die keine Kapitalbeteiligungen am Unternehmen halten. Im Insider-System steht immerhin der Ruf des Inhabers der Mehrheitsbeteiligung auf dem Spiel. Im Outsider-System haben die Interessengruppen nicht einmal diese Sicherheit.

Die Vor- und Nachteile von Beziehungsgeflechten einerseits und mehr Flexibilität andererseits sind branchenabhängig. In der verarbeitenden Industrie sind enge Beziehungen zwischen Abnehmern und Lieferanten üblich. Zulieferer machen häufig Investitionen, die auf ganz bestimmte Hersteller zugeschnitten sind. Dazu sind sie jedoch nur bereit, wenn der Hersteller ihnen in irgendeiner Form eine Sicherheit für den Absatz ihrer Produkte bietet. Solche Zusicherungen wiederum verstellen dem Hersteller die Möglichkeit, Innovationen kostengünstig zu realisieren. Welches System erfolgreicher ist, hängt also offenbar von der Art der Aktivität ab. Insider-Systeme sind geeignet für Handlungen, die starke Beziehungen und Vertrauen voraussetzen. Outsider-Systeme haben Vorteile, wenn neue Technologien und Märkte flexibles Handeln erfordern.

Die Vor- und Nachteile beider Systeme ändern sich zudem mit der wirtschaftlichen und technischen Entwicklung. Unsere Zeit ist vom technischen Fortschritt geprägt, und hier hat das flexiblere Outsider-System klare Vorteile. Ähnliche Phasen gab es während der Industriellen Revolution im 18. und 19. Jahrhundert. Der Bau von Kanälen und Eisenbahnen wurde in den USA und Großbritannien überwiegend durch die Märkte finanziert. In anderen Zeiten ist das Insider-System mit seinen langfristigen, stabilen Beziehungen erfolgreicher. Die aktuellen Vorteile des Outsider-Systems werden also möglicherweise nicht ewig fortbestehen.

Viele Strukturen

Auch innerhalb der einzelnen Systeme sind viele verschiedene Strukturen zu beobachten. In Großbritannien sind zwar die meisten großen Unternehmen börsennotiert, doch knapp 30 Prozent der tausend größten Unternehmen sind es nicht. In den letzten Jahren sind allein in Großbritannien jedes Jahr mehr als 200 neue Unternehmen an die Börse gegangen. Doch in der gleichen Zeit haben auch viele bekannte Unternehmen ihre Aktien wieder zurückgekauft – und sich von der Börse zurückgezogen. Für diese Unternehmen überwiegt der Nachteil einer Kontrolle durch externe Investoren den Vorteil des leichten Zugriffs auf Mittel für Investitionen. Besonders stark sind große, nicht börsennotierte Kapitalgesellschaften in Low-Tech-Branchen wie Groß- und Einzelhandel, Lebensmittel, Druck- und Verlagswesen vertreten. Sie wachsen weniger stark durch Akquisitionen als börsennotierte Konkurrenten. Die Beteiligungsstruktur steht also in engem Zusammenhang mit den Märkten, auf denen ein Unternehmen tätig ist, und der Wachstumsstrategie, für die es sich entschieden hat.

Literaturhinweise
Allen, F.: »Stock Markets and Resource Allocation«, in: *Capital Markets and Financial Intermediation*. By Colin Mayer. Cambridge u. a.: Cambridge Univ. Press, 1993.

Carlin, W.; Mayer, C.: »How do Financial Systems Affect Economic Performance?«, in: *Corporate Governance: Theoretical and Empirical Perspectives*. By Xavier Vives. Cambridge [u. a.]: Cambridge Univ. Press, 2000.

Anjan V. Thakor, Jeff DeGraff und Robert Quinn

Mythen entlarven und Shareholder-Value steigern

Das Herzstück einer Strategie sollte aus der Festlegung bestehen, auf welche Weise ein Unternehmen nachhaltigen Shareholder-Value erzeugen kann. Das Geheimnis ist dabei, die zentralen Wert schaffenden Faktoren zu identifizieren, an denen dann die Strategie auszurichten ist. Noch immer gibt es Mythen, die das Denken vieler Manager vernebeln. Rein profitorientierte Maßnahmen führen in die falsche Richtung. Der größte Irrglaube besteht in der Annahme, dass die Prinzipien der Wertschöpfung für sämtliche Unternehmen identisch sein könnten. Nach welchem Modell aber können Unternehmen ermitteln, welche Faktoren Wert schaffen?

Shareholder-Value, also der Wert, den ein Unternehmen für seine Aktionäre generiert, ist heute einer der meistgebrauchten Begriffe in der Wirtschaft. Der allgemeine Run auf Aktien greift zunehmend von den USA auf den Rest der Welt über. Und es gibt zahlreiche Gründe, weshalb Vorstandschefs den Shareholder-Value wie einen Gott verehren: Einer davon ist der Leistungsdruck, der auf das Unternehmen ausgeübt wird.

In den achtziger und neunziger Jahren kam es bei amerikanischen Unternehmen häufig zur Entlassung eines Vorstandschefs, wenn dessen Unternehmen nicht den entsprechenden Shareholder-Value erwirtschaftete. Ein prägnantes Beispiel hierfür war die Ablösung von Ron Miller durch Michael Eisner als Chef der Walt Disney Company im Jahr 1984. Sie war die Folge von feindlichen Übernahmeversuchen, provoziert durch Disneys mittelmäßige Ergebnisse. Interessanterweise rangierte Disney ein Jahr vor diesen Übernahmeversuchen in dem Erfolgstitel »Auf der Suche nach Spitzenleistungen« von Tom Peters und Robert H. Waterman noch unter den 14 »bestgeführten Unternehmen«.

Doch auch mit Blick auf die Vergütung von Führungskräften spielt Shareholder-Value eine entscheidende Rolle. Unternehmenspolitik wird zunehmend von großen institutionellen Investoren beeinflusst. Dadurch wächst das Bewusstsein für die Wirkung finanzieller Anreize bei dem Bestreben, Unternehmenswert zu schaffen. Die Gesellschaften belohnen leitende Mitarbeiter mit Aktien und Optionsscheinen. Für viele Führungskräfte ist der Aktienwert heute entsprechend wichtig.

Aktienkurse unterliegen selbstverständlich erheblichen unerwarteten Schwankungen. Diese werden von einer ganzen Reihe von Faktoren bestimmt, die oft außerhalb des Einflussbereichs der Unternehmensleitung liegen. Shareholder-Value wird dadurch nicht als kurzfristig, sondern als langfristig zu maximierendes Ziel angesehen.

Wie man Wert misst

Es gibt verschiedene Möglichkeiten, die langfristige Wertentwicklung zu messen, zum Beispiel an der Gesamtjahresrendite der Aktionäre. Diese Zahl wird errechnet aus der Aktienkurssteigerung plus der im Jahr gezahlten Dividende geteilt durch den Aktienpreis zu Jahresbeginn. Dies geschieht über viele Jahre hinweg. Angewendet wird die Gesamtjahresrendite der Aktionäre, um das Ergebnis eines »Benchmark-Portfolios« zu übertreffen. Ein derartiges Portfolio kann sein: der gesamte Aktienmarkt, die Branche, in der das Unternehmen tätig ist, oder die Auswahl von Unternehmen innerhalb dieser Branche.

Eine andere Herangehensweise bei der Messung einer langfristigen Wertentwicklung ist die Betrachtung der durchschnittlichen Marktwertschöpfung (Market Value Added – MVA) über einen Zeitraum von fünf bis zehn Jahren. Marktwertschöpfung ist die Differenz zwischen dem Marktwert und dem Buchwert eines Unternehmens zu einem bestimmten Zeitpunkt.

Wenn der Buchwert das von den Aktien- und Anleihenbesitzern in das Unternehmen investierte Kapital ist und Marktwert die Einschätzung dessen, was dieses Kapital wirklich wert ist, dann misst man mit MVA den Nettowert, der für die Besitzer des Unternehmens, also für die Aktionäre, erzielt wurde. Besonders hohe MVA für ihre Aktionäre haben zum Beispiel die Einzelhandelskette Wal-Mart, General Electric, Microsoft und Coca-Cola erwirtschaftet. Bei Coca-Cola lag der Wert Ende 1996 mit fast 125 Milliarden US-Dollar am höchsten.

Und auf welche Weise erzeugen Unternehmen nachhaltig Shareholder-Value? Die Antwort lautet: durch Strategie. Wir sind davon überzeugt, dass Strategie schlicht den Kurs zur Schaffung von Shareholder-Value bestimmt. Dafür müssen ein entsprechender Handlungsrahmen und die dafür verfügbaren Mittel festgelegt werden. Ein Analyst hat einmal gesagt: »Um die Strategie eines Unternehmens zu verstehen, lese ich nicht, was der Vorstandschef sagt. Ich schaue mir an, wo das Unternehmen seine Mittel einsetzt.« Ist die Strategie richtig ausgewählt und umgesetzt worden, sollte daraus nachhaltiger Shareholder-Value entstehen, vorausgesetzt, die Strategie wird dem sich wandelnden Umfeld laufend angepasst.

Welche Erfolge mit Strategien erreicht werden können, zeigt sich an den spektakulären Ergebnissen für die Aktionäre, die manche Unternehmen erzielt haben. Auch bei der Walt Disney Company hat eine neue Strategie zum Umschwung beigetragen. Michael Eisner, der neue Vorstandschef des Unterhaltungsriesen, machte die Trickfilmproduktion zum Kernbereich des Unternehmens. Andere Geschäftsbereiche von Disney wie Themenparks, Konsumgüter oder Immobilien haben seither den Erfolg des Unternehmens aus der Produktion neuer Filme aufgefressen. Andere Unternehmen greifen besser zu anderen Strategien. So hat sich Wal-Mart vor allem Expansion und kontinuierliche Produktivitätssteigerung vorgenommen. Vorangetrieben wurde diese Strategie vom spezifischen Wesen des Einzelhandels. Dabei spielen Größeneffekte und eine extrem hohe Kapitalbindung eine zentrale Rolle. Eine geringfügige Produktivitätssteigerung je Einheit eingesetzten Kapitals kann weitreichende Auswirkungen auf den Gesamtwert haben.

Wie entwickeln Unternehmen Siegerstrategien? Das Geheimnis liegt darin, die zentralen wertschaffenden Faktoren (key value driver) auszumachen und die Strategie an diese Faktoren anzubinden. Eisner hatte erkannt, dass der zentrale Faktor bei Disney in seinem kreativen Output bestand. Die Produktion von Trickfilmen war der greifbare Ausdruck dieser kreativen Leistung.

Sam Walton, der Gründer von Wal-Mart, hatte begriffen, dass der schnelle Umschlag von Warenbeständen und nicht die Bruttogewinnspanne den zentralen wertschaffenden Faktor im Einzelhandel ausmachen. In einer Branche mit brutalem Wettbewerb und ohne große Unterschiede der einzelnen Konkurrenten in Bezug auf Kunden und Lieferanten ist es äußerst schwierig, die Mitbewerber bei der Bruttogewinnspanne zu übertreffen. Aus diesem Grund hat sich Wal-Mart so stark auf den Kapitalumschlag konzentriert. Die gesamte Unternehmensstruktur, vom Informationssystem des Managements bis zu den Kontakten mit Zulieferern, ist auf das Vorantreiben eines steigenden Kapitalumschlags ausgerichtet. Und darin hat Wal-Mart seine Konkurrenten übertroffen.

Kurz gesagt: Um nachhaltig Shareholder-Value zu erzeugen, benötigt man die richtige Strategie. Und um die richtige Strategie zu wählen, muss man die zentralen Wert schaffenden Faktoren des Unternehmens ermitteln. Das ist jedoch nicht besonders einfach, da unser Blick durch verschiedene Mythen getrübt wird.

Mythen um den Shareholder-Value

Zahlreiche Mythen ranken sich um den Shareholder-Value und vernebeln die Gedanken der Menschen. Und wenn das Denken nicht klar ist, werden Mittel falsch eingesetzt und Ressourcen schlecht verteilt. Wie sehen nun einige dieser weit verbreiteten Mythen aus?

- **Mythos 1:** Um Shareholder-Value zu erzeugen, muss man sich einzig und allein um den Nettogewinn kümmern. Dies bedeutet meist, ein Unternehmen so zu leiten, dass die Erwartungen der Börse bezüglich des Unternehmensgewinns je Aktie oder bezüglich einer anderen Kennzahl erfüllt oder übertroffen werden.
- **Mythos 2:** Spannungen zwischen den Interessen der Aktionäre und denen anderer Interessengruppen sind unvermeidlich. Demzufolge müssen beispielsweise die Interessen der Angestellten oder der Kunden hinter denen der Aktionäre zurückstehen oder diesen sogar geopfert werden.
- **Mythos 3:** Die Ausgabe von Unternehmensaktien an die Mitarbeiter ist ein sicheres Mittel, um diese zur Maximierung des Shareholder-Value zu motivieren.

- **Mythos 4**: Der Aktienmarkt ist kurzsichtig und interessiert sich nur für kurzfristige Erträge.

In Abbildung 1 fassen wir zusammen, wie diese Mythen die Unternehmenspolitik von einer nachhaltigen Schaffung von Shareholder-Value abhalten können. Denn die von diesen Mythen geleiteten Unternehmen treffen Entscheidungen, die zur Zerstörung von Shareholder-Value führen können.

Kurz gesagt, die Strategien werden fehlgeleitet. So entwickelte zum Beispiel in den achtziger Jahren praktisch jede große Fluggesellschaft eine Strategie, um einen kostengünstigen Lufttransport anbieten zu können. Geleitet wurden sie dabei vom harten Wettbewerb in dieser Branche und der üblichen Fixierung auf kurzfristige wirtschaftliche Ergebnisse. Hinter der so entstandenen Geschäftsstrategie stand die Grundannahme, dass die meisten Flugpassagiere lediglich von Punkt A nach Punkt B gelangen wollen, und das zu möglichst geringen Kosten. Der Service wurde auf ein Minimum heruntergeschraubt.

Abbildung 1

Mythos	Entsprechendes Ergebnis
(1) Shareholder-Value wird durch einen ausschließlichen Fokus auf den Nettogewinn geschaffen.	- Ausschließlicher Fokus auf vierteljährliche Zahlen: Gewinne, Budget, Kosten- und Mitarbeiterzahlreduzierung.
(2) Durch die Maximierung des Shareholder-Value werden die Interessen der Mitarbeiter und Kunden geopfert.	- Verschreckte Kunden aufgrund von mangelndem Kundenservice, geringe Mitarbeiterloyalität, hohe Fluktuation, verlorene Kapazität.
(3) Gibt man den Mitarbeitern Unternehmensanteile, verhalten sie sich wie Besitzer.	- Die Mitarbeiter sehen in der Regel, dass sich ihre Handlungen nur minimal auf den Aktienpreis auswirken, und damit ist es unwahrscheinlich, dass sie sich wie Besitzer verhalten.
(4) Der Aktienmarkt ist kurzsichtig und kümmert sich nur um kurze Zeiträume.	- Übergroßer Fokus auf sofortige Finanzergebnisse zu Kosten von nachhaltiger und langfristiger Wertschöpfung, einhergehend mit Kürzungen bei Weiterbildung, Forschung und Entwicklung, Neueinführung von Produkten.

Im Gegensatz dazu setzte British Airways unter seinem damaligen Vorstandschef Sir Colin Marshall den Schwerpunkt auf einen Service, der dem Fluggast ein wahrhaft angenehmes Reiseerlebnis bieten sollte. Zahlreiche Aspekte des Kundenservice wie die Qualität der an Bord servierten Speisen und Getränke wurden verbessert statt geopfert. Die Vorgehensweise von British Airways stellte faktisch Produktdifferenzierung durch Strategie in Vollendung dar. Der Fluglinie gelang es auf diese Weise, größere Gewinnmargen zu erzielen und ihre Konkurrenten finanziell zu übertreffen. Es entbehrt nicht einer gewissen Ironie, dass British Airways in letzter Zeit für seinen Kundenservice kritisiert wird, während sich die Aktien unterdurchschnittlich entwickeln. Auch die Walt Disney Company musste sich kürzlich sagen lassen, sie habe keine klare Strategie und einen schwachen Vorstand.

Der schleichende Tod

Woran liegt es, dass eine ausschließliche Ausrichtung auf Gewinnerzielung die Unternehmen in die Irre führt und nicht zur nachhaltigen Schaffung von Shareholder-Value beiträgt? Der vielleicht erstaunlichste von vielen Gründen ist, dass Unternehmen die betriebliche Performance dadurch bestimmen, dass sie die Bilanzkennziffern im Blick behalten. Auf diese Weise wollen sie feststellen, ob sie Wert schaffen. Meistens werden Performance-Ziele als Kennziffernziele formuliert: den Earning per share oder Betriebsprojektzielen, Umsatzwachstumszielen und schlichten Einnahmenzielen. Fatalerweise ist die Bilanzierung zu einem Instrument geworden, mit dem der schleichende Tod eines Unternehmens verschleiert werden kann. Da die Unternehmen bei der Darstellung ihrer Bilanzzahlen eine erhebliche Flexibilität besitzen, sind die ausgewiesenen Ergebnisse häufig kein präzises Maß für die Leistung in dem jeweiligen Zeitraum.

In der Regel betreiben Unternehmen »Bilanzkosmetik«, um schlechte Ergebnisse in harten Zeiten zu verdecken – indem man in Perioden relativen Wohlstands die »Reserven« erhöht. Ein Unternehmen, das wegen guter Ergebnisse in der Vergangenheit erhebliche Reserven angehäuft hat, jetzt allerdings zu sterben beginnt, kann relativ hohe Erträge ausweisen. Es schöpft dabei aus seinen Reserven, während aktuell die Gewinne nach unten gehen. In Europa lassen sich Zahlen besser kosmetisch glätten als in den USA. Dies war deutlich zu erkennen, als bei der Entscheidung von Daimler-Benz, an die New Yorker Börse zu gehen, ganz neue Informationen über die Finanzlage des Unternehmens bekannt wurden. Doch auch in den USA wird dieses Problem größer. So zitierte das »CPA Journal« im Dezember 1998 Arthur Levitt Jr., Vorsitzender der Securities and Exchange Commission (SEC), mit den Worten:

»Zu viele Manager, Buchprüfer und Analysten beteiligen sich stillschweigend am selben Spiel. Um ja dem Analystenkonsens der Gewinnerwartungen zu genügen und einen gradlinigen Wachstumspfad vorzuweisen, könnte Wunschdenken den Sieg über die tatsachengetreue Darstellung davontragen.«

Vier-Quadranten-Modell

Um nicht auf die Mythen um Shareholder-Value hereinzufallen und um nachhaltig Unternehmenswert zu schaffen, müssen Unternehmen die Analyse der Wert schaffenden Faktoren, die Strategie, die Führung und den Einsatz der Mittel so konstruktiv integrieren, dass die den vier Mythen zugrunde liegende Wahrheit deutlich wird.

Eine Möglichkeit ist die Anwendung der Vier-Quadranten-Wertthese in Abbildung 2. Sie basiert auf dem von den Autoren entworfenen Wholonics-Modell, einem ganzheitlichen Wertansatz für die Entwicklung integrierter Fähigkeiten auf allen Ebenen: der strategischen, der organisatorischen und der individuellen Ebene. Wir konzentrieren uns hier auf den Quadranten-Teil des Wholonics-Modells, da er am wichtigsten ist für die Ausrichtung von Strategie und Führungsstil. Und genau die wollen wir hier untersuchen.

Kooperieren	Schaffen
Kompetenz - konzentriert sich auf die Entwicklung von Kernkompetenzen - schafft einen nachhaltigen Vorteil	*Innovation* - konzentriert sich auf die Innovation bei Produkten, Verfahren und Dienstleistungen - schafft Wachstum und ermöglicht Branchenführung
Effizienz - konzentriert sich auf die Verbesserung der Verfahrenseffizienz - schafft kostengünstiger bessere Produkte **Kontrollieren**	*Marktbewusstsein* - konzentriert sich auf Wettbewerbsvorteile durch Agilität und Marktbewusstsein und Schnelligkeit - schafft Kapitalproduktivität und Shareholder-Value **Konkurrieren**

Abb. 2: Vier-Quardranten-Wertthese

Das Modell geht von der These aus, dass es vier Quadranten gibt, in denen ein Unternehmen Wert schafft. Da normalerweise sämtliche Bereiche abgedeckt werden müssen, wird ein Unternehmen für jeden Quadranten entscheiden, worauf es sich konzentrieren und wie es seine Mittel verwenden will.

Abhängig von seiner Strategie ist das Unternehmen in diesen Quadranten unterschiedlich positioniert. Der Kerngedanke des Modells ist, dass diese Positionierung all das bestimmt, was für die Wertschöpfung relevant ist: Verwendung der Mittel, Leistungsmessung, Unternehmenskultur, Gehaltsvereinbarungen und Führungsstil. Dies bedeutet wiederum, dass sämtliche Faktoren aufeinander und auf die Gesamtstrategie abgestimmt sein müssen. Bei diesem Modell beginnt man mit der Bestimmung der zentralen Wert schaffenden Faktoren in diesem Geschäftsfeld. Danach richtet sich dann der Entwurf der Strategie.

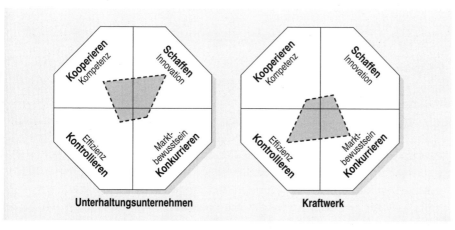

Abb. 3: Strategische Wertthese

Schauen wir uns zur Verdeutlichung zwei Unternehmen an: ein Kraftwerk und einen Unterhaltungskonzern wie Walt Disney. Der zentrale Wertschöpfungsfaktor für das Kraftwerk ist die Kosteneffizienz, die an die Größe der Einheiten gekoppelt ist. Marktbewusstsein und Innovation sind weniger relevant. Die Fachkenntnisse von Mitarbeitern sind zwar wichtig, können aber problemlos auf dem Arbeitsmarkt erworben werden. Somit ist die Strategie für das Energieunternehmen der Besitz von großen, effizienten Werken, die sich auf die möglichst weitgehende Unabhängigkeit von Arbeitskräften konzentrieren.

Im Gegensatz dazu ist der Erfolg des Unterhaltungskonzerns von der Produktinnovation abhängig, der zentrale Wertschöpfungsfaktor ist also seine Kreativität. Der strategische Fokus des Unterhaltungsunternehmens liegt also auf der Einstellung der kreativsten Leute der Branche und der Bereitstellung eines möglichst weiten Betätigungsfeldes für ihre kreativen Leistungen. Diese werden sich letztlich in den Produkten und Dienstleistungen des Unternehmens widerspiegeln. Somit ergeben sich für diese beiden Unternehmen strategische Wertthesen.

Unterschiede sichern das Überleben

Wie die beiden Abbildungen zeigen, liegt beim Kraftwerk der Hauptfokus auf der Effizienz, obwohl die anderen Quadranten natürlich nicht vollständig vernachlässigt werden dürfen. Im Gegensatz dazu sind für das Unterhaltungsunternehmen der Aufbau von individuellen Fähigkeiten und die Innovationsförderung genauso wichtig wie die kreativen Leistungen seiner Mitarbeiter. Dennoch kann auch ein solches Unternehmen Effizienz und Marktdruck nicht unberücksichtigt lassen.

So wie sich die zentralen Wertschöpfungsfaktoren deutlich voneinander unterscheiden, sollte es auch die Unternehmensorganisation tun. Die Leistung des Kraftwerks wird an Kostenproduktivität und Verlässlichkeit bei der Stromerzeugung gemessen werden. Demgegenüber sind die Leistungsfaktoren des Unterhaltungsunternehmens die Einführung neuer Produkte, der Markenwert, die Fluktuation der Arbeitskräfte, das Wachstum von Umsätzen und Gewinnmargen und die Wertschöpfung. Das Kraftwerk wird einen Großteil seiner Mittel für Projekte verwenden, die die Kosten per Energieeinheit senken, zum Beispiel durch bessere Kapazitätsauslastung oder -ausweitung, neue Maschinen und neue Vertragsbedingungen für Lieferanten.

Der Unterhaltungskonzern wird hingegen den größten Teil seiner Mittel für die Produktion neuer Shows oder Filme verwenden und die dabei erbrachte kreative Leistung wiederum anderen Produkten zugute kommen lassen. Auch im Organisationsaufbau und im Führungsstil unterscheiden sich die beiden Unternehmen. Das Kraftwerk ist mit seinem Fokus auf Effizienz hierarchisch strukturiert und pflegt einen Führungsstil, bei dem Kontrolle von oben nach unten ausgeübt wird. Das Unterhaltungsunternehmen ist flacher und weniger zentralistisch strukturiert und in seinem Führungsstil nicht so stark von Kontroll- und Befehlshierarchien geprägt.

Jedes Unternehmen, das die Wert schaffenden Faktoren, die Strategie, die Verwendung der Mittel, den Leistungsumfang, den Firmenaufbau und die Unternehmenskultur aufeinander abstimmt, kann einen erheblichen Wert für seine Aktionäre erzeugen. Doch jedes tut das auf seine eigene Weise.

Abschließend sei noch bemerkt: Im Zusammenhang mit der Festlegung auf eine Strategie sollten sich die Unternehmen bewusst machen, dass das, was für das eine Unternehmen ein Shareholder-Value-Mythos ist, für ein anderes Unternehmen der Stein der Weisen sein könnte. Das Kraftwerk sollte sich zum Beispiel auf das Nettoergebnis und die kurzfristige Ertragssteigerung konzentrieren. Das heißt, Mythos Nr. 1 (Um Shareholder-Value zu erschaffen, muss man sich einzig und allein um den Nettogewinn kümmern.) und Mythos Nr. 4 (Der Aktienmarkt ist kurzsichtig und kümmert sich nur um kurzfristige Erträge.) treffen für das Kraftwerk tatsächlich zu. Hielte sich hingegen der Unterhaltungskonzern an diese Mythen und verwendete weniger Mittel auf die Produktinnovation und die Entwicklung von Menschen und Kompetenzen, geriete es in erhebliche Schwierigkeiten.

Passt der Schlüssel?

Der eigentliche Mythos besteht in der Vorstellung, dass für sämtliche Unternehmen die gleichen Regeln für die Schaffung von Shareholder-Value gelten – ungeachtet dessen, wo sie in den vier Quadranten strategisch angesiedelt sind. Für ein Unternehmen wie Wal-Mart, das, wie in Abbildung 2 gezeigt, primär im Quadranten Marktbewusstsein angesiedelt ist, mag der ausschließliche Fokus auf Shareholder-Value der Schlüssel sein. Für ein Internet-Start-up oder ein Unternehmen wie Walt Disney könnte sich dies hingegen tödlich auswirken, da für diese Art Unternehmen überwiegend die Quadranten Kompetenzen und Innovation zutreffen.

Peter Johnson

Projektbewertung mit (neuer) Methode

Eine Strategie ohne Zahlen ist wie ein Flug ohne Instrumente. Denn wenn es bei Geschäften um die Geldvermehrung geht, muss jede strategische Entscheidung letztendlich in wahrscheinlichen finanziellen Konsequenzen für das Unternehmen beschrieben werden. Die DCF-Analyse (Discounted Cashflow) und der EVA-Ansatz (Economic Value Added) haben Grenzen. Dagegen kann sich die Methode des RMA (Resource-Margin-Accounting) als sinnvollere Alternative erweisen.

Kurz bevor die Mobiltelefonfirma Orange an den Markt ging, erschien ein Artikel in der »Financial Times«, der den Investoren riet, sich nicht mehr um Kurs-Gewinn-Verhältnisse zu kümmern, sondern auf DCF (Discounted Cashflow) zu setzen. Bei der Lektüre dieses Artikels musste ich lächeln, weil ich damals gerade meinen MBA-Studenten die DCF-Analyse ausredete. Stattdessen legte ich ihnen etwas nahe, das ich damals VAPM (Value Added Pricing Model) nannte und das inzwischen als RMA (Resource-Margin-Accounting) bekannt geworden ist.

Der Artikel über Orange verdeutlichte die Schwierigkeiten der DCF-Bewertung. Es wurden eine Reihe von Prognosen für Gewinne und den Cashflow von 1995 bis 2005 aufgestellt. Die Cashflows vor 2005 wurden mit 900 Millionen Pfund und die nach 2005 mit 1800 Millionen Pfund bei einer Diskontierung von 14 Prozent bewertet. Zwei Drittel des Wertes waren also an Ereignisse geknüpft, die mehr als zehn Jahre in der Zukunft lagen. Und das in einer Branche, die durch besonders schnelle technologische Entwicklungen und globale Umwälzungen gekennzeichnet ist. Solchen Einschätzungen kann man kaum viel Vertrauen entgegenbringen.

Wenn Bewertungen durch einen Blick in die Kristallkugel vorgenommen werden, trifft man zwangsläufig auf schwierige Aufgaben: auf Vorhersagen von weit in der Zukunft liegenden Ereignissen, Entscheidungen über den Zeithorizont für die Einschätzung der Unternehmensleistung und die Wahl angemessener Diskontsätze und Endwerte.

Neben diesen systemimmanenten Schwierigkeiten werden häufig noch andere, subtilere Annahmen getroffen. Man geht beispielsweise häufig davon aus, dass das Unternehmen den Besitzer nicht wechselt, obwohl das durchaus vorkommt. Die DCF-Analyse übersieht oft auch die strategischen Freiheiten, die durch gute Performance entstehen, und die Einschränkungen, die bei kurzfristigen Enttäuschungen auftreten.

Bewertung birgt viel Unsicherheit

Raffiniertere Strategen versuchen, einigen dieser Schwächen zu begegnen, indem sie uns mit einer Myriade von Szenarien überschütten. Ein »Management nach Auto-Pilot« kann jedoch überhaupt nichts ausrichten, wenn ein Unternehmen rasend schnell abstürzt. Wirkliche Optionen werden möglicherweise von anderen Werkzeugen zur Entscheidungsfindung mit abgedeckt. Doch wer wird in der Praxis etwas anderes tun, als sich die Optionen herauszupicken, die am zweckmäßigsten erscheinen? Als ob diese Schwierigkeiten noch nicht genug wären, stellt sich außerdem die Frage, wie man die langfristigen Auswirkungen der Regierungspolitik und andere Makrofaktoren integriert.

Die beiden renommierten Ökonomen Eugene Fama und Kenneth French haben den aktuellen Stand der Dinge folgendermaßen zusammengefasst:

»Die Projektbewertung ist ein zentraler Faktor für den Erfolg eines Unternehmens. Wir wissen jedoch, dass diese Aufgabe von großen Unsicherheiten begleitet wird. Es stellt sich die Frage, ob es einen Ansatz gibt, durch den eine weniger fehleranfällige Projektbewertung als bei der Konkurrenz möglich ist. Ist der Ansatz auf Basis der Kapitalwertmethode, die Lehrbücher leidenschaftlich propagieren, üblicherweise genauer als ein weniger komplexer Ansatz wie Kapitalrückfluss? Und woran würde man das merken? Wir glauben, dass unabhängig vom gewählten formalen Ansatz zwei der besonders weit verbreiteten Werkzeuge in der Kapitalbedarfsrechnung das Hoffen und das Beten sind. Auch der glückliche Zufall ist ein Faktor, der die Ergebnisse entscheidend beeinflusst.«

Wenn Sie Unternehmensstratege sind, werden Sie sich vielleicht fragen, ob dies irgendetwas ausmachen kann. Einige Strategen neigen dazu, diese Probleme zu ignorieren und eine Strategie zu befürworten, die sich vor allem mit der Positionierung des eigenen Unternehmens oder dem Ausmanövrieren der Konkurrenz befasst. Für sie dienen die Schwierigkeiten bei der DCF-Analyse allein dazu, die Bedeutung der Strategie als eine von Finanzen oder Bewertungen unabhängige Disziplin zu betonen.

Meiner Meinung nach geht diese Einstellung in die falsche Richtung. Ziel des Geschäftemachens ist die Geldvermehrung und jede strategische Entscheidung muss letztendlich in Form von wahrscheinlichen finanziellen Konsequenzen für das Unternehmen formuliert werden. Ob diese Konsequenzen sich auf die Aktionäre oder die Mitarbeiter auswirken, ist hierbei ohne Belang. Eine Strategie ohne Zahlen ist wie ein Flug ohne Instrumente.

Es sind mittlerweile eine Reihe von Arbeiten erschienen, die sich mit dem offensichtlichen Konflikt zwischen Finanzen und Strategie beschäftigen; die folgenden zwei Titel geben einen Eindruck von der Diskussion: »CFOs and Strategists: Forging a Common Framework« (etwa: »CFOs und Strategen – der Weg zu einem gemeinsamen Grundgerüst«) von Alfred Rappaport und »Must Finance and Strategy

Clash?« (etwa: »Finanzen und Strategie – Sind Konflikte unvermeidbar?«) von Patrick Barwise et al. Für einen strategischen Berater oder einen Unternehmensstrategen aus der Praxis ist es allemal schwer zu verstehen, wie man diese beiden Gedankengänge voneinander trennen kann. Was ist der Sinn von Strategie, wenn nicht der, Geld zu verdienen?

Aus akademischer Sicht ist die Untrennbarkeit von Finanzen und Strategie eindeutig die Konsequenz einer auf Ressourcen basierenden Unternehmenssicht. Geld ist eine der wichtigsten Ressourcen, über die ein Unternehmen verfügt. Als Chef eines kleinen Start-ups im Technologiebereich weiß ich aus Erfahrung, wie viel besser man schläft, wenn das Geschäft Geld macht, statt es zu verlieren. Wie diese Ressource eingesetzt und vermehrt wird, ist unausweichlich und notwendigerweise eine sehr wichtige Determinante des Unternehmenserfolgs.

Jedes Jahr vermehrt oder vermindert der finanzielle Ertrag die Finanzressourcen, die dem Unternehmen zur Verfügung stehen. Das wiederum beeinflusst den Grad der strategischen Freiheit, den das Unternehmen im folgenden Jahr genießt. Deswegen muss die Beschreibung der finanziellen Konsequenzen von Entscheidungen über die Ressourcenverteilung ein zentraler und integraler Bestandteil bei der Entwicklung einer Strategie sein. Geldmittel bieten Zugang zu anderen Ressourcen wie Menschen oder geistigem Eigentum. Es ist ein grundlegender Widerspruch, wenn man sowohl an die ressourcenbasierte Unternehmenssicht als auch an die Trennbarkeit von Strategie und Finanzen glaubt.

Akzeptiert man, dass die Probleme der DCF-Analyse nicht einfach unter den Teppich gekehrt werden können – was kann man tun, um sie zu lösen? In den letzten Jahren hat der Einsatz von wertorientierten Planungssystemen in großen Unternehmen stark zugenommen. Dieser Zulauf ist überwiegend auf den Erfolg von Unternehmen wie Alcar, Marakon und CVA zurückzuführen. Sie passen die Value-Base-Management-Konzepte von Alfred Rappaport, dem amerikanischen Pionier des Shareholder-Value, und andere den speziellen Bedürfnisse ihrer Kunden an. Rappaport hat der Vorstellung des Wert erzeugenden Spread eine praktische Bedeutung verliehen. Gemeint ist der Grenzwert für die Betriebsmarge nach Berücksichtigung des Umlaufkapitals und der Kapitalkosten. Ein Unternehmen muss über diesem Level liegen, um Wert zu schaffen.

Dies hat sich als eine gute Methode erwiesen, um die kritischen Faktoren für den Wertzuwachs zu untersuchen. Außerdem hilft sie, wertorientiertes Denken an die operativen Manager zu delegieren. Sie bietet auch ein Werkzeug, mit dem der implizite Spread des aktuellen Aktienpreises untersucht und in Relation zu dem wahrscheinlichen Niveau der Betriebsergebnisse gesetzt werden kann. Das Problem ist, dass diese Methode eine Projektion der Umsätze, Margen und Investitionen über eine Periode erfordert, in der ein positiver Wert erzeugender Spread erreicht wurde. Diese Projektion wirft die gleichen Probleme auf wie eine herkömmliche DCF-Analyse und führt zu einer breiten Palette strategischer Werte. Eine mögliche Reaktion auf die DCF-Probleme ist die Begrenzung des Zeitrahmens der strategischen Bewertung auf eine einzige Periode. Das geschieht bei einer EVA-Analyse

(Economic Value Added), wie sie von der Beratungsfirma Stern Stewart propagiert wird. Dieser Ansatz basiert auf einer anerkannten Formel aus dem Rechnungswesen:

$$P_t = y_t + \sum_{\tau=1}^{\infty} E_t [x^a_{t+\tau} R^{-\tau}]$$

P_t ist der Marktwert eines Unternehmens zum Zeitpunkt t, y_t ist der Buchwert des Unternehmens zum Zeitpunkt t, x_t^a sind die »Übergewinne« in Periode t (im Grunde das Gleiche, was Stern Stewart EVA nennen), R ist 1 plus Kapitalkosten r. E_t [Q] repräsentiert den erwarteten Wert zum Zeitpunkt t der Variable Q. Übergewinne, das heißt Erträge nach Berücksichtigung der Investorenerwartungen für Gewinner aus vorhandenem Kapital, werden angegeben durch:

$$x^a_t = x_t - (R-1) y_{t-1}$$

x_t^a sind die Übergewinne in Periode t, x_t sind Erträge in Periode *t, R* ist 1 plus Kapitalkosten r, und y_{t-1} ist der Schlussbuchwert der vorigen Periode. Was heißt das auf gut Deutsch? Die erste Formel gibt an, dass der Marktwert des Unternehmens aus seinem Buchwert plus einem Goodwill-Wert besteht, den Stern Stewart »Market Value Added« (MVA) nennen. Dieser Wert ist aus der Summe der Erträge zusammengesetzt, die über das hinausgehen, was der Markt aufgrund des Buchwertkapitals des Unternehmens erwartet, diskontiert mit den Kapitalkosten des Investors. Stern Stewart nennen dies Übergewinne und errechnen sie mit ihren eigenen Berechnungskonventionen, dem Economic Value Added. Die zweite Formel beschreibt, wie diese Begriffe definiert sind.

Dieser Ansatz ist auf den ersten Blick überzeugend. Er besagt, dass der Wert eines Unternehmens sich aus dem zusammensetzt, was in den Büchern steht plus dem Goodwill, der entsteht, wenn das Unternehmen mehr verdient als die Investoren von den Aktiva fordern. John Kay von London Economics hat diese Übergewinne etwas einfacher als die Gewinne des Unternehmens beschrieben, die ihm nach Begleichung seiner Verpflichtung bleiben. Gemeinsam mit seinen früheren Kollegen an der London Business School war Kay ein Pionier in der Entwicklung von vergleichenden Rankings des von Unternehmen erzeugten Goodwills (oder MVA).

Weil der Ansatz von Stern Stewart die Manager dazu zwingt, in ihrem Unternehmen über die Kapitalrisiken Rechenschaft abzulegen, und weil er so einfach ist, ist er als Maßstab für den Anlauf einer einzelnen Periode weithin akzeptiert. Viele Unternehmen setzen heutzutage in ihrer strategischen Planung EVA oder etwas Vergleichbares ein. Doch auch dieser Ansatz birgt Probleme.

Das erste Problem ist, dass die Messung einer einzelnen Periode nicht unbedingt ein zuverlässiger Indikator dafür ist, wie man den Wert eines Unternehmens am besten maximieren kann. Schlägt ein Unternehmen immer den Kurs ein, der die Übergewinne des nächsten Jahres maximiert, wird möglicherweise eine Strategie nicht beachtet, die den Wert über einen längeren Zeitraum maximieren würde. Die Einschränkung des zeitlichen Horizonts auf ein einziges Jahr engt die strategische Bewertung zu stark ein.

Zweitens gibt es noch nicht einmal theoretisch einen Grund, warum der EVA eines Unternehmens in einer beliebigen Periode dem gesamten Gewinn der Aktionäre in dieser Periode entsprechen sollte. Und tatsächlich haben Ken Peasnell und John O'Hanlon gezeigt, dass es sogar unwahrscheinlich ist, dass das jemals passiert. Ein Unternehmen, das auf der Grundlage von EVA eine bestimmten Option mit Wertschöpfungspotenzial entdeckt, hat noch keine Garantie dafür, dass dieser Wert vom Aktienmarkt ebenso erkannt oder belohnt wird.

Ein drittes Problem ist, dass die Unternehmen beim Einsatz dieser Art von Analysen systembedingt zu viele positive Übergewinne erzeugen, um überhaupt glaubwürdig zu erscheinen. Die Investoren sind nicht dumm; wenn also fast sämtliche Unternehmen voraussichtlich positive Übergewinne aufweisen, werden sich die Investorenerwartungen ändern und veränderte Anforderungen hervorbringen. Wenn die Übergewinne fast immer positiv sind, warum haben dann so viele Unternehmen einen Marktwert, der unter ihrem Buchwert liegt?

Eine mögliche Antwort ist: Die Werte in den Büchern sind unzuverlässig. Aber selbst wenn die Buchwerte korrekt sind, bleiben noch konzeptionelle Probleme. Wie behandelt man nicht erfasste immaterielle Güter? Wie geht man mit fluktuierenden Betriebskapitalzyklen um? In welchem Umfang sollte man sich eher das Brutto- als das Nettovermögen ansehen? Wie sind Gewinne einzustufen, die durch die effiziente Finanzierung von Operationen erzielt werden?

Der EVA-Ansatz vermengt Aspekte

Insbesondere der letzte Punkt ist alles andere als trivial. Der EVA-Ansatz vermengt Fragen der wirtschaftlichen Effizienz mit Fragen über die Finanzierungseffizienz. Ein Teil des Kapitals in der EVA-Formel (y_t) ist zur Finanzierung des Betriebskapitals erforderlich, um dem Betriebszyklus des Unternehmens Rechnung zu tragen. Dieser Kapitalbedarf hat nichts mit der Effizienz des Ressourceneinsatzes des Unternehmens in Wettbewerbsmärkten zu tun. Aufmerksame Strategen sollten zwischen diesen beiden Formen unterscheiden.

Man könnte argumentieren, dass bei dieser Methode unlogischerweise vergangene und zukünftige ökonomische Performance verquickt werden – in ähnlicher Weise wie EVA Ressourcen und Finanzierung vermischt. Der Ansatz führt Anlagevermögen und Bilanzposten (Bestände) mit Gewinn-und-Verlust-Posten (Ströme) zusammen, um ein einheitliches Ertragsmaß für die wirtschaftliche Performance zu erstellen. Das kann sehr irreführend sein, wenn beispielsweise der Buchwert des Kapitals nicht nur Geld enthält, das in der Vergangenheit zum Kauf von Assets/

Güter ausgegeben wurde, sondern auch Einnahmen aus der Vergangenheit, die nicht als Dividende ausgezahlt wurden.

EVA versucht festzustellen, ob ein Unternehmen gegenwärtig die Ressourcen effizient nutzt, indem er sich auf die Ressourcen bezieht, die das Unternehmen in der Vergangenheit verbraucht hat. Einige Manager werden zu Recht an dieser Stelle protestieren, dass es sie nicht interessiert, wie das Geschäft in der Vergangenheit geführt wurde. Was sie wissen wollen, ist, ob das Unternehmen heute die konsumierten Ressourcen wirtschaftlich nutzt. Gibt es eine Alternative?

Wegen solcher Schwierigkeiten geht die Suche nach einer schlüssigen und pragmatischen Methode zur strategischen Bewertung weiter. Es ist klar, was benötigt wird: ein stabiles Bewertungsmodell, das wirtschaftliche Leistungsfähigkeit direkt mit dem Marktwert verknüpft; das einigermaßen präzise Finanzprojektionen enthält und sich auf einen kürzeren, relevanteren Zeitrahmen als die meisten aktuellen Ansätze bezieht. Ein angemessener Zeitrahmen sind etwa drei bis fünf Jahre. Dies passt gut mit der klassischen Amtsdauer einer Managerposition zusammen und vermeidet die Risiken bei der Betrachtung zu kurzer oder zu langer Perioden.

Das ideale Modell berücksichtigt Finanzen, Rechnungswesen, Mikroökonomie und Strategie. Es sammelt Informationen, die von Buchhaltungssystemen erfasst werden können; es fasst den wirtschaftlichen Einsatz von Ressourcen in Worte, die aussagekräftig sind für die, die Industrieunternehmen erforschen; es geht mit modernen Finanztheorien einher und berücksichtigt auch die etablierten Konzepte der Wettbewerbsstrategie.

Und hier kommt RMA (Resource-Margin-Accounting) ins Spiel. Dieser Ansatz hat zum Ziel, eine Einschätzung darüber abzugeben, wie gut die Ressourcen in einem Unternehmen ausgenutzt werden. Dabei nutzt RMA einen Rahmen, der vergleichbar ist mit der ressourcenbasierten Unternehmenssicht des Strategen. Die fundamentale Messgröße ist die Ressourcenmarge:

$$\text{Recource Margin} = \frac{\text{wirtschaftlicher Profit}}{\text{verbrauchte wirtschaftliche Ressourcen}}$$

Es ist im Wesentlichen die interne Erlösrate einer einzelnen Periode, die direkt mit der Werterzeugung verknüpft ist. Der Zähler – wirtschaftlicher Profit – ist der auf Basis des »reinen Überschusses« (oder des »Gesamteinkommens«) berechnete Bilanzierungsgewinn. Dieser Maßstab für Profit enthält alle Änderungen im Buchwert während der fraglichen Periode. Obwohl es einen Unterschied zwischen ökonomischer Abschreibung von Anlagegütern und der in der Buchführung ausgewiesenen Abschreibung für eine beliebige Periode geben kann, wird die Buchführung doch letztendlich die Wirtschaftlichkeit einholen. Da man die Ressourcenmargen über mehrere Jahre betrachtet, werden die Effekte dieser Verzerrung gemildert.

Der Nenner in der Formel, verbrauchte wirtschaftliche Ressourcen, ist ein Wert, den die Ökonomen als »Nettoproduktionswert« und die Finanzbeamten als »Mehrwert« kennen. Das Ziel ist die Messung der Ressourcen, über die das Unternehmen verfügt, und aus denen es die unverwechselbaren Kompetenzen schöpft, die zu Wettbewerbsvorteilen führen. Das bedeutet, dass hier die nichtdifferenzierten Eingänge nicht berücksichtigt werden, die das Unternehmen als Rohmaterial oder zugekaufte Dienstleistungen von anderen Firmen erworben hat. Dieser Wert, reiner Überschuss geteilt durch Nettoproduktionswert, hat bekannte Vorgänger, die bis auf den Ökonomen Riccardo aus dem 19. Jahrhundert zurückgehen. Insbesondere Industrieökonomen haben ausführlich die Konsequenzen von Monopolen und Oligopolen anhand des Verhältnisses zwischen der Konzentration in einer Branche und einen Maß für Profitabilität namens Price-Cost-Margin (PCM) untersucht, das als Cousin des RMA betrachtet werden kann.

Die Price-Cost Margin (PCM) ist definiert als
$$\frac{\text{Nettoproduktionswert} - \text{Mitarbeitervergütung}}{\text{Nettoproduktionswert}}$$

Wenn die Vergütung der Mitarbeiter das Gros der Mehrwertkosten ausmachen, wird der Zähler der obigen Formel wahrscheinlich dem Profit entsprechen und die beiden Messwerte werden in etwa die gleichen Ergebnisse zeigen.

Die Price-Cost-Margin hat bereits einen Stammplatz in der Fachliteratur über Strategien. Wirtschaftswissenschaftliche Forschungsarbeit auf Branchenebene bestätigt den Einfluss von Konzentration und Zugangsbarrieren auf die Profitabilität (ein Ansatz, den Michael Porters Fünf-Kräfte-Modell den Geschäftsleuten näher gebracht hat). Die Konzentration auf durchschnittliche Profitraten in einer Branche stimmt auch mit dem Structure-Conduct-Performance-Modell von Bain (1959) und anderen überein. Das Ziel der RMA ist die Anwendung der gleichen Art strategischen Denkens auf der Ebene individueller Unternehmen.

Ressourcenmargen erreichen üblicherweise dann ein hohes Niveau, wenn Geschäfte durch Wettbewerbsbarrieren vor dem Eintritt anderer geschützt sind – die Wissenschaftler bezeichnen dies auch als Mobilitätsbarrieren. Die Höhe der Gewinne unterscheiden sich, je nachdem wie beständig die Unternehmen den hoch effizienten Einsatz ihrer Ressourcen gewährleisten können. Auch die Fähigkeit, Wettbewerbsvorteile auszunutzen, spielt eine Rolle. Die Bewertung von Strategien wird zu einer Frage der Berechnung und Bewertung von Ressourcenmargen.

Es ist möglich, die Ressourcenmargen in einen Bewertungsrahmen zu zwängen, der auf buchhalterischen Daten aufbaut und mit der Finanztheorie übereinstimmt. Aus RMA können Ergebnisse gewonnen werden, die denen von EVA gleichen:

$$\frac{\text{Marktwert}}{\text{Buchwert}} = 1 + \frac{r-g}{r} \sum_{\tau=1}^{\infty} \gamma^{-\tau} (RMA_\tau - r)$$

g ist die Wachstumsrate der Ressourcen (das heißt Nettoproduktion, Mehrwert), y ist ein Diskontfaktor und RMA_T sind die Ressourcenmargen in folgenden Jahren. Wenn g= 0, vereinfacht sich die Formel zu:

$$\frac{\text{Marktwert}}{\text{Buchwert}} = 1 + \sum_{\tau=1}^{\infty} \Upsilon^{-\tau}(RMA_\tau - r)$$

Formal gesehen besagt die Gleichung, dass für ein ideales Unternehmen das Verhältnis von Marktwert zu Buchwert dem Verhältnis von 1 plus Summe des diskontierten Spread der Ressourcenmarge zu den von Investorenseite erwarteten Gewinnen entspricht. Die Größe dieses Verhältnisses – und damit das Wertschöpfungspotenzial eines Unternehmens – wird durch die Größe des Spread bestimmt. Die Formel verdeutlicht somit die Bedeutung von Überschuss-Ressourcenmargen und dem Wachstum der Ressourcen bei der Entwicklung des Aktionärseinkommens durch Wettbewerbsvorteile.

RMA liefert die gleichen Ergebnisse wie EVA, vermeidet aber etwas von der konzeptionellen Verwirrung, die mit diesem Ansatz einhergeht. Insbesondere ermöglicht RMA, das Kapital zur Unternehmensfinanzierung von den Ressourcen zu trennen, die zur Realisierung von Geschäftsstrategien eingesetzt werden. Die bis heute analysierten Daten aus Großbritannien und den USA lassen den Schluss zu, dass RMA nicht unter dem Glaubwürdigkeitsproblem leidet, eine unverhältnismäßig hohe Zahl positiver Erträge auszuweisen. Viele der buchhalterischen Revisionen, die im EVA-Ansatz für die Kompensation von Abweichungen zwischen Buch- und Ersatzwerten für Anlagegüter notwendig sind, werden durch die strikte Konzentration auf Gewinn-und-Verlust-Messungen vermieden. RMA vermengt auch nicht vergangene und aktuelle Elemente der Leistungsfähigkeit, indem frühere Spreads im Buchwert des Unternehmens beibehalten werden.

Kurz gesagt, nimmt RMA die Spread-Konzepte von Rappaport und sorgt für Konsistenz mit einer reinen Überschussrechnung. Erste Auswertungen zeigen, dass es dabei – wie erhofft – außerdem eine engere und direktere Verbindung gibt zwischen den durch strategische Analysen ermittelten Werten und dem auf dem Markt gegebenen Wert – und das ist die eigentliche Feuertaufe für jeden Unternehmensstrategen. Beispielsweise haben statistische Analysen von Unternehmen aus Großbritannien gezeigt, dass zwischen Ressourcenmargen und dem Verhältnis von Markt- und Buchwert eine deutliche Verbindung besteht. Aktuelle Forschungen in Oxford weiten diese Untersuchungen gerade auf die USA aus. Bei dieser Studie wird auch untersucht, ob beim langjährigen Entwicklungsverlauf von Unternehmensspreads einige bestimmte Muster erkennbar sind. Kann ein klares Muster nachgewiesen werden, sollte es möglich sein zu demonstrieren, dass jedes Muster ein vorhersagbares Verhältnis von Markt- zu Buchwert aufweist. Somit würde sich eine klare und direkte Verbindung zu dem Wert auftun, den die Märkte einem Geschäft zuordnen.

Wenn wir eine empirische Bestätigung dafür erhalten würden, wie Investoren Leistungsfähigkeit belohnen, könnten wir mit einiger Sicherheit vorhersagen, wie sich die Aktienpreise über einige Jahre als Reaktion auf die wirtschaftliche Performance eines Unternehmens bei Verfolgung einer bestimmten Strategie entwickeln würden. Wenn das möglich wäre, wären viele der Schwierigkeiten bei der traditionellen DCF-Analyse gelöst. Die Bewertung könnte dann innerhalb eines Zeithorizonts durchgeführt werden, der vom aktuellen Management bestimmt wird. Sie könnte dabei auf relativ stabilen Vorhersagen für die Performance in nächster Zukunft aufbauen, denen Modelle zugrunde liegen, die das tatsächliche Verhalten von Investoren reflektieren.

Kaum jemand zweifelt daran, dass dies ein bedeutender Schritt in der Entwicklung angewandter Unternehmensstrategiebildung wäre, der auch wichtige Auswirkungen für Investment-Banker, Aktien-Analysten und andere hätte, für die die Bewertung zur täglichen Arbeit gehört. Tatsache ist, dass die Werkzeuge der Bewertungstechniken für Unternehmensstrategen in den letzten 30 Jahren sehr viel besser geworden sind. Doch es ist noch ein langer Weg, bis man behaupten kann, dass das Konzept und die Prozesse so weit wie möglich ausgereizt sind. Einen Blick auf den Gipfel des Ganzen haben wir aber vielleicht schon erhascht.

9
Strategie und Risikomanagement

Risiko überschattet sämtliche wichtigen Managemententscheidungen. In einer Welt schwindender Gewissheiten sind Manager allerdings aufgerufen, eine positive Haltung zu haben und die Tücken des Spiels gut zu kennen. Wichtige Schritte auf diesem Weg: Risiken erkennen, Risiken vermeiden oder zumindest mindern, sich gegen Risiken absichern und Krisen bewältigen. Diese Aufsätze legen die Attraktivität realer Optionen dar, zeigen auf, wie die Spieltheorie das Augenmerk eines Unternehmens auf seine Konkurrenten lenkt, und erklären, weshalb die Szenarienanalyse in Verbindung mit erfolgreich verbreiteten Storys zu einem wirkungsvollen Strategieinstrument wird. Sehr wirkungsvoll ist ebenfalls die Verbindung von Spieltheorie und Szenarienanalyse.

Manage dein Risiko – bevor es dich managt 301
    (Keith J. Crocker)

Reale Optionen führen zu besseren Entscheidungen 308
    (Robert Gertner und Andrew Rosenfield)

Szenarienanalyse: Wie man sich die Zukunft ausmalt 316
    (Robert Gertner)

Spieltheorie in der realen Wirtschaft 323
    (Robert Gertner und Marc J. Knez)

Keith J. Crocker

Manage dein Risiko – bevor es dich managt

Eine Katastrophe vom Ausmaß der Gasexplosion im River-Rouge-Kraftwerk von Ford ist der schlimmste Albtraum eines jeden Risikomanagers. Doch das Management alltäglicher oder betrieblicher Risiken macht selten Schlagzeilen, beispielsweise in Bezug auf Produkt- und Umwelthaftung oder die betriebliche Gesundheits- und Altersvorsorge. Das Risikomanagement in Unternehmen umfasst vier Stufen: Erkennen, Mindern und Vermeiden, Finanzierung sowie Krisenmanagement. Die sich rasant wandelnde Rechtslandschaft ist eine Herausforderung. Hier gibt es Praxistipps für den nicht professionellen Risikomanager: neue Instrumente zur Finanzierung von Betriebsrisiken.

»Dies ist der schlimmste Tag meines Lebens«, bekannte William Clay Ford Jr., Vorstandschef der Ford Motor Company, beim Anblick der Gasexplosion in Kessel Nr. 6 im Januar 1999. Diese hatte gerade einen Teil des River-Rouge-Kraftwerks in Detroit, Michigan dem Erdboden gleichgemacht. Durch den Unglücksfall wurde das 4,45 Millionen Quadratmeter große Betriebsgelände von der Stromversorgung abgeschnitten; sechs Menschen kamen ums Leben, weitere 14 wurden schwer verletzt.

Fords Feststellung bezog sich zwar auf die menschliche Seite der Tragödie, doch vom wirtschaftlichen Standpunkt aus muss die Prognose ebenso ernüchternd ausgefallen sein. Das River-Rouge-Kraftwerk – Kernstück von Henry Fords Traum vom Bau kompletter Autos auf einem einzigen Gelände – hatte sechs Produktionsanlagen und Montagehallen mit 10 000 Arbeitern sowie das in Fremdbesitz befindliche Rouge-Stahlwerk mit Strom, Druckluft, Wasser und Dampf versorgt. Auch wenn das River-Rouge-Werk zu seiner Zeit als Wunder der Technik galt, so hatte es doch den schlimmsten Albtraum eines Risikomanagers ausgelöst. Die Betriebsschließung wirkte sich auf die gesamte interne Produktionskette von Ford aus. Zunächst betroffen war Rouges eigenes Mustang-Montagewerk. Dort hatte man in zwei Zehn-Stunden-Schichten jeden Tag unermüdlich an der Fertigung des beliebten Sportwagens gearbeitet. Als Nächstes wurde das Metallprägewerk von Rouge in Mitleidenschaft gezogen, das Metallteile wie zum Beispiel Kotflügel an 16 der 20 Ford-Betriebe in Nordamerika lieferte.

Die Auswirkungen waren vorhersehbar: Im Werk in Wayne County, das den Ford Escort und den Mercury Tracer produziert, im Werk von Wixom, Michigan, wo die Luxusausgabe des Lincoln montiert wird, sowie im Werk von Lorain, Ohio, der Produktionsstätte des Ford Econoline Van, wurden die Schichten von acht auf vier Stunden verkürzt. Des Weiteren betroffen war das Rahmenwerk von Rouge; dort führte der Produktionsstopp dazu, dass in den LKW-Betrieben in Kansas City, Missouri, Norfolk, Virginia, Oakville und Ontario, fest eingeplante Überstunden ausfielen.

Selbst bei diesem eingeschränkten Produktionsvolumen konnte das Unternehmen nur auf vorhandene und in Transit befindliche Bestände zurückgreifen; sobald diese ausgeschöpft waren, würden Schließungen unvermeidlich sein. Doch ganz besonders katastrophal wirkte sich der Verlust des Kraftwerks auf Rouge Steel aus, eine sehr viel kleinere Firma als Ford. Und ein bereits geplantes 240-Millionen-Dollar-Ersatzkraftwerk würde nicht vor Ablauf eines Jahres fertig gestellt sein.

Alltägliche Gefahren

Die Auswirkungen der hochgradigen Zerrüttung von Finanzmärkten wie der Schuldenrückstand Russlands oder die Geldentwertungen während der Asienkrise finden meist die größte Aufmerksamkeit in den Medien. Die scheinbar alltäglichen Gefahren in Betrieben hingegen – die Betriebsrisiken von Unternehmen – gelangen eher selten in die Schlagzeilen. Es sei denn, sie gehen mit einer Aufsehen erregenden Katastrophe einher.

Doch für die meisten Betriebe findet das Management von Betriebsrisiken im alltäglichen Ablauf statt. Hier eröffnet sich ein weites und in ständigem Fluss befindliches Feld potenzieller Risiken, die Auswirkungen in unterschiedlichen Bereichen haben können: Produkt und Umwelthaftung, Vermögensverluste durch Betriebsunterbrechungen, Entschädigung von Arbeitern, Gesundheit der Mitarbeiter und betriebliche Altersvorsorge.

So hat eine vor kurzem erfolgte Veränderung im Haftungsrecht, nach der die Herstellerhaftung auf 18 Jahre begrenzt ist, dazu geführt, dass Cessna, Teil des amerikanischen Mischkonzerns Textron, nun seit 15 Jahren erstmals wieder einmotorige Leichtflugzeuge baut. In Albuquerque, Neumexiko sprach eine Jury Stella Liebeck 2,9 Mio. US-Dollar zu. Auslöser des Rechtsstreits mit dem amerikanischen Fast-Food-Unternehmen McDonald's: heißer Kaffee, den ein Mitarbeiter verschüttet hatte.

Vor einiger Zeit zog die US-Behörde für Betriebssicherheit und Gesundheit in Erwägung, eine Höchstgrenze für die Menge Kadmium festzusetzen, der Arbeiter ausgesetzt werden dürfen. Man schätzt, dass eine solche Maßnahme die Industrie jährlich über 160 Millionen US-Dollar kosten würde. Der oberste Gerichtshof der USA bestätigte das Urteil eines Gerichts in New York, nach dem sämtliche Hersteller des Anti-Fehlgeburtsmittels DES beziehungsweise Diethylstilbestrol gemeinschaftlich für die Auswirkungen eines Medikaments haften, das zuletzt 1971 verschrieben wurde. In einem anderen Urteil entschied der oberste Gerichtshof in Texas, dass eine Ladenkette Schadenersatz an die Familie eines ermordeten Mitarbeiters zahlen muss, obwohl es keine Zeugen für das Verbrechen gab und der Fall noch nicht aufgeklärt war.

Diese Beispiele machen deutlich, dass es für Unternehmen zunehmend wichtig ist, Betriebsrisiken effektiv zu managen. Denn ein einziger Zwischenfall kann vielfältige Risikofaktoren in sich bergen. In der Praxis umfasst das Risikomanagement vier klar umrissene Phasen: Risikoerkennung, Risikominderung und -vermeidung, Risikofinanzierung und Krisenmanagement.

Gefährdung erkennen

Viele potenzielle Risiken am Arbeitsplatz lassen sich leicht erkennen, beispielsweise die Gefahren durch offene Maschinen oder elektrische Verkabelung in einer Fabrik oder durch rutschige Fußböden in Büroräumen oder Einzelhandelsgeschäften. Andere Arten von Gefahrenquellen werden nur von solchen Personen wahrgenommen, die entsprechend ausgebildet sind oder Erfahrungen in der Risikoanalyse bestimmter Bereiche haben. So wie es für diejenigen, die nichts über die Gefährlichkeit von Blitzen wissen, vielleicht vernünftig erscheint, sich unter einen Baum zu stellen – genauso gibt es viele betriebliche Gefahrensituationen, bei denen ein ungeschultes Auge die Risiken nicht abschätzen kann.

Erkennen setzt Wissen voraus

Beim River-Rouge-Kraftwerk war es sicherlich technisch und ökonomisch sinnvoll, mehrere Produktionsstränge zu integrieren: die Erzeugung von Strom und Dampf sowie von Hochdruckluft, die von den verschiedenen Ford-Betrieben und dem Stahlwerk in Rouge benötigt wurden. Und dieser Aufbau ist nicht auf die amerikanischen Ford-Betriebe beschränkt.

So ist zum Beispiel die Ford-Anlage in Dagenham bei London ähnlich aufgebaut und ähnlich anfällig wie das Werk in Rouge. Und auch eine solche Anlage ist mit erheblichen Betriebsrisiken konfrontiert. Zusätzlich zu den Verlusten durch die Betriebsunterbrechung wurde Rouge Steel als Mitbesitzer des Kraftwerks außerdem von verletzten Ford-Mitarbeiter verklagt.

Heimtückisch: latente Risiken

Wie in den meisten amerikanischen Bundesstaaten gilt auch in Michigan von Rechts wegen, dass eine Verletzung am Arbeitsplatz durch die staatliche Unfallversicherung entschädigt wird; das schränkt die Haftung des Arbeitgebers im Zusammenhang mit Unfällen am Arbeitsplatz ein. Und es grenzt die Möglichkeiten der Ford-Angestellten, Ford auf Entschädigung über den Ersatz des entstandenen Schadens hinaus zu verklagen, stark ein. Bei ähnlichen Verfahren, die Ford-Mitarbeiter gegen Rouge Steel angestrengt haben, gilt das indessen nicht.

Besonders heimtückisch aber sind wohl die latenten Risiken, die daraus resultieren, dass sich rechtliche Bestimmungen und Fürsorgenormen ständig verändern. Ein besonders umstrittener Fall ist die erweiterte Umwelthaftung. Diese schließt unkalkulierbare Umweltrisiken ein, die nicht als Geldwert beziffert werden können und die sich aufgrund von noch nicht eingetretenen Ereignissen ändern können.

Durch CERCLA (Comprehensive Emergency Response, Compensation, and Liability Act), die 1980 erlassenen Vorschriften zur Sanierung von industriellen Umweltaltlasten, ist bereits eine verbindliche Rechtslage geschaffen worden. Danach besteht eine Haftung ohne Verschulden sowie eine Gemeinschaftshaftung bei der Sanierung von Altlasten in Betrieben. Diesen Bestimmungen zufolge muss ein Unternehmen die Haftung für eine Sanierung und für entstandene Umweltschäden übernehmen, gleichgültig ob es zum Zeitpunkt der Abfallentsorgung allen gültigen Gesetzen entsprochen hat oder ob es lediglich der jetzige Besitzer einer Anlage ist. Und, da es sich hierbei auch um Gemeinschaftshaftung handelt, sind auch lediglich anteilige Schadenverursacher voll für den gesamten Schaden haftbar.

Die Haftung geht bei einer Fusion oder Betriebsübernahme auf das Nachfolgeunternehmen über. Darüber hinaus diskutiert man auch die Übertragung der Eventualhaftung auf die Kreditgeber eines Unternehmens.

Daniel S. Sobczynski, Leiter der innerbetrieblichen Versicherung bei Ford, plädiert vehement dafür, aktiv Risiken aufzuspüren. »Potenziell am gefährlichsten sind Risiken, die nicht erkannt und nicht gemanagt werden. Es ist von entscheidender Bedeutung, dass man seine Risiken in umfassendem Maße einschätzt und von anderen lernt«, sagt er. »Das Problem beim Lernen aus eigener Erfahrung besteht darin, dass man die Lektion erst lernt, nachdem der Ernstfall eingetreten ist.«

Risiken reduzieren

Ist ein Betriebsrisiko identifiziert worden, besteht der nächste Schritt in einer kosteneffektiven Strategie, um zu verhindern, dass der Betrieb dieser Gefahr ausgesetzt wird. Dies erfordert normalerweise Taktiken, die den Ernstfall weniger wahrscheinlich werden lassen, sowie rechtzeitige Maßnahmen zur Schadensbegrenzung. So begrenzt beispielsweise die Installation einer Sprinkleranlage in einem Lagerhaus den durch ein mögliches Feuer entstehenden Schaden. Durch die regelmäßige Inspektion der elektrischen Verkabelung könnte das Risiko gesenkt werden, dass solch ein Feuer überhaupt ausbricht. Ob eine bestimmte Strategie zur Risikoverminderung ökonomisch sinnvoll ist, ergibt sich aus der Kosten-Nutzen-Rechnung: Die eingesetzten Kosten dürfen die zu erwartende Schadensminderung nicht übersteigen.

Solche Entscheidungen wirken zunächst einmal relativ eindeutig, aber aus der Business-Perspektive stellt sich die reale Welt etwas komplizierter dar. Beispiele: die angebliche Brandanfälligkeit des Ford Pinto bei Kollisionen am Heck des Fahrzeugs, die spätere Debatte über die Sicherheit des Benzintanks bei den Pickups von General Motors bis zum Gerichtsurteil, in dem sechs Menschen 4,9 Milliarden US-Dollar zugesprochen wurden, die bei einem Unfall mit einem 79er-Chevrolet-Malibu Verbrennungen erlitten hatten.

Die Geschworenen haben eine starke Voreingenommenheit gegenüber Kosten-Nutzen-Rechnungen gezeigt, wenn es um den möglichen Verlust von Menschenleben geht. Allein die Tatsache, dass es im Malibu-Fall eine von einem GM-Techniker aufgestellte Kosten-Nutzen-Analyse gab, wurde von den Geschworenen als Beweis betrachtet, dass das Unternehmen die Kundensicherheit auf herzlose Weise missachtet. Dabei spielte es keine Rolle, dass die Analyse offenbar weder von der Betriebsleitung angefordert worden war noch dass diese sie je zu Gesicht bekommen hatte. Bei der Analyse handelt es sich um das inzwischen berüchtigte Ivey-Memorandum, das besagt, dass Benzintankbrände GM nur 2,40 US-Dollar pro Fahrzeug kosten, verglichen mit 8,59 US-Dollar bei einer Neukonstruktion. Eines ist klar: Ein Unternehmen, das eine Kosten-Nutzen-Analyse bezüglich (theoretisch) vermeidbarer Unglücksfälle aufstellt, tut dies auf eigene Gefahr, zumindest bei der derzeitigen Rechtslage.

Finanzierung klären

Selbst wenn Unternehmen rationale Vorkehrungen zur Reduzierung von identifizierbaren Betriebsrisiken getroffen haben, bleibt immer ein gewisses Restrisiko bestehen – und die Frage offen, wie die Kosten im eventuellen Schadenfall am besten finanziert werden können. Bisher war es üblich, dass Betriebe und Geschäfte kleinere oder vorhersehbare Verluste entweder als laufende Betriebsausgaben selbst ausglichen (dies tun Einzelhandelsgeschäfte bei Verlusten durch Diebstähle durch Kunden oder Angestellte). Oder sie deckten den Verlust durch einen Rahmenkredit ab (wenn sich ein Betrieb eine wichtige Ersatzmaschine ausleiht).

Größere oder weniger berechenbare Verluste wurden üblicherweise an einen unabhängigen Versicherer mit entsprechenden Fachkenntnissen weitergegeben. Der Versicherer wiederum verringerte seine Kosten zur Abdeckung der Risiken entweder durch einen Risiko-Pool – eine Kombination von Risiken mehrerer Unternehmen, bei der die Prämien der Ungeschädigten nach dem so genannten »Gesetz der großen Zahl« zur Deckung der Kosten der Geschädigten verwendet wird – oder durch eine Verteilung der Risiken (den teilweisen Weiterverkauf von Portfolios vorhersehbarer Risiken auf dem Rückversicherungsmarkt). Gerade bei kleineren Unternehmen ist dies noch immer die Regel.

Größere Unternehmen gehen bei der Finanzierung von Betriebsrisiken mittlerweile jedoch aggressiver vor. Viele regeln heute Dinge intern, die früher an externe Versicherer abgegeben wurden. Durch die Erhöhung des Selbstbehalts von Risiken vermeiden Unternehmen die erheblichen Transaktionskosten, die mit dem Erwerb einer Versicherung verbunden sind (zum Beispiel Versicherungssteuern und Vertragsgebühren). Großbetriebe sind häufig ausreichend vielen Risiken ausgesetzt, um einen internen Selbstversicherungs-Pool bilden zu können. Zusätzlich erwirbt man meist einen Versicherungsschutz gegen besonders katastrophale Schäden, um Verluste abzudecken, die die Rückstellungen des Betriebs überschreiten.

Wegen des Selbstbehalts von Risiken wird ein effektives Risikomanagement für einen Betrieb immer bedeutender, weil dadurch letztlich die Kosten gedeckt werden. Ein Nachteil besteht jedoch darin, dass das Unternehmen oft nicht über genügend Fachkenntnisse für den Verlustausgleich und die Abwicklung von Ansprüchen verfügt. Doch diese können meist als Einzelservice von einem Versicherer erworben werden.

Risiko managen – Kosten senken

Einige Unternehmen, die übermäßig hohen Betriebsrisiken ausgesetzt sind, umgehen den primären Versicherungsmarkt vollständig und platzieren ihre Risiken direkt auf dem internationalen Rückversicherungsmarkt. Die Entwicklung einer neuen Kategorie von Instrumenten zur Risikosicherung könnte bedeuten, dass solche Unternehmen letztendlich selbst die traditionellen Rückversicherungsmärkte umgehen können. Eines dieser Instrumente ist die Katastrophen-Anleihe, bei der je nach Emissionsprospekt entweder Zinszahlung oder Tilgung bei Eintritt eines bestimmten katastrophalen Ereignisses entfallen.

Entscheidend: Sofortmaßnahmen

Um im Falle von Schäden durch Katastrophen wie Sturm oder Erdbeben die Kosten tragen zu können, nutzen vornehmlich Versicherer diese Instrumente als Alternative zur Rückversicherung. Doch mit der Weiterentwicklung des Markts dürften diese Möglichkeiten auch für Betriebe und Unternehmen, die ihre eigenen Betriebsrisiken direkt abwälzen wollen, immer attraktiver werden.

Selbst das sorgfältigste Vorgehen bei der Identifizierung, Minderung und Finanzierung von Risiken wird Unfälle nicht vollständig verhindern können. In diesem Fall sind die Sofortmaßnahmen, die ergriffen werden, besonders entscheidend und wirken sich auf die Größe des Gesamtschadens vorteilhaft oder nachteilig aus.

Während des Durcheinanders direkt im Anschluss an die katastrophale Explosion von River Rouge gab Clay Ford Jr. einem Mitarbeiter seine persönliche Kreditkarte, damit dieser für die Familienangehörigen der ins Krankenhaus eingelieferten Opfer Essen, Hotelzimmer und andere notwendige Dinge organisieren konnte. Auch die Personalabteilung von Ford begann zusammen mit der Gewerkschaft der Automobilarbeiter frühzeitig, humanitäre Hilfe zu koordinieren. Die Zulieferer von Ford veränderten ihren Produktionsplan und stellten in Sonderschichten elektrische Vermittlungseinrichtungen her und beschafften tragbare Dampfkessel. Die Feuerwehr von Detroit füllte indessen mit einem ihrer Boote die Wasseranlage von Rouge wieder auf, und Detroit Edison, der örtliche Stromversorger, errichtete innerhalb einer Woche ein Umspannwerk, wofür normalerweise mehr als ein Monat gebraucht worden wäre.

Bereits eine Woche nach der Explosion im Kraftwerk war Fords River-Rouge-Kraftwerk wieder voll betriebsfähig – ein Triumph effektiven Krisenmanagements. Ohne Zweifel ist dieser Erfolg teilweise der engen Beziehung zuzuschreiben, die seit langem zwischen Ford, seinen Zulieferern und der Gemeinde bestanden hatte. In Südost-Michigan haben die Mitarbeiter von Ford eine geradezu familiäre Beziehung zu ihrem Arbeitgeber. Doch auch die von der Betriebsleitung direkt nach der Tragödie ergriffenen Maßnahmen haben sich entscheidend ausgewirkt.

Auch andere Unternehmen haben ihre Lektion gelernt – und dies manchmal auf die harte Tour. 1986 kam es zu einem Todesfall aufgrund von Kapseln des Schmerzmittels Tylenol, in die das Gift Zyanid injiziert worden war. Johnson & Johnson, Hersteller der Kapseln, reagierte sofort. Das Unternehmen startete eine öffentliche Rückrufaktion, zog sämtliche Kapseln aus dem Handel und entwickelte noch heute gebräuchliche Behälter, die sich nicht manipulieren lassen. Vollkommen anders hingegen reagierte Johns Manville, der amerikanische Hersteller von Isoliermaterial und Baustoffen und der einst größte Produzent von Asbest: 1982 brach das Unternehmen unter einer Flut von Schadenersatzforderungen im Zusammenhang mit Asbestbelastungen zusammen. Es ignorierte die Auswirkungen des Asbests auf die Gesundheit seiner Arbeiter – und dies noch lange Zeit, nachdem sich die Gesundheitsrisiken bestätigt hatten. Dies führte zum Tod von unzähligen Menschen durch Asbest und trieb das Unternehmen schließlich in den Bankrott.

Sobczynski, Leiter von Fords innerbetrieblicher Versicherung, beschreibt dies treffend: »Entweder du managst das Risiko, oder es managt dich. Und wenn dies der Fall ist, tritt der Schaden dann ein, wenn man am wenigsten darauf vorbereitet ist.«

Robert Gertner und Andrew Rosenfield

Reale Optionen führen zu besseren Entscheidungen

Manager müssen oft Entscheidungen treffen, mit denen hohe Kosten und große Unwägbarkeiten verbunden sind. Hier empfiehlt sich das Denken in realen Optionen und die entsprechenden Bewertungsverfahren. Damit ist die bewusste Abwägung von Möglichkeiten gemeint, die entstehen, wenn man auf veränderte Umstände reagiert und seine Strategie neu ausrichtet. Bewertungsverfahren, die für Finanzoptionen entwickelt wurden, können auch bei der Entscheidungsfindung in Unternehmen eingesetzt werden. Reale Optionen helfen bei der Entscheidung über Investitionen, die vertagt, abgebrochen oder erweitert werden können. Geschickt eingesetzt, zeigen sie die Flexibilität auf, die in einer strategischen Investition steckt, optimieren die Analyse und führen zu besseren Entscheidungen.

Ein Zeitungsverleger muss entscheiden, ob er kostenfreien Zugang zu seinen Internetseiten gewährt oder ob er weiterhin eine Abonnementgebühr zu erheben versucht. Eine Mineralölfirma muss entscheiden, ob sie eine neue Raffinerie bauen will. Ein erfolgreicher Einzelhändler muss entscheiden, wie schnell er expandieren möchte. Ein Chemikalienhersteller macht Verluste und muss entscheiden, ob er eine Fabrik schließt oder weiter betreibt. Ein Flugzeugbauer muss entscheiden, ob er seine Produktpalette erweitert, bevor seine Konkurrenten es tun. Alle diese strategischen Entscheidungen sind mit hohen Kosten und großen Unsicherheiten verbunden.

Üblicherweise werden solche Investitionsprojekte und andere, ähnliche strategische Initiativen mithilfe einer diskontierten Cashflow-Analyse (DCF-Analyse) bewertet. Finanzexperten, strategische Führungskräfte oder auch Linienmanager entwickeln ein Modell des »Projekts« und prognostizieren seine Kosten und Erträge. Diese werden dann mit einem angemessenen Zinssatz diskontiert. Der Wert des Projekts wird durch den Kapitalwert, den internen Zinssatz oder die Kapitalrückflussrate zusammengefasst. Durch Sensitivitätsanalysen können Variationen in der Nachfrage, den Kosten oder anderen Größen bewertet werden. Wenn ein Unternehmen zwischen mehreren, sich ausschließenden Alternativen wählen kann, werden die Erlöse der alternativen Projekte verglichen.

Zusätzlich zu solchen Finanzmodellen nimmt ein Unternehmen üblicherweise auch strategische Analysen vor. Diese dienen dazu, einige der nicht eindeutigen dynamischen Effekte der Branche und des Wettbewerbs zu erfassen, die in finanziellen Konzepten kaum berücksichtigt werden können. Anpassungen an »strategische« Effekte, die nicht im Modell angesprochen werden, werden meistens intuitiv oder heuristisch vorgenommen. Einige der nicht eindeutigen Parameter direkt in die Finanzprojektionen zu integrieren, stellt eine schwierige Herausforderung dar.

Während der letzten 20 Jahre hat es unter Finanzverantwortlichen und -wissenschaftlern viele Diskussionen darüber gegeben, wie man die DCF-Analyse am besten anwendet. Es herrscht Uneinigkeit sowohl über die Wahl des angemessenen Zinssatzes zur Diskontierung als auch über die verschiedenen Regeln, die auf die diskontierten Zahlungsströme angewendet werden sollten.

In jüngerer Zeit haben Wissenschaftler, Berater und immer mehr Entscheidungsträger in den Unternehmen festgestellt, dass es häufig fundamentale Probleme beim Einsatz einfacher DCF-Analysen zur Abschätzung komplexer Investitionsprojekte gibt, insbesondere wenn diese nicht von Natur aus und nicht vollständig in ein »binäres« Wenn-dann-Schema passen. Das Problem besteht darin, dass eine DCF-Analyse die dynamische Flexibilität vernachlässigt, die fast allen Investitionsprojekten innewohnt. Planung auf lange Sicht birgt oft große Unsicherheiten; nur selten sind die »ex ante« projektierten Zahlungsströme identisch mit den tatsächlichen »ex post«-Zahlungsströmen.

Wenn die Dinge sich nicht genau so entwickeln wie erwartet, wird ein Unternehmen oft seine Investitionsstrategie oder Vorgehensweise anpassen, um neue Informationen und die jetzt reduzierte Unsicherheit zu berücksichtigen. Diese Anpassungen können unterschiedlich erfolgen: durch eine schnellere Expansion als geplant, den Eintritt in einen neuen, ähnlichen Markt, den Abbruch des gesamten Projekts, das Hinauszögern weiterer Investitionen, die vorübergehende Entlassung von Arbeitskräften oder das Abstoßen von Beteiligungen. Eine einfache, statische DCF-Analyse kann die Einflüsse auf die Zahlungsströme durch solche und andere Reaktionen nicht abbilden. Die Bewertungen berücksichtigen also den Wert der Flexibilität nicht. Daher besteht die Gefahr, dass ein Unternehmen sich für das falsche Projekt entscheidet, wenn die Projekte sich ausschließlich in ihrer möglichen Flexibilität unterscheiden. Stehen beispielsweise zwei Technologien zur Wahl, von denen die eine einmalige, unwiederbringliche Kosten verursacht und die andere nicht, kann die Bewertung falsch ausfallen, wenn die Analyse nicht auch die unterschiedlichen Schließungskosten berücksichtigt, die beim Scheitern des Projekts entstehen.

Was sind reale Optionen?

Der Begriff »reale Option« steht für die explizite Bewertung von Gelegenheiten, die sich aus einer Entscheidungsänderung ergeben, welche angesichts verringerter Unsicherheit getroffen wird. Der Begriff leitet sich ab aus der Verknüpfung von Methoden zur Bewertung realer Handlungsspielräume und Methoden zur Bewertung von Finanzoptionen.

Eine Finanzoption erlaubt es, ein bestimmtes Wertpapier zu einem festgelegten Preis und Zeitpunkt zu kaufen oder verkaufen. Eine Kaufoption ermöglicht beispielsweise dem Inhaber, eine Aktie von Exxon zum Preis von 110 US-Dollar am oder bis zum 15. Januar 2001 zu kaufen. Die Entscheidung, ob man die Option ausübt oder nicht, hängt davon ab, ob der Preis der Exxon-Aktie am Stichtag 110 US-Dollar übersteigt oder nicht. Je näher der Stichtag rückt, desto weiter reduziert sich die Unsicherheit über den Exxon-Börsenkurs. In den letzten 30 Jahren haben Finanzökonomen komplizierte Methoden entwickelt, um solche und andere, komplexere Optionen zu bewerten.

Zukünftiges heute einkalkulieren

Wie bei der Bewertung von Finanzoptionen müssen auch bei der Bewertung von realen Optionen bereits im derzeitigen Bewertungsprozess die Gelegenheiten zum Handeln berücksichtigt werden, die sich dem Unternehmen später aufgrund von neuem Wissen und nach Beseitigung von Unsicherheiten bieten werden.

Nehmen wir das Beispiel eines Unternehmens, das über den Bau einer neuen Chemiefabrik für 50 Millionen US-Dollar nachdenkt. Gehen wir davon aus, dass von den projektierten Gesamtkosten von 50 Millionen US-Dollar etwa 500 000 US-Dollar als einmalige Einstiegskosten für die Planung der Fabrik und Einholung der Umweltgenehmigungen anfallen. Das Unternehmen kann das Gesamtprojekt heute im statischen Zustand analysieren (einfache DCF-Analyse), so als bestünde nur die Wahl, anzufangen und die gesamten 50 Millionen US-Dollar auszugeben, oder gar nicht erst anzufangen. Es empfiehlt sich jedoch die Berücksichtigung der Tatsache, dass das Unternehmen nicht vor einer »Ganz-oder-gar-nicht«-Entscheidung steht.

Stattdessen kann es jetzt 500 000 US-Dollar investieren und die Umweltgenehmigung abwarten. Wird diese erteilt, können das Projekt fortgesetzt und die übrigen 49,5 Millionen US-Dollar investiert werden. Wenn nicht, kann das Projekt abgebrochen werden, ohne entsprechende Kosten zu verursachen. Selbstverständlich fällt die Entscheidung über die große Investition leichter, wenn das Umweltrisiko geklärt ist. Eine Kombination der Risiken in einer einfachen DCF-Analyse führt zu einer nicht optimalen Entscheidungsgrundlage.

Reale Optionen können eine wichtige Rolle spielen bei Entscheidungen über: alle Investitionen, die sich verschieben lassen; aufeinander aufbauende Investitionen wie bei stufenweisen Projekten in der Forschung und Entwicklung; Investitionen, die abgebrochen werden können; Investitionen, die erweiterbar sind; und Investitionen, die zu neuen Marktchancen führen können.

In einer Vielzahl von Büchern und Artikeln wird die Anwendung der Bewertungsmethode für Finanzoptionen auch auf reale Optionen vorgeschlagen. Obwohl eine vollständige Abhandlung der Optionsbewertung den Rahmen dieses Artikels sprengen würde, möchten wir die Prinzipien und das Potenzial aufzeigen, das in diesem Ansatz zur Entscheidungsfindung bei Unsicherheiten steckt. Wir werden dieses Konzept so weit entwickeln, dass der Leser problemlos die Vor- und Nachteile einer einfachen Entscheidungsbaumbewertung und einer Finanzoptionsbewertung nachvollziehen kann.

Betrachten wir nochmals die Kaufoption für eine Aktie von Exxon. Der aktuelle Preis für eine Exxon-Aktie liegt bei 100 US-Dollar und der risikofreie Zinssatz beträgt 10 Prozent (zwischen jetzt und 15. Januar 2001). Wir wissen (fragen Sie nicht, wieso), dass der Preis der Exxon-Aktie am 15. Januar 2001 entweder 125 US-Dollar oder 80 US-Dollar betragen wird. Und um dieses Beispiel noch weiter zu strukturieren, wissen wir auch, dass die Exxon-Aktie mit 80-prozentiger Wahrscheinlichkeit 125 US-Dollar wert sein wird, mit 20-prozentiger Wahrscheinlichkeit 80 US-Dollar. (Diese Wahrscheinlichkeiten sind allerdings irrelevant für die Optionsbewertung). Am 15. Januar 2001 wird die Option 25 US-Dollar wert sein, wenn die Exxon-Aktie bei 125 US-Dollar liegt, und 0 US-Dollar, wenn die Exxon-Aktie bei 80 US-Dollar liegt.

Die Frage ist: Wie viel ist die Option heute wert? Man könnte anfangs der Meinung sein, dass der erwartete Wert der Option $0,8 \times 25 = 20$ sei. Wir wissen jedoch nicht, mit welchem Satz wir das diskontieren sollen. Die entscheidende Erkenntnis bei der Optionspreisfindung besteht darin, dass ein Portfolio erstellt werden kann, das die Aktie und eine risikofreie Obligation enthält und die Erlöse der Option genau wiedergibt. Da zwei Portfolios mit den gleichen Erlösen zu gleichen Preisen gehandelt werden müssen, um eine Arbitrage zu verhindern, und da wir wissen, wie die einzelnen Komponenten des Portfolios zu bewerten sind, können wir die Option bewerten.

In diesem Beispiel können wir ein Portfolio mit 5/9 Aktien von Exxon und einen Kredit von 40,40 US-Dollar bilden, das den gleichen Erlös wie die Option bringt. Wenn der Exxon-Kurs bei 125 US-Dollar liegt, ist das Portfolio $(5/9) \times 125 - (40,4 \times 1,1) = 25$ wert, und wenn der Exxon Kurs bei 80 US-Dollar liegt, ist das Portfolio $(5/9) \times 80 - (40,4 \times 1,1) = 0$ wert. Die Kosten hierfür sind $5/9 \times 100 - 40,4 = 15,15$ US-Dollar. Das muss auch der Preis für die Option sein, da die Option und die Obligation die gleichen Erlöse erbringen. (Der implizite Diskontierungsfaktor für die Option beträgt 32 Prozent. Dieser Diskontierungsfaktor ist so hoch, weil es erheblich risikoreicher ist, 1 US-Dollar in die Kaufoption zu investieren als 1 US-Dollar in eine Exxon-Aktie zu investieren. Eine Option unterliegt Wertschwankungen um 25 US-Dollar, während der Aktienwert um 45 US-Dollar schwankt. Die Option ist also 5/9 so variabel, aber die Option kostet 15 Prozent vom Aktienwert, sodass das Risiko pro US-Dollar größer ist.)

Ist die Unwägbarkeit des Aktienkurses komplexer als in diesem Beispiel, erweitert die Optionspreistheorie diese Methode, um Preisformeln abzuleiten. Die Formel des Optionspreismodells Black-Scholes gibt den Preis für eine Kaufoption amerikanischen Typs für eine Aktie ohne Dividendenausschüttung an, deren Ertrag einer bestimmten Verteilungsannahme entspricht. Die Formel liefert den Optionswert als Funktion des risikolosen Zinssatzes, des aktuellen Aktienkurses, des Optionsausübungspreises und der Volatilität des Aktienkurses.

Auf Öl stoßen

Einige Arten von realen Optionen sind einfachen Finanzoptionen sehr ähnlich. Ein Beispiel hierfür ist die Entscheidung eines Mineralölunternehmens, ein Ölfeld zu erschließen. Wenn das Unternehmen das Feld nicht heute erschließt, kann es das auch noch in Zukunft tun. Der Erlös aus der Erschließung hängt von dem Ölpreis ab, nicht aber die Kosten der Erschließung. Die zeitliche Flexibilität ist analog zu einer Kaufoption zum Erwerb der Erlöse aus dem Ölfeld, wobei der Ausübungspreis den Kosten der Erschließung entspricht. Wie bei einer Finanzkaufoption gibt es einen festen Ausübungspreis und einen Gewinn bei der Ausübung, der vom Preis des gehandelten Guts abhängt: dem Ölpreis. Somit ist es möglich, Optionspreisverfahren zur Bewertung der realen Option zu nutzen – und damit den Wert der Ölfelderschließung zu ermitteln – und festzustellen, ob und wann diese Option ausgeübt werden sollte. Eine einfache DCF-Analyse würde die Möglichkeit der zeitlichen Verzögerung nicht berücksichtigen. Sie würde einem Entscheidungsträger nur sagen, ob es besser ist, das Feld heute oder gar nicht zu erschließen. Damit würde das Ölfeld unterbewertet werden, wenn die Verzögerungsoption wertvoll ist.

In den meisten Situationen ist die Analogie zu Finanzoptionen weniger direkt: Ist die zugrunde liegende Unwägbarkeit, die die Flexibilität bestimmt, kein Handelsgut, dann ist ihre Verteilung weder bekannt noch leicht zu ermitteln. Es gibt nur wenige Fälle, in denen die Entscheidung über Expansion oder Kontraktion, Einstieg oder Abbruch vom Wert eines gehandelten Wertpapiers oder einer Variablen mit bekannter dynamischer Verteilung abhängt.

Entscheidungsbäume sind eine Alternative zum Finanzoptionspreisverfahren, wenn man ein Modell zu den Handlungsspielräumen bei strategischen Entscheidungen erstellen will. Entscheidungsbäume gibt es viel länger als die Finanzoptionsanalyse und sie erlauben eine allgemeinere Berücksichtigung von Unsicherheiten als das Optionspreisverfahren. Ein Entscheidungsbaum steht für eine Entscheidungsfindung bei Unsicherheiten; Entscheidungen und Folgen der Unsicherheitsbeseitigung werden durch Zweige dargestellt. Indem man den Endpunkten Erlöse zuordnet und optimale Entscheidungen zurück zum Zweig des Baumes diskontiert, kann man flexible strategische Alternativen bewerten.

Die größten Vorteile der Entscheidungsbäume gegenüber dem Optionspreisverfahren ergeben sich aus größerer Transparenz. Der Prozess der Baumerstellung braucht üblicherweise Kommunikation zwischen Analysten und Entscheidungsträgern und führt so vielleicht zu einem besseren Modell. Die Möglichkeit, bei einem Entscheidungsbaum verschiedene Formen von Unsicherheiten zu beachten, führt zu Näherungsäußerungen wie »innerhalb eines Jahres wissen wir, ob das Produkt ein Flop wird, akzeptabel läuft oder ein Hit ist«.

Die Ergebnisse der Analyse können so präsentiert werden, dass derjenige, der letztendlich für die Entscheidung verantwortlich ist, Annahmen und Auswirkungen nachvollziehen kann. Die Blackbox des Optionspreisverfahrens lässt es einfacher erscheinen; versteht ein Vorstandschef jedoch nicht, wie das Verfahren funktioniert und warum es bestimmte Ergebnisse bringt, wird er es auch nicht zur Entscheidungsfindung verwenden.

In den Himmel wachsen?

Hängt eine Entscheidung von vielen Faktoren ab, darunter viele verschiedene Unsicherheitsquellen, können Entscheidungsbäume riesig und unübersichtlich werden. Es gibt eine Reihe von Techniken, um den Prozess oder seine Darstellung zu vereinfachen. Einflussdiagramme (influence diagrams) sind eine Möglichkeit, die Struktur komplexer Entscheidungsprobleme kompakter als in einem Baum darzustellen. Szenarioanalysen helfen, das Modell der Unsicherheiten auf seine wichtigsten Elemente zuzuspitzen.

Das Optionspreisverfahren hat den großen Vorteil, dass es den Prozess durch den Einsatz von Marktwerten existierender Wertpapiere als Ersatz für Annahmen über die Umgebung vereinfacht. Außerdem lässt sich die Unsicherheit durch die Parameterisierung an eine Bewertungsformel anpassen. Gibt es ein vergleichbares, gehandeltes Papier, muss sich der Modellersteller nicht mit der Festlegung des etwaigen Risikodiskontierungsfaktors quälen und nicht entscheiden, wie dieser sich zu bestimmten Zeitpunkten und unter bestimmten Ausprägungen der Unwägbarkeit verändern sollte.

Gibt es jedoch kein ähnliches, gehandeltes Wertpapier, müssen auch die wichtigen Parameter geschätzt werden und der Informationsvorteil des Optionspreisverfahrens verfliegt. Einfache Optionspreismodelle können eine schnelle Einschätzung des Wertes von innewohnenden realen Optionen bieten, die genutzt werden kann, um festzustellen, ob eine detailliertere Analyse gerechtfertigt ist.

Die Kunst der Bewertung von realen Optionen liegt in der effizienten Modellbildung aus relevanten Unsicherheiten und dem Einsatz angemessener Hilfsmittel zur Einschätzung des Wertes. In vielen Veröffentlichungen zu diesem Thema findet man stilisierte Beispiele. In diesen Szenarien können Optionspreismodelle vorteilhaft sein, da die Stilisierung meistens dazu führt, dass die zugrunde liegende Unwägbarkeit einfach strukturiert ist. Statt eines solchen stilisierten Beispiels, bei dem die Analogie zu Finanzoptionen groß ist, stellen wir einen Fall für eine typische Investitionsentscheidung vor, die große strategische Flexibilität verlangt. Damit möchten wir die Vor- und Nachteile der verschiedenen Methoden verdeutlichen, die bei der Berücksichtigung des Wertes der Flexibilität in der Analyse auftreten.

Sony, der Megakonzern für Heimelektronik und Unterhaltung, hat Metreon eröffnet, einen innovativen Unterhaltungs- und Einkaufskomplex in San Francisco. Sony nennt es ein »urbanes Unterhaltungszentrum«. Metreon verfügt über interaktive Ausstellungen für Kinder, die auf Maurice Sendaks Buch »Wo die wilden Kerle wohnen« und David Macaulays Nachschlagewerk »Das Mammutbuch der Technik« basieren. Außerdem gibt es einen Multiplex-Bereich mit einem 3D-Imax-Kino, eine hochmoderne Videomeile mit nur hier angebotenen, interaktiven Spielen sowie schicke Restaurants, einschließlich Filialen beliebter örtlicher Restaurants, zahlreiche Läden, von denen viele Sony-Produkte verkaufen, und einige Läden, die es in dieser Art nur hier gibt.

Sony stand vor einer in vielerlei Hinsicht typischen Entscheidung für eine strategische Investition: Man musste festlegen, ob und wann Metreon realisiert werden und mit wie vielen Zentren man starten sollte. Eine gewöhnliche DCF-Analyse bietet Projektionen für Erlöse und Kosten an verschiedenen Standorten. Sie würde wahrscheinlich wenig hilfreich bei der Entscheidung darüber sein, mit wie vielen Standorten man beginnen sollte. Man könnte einzelne Projektionen für diverse Standorte erarbeiten, sodass die Standorte in eine Rangfolge gebracht werden könnten.

Das ist aber nicht genug. Strategisch gesehen kann die Entscheidung über die Anzahl der Metreons beim Start nicht wirkungsvoll analysiert werden, ohne zu berücksichtigen, wie verschiedene Entscheidungen das Unternehmen im Laufe der Zeit beeinflussen werden, nachdem die Unsicherheiten geklärt sind.

Sony müsste folgende Fragen bedenken (und das hat man wahrscheinlich auch getan): Wie hoch sind die Schließungskosten, wenn das Konzept sich als erfolglos erweist? Welche Erfahrungen mit dem ersten Standort können uns bei der Entscheidung über die Geschwindigkeit der Expansion helfen? Wohin sollen wir expandieren? Wie sollen spätere Metreons sich von den ersten unterscheiden? Wie hoch sind die Kosten bei Verzögerungen, falls der Verbrauchergeschmack sich ändert und Mitbewerber mit einem ähnlichen Produkt an einigen geplanten Standorten schneller auf den Markt kommen? Alle diese Fragen beschäftigen sich mit den Auswirkungen, die die strategischen Anfangsentscheidungen auf zukünftige Entscheidungen haben werden, wenn die Unsicherheiten über den Markt, die Nachfrage und die Kosten des Sony-Angebots beseitigt sind und sich Reaktionen des Wettbewerbs bemerkbar machen. Genau dies ist die Domäne der Analyse von realen Optionen.

Prozess-Modellierung

Befürworter des Optionspreisverfahrens für die Analyse von realen Optionen hätten bei diesem Problem alle Hände voll zu tun. Ein entscheidender Schritt in der Analyse ist es, die Modellierung des dynamischen Prozesses für die relevanten Unsicherheiten auf eine Weise vorzunehmen, die mit den Annahmen des Optionspreismodells vereinbar ist. Die Unwägbarkeitsquellen sind hier sehr komplex. Die Nachfrage, die Reaktionen des Wettbewerbs, Schwankungen in den Immobilienpreisen, Aktienmarktbewertungen und den Aktienkursen sind sämtlich unklar.

Auch eine Analyse des Sony-Projekts mithilfe eines Entscheidungsbaums ist nicht einfach. Hier kann sich jedoch der Entscheidungsträger auf die Hauptquellen der Unsicherheiten und die wichtigsten Faktoren für die Entscheidung über die Anzahl der Zentren konzentrieren. Der Nutzen, gleich mit mehreren Metreons zu starten, liegt im First-Mover-Vorteil, der Möglichkeit, Mitbewerber vom Eintritt in den Markt abzuhalten und mehr Informationen über die Nachfrage zu sammeln.

Das Risiko, gleich mit mehreren Metreons zu starten, besteht darin, dass Sony größere Kosten zu tragen hätte, sollte das Gesamtkonzept scheitern. Und wenn Sony bemerkt, dass das anfängliche Metreon-Design noch optimiert werden kann, wäre es kostspieliger, schon existierende Zentren dem optimalen Design anzupassen, als die Planungen für später zu errichtende Zentren entsprechend zu ändern. Der Entscheidungsbaum muss all diese Vor- und Nachteile beinhalten.

Zu den wichtigen Variablen des Modells gehören die folgenden: Wie lange dauert es, den Bedarf zu ermitteln? Wie wahrscheinlich ist es, dass unterschiedliche Bedürfnisse realisiert werden? Wie ändert sich die Wahrscheinlichkeit für den Markteintritt eines Konkurrenten und die Kosten für Sony in Abhängigkeit von der Anzahl der gleich am Anfang gebauten Metreons? Wie hoch sind die Kosten für einen Projektabbruch oder eine Restrukturierung? Wenn man diese Elemente in einen Entscheidungsbaum einarbeitet, der bereits das grundlegende Finanzmodell enthält, kann Sony die den verschiedenen Wahlmöglichkeiten innewohnende Flexibilität bewerten.

Sichtbare Flexibilität

Es gibt Fälle, in denen die Unsicherheiten zu komplex sind und das Problem zu mehrdeutig ist für eine sinnvolle, formale Modellbildung. Trotzdem kann das Prinzip der realen Optionen eine wichtige Rolle bei der strategischen Entscheidungsfindung spielen, auch wenn analytische Ansätze zur expliziten Bewertung dieser Wahlmöglichkeiten oder Optionen nicht gegeben sind. Wenn Analysten und Entscheidungsträger den Ansatz für reale Optionen übernehmen, kann diese Denkweise häufig die Flexibilität ans Licht bringen, die strategischen Investitionen innewohnt. Das verbessert die strategische Analyse beträchtlich und führt zu besseren Entscheidungsprozessen.

Robert Gertner

Szenarienanalyse:
Wie man sich die Zukunft ausmalt

Die Szenarienanalyse ist ein Ansatz zur Entscheidungsfindung, der die Schwächen gebräuchlicher Methoden weitgehend vermeidet. Das Beispiel der Mobilfunkbranche in den USA demonstriert, wie Szenarien erstellt, erweitert und in Unternehmensprozesse integriert werden können. Die wesentliche Herausforderung besteht darin, präzise Szenarien zu entwickeln, die die wichtigsten Unsicherheiten abdecken, entweder durch einen Topdown- oder einen Bottom-up-Ansatz. Kreativität ist dabei gefragt, und die Unternehmensleitung muss in sämtliche Phasen eingebunden sein. Für strategische Entscheidungen muss sich ein Unternehmen auf Handlungsweisen festlegen, die signifikante Alternativen ausschließen und über einen längeren Zeitraum hinweg den Unternehmenserfolg beeinflussen. Für diese Entscheidungen ist es typisch, dass sie getroffen werden, ohne alle Auswirkungen der Alternativen voraussehen zu können. Strategische Entscheidungen werden also fast immer von Mehrdeutigkeiten und Unsicherheiten begleitet.

Die Aufgabe des Entscheiders ist komplex. Will man ausschließlich rational an Entscheidungen in einem unsicheren Umfeld herangehen, muss sorgfältig abgewogen werden, in welche Richtung sich das Unternehmen – als Ergebnis unterschiedlicher Entscheidungen – entwickeln kann.

Diese Abwägung ist nicht einfach. Menschen haben Vorurteile und berechnen unsichere Situationen nicht optimal. Psychologen untersuchen dieses Problem schon seit langem und haben zahlreiche Möglichkeiten entdeckt, wie Menschen in einer mit Risiken behafteten Umgebung eben keine effektiven Entscheidungen treffen. Außerdem neigen Menschen dazu, sehr unwahrscheinliche Ergebnisse häufig als falsch wahrzunehmen. Je nach Lage des Einzelfalls neigen wir dazu, unwahrscheinliche, aber zweifellos vorhandene Möglichkeiten entweder zu ignorieren oder aber überzubewerten. Hin und wieder unterdrücken wir das Nachdenken über mögliche Resultate, die für uns besonders unerfreulich sind. Und wir treffen unterschiedliche Entscheidungen, wenn ein und dasselbe Problem auf unterschiedliche Weise »verpackt« wird.

Die Schwierigkeiten von individuellen Entscheidungen in einem unsicheren Umfeld können innerhalb von Organisationen noch ausgeprägter sein. Agency-Probleme lassen Interessenkonflikte zwischen Analysten und Entscheidern wie zwischen Entscheidern und Anteilseignern entstehen. Durch Gruppenentscheidungen können individuelle Vorurteile verstärkt werden, indem die einzelnen Gruppenmitglieder ihre Vorurteile in die Gruppe einbringen.

Unternehmen profitieren möglicherweise durch die Anwendung von Prozessen und Hilfsmitteln, die diese Unvollkommenheiten überwinden sollen und eine eher objektive und detailliertere Analyse des Unsicherheitsfaktors in strategischen Entscheidungen ermöglichen. Analysewerkzeuge, die in Unternehmen vor riskanten strategischen Entscheidungen am häufigsten eingesetzt werden, verbinden oft diverse Cashflow-Prognosen mit Sensitivitätsanalysen. Die Cashflow-Prognosen basieren auf der Schätzung der wahrscheinlichsten Realisierungen des Cashflows für die Entscheidungsalternativen. Diese Schätzungen wiederum entspringen Prognosen über die wahrscheinlichsten Folgen der signifikantesten Unsicherheiten, zum Beispiel Nachfrageentwicklung, Kostensenkungen und Preisbewegungen. Das Unternehmen kann dann Sensitivitätsanalysen durchführen, indem es die Annahmen für alle Unsicherheitsquellen variiert und deren Auswirkungen auf die Ergebnisse bei unterschiedlichen Strategien überprüft.

Dieser Ansatz hat aber auch seine Grenzen. Die Sensitivitätsanalysen vereinfachen stark und können irreführend sein. Variiert man immer nur einen Parameter, bezieht man Verbindungen und Korrelationen zwischen den einzelnen Parametern nicht ein. Steigt die Nachfrage beispielsweise stärker als erwartet, kann dies Auswirkungen auf Wettbewerb, Preise und Kosten haben, die ebenfalls Modellparameter sind. Sie werden aber bei Sensitivitätsanalysen des Nachfragewachstums nicht variiert. Außerdem ignoriert die Ermittlung des »wahrscheinlichsten« Ergebnisses möglicherweise die vollständige Bandbreite der relevanten Unsicherheit und trägt nicht gerade dazu bei, die gedanklichen Vorurteile zum Thema Unsicherheit zu überwinden.

Das Konzept

Die Szenarienanalyse ist ein Ansatz zur Entscheidungsfindung in einem unsicheren Umfeld, der viele Schwächen herkömmlicher Methoden vermeidet. Ein Szenario ist eine in sich stimmige Sicht zukünftiger Ereignisse. Die Szenarienanalyse generiert und analysiert eine Anzahl von Szenarien, die für eine bestimmte Entscheidung oder für den langfristigen Erfolg eines Unternehmens relevant sind. Statt nur Einzelparameter eines detaillierten Modells des wahrscheinlichsten Ergebnisses zu variieren, erlauben es Szenarien dem Entscheider, mehrere Parameter gleichzeitig zu verändern.

Es gibt mehrere Ansätze zum Erstellen von Szenarien. Ihnen allen ist gemeinsam, dass sie die gedanklichen Vorurteile bei der Entscheidungsfindung in einem unsicheren Umfeld überwinden helfen sollen. Die Szenarienanalyse kann an ein qualitatives Verständnis einer strategischen Umgebung oder eine quantitative Wertbestimmung alternativer Entscheidungen angepasst werden.

Vorurteile überwinden

Viele Unternehmen nutzen bereits seit Jahren die Szenarienanalyse als Planungs- und Entscheidungswerkzeug. Ursprünglich war die Szenarienanalyse ein Hilfsmittel der militärischen Planung. In der Wirtschaft wurde sie zuerst in den sechziger Jahren eingesetzt. Das vielleicht am engsten mit der Szenarienanalyse verbundene Unternehmen ist Royal Dutch/Shell. Kees van der Heijden, ein früherer Planer bei Shell, führt in seinem Buch »The Art of Strategic Conversation« die Vorteile auf, die szenarienorientierte Planung für Shell hatte:

- solidere Entscheidungen und Projekte;
- verbessertes Zukunftsdenken durch Erweiterung mentaler Modelle;
- verbesserte Wahrnehmung im Unternehmen; Ereignisse werden als Teil eines Musters wahrgenommen und ihre Auswirkungen werden erkannt;
- verbesserte Kommunikation durch die Anwendung von Szenarien als Kontext für Entscheidungen im gesamten Unternehmen;
- ein guter Weg, um eine Organisation tatsächlich zu führen.

Van der Heijden beschreibt außerdem, wie Shell auf die Ölkrise von 1973 schneller und effizienter reagieren konnte, weil es ein solches Szenario bereits analysiert hatte.

Ein Beispiel

An einem Beispiel aus der US-Mobilfunkindustrie sollen die Grundlagen der Szenarienanalyse kurz demonstriert werden: Trotz des schnellen Wachstums im Mobilfunkbereich beschränkte die staatliche Aufsicht 1994 den Wettbewerb im ganzen Land auf jeweils zwei Wettbewerber; die Identität der jeweiligen Lizenzinhaber war je nach geografischem Marktsegment unterschiedlich. Der Markteintritt war anderen Unternehmen versperrt. Ein Unternehmen namens Nextel hatte jedoch ein Verfahren entwickelt, Lizenzen für den RadioMobilfunk für die drahtlose Telefonie zu verwenden, und schickte sich an, diese Technologie einzuführen. Das Mobilfunkgeschäft war sehr gewinnträchtig – der Preiswettbewerb war begrenzt durch die geringe Anzahl der Wettbewerber, die Beschränkung des Markteintritts und die wenigen zur Verfügung stehende Frequenzen.

Die US-Regulierungsbehörde FCC hatte Lizenzen für zusätzliche 120 MHz für PCS (Personal Communication Services) zur Verfügung gestellt. PCS ist eine Form des Mobilfunks, die direkt mit dem vorhandenen Mobilfunk konkurrieren kann. Die bisherigen Mobilfunkanbieter hatten je 25 MHz zugewiesen bekommen; die Bandbreite insgesamt sollte um mehr als 200 Prozent zunehmen. Außerdem vergrößert sich durch die Digitaltechnik die Kapazität einer bestimmten Bandbreite um das Mehrfache. Die FCC plante, pro geografischen Bereich sechs Lizenzen zu versteigern (drei für 30 MHz und drei für 10 MHz). Ein Unternehmen, das bei einer

Versteigerung um eine Lizenz für den Markteintritt mitbietet, sollte gewillt sein, jeden Betrag für diese Lizenz zu zahlen, solange er unter dem Barwert der erwarteten Gewinne durch den Markteintritt liegt. Diesen Wert zu bestimmen, ist ein mit vielen Unsicherheiten behaftetes Problem. Es herrscht nicht nur Unsicherheit über die Nachfrage, sondern auch in erheblichem Umfang über den Wettbewerb, die gesetzlichen Bestimmungen und die technische Entwicklung. Analysten berechneten den Wert der PCS-Lizenzen. Ihre Schätzungen basierten gewöhnlich auf dem Modell des Discounted Cashflow. Sie machten diverse Annahmen, etwa über Marktwachstum, Entwicklung der PCS-Marktanteile, Preisrückgänge und Kosten und erhielten auf dieser Grundlage ein Wahrscheinlichkeitsergebnis, auf dessen Basis man den Wert einer PCS-Lizenz berechnen konnte. Die Szenarienanalyse stellt also eine alternative Möglichkeit dar, Lizenzen zu bewerten und eine Gebotsstrategie für die Auktionen zu entwickeln.

Drei Schritte

Die Szenarienanalyse setzt sich aus drei einzelnen Schritten zusammen: Erstellung, Ausarbeitung und Integration in klare Entscheidungsprozesse. Szenarien zu erstellen heißt, die Unsicherheiten in der strategischen Umgebung zu analysieren und sie in eine überschaubare Anzahl in sich stimmiger Szenarien umzusetzen. Es gibt für diesen Prozess viele unterschiedliche Ansätze, wie die Analyse des PCS-Marktes weiter unten zeigen soll. Sind die Szenarien erstellt, so muss man die Struktur des Wettbewerbs und des Unternehmenserfolgs in den einzelnen Szenarien analysieren. Diese Ausarbeitung kann qualitativ, quantitativ oder beides sein. Das Ergebnis zeigt viel Verständnis dafür, wie sich Branchen und Unternehmen unter dem jeweiligen Szenario verhalten. Der letzte Schritt ist die Integration der Analysen in die strategischen Entscheidungen eines Unternehmens. Hierzu muss man verstehen, was bestimmte Strategien innerhalb der einzelnen Szenarien leisten und wie strategische Entscheidungen die Wahrscheinlichkeit einzelner Szenarien beeinflussen.

Das Problem bei der Szenarienanalyse ist es, eine kleine Anzahl klar unterschiedener Szenarien zu entwickeln, um so die wichtigsten Unsicherheiten abzudecken, denen sich ein Unternehmen gegenübersieht. Hierzu kann man beispielsweise die Szenarien auf der Grundlage einer systematischen Beschreibung und Analyse der wesentlichen Unsicherheiten aufbauen – ein Bottom-up-Ansatz also. Man kann aber auch in kollektiven und kreativen Denkprozessen Szenarien direkt entwickeln und dann verfeinern, indem man die Unsicherheiten analysiert, die die Szenarien voneinander unterscheiden – ein Top-down-Ansatz. Betrachtet man die Situation von oben nach unten (top-down), so beginnt man mit der langfristigen Betrachtung des Wettbewerbs und der Rentabilität. Die Gewinne auf dem Mobilfunkmarkt entspringen dreierlei Quellen.

Die erste Gewinnquelle sind die nur begrenzt verfügbaren Frequenzen. Sind nicht ausreichend Frequenzen vorhanden, um die Nachfrage zu befriedigen, steigen die Preise über das wettbewerbskonforme Niveau. In der Folge verdienen alle am Markt befindlichen Unternehmen gut, weil sie im Besitz einer knappen Ressource sind. Da die FCC nur wenige Frequenzen für den Mobilfunk bereitstellt, ist ein Markteintritt Dritter unmöglich.

Eine zweite Gewinnquelle ist der begrenzte Wettbewerb. Wenn die Anzahl der Mitbewerber gering ist und kein Anreiz besteht, einen aggressiven Preiskampf zu führen, ergeben sich hieraus ebenfalls weitere Gewinne. Schließlich können zwischen den Mobilfunkanbietern Unterschiede bestehen. Einige von ihnen können durch einen Wettbewerbsvorteil zusätzliche Gewinne machen.

Aufgrund dieser simplen Analyse lassen sich jetzt die relevanten Szenarien entwickeln. In einem der Szenarien könnte etwa keine der Gewinnquellen mehr vorhanden sein. In diesem Szenario wächst die Nachfrage nur mäßig, sodass Frequenzen nicht knapp sind. Zwischen den Anbietern gibt es nur wenig für den Verbraucher relevante Unterschiede, und es sind viele rivalisierende Anbieter auf dem Markt. Dieses Szenario könnte »Mobilfunk als Massenware« heißen.

Unsicherheiten berücksichtigen

Die Grundlage für ein zweites Szenario wäre ein enormes Nachfragewachstum, vielleicht dadurch, dass der Mobilfunk das Festnetz verdrängt oder erhebliche Nachfrage nach mobiler Datenkommunikation besteht. Hierdurch werden Frequenzen knapp, und die Preise fallen kaum.

Wieder andere Szenarien könnten von einer signifikanten Differenzierung der Wettbewerber ausgehen. Unterschiedliche Differenzierungsweisen könnten in ein und dasselbe Szenario eingehen oder aber unterschiedliche Szenarien definieren. Es ist immer nützlich, sich auch auf den ungünstigsten anzunehmenden Fall vorzubereiten – das Worst-Case-Szenario. Es ist nicht schwierig, sich zahlreiche mögliche Ursachen dafür vorzustellen, dass sich die PCS-Nachfrage nicht wie erwartet entwickelt – Probleme mit der Digitaltechnik selbst, das Aufkommen einer ganz neuen, besseren Technik oder gesundheitliche Probleme durch Mobiltelefone.

Der nächste Schritt der Top-down-Analyse führt von der grundlegenden Beschreibung der Szenarien zu einer detaillierteren Beschreibung der zugrunde liegenden Unsicherheiten. Szenarien können aber auch von unten nach oben (bottom-up) entwickelt werden. Ein PCS-Lizenznehmer sieht sich vielen, unter Umständen entscheidenden Unsicherheiten gegenüber: Gesamtnachfrage nach Mobilfunkleistungen, Vorlieben der Kunden für bestimmte Anbieter, Auswirkungen des Markteintritts Dritter auf den Wettbewerb, die Reaktion der Regulierungsbehörden auf Entwicklungen in der Branche und Unsicherheiten hinsichtlich der verwendeten Technologien.

Im nächsten Schritt geht man detaillierter auf die treibenden Kräfte hinter den entscheidenden Unsicherheiten ein. Bestimmte Unsicherheiten können insbesondere davon abhängen, ob bestimmte andere, elementarere Unsicherheiten Realität werden. Wie stark der Wettbewerb in der Branche ist, kann beispielsweise von der Nachfrage abhängen und von der Bedeutung, die die Verbraucher der Produktdifferenzierung beimessen.

Die unabhängigen Grundvariablen bezeichnet man als Szenario-Variablen. Sind diese identifiziert, so muss man die Mindestanzahl von Variablenzuständen ermitteln, die die grundlegenden Variationen erfassen. Diese Zahl hängt vom wirtschaftlichen Gesamtumfeld ab. Die Nachfrage nach Mobilfunkleistungen lässt sich sicher nicht mit zwei Zuständen (hoch oder gering) erfassen. Man braucht vermutlich mindestens drei Zustände (langsames Wachstum, deutliche Nachfragesteigerung bei gleichzeitiger wesentlicher Beschränkung auf die Mobiltelefonie, explosionsartiges Wachstum mit Ersatz von Festnetzdiensten und mit mobiler Datenübertragung in erheblichem Umfang).

Die verschiedenen Zustände für jede der Szenario-Variablen ergeben jeweils potenzielle Szenarien. Sind beispielsweise drei Szenario-Variablen vorhanden – Nachfrage, Differenzierungsgrad und Technologie – und gibt es drei Nachfragezustände und je zwei Zustände für die beiden anderen Variablen, so ergeben sich hieraus zwölf mögliche Szenarien. Ein mögliches Szenario wäre: explosionsartiges Nachfragewachstum, signifikante Produktdifferenzierung und erfolgreiche technische Innovation. Einige der zwölf möglichen Szenarien sind eher unlogisch. Ein Szenario mit explosionsartigem Nachfragewachstum und erfolgloser technischer Innovation erscheint eher unmöglich.

Wahrscheinlichkeit bestimmen

Wenn die Szenarien erstellt sind, werden sie im nächsten Schritt weiter ausgearbeitet. In diesem Stadium wird jedes Szenario unabhängig von den anderen analysiert. Dabei untersucht man die Auswirkungen verschiedener früherer strategischer Entscheidungen auf den Unternehmenserfolg im Szenario und die wahrscheinliche Entwicklung des Wettbewerbs. Je nach Ziel der Szenarienanalyse und der Menge der im Unternehmen verfügbaren Informationen kann die Ausarbeitung des Szenarios qualitativ oder quantitativ sein. In manchen Fällen kann es sinnvoll sein, für jedes Szenario Finanzmodelle zu erstellen, in anderen Fällen nicht. Bei der Ausarbeitung des Szenarios hat man Gelegenheit, sorgfältig darüber nachzudenken, in welche Richtung sich der Markt entwickeln könnte. Bei der Ausarbeitung des PCS-Szenarios mit explosivem Nachfragewachstum wäre beispielsweise zu bedenken, dass die FCC versucht, Kapazitätsengpässe durch Ausweitung des Frequenzbereichs für Mobilfunkdienste zu verringern. In diesem Best-Case-Szenario würde diese Reaktion die erwarteten Gewinne schmälern.

Manchmal führt die Ausarbeitung eines Szenarios auch zu einer Neudefinition aller Szenarien. So könnte man bei einem Szenario mit hoher Produktdifferenzierung erkennen, dass man Differenzierungsvorteile durch größere geografische Verbreitung und zusätzliche Leistungen und Differenzierungsvorteile durch die hohen

Wechselkosten der vorhandenen Kundenbasis unterschiedlich bewerten muss.

Der letzte Schritt der Szenarienanalyse ist die Integration in den umfassenderen strategischen Entscheidungsprozess. Bei einer quantitativen Analyse ist dies grundsätzlich einfach, wenn auch in der Praxis nicht immer leicht durchzuführen. Da die Ausarbeitung jedes Szenarios zeigt, wie das Unternehmen mit verschiedenen strategischen Entscheidungen fährt, muss man nur noch die Wahrscheinlichkeit bestimmen, mit der die einzelnen Szenarien eintreten, und überlegen, wie die strategischen Entscheidungen des Unternehmens wiederum auf diese Entscheidungen rückwirken. Die Bewertung der verschiedenen Optionen ist dann einfach: Man multipliziert die Ergebnisse mit den Wahrscheinlichkeiten. Wenn die Szenarienanalyse qualitativ ist, besteht die Herausforderung darin, die aus den ausgearbeiteten Szenarien gewonnenen Informationen in das strategische Denken zu überführen. Zu fragen ist dabei auch, wie solide die Strategien innerhalb der einzelnen Szenarien sind. Und inwieweit es eine Strategie dem Unternehmen erlaubt, die Richtung zu wechseln, wenn ein Szenario eintritt, für das die Strategie nicht geeignet ist. Selbst wenn keine quantitativen Daten vorhanden sind, erfährt man als Entscheider aus der Szenarienanalyse, welche Kompromisse man eingehen muss und wo noch weitere Informationen und detailliertere Analysen benötigt werden.

Wertvolles Werkzeug für die Entscheidung

Die Szenarienanalyse kann ein wertvolles Werkzeug zur strategischen Entscheidungsfindung sein. Zwar umfasst jede gute Szenarienanalyse bestimmte Grundelemente, doch ist der effektive Einsatz dieses Werkzeugs ebenso eine Kunst wie eine Wissenschaft. Szenarien so zu entwickeln und auszuarbeiten, dass das gesamte Unternehmen sie versteht und aufnimmt, erfordert Kreativität. Das können externe Berater nicht allein für ein Unternehmen leisten; auch die Geschäftsleitung muss in allen Stadien eingebunden sein.

Literaturhinweise

Fahey, Liam: *Learning from the Future*. New York u. a.: Wiley, 1998.
Porter, Michael E.: *Wettbewerbsvorteile: Spitzenleistungen erreichen und behaupten*. 6. Aufl. Frankfurt u. a.: Campus, 2000.
Schoemaker, P.: »Scenario Planning: A Tool for Strategic Thinking«, *Sloan Management Review*, 1995.
van der Heijden, Kees: Scenarios: *The Art of Strategic Conversation*. Chichester u. a.: Wiley, 1997.

Robert Gertner und Marc Knez

Spieltheorie in der realen Wirtschaft

Die Strategieforschung hat eine Reihe konzeptioneller Bezugssysteme entwickelt, aber nur wenige greifbare Instrumente für die Unterstützung strategischer Entscheidungsprozesse. Die Spieltheorie und die Szenarienanalyse stellen zwar brauchbare Techniken für die Abbildung des betrieblichen Umfelds zur Verfügung, berücksichtigen jedoch nicht alle wichtigen Variablen. So konzentriert sich die Spieltheorie auf die Strategien von Wettbewerbern, beachtet aber gesamtwirtschaftliche Zusammenhänge nicht. Die Szenarienanalyse hingegen bildet diese Zusammenhänge ab, lässt aber strategische Details unberücksichtigt. Kombiniert man beide jedoch zu einem Konzept einer »strategischen Szenarienanalyse«, lassen sich damit auch extrem komplexe Wettbewerbssituationen strukturieren. An einer Fallstudie des Wettbewerbs zwischen AMD und Intel auf dem Prozessormarkt wird demonstriert, wie dieses Konzept funktioniert.

Unternehmen haben es mit zwei Formen von Unsicherheit zu tun – struktureller und strategischer. Ursachen für strukturelle Unsicherheit sind zum einen gesamtwirtschaftliche Einflüsse (makroökonomische, demografische, technologische und regulative) und zum anderen branchenspezifische (Nachfragestruktur und Wachstum, Beschaffungsmärkte, Konzentrationsniveau, Vertriebsstruktur, Ersatzprodukte). Ein besonderes Merkmal struktureller Unsicherheit ist, dass einzelne Unternehmen eine Entwicklung nicht direkt beeinflussen können. Die Entscheider müssen mutmaßen, welche Konsequenzen sich aus bestimmten ungewissen Faktoren schließlich ergeben. Die Szenarienanalyse ist ein Verfahren zur Entwicklung einer kleinen Anzahl möglicher Szenarien, die für eine bestimmte strategische Entscheidung relevant sind. Jedes Szenario umfasst eine in sich schlüssige Zusammenstellung von Lösungen für eine Reihe entscheidender struktureller Unsicherheiten. Mithilfe der Entscheidungstheorie können diese Szenarien in analytische Modelle (Entscheidungsbäume) umgesetzt werden, um verschiedene Alternativen mathematisch zu bewerten.

Ein Nachteil der Szenarienanalyse besteht darin, dass sie keine strategischen Unsicherheiten berücksichtigt. Strategische Unsicherheit entsteht aus der Unfähigkeit eines Unternehmens, die Entscheidungen von Wettbewerbern, Lieferanten, großen Abnehmern und möglicher neuer Konkurrenten vorherzusagen. Unter solchen Umständen ist die optimale Strategie direkt von den Handlungen eines oder mehrerer Marktteilnehmer abhängig. Um Entscheidungen als Modell abzubilden und bei strategischer Unsicherheit Ergebnisse vorauszusagen, wendet man die Spieltheorie an. Das soll zunächst an einem einfachen Beispiel vorgeführt werden. Eine ausführlichere Beschreibung liefert ein Beitrag in Teil 3 von Mastering: Strategie (»Spieltheorie: Einsichten statt Antworten«).

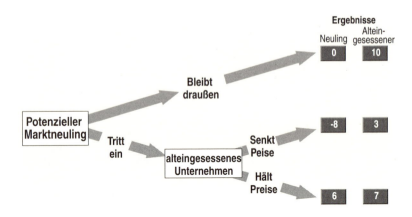

Abb. 1: Einfaches Spiel um einen neuen Markteintritt

Stärken von zwei Methoden nutzen

Abbildung 1 zeigt ein einfaches Spiel um einen Markteintritt. Der potenzielle Marktneuling muss entscheiden, ob er den Markt des alteingesessenen Unternehmens betritt oder nicht. Entscheidet er sich für den Markteintritt, muss das alteingesessene Unternehmen entscheiden, ob es seine Preise senkt oder hält. Dynamische Spiele wie dieses sind durch vier Einflussgrößen definiert: die Spielteilnehmer, ihre Entscheidungsmöglichkeiten, den Zeitpunkt dieser Entscheidungen und die Ergebnisse, die aus den möglichen Spielentwicklungen für die Teilnehmer entstehen.

Die Entscheidung des alteingesessenen Unternehmens, die Preise zu senken oder zu halten, stellt für den potenziellen Marktneuling eine strategische Unsicherheit dar. Um die Stärken der Spieltheorie zu veranschaulichen, gehen wir einmal davon aus, dass der Marktneuling seine Informationen über die Ergebnisse des alteingesessenen Unternehmens unberücksichtigt lässt. Die Chance, dass das als eingesessene Unternehmen die Preise senkt, wird mit 50 : 50 festgelegt. Dann ist der erwartete Wert des Eintritts einfach $(0{,}5 \times 6) - (0{,}5 \times 8) = -1$. Das Unternehmen sollte den Markteintritt also lassen. Die Spieltheorie jedoch würde etwas anderes empfehlen. Berücksichtigt man die Produktkalkulation des alteingesessenen Unternehmens und unterstellt, dass es seine Ergebnisse optimieren wird, sollte der potenzielle Marktneuling davon ausgehen, dass das alteingesessene Unternehmen besser beraten ist, die Preise zu halten, wenn ein Konkurrent in den Markt eintritt. Der Neuling sollte also eintreten, weil er erwarten kann, dass das alteingesessene Unternehmen seine Preise halten wird.

Dieses einfache Beispiel illustriert zwei Stärken der Spieltheorie: Erstens ermöglichen die Regeln für die Darstellung von Spielen (Teilnehmer, Entscheidungen,

Zeitpunkt der Entscheidungen, Ergebnisse) eine analytische Strukturierung komplexer strategischer Situationen. Zweitens stellen die Annahmen darüber, wie sich die Spielteilnehmer in ihrer Ergebnissituation verhalten, ein Prognoseverfahren dafür bereit, wie die Entscheidungen ausfallen werden. Die einfache Spieltheorie geht davon aus, dass jeder Spielteilnehmer beabsichtigt, sein Ergebnis zu verbessern (wie im Spiel beschrieben). Und sie geht davon aus, dass auch die anderen Teilnehmer ihr Ergebnis verbessern wollen. Kurz gesagt: Wenn der potenzielle Marktneuling sich in die Lage des alteingesessenen Unternehmens versetzt, kann er möglicherweise einschätzen, welche Entscheidung dieser treffen würde.

Natürlich sind Entscheidungen über einen Markteintritt in der Praxis wesentlich komplizierter. Häufig gibt es viele alteingesessene Unternehmen und potenzielle Marktneulinge, und es ist nur selten erkennbar, welche Entscheidungen sich wie auswirken (vor allem dann, wenn das Spiel ständig wiederholt wird). Darüber hinaus trübt auch strukturelle Unsicherheit den Blick – etwa für die Nachfrage nach dem Produkt eines Marktneulings. Tatsächlich können formale Modelle selbst solche komplexen Bedingungen abbilden. Für unsere Zwecke reicht es allerdings zu wissen, dass das skizzierte einfache Spiel im Wesentlichen bei jeder Entscheidung über den Eintritt in einen Markt abläuft, wenn dort große und potenziell bedrohte alteingesessene Unternehmen tätig sind.

Kritiker an der Spieltheorie als Instrument für strategische Analysen wenden ein, dass die Theorie mit extrem künstlichen Beschreibungen komplizierter strategischer Entscheidungen und fehlerhaften Annahmen über das Verhalten von Unternehmen arbeite.

Natürlich kann die Spieltheorie falsch angewendet werden: Eine komplexe Gleichgewichtsanalyse eignet sich vor allem dazu, Verständnis für die Grundstruktur einer Entscheidung zu erlangen. Für die Beschreibung von realen Handlungen ist sie weniger brauchbar. Kombiniert man sie jedoch mit einem Werkzeug wie der Szenarienanalyse, die das gesamtwirtschaftliche Umfeld und die Entscheidungen von Wettbewerbern als Variablen abbildet, kann die Spieltheorie für eine Strukturierung komplexer strategischer Entscheidungen genutzt werden. Wie das geht, lässt sich am besten an einem Beispiel aus der Praxis zeigen.

AMD gegen Intel

AMD (Advanced Micro Devices) brachte 1997 den K6-Mikroprozessor auf den Markt, um damit Intel als Marktführer für schnelle Mikroprozessoren zu verdrängen. Das größte Risiko für den Erfolg dieser Strategie lag für AMD darin, dass Intel schnell einen vergleichbaren oder leistungsfähigeren Chip auf den Markt bringen könnte. Und dass Intel seine größere Markenbekanntheit dazu nutzen würde, AMD aus dem Segment für Hochleistungsprozessoren zu verdrängen.

Der entstehende Markt für Billigcomputer konnte dieses Risiko kompensieren. Zwar war der K6 für das obere Marktsegment konzipiert, leicht modifizierte Versionen (die im selben Werk gefertigt werden konnten) ließen sich jedoch auch im unteren Marktsegment verkaufen. Dieser »Risikoschutz« bestand jedoch nur dann, wenn Intel sich nicht im neuen unteren Marktsegment engagierte. Unsere strategische Szenarienanalyse konzentriert sich auf die Variablen, von denen Intels Entscheidung über den Eintritt in das untere Marktsegment abhängig war.

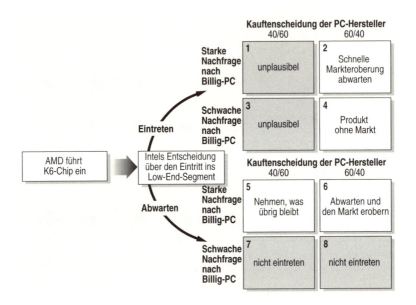

Abb. 2: *Strategische Szenarienanalyse von Intels Markteintritt, nachdem AMD seinen K6-Mikroprozessor eingeführt hat*

Strategische Überlegungen und insbesondere die Anwendung der strategischen Szenarienanalyse setzen voraus, dass der Entscheider sich in die Lage der anderen Spielteilnehmer versetzt, um deren Verhalten vorherzusehen. Im vorliegenden Fall mussten sich die Entscheider bei AMD in Intels Lage versetzen. Aus dieser Ausgangssituation werden wir ein einfaches Szenario entwickeln und daraus die Risiken bestimmen, die Intel bei der Entscheidung über den Eintritt in das untere Marktsegment berücksichtigen musste. Auf Grundlage dieser Analyseergebnisse kann AMD einschätzen, mit welcher Wahrscheinlichkeit es einen großen Marktanteil im unteren Segment gewinnen kann.

Analyse durch Perspektivwechsel

In unserem Spiel muss Intel entscheiden, ob es den Eintritt ins untere Marktsegment mit dem Celeron-Chip noch abwartet oder den Celeron sofort einführt. Neben Intel gibt es noch zwei weitere Gruppen von Spielteilnehmern: zum einen AMD und

National Semiconductor (NS), die mit Sicherheit sofort Prozessoren im unteren Marktsegment einführen werden, und zum anderen die großen PC-Hersteller NEC, Compac, IBM, Toshiba, DEC und andere.

Intel muss bei der Entscheidung zwischen »abwarten« und »sofort eintreten« viele ungewisse Faktoren berücksichtigen: Die wichtigsten sind: 1. die Nachfrage nach billigen PC; 2. die Qualität der Prozessoren, die Wettbewerber für das untere Marktsegment produzieren; und 3. die Frage, ob die Bekanntheit der eigenen Marke stark genug ist, um die Nachzüglernachteile auszugleichen, wenn mit dem Markteintritt gewartet wird.

Die Unsicherheiten, mit denen Intel konfrontiert ist, stehen mit den Unsicherheiten von PC-Herstellern und den Wettbewerbern in Verbindung. Die PC-Hersteller müssen entscheiden, ob sie Prozessoren von AMD/NS oder Intel kaufen. AMD und NS müssen Kapazitäts- und Preisentscheidungen treffen, die davon abhängen, ob Intel in das untere Marktsegment eintritt.

Der Einfachheit halber konzentrieren wir uns auf eine einzige strukturelle Unsicherheit (die Nachfrage nach billigen PC) und eine einzige strategische Unsicherheit (die Kaufentscheidung der PC-Hersteller). Der nächste Schritt bei der Szenarienanalyse besteht darin, die Zahl der Werte festzulegen, die jeder Szenario-Variablen zugewiesen werden kann, wobei die Werte zu qualitativ unterschiedlichen Ergebnissen führen sollten. In vielen Fällen reichen zwei oder drei Werte wie »durchschnittlich«, »überdurchschnittlich«, »unterdurchschnittlich« schon aus, um das Wesen der Unsicherheit abzubilden. Während also die Nachfrage in der Praxis unendlich viele Werte annehmen kann, gehen wir davon aus, dass es nur zwei sind: »stark« oder »schwach«. Auch für die Kaufentscheidung der PC-Hersteller legen wir lediglich zwei Werte fest: 60/40 oder 40/60 – das heißt: Intel gewinnt entweder 60 Prozent oder 40 Prozent des Markts. Hierbei ist zu beachten, dass der Kaufentscheidung der PC-Hersteller unterschiedliche Motive zugrunde liegen können. Die Nachfrage nach ihren Produkten wird wahrscheinlich stärker sein, wenn sie mit einem Intel-Prozessor ausgestattet sind. Aber die Konkurrenzprodukte werden wahrscheinlich billiger sein. Die Entscheidung wird also zwischen Preis/Leistung und der Zugkraft der Marke Intel fallen.

Aus der vereinfachten Darstellung der Spielsituation ergeben sich acht Anfangsszenarien – jeweils vier für jede der beiden Entscheidungen, die Intel treffen kann (vergleiche Abbildung 2). Im nächsten Schritt werden alle Szenarien aus dem Spiel genommen, die entweder nicht plausibel oder in sich unschlüssig sind.

Von den vier Szenarien, die von der Entscheidung »sofort eintreten« abhängen, sind die Varianten 1 und 3 relativ unplausibel. Tritt Intel mit einem preiswerten Chip an, der in seiner Leistung mit den Modellen der Wettbewerber vergleichbar ist, sollten die Wettbewerber unabhängig vom Umfang der Nachfrage wenigstens 60 Prozent Marktanteil gewinnen können. Bleiben also zwei Szenarien übrig, bei denen Intel entweder auf einem großen oder auf einem kleinen Markt für billige PCs einen Marktanteil von 60 Prozent gewinnt. Vier Szenarien sind von der Entscheidung »abwarten« abhängig. Dabei sind alle vier unter der Voraussetzung plausibel, dass Intel erst die Nachfrage beobachtet und dann tatsächlich einen Prozessor für billige PCs auf den Markt bringt. Allerdings wird Intel keinen Prozessor für das untere Marktsegment produzieren, wenn sich die Nachfrage nach billigen PCs als schwach erweist. Die Szenarien 7 und 8 sind also aus spieltheoretischer Sicht nicht schlüssig. Damit verbleiben zwei Szenarien, die von der Entscheidung »abwarten« abhängen. Hier gewinnt Intel bei einer starken Nachfrage nach billigen PCs entweder 40 oder 60 Prozent Marktanteil.

Diese einfache Szenarienanalyse zeigt also: Entscheidet sich Intel für die sofortige Einführung eines Prozessors für billige PCs, dann mit dem Risiko, dass der Markt sich nicht entwickelt – das Szenario »Produkt ohne Markt«. Kommt der Markt jedoch in Schwung, sichert sich Intel gleich einen großen Anteil – das Szenario »Schnelle Markteroberung«. Entscheidet Intel sich fürs Abwarten und der Markt entwickelt sich gut, werden die PC-Hersteller bei AMD/NS kaufen und Intel muss sich mit dem Rest begnügen – das Szenario »Nehmen, was übrig bleibt«. Es ist jedoch auch denkbar, dass viele PC-Hersteller nach Intels Markteintritt wegen der Zugkraft der Marke auf Intel umschwenken – das Szenario »Abwarten und den Markt erobern«.

Nicht jedes Szenario ist plausibel

Bei Entscheidungen über einen Markteintritt bietet die abwartende Haltung den Vorteil, dass man zunächst die Nachfrageentwicklung beobachten kann. Wie groß dieser Vorteil ist, hängt allerdings von den Nachteilen ab, die man im Wettbewerb um Marktanteile als Nachzügler hat. Bei Intel ist dieser Nachteil relativ unbedeutend. Das Unternehmen weiß, dass es wegen der Bekanntheit seiner Marke einen erheblichen Marktanteil gewinnen kann (sofern das Produkt konkurrenzfähig ist). Die Frage ist, in welchem Umfang die Gewinne durch einen Preiskampf belastet werden.

In einem nächsten Schritt kann das Modell – über seine Funktion zur Erklärung der strategischen Struktur der Wettbewerbsumgebung hinaus – dafür genutzt werden, Einsichten in die eigentliche Entscheidung zu gewinnen. Dazu werden die einzelnen Szenarien exakt analysiert und die daraus entstehenden Vorteile für einen Spielteilnehmer bestimmt. Die Ergebnisse können dann wie bei unserem einfachen Anfangsbeispiel verwendet werden: um das Verhalten der Wettbewerber vorauszusagen. Und um zu bestimmen, welche Handlungen am meisten Erfolg versprechen.

Intel hat sich 1997 entschieden, nicht mit einem Mikroprozessor in den entstehenden Markt für billige PCs einzutreten. Die Nachfrage nach preiswerten Computern entwickelte sich stark. Anfang 1998 sah sich Intel gezwungen, einen vergleichsweise leistungsschwachen Chip auf den Markt zu bringen, und musste den Wettbewerbern (vor allem AMD) 80 Prozent des Markts überlassen. Intel-Chef Andy Grove sagte später, die Entwicklung auf dem Markt für billige PCs sei »kräftiger und nachhaltiger gewesen«, als er sich es im Herbst 1997 vorgestellt hätte.

Für AMD bot sich durch Intels verspäteten Markteintritt eine Chance. AMD konnte eine starke Position im unteren Marktsegment für Prozessoren aufbauen und als Sprungbrett für den Eintritt das lukrativere obere Segment nutzen, das von Intel dominiert wurde. Natürlich lässt sich die Entwicklung aus der Rückschau ganz leicht erklären, aber unsere einfache Szenarienanalyse zeigt, dass AMD gute Gründe hatte für die Annahme, dass Intel zunächst abwarten und damit das für den K6-Chip erwartete Ergebnis positiv beeinflussen würde.

Das Intel-Beispiel ist eine verkürzte Beschreibung einer vollständigen Szenarienanalyse. Eine vollständige Analyse besteht aus zehn Schritten, die in der Tabelle 1 dargestellt sind.

1. Wichtige Spielteilnehmer	3. Für jede strategische Entscheidung die realisierbaren und wichtigen Handlungen bestimmen, wie beispielsweise "Ja" oder "Nein" bei Eintrittsentscheidungen oder "hoch", "mittel" oder "niedrig" bei Preisentscheidungen.	5. Zeitliche Abstimmung der Handlungen vornehmen. Das Timing ist entweder vorgegeben oder von einer Strategie abhängig. Falls es von einer Strategie abhängig ist, muss es wie eine Entscheidung in Schritt 3 behandelt werden.	7. Aus den Schritten 1 bis 6 den Spielbaum erstellen.	9. Falls erforderlich, sind Einschätzungen darüber zu entwickeln, wie die anderen Spielteilnehmer die strukturellen und strategischen Unsicherheiten beurteilen.
2. Für jeden Teilnehmer die kritischen strategischen Entscheidungen festlegen. Jede Entscheidung ist eine potenzielle Szenario-Variable, wie beispielsweise Entscheidungen über einen Markteintritt/-austritt, Investitionsentscheidungen sowie Preis- und Kapazitätsentscheidungen.	4. Kritische strukturelle Ungewissheiten identifizieren – Standard-Szenarienanalyse anwenden.	6. Informationsstruktur definieren. Es gibt drei Informationskategorien: 1. Informationen über frühere Entscheidungen; 2. Informationen über Ergebnisse und 3. Informationen über strukturelle Unsicherheiten und den mutmaßlichen Zeitpunkt der Klärung dieser Ungewissheiten.	8. Die Ergebnisse für jeden möglichen Spielausgang bestimmen. Ein Spielausgang ist ein "strategisches Szenario". Die Erlebnisanalyse muss sowohl kurzfristige Ergebnisse als auch langfristige Ziele jedes Spielteilnehmers berücksichtigen.	10. Mit den Ergebnissen aus 8 und 9 die Plausibilität und innere Schlüssigkeit jedes Szenarios überprüfen. Zur Prüfung der inneren Schlüssigkeit müssen 1. die interne Konsistenz strategischer Ungewissheiten und 2. die interne Konsistenz der Handlungen der Spielteilnehmer innerhalb eines bestimmten Szenarios geprüft werden, beispielsweise anhand der Fragestellung: Wählen die Teilnehmer die optimalen Entscheidungen?

Tabelle 1: Strategische Szenarienanalyse

10
Strategie und Führung

Die Vorzüge einer starken Führung sind in jüngster Zeit ein ständiges Thema von Managementliteratur. Der Zusammenhang mit erfolgreicher Umsetzung von Strategien dürfte auf der Hand liegen. Die Autoren dieser Aufsätze legen Managementschulungen nahe, um die wichtigsten leitenden Mitarbeiter besser auf die Unternehmensziele einzuschwören. Sie empfehlen, im Streben nach Wachstum eine »vermittelbare« Position zu vertreten und die intellektuellen Fähigkeiten, die auf dem Markt reichlich verfügbar sind, durch Know-how und Know-who zu ergänzen. Dem umstrittenen Thema Unternehmenskultur kommen Entscheidungshilfen bei: In welchen Fällen sollte eine gute Kultur gefördert werden, und wann ist sie weniger bedeutungsvoll? Themen sind außerdem Unternehmenswandel und Bewusstseinswandel bei Führungskräften.

Mitarbeiter führen wie ein Revolutionär 333
    (B. Joseph White und F. Brian Talbot)

Stetiges Wachstum: Haben Sie eine vermittelbare Vision? 339
    (Noel M. Tichy und Ram Charan)

Konzepte und Handwerk: Strategie braucht beides 345
    (Richard Whittington)

Wann Unternehmenskultur ein Wettbewerbsvorteil ist 350
    (Ronald S. Burt)

Der Unternehmensumbau: Kunst und Wissenschaft 357
    (Yves Doz und Heinz Thanheiser)

Joseph White und F. Brian Talbot

Mitarbeiter führen wie ein Revolutionär

Führungskräfte können von Revolutionären lernen. So wie Aufrührer häufig das Bildungssystem erobern, wenn sie die Herrschaft eines Landes übernehmen, müssen Unternehmensleiter einen erfolgreichen Weg finden, um Herz und Verstand ihrer Angestellten zu gewinnen. Ein wichtiger Teil der Unternehmensstrategie ist daher ein gutes Schulungsprogramm für Führungskräfte, das darauf zielt, gerade Mitarbeiter mit Außenkontakt einzuschwören auf die Unternehmensziele. Die Unternehmen sollten ihr Augenmerk genau auf solche Schlüsselpersonen in ihren Häusern zu richten. Dazu gehört, hoch qualifizierte Ausbilder auszuwählen, eigene Führungskräfte in der Schulung einzusetzen und nur dann mit Prozessen zu beginnen, wenn der Wille vorhanden ist, sie tatsächlich auszuführen.

Ein gut strukturiertes Management-Schulungsprogramm unterstützt Vorstandschefs dabei, eine Unternehmensstrategie durchzusetzen, weil es den Führungskräften eine eindeutige Vorstellung von der Zukunft vermittelt. Hat sich ein Unternehmen erst einmal für eine Strategie entschieden – zum Beispiel für Konzentration, Diversifikation, Qualitätssteigerung, Kostensenkung oder Innovation –, liegt die Herausforderung in einer möglichst schnellen und umfassenden Umsetzung.

Dies macht eine Einbeziehung der Führungskräfte auf jeder Ebene des Unternehmens erforderlich. Sie und ihre Leute müssen »in dieselbe Richtung marschieren«, »von derselben Seite ablesen«, »die gleichen Lieder singen« – um einige beliebte Redewendungen von Unternehmensleitern zu bemühen. Kurz gesagt: Jeder im Unternehmen muss auf einer Linie sein mit der neuen Strategie.

Einem Vorstandschef stehen einige wenige Mittel für diese entscheidende Ausrichtung zur Verfügung. Die Besetzung von Schlüsselpositionen mit Mitarbeitern, die sich voll und ganz für die neue Strategie engagieren, zählt dazu. Außerdem fallen darunter: das Kommunizieren der Notwendigkeit von Veränderung auf jede denkbare Weise, die Etablierung von entsprechenden Maßstäben und Belohnungen und die Anwendung von Bildungsmaßnahmen für Manager, um die Zustimmung für die neue Strategie im gesamten Unternehmen zu steigern.

Wenn Revolutionäre die Macht übernehmen, gehören die Medien und das Bildungssystem eines Landes zu den ersten Dingen, nach denen sie greifen. Der Grund liegt auf der Hand: Will man Veränderungen herbeiführen, muss man Herz und Verstand der Leute gewinnen. Und das bedeutet ausnahmslos, dass man ihr Wissen, ihre Überzeugungen und ihre Wertvorstellen verändern muss. Im heutigen Geschäftsleben gleichen erfolgreiche Vorstandsvorsitzende Revolutionären, die sich dafür einsetzen, schnell und umfassend Veränderungen in Strategie und Taktik herbeizuführen, auf Veränderungen im Wettbewerbsumfeld zu reagieren und die Führung bei diesen Veränderungen zu übernehmen. Selbst der kenntnisreichste und dynamischste Vorstandschef aber wird dabei noch immer mit dem uralten Problem konfrontiert: Wie bringe ich die anderen dazu, diese Wünsche umzusetzen? In großen, international tätigen Unternehmen ist dieses Problem noch gravierender, dort existieren Zehn- und Hunderttausende dieser »anderen«, die obendrein geografisch, sprachlich und kulturell voneinander getrennt sind. Angesichts dieser gewaltigen Herausforderung ist die Schulung von Führungskräften unabdingbar. Statistische Erhebungen aus den neunziger Jahren weisen darauf hin, dass viele Unternehmensleiter die Relevanz innerbetrieblicher Weiterbildung erkannt haben. Die Anzahl von »FirmenUniversitäten« zur Schulung von Angestellten ist in diesem Jahrzehnt um das Zehnfache gestiegen, von einigen Hundert auf mehr als 2000.

Man bedenke außerdem, dass »custom programs« seit Beginn der neunziger Jahre zu den Bereichen der Business-Schools in den USA und Westeuropa gehören, die am schnellsten expandieren. Dies sind Programme für Manager, die auf das Führungsteam eines einzelnen Unternehmens zugeschnitten und vor Ort durchführt werden.

Das zentrale Thema dieser kundenorientierten Qualifizierungsprogramme ist die Implementierung von Strategien. Ein gutes Beispiel hierfür ist das Bildungsprogramm der Business-School an der University of Michigan. Während der letzten zehn Jahre hat sich der Anteil der von der Schule durchgeführten Qualifizierungsprogramme auf 20 Prozent verdoppelt. Ein solches Programm beginnt mit regelmäßigen Beratungen mit der Geschäftsführung über die Botschaften, die vermittelt werden sollen – und über die Zielsetzungen des Programms in Hinblick auf strategischen, betrieblichen, kulturellen und individuellen Wandel.

Bildung nach Programm

Das Programm ist ein Mix aus den üblichen Management-Feldern: Finanzierung (Wertschöpfung), Strategie (strategische Intention, Kernkompetenzen), Marketing (Kundenzufriedenheit), Prozessoptimierung (Handhabung von Technologie- und Zulieferer-Management) und »Human Resources«. Abgestimmt werden die Inhalte auf die Wettbewerbsposition, die strategischen Ausrichtung und die Veränderungsziele des jeweiligen Unternehmens. Gemeinhin beteiligt sich die Unternehmensleitung regelmäßig als Referent an den Kursen, der Vorstandschef leitet die Abschlussveranstaltungen mit mehrstündigen Präsentationen und Diskussionen.

Unterstützen solche Programme ein Unternehmen tatsächlich bei der Umsetzung einer Strategie? Die steigende Zahl kundenorientierter Qualifizierungsprogramme und die Wiederholungsfrequenz legen nahe, dass Vorstandschefs das glauben. Außerdem wird der Nutzen solcher Programme auch bei einer anschließenden Evaluation durch die Teilnehmer – in Michigan und anderswo – hoch eingeschätzt.

Selbstverständlich: Die Qualifizierung von Führungskräften ist als Attribut einer Unternehmensstrategie ein gängiges Konzept. General Electric, der US-amerikanische Industriegigant, nutzt seine Schulungseinrichtung in Crotonville, New York bereits seit einem halben Jahrhundert für diesen Zweck. Und genießt weltweit den wahrscheinlich besten Ruf in Sachen Managementenwicklung. Nur wenige Vorstandschefs haben bisher Strategie und Qualifizierung enger und effektiver miteinander verknüpft als Jack Welch, der GE-Vorstandsvorsitzende seit 20 Jahren.

Schon in den achtziger Jahren hat Welch die Ausrichtung des Unternehmens mit Entschlossenheit bestimmt: aggressive Shareholder-Value-Ausrichtung, Position eins oder zwei in einer Branche oder Rückzug, keine Sicherheit für niemanden außer durch Leistung begründet, Fokussierung auf Kosten, Qualität und Innovation und der Ausbau eines »grenzenlosen« Unternehmens. Schulungsprogramme wurden entworfen, um den Führungskräften von GE diese Themen regelrecht einzuhämmern.

Eine Beförderung oder eine neue Aufgabe galten als Anlass, ausgewählte Führungskräfte nach Crotonville zu schicken. Welch selbst beteiligte sich an den Kursen. Dort schulte er seine Manager in den neue Strategien und bereitete sie auf ihre Rolle bei der erfolgreichen Durchführung von Aufgaben vor. Welch tat, was alle guten Lehrer tun: Er erklärte, überzeugte, forderte, hörte zu, klärte auf, schmeichelte und wiederholte zentrale Botschaften. Die Ergebnisse von GE der letzten 15 Jahren sprechen für sich.

Es kann kaum Zweifel bestehen, dass all diese Schulungsmaßnahmen für Welch bei der Ausrichtung des Unternehmens hilfreich waren. Jeder, der einmal einem GE-Absolventen wie Larry Bossidy vom US-amerikanischen Unternehmen Allied-Signal oder Glen Hiner von Owens Corning, dem US-amerikanischen Hersteller von Fiberglas, zugehört hat, erkennt, dass diese Leute noch immer die grundlegenden Strategien und Werte von GE leben. Sie haben GE längst verlassen, um eigene Unternehmen zu führen, und gebärden sich nun wie Missionare, die jetzt anderen Unternehmen und deren Mitarbeitern das Heil bringen.

Am deutlichsten lässt sich die enge Verbindung zwischen Strategie und Schulungen anhand der weltweiten »Qualitätsbewegung« der vergangenen 20 Jahren illustrieren. Qualitäts-Orientierung ist in den letzten zwei Jahrzehnten zu einem strategischen Ziel aller erfolgreichen Unternehmen sämtlicher Branchen geworden. Leitende Manager halten hervorragende Qualität für lebenswichtig. Sie kann als Angriffswaffe dienen (wenn die Qualität so viel besser ist, dass sie sich bei Produkten und Serviceleistungen von anderen abhebt und Höchstpreise erzielt) oder zur Verteidigung (wenn die Qualität mindestens so gut ist wie der Konkurrenz – als notwendige, aber nicht ausreichende Voraussetzung für erfolgreichen Wettbewerb). Die Unternehmensleitung fragt nicht: »Ist Quality-Excellence ein strategisches Ziel?«, sondern: »Wie führen wir unsere Qualitätsstrategie wirkungsvoll durch?« Die zentrale Frage war und ist: Wie bringt man Mitarbeiter – vom Vorstandschef bis zu den Mitarbeitern mit Außenkontakt – und darüber hinaus externe Vertragspartner wie Zulieferer und Vertrieb auf eine Linie? Trainingsprogramme für das Management sind ein wichtiger Teil der Antwort.

Die Erfahrungen der Cummins Engine Company, des weltweit größten unabhängigen Herstellers von Dieselmotoren, sind ein anschauliches Beispiel. In den achtziger Jahren zeigte sich, dass angesichts drohender ausländischer Konkurrenz und steigender Kundenerwartungen (sowohl bei den Anlagenbauern als auch beim Endverbraucher) das Überleben des Unternehmens von einer höheren Qualität der Maschinen abhing. Insbesondere Zuverlässigkeit und Haltbarkeit waren entscheidend. Als eine der ersten Maßnahmen luden Vorstandschef Henry Schacht und Geschäftsführer Jim Henderson den inzwischen verstorbenen japanischen Qualitäts-Guru Kaoru Ishikawa zu einem dreitägigen Seminar mit den 100 wichtigsten Mitarbeiter ein. Mit anderen Worten: Managementschulung war die allererste Maßnahme, um eine drastische Steigerung der Qualität als strategisches Ziel zu verankern.

Alle Ebenen nutzen

Seither trägt eine riesige Zahl von Weiterbildungskursen für das höhere und mittlere Management sowie für Mitarbeiter mit Kundenkontakt als integraler Bestandteil dazu bei, die Qualitätsstrategie von Cummins zu realisieren. Auf sämtlichen Ebenen gab es für die Unternehmensangehörigen eine Menge zu lernen: Qualitätskonzepte, Analysetechniken und -methoden.

Die Themen reichten von der Mathematik über die Managementlehre bis hin zur Kultur. Allgemeine Lerninhalte waren: strategisches Qualitätsmanagement, Quality-Function-Deployment, statistische Prozesskontrolle, Problemlösung im Team und weitere neue Kenntnisse, Verhaltensweisen und Fertigkeiten. Die Erfahrung von Cummins ist typisch für solche Unternehmen, die in den vergangenen 20 Jahren wirtschaftlich erfolgreich waren.

Die US-Behörde, die den Malcolm Baldrige National Quality Award vergibt, hat während der letzten zehn Jahre mehr als anderthalb Millionen Exemplare der »Criteria for Performance Excellence« verbreitet. Die Baldrige-Kriterien dürften das System für die Qualifizierung von Führungskräften sein, das in der Geschichte am häufigsten angewandt wurde.

Und die Ergebnisse – die Qualitätssteigerung und höhere Wettbewerbsfähigkeit in Tausenden von Unternehmen – waren einfach spektakulär. Qualitätssteigerung als strategisches Ziel, ergänzt mit intensiven Schulungsmaßnahmen für Führungskräfte, hat sich überall auf der Welt als Gewinn bringendes Konzept erwiesen.

Umsetzungsideen

Was kann man Führungskräften raten, die die Schulung ihres Managements für eine erfolgreiche Umsetzung ihrer Unternehmensstrategie nutzen wollen?

- Erstens: Sie ist ein machtvolles Instrument, nutzen Sie es.

- Zweitens: Konzentrieren Sie sich zunächst auf diejenigen, die wir als die Schlüsselpersonen Ihres Unternehmens bezeichnen. In jedem Unternehmen, ganz gleich welcher Größe, existieren nicht mehr als 100 führende Mitarbeiter, die die zentralen Transaktionen leiten und die entscheidenen Funktionen innehaben, die die Strategie des Unternehmens vollkommen verstehen und deren Umsetzung mit Begeisterung anführen müssen. Dies ist die Zielgruppe für die erste Phase der Weiterbildungsmaßnahmen. Die Maßnahmen müssen zwar über diese Gruppe hinausgehen, doch ohne deren Unterstützung kann die Strategie keinesfalls implementiert werden.
- Drittens: Stellen Sie höchste Anforderungen bei der Wahl der Ausbilder. Vor einigen Jahren wurde ein japanischer Firmenchef gefragt, worin er den Hauptunterschied zwischen einem bestimmten Unternehmen mit Hauptsitz in den USA und seinem eigenen Betrieb sehe. Er antwortete: »Wir erlauben nur den angesehensten, fähigsten Leuten, andere zu schulen. Ihre Lehrer sind nicht hoch genug geachtet.« Diese Einsicht ist heute noch genauso gültig und provokant wie damals.
- Viertens: Setzen Sie neben Beratern, Trainern und anderen professionellen Ausbildern Ihre eigenen Führungskräfte ein. Durch das Unterrichten in innerbetrieblichen Bildungsprogrammen erhalten diese ein Podium für ihre Führungsqualitäten. Noel Tichy, ein Kollege an der Business-School der University of Michigan, sagt, Führungspersönlichkeiten müssten einen »vermittelbaren Standpunkt« haben. Wie könnte man den besser entfalten als als Lehrer? Nur selten werden das Wissen und die Überzeugung eines solchen Lehrers übertroffen; ergreifen Sie also die Gelegenheit, und setzen Sie erfahrene Leute – einschließlich des Vorstandschefs – als Lehrer ein. Sie verleihen dem Kurs Glaubwürdigkeit. Kluge Führungskräfte werden die Gelegenheit nutzen, um ihren Leute zuzuhören und etwas über sie und ihre Ansichten zu erfahren.

Schließlich und endlich: Beginnen Sie diesen Qualifizierungsprozess nur dann, wenn Sie wirklich entschlossen sind, ihn bis zum Ende durchzuführen. Schließlich werden große Kräfte freigesetzt, wenn führende Mitarbeiter aufgefordert werden, die Strategie des Unternehmens und die Hürden bei ihrer Umsetzung zu begreifen, zu diskutieren und infrage zu stellen. Bedenken müssen zur Sprache gebracht, Zweifel geklärt, Probleme angegangen und Erwartungen erfüllt werden. Qualifiziert man eine bestimmte Gruppe von Managern, dann muss man das notwendigerweise auch anderen ermöglichen.

Dies darf nicht übersehen werden. Vor kurzem hat die Business-School der University of Michigan beispielsweise ein Programm für das gehobene mittlere Management eines koreanischen Unternehmens erstellt. Die treibende Kraft hinter dem Programm war unter anderem das Erreichen von globalen Zielen und der Strategie des Unternehmens. Während der ersten Hälfte des Kurses entschieden die Vorgesetzten der Seminarteilnehmer, dass sie umgehend einen eigenen Intensivkurs durchführen sollten. Denn die Führungskräfte hatten festgestellt, dass sie die neuen Ideen und

Ansichten, die ihre Leute gerade zur Sprache brachten, zunächst selbst verstehen und mit ihnen Schritt halten mussten.

Bildung statt Befehle

Die bekannten Kräfte der Globalisierung – Wettbewerb, neue Technologien und der gestiegene Anspruch der Menschen auf eine Einbindung und Beteiligung in ihrem Arbeitsverhältnis – haben das tradierte hierarchische System aus Befehl und Kontrolle überflüssig werden lassen. Und dies ist sehr viel schneller geschehen, als es je für möglich gehalten wurde. Unternehmensführer sind mit der lebenswichtigen Frage konfrontiert: Wie sollen wir Strategie erfolgreich umsetzen, wenn Anordnungen heute so wenig Erfolg versprechen wie nie? Eine der wesentlichen Antworten ist: Die Erfahrung gut gestalteter, umsetzbarer Qualifizierung von Führungskräften ist ein effektiver Weg, Herz und Verstand der Menschen zu gewinnen.

Literaturhinweise
Ashkenas, Ron: *The Boundaryless Organization*. San Francisco, CA: Jossey-Bass Publ., 1995
Hamel, Gary; Prahalad, C. K.: *Wettlauf um die Zukunft*. Wien: Ueberreuter, 1997.
Quinn, R.: Deep Change. San Francisco, CA: Jossey-Bass, 1996.
Tichy, Noel M.: *The Leadership Engine*. New York, NY: Harper Business, 1997.

Noel M. Tichy und Ram Charan

Stetiges Wachstum:
Haben Sie eine vermittelbare Vision?

Die wahre Herausforderung ist heutzutage ein stetiges Wachstum – ein ordentliches Ergebnis reicht heutzutage nicht mehr. Topmanager brauchen eine vermittelbare, entschiedene Vision, wenn sie das Wachstum ihrer Firma sichern wollen. Setzt man entsprechende Techniken richtig ein, können sie die Kreativität und den Antrieb ihrer Angestellten beflügeln. Auch klassische Fallen, in die einige führende amerikanische und europäische Unternehmen gelegentlich tappen, lassen sich damit umgehen. Wachstum ist dabei nicht nur ein kreatives Spiel, sondern auch eine mentale Einstellung. Um zu überleben, muss eine Wachstumsfirma buchstäblich aus sich herausgehen und sich mit den Augen eines Außenstehenden betrachten. Auch muss sie den Teich vergrößern, in dem sie fischt. In einer Zeit nahezu unbegrenzter Möglichkeiten ist kein Markt übersättigt, kein Markt komplett abgedeckt. Und: Führungskräfte sollten den gesunden Geschäftsverstand, der einer überdurchschnittlichen Performance zugrunde liegt, nicht außer Acht lassen. Nur so gelangen sie auf den richtigen Weg.

Auf Personen und Unternehmen, die die gesteckten Ziele nicht erreichen, wird keine Rücksicht genommen. Eckhard Pfeiffer verlor seinen Posten als Compaq-Chef ebenso wie Sven Christer Nilsson vom schwedischen Mobilfunkriesen Ericsson. Unter seinem Vorsitzenden und Chef Howard Schultz brach der Kurs von Starbucks Coffee nach einer Gewinnwarnung um 28 Prozent ein.

Die Ursache? In keinem dieser Fälle gab es ein ausgeglichenes Wachstum. Ein ordentliches Ergebnis reicht nicht aus. Die Finanzmärkte erwarten solides, dauerhaftes Wachstum. US-Unternehmen wie 3M, Emerson Electric oder der Fotoriese Eastman Kodak sind alle an der Herausforderung gescheitert, ausgeglichen zu wachsen.

Strafpredigten des Firmenbosses werden bei diesen Firmen nicht zu einer Wende führen. Hier wird benötigt, was wir als vermittelbare Vision bezeichnen. Die obersten Führungskräfte müssen klare Geschäftsprinzipien haben, aus denen Wachstumsprodukte entstehen. Das Management benötigt Abteilungen, die über die Vertriebskanäle und Zielgruppen Bescheid wissen und denen klar ist, wie das Unternehmen neues Wachstum generieren kann. Ihre Prinzipien sollten mit einer klaren Aussage über die Grundwerte des Unternehmens verbunden sein, um damit das Verhalten in der Organisation zu steuern und die Geschäftsprinzipien zu unterstützen. Eine vermittelbare Vision muss eine Vorstellung davon enthalten, wie positive emotionale

Energie erzeugt und wie die Belegschaft für diese Ideen und Werte begeistert werden kann. Und schließlich gehört noch Entschiedenheit dazu – klar Stellung zu beziehen zu den mutigen Ja-oder-Nein-Entscheidungen, die bei Investitionen, Produkten und Personal erforderlich sind.

Die vermittelbare Vision über ausgeglichenes Wachstum ist der wichtigste Bestandteil des »genetischen Codes« eines Unternehmens. Führungskräfte auf allen Ebenen müssen diese Vision persönlich verbreiten und die Mitarbeiter im Betrieb dazu bewegen, sie in die Tat umzusetzen.

Von außen nach innen

Wachstum ist ein kreatives Spiel. Es setzt Neugier, Fantasie und emotionale Energie voraus – Eigenschaften, von denen wir glauben, dass man sie in vielen Unternehmen in großer Menge finden kann. Möglicherweise sind sie nicht auf den ersten Blick zu erkennen, aber in vielen Betrieben kann das Management ein gewaltiges kreatives Potenzial freisetzen, das in den Angestellten schlummert.

Der erste Schritt für eine sinnvolle Wachstumsstrategie besteht darin, den Unterschied zu verstehen zwischen dem, was man macht, und dem, was die Menschen brauchen. Häufig ist das nicht ein und dasselbe. Für eine derartige Strategie muss man seine Energie und Fantasiequellen anzapfen. Man wird sein Unternehmen aus dem Blickwinkel früherer und zukünftiger Kunden betrachten müssen und sich wieder und wieder fragen: Was geschieht in der wirklichen Welt, und was passiert am Markt? Nur auf diese Weise lässt sich aufdecken, wie sich Bedürfnisse verändern, was hinter den Veränderungen steckt und welche Chancen sich in diesem Zusammenhang bieten.

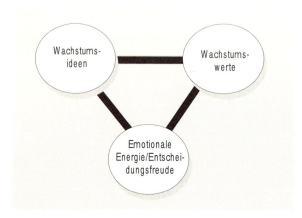

Abb. 1: Wie man die Führung übernimmt: durch eine vermittelbare Wachstums-Vision

Hat man sich aus seinem Unternehmen gelöst, arbeitet man sich zurück mit Fragen wie: Welche Bedürfnisse erfüllen wir jetzt? Welche Bedürfnisse könnten wir jetzt erfüllen, und wie überbrücken wir diese Lücke? Welche Vorteile haben wir? Welche Vorteile müssen wir uns erarbeiten? Welche unserer bisherigen Kompetenzen sind nicht mehr so stark gefragt?

Dies wird als »Blick von außen nach innen« bezeichnet. Und klingt für Sie ganz einfach und offensichtlich? Dann nutzt Ihr Unternehmen diese Methode vielleicht bereits. Der Mensch im Allgemeinen tendiert allerdings weit häufiger dazu, von innen nach außen zu blicken. Überraschend wenige Unternehmen versuchen überhaupt, sich mit den Augen Außenstehender zu betrachten. In einer »von-innen-nach-außen«-Firma betrachten die Menschen ihre Geschäftsumgebung normalerweise aus dem Blickwinkel ihrer eigenen Produkte und Arbeitsprozesse. Sie betrachten das, was sie herstellen, und überlegen sich anschließend, wie sie mehr davon verkaufen können.

Diese Firmen und ihre Angestellten sind gefangen in ihrer eigenen Vergangenheit und Erfahrung. Wenn sie von innen nach außen blicken, erkennen sie in erster Linie, dass sie in Branchen und Kernkompetenzen mit beschränkten Möglichkeiten und Aussichten feststecken. Hat Ihr Unternehmen keine erstklassigen Wachstumssichten, stellen Sie wahrscheinlich fest:

- *Ihre Märkte sind gefährdet.* Egal wie gut Sie sind, Ihre Marktstellung ist nicht mehr sicher. Mächtige, wachstumshungrige Betriebe – Firmen, die Sie heute vielleicht noch nicht einmal als Wettbewerber erkennen – stürzen sich auf den Markt und werden die Bedürfnisse Ihrer Kunden besser erfüllen, als Sie es können. Wenn Sie bis zum Angriff dieser Wettbewerber nichts unternehmen, ist es zu spät für eine Aufholjagd.
- *Ihr Marktwert ist gefährdet.* Investoren– seien es die Aktionäre einer AG oder die Banken hinter einer GmbH – sind nicht zufrieden mit Gewinnen aus Kostensenkung. Sie wollen außerdem gesteigerte Profite durch Wachstum sehen.
- *Ihr Humankapital ist gefährdet.* Wenn Sie nicht wachsen, können Sie die Mitarbeiter, die Sie brauchen, weder anlocken noch halten – Mitarbeiter mit Zuversicht, Begeisterung, Ambitionen, Fantasie und Ideen. Denn solche Menschen suchen nach Betrieben, die einen erweiterten Horizont haben.

Den Teich vergrößern

Die Chefs erfolgreicher Wachstumsunternehmen denken expansiv und fragen, welche verwandten Märkte sie noch bedienen können. Sie betrachten dabei ihr Unternehmen von außen.

Wir bezeichnen dieses Vorgehen häufig als den Versuch, den Teich, in dem sie fischen, zu vergrößern. Den Teich zu vergrößern bildet die Antithese zur Jagd nach dem Marktanteil.

Das Ziel besteht darin, seinen aktuellen Marktanteil mit der richtigen Perspektive zu betrachten, indem man ihn als Anteil seines möglichen Markts sieht. Ein Unternehmen beispielsweise, das 40 Prozent Marktanteil an einem 10-Milliarden-US-Dollar-Markt hat, sollte nach einem viel größeren Markt suchen, an dem sein Anteil etwa vier Prozent beträgt. Genau das sagt Jack Welch seinen Managern bei General Electric (GE): Definieren Sie Ihren Markt neu, sodass Ihr gegenwärtiger Anteil nicht mehr als zehn Prozent beträgt.

1995 hatte GE Power Systems, eine GE-Tochter, einen Anteil von 50 Prozent am 20 Milliarden-US-Dollar-Markt für Maschinen zur Elektrizitätserzeugung. Bob Nardelli, Präsident von GE Power Systems, war darüber allerdings nicht sehr glücklich.

Er erkannte, dass der Markt stagnierte und dass durch die Deregulierung Möglichkeiten für neue Konkurrenten entstanden. Nardelli kaufte den italienischen Gasturbinenhersteller Nuovo Pignone und baute auf diese Weise nicht nur seine Präsenz in Europa aus, sondern konnte auch in neue Marktsegmente der Öl und Gasindustrie eindringen.

Heute hat er den Teich, in dem er fischt, völlig neu definiert. Er mischt nun in einem 700-Milliarden-US-Dollar-Markt mit, der die vollständige Wertschöpfungskette der Energieerzeugung und -versorgung vom Förderturm bis hin zum Privathaushalt umfasst.

In einem ehemals langsamen und gesättigten Industriezweig hat er unglaubliche zweistellige Wachstumsraten erreicht, neues Wachstum und eine erweiterte Palette von Möglichkeiten geschaffen. Dazu sind veränderte Perspektiven und ein erweiterter Horizont nötig. Wie zum Beispiel bei Federal Express. Das US-Frachtunternehmen hat neues Wachstum geschaffen, als es begann, Komponenten im Overnight-Service an solche Unternehmen zu liefern, die Aufträge schnell erfüllen müssen, aber kein großes Lager führen. Mit diesem Schritt ließ Fed Ex die herkömmliche Übernacht-Paketlieferung weit hinter sich zurück und führte eine fließende, hoch mobile Lagerhaltung ein.

Weitere Beispiele

Als Bill Gates zu dem Schluss kam, dass die Zukunft seines Unternehmens im Internet liegt und nicht mehr nur in der reinen Softwareproduktion, lenkte er Microsoft auf einen neuen Wachstumskurs.

- GE Medical Systems, eine Tochter von General Electric, schuf zwei Mal neues Wachstum – einmal durch Globalisierung, später durch den Einstieg in den Dienstleistungsbereich.
- Jede der 28 Unterfirmen von GE Capital entstand aus einem neuen Wachstumszweig.
- Reynolds and Reynolds Co. bietet integrierte Systeme und Dienstleistungen zum Informationsmanagement an. Dave Holmes erweiterte den Teich für das Unternehmen: Statt Formulare und Computersysteme zu verkaufen, half er seinen Kunden, profitabler zu arbeiten. Inzwischen bietet er eine Palette von Database-Marketing bis hin zur Managementberatung an.

Wann Wachstum gut ist

Nicht jedes Wachstum ist gutes Wachstum. »Der Fluch aller Flüche ist die Umsatzrendite«, sagte der mittlerweile verstorbene Coca-Cola-Chef Roberto Goizueta dem »Fortune«-Magazin. Nun ist das Umsatzwachstum bei dem US-Softdrinkriesen alles andere als schäbig, aber was Goizueta damit sagen wollte, ist, dass zufriedene Aktionäre vorgehen. Um das zu erreichen, muss das Wachstum profitabel und kapitaleffizient sein.

Viel zu häufig glauben die Leute, dass Wachstum ein Allheilmittel ist, das jedes Rentabilitätsproblem lösen kann und wird. So werden Ressourcen in neue Unternehmungen geschüttet, ohne sich vorher die Mühe zu machen zu prüfen, ob Produktivität und Profitabilität abgesichert sind. Dieser Ansatz gehört ins Reich der Träume: Denn Geld verdienen lässt sich nur, wenn man auch einen Wettbewerbsvorteil besitzt.

Wir sind der Meinung, das einzig erstrebenswerte Wachstum ist nachhaltig und stetig und zwar sowohl beim Umsatz als auch beim Ertrag. Ehrgeizige Umsatzziele müssen von beständigen Kostensenkungen und Produktivitätssteigerungen begleitet werden, von Umstrukturierungen – falls nötig – und intelligenten Neuinvestitionen.

Jorma Ollila hat den finnischen Telekommunikationskonzern Nokia zum führenden europäischen Unternehmen gemacht, was ausgeglichenes Wachstum angeht. Der damals 41-jährige Ollila verwandelte 1992 den schwächelnden »Gemischtwarenkonzern« in ein Unternehmen, das sich auf die Produktion von Mobiltelefonen konzentrierte. Es gelang ihm, in dieser Zeit die Umsätze zu verdoppeln. Nach einer dreijährigen Phase unglaublicher Erfolge waren die jungen Manager zu sehr von sich überzeugt, ja, arrogant geworden. 1997 musste Ollila dann einen schweren Rückschlag einstecken: Nachdem die Nachfrage falsch eingeschätzt worden war, gab Ollila eine Gewinnwarnung ab. Der Aktienkurs brach um 38 Prozent ein. Ollila mobilisierte Führungskräfte, die in »Kommandotruppen« Nokia wieder auf Kurs bringen sollten. Ende 1997 lag das Unternehmen wieder auf Kurs. Ollila hatte eine schmerzhafte Erfahrung gemacht und entwickelte eine vermittelbare Vision über ausgeglichenes Wachstum.

Eine der Lektionen war, dass die Qualität des operativen Geschäfts von entscheidender Bedeutung ist. Ohne sie kann eine Firma sterben. Eine weitere Lektion besagt, das sein umsetzbares Gerüst von Unternehmenswerten die folgenden Punkte beinhalten muss: Bescheidenheit, ein gesundes Ausmaß an Paranoia und den festen Glauben, dass man Leute auf Trab bringen kann, indem man sie nach Höherem streben lässt und ihnen auch in schweren Zeiten die Treue hält. Ollila feuerte niemanden aus dem höheren Management, aber einige Manager fanden sich nach den Problemen von 1997 für eine Weile auf dem Abstellgleis wieder.

Und auch den härtesten Aspekt beim Führen eines Unternehmens lernte er kennen: Auf welche Weise man anderen beibringt, worum es beim entscheidenden Vorsprung geht, nämlich schwierige Entscheidungen über Kosten, Einsparungen und Investitionen zu treffen.

Die Vision vermitteln

Die Herausforderung, der sich Menschen in Führungspositionen ausgesetzt sehen, liegt darin, eine vermittelbare Vision über ausgeglichenes Wachstum zu formulieren und sie dann jedem Mitglied des Unternehmens tatsächlich nahe zu bringen. Es müssen auf allen Ebenen der Firma Lehrer/Führer entwickelt werden, damit dieser »genetische Code« das Wachstum vorantreibt. Wachstum ist eine mentale Einstellung. Das haben große Unternehmensführer wieder und wieder bewiesen. Der erste Schritt zum Wandel ist die Anwendung des gesunden Menschenverstandes auf das eigene Geschäft. Er ist die Basis einer überdurchschnittlichen Performance. Und er ist wirklich gesund.

Literaturhinweise
Charan, Ram: *Boards at Work: How Corporate Boards Create Competitive Advantage.* San Francisco, Calif.: Jossey-Bass, 1998.
Tichy, Noel M.: *The Leadership Engine.* New York, NY: Harper Business, 1997.
Tichy, Noel M.; Charan, Ram: *Gesundes Wachstum für mehr Gewinn: So wird Ihr Unternehmen ständig größer, besser, ertragreicher.* Landsberg/Lech: mi, verl. moderne industrie, 2000.
Tichy, Noel M.; Sherman, Stratford: *Control your Destiny or Someone Else Will.* New York u. a.: Currency Doubleday, 1993.

Richard Whittington

Konzepte und Handwerk: Strategie braucht beides

Noch nicht lange auf der Agenda der Managementforschung: Fragen zur praktischen Umsetzung von Strategien – wie man sie entwickelt und lernt, sie durchzusetzen. Gute Strategieentwicklung verlangt zweierlei: Inspiration und Transpiration. Das Erste erfordert konzeptionelle Fähigkeiten, die man üblicherweise außerhalb eines Unternehmens findet und die Manager befähigen, die richtigen Entscheidungen zu treffen. Das Zweite setzt handwerkliche Fähigkeiten voraus, die im Regelfall intern erworben werden und mehr mit »Know-how« und »Know-who« zu tun haben. Konzeptionelle Fähigkeiten sind also gut auf dem freien Markt zu haben – doch nur durch intern erworbene, handwerkliche Fähigkeiten wird jemand ein wirklich effektiver Stratege. Und unter harten Wettbewerbsbedingungen kann die gute Umsetzung einer Strategie eher bleibende Werte schaffen als eine ausgeklügelte strategische Positionierung, die imitiert werden oder durch Innovationen bedroht sein kann.

Betrachten wir die beiden folgenden Problemstellungen als Beispiel: Die regionalen Abteilungen einer großen britischen Behörde müssen unbedingt lokale Strategien formulieren, um in einer neuen, marktähnlichen Umgebung bestehen zu können. Der Leiter der Strategischen Planung dieser Behörde weiß allerdings, dass den Abteilungsleitern jegliche Erfahrung mit Strategien fehlt. Wie kann er sie bei der erstmaligen Entwicklung einer Strategie unterstützen?

Oder: Ein Unternehmenskonglomerat möchte seine Geschäftsfelder stärker fokussieren. Das Management wird also aufgefordert, über seine langfristigen Geschäftsstrategien nachzudenken, und zwar in größerem Umfang als nur darüber, wie sich noch ein bisschen mehr aus dem Budget des nächsten Quartals herausschlagen lässt. Statt mit ihren Schwestergesellschaften um Kapital zu konkurrieren, sollen sie mit ihnen zusammenarbeiten, um Synergieeffekte zu erzeugen. Wie sollen sie und ihre Managementteams diese neue Art der Strategieentwicklung umsetzen?

Dies sind grundsätzliche Fragen zur Praxis von Strategien – wie man sie entwickelt und wie man lernen kann, sie gut umzusetzen. Solche Fragen finden erst seit kurzem in der Forschung über strategisches Management Beachtung. Dabei kann – in einem wettbewerbsintensiven und dynamischen Umfeld – eine gute Strategieumsetzung eher bleibende Werte schaffen als eine ausgeklügelte strategische Positionierung.

Perspektiven entwickeln

Die Entwicklung in der Theorie des strategischen Managements seit den sechziger Jahren wird in der Abbildung anhand von zwei Hauptkriterien beschrieben: Hauptziel und Hauptproblem. Die senkrechte Achse, die Zielachse, unterscheidet zwischen Ansätzen, die eine Richtung vorgeben, wohin eine Strategie führen soll, und solchen Ansätzen, die beschreiben, wie man dorthin gelangt. Die waagerechte Achse, die Problemachse, ist unterteilt in solche Arbeiten, die das Unternehmen in seiner Gesamtheit betreffen, und solche, die sich auf einzelne Entscheidungsträger konzentrieren – die Manager und Berater.

Aus der Kombination der beiden Achsen ergeben sich vier grundlegende strategische Perspektiven.

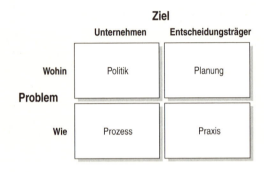

Abb. 1: Entwicklung von strategischen Perspektiven

Planung
Seit dem Entstehen der ersten Theorien über Strategiebildung in den sechziger Jahren hat sich der Planungsansatz auf Techniken und Instrumente konzentriert, die Manager bei ihren Entscheidungen über die geschäftliche Ausrichtung ihres Unternehmens unterstützen. Zu den wichtigsten Hilfsmitteln in der Entscheidungsfindung gehören die Portfolio-Matrizen, die von Unternehmensberatungen wie McKinsey und The Boston Consulting Group entwickelt wurden, sowie die Branchenstrukturanalyse des Harvard-Professors Michael Porter.

Politik
Mit Beginn der siebziger Jahre kam ein etwas breiterer Forschungsansatz hinzu. Dieser vergleicht, welcher Nutzen für das Unternehmen von verschiedenen strategischen Weichenstellungen zu erwarten ist. Zu den verglichenen Handlungsoptionen gehören verschiedenen Diversifikationsstrategien, Internationalisierung und Innovation.

Prozess

Die Herausforderungen der achtziger Jahre haben große Firmen erstmalig dazu gebracht, die Probleme von Transformation zur Kenntnis zu nehmen. »Prozessprobleme« – also wie Unternehmen bemerken, dass sie sich verändern müssen und wie sie den Veränderungsprozess bewältigen – rückten zunehmend in den Vordergrund. Selbst riesige Konzerne wurden abgemagert, zerlegt und manchmal sogar zum Tanzen gebracht.

Praxis

Der aktuelle Praxisansatz von Strategien macht sich viele Erkenntnisse der Prozessperspektive zunutze, kehrt jedoch auf die Ebene der Entscheidungsträger zurück. Er befasst sich damit, wie Strategen Strategien formulieren und umsetzen. Privatisierung, Deregulierung und fortwährende Innovation zwingen viele Unternehmen dazu, die Effizienz ihrer gegenwärtigen Strategiepraxis zu überprüfen und dazuzulernen. Dezentralisierung und der Abbau von Hierarchieebenen führen dazu, dass sich immer mehr Manager der Herausforderung der Strategieentwicklung stellen müssen.

Strategiebildung lernen

Strategische Positionierungen sind immer gefährdet – Mitbewerber können sie jederzeit kopieren, Innovationen sie untergraben. Aber ein Unternehmen, das sich auf eine effektive Strategieumsetzung konzentriert, ist ständig in einer Position, in der es Gelegenheiten ergreifen und auf den Wettbewerb reagieren kann. Das »Wie« der Strategieentwicklung wird wichtiger als das »Wo« der strategischen Positionierung.

Dabei sind sowohl Inspiration als auch Transpiration gefragt. Inspiration steht für das Sammeln von Ideen, Erkennen von Gelegenheiten und Begreifen von neuen Situationen. Ein Erfolg hängt hier von guten konzeptionellen, abstrahierenden Fähigkeiten ab. Transpiration gilt der jährlichen Budgetplanung, dem Flurfunk, dem Produzieren von Papierbergen, Zahlenakrobatik und Inszenierungen. Eine solche harte Arbeit verlangt handwerkliche Fähigkeiten. Ohne handwerkliches Geschick bei internen Abläufen und Überzeugungsprozessen werden selbst die besten Konzepte ungehört verhallen.

Konzeptionelle und handwerkliche Fähigkeiten erwirbt man auf unterschiedliche Weise. Die Fähigkeiten zur Konzeptionierung und Neuausrichtung von Geschäftsfeldern kommen üblicherweise von außen. Es sind:

- hoch entwickelte intellektuelle Fähigkeiten, die mit einem Repertoire von Techniken und Ansätzen aufwarten, mit denen ein Unternehmen und seine Branche immer neu betrachtet werden kann;
- ein großer Erfahrungsschatz aus verschiedenen Bereichen und Branchen, der eine Reihe von praktischen, übertragbaren Modellen bietet, die in immer neuen Zusammenhängen angewendet werden.

Diese konzeptionellen Fähigkeiten vermitteln dem Strategen das Wissen, was zu tun ist. Die handwerklichen Fähigkeiten für die Strategieentwicklung werden hingegen größtenteils aus intern erworbenem Wissen geformt, nämlich:

- große Vertrautheit mit den internen Prozeduren von strategischen Prozessen in einem Unternehmen und seinem Umfeld, sodass der effiziente Stratege keinen falschen Schritt unternimmt;
- intime Kenntnis der Politik und Kultur des Unternehmens, um niemandem »auf die Füße zu treten«; Diese handwerklichen Fähigkeiten beinhalten vor allem das Know-how und Know-who.
- Die konzeptionellen Fähigkeiten des Know-what kann man durch Managementschulungen oder Erfahrungen als strategischer Berater erwerben. Ein solcher Manager hat Zugriff auf eine breite Palette von Techniken und ist vielen unterschiedlichen Situationen ausgesetzt. Die handwerklichen Fähigkeiten des Knowhow und Know-who aber erfordern sehr tief gehende Erfahrungen im Unternehmen selbst. Solche Fähigkeiten erwirbt man vorwiegend während einer »Strategie-Lehre« innerhalb eines Unternehmens – die einige Jahren dauern kann.

Gleichgewicht herstellen

Die sinnvolle Gewichtung von konzeptionellen und handwerklichen Fähigkeiten ist von Fall zu Fall verschieden. Kaum ein erfolgreicher Stratege wird jedoch ausschließlich über konzeptionelle Fähigkeiten verfügen. Ein Unternehmen kann konzeptionelle Fähigkeiten recht gut auf dem Markt einkaufen. Um aber die Akzeptanz für ihre strategischen Vorhaben zu erreichen, müssen Strategen ihre Vorschläge den Unternehmensabläufen anpassen und sie mit der Unternehmenspolitik in Übereinstimmung bringen. Aus diesem Grund werden Führungskräfte und Spezialisten für die Unternehmensentwicklung meistens innerhalb eines Unternehmens rekrutiert. Man benötigt intern erworbene handwerkliche Fähigkeiten, um als Stratege wirklich erfolgreich zu sein.

Üblicherweise engagieren Unternehmen nur externe Experten für ihre strategische Positionierung, wenn eine komplette Umstrukturierung notwendig wird und alte Verfahren und Richtlinien überflüssig geworden sind. IBM hat beispielsweise in einer Krisensituation Louis Gerstner von RJR Nabisco, dem US-Nahrungsmittelkonzern, als CEO verpflichtet. Als Avon Products, der größte Kosmetikdirektvertrieb der Welt, grundlegende strategische Veränderungen anstrebte, holte man sich Charles Perrin vom amerikanischen Batteriehersteller Duracell als neuen Chef. In weniger kritischen Zeiten aber ist vor allem lokales Know-how und Know-who wichtig für die Effizienz. Selbst externe Berater, die anderen Handlungsempfehlungen erteilen, setzen dabei häufig auf langfristige Beziehungen. Die Strategieberater von McKinsey & Co. sind beispielsweise seit 30 bis 40 Jahren für Unternehmen wie die BBC oder Unilever tätig.

Kommen wir abschließend auf die anfangs beispielhaft beschriebenen Probleme der Behörde und des Unternehmenskonglomerats zurück. Beiden stehen unruhige Zeiten bevor, in denen es sehr wichtig sein wird, eine neue Richtung vorzugeben. Als ein entscheidender Schritt in die richtige Richtung gilt in solchen Situationen die umfassende Beschaffung von Rat und Informationen aus der zentralen Planungsabteilung oder von externen Beratern.

Erfahrungen machen

Beide Organisationen sollten letztendlich in ihre eigenen Manager investieren. Vermittelt man diesen die Fähigkeiten und das nötige Vertrauen, um die Geschäfte neu zu strukturieren, werden sie auch ihr eigenes Know-how und Know-who einbringen. Dies ergibt letztlich eine unschlagbare Kombination. Berater und zentrale Planung sollten nicht zu lange Händchen halten, sondern die Verantwortung in andere Hände legen. Denn Manager, die die Strategiebildung und -implementierung lernen sollen, müssen ihre eigenen Erfahrungen machen. Dafür gibt es keinen Ersatz.

Literaturhinweise
Eden, C.; Ackerman, F.: *Making Strategy*. London: Sage, 1999.
Hamel, Gary. In: *Strategie* von Michael E. Porter (Hrsg.).Wien, Frankfurt/Main: Ueberreuter, 2001.
Roos, J.; Victor, B.: »Towards a New Model of Strategy-making as Serious Play«, *European Management Journal*, August, 1998.
Whittington, Richard: »Strategy as Practice«, *Long Range Planning*, 29, 1996.

Ronald S. Burt

Wann Unternehmenskultur ein Wettbewerbsvorteil ist

Wird der Einfluss von Unternehmenskultur auf die finanziellen Ergebnisse eines Unternehmens beschworen, dann häufig mit anekdotenhaften, also nicht ganz ernst zu nehmenden Nachweisen. Warum also sollte man sich darüber den Kopf zerbrechen? So manches Unternehmen fährt offenkundig auch ohne gemeinsames Firmencredo gut. Empirische Untersuchungen zeigen, dass es auf die Branche ankommt, ob Unternehmenskultur tatsächlich einen Wettbewerbsvorteil bringt. Wann sollte in die eigene Unternehmenskultur investiert werden? Wann muss die Kultur eines Fusionspartners geschützt werden? Und wann spielt dies alles keinerlei Rolle?

Kultur ist für ein Unternehmen das, was es für jedes andere soziale System ist – eine Sammlung von Überzeugungen, Mythen und Gewohnheiten, die die Menschen teilen und die Teil von ihnen sind. Eine Unternehmenskultur ist dann stark, wenn Mitarbeiter durch ihren gemeinsamen Glauben an diese Kultur eng zusammenhalten. Schwach ist Firmenkultur, wenn die Mitarbeiter stark abweichende oder einander widersprechende Überzeugungen haben, um sich voneinander abzugrenzen.

Unternehmenskultur theoretisch

Theoretisch kann eine starke Unternehmenskultur Kosten reduzieren und die Wirtschaftsleistung eines Unternehmens verbessern; der Überwachungsaufwand ist geringer. Gemeinsame Überzeugungen, Mythen und Gewohnheiten sind ein informeller Kontrollmechanismus. Wer vom Firmenüblichen abweicht, wird durch Freunde schneller entdeckt und diskreter belehrt als durch Vorgesetzte. Firmenkultur macht die Ziele und Gewohnheiten des Unternehmens transparenter und die Mitarbeiter fühlen sich sicherer. So können sie schneller auf Ereignisse reagieren. Neue Mitarbeiter kooperieren schneller mit Angestellten, die schon länger im Unternehmen sind, weil sie seltener Widersprüchliches über die Unternehmensziele und -praktiken hören. Außerdem wird die Unternehmenskultur den Mitarbeitern weniger aufgezwungen als vielmehr von ihnen selber entwickelt, deshalb dürften Motivation und Moral der Mitarbeiter höher sein als bei Unternehmen, in denen Vorgesetzte durch Bürokratie und Autorität Kontrolle ausüben.

Auch die Arbeitskosten sind dann geringer. In Unternehmen mit starker Unternehmenskultur wird länger und härter gearbeitet – eine Art Gruppenzwang, der anspornt, ein höheres Ziel zu verfolgen als die Alltagsanforderungen eines Jobs, und Mitarbeiter ausschließt, denen die Unternehmenskultur nicht behagt.

Anders gesagt: Durch eine starke Unternehmenskultur gewinnt der Betrieb unbezahlte Mehrarbeit. Diese Einsparungen bedeuten, dass bei Firmen mit einer stärker ausgeprägten Unternehmenskultur eine bessere wirtschaftliche Leistung erwartet werden kann – der so genannte »Kultureffekt« sich auswirkt. Die maßgeblichen Beweise für den Kultureffekt stammen aus einer Studie zweier Professoren von der Harvard Business School, John Kotter und James Heskett. Der Studie liegen Daten zugrunde, die Kotter und Heskett im Anhang ihres 1992 erschienenen Buchs »Die ungeschriebenen Gesetze der Sieger – Erfolgsfaktor Firmenkultur« publizierten. Für eine große Stichprobe von Unternehmen aus einer Vielzahl von Branchen, die der Kategorisierung des Magazins »Fortune« entsprechen, wurden Leistung und Stärke der Unternehmenskultur bestimmt.

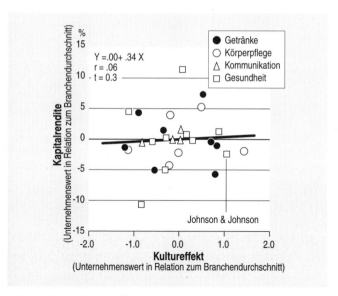

Abb. 1: Kein Kultureffekt

Um die relative Stärke der Unternehmenskultur zu messen, sandten Kotter und Heskett in den frühen achtziger Jahren den führenden sechs Managern jedes in der Probe enthaltenen Unternehmens einen Fragebogen zu. Darauf sollten sie die Stärke der Firmenkultur in anderen, ebenfalls in der Studie untersuchte Unternehmen aus ihrer Branche auf einer Skala von eins bis fünf bewerten. Drei Indikatoren für eine starke Unternehmenskultur wurden angegeben: Erstens sprechen die Manager häufiger über den Stil ihres Unternehmens. Zweitens hat die Firma hat ihre Wertvorstellungen postuliert und ernsthaft versucht, ihre Manager dazu zu bewegen, diese

Vorstellungen zu übernehmen, und drittens das Unternehmen wird nach schon lange bestehenden Vorstellungen und Gewohnheiten geführt. Aus den vergebenen Bewertungen wurde das Mittel errechnet, das für die Stärke der Unternehmenskultur eines Betriebs steht.

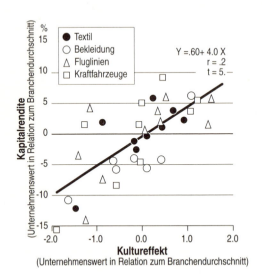

Abb. 2: Starker Kultureffekt

Ein Beispiel: Der Arzneimittelhersteller Johnson & Johnson soll von seiner starken Unternehmenskultur profitiert haben, als in einigen Läden vergiftete Tylenol-Schmerztabletten entdeckt wurden und das Unternehmen daraufhin das Medikament schnell vom Markt zog. In der Kotter-Heskett-Studie erhielt Johnson & Johnson einen Durchschnittswert von 4,61. Das war die höchste Note für einen Hersteller von Gesundheitsprodukten in dieser Studie. Damit lag Johnson & Johnson 1,07 Punkte über dem Branchendurchschnitt von 3,51. In der Abbildung 1 steht Johnson & Johnson weit rechts außen.

Die senkrechte Achse zeigt die relative Wirtschaftsleistung. Kotter und Heskett führen drei Kriterien an, denen nachgesagt wird, dass sie vergleichbare Rückschlüsse auf den Kultureffekt erlauben: Dabei handelt es sich um das Wachstum des Nettoeinkommens von 1977 bis 1988, die durchschnittliche Kapitalrendite zwischen 1977 und 1988 und den mittleren jährlichen Anstieg des Aktienkurses im gleichen Zeitraum. Zu Illustrationszwecken verwende ich hier die durchschnittliche Kapitalrendite. Johnson & Johnson erzielte über den gemessenen Zeitraum eine durchschnittliche Kapitalrendite von 17,89 Prozent. Nun werden in der Arzneimittelbranche jedoch generell hohe Renditen erzielt, deshalb liegt Johnson & Johnson auf der senkrechten Achse unter null (17,89 Prozent minus 20,21 ergibt den Johnson & JohnsonWert von –2,32).

Deutlich erkennbar ist der fehlende Zusammenhang zwischen Wirtschaftsleistung und Unternehmenskultur. Abbildung 1 zeigt Unternehmen aus der Branche für Gesundheitsprodukte sowie Firmen aus den Sparten Getränkeherstellung, Körperpflegeprodukte und Kommunikation – insgesamt 30 Unternehmen. Keinerlei Extremfälle verdecken einen Zusammenhang, es gibt einfach keinen. Die Korrelation von 0,06 entspricht beinahe dem Wert null, den man erhalten würde, wenn die Leistung völlig unabhängig von der Unternehmenskultur wäre. Kotter und Heskett kommen auf eine etwas höhere Korrelation von 0,31 für all ihre Unternehmen, aber der Wert war immer noch schwach genug, um für sie den Schluss zu rechtfertigen: »Die Behauptung, starke Unternehmenskulturen sorgen für hervorragende Leistungen, ist schlicht falsch.«

Wirkungsvoller Kultureffekt

Es gibt durchaus einen sehr wirkungsvollen Kultureffekt, aber er zeigt sich andernorts. Abbildung 2 zeigt dieselben Achsen wie auch Abbildung 1, präsentiert jedoch Daten von Firmen aus anderen Branchen – Fluggesellschaften, Bekleidungs, Kraftfahrzeug- und Textilindustrie. Die 36 Unternehmen aus diesen Branchen zeigen eine enge Verbindung zwischen Leistung und Unternehmenskultur: Je stärker die Unternehmenskultur, desto höher die Kapitalrendite.

Den maßgeblich wichtigsten Punkt veranschaulicht Abbildung 3, die eine Branchensortierung von wirtschaftlich unbedeutender Unternehmenskultur (Abbildung 1) zu wirtschaftlich bedeutsamer Unternehmenskultur (Abbildung 2) vornimmt. 19 Branchen aus der Kotter-Heskett-Studie sind in Abbildung 3 auf der senkrechten Achse angeordnet, nach dem Zusammenhang zwischen Leistung und Kultur. Die höchste Korrelation zwischen Unternehmenskultur und Leistung beträgt 0,76 und findet sich in der Bekleidungsbranche. Mit einem zu vernachlässigenden Wert von –0,15 steht die Kommunikationsbranche am unteren Ende der Liste.

Die waagerechte Achse von Abbildung 3 zeigt die Wettbewerbsintensität in jeder Branche. Unter Verwendung öffentlich zugänglicher Daten errechnet sich die Wettbewerbsintensität aus der Profitmarge, die zwischen Einkauf und Verkauf bleibt. Dadurch erhält man die »tatsächliche« Wettbewerbsintensität. Sie ist stark in Branchen, in denen die Hersteller aus der Summe ihrer Transaktionen mit Lieferanten und Kunden geringere Gewinnmargen erzielen.

Abbildung 3 zeigt, dass Markt und Kultur sich ergänzen. Am linken Rand, wo Hersteller es nur mit einem geringen tatsächlichen Grad an Wettbewerbsintensität zu tun haben, ist Unternehmenskultur kein Wettbewerbsfaktor. Es handelt sich um die 30 Unternehmen aus Abbildung 1. Sie stammen aus den vier Industriezweigen, die am unteren linken Rand von Abbildung 3 durch die gepunktete Linie eingerahmt werden. Es dreht sich dabei um Firmen aus komplexen, dynamischen Märkten wie Kommunikation und Gesundheitsprodukten, wo die Gewinnmargen gut sind, die Unternehmen aber schnell auf die Marktveränderung reagieren müssen. Natürlich gibt es dort Wettbewerb, aber es besteht kein Zusammenhang zwischen einer starken Unternehmenskultur und entsprechender Performance.

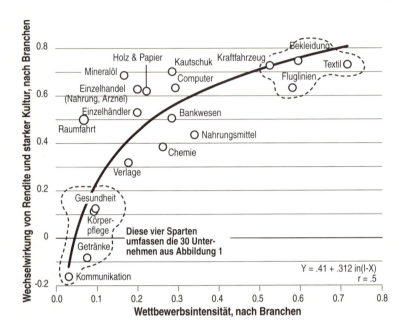

Abb. 3: *Wirkung von Unternehmenskulturen*

Am rechten äußeren Ende der Tabelle haben es die Hersteller mit einer hohen Wettbewerbsintensität zu tun. Dort ist die Unternehmenskultur eng mit der Wirtschaftsleistung verbunden. Es geht um die 36 Unternehmen aus Abbildung 2. Sie werden am oberen rechten Rand von Abbildung 3 durch eine gepunktete Linie eingeschlossen. In diesen Branchen mit hoher Wettbewerbsintensität ersetzt ein Hersteller leicht einen anderen, sind Lieferanten oder Kunden mächtig und Gewinnmargen niedrig.

Eventualfunktion

Zwischen den beiden Marktextremen steigt die Wirkung einer starken Unternehmenskultur auf die Leistung mit dem Wettbewerb am Markt. Die nicht lineare Regressionslinie in Abbildung 3 (die durchgehende, fette Linie) kann als Eventualfunktion dienen. Sie beschreibt, wie sich der Kultureffekt mit der Wettbewerbsintensität verändert. Zu jedem Grad von Wettbewerbsintensität auf der Rechtswertachse liefert die Eventualfunktion auf der Hochwertachse eine erwartete Korrelation zwischen Stärke der Kultur- und Wirtschaftsleistung. Da die Werte auf der waagerechten

Achse aus Daten errechnet werden, die für alle Branchen öffentlich zugänglich sind, kann der erwartete Wert für eine starke Unternehmenskultur in jeder Branche aus der Eventualfunktion abgeleitet werden. Die hohe Korrelation für die Eventualfunktion zeigt, dass die Funktion eine akkurate Beschreibung des Kultureffekts in den verschiedenen Industriezweigen ist (r = 0,85; Einzelheiten über die Bestimmung und Ableitung der Eventualfunktion finden Sie im Artikel des Autoren von 1994).

Bei Einzelunternehmen können 44 Prozent der Abweichung der Unternehmenskapitalrendite anhand der Branche vorhergesagt werden, in der die Firma hauptsächlich tätig ist. Die relative Stärke der Unternehmenskultur steuert weitere 23 Prozent der Abweichung bei. Unternehmenskultur trägt also noch einmal zur Hälfte der Leistungsabweichungen durch Branchenunterschiede bei.

Strategisch denken

Der mögliche Eventualwert ist hier entscheidend. Eine starke Unternehmenskultur ist nie per se wertvoll oder ohne Wert. Der Wert hängt vom Markt ab. Eine starke Unternehmenskultur kann in einem Markt mit standardisierten Produkten ein bedeutsamer Wettbewerbsfaktor sein. In einem komplexen, dynamischen Markt hingegen ist Firmenkultur für die Wirtschaftsleistung ohne Belang. Der mögliche Wert der Unternehmenskultur führt dazu, Firmenkultur in Überlegungen zur Strategie einzubeziehen. Je austauschbarer die Produkte einer Branche sind, desto höheren Gewinn kann erwarten, wer in eine starke Unternehmenskultur investiert. Bei der Fusion mit einem neuen Unternehmen sollte die deren Branche bedacht werden. Produziert die Branche austauschbare Güter und das Unternehmen hat keine eigene Kultur, ließe sich die Unternehmensleistung durch Einführung einer Unternehmenskultur verbessern.

Hat in einer solchen Branche der Fusionspartner eine starke Unternehmenskultur, sollte man diese Kultur wahren, denn die Leistungsfähigkeit des Betriebs hängt zum Teil von dieser Kultur ab. Agiert das Unternehmen jedoch auf einem komplexen, dynamischen Markt, kann man den Fusionspartner ohne Rücksicht auf eventuell bestehende Unternehmenskulturen integrieren. Für das Abschneiden auf diesen Märkten ist die Firmenkultur unerheblich. Zu guter Letzt: Lassen Sie die Finger von Beraterberichten über Unternehmenskultur und Leistung, die nur auf wenigen Stichproben beruhen. Was kommt heraus, wenn ein Berater zehn Telekommunikationsunternehmen zur Fallanalyse heranziehen würde, weil er in der Branche tätig war und dort gute Kontakte hat, während ein anderer zehn Textilunternehmen untersucht?

Beides wären vernünftige und interessante Projekte mit einer verhältnismäßig großen Zahl von Unternehmen, die zur Fallanalyse herangezogen wurden. Es gibt dennoch keinen triftigen Grund, diese Berichte zu lesen. Der erste Berater hat sich eine Branche ausgesucht mit einem niedrigen tatsächlichen Maß an Wettbewerbsintensität. In derart komplexen und dynamischen Branchen ist eine starke Unternehmenskultur kein Wettbewerbsfaktor. Der Berater wird demnach keine Beweise für bessere Leistungen in Unternehmen mit starker Kultur finden, die Ergebnisse verallgemeinern und feststellen, dass der Kultureffekt nicht existiert. Seinen Kunden wird er abraten, Geld für den Aufbau einer starken Unternehmenskultur zu verschwenden.

Der zweite Berater hat sich eine Branche vom anderen äußersten Ende der Eventualfunktion herausgepickt. Textilhersteller haben es mit einer außerordentlich hohen Wettbewerbsintensität zu tun. Eine starke Unternehmenskultur ist in derartigen Branchen ein Wettbewerbsvorteil. Dieser Berater wird Beweise für bessere Leistungen in Unternehmen mit hoher Firmenkultur finden, wird die Ergebnisse verallgemeinern und zu dem Schluss gelangen, dass die Leistung von der Entwicklung einer starken Unternehmenskultur abhängt. Daraufhin wird er seinen Kunden raten, sich auf die Einrichtung einer starken Unternehmenskultur zu konzentrieren.

Würden die Berater dieselben Kunden haben, würden sie gleichermaßen ernst gemeinte und widersprüchliche Ergebnisse hören. Die Kunden würden vermutlich zu dem Ergebnis kommen, dass es noch kein abschließendes Urteil über Unternehmenskultur gibt. All diese Menschen ziehen vernünftige Schlüsse im Rahmen ihrer Erfahrungen. Recht hätte keiner, weil sie vom möglichen Wert einer starken Unternehmenskultur letztlich alle zu wenig wissen.

Literaturhinweise
Burt, R. S.; Gabbay, S. M.; Holt, G.; Moran, P.: »Contingent Organization as a Network Theory: The Cultureperformance Contingency Function«, *Acta Sociologica*, 37, 1999.

Burt, R. S.; Guilarte, M.; Raider, H. J.; Yasuda, Y.: »Competition, Contingency, and the External Structure of Markets«, *www.gsb.uchicago.edu/fac/ronald.burt/research*, 1999.

Kotter, John; Heskett, James: *Die ungeschriebenen Gesetze der Sieger: Erfolgsfaktor Firmenkultur* Düsseldorf u. a.: Econ-Verlag, 1993.

Sørensen, J. B.: »*The Strenght of Corporate Culture and the Reliability of Firm Performance*«, 1998.

Yves Doz und Heinz Thanheiser

Der Unternehmensumbau: Kunst und Wissenschaft

In den neunziger Jahren haben sich Firmenchefs zwar von zuvor typischen Maßnahmen wie Umstrukturierungen des Portfolios oder Kapitalsanierung verabschiedet. Die wesentlichen Elemente eines erfolgreichen Umbaus wurden allerdings bis heute in nur wenigen Unternehmen erkannt und umgesetzt. Für Manager gilt es, neue Ziele zu formulieren und die Ausrichtung ihres Unternehmens neu zu definieren, eindeutige betriebliche und organisatorische Regeln aufzustellen und das Engagement sowie die emotionale Loyalität ihrer Mitarbeiter zu wecken und lebendig zu halten. Dabei kommt dem Vorstandsvorsitzenden eher die Rolle des ersten Dieners zu als die eines autokratischen Bosses.

»Die Schwierigkeit beim Unternehmensumbau ist, dass alles von dem Mann an der Spitze abhängt!« So lautete das Fazit eines frustrierten Topmanagers, der an einem unserer Seminare über den Umbau von Unternehmen teilgenommen hatte. Dem lässt sich kaum widersprechen. Bei den meisten Umstrukturierungen scheint der Erfolg eng mit der Führungspersönlichkeit verknüpft zu sein: mit Jack Welch bei General Electric, dem verstorbenen Roberto Goizueta von Coca-Cola, Percy Barnevik bei ABB oder Jürgen Schrempp bei DaimlerChrysler. Gleiches gilt auch für glücklose Firmenchefs wie Al Dunlap von Sunbeam, Edzard Reuter von Daimler-Benz und John Sculley von Apple.

Dieser Artikel zeigt die Grundlagen für einen Unternehmensumbau und die veränderte Herangehensweise der Manager. Dafür haben wir Umbauprozesse beobachtet, an denen wir beteiligt waren, und auch solche, die in verschiedenen Publikationen dokumentiert worden sind. Daraus lässt sich ablesen, was es für einen erfolgreichen Wandel im Allgemeinen braucht. Und noch immer ist viel Talent aufseiten der Firmenchefs erforderlich, damit aus dem kreativen Rezept auch ein perfekt zubereitetes Gericht wird. Dies alles hat fast mehr mit Kunst zu tun als mit Wissenschaft.

Anfang der neunziger Jahre hatten wir unsere Erkenntnisse über die Anstrengungen beim Umbau großer multinationaler Unternehmen zuletzt zusammengefasst. Dabei stellten wir fest, dass die Fähigkeit, Menschen zu mobilisieren und zum kumulativen Lernen zu befähigen, immer noch selten vom Topmanagement vieler Unternehmen entwickelt wird. Wir schlossen daraus, dass konventionelle Führungsprinzipien eine Hürde darstellten. Unserer Ansicht nach bestand die wesentliche Herausforderung darin, überkommene Vorstellungen von der Funktionsweise einer

Organisation aufzugeben und eine neue Denkweise zu entwickeln und zu institutionalisieren. Die auf Veränderung zielende Initiativen der alteingesessenen Chefs allerdings griffen oft zu kurz und kamen häufig zu spät. Dies galt auch für John Akers von IBM, Robert Stempel von General Motors, Paul Lego von Westinghouse, Heinz Ruhnau von der Lufthansa und Cor van der Klugt von Philips – um nur einige wenige zu nennen.

Downsizing löst nicht alle Probleme

Im Laufe der neunziger Jahre wurde der Wandel vorangetrieben, und kaum ein großes Unternehmen in den entwickelten Ländern blieb davor verschont. Andere Artikel in dieser Mastering-Serie gehen der Frage nach dem Warum nach und führen unter anderem globalen Wettbewerb, Liberalisierung, Privatisierung, die Internet-Revolution oder einflussreichere und ungeduldigere Aktionäre an. Wir legen unseren Schwerpunkt auf den Umfang – dem Was – und der Dynamik – dem Wie – des Umbaus. Die meisten Schwierigkeiten entstehen aus einer Liberalisierung (bei Fluggesellschaften, in der Telekommunikationsbranche, bei Banken oder Energieversorgern), die den Unternehmen starke Kostennachteile, langsame Innovation, ein nach innen orientiertes Management und Arroganz bescherte. Unternehmen, die an ein wettbewerbsintensives Umfeld gewöhnt waren, wurden hingegen mit einer kürzeren Produktlebensdauer, technologischem Wandel und neuer Konkurrenz durch Start-ups aus anderen reichen Ländern oder den Emerging Markets oder beidem konfrontiert. Betrachtet man die Veränderungen in der Unternehmensstruktur über einen längeren Zeitraum, ergeben sich zwei deutlich unterschiedliche Konstellationen. In den achtziger Jahren reagierte man in nahezu jeder Situation unter anderem mit einer Umstrukturierung des Portfolios und – in eher krisenhaften Situationen – mit einer Kapitalsanierung, die mit Fusionen und Entflechtungen, Übernahmen, Allianzen und Partnerschaften einherging. Die Unternehmen besannen sich auf ihre Kernbereiche (downsizing) und bauten Personal ab. Tätigkeiten, die nicht zum Kerngeschäft zählten, wurden ausgelagert. Reengineering oder die Verbesserung von Prozessen wurden initiiert, stets begleitet von Qualitätsteigerungen oder Bemühungen gegen allgemeine Verschwendung wie Total Quality Management (TQM) oder Kaizen. Kostensenkung war das entsprechende Leitmotiv. An dieser Standardantwort auf den Erfolgsdruck hat sich bis heute nichts geändert. In den neunziger Jahre hat sich ein augenfälliger Wandel im Denken der Unternehmensführung vollzogen. Topmanager haben Initiativen für die Mobilisierung der Mitarbeiter, »Real Time Learning«, Workshops zur Lösungsfindung, Teams zur Entwicklung wertsteigernder Ideen, Arbeitsgruppen und Empowerment-Programme auf den Weg gebracht. Nun gilt Verhaltensänderung als leitendes Prinzip: um Trägheit entgegenzuwirken, Probleme vor Ort besser zu lösen und den Lernprozess zu verstärken, die Koordination durch den Abbau von Schutzzonen zu verbessern, um funktionale Zuordnungen zugunsten horizontaler Kooperation aufgeben und Eigeninitiative sowie unternehmerisches Denken und Handeln in kleineren, stärker marktorientierten Einheiten zu fördern.

Heute sind mehr Chefs dazu bereit, mit einem Konzept zu experimentieren, das die Organisation und das Verhalten des Managements betrifft und vom Konzept ihrer Vorgänger abweicht. Nicht jeder hat allerdings damit Erfolg. Trotz einer beeindruckenden Menge an Rezepten von Wissenschaftlern und Unternehmensberatern: Bei einer Leistungskrise steht ein Vorstandsvorsitzender immer noch ziemlich allein vor der Frage, wie ein erfolgreicher Umbau auszusehen hat und wie er erreicht werden kann. In diesem Artikel entwerfen wir ein Grundgerüst, das den Umgang mit solchen Prozessen in einem gewissen Umfang anleitet.

Erfolgreicher Wandel

Bei einem erfolgreichen Wandel erfolgen Veränderungen in drei zentralen Dimensionen:

- Neudefinition von Schwerpunkt und Ziel,
- Veränderung der »Spielregeln« eines Unternehmens,
- Motivation und Ansporn der Mitarbeiter.

Strategischen Kontext ändern

Bei erfolgreichen Erneuerungsprozessen hat der Vorstandsvorsitzende – der häufig neu in dieses Amt gewählt wurde und mit anderem »frischen Blut« von außerhalb zusammenarbeitet – eine neue Wertschöpfungstheorie für das Unternehmen entwickelt. Diese konkretisierte in der Regel das Verhältnis zwischen drei Aspekten: Bereich, Ziel und Integration. Ein Ausgangspunkt ist dabei häufig die Überlegung, wie Wert geschaffen werden kann für die verschiedenen am Unternehmen Beteiligten. Daraus folgt manchmal eine Ausweitung des Tätigkeitsfeldes und manchmal dessen Einschränkung.

Der neue CEO von PepsiCo, Craig Weatherup, erweiterte das Angebot des Unternehmens um eine ganze Palette neuer Getränke neben den klassischen Cola-Sorten. Jorma Ollila vom finnischen Unternehmen Nokia konzentrierte sich dagegen auf das Mobilfunkgeschäft und entschied sich damit gegen die alte Mischkonzernstruktur. Eine eindeutigere Wertschöpfungstheorie konzentriert sich gewöhnlich auf die Bereiche, in denen sich die verschiedenen Tätigkeiten eines Unternehmens überschneiden, um die höchste Wertschöpfung zu ermöglichen. Sie unterstützt die Unternehmensführung bei der Entscheidung, welche Geschäfte und Tätigkeiten das »Kerngeschäft« ausmachen und welche nicht. Letztere könnten entweder ausgelagert werden, wenn sie Teil einer allgemeinen Tätigkeit sind – wie die Logistik bei Philips. Oder sie werden abgestoßen, wie alle Tätigkeiten von Nokia, die nicht in den Bereich der Telekommunikation fielen. Durch eine solche Neudefinition des Unternehmensschwerpunkts kann die Geschäftsführung große ehrgeizige Ziele formulieren, die eher durch den Vorsprung gegenüber der Konkurrenz bestimmt werden und nicht durch steigenden Finanzziele. Die Abmessungen werden in der Regel nicht nur quantitativ, sondern auch intellektuell beschrieben – nicht nur »(viel)mehr vom Gleichen«, sondern »etwas anderes«. EDS beispielsweise, der US-amerikanische IT-Konzern, wollte sich Microsoft, Sony und IBM zum Vorbild nehmen, zu einer Gebrauchsgütermarke werden und damit weltweit auf den Bildungsmärkten mitmischen. Dieses Ziel war das Resultat einer Revision der Unternehmenslogik. Für ein so stark im »Business-to-Business«-Geschäft engagiertes Unternehmen stellt dies eine echte Erweiterung auf intellektueller Ebene dar. Einen dritten Aspekt bei der Änderung der strategischen Logik stellen Überlegungen zu einer neuen Wertschöpfungstheorie dar.

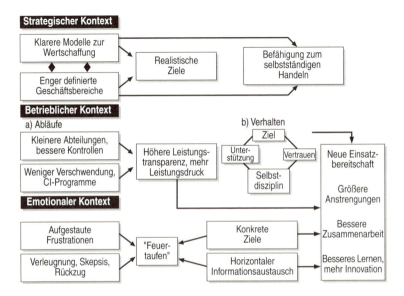

Abb. 1: Die Dynamik des Umbaus kann als Wandel in drei Bereichen beschrieben werden

Schwerpunkte neu definieren

Diese bringen eine Reihe von Prinzipien für den Umgang mit Wechselbeziehungen von Geschäftsbereichen hervor. Kodaks Konzentration auf die Bildverarbeitung beispielsweise war von George Fischer bestimmt worden, einem neuen CEO, der von Motorola gekommen war. Dadurch sollten die Kräfte der verschiedenen Geschäftsbereiche von Kodak gebündelt werden, um am Schnittpunkt von Fotografie und digitalen Technologien neue Geschäftsfelder zu erschließen. Daraus folgte eine sehr viel größere wechselseitige Abhängigkeit, die eine stärkere Kooperation der Geschäftsbereiche verlangte. Selbstverständlich ist so etwas nicht immer einfach. Geschäftsbereiche zeigen sich oft resistent gegenüber Entscheidungen, die die Manager zuallererst als Beschneidung ihrer Kompetenzen werten.

Ein anderes Beispiel einer neuen strategischen Logik ist Hewlett Packards E= MC^2. Die Formel stand für »Energy for growth from combining knowhow in Measurement, Communications, and Computers«, also etwa: »Wachstumsenergie aus der Verbindung von Know-how aus den Bereichen Messtechnik, Kommunikation und Computer«.

Die Strategie musste nach wenigen Jahren aufgegeben werden. Das Unternehmen spaltete sich anschließend in zwei voneinander unabhängige Bereiche, wobei das Computergeschäft von dem Geschäft mit Messinstrumenten und anderen Geräten abgetrennt wurde. Sehr unterschiedliche Kostenstrukturen, der Druck rasanter Entwicklungen im Computergeschäft, die Explosion der Internet-Aktivitäten und der Wunsch, die Leistungsbewertung des Geschäftsbereichs nicht zu gefährden, mögen dabei eine Rolle gespielt haben.

2. Änderung des betrieblichen und organisatorischen Kontexts: Die »Spielregeln«, die bestimmen, wie Ressourcen gewonnen werden und die Arbeit zu leisten ist, beeinflussen die Wandlungsfähigkeit eines Unternehmens erheblich. Intels Anordnung, dass die Steigerung der Wafer-Produktion an die Möglichkeit der Herstellung profitabelster Endprodukte zu knüpfen war, ist ein einfaches Beispiel dafür. Die strikte Einhaltung dieser Regel führte schließlich dazu, dass Intel in den achtziger Jahren seine Tätigkeit von Speichern zu Mikroprozessoren verlagerte, noch bevor das dem Kerngeschäft »Speicher« stark verbundene Topmanagement diese Regel ausdrücklich zur neuen Strategie erhob. Die Regel brachte Intel dazu, sich schon früh vom Speichergeschäft zu verabschieden und seine führende Position bei Mikroprozessoren aufzubauen. In vielen anderen Unternehmen, die einen Umbau statt einer fortlaufenden Anpassung vornehmen, leidet die Performance unter ungeeigneten Entscheidungsregeln und der Notwendigkeit, das Umfeld der Organisation neu zu strukturieren.

Einer ersten Regeländerung entspricht es bereits, die Leistung transparenter zu machen. Sie lässt sich dadurch auf Geschäftsführungsebene besser vom Geschäftsergebnis trennen. Und das sorgt für Disziplin bei Zielbestimmung und Planungsrechnung. Dies erfordert in den meisten Fällen (a) eine Entflechtung großer, heterogener und schwer zu beurteilender Unternehmensbereiche in kleinere Einheiten und (b) die Entwicklung präziser Bewertungs- und Kontrollverfahren. Während das eine die versteckte wechselseitige Subventionierung der Geschäftsbereiche verhindert oder einschränkt, werden durch das andere Bewertungsverfahren eingeführt, die den Entscheidungsprozess besser unterstützen – obgleich das Wertschöpfungspotenzial durch Synergieeffekte zwischen den Abteilungen allerdings abnimmt.

Ein ausgezeichnetes, gleichwohl extremes Beispiel für eine Entflechtung zum Zweck einer größeren Transparenz ist das schweizerisch-schwedische Industrieunternehmen ABB, das 5000 Profit-Center gründete, die durch die betriebswirtschaftliche Software Abacus transparent und kontrollierbar sind.

Eine zweite Regeländerung liegt zwar auf der Hand, ist aber schwer umzusetzen. Sie soll Verschwendung sichtbarer machen und möglichst ausschließen. Die Six-Sigma-Methode von GE ist eines der bekanntesten Beispiele für eine konsequente

Verfolgung dieses Prinzips. Das 1995 installierte Verfahren sollte »die größten Wachstumschancen, höhere Rentabilität und die zufriedensten Mitarbeiter in der Geschichte des Unternehmens« bringen. 1998 hatte GE Einsparungen von über 750 Millionen US-Dollar erzielt, die dem Six-Sigma-Verfahren zuzurechnen waren.

Mit der dritten Regeländerung bewegt sich ein Unternehmen weg vom Prinzip »Befehl und Kontrolle« (autokratisches Verhalten) und hin zum »Empowerment« (förderndes Verhalten), um Intelligenz, Kreativität und Motivation einer breiten Mitarbeiterschicht zu mobilisieren. Dies ist möglicherweise eine Veränderung, die bürokratisch geführten Unternehmen am schwersten fällt – es ist allerdings auch die wichtigste.

Den emotionalen Kontext ändern

Der Unterschied zwischen einem wirklichen Umbau und einer rein strategischen Neuausrichtung oder Umstrukturierung ist im emotionalen Kontext zu suchen, in der Neubelebung von Engagement und emotionaler Loyalität mit dem Unternehmen und seiner Führung. Nach Jahres des »Downsizing«, der Verschlankung, kann die Wiederherstellung von Vertrauen und Initiative schwierig sein. Bei GE waren es zahlreiche »Work-Out«-Meetings, die der Vereinfachung der Arbeitsprozesse, der Beseitigung beengender Bürokratie und der Beteiligung der Mitarbeiter am Problemlösungsprozess dienen sollten – ein bekanntlich sehr effektiver Ansatz, um den emotionalen Kontext zu verbessern. Und das britische Pharma-Unternehmen Smith-Kline Beecham beteiligte sämtliche Mitarbeiter am »Graswurzelprozess« zur Neugestaltung des Unternehmens, um die infolge einer Fusion üblichen Traumata zu vermeiden.

Mitarbeiter umfassend informieren

Die umfassende Information der Mitarbeiter über Erfolg oder Misserfolg der Geschäftstätigkeiten und auch über Führungsprobleme kann die Wiederherstellung von Vertrauen entscheidend beeinflussen. Percy Barnevik und seine Führungsmannschaft bei ABB befolgten ihre »Prinzipien von Fairness, Offenheit und Respekt« auch in den Jahren der Betriebsschließungen und Entlassungen, um Vertrauen möglichst zu wahren oder herzustellen. Bei »Gemeindeversammlungen« weltweit teilte Lufthansas Vorstandsvorsitzender Jürgen Weber den 20 000 Mitarbeitern persönlich mit, dass ihr Unternehmen in Schwierigkeiten war, von Bonn keine weiteren Subventionen geleistet würden und vor ihnen nichts als harte Arbeit lag.

Dynamik des Umbaus

Dass die Intensität der Umbauaktivitäten schwankt, ist kaum beachtenswert. Schließlich ist ein Auf und Ab in Krisensituationen ganz normal. Bei genauerer Betrachtung zeigt sich jedoch ein klares Ablaufmuster, dass mit einer Steigerung der Energie beginnt, der dann ein Verbreitungsprozess folgt.

Bündelung der Kräfte: Ein neuer Chef sieht sich meist großer Trägheit oder fehlgeleiteten Kräften gegenüber. Die Überwindung der Trägheit oder ein Richtungswechsel setzt eine Bündelung der Kräfte voraus. Wir haben Umbaubemühungen beobachtet, die schleppend begannen oder stecken blieben, weil ebendies nicht stattfand. Bei Philips zum Beispiel verursachten stagnierende Führungsteams, mangelnde Führungsqualitäten oder Vorstandsvorsitzende ohne ausreichende Befugnisse jahrelang Fehlstarts. Bei Rank Xerox und bei Siemens wurde der Umbau stark verzögert.

Bei erfolgreicheren Transformationen wurden »Energiespitzen« (energy peaks) durch Wendepunkte wie Rücktritte im Topmanagement ausgelöst. Bei Lufthansa beispielsweise ist ein Manager-Training im Juni 1992, das ursprünglich den Titel »Neues Denken« trug, von Jürgen Weber in eine »Krisensitzung« umfunktioniert worden. Am Ende dieser Veranstaltung standen drastische Veränderungen an drei Fronten: ein Umdenken in der Strategie, die Verpflichtung zum Wandel in Geschäftsführung und Organisation und eine starke emotionale Erfahrung, durch die die Führungsspitze neuen Auftrieb erhielt. Solche einschneidenden Ereignisse bedürfen einer besonderen Kombination von Führungsansätzen. Die Fähigkeit, bei den Unternehmensangehörigen etwas zum Schwingen und neue Wahrheiten ans Licht zu bringen, ist eine Sache. Doch auch die Führungskräfte müssen bei der Arbeit an einem grundlgenden Veränderungsprogramm über ihre Ausgangsposition hinausgehen.

Energieverluste

Einschneidende Ereignisse haben eine kurze Halbwertzeit, der Energiepegel muss immer aufs Neue angehoben werden. Verbesserungsinitiativen, Kostensenkungsprogramme und ähnliche Maßnahmen erfordern eine breite Beteiligung und einen langen Atem – manchmal über mehrere Jahre hinweg. Durch Konflikte, Kämpfe oder schlicht die Rückkehr zum Tagesgeschäft kann die Energie rasch verpuffen, wenn nicht Anschlussmaßnahmen, Feiern von Erfolgen oder sonstige verstärkende Maßnahmen dem entgegenwirken.

Ein herausragendes Beispiel für Anschlussaktivitäten ist die Fusion und der sich anschließende Prozess bei SmithKline Beecham unter Bob Baumann. Sobald Entmutigung, sinkende Motivation oder Ermüdungserscheinungen in der Führungsspitze erkennbar wurden, ging die Führungsriege gemeinsam auf eine Benchmarking-Reise. Dann zelebrierten bei Disney World Hunderte von Führungskräften »The Simply Better Way« (Einfach der bessere Weg), eine Veranstaltung, die einen emotionalen Höhepunkt erzeugte.

Doch selbst wenn die Unternehmensführung alle oben beschriebenen Punkte umsetzt, bleibt eine letzte Herausforderung: das »Loslassen«. Der anfängliche Kampf gegen die Trägheit wird gewöhnlich von oben dirigiert und zeichnet sich nicht gerade durch umfangreiche Beratungen, Personalentwicklung oder Anreiz zu risikofreudigem Handeln aus – eher durch das Gegenteil. Ein gutes Beispiel dafür gab das Duo Piëch/Lopez bei Volkswagen ab. Ein Branchenkenner beschrieb es so: »Sie packten den erstarrten Wolfsburger Riesen im Genick und schüttelten ihn wach.« Auch der Spitzname »Neutron Jack«, den GE-Boss Jack Welch in den achtziger Jahren erhielt, deutet nicht gerade auf einen kooperativen Stil hin. Dennoch führte ebendieser Welch in diesem Großunternehmen »Work-out«-Maßnahmen ein, um Mitarbeiterbeteiligung und Managementdenken auf sämtlichen Ebenen zu erreichen. Mit einer enormen Anstrengung sollten Verhaltensänderungen erreicht, Vertrauen aufgebaut und Begeisterung geweckt werden. Im Jahresbericht von 1997 stand zu lesen: »Für jeden von uns wurde es unvorstellbar, den Tyrannen, den Autokraten, das hohe Tier zu dulden, geschweige denn einzustellen oder zu befördern. Dieser gehört schlicht der Vergangenheit an.«

Die Schwierigkeit, die alte Kultur bei GE zu »verlernen«, sollte nicht unterschätzt werden. Wie wird Volkswagen (und vielen anderen) der Schritt von verordneten Lösungen zum spontanen Aufgreifen von Ideen gelingen? Die größte Herausforderung bei der Selbsterneuerung von Firmen besteht für die Führungskräfte darin, sich in das relative Chaos ungeregelt vorkommender Initiativen zu stürzen. Dies erfordert sowohl Selbstvertrauen als auch Vertrauen in andere – die Fähigkeit, eine Atmosphäre von Kooperation und Gemeinsinn in den Teams zu schaffen, um »loslassen« zu können. Heutzutage gilt ein Zustand für Unternehmen als erstrebenswert, bei dem sie fortwährend lernen und unternehmerisch handeln. Dazu benötigen sie Führungskräfte, die Anstöße geben und ihre Mitarbeiter mobilisieren. Den Vorstandsvorsitzenden kommt dabei eine im Vergleich zu früher noch kompliziertere Aufgabe zu: Sie sollen ihre Führungsaufgaben mit genauso viel Mut und Klarheit wahrnehmen wie bisher, dies aber als »erster Diener« des Unternehmens und nicht als dessen »autokratischer Boss«. Steve Miller, Vorstandsmitglied von Royal Dutch/Shell nennt dies »Basisführung« (grassroots leadership). Sein Motto wird so zitiert:

> »Ändere deine Definition von Führung, dann ändert sich auch deine Art, ein Unternehmen zu führen. Sobald die Menschen an der Basis der Meinung sind, dass sie das Problem erkannt haben, stellen sie fest, dass sie auch die Lösung kennen – und sie verbessern die Dinge dann sehr viel schneller, aggressiver und kreativer, als altmodische Führungskräfte aus der obersten Etage es je könnten.«

Literaturhinweise

Burgelman, R. A.; Grove, A.: »Strategic Dissonance«, *California Management Review*, 38, 1996.

Doz, Y.; Thanheiser, H.: »Regaining Competitiveness: A Process of Organisational Renewal«, in: *Strategic thinking*. Von Hendry, John u. a. Chichester: John Wiley, 1993.

Kets de Vries, M.: Percy Barnevik and ABB. *INSEAD* video and case, 1994.

SmithKline Beecham: »The Making of the Simply Better Healthcare Company, (A) and (B), INSEAD case study«, as quoted in Pascale, R.: *Grassroots Leadership-Royal Dutch/Shell*. Fast Company, 1995.

Welch, J. F. Jr.: Speech at the General Electric Company 1996 Annual Meeting, Charlottesville, Virginia, April 24, 1996.

11
Strategie und Menschen

Der Begriff Humankapital und der Satz »Unsere Mitarbeiter sind unser wichtigstes Kapital« sind nach wie vor äußerst beliebt in Unternehmensberichten. Hier finden Sie die neuesten Ansätze im Management wie etwa Anreizsysteme und zudem eher ungewöhnliche Standpunkte zu diesem Schlüsselthema. Die anregenden, bisweilen auch kontroversen Ausführungen über die gesellschaftliche Rolle des Unternehmertums sind eine Kampfansage an Firmen, die keine Mittel für gesellschaftliche Anliegen zur Verfügung stellen. Außerdem finden Sie hier eine faszinierende Schilderung der Rolle des »sozialen Kapitals« (das geschäftliche und private Netze verbindet) und Hinweise, wie in Perioden unternehmerischen Wandels emotionale Energie gezügelt werden kann.

Warum die soziale Rolle der Wirtschaft zur Debatte steht 367
(James P. Walsh)

Sozialkapital als Kompetenz aufbauen 375
(Wayne E. Baker)

Bezahlung nach Leistung 383
(Canice Prendergast)

Emotion als Element des Unternehmenswandels 390
(Quy Nguyen Huy)

James P. Walsh

Warum die soziale Rolle der Wirtschaft zur Debatte steht

Eine Debatte über die soziale Rolle der Wirtschaft wird erstickt durch eine »Denkzensur« in den Unternehmen. Drei Ansätze ordnen die gesellschaftliche Verantwortung von Unternehmen unterschiedlich ein. Argumente, die bereits das Nachdenken über den Einsatz von Betriebsmitteln für soziale Zwecke ablehnen, werden dabei grundsätzlich infrage gestellt: Die Risiken für Manager – Entlassung oder feindliche Übernahmen – seien übertrieben. Selbstverständlich muss gesellschaftliches Engagement der Unternehmensstrategie entsprechen und Gewinn bringen. Doch zunächst müssen Manager ermutigt werden, überhaupt darüber zu reden.

In manchen Kreisen sind ausführliche Debatten über Stakeholder-Management und die soziale Verantwortung des Unternehmens das sicherste Mittel, um geschäftliche Gespräche oder gar Karrieren scheitern zu lassen. Soziales Handeln befriedigt zwar auch diejenigen, die geben, wird argumentiert, doch wer hat schon etwas zu verschenken? Der globale Wettbewerb fordert erbarmungslos Höchstleistungen. Geld für die Eigentümer zu erwirtschaften, gilt oft als alleiniges Unternehmensziel.

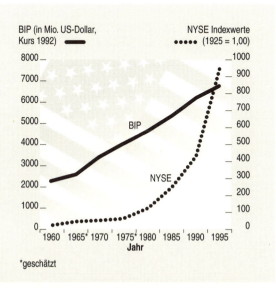

Abb. 1: Entstehung des Wohlstandes in den USA

Diese Art von betrieblicher Denkzensur mag aus Unternehmenssicht clever sein. Sie verstößt jedoch gegen Grundsätze der Meinungs- und Handlungsfreiheit – und die sind für die Schaffung von Reichtum essenziell wichtig. Sprechen wir also über eine mögliche soziale Verantwortung der Wirtschaft. Sollte ein Unternehmen etwas gegen soziale Missstände unternehmen? Auf welche Weise kann es etwas tun? Und weshalb kommt es offenbar einem Karriereselbstmord gleich, in Büros und Konferenzsälen ernsthaft über dieses Anliegen zu sprechen?

Soziale Missstände

Wir erleben eine Zeit noch nie da gewesenen Reichtums. Es ist überwältigend, wie stark das US-Bruttoinlandsprodukt und der an der New Yorker Börse erwirtschaftete Reichtum im vergangenen Jahrhundert gestiegen sind. Leitende Manager haben davon profitiert. Die 800 bestbezahlten Firmenchefs in den USA haben nach Angaben des Magazin »Forbes« 1998 inklusive leistungsbezogener Vergütungen 5,2 Milliarden US-Dollar verdient. Diese 800 Personen besitzen außerdem Aktien im Wert von über 241 Milliarden US-Dollar. Im Vergleich dazu betrug 1997 das Bruttoinlandsprodukt von Südafrika 270 Milliarden US-Dollar.

Eine derart florierende Wirtschaft lässt bestehende soziale Missstände leicht übersehen. Das amerikanische Meinungsforschungsinstitut Louis Harris and Associates hat in den USA seit 1996 Gefühle der Entfremdung beobachtet. Der Prozentsatz von Menschen, die Aussagen wie »Die Reichen werden immer reicher, und die Armen werden immer ärmer« oder »Die meisten Menschen in Machtpositionen versuchen, Menschen wie uns auszunutzen« für richtig hielten, stieg von 29 Prozent im Jahr 1966 auf 62 Prozent im Jahr 1997. Trifft diese Einschätzung zu? Chinhui Juhn, Kevin Murphy und Brooks Pierce haben die Entwicklung der Realeinkommen der amerikanischen Bevölkerung von 1963 bis 1989 untersucht und festgestellt, dass die Einkommen der Reichsten und der Ärmsten zehn Prozent der Bevölkerung Anfang der siebziger Jahre begannen, immer weiter auseinander zu klaffen (während die New Yorker Börse aufblühte). Am unteren Ende verdienten die Menschen fast zehn Prozent weniger als 26 Jahre zuvor, während sich die Einkommen der Topverdiener um fast 40 Prozent erhöht hatten. Lawrence Katz berichtet, dass dieser Trend anhält: Die obersten zehn Prozent verdienten 1996 fast fünfmal so viel wie die untersten zehn Prozent. Darüber hinaus ist nach offiziellen Angaben der Anteil von Kindern in den USA, die unter der Armutsgrenze leben, von rund 15 Prozent im Jahr 1970 auf fast 21 Prozent im Jahr 1995 gestiegen. Trotz solcher Zahlen sprechen Unternehmen nur selten über ihre Rolle bei der Verursachung oder Lösung dieser Probleme.

Subtile Kontrolle

Eingangs habe ich die These vertreten, dass ernsthafte Gespräche über die soziale Rolle der Wirtschaft oft durch eine betriebliche »Denkzensur« ins Stocken geraten.

Diese Kontrolle ist subtil: Sie steckt in der stillschweigenden Übereinkunft bezüglich des Unternehmenszwecks und wird sichtbar sowohl an dem, was die Leute tun und sagen, als auch an dem, was sie nicht tun oder sagen. Als Wirtschaftsdozent erkenne ich es an den Seminaren, die die Studenten belegen beziehungsweise nicht belegen: Ein Seminar über Optionstheorie ist allemal beliebter als ein Kurs über Wirtschaft und Gesellschaft. Auch die Übungsgespräche in den Bereichen Buchhaltung, Finanzen und Marketing bis hin zum Personalmanagement sind sämtlich von einer sozialdarwinistischen Markttheorie geprägt. Diese Art von Gedankenkontrolle meine ich auch in der Wirtschaftspresse zu erkennen. Zeitungen wie das »Wall Street Journal« formen die Kultur der Wirtschaft und werden durch diese geformt. Die in diesen Zeitungen vermittelten Werte spiegeln die der Wirtschaft inhärenten Werte wider.

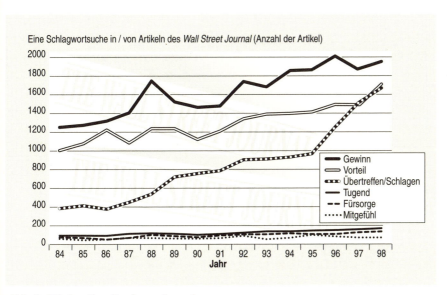

Abb. 2: Die heutige Business-Sprache

Um diese Werte zu ermitteln, habe ich die Dow-Jones-Online-Version des »Wall Street Journal« im Zeitraum von 1984 bis 1998 nach Schlüsselbegriffen durchsucht wie »schlagen«, »gewinnen« und »Vorteil« (beat, win, advantage) sowie die Themen »Fürsorge«, »Mitgefühl« und »Tugend« (caring, compassion, virtue). Die Untersuchung hat gezeigt, dass »schlagende« Themen sehr viel häufiger vorkommen als die »fürsorglichen«. Und die Zahl der Artikel über Gewinnen, Schlagen und Vorteile nimmt weiter zu. Für Diskussionen über Fürsorge, Mitgefühl oder Tugend scheint es in der heutigen Wirtschaft kaum Platz zu geben. Den Begriff »soziale Verantwortung« findet man in durchschnittlich 136 Artikeln pro Jahr (Tiefststand mit 109 im Jahr 1989 und Höchststand mit 176 in 1993). Die Suche nach dem Begriff »Stakeholder« (gemeint sind anders als über Kapitalanteile an Firmen Beteiligte) ergab noch weniger Treffer, maximal 11 im Jahr 1995.

Den Mechanismus, der das Gespräch über diese Dinge einschränkt, kann ich nicht erklären. Ich kann jedoch mit Sicherheit feststellen, dass solche Dialoge selten geführt werden. Was tun?

Betriebliche Lösungen

Es gibt drei grundsätzliche Perspektiven für die Verantwortung von Unternehmen. Alle drei sind mehr oder weniger umstritten. Die erste und am wenigsten umstrittene besagt: Wenn ein Betrieb ein gesellschaftliches Problem verursacht, muss er dieses auch beseitigen. Als vor rund zehn Jahren die »Exxon Valdez« die Gewässer von Alaska mit 232 000 Barrel Öl verseuchte, waren sich alle einig, dass Exxon den verursachten Schaden beheben muss, selbst wenn es das Unternehmen 3 Milliarden US-Dollar kosten sollte. Strittig ist die Sache nur dann, wenn unklar ist, ob ein Unternehmen ein Problem tatsächlich erzeugt hat. In einem zweiten Denkansatz geht es weniger um die Verursacher gesellschaftlicher Probleme als vielmehr darum, wer sie lösen kann. In einer Zeit, in der die nationale Souveränität von den internationalen Strömen von Kapital, Arbeitskräften und Produkten in die Zange genommen wird, gilt das multinationale Unternehmen als einzige machtvolle, transnationale Institution auf der Weltbühne. Es allein kann den Kampf gegen Armut, Analphabetentum, Unterernährung oder Krankheit finanzieren.

Profit allein ist nicht genug

Dieser kommunitaristische Denkansatz geht mindestens auf das Jahr 1916 zurück, auf Aussagen von Henry Ford im legendären Verfahren gegen die Gebrüder Dodge. Ford war der Überzeugung, dass zum Betreiben eines Unternehmens mehr gehört als nur das Erzielen von Profit. »Ich glaube, wir sollten mit unseren Autos nicht so einen schrecklich großen Profit machen«, sagte er. »Profit in vernünftigen Maßen ist in Ordnung, doch er sollte nicht zu groß sein. Deshalb habe ich immer danach gestrebt, den Preis für die Autos nach unten zu drücken, sobald es die Produktion erlaubte, und dann den Gewinn an die Käufer und Arbeiter weiterzugeben, mit überraschend hohen Gewinnen für uns.« Henry Ford war der Meinung, in das Profitstreben müssten andere Überlegungen einfließen. Kommunitaristen verlangen vom Unternehmen ein aktives Engagement bei der Lösung der sozialen Probleme der Welt, während es weiter seine Gewinnziele verfolgt. Die so genannten »Contractarians« vertreten einen dritten Ansatz zur sozialen Verantwortung der Wirtschaft, der gegensätzlicher nicht sein könnte. Sie sind nicht gegen die Idee, dass Unternehmen das Wohl der Gesellschaft fördern sollten; für sie sieht das Mittel zum Erreichen dieses Zwecks nur ganz anders aus. Milton Friedmans Artikel, der 1970 in der »New York Times« unter dem Titel »The corporate social responsibility of the firm is to increase its profits« (»Die soziale Verantwortung des Unternehmens besteht im Erhöhen des Profits«) erschien, versinnbildlicht das Denken dieser Lehre: Vereinfacht ausgedrückt können wir Gott danken, dass die Unternehmen überhaupt Reichtum geschaffen haben. Ohne diesen Reichtum würden wir in Elend und Not leben. Das Unternehmen sollte seine fairen Steuern an den Staat zahlen, um den kollektiven Bedürfnissen der Gesellschaft gerecht zu werden, und sich weiter der Schaffung von Reichtum widmen.

Das Abzweigen von Unternehmensmitteln für die Lösung gesellschaftlicher Probleme stelle eine Doppelbesteuerung des Unternehmens dar und unterminiere obendrein die Motivation, jeden Tag zur Arbeit zu gehen. Nach Ansicht der Contractarians würden die Kapitalmärkte diese Verschwendung von freiem Cashflow abstrafen; die entsprechenden Manager säßen schon bald auf der Straße. Andernfalls würde ihr Unternehmen zum Übernahmeziel für andere, die sich den missbrauchten Aktionären als die besseren Vermögensverwalter präsentieren. Diese Ansicht ist heute in Managementkreisen besonders weit verbreitet.

Praktische Politik

Selbst wenn Manager einen Teil der Betriebsmittel für die Lösung sozialer Probleme investieren wollen, heißt es, werden sie wegen Verschwendung zur Verantwortung gezogen. Aufsichtsräte und der Übernahmemarkt würden diese offensichtliche Inkompetenz bestrafen. Dies gilt nicht nur für die USA. In den vergangenen zehn Jahren stieg die Zahl der Fusionen und Akquisitionen (M&A) in der Europäischen Union dramatisch an – von 2643 zwischen 1981 und 1989 auf 33 687 im Zeitraum von 1990 bis 1998. Manager, die Unternehmensgelder für soziale Belange ausgeben, tun dies also auf eigene Gefahr.

Wir wissen jedoch noch nicht, wie die Karrieren von Managern verlaufen, die sozial verantwortliche Unternehmen leiten. Wir wissen allerdings eine ganze Menge darüber, wie das Kontrollsystem funktioniert. Die entsprechende Forschung hat Verblüffendes ergeben. So haben Jerold Warner, Ross Watts und Karen Wruck bei 269 Unternehmen im Zeitraum von 1963 bis 1978 die Beziehung zwischen der Leistung und der Entlassungsquote von Vorstandschefs untersucht. Sie klassifizierten die Unternehmen nach dem durchschnittlichen Aktienkursgewinn pro Jahr und stellten fest, dass die Fluktuationsrate von Vorstandschefs in den Unternehmen im obersten Zehntel bei 8,3 Prozent lag. Diese niedrige Quote (die auch Ruhestand oder Krankheit abbildet) sollte niemanden überraschen; diese Leute leisten höchstwahrscheinlich sehr gute Arbeit. Erstaunlich dagegen sind die Zahlen für das unterste Zehntel. Diese Unternehmen wiesen nur eine Quote von 13,8 Prozent auf. Stuart Gilson ging einen Schritt weiter und nahm Unternehmen mit besonders schlechten Leistungen unter die Lupe. Er untersuchte die Entlassungsmuster für Vorstandschefs bei Unternehmen, die drei Jahre nacheinander zu den unteren fünf Prozent der an der New York und American Stock Exchange gelisteten Unternehmen gehörten sowie jene in derselben Leistungskategorie, die ihrem Schuldendienst nicht nachkamen, in einen Vergleich oder einen Bankrott führten. Selbst extrem erfolglose Vorstandschefs verlieren demnach nicht notwendigerweise ihren Job. Nur 19 Prozent der Unternehmen in der ersten Gruppe tauschten ihren Chef aus, unter den höchst maroden Unternehmen der zweiten Gruppe lag die Quote bei 52 Prozent. Entgegen der gängigen Meinung müssen Vorstandschefs also nicht unbedingt um ihre Karriere bangen, wenn ihr Unternehmen am Aktienmarkt nicht gut abschneidet. Das Risiko, dass sie ihren Job verlieren, steht schlimmstenfalls fifty-fifty.

Wenn der Aufsichtsrat einen schlechten Chef nicht entlässt, wird aber möglicherweise der Übernahmemarkt dafür sorgen, möchte man meinen. John Ellwood und ich haben bei 102 Unternehmen über den Zeitraum von 1975 bis 1979 die Beziehung untersucht zwischen der Unternehmensleistung vor einer Übernahme und dem Rausschmiss von Topmanagern danach. Wir fanden keinen Hinweis darauf, dass Übernahmen dazu führen, »Managementballast« abzuwerfen. Die Chefwechselrate nach Übernahmen war tatsächlich umso größer, je besser die Aktien-Performance vor der Übernahme war. Offenbar haben nach einer Fusion oder Akquisition diejenigen eine neue Stellung gesucht, die sich auf dem Markt besonders gut verkaufen konnten.

In einer Folgestudie untersuchten Rita Kosnik und ich einen extremeren Fall: Hier erwarben acht berüchtigte Unternehmensaufkäufer im Zeitraum von 1979 bis 1983 Anteile an einer Firma. Auch hier fanden wir keinen Hinweis darauf, dass in diesem Zusammenhang ein Führungswechsel überdurchschnittlich häufig vorkam. Diese Ergebnisse gelten nicht nur für die USA. Julian Franks und Colin Mayer untersuchten die Wechselwirkung zwischen feindlichen Übernahmeangeboten und der Wechselrate bei haupt- und ehrenamtlichen Aufsichtsratsmitgliedern anhand von 80 feindlichen Übernahmeangeboten in Großbritannien in den Jahren 1985 und 1986. Sie kamen zu dem Schluss, dass auch in Großbritannien scheinbar keine besonderen Strafmaßnahmen mit einer feindlichen Übernahme einhergehen. Das Gerede von betrieblicher Kontrolle und ihrer disziplinierenden Wirkung auf Manager klingt zwar überzeugend. Es ist jedoch kaum erkennbar, dass Vorstandschefs ihre Karriere riskieren, wenn ihr Unternehmen schlechte Ergebnisse erzielt. Es gibt also genügend Spielraum für Manager, um Risiken einzugehen und in hehre Projekte zu investieren, die aus dem üblichen Geschäftsrahmen fallen. Riesige Reichtümer und große Macht legen es den Führungskräften geradezu nahe, einen Teil dieser Mittel zur Lösung der großen Probleme der Welt einzusetzen. Ein solcher Vorschlag facht alte Debatten neu an – Debatten über das, was ein Unternehmen der Gesellschaft, in der es handelt, schuldig ist. Doch selbst wenn zwingend Handlungsbedarf besteht, wird weiterhin angenommen, dass Managern wegen drohender Konsequenzen die Hände gebunden seien.

Ich unterstelle hier also, dass das Gerede über Abstrafungen eben nichts weiter ist als Gerede. Ein Loblied auf Missmanagement oder die Zerstörung von Unternehmenswert stimme ich allerdings nicht an. Vielmehr stelle ich klar, dass die Leiter eines Unternehmens bei schlechten Ergebnissen mit weit weniger Konsequenzen rechnen müssen, als sie fürchten. Weshalb also sollten Manager nicht ernsthaft über die soziale Verantwortung der Wirtschaft sprechen können? Warum können Manager nicht nach den Vorteilen streben, die auch aus sozialem Engagement erwachsen? Die Antwort kenne auch ich nicht; mir ist lediglich klar, dass dies wichtige Fragen sind.

Nächste Schritte

Mein relativ bescheidenes Anliegen ist es gewesen, an dieser Stelle die Debatte neu zu entfachen über die Rolle, die die Wirtschaft bei der Lösung gesellschaftlicher Probleme spielen könnte. Niemand bestreitet schließlich, dass wir mit ernsthaften Problemen konfrontiert sind. Die Frage ist, ob reiche und mächtige Unternehmen etwas dagegen tun können oder sollten. Offensichtlich trifft es nicht zu, dass Führungskräften wegen des Kapitalmarktes die Hände gebunden sind. Dieser Druck ist weniger stark, als wir glauben. Manager haben viel Spielraum, um in diesem Bereich innovativ zu handeln.

Es könnte sich als das größere Problem erweisen, eine entsprechende Strategie oder Taktik zu entwickeln. Die Sprache der Wirtschaft erlaubt derzeit offenbar nicht den Gebrauch von Begriffen wie Mitgefühl oder Fürsorge. Wie sollen wir eine solche Strategie entwickeln, wenn wir nicht einmal darüber reden können? Es wird einigen Mut erfordern, solche Gespräche zu führen. Worüber genau werden wir dann sprechen? Die Gespräche werden sich kaum von den üblichen pragmatischen Geschäftsverhandlungen unterscheiden. Wir werden zuallererst beschließen, welche der vielen Probleme wir angehen wollen. Wir werden die Möglichkeit untersuchen, gesellschaftliche Probleme zu lösen und gleichzeitig wirtschaftlichen Gewinn zu machen. Haben wir unseren Bereich bestimmt, werden wir uns darüber klar werden müssen, auf welche Weise wir unsere Mittel einsetzen wollen. Werden wir selbst tätig oder stellen wir die Mittel anderen zur Verfügung? Sind wir selbst fähig, Probleme wie Analphabetentum, Gewalt unter Jugendlichen oder Unterernährung in Angriff zu nehmen? Und wenn nicht, können wir andere Ressourcen finden, um doch Hilfe zu leisten?

Erste Worte

Schließlich bleibt noch die Frage nach Effizienz. Wir werden die Resultate unserer Bemühungen mit Blick auf Zielgruppen und auf Unternehmensbedürfnisse beobachten und bewerten müssen. Die Renditen aus diesen Investitionen, wie auch immer sie definiert sein mögen, müssen kalkuliert werden.

Zuallererst müssen wir jedoch überhaupt mit dem Gespräch beginnen. Nichts wird geschehen, solange wir am Arbeitsplatz nicht offen über eine soziale Verantwortung der Wirtschaft sprechen können. Möglicherweise hilft uns dieser Artikel, genau das zu tun.

Literaturhinweise

Bradley, M.; Schipani, C. A.; Sundaram, A. K.; Walsh, J. P.: »The Purposes and Accountability of the Corporation in Contemporary Society: Corporate Governance at a Cross-roads«, *Law and Contemporary Problems*, 62,1999.

Franks, J.; Mayer, C.: »Hostile Takeovers and the Correction of Managerial Failure«, *Journal of Financial Economics*, 40, 1996.

Friedman, M.: »The Social Responsibility of Business is to Increase Profits«, *New York Times Magazine*, September 13, 1970.

Gilson, S. C.: »Management Turnover and Financial Distress«, *Journal of Financial Economics*, 25, 1989.

Jensen, M. C.; Murphy, K. J.: »Performance Pay and Top Management Incentives«, *Journal of Political Economy*, 98, 1990.

Juhn, C.; Murphy, K. M.; Pierce, B.: »Wage Inequality and the Rise in Returns to Skill«, *Journal of Political Economy*, 101, 1993.

Nevins, A.; Hill, F.: Ford: *Expansion and Challenge*, 1915-1930. 1957.

Katz, L. F.: Technological change and the wage structure. Working Paper, Harvard University and the National Bureau of Research, 1999.

Walsh, J. P.; Ellwood, J. W.: »Mergers, Acquisitions and the Pruning of Managerial Deadwood«, *Strategic Management Journal*, 12, 1991.

Walsh, J. P.; Kosnik, R. D.: »Corporate Raiders and their Disciplinary Role in the Market for Corporate Control«, *Academy of Management Journal*, 36, 1993.

Warner, J. B.; Watts, R.; Wruck, K. H.: »Stock Prices and Top Management Changes«, *Journal of Financial Economics*, 20.

Wayne E. Baker

Sozialkapital als Kompetenz aufbauen

Sozialkapital entsteht aus der Verbindung von persönlichen und geschäftlichen Netzwerken und wird heutzutage stark unterbewertet. Dabei nimmt es Einfluss auf den Ausgang von Übernahmen, die Entwicklung strategischer Allianzen und den Zugang zu Risikokapital. Sozialkapital ist dabei von der Anzahl von strukturellen Löchern oder Lücken in einem Netzwerk abhängig. Diese entstehen dann, wenn zwei Personen oder Gruppen mit einer gemeinsamen dritten Partei – allerdings nicht direkt – miteinander verbunden sind. Manager, die über solche Verbindungen verfügen, sind langfristig erfolgreicher. Welche unterschiedlichen Profile von Sozialkapital gibt es?

Bald nachdem Robert Rubin seinen Rücktritt als US-Finanzminister erklärt hatte, ergingen sich die Experten in Kommentaren über den unterschiedlichen Arbeitsstil von Rubin und dem seines Nachfolgers, des ehemaligen Vizeministers Lawrence Summers. Dieser Unterschied lief darauf hinaus, dass Summers der Klügste im Saal sein wollte – während Rubin den Klügsten im Saal anheuern wollte. Dies entspricht den beiden grundlegenden Herangehensweisen eines Unternehmens an persönliche und organisatorische Kompetenz: Erfolg durch den Einsatz von Humankapital oder Erfolg durch den Einsatz von Sozialkapital.

Beides ist natürlich wichtig, doch Sozialkapital (Ressourcen in Form von persönlichen und geschäftlichen Netzwerken) ist heute für den persönlichen und unternehmerischen Erfolg wichtiger denn je. Massive Veränderungen bei den Unternehmen – wie die Tendenz zu flachen Hierarchien und flexiblen Strukturen, wachsender Informations- und Lernbedarf, kontinuierliche Verbesserung und die stärkere Integration von Kunden, Lieferanten und Wettbewerbern – erfordern den Aufbau von Sozialkapital als besondere Kompetenz. Lediglich über physisches, finanzielles und menschliches Kapital zu verfügen, reicht nicht mehr aus.

In den letzten 15 Jahre haben Soziologen, Wirtschaftswissenschaftler, Unternehmensforscher und Politologen eine Menge über das Wesen, den Nutzen und die Anwendungen von Sozialkapital erfahren. Es beeinflusst beispielsweise die Beschaffung von Risikokapital.

Verschiedene von der US-Small Business-Administration in Auftrag gegebene Erhebungen zeigen, dass die meisten Start-up-Unternehmen ihr Kapital über das soziale Netzwerk aus Kapitalsuchenden und Investoren finden. Und Robert Shiller von der Yale University hat Ende der achtziger und in den neunziger Jahren bei Befragungen unter Aktienkäufern herausgefunden: Die Kaufentscheidung der meisten professionellen und privaten Anleger beruht auf Informationen oder der Vorbildfunktion eines Freundes oder Geschäftspartners.

Sozialkapital beeinflusst Allianzen

Sozialkapital hat Einfluss auf den Nutzen und den Erfolg strategischer Allianzen. Gute Allianzpartner finden sich gegenseitig über ihre sozialen und geschäftlichen Kontakte. Je mehr strategische Allianzen ein Unternehmen eingeht, desto mehr wird es auch in Zukunft eingehen. Dies ist das Forschungsergebnis von Ranjay Gulati von der Kellogg Graduate School of Management an der Northwestern University. So hat sich zum Beispiel der amerikanische Glashersteller Corning zu dem entwickelt, was er selbst als »Netzwerk von Allianzen« bezeichnet. Unternehmen wie Corning ist es gelungen, Allianzen zu bilden und zu managen. Dies macht sie selbst zu guten Partnern, was wiederum neue Allianzpartner anzieht. Sozialkapital vermindert die Wahrscheinlichkeit von feindlichen Übernahmen. Ein Unternehmen mit einem Vorstand aus vereinzelten Mitgliedern wird eher Opfer eines feindlichen Übernahmeversuchs werden, wie Richard D'Aveni von der Tuck School of Business in Darmouth herausgefunden hat. Führungskräfte mit guten Verbindungen hingegen wehren feindliche Übernahmen ab. Denn entweder finden sie einen Retter oder sie machen sich in ihren sozialen Netzen über effiziente Verteidigungsstrategien schlau.

Sozialkapital fördert die Demokratie – das hat eine Studie von Robert Putnam von der Universität Harvard ergeben, der über 25 Jahre hinweg die Demokratie in Italien beobachtet hat. Die Gebiete in Italien, die über großes Sozialkapital verfügen (Kooperations-Netzwerke, Normen sozialen Engagements und eine Haltung gegenseitigen Vertrauens), verfügen über aufgeschlossene Regionalregierungen und starkes Wirtschaftswachstum. Regionen mit geringem Sozialkapital leiden hingegen unter rigiden Regierungen, Misstrauen und gesellschaftlicher Isolation. Vor kurzem wies Putnam nach, dass das soziale Engagement in der amerikanischen Gesellschaft zurückgeht. In dem Zusammenhang prägte er den Ausdruck vom »SoloBowling« (also als Einzelspieler im Gegensatz zum Teamspiel beim Pin-Bowling), um auszudrücken, dass Amerikaner sich immer seltener Verbänden oder Initiativen anschließen.

Größe ist nicht Stärke

Ein Netz aus sozialen Beziehungen entspicht nicht automatisch dem Sozialkapital. Ben Van Shaik, der Vorstandschef des inzwischen aufgelösten niederländischen Flugzeugunternehmens Fokker, beging zum Beispiel einen Fehler, als er die Größe eines Netzwerks mit Sozialkapital gleichsetzte. Das weisen Roger Leenders von der Universität Groningen und Shaul Gabbay von der israelischen Technion University in ihrem überarbeiteten Werk über Sozialkapital nach. In einer Präsentation für potenzielle Allianzpartner im Februar 1996 brüstete sich Van Shaik damit, dass Fokker »der zweitgrößte Flugzeugbauer der Welt« sei. Damit hatte er zwar Recht, wenn man ausschließlich die Anzahl der Kunden berücksichtigt. Doch die Kunden von Fokker waren nur kleine Unternehmen ohne große Ressourcen. Statt Maschinen zu kaufen, leasten sie nur jeweils eine oder zwei und konnten oft ihre Rechnungen nicht bezahlen. Schon zwei Monate später musste Fokker den Bankrott erklären.

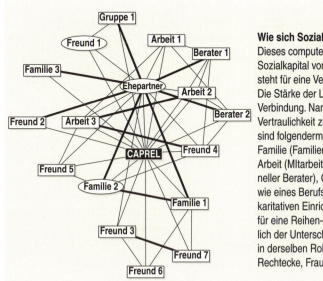

Wie sich Sozialkapital darstellen lässt
Dieses computererstellte Diagramm bildet das Sozialkapital von Thomas Caprel ab. Jede Linie steht für eine Verbindung zwischen zwei Personen. Die Stärke der Linie steht für die Intensität der Verbindung. Namen wurden nicht genannt, um Vertraulichkeit zu wahren. Die verschiedenen Rollen sind folgendermaßen beschrieben: Ehepartner, Familie (Familienmitglied oder Verwandter), Arbeit (Mitarbeiter), Freund, Berater (professioneller Berater), Gruppe (Mitglieder einer Gruppe wie eines Berufsverbands, einer Kirche oder einer karitativen Einrichtung). Die Zahlen stehen nicht für eine Reihen- oder Rangfolge. Sie sollen lediglich der Unterscheidung verschiedener Personen in derselben Rolle dienen. Männer sind als Rechtecke, Frauen als Ovale Abgebildet.

Sozialkapital ist abhängig von den Ressourcen der Menschen und Unternehmen innerhalb des Netzwerks (wie Van Shaik zu seinem Schaden erfahren musste). Außerdem spielen Zusammensetzung und Aufbau des sozialen Netzes und der Strategien zur Nutzung dieser Ressourcen eine Rolle. Die am besten dokumentierte Erkenntnis aus der Erforschung von persönlichem und unternehmerischem Erfolg erkennt eine positive Korrelation zwischen Sozialkapital und der Anzahl der strukturellen Löcher (holes) oder Lücken, die ein Netz von Personen oder Unternehmen aufweist.

Ein »Loch« ist dann vorhanden, wenn zwei Menschen oder zwei Gruppen mit einer gemeinsamen dritten Partei verbunden sind, ohne dass diese eine direkte Verbindung zueinander haben. Laut Ron Burt von der Graduate School of Business der Chicago University werden Manager, die viele unverbundene Personen oder Gruppen in Kontakt miteinander bringen, besser bezahlt und schneller befördert als solche, die keine »Löcher« in ihren Netzwerken haben. Diese Manager werden belohnt, weil sie Wert schaffen: Ein Manager, der eine Brücke schlägt zwischen einzelnen Elementen des Unternehmens, kann ein Problem in einer Gruppe mit der Lösung in einer anderen in Verbindung bringen. Ein Manager mit vielen strukturellen Löchern kommt schnell an Informationen heran. Und ein an Sozialkapital reicher

Manager weiß, wo er finanzielle, politische und gesellschaftliche Unterstützung für Projekte findet.

Dasselbe gilt für Unternehmen. Es besteht eine positive Korrelation zwischen Rentabilität und der Anzahl der strukturellen Löcher im Netz der Verbindungen eines Unternehmens mit seinen Kunden, Zulieferern und Allianzpartnern. Ein strukturelles Loch ist eine Person oder ein Unternehmen mit zwei Wahlmöglichkeiten. Der Doktorand David Obstfeld und ich sprechen hier von einer Strategie der »Trennung« oder der »Vereinigung«. Der Trennungsstratege nutzt strukturelle Löcher, indem er Menschen oder Unternehmen voneinander fern hält. Unternehmensberatungsfirmen haben oft deshalb Schwierigkeiten, weil die Berater Informationen horten und Ideen oder die besten Praktiken für sich behalten. Ein Berater, der von zwei nicht verbundenen Kollegen eine Idee erfährt, nutzt dieses Wissen eher zu seinem Vorteil, statt die Kollegen zusammenzubringen und dadurch den Vorteil einzubüßen.

In vielen Unternehmen ist dies die einzig sinnvolle Entscheidung, weil das Leistungsanreizsystem die Weitergabe von Ideen und Informationen an andere nicht belohnt. Ein Vereinigungsstratege kann dennoch zur Wertschöpfung beitragen und sein Ansehen steigern, indem er Menschen oder Unternehmen zusammenbringt. Ein Unternehmen kann die Vereinigungsstrategie dabei auf verschiedene Weise fördern. Vor ein paar Jahren brachte zum Beispiel AT&T Global Information Solutions 125 Allianzpartner bei seiner ersten Global-Alliance-Konferenz zusammen, um so Verbindungen untereinander herzustellen.

Beide Vorgehensweisen haben ihre Berechtigung. Dabei gilt die Vereinigungsstrategie als Rezept für langfristigen Erfolg. Denn die Verfechter der Trennungsstrategie werden früher oder später entdeckt und als schamlose Opportunisten entlassen. Diejenigen hingegen, die die Vereinigungsstrategie als Modus Operandi einsetzen, bauen eine produktive Kultur der Kooperation, des Vertrauens und der gegenseitigen Hilfe auf. Sie schaffen beständig Wert für sich selbst, ihre Mitarbeiter, ihr Unternehmen und ihre Kunden.

Der erste Schritt beim Aufbau von Sozialkapital ist eine Bestandsaufnahme. Die meisten haben ein verzerrtes, unvollständiges Bild von ihrem Personen- oder Unternehmensnetzwerk. Dabei sind die wenigen mit einer deutlichen Vorstellung einflussreich und effektiv, hat David Krackhardt von der Carnegie-Mellon University gezeigt.

Kooperation macht erfolgreicher

Soziologen haben unterschiedliche Methoden zur Messung von Sozialkapital entwickelt. Zu den ersten Arbeiten gehören das »Topical Module on Social Networks« im US- General Social Survey von 1985 sowie Ron Burts wegbereitende Untersuchungen von Sozialkapital in großen Unternehmen. Diese und andere Studien zeigen, dass man nicht immer ein vollständiges Netzwerk vermessen muss (dies wäre aufgrund der Größe unpraktisch). Vielmehr erkennt man an der Konfiguration und

Zusammensetzung eines »Kern-Netzwerks« die Muster und Tendenzen im gesamten Netz.

Es ist also möglich, ein Profil vom Sozialkapital eines Menschen oder eines Unternehmens zu erstellen. Der Einfachheit halber betrachten wir einmal ein persönliches Profil: Thomas Caprel ist erfolgreicher Unternehmer, Risikokapital-Anleger und Gründer von Caprel Consulting Inc., einer mittelgroßen Computerservice-Firma in einem Vorort von Chicago. Ich habe sein Kern-Netzwerk anhand des Humax Assessment untersucht, einem internetgestützen Verfahren zur Bewertung von sozialen Netzwerken und Sozialkapital. Das Profil umfasst eine Karte des Netzwerks (siehe Abbildung Seite 5), Informationen über drei Dimensionen von Sozialkapital sowie eine Profiltypbestimmung.

Dimension 1: Die tatsächliche Größe eines Netzwerks Caprels ist nicht so groß, wie es sein könnte, doch die Struktur weist auf reichhaltiges Sozialkapital hin. Im Rahmen der Untersuchung benannte er 17 Personen, etwas mehr als die Hälfte von 30, die nach dem Humax Assessment maximal möglich waren. Wenn die meisten der 17 miteinander verbunden wären, gäbe es in seinem Netz keine strukturellen Löcher, und die tatsächliche Größe wäre ziemlich gering. Doch die meisten unterhalten keine Verbindungen, was auf viele strukturelle Löcher hinweist. Die Komponenten dieser Dimension des Sozialkapitals sagen dasselbe aus. So ist die »Dichte« der Verbindungen niedrig (nur 16 Prozent der maximal möglichen Verbindungen bestehen tatsächlich).

Alle Indikatoren legen dieselbe Schlussfolgerung nahe: Dieses Netzwerk ist reich an strukturellen Löchern – und Geschäftsmöglichkeiten. Deshalb könnte durch die Verbindung von Menschen Wert geschaffen werden (Vereinigungsstrategie). Es wäre aufschlussreich, jede mögliche Paarung im Netzwerk-Plan durchzuspielen und sich den Wert auszurechnen, der durch eine Zusammenführung entstehen würde.

Dimension 2: Die Zusammensetzung eines Netzwerks ist der Feind des Netzwerk-Systems, denn ähnliche Menschen (oder Unternehmen) haben meist ähnliche Netzwerke. Spielraum erhält das Netz durch Vielfalt. Die Menschen in Caprels Netzwerk sind in fast jeder Hinsicht unterschiedlich. So gibt es erhebliche Unterschiede bei Alter und Bildung und der Verteilung der Geschlechter. Was die Rassen betrifft, ist sein Netzwerk allerdings homogen (wie es in den Netzwerken von Amerikanern meist der Fall ist). Deshalb liegt die Gesamtzusammensetzung von Caprels Netzwerk im mittleren Bereich der Vielfalts-Skala. Wertpotenzial ließe sich durch die Diversifikation der Kontakte erschließen.

Dimension 3: Ausrichtung eines Netzwerks. Viele Netzwerke konzentrieren sich entweder ausschließlich auf die Arbeit oder trennen scharf zwischen Privatleben und Beruf. Caprels Netz ist in dieser Hinsicht gemischt und überbrückt die Kluft zwischen persönlich und geschäftlich. 24 Prozent der Leute in seinem Netzwerk gehören zur Familie. Nur 18 Prozent sind Geschäftskontakte; zwei von ihnen sind professionelle Berater, ein Unternehmensberater und ein Business-Coach. Mehr als 40 Prozent haben schon einmal in anderen Ländern gelebt, was seinem Netzwerk einen überdurchschnittlich großen globalen Fokus verleiht.

Caprel unterhält eine gesunde Anzahl von Kontakten zu externen Gruppen und Unternehmen. Laut den World Value Surveys von 1995 bis 1997 sind die Amerikaner im Durchschnitt Mitglied in zwei solcher Gruppen. Bei Caprel sind es sechs: zwei Berufsverbände, ein Branchenverband, eine kulturelle Organisation, ein Sportverein und eine Gruppe zur persönlichen Weiterentwicklung. Aus meiner Arbeit mit Humax ergeben sich 27 verschiedene Typen von Sozialkapitalprofilen. Das eine Extrem ist ein kleines, homogenes, auf sich selbst konzentriertes Netzwerk. Das Profil weist Sozialkapital in Form von Vertrauen und Kooperation innerhalb eines festen Netzes ganz ähnlicher Menschen auf. Dies ist günstig für den Aufbau von Gruppenloyalität, Identität und eines gemeinsamen Ziels. Es ist jedoch ungünstig für die Beschaffung von Informationen oder anderen Ressourcen oder für die Beeinflussung von Menschen außerhalb des Netzes; es unterliegt einem »Gruppendenken« und fördert eine Weltanschauung, die durch ein »Wir« anstatt eines »Sie« geprägt ist.

Das andere Extrem ist ein großes, vielfältiges und nach außen gerichtetes Netzwerk. Dieses Profil weist Sozialkapital in Form von Geschäftschancen auf. Zwischen den Menschen bestehen viele »Löcher«, sodass eine Wertschöpfung möglich ist, indem man unbekannte Menschen miteinander in Kontakt bringt (Vereinigungsstrategie). Dieses Profil ist geeignet, um Zugang zu einer Vielzahl neuer Informationen sowie zu neuen Chancen und Ressourcen zu erhalten. Um einen Konsens herzustellen oder ein Ziel zu formulieren, ist es weniger geeignet; gelegentlich führt es sogar zu Konflikten und Spannungen.

Das Profil von Caprel ist in der Mitte zwischen diesen beiden Extremen angesiedelt. Es ist ein Netzwerk mittlerer Größe und setzt sich aus relativ unterschiedlichen Menschen zusammen, wobei der Fokus sowohl nach innen als auch nach außen gerichtet ist. Damit verfügt es gleichermaßen über die Stärken und Schwächen der beiden Formen von Sozialkapital und entspricht dem typischen Netzwerk eines Unternehmers.

Sozialkapital aufbauen

Unternehmen bedienen sich aller denkbaren Praktiken, um Sozialkapital aufzubauen – internes wie externes, denn das eine kann das andere stärken. Bei Corning hat man festgestellt, dass der Aufbau eines Netzes aus strategischen Allianzen die interne Struktur und Kultur unter Druck setzt. Das Unternehmen war also gezwungen, innere Barrieren einzureißen, Ebenen aufzulösen und das Netzwerk flexibler und mehr teamorientiert zu gestalten.

Belohnung und Leistungsanreiz

In vielen Unternehmen werden Verhaltensweisen erwartet, die dann nicht entsprechend honoriert werden. Ich kenne zahlreiche Finanzdienstleister, die ihre Verkäufer zu »marktübergreifendem« Handeln anhalten. Diese Unternehmen führen jedoch keine Vereinigungsstrategie ein, die solche Personen finanziell belohnt, die Führung mit anderen teilen oder Verkäufe als Team tätigen. Teamorientierte oder kollektive Belohnungen fördern den Aufbau und den Einsatz von Sozialkapital; dieses wird hingegen eingeschränkt, wenn nur Einzelne belohnt werden.

Training von Fähigkeiten
Sozialkapital lässt sich als Fähigkeit erwerben. Um Sozialkapital als unternehmerische Kompetenz aufzubauen, müssen regelmäßig anspruchsvolle Trainings angeboten werden für den Aufbau von Beziehungen und Netzwerken. Innerbetriebliche Schulungen sind dabei wichtig; noch mehr aber kommt es auf eine externe Erprobung an, weil sich hier ganz natürlich Gelegenheiten zum Aufbau von Verbindungen und strukturellen Löchern bieten. Ausnahmslos jeder sollte regelmäßig an solchen Veranstaltungen teilnehmen, selbst der Vorstandschef. Thomas Caprel zum Beispiel hat zwei professionelle Berater in seinem Kern-Netzwerk und unterhält aktiv Verbindungen zu den entscheidenden externen Verbänden, um sich kontinuierlich weiterzubilden. Es gibt unzählige verschiedene Möglichkeiten zur Weiterbildung, auch speziell für Führungskräfte. Viele Verbände finanzieren Trainingsprogramme und ermöglichen eine informelle Betreuung und Unterstützung von Kollegen. Dazu gehören beispielsweise die Young Presidents' Organisation (mit weltweit über 60 Sektionen), der Club of Rome (mit weltweit 26 Gesellschaften), das International Bureau of Chambers of Commerce (mit Hauptsitz in Paris) sowie die National Association for Female Executives (mit über 200 Netzwerken in den USA, weiteren in den Niederlanden, Israel, Südafrika und anderen Ländern).

Rotation
Einfache, lang erprobte Praktiken wie regelmäßige Rotation und die Befristung von Aufgaben vergrößern das Netzwerk und erzeugen in den täglichen Abläufen quasi nebenher weitere strukturelle Löcher. Ähnlich wirkt sich die formale Verknüpfung unterschiedlicher Gruppen, Abteilungen, Büros oder Standorte aus. Der »Produktionsingenieur«, der sich sowohl mit der Fertigung als auch mit der Entwicklung befasst, ist ein klassisches Beispiel dafür und nur eine von vielen denkbaren Doppelrollen.

Zusammenlegung von Standorten
Wenn man Menschen und Gruppen am selben Ort ansiedelt, ergeben sich automatisch Gelegenheiten für den Austausch von Informationen und den Aufbau von Sozialkapital. Die kommerzielle Bauträgergesellschaft Capital Partners hat beispielsweise Leasing-Agenten, Partner, Senior-Partner und Buchhalter unter einem Dach zusammengebracht. Das Prinzip der Standort-Zusammenlegung sollte sich dabei nicht auf interne Mitarbeiter oder Gruppen beschränken. Menschen aller Ebenen sollten die Möglichkeit haben, Zeit mit Kunden, Zulieferern, Verkäufern und Allianz-Partnern zu verbringen. Hadady Corp., ein Hersteller von unterschiedlichen Produkten mit Hauptsitz in Illinois, hat zum Beispiel die Zeit für Produktentwicklung

und Prototypanfertigung um zwei Drittel verringert, weil er mit einer Kerngruppe von Ingenieuren bei seinem Kunden Caterpillar vernetzt ist. Sobald Hadady Qualitätsprobleme bei seinen eigenen Zulieferern hat, schickt das Unternehmen einen Techniker (und nicht Manager) zur Klärung der Situation. Auch bei »Allianzfesten« wird den strategischen Partnern eines Unternehmens Gelegenheit gegeben, eigenständig Kontakte zu knüpfen.

Arbeitsgruppen
Viele Hersteller haben gute Erfahrungen mit Arbeitsgruppen gemacht. Dies können informelle Gruppen von Ingenieuren aus allen Teilen eines Unternehmens sein, die miteinander Ideen austauschen oder nach Lösungen suchen. Einige solcher Arbeitsgruppen wie das wissenschaftliche Netzwerk beim Chemieriesen Rohm and Haas erstrecken sich weit über die Unternehmensgrenzen hinaus. Arbeitsgruppen sind Instrumente für den Aufbau und die Nutzung von Sozialkapital. Manager können die Entwicklung solcher Arbeitsgruppen durch die Bereitstellung, von Räumen, Zeit oder Service fördern.

Sozialkapital aufbauen

Das größte Hindernis beim Aufbau von Sozialkapital ist Verleugnung, das Beharren auf der Einstellung, dass der Alleingang der Schlüssel zum Erfolg sei. Wird dies überwunden, ist Sozialkapital als Kompetenz zu erwerben. Das Glück ist dem Unternehmen hold, das vorbereitet ist, um einen Ausspruch von Louis Pasteur zu entlehnen. Am besten auf die unsichere Zukunft vorbereitet sind Unternehmen, die Sozialkapital als Kompetenz aufbauen.

Literaturhinweise
Baker, Wayne E.: *Networking Smart.* New York u. a.: McGraw-Hill, 1994.
Baker, Wayne E.: *Achieving Success through Social Capital.* San Francisco, Calif.: Jossey-Bass, 2000.
Burt, Ronald S.: *Structural Holes: The Social Structure of Competition.* Cambridge, Mass. u. a.: Harvard Univ. Press, 1992.
Leenders, Roger Th.: *Corporate Social Capital and Liability.* Boston [u. a.]: Kluwer Acad. Publ., 1999.
Putnam, Robert D.: *Making Democracy Work. Princeton*, NJ: Princeton Univ. Press, 1994.

Canice Prendergast

Bezahlung nach Leistung

Immer mehr Unternehmen führen leistungsbezogene Entgeltsysteme ein, um ihre Mitarbeiter zu erhöhter Produktivität und Effizienz zu veranlassen. Doch die Beliebtheit dieser Systeme sagt noch nichts über ihre Effektivität aus. Prämienverträge beispielsweise können Mitarbeiter zu Verhaltensweisen veranlassen, die ihnen persönlich nutzen, dem Unternehmensinteresse jedoch schaden. Außerdem besteht durchaus die Gefahr, dass sich die Arbeitnehmer zu stark auf bestimmte Aspekte ihrer Tätigkeit konzentrieren und darüber andere Arbeitsaufgaben vernachlässigen.

Früher war es üblich, feste Gehälter zu zahlen und Angestellte nur bei Beförderungen oder bei jährlichen Gehaltsanpassungen für gesteigerte Leistungen zu belohnen. In den vergangenen zwei Jahrzehnten hat sich jedoch ein tief greifender Wandel der Entgeltsysteme vollzogen, und die Gehälter variieren zunehmend, je nach individueller Leistung oder nach Ertragslage des Unternehmens.

Vielfältige Anreizmethoden werden in den Unternehmen getestet: Stücklohnsysteme, Provisionen, Aktienoptionen, Prämien, Aktienzuteilungen, Gewinnteilung, Teamprämien, Lohneinbehaltung et cetera. Das wachsende Interesse an solchen leistungsbezogenen Entgeltsystemen folgt aus der Erkenntnis, dass sich die Interessen von Arbeitnehmern und Arbeitgebern oftmals nicht im Einklang befinden und dass Verträge bisweilen so gestaltet werden können, dass sie dem Mitarbeiter einen Anreiz bieten, seine Arbeit stärker an dem Interesse des Unternehmens auszurichten. Im Wesentlichen arbeiten Menschen härter (oder besser), wenn ihr Verhalten Auswirkungen auf ihre Bezahlung hat. Um ein einfaches Beispiel zu nennen: Ein auf Provision tätiger Verkäufer strengt sich in der Regel mehr an als ein Verkäufer mit festem Gehalt, da seine Bezahlung in einer direkteren Beziehung zu seiner Leistung steht.

Besonders außerhalb der USA wird diese Annahme häufig infrage gestellt. Die Skeptiker wenden ein, dass die meisten Mitarbeiter »einen gerechten Tageslohn« bevorzugen. Ein eher überraschendes Ergebnis der Forschung über Leistungsanreize in den vergangenen zehn Jahren besagt jedoch, dass Mitarbeiter aus allen Schichten und Berufen bereitwillig auf Maßnahmen eingehen, die sie selbst in der Hand haben. Viele dieser Studien beziehen sich auf den Wandel der Entgeltsysteme in US-amerikanischen Unternehmen. Ein weithin publiziertes jüngeres Beispiel ist ein US-Unternehmen namens Safelite, das Windschutzscheiben in Autos einbaut. Als das Management von Festlohn auf Stücklohn umstellte, stieg die Produktivität innerhalb von 18 Monaten um rund 35 Prozent.

Ähnliche Beispiele findet man rund um die Welt. Es gibt zwei übliche Entlohnungsarten für britische Jockeys: Entweder sie erhalten einen Pauschalbetrag, der im Falle eines Rennsieges gar nicht oder nur gering aufgestockt wird, oder sie erhalten eine Siegesprämie in Höhe von üblicherweise 20 Prozent des Preisgeldes. Diejenigen Jockeys, denen 20 Prozent Provision winken, leisten jüngeren Forschungsresultaten zufolge deutlich mehr als diejenigen mit einem Pauschalvertrag. Entsprechend erzielen auch die Golfspieler bei der European Tour ein besseres Spielergebnis, wenn sich ihr Preisgeld stärker nach ihrer Endplatzierung richtet. Das überzeugendste Argument für eine leistungsabhängige Bezahlung dürfte aus dem China der siebziger Jahre stammen. Deng Xiaoping gestattete den chinesischen Bauern, einen Teil ihrer Ernte zu behalten und zu Marktpreisen zu verkaufen. Neuere Erhebungen führen den enormen Ertragsanstieg der chinesischen Landwirtschaft in den achtziger Jahren zu 75 Prozent auf diese Veränderung der Entlohnungspraxis zurück.

Diese Beispiele stehen stellvertretend für unzählige Studien über die typische Reaktion, die Menschen an den Tag legen, sobald sie für eine Tätigkeit bezahlt werden, die ihnen ansonsten nicht zusagt. Diese Untersuchungen belegen die Vorteile einer leistungsbezogenen Vergütung: Die Menschen arbeiten härter, zumindest in dem Maße, wie es sich auf ihre Bezahlung auswirkt. Zahlreiche Kommentatoren treten daher dafür ein, die Entlohnung enger an Kriterien wie die Gewinnlage des Unternehmens, Leistungsbeurteilungen, Umfrageergebnisse über die Kundenzufriedenheit und andere mehr zu binden. Viele dieser Kommentatoren sind der Ansicht, dass eine stärkere Eigenverantwortlichkeit der Mitarbeiter deutliche Produktivitätssteigerungen ermöglicht.

Zweifellos sind die in den obigen Beispielen angeführten Produktivitätssteigerungen infolge von Prämienanreizen beeindruckend und belegen die potenziellen Vorteile leistungsbezogener Entlohnung. Doch sollten die oben angeführten Beweise nicht zu vorschnellen Schlussfolgerungen verleiten. Ein Warnsignal ist die Tatsache, dass die Verträge der meisten Arbeitnehmer keine Bezahlung nach Leistung vorsehen. Mit anderen Worten, die meisten Mitarbeiter beziehen nach wie vor feste Gehälter; die günstigsten Schätzungen gehen davon aus, dass nur etwa 20 bis 25 Prozent aller Arbeiternehmer nach einem Prämiensystem entlohnt werden.

Meiner Ansicht nach liegt der Grund nicht darin, dass die Unternehmen diese Möglichkeit nicht in Erwägung gezogen hätten oder nicht auf der Höhe der Zeit wären. Offenbar sind sie aber zu dem begründeten Schluss gelangt, dass die oben umrissenen Vorteile durch die vielfältigen Kosten, die eine Entlohnung auf Leistungsgrundlage alles andere als erstrebenswert machen, bei weitem aufgehoben werden.

Komplexität der Arbeitsaufgaben

Leistungsbezogene Entgeltsysteme bringen drei gewichtige Nachteile mit sich. Erstens können die im Arbeitsvertrag festgelegten Prämien Mitarbeiter zu Verhaltensweisen veranlassen, die ihnen persönlich nutzen, dem Unternehmensinteresse jedoch schaden. Die Arbeit vieler Menschen umfasst einen ganzen Aufgabenkomplex, und in einem Vertrag können normalerweise nicht sämtliche relevanten Aspekte des Arbeitnehmerverhaltens im Einzelnen erfasst werden. Infolgedessen lösen die vertraglich vorgesehenen Prämien bisweilen kontraproduktive Verhaltensweisen aus, die ausschließlich auf diejenigen Aspekte der Gesamtleistung abstellen, die belohnt werden. Beispielsweise erhielt der amerikanische Basketballprofi Tim Hardaway im Jahr 1998 einen Vertrag, der für eine bestimmte Anzahl Assists (bei einem Assist gibt der Spieler den Ball an ein anderes Mitglied der Mannschaft ab, das dann einen Korbwurf erzielt) einen Bonus von 850 000 US-Dollar vorsah. Gegen Ende der Saison merkte Hardaway, dass er es möglicherweise nicht auf genügend Assists bringen würde, um den Bonus zu erhalten. Er verzichtete, wie er selbst eingestand, auf viel versprechende Würfe und gab stattdessen den Ball an andere Spieler ab, um seine Chance auf den Bonus zu erhöhen. Mit anderen Worten, er änderte auf den Prämienvertrag hin sein Verhalten in einer Weise, die ihm selbst nutzte, dem Team jedoch schadete. Weitere derartige Beispiele werden in unserem Textkasten unter »Irrige Motive« angeführt.

In den hier genannten Beispielen verrichten Mitarbeiter komplexe Arbeitsaufgaben in dem Sinne, dass sie ihr Verhalten je nach Prämienanreiz in zahlreiche Richtungen verändern können. Dieses Problem, das in der wirtschaftswissenschaftlichen Literatur als »Multitasking« bezeichnet wird, lässt erkennen, dass die Arbeitgeber

Beispiele für kontraproduktive Reaktionen auf leistungsbezogene Entgeltsysteme
- Die Bezahlung von Verkaufspersonal richtet sich üblicherweise nach einer bis zum Jahresende veranschlagten Absatzquote. Wenn ein Verkäufer diese Quote im November erreicht hat, bemüht er sich erst im Folgejahr um weitere Verkäufe. Seine persönlichen Interessen entsprechen nicht länger denjenigen seines Arbeitgebers.
- Die Zulagen der Programmierer bei AT&T richteten sich nach der Anzahl der Zeilen in ihren Programmen. Natürlich wurden die Programme weitaus länger als notwendig.
- Lehrern in den USA wurden Verträge angeboten, die Prämien für ein gutes Abschneiden ihrer Schüler bei offiziellen Abschlussprüfungen vorsahen. Dies hatte zweierlei Reaktionen zur Folge. Zum einen unterrichteten die Lehrer ausschließlich »prüfungsorientiert« und enthielten den Schülern jede andere notwendige Unterweisung vor. Zum zweiten redeten einige Lehrer den schlechtesten Schülern die Teilnahme an den Prüfungen aus, damit ihre Erfolgsrate nicht gemindert würde. In einem Fall beschaffte sich ein Lehrer vorab die Prüfungsfragen und gab sie an seine Studenten weiter.
- Die Reaktion US-amerikanischer Chirurgen auf Prämienanreize: In New York werden Chirurgen mit Gehaltsminderungen bestraft, wenn die Todesrate ihrer Patienten ein bestimmtes Limit übersteigt. Einige Ärzte reagierten erwiesenermaßen damit, dass sie riskante chirurgische Eingriffe ablehnten, sobald sie sich dieser Quote näherten – ein Verhalten, das die Krankenhausleitung wohl kaum angestrebt haben dürfte.

in zahlreichen Berufsgruppen auf gar keinen Fall Prämien, die sich auf irgendwelche untergeordneten Tätigkeitsgruppen beziehen, in das Entgeltsystem einbauen sollten.

Insbesondere muss man berücksichtigen, dass im Falle derjenigen Beispiele, in denen die leistungsbezogene Bezahlung funktionierte (Jockeys, chinesische Landwirte und Windschutzscheiben-Monteure), der Maßstab für die Leistung des Beschäftigten ohne weiteres erkennbar war. Der Sieg im Rennen ist ein angemessener Maßstab für einen Jockey, der Ernteertrag ist ein angemessener Maßstab für einen Bauern et cetera. Die Existenz angemessener Maßstäbe für die Gesamtleistung ist eine entscheidende Voraussetzung für die Einführung effizienter leistungsbezogener Entgeltsysteme. Allerdings trifft sie realiter auf die meisten Arbeitsplätze nicht zu, und die meisten Maßstäbe spiegeln die Mitarbeiterleistung unzulänglich wider. Leistungsbezogene Löhne und Gehälter bergen die reale Gefahr, dass sich die Mitarbeiter auf Kosten anderer notwendiger Tätigkeiten zu stark auf bestimmte Einzelaspekte ihres Arbeitsauftrags konzentrieren.

Mehr Kosten als Nutzen

Der zweite Nachteil der Entlohnung auf Leistungsgrundlage besteht darin, dass sie Entgelterhöhungen auslöst, die in Beziehung zu den Produktivitätssteigerungen gestellt werden müssen. In vielen Fällen übertrifft die Gehaltserhöhung die Produktivitätssteigerung. In der Literatur über die Vergütung leitender Angestellter ist dies mittlerweile ein heiß umstrittenes Thema.

Leitenden Angestellten bietet man für gewöhnlich Verträge an, wonach ihre Gehälter zum Teil in Aktienanteilen und -optionen ausgezahlt werden, sodass sie je nach Gewinnlage des Unternehmens schwanken. Manche Experten halten diese Verträge für notwendig, um dem Führungspersonal Anreize zu bieten, obwohl eigentlich weder diese noch die entgegengesetzte Annahme überzeugend belegt ist. Andere vertreten die Ansicht, diese Art von Zulage bewirke im Grunde lediglich, dass das Geld der Aktionäre in die Taschen leitender Mitarbeiter wandert. Die Kosten solcher Vergütungssysteme beschränken sich allerdings nicht auf das Führungspersonal; viele Unternehmen in den USA und Europa bieten mittlerweile ihren Angestellten Verträge, die Aktienoptionen beinhalten.

Die Effizienz dieser Verträge ist äußerst schwierig zu beurteilen. Aus jüngeren ökonomischen Arbeiten geht hervor, dass Angestellte mit leistungsbezogenen Verträgen in der Tat höhere Vergütungen erhalten sollten, zum einen wegen ihrer größeren Arbeitsbelastung, zum anderen wegen des erhöhten Risikos, dem sie aufgrund dieser Verträge ausgesetzt sind. (Aus den bislang vorliegenden Studien über leistungsbezogene Arbeitsverträge lässt sich mit einiger Gewissheit ableiten, dass im Falle der oben geschilderten erfolgreichen Anwendungen die Entgeltsumme etwa um ein Drittel bis die Hälfte des Werts der Produktivitätserhöhung ansteigt.) Viele Unternehmen bieten heute sämtlichen Beschäftigen Aktienoptionen im Wert von vielleicht drei Jahresgehältern. Dies ist für die Unternehmen deshalb interessant, weil sie damit ihren Mitarbeitern einen Anreiz bieten, den Aktienkurs in die Höhe zu treiben.

Aktienoptionen haben jedoch auch eine recht unangenehme Seite. Wenn sich nämlich die Börse insgesamt im Aufschwung befindet, verdient jeder Besitzer von Optionen eine Menge Geld, ohne etwas dafür zu tun. Mit anderen Worten, die Unternehmen händigen ihren Mitarbeitern aus Gründen, die überhaupt nichts mit ihrer Leistung zu tun haben, erhebliche Summen aus. Während also die Unternehmen vielleicht glauben, Optionen würden als Anreiz wirken, deutet die Faktenlage für die letzten zehn Jahre eher darauf hin, dass dieser Effekt ausgesprochen teuer erkauft wurde. Sind die entsprechenden Unternehmen wirklich der Ansicht, dass die Anreizwirkung der Optionen drei Jahresgehälter aufwiegt? Ich wage es zu bezweifeln.

Verträge dieser Art verstoßen darüber hinaus gegen ein Grundprinzip effektiver Entlohnung auf Leistungsgrundlage. Jedes effektive leistungsbezogene Entgeltsystem sollte die Höhe der Vergütung nur von denjenigen Faktoren abhängig machen, die der Mitarbeiter beeinflussen kann. Weshalb sollte man die Höhe der Bezahlung eines Arbeitnehmers von Entwicklungen abhängig machen, auf die er keinen Einfluss nehmen kann? Dies erscheint auf den ersten Blick selbstverständlich, wird aber in vielen Verträgen, insbesondere hinsichtlich der soeben angesprochenen Aktienoptionen, nicht berücksichtigt. Ein großer Börsenboom – wie in den neunziger Jahren – steigert den Wert der Optionen aus Gründen, die mit dem Verhalten der Belegschaft nichts zu tun haben. Und weshalb sollten Belegschaft und Führungspersonal davon profitieren, dass schlicht und einfach die Börse einen Aufschwung erlebt?

Dieses Problem könnte durch eine Revision der Verträge behoben werden. Anstatt Optionsrechte zu vergeben, deren Wert im Zeitpunkt der Ausübung direkt vom Kurswert der Unternehmensaktie bestimmt wird, könnten die Optionen vertraglich an die Börsenentwicklung gekoppelt werden. Der Kurs im Zeitpunkt der Optionsausübung könnte dann von der Performance des Unternehmens im Verhältnis zum Markt (oder zur Performance eines Konkurrenten) abhängig gemacht werden. Die Auszahlung würde sich dann nicht (wie bei den gegenwärtig üblichen Optionen) nach dem Kurs der Unternehmensaktien richten, sondern nach deren Verhältnis zur allgemeinen Börsenentwicklung. Auf diese Weise könnten die mit Prämienverträgen verbundenen Kosten deutlich gesenkt werden.

Individuelle Vergütung versus Teamvergütung

Schließlich stellt sich bei leistungsbezogenen Entgeltsystemen noch das Problem eines passenden Maßstabs für die Entgeltbemessung. Soll man beispielsweise ein individuelles Leistungsmaß anlegen oder eine umfassendere Grundlage wählen, beispielsweise Teamprämien oder ein unternehmensweites Gewinnteilungssystem? Oftmals wird umfassenderen Bemessungsgrundlagen der Vorzug gegeben, weil die Arbeitsumgebung vieler Mitarbeiter so beschaffen ist, dass das Output nicht vom Input eines Einzelnen, sondern von den gemeinsamen Beiträgen zahlreicher Individuen bestimmt wird.

Diese Logik führte zu einer massenhaften Ausbreitung unternehmensweiter Gewinnteilungssysteme. Dabei erhalten die Mitarbeiter zum Jahresende in Form einer Lohn- oder Pensionszulage einen bestimmten Anteil des Unternehmensertrags.

Der große Nachteil dieser Systeme liegt darin, dass sie »Trittbrettfahrer« begünstigen. Nehmen wir an, ich arbeite mit einer Million anderer Menschen für General Motors und bin an einem Gewinnteilungssystem beteiligt. Jeder gesteigerte Einsatz meinerseits wird auf sämtliche anderen Mitarbeiter umgelegt. Weshalb sollte ich mich also besonders anstrengen? Es ergibt keinen Sinn. Wenn ich zum Beispiel einen Vorschlag einreiche, der zu einer Gewinnsteigerung um 100000 US-Dollar führt, erhalte ich dafür zehn Cents. Logisch betrachtet, sollte ich mich vor jeder Anstrengung drücken und schlicht vom Einsatz meiner Kollegen profitieren.

Aus diesem Grund wird die Effektivität von Entgeltsystemen, die auf dem Output zahlreicher Mitarbeiter basieren, ziemlich skeptisch beurteilt. In der Tat ist eindeutig belegt, dass in denjenigen Berufen, in denen wie etwa im juristischen und medizinischen Bereich in erster Linie Teamleistungen vergütet werden, der Einzelne weniger Einsatz zeigt, sobald der Lohn dafür mit vielen anderen geteilt werden muss. Eine Studie befasste sich zum Beispiel mit einer ärztlichen Gemeinschaftspraxis. Als die Arbeitsverträge vorsahen, dass die Honorare für die Behandlung sämtlicher Patienten auf alle Ärzte aufgeteilt werden, reduzierten die betroffenen Mediziner ihre Arbeitszeit im Verhältnis zu anderen Ärzten, die einen größeren Anteil ihrer eigenen Honorare für sich behielten.

Trotz dieser Erkenntnis breiten sich unternehmensweite Gewinnteilungssysteme in Großunternehmen immer weiter aus. Die Gründe sind weitgehend darin zu suchen, dass Großunternehmen, die sie anwenden, etwa vier bis fünf Prozent produktiver und profitabler arbeiten als diejenigen, die auf sie verzichten. Es liegt also nahe, zu folgern, dass Gewinnteilungssysteme die Produktivität steigern. Die Statistik stimmt. Doch damit ist noch nicht gesagt, dass der Grund für die erhöhte Produktivität dieser Unternehmen tatsächlich in der Gewinnteilung liegt. Die Kausalbeziehung scheint eher in entgegengesetzter Richtung zu wirken. Nur profitable Unternehmen wenden diese Systeme an. Einfach ausgedrückt heißt dies: Unternehmen, die auf den Bankrott zusteuern, wenden keine Gewinnteilungssysteme an, weil sie keine Gewinne einfahren. Dies erklärt die überlegene Ertragslage von Unternehmen mit Gewinnteilungssystemen.

Leider sind die Daten dahin gehend fehlinterpretiert worden, dass Gewinnteilung die Gesamtleistung des Unternehmens fördert. Doch unter Berücksichtigung der oben angeführten Selektionsfaktoren deutet (zumindest nach meinem Verständnis) nichts darauf hin, dass die Einführung von Gewinnteilungssystemen zu Produktivitätsveränderungen führt. Da diese Systeme das Entgelt erhöhen, lassen sich Arbeitnehmer bereitwillig darauf ein, doch es deutet wenig darauf hin, dass sie deshalb auch mehr arbeiten.

Vor- und Nachteile abwägen
Diese Betrachtungen veranschaulichen einige Vor- und Nachteile, die Unternehmen in Bezug auf leistungsbezogene Entgeltsysteme gegeneinander abwägen müssen. Die Bezahlung nach individuellen Leistungsmaßstäben veranlasst Mitarbeiter in der Regel zu erhöhtem Einsatz für diejenigen Aspekte ihrer Tätigkeit, für die sie

belohnt werden. Manchmal ist dies genau das Richtige, wie im Falle von Safelite oder der chinesischen Landwirtschaft. Doch die Reaktion von Arbeitnehmern auf Prämienverträge ist nicht in jedem Fall positiv – manchmal konzentrieren sie sich zu ausschließlich auf diejenigen Aspekte, für die sie belohnt werden, und vernachlässigen alles andere. Kaum jemand würde behaupten, dass die Weigerung eines Chirurgen, eine Patientin zu behandeln, weil ihr Fall zu hohe Risiken barg (siehe »Irrige Motive«), eine wünschenswerte Reaktion auf die Vertragsbestimmungen der Chirurgen in New York darstellte.

Diesen und ähnlichen Problemen begegnen Unternehmen häufig mit Verträgen, nach denen die Bezahlung an ein gemeinsames Leistungsmaß, wie etwa die Ertragslage des Gesamtunternehmens, gebunden wird. Doch diese bringen einen anderen Nachteil mit sich: Wenn die Mitarbeiter keinen Zusammenhang zwischen ihrer individuellen Leistung und dieser Bemessungsgrundlage erkennen, sehen sie wenig Grund zu gesteigertem Einsatz. Es überrascht daher nicht, dass die meisten Mitarbeiter nach wie vor ein einfaches Festgehalt beziehen.

Quy Nguyen Huy

Emotion als Element des Unternehmenswandels

Viele Unternehmen durchlaufen endlose Umgestaltungsprozesse, ohne sich dabei tatsächlich zu erneuern. Sie setzen ihre eigenen Energien nicht ausreichend ein. Dies ist auch auf mangelndes Verständnis für Gefühle zurückzuführen: Deren Bedeutung wird von Managern und Beratern noch nicht ganz erfasst. Dabei sind Gefühle ein fester Bestandteil der menschlichen Natur und spielen im Beruf eine ebenso große Rolle wie im Privatleben. Es gibt vier Kompetenzen, mit denen es einem Unternehmen gelingen kann, die Gefühle im Zusammenhang mit einer Umstrukturierung in die richtigen Bahnen zu lenken.

In den letzten zehn Jahren ist zunehmend anerkannt worden, dass unternehmensinterne Fähigkeiten die wahre Quelle bleibender Wettbewerbsvorteile sind. Trotzdem durchlaufen viele Unternehmen endlose Umstrukturierungsprozesse, ohne sich tatsächlich zu erneuern. Es gelingt ihnen nicht, ihre interne Energie dafür einzusetzen – was auch daran liegt, dass Unternehmen beim Umgang mit Emotionen häufig scheitern.

Zu dieser Einsicht sind auch Jack Welch, Vorstandschef von General Electric, und seine Berater gelangt, nachdem sie sich jahrelang um die Umgestaltung des Konzerns bemüht hatten. Bereits in den Achtzigern hatte Welch schmerzlich erfahren müssen, wie sehr Emotionen ein ganzes Unternehmen beeinflussen können. Damals hatten besorgte Mitarbeiter sein Unternehmen durch einen verdeckten Guerillakrieg regelrecht lahmgelegt. Wie Welch später einräumte, hatte das Problem damals nicht darin bestanden, dass er rationale Zahlen über Gefühle gestellt hatte. Sondern er hatte schlicht nicht gewusst, wie man auf Unternehmensebene mit solchen Gefühlen verfährt. Die meisten Unternehmen ignorieren sie einfach. Im schlimmsten Fall werden schlechte Gefühle als irrational und geschäftsschädigend angesehen und unterdrückt.

Arbeit und Beruf sind von Natur aus emotional besetzt. Gefühle sind so tief im Menschen verwurzelt, dass man nicht künstlich unterscheiden kann zwischen Privatleben (in dem Gefühle erlaubt sind) und Berufsleben (wo kalte Logik den Ton angibt). Erst vor kurzem entdeckten Neurologen, dass die Verarbeitung von Emotionen im Gehirn in bestimmten Bereichen des präfrontalen Kortex (Hirnrinde), der Amygdala (Mandelkern) und dem vorderen Cingulum, angesiedelt ist. Werden diese Bereiche geschädigt, haben die Betroffenen große Schwierigkeiten, Verantwortung für sich und andere zu übernehmen oder ihre Zukunft zu planen. Sie sind zwar weiter intellektuell leistungsfähig, können aber nichts mehr empfinden. Ihre logischen Fähigkeiten und ihr Gedächtnis sind voll intakt. Einige haben sogar einen überdurchschnittlichen IQ, der sie in die Lage versetzt, Alternativen scharfsinnig und im Detail zu analysieren. Sie sind aber nicht fähig, zwischen verschiedenen Alternativen zu wählen und entsprechend zu handeln. Es ist ihnen nicht möglich, Prioritäten zu setzen und Entscheidungen zu treffen, wenn Daten unvollständig oder die Folgen einer Entscheidung nicht klar sind. Ihre Anpassungsfähigkeit in einem komplexen sozialen Umfeld ist somit erheblich eingeschränkt.

Unabhängig davon legt die Forschung zur emotionalen Intelligenz die Vermutung nahe, dass jenseits einer funktionalen IQ-Schwelle von 110 bis 120 die emotionale Kompetenz viel mehr als die intellektuellen Fähigkeiten darüber aussagt, wer das Zeug hat zum Spitzenmanager und zur Führungspersönlichkeit.

Gefühle sind Teil der Veränderung

Emotionale Intelligenz ist als Bestandteil der sozialen Intelligenz definiert. Sie besteht aus der Fähigkeit, die eigenen Gefühle und die anderer zu beobachten, zwischen ihnen zu unterscheiden und das eigene Denken und Handeln an diesen Informationen auszurichten. Emotional intelligente Menschen sind in der Lage, die eigenen Gefühlszustände und die anderer zu erkennen und sie einzusetzen, um Probleme zu lösen und Verhaltensweisen zu steuern. Dies bedeutet nicht, dass diese Menschen immer nett sind oder ihre Gefühle immer nach außen tragen. Vielmehr fällt es ihnen leichter, andere zu beeinflussen und dort in Führungspositionen zu gelangen, wo soziale Fähigkeiten entscheidend sind. Gefühle sind also fester Bestandteil von Anpassung und Veränderung. Wie sich Gefühle auf die Umgestaltung eines Unternehmens auswirken, wird deutlicher, wenn man den Veränderungsprozess in einzelne Komponenten aufteilt. Auf der Grundlage eigener Forschung und früherer Untersuchungen zu Emotionen und Veränderung werde ich im Folgenden erläutern, wie sich verschiedene Attribute der emotionalen Intelligenz auf verschiedene dynamische Parameter eines großangelegten Veränderungsprozesses auswirken. Beleuchtet werden die Attribute Aufgeschlossenheit, Mobilisierung und Lernfähigkeit.

Unter Aufgeschlossenheit versteht man die Bereitschaft einer Person, vorgeschlagene Veränderungen in Erwägung zu ziehen. Das Gegenteil davon ist Widerstand gegen Veränderungen, der sich in moralischer Entrüstung, leisem Zynismus oder Resignation äußern kann. Für jede Art der Mobilisierung und des Lernens ist ein gewisses Maß an Aufgeschlossenheit erforderlich. Bei der Mobilisierung geht es darum, verschiedene Bereiche eines Unternehmens zu veranlassen, Aufgaben geschlossen anzugehen und Ziele gemeinsam zu erreichen. Das Gelingen hängt davon ab, ob ausreichend Ressourcen (wie Geld, Zeit, Personal) sowie unterstützende Strukturen und Systeme zur Verfügung stehen. Noch wichtiger sind aber die Bereitschaft und die Fähigkeit zur Zusammenarbeit.

Die Mobilisierung während einer Umstrukturierung kostet viel emotionale Energie. Strategische Veränderungen, die zentrale Anschauungen und Werte verschieben, können rasch erhebliche Ängste und Skepsis auslösen. Konzentriert man sich in dieser Zeit zu sehr auf die Analyse, können Zweifel verstärkt und Mitarbeiter regelrecht gelähmt werden. Sollen alle am gleichen Strang ziehen, muss deshalb eine gewisse emotionale Wärme an die Stelle frostiger Rationalität treten.

Mobilisierung gelingt aber nicht nur durch Aufgeschlossenheit. Sie kann auch dadurch erreicht werden, dass Mitarbeiter und Unternehmen aus bereits vollzogenen Veränderungen lernen. Menschen lernen, indem sie erst denken und dann handeln. Wurde ein Ziel nicht erreicht, erhält der Mitarbeiter über seine Gefühle entsprechendes Feedback, was ihn zu weiterem Handeln veranlasst. Entspricht also die neu geschaffene Wirklichkeit nicht den Erwartungen, lösen Emotionen Unzufriedenheit aus. Dies regt wiederum zum Lernen und zur Veränderung an.

Radikale Wechsel der Überzeugungen eines Unternehmens beginnen oft damit, dass bis ins Tiefste als richtig Empfundenes infrage gestellt wird. In Unternehmen werden Lernerfolge in erster Linie dadurch erzielt, dass Probleme Schritt für Schritt gelöst werden. Diesen Ansatz nennt man »Single-Loop-Learning«. Dabei versuchen die Mitarbeiter, oberflächlich Verhaltensweisen zu ändern, um ein Ziel zu erreichen. Das so genannte »Double-Loop-Learning« vollzieht sich dagegen auf einer abstrakteren Ebene. Es geht dabei um die Identifizierung und anschließende Veränderung falscher Annahmen (Überzeugungen oder Werte), die bestimmten Handlungen zugrunde liegen. Dieser Erforschungs- und Verwandlungsprozess setzt starke Gefühle frei. Lernprozesse und Veränderungen im Unternehmen lassen sich durch einen besonnenen Umgang mit Emotionen vereinfachen.

Wenn Menschen mobilisiert wurden, stellen sie möglicherweise fest, dass ihre Handlungen nicht zu dem gewünschten Ergebnis geführt haben. Idealerweise passiert dann folgendes: 1. Man analysiert die Ergebnisse und lernt daraus; 2. man wird aufgeschlossener für Alternativen; 3. man versucht, das Ziel auf einem anderen Weg zu erreichen. Dabei ist ein beständiges Abgleichen wichtig, damit die Nebenwirkungen von Handlungen später nicht zu Ungleichgewichten führen. Wirksame Lernprozesse decken Fehler frühzeitig auf und beseitigen sie, bevor sie unüberwindbar werden.

Gefühle fördern

Wie kann ein Unternehmen bei einer Umstrukturierung dienliche Emotionen fördern? Die Fähigkeit eines Unternehmens, entsprechende Maßnahmen wirksam durchzuführen, bestimmt, wie groß die emotionale Kompetenz des Unternehmens ist. Und wie wahrscheinlich es ist, dass weitreichende Veränderungen umgesetzt werden.

Die im Folgenden erörterten Kompetenzen eines Unternehmens beeinflussen Gefühle. Ein Unternehmen mit einer guten emotionalen Kompetenz zeichnet sich aber nicht notwendigerweise durch eine besonders hohe Anzahl emotional intelligenter Mitarbeiter oder Manager aus.

Empathie und eigene Erfahrung
Empathie ist ein zentraler Bestandteil der emotionalen Intelligenz. Man versteht darunter die Fähigkeit, Gefühle eines anderen zu verstehen und nachzuempfinden. Inwieweit Hilfestellungen fruchten und Menschen zu selbstlosem Verhalten motiviert werden, ist entscheidend von der Empathie abhängig.

Die für die Veränderungen verantwortlichen »Change-Agents« arbeiten wesentlich effizienter, wenn sie aus eigener Erfahrung wissen, wie Menschen bei Veränderungen empfinden. Ausgebildete Change-Agents oder Personen, die selbst quälende Erfahrungen gemacht haben, können Abwehrhaltungen bei anderen besser verstehen und angemessen damit umgehen. Martin Luther King und Gandhi sind Beispiele für Menschen, die persönlich schmerzvolle Veränderungsprozesse durchgemacht haben. Sie entwickelten Empathie und Fürsorge für andere, die all ihre Äußerungen und Verhaltensweisen prägten.

Unternehmen sollten sicherstellen, dass ihre Change-Agents über entsprechende Erfahrungen verfügen, damit sie angemessen auf die Gefühle anderer eingehen können. Jacques Nasser, der Boss von Ford, ermunterte Change-Agents bei Schulungen ausdrücklich, »brutale« Emotionen in Zusammenhang mit Veränderungen offen zu äußern und sie in Videos auszuleben. Gegenseitige Fürsorge schafft eine Vertrauensbasis und steigert nachweislich die Arbeitsleistung. Handelt man auf der Grundlage solcher Erfahrungen, vermittelt man auch den von Veränderungen Betroffenen ein Gefühl von Ehrlichkeit, Fairness, Gerechtigkeit und Respekt. Während einer als bedrohlich empfundenen Zeit kann ein Unternehmen Angst abbauende Mechanismen einrichten, informelle Kommunikationsstrukturen zum Beispiel. Außerdem können unter stützende Strukturen – wie ein psychologischer Beratungsdienst, Selbsthilfegruppen, die Bildung erfolgs- und mitarbeiterorientierter Teams oder die Förderung von Single- und Double-Loop-Learning durch externe Berater – den Mitarbeitern dabei helfen, mit der neuen Realität fertig zu werden.

Mitgefühl und Versöhnung
Mitgefühl ist leichter aufzubringen als Empathie. Dennoch ist es ebenfalls ein wesentlicher Bestandteil der emotionalen Intelligenz. Mitfühlende Menschen sind in der Lage, ein Gefühl für das Leid anderer zu entwickeln, ohne dieselben Erfahrungen gemacht zu haben. Im Gegensatz zur Empathie behält man die eigenen Gefühle bei, versteht aber die Emotionen anderer. Mitgefühl drückt auch aus, dass man versucht, Disharmonien zu beseitigen.

Es ist hilfreich, wenn man große Veränderungen als ein Nebeneinander von Gewinn und Verlust betrachtet. Bei Umstrukturierungen müssen zuweilen zwei offensichtlich entgegengesetzte Werte miteinander vereinbart werden, wie Arbeitsplatzsicherheit und Aktionärsinteressen oder Kosteneffizienz und Kundendienst. Je mehr eine Veränderung von den Betroffenen als Gewinn empfunden wird, umso eher wird sie akzeptiert. Je größer die Kontinuität zwischen Vergangenheit und Zukunft, desto weniger radikal werden Veränderungen empfunden. Change-Agents und Betroffene können eine Brücke bauen, indem sie gemeinsam Metaphern entwickeln, die vertraute und neue Erfahrungen beinhalten, oder indem sie positive Elemente der alten Kultur im zukünftigen Unternehmenszusammenhang beleuchten. Gefühlsbetonte Unterhaltungen, in denen neue Bedeutungen entwickelt werden, stärken das gegenseitige Verständnis und das Mitgefühl zwischen verschiedenen Gruppen.

Veränderungen können aber auch bedeuten, dass lieb gewonnene Werte verloren gehen. Der Trauer um diese Werte sollte genug Raum gegeben werden, da sie von entscheidender Bedeutung ist für die emotionale Aussöhnung mit den Veränderungen. Change-Agents sollten sich dieser Übergangszeit bewusst sein, ist sie doch von einer ängstlichen Orientierungslosigkeit der Betroffenen gekennzeichnet: Was in der Vergangenheit richtig war, gilt plötzlich nicht mehr, und die Zukunft ist noch ungewiss.

Die Menschen brauchen Zeit, um die Fehler der Vergangenheit und die notwendigen Veränderungen zu akzeptieren und sich selbst neu aus zurichten. Diese Trauerphase sollte einfühlsam begleitet und beobachtet werden. Es sollten so viele Mitarbeiter wie möglich einbezogen werden, und die Change-Agents sollten Fehler und Verluste offen ansprechen. Nach wissenschaftlichen Erkenntnissen schaffen Change-Agents, die diese Trauerphase schnellstmöglich abhaken wollen, gelähmte Unternehmen mit wehmütigen Mitarbeitern, denen jegliche Kreativität fehlt. Archie McGill, Chef von AT&T, trieb seine Mitarbeiter mit Hochdruck durch die traumatische Phase nach der Veräußerung von Unternehmensteilen und schuf so ein »psychologisch angeschlagenes« Unternehmen. Die Aggressivität zielte nicht mehr auf die Wettbewerber, sondern richtete sich nach innen. Die mangelnde Vergangenheitsbewältigung raubte den Mitarbeitern von AT&T einen Teil jener Energie, mit der die Zukunft bewältigt werden sollte.

Ansporn und Ermutigung

Christian Blanc, Chef der staatlichen Fluggesellschaft Air France, holte zunächst die Meinungen zahlreicher Mitarbeiter aller Ebenen ein, bevor er ein Umstrukturierungsprogramm entwickelte. In Umfragen durch neutrale Meinungsforscher und durch offene Antwortkategorien fand Blanc heraus, dass Mitarbeiter früher aus Verzweiflung zu extremen und auch gewaltsamen Mitteln gegriffen hatten, wenn sie bezweifelten, sich anders Gehör verschaffen zu können. Frühere Change-Agents hatten offenbar ein ständiges Klima der Unsicherheit erzeugt, ohne irgendein Gefühl der Hoffnung zu vermitteln. Hoffnung ist ein weiteres Attribut der emotionalen Intelligenz. Sie ist der Glaube daran, dass man über den Willen und die Mittel verfügt, seine Ziele zu erreichen. Sie schützt den Menschen vor Apathie und Depression und stärkt seine Fähigkeit, Niederlagen zu ertragen und Herausforderungen zu bestehen. Untersuchungen zeigen, dass die meisten Menschen durch Hoffnung motiviert werden. Sie steht für die Erwartung und den Wunsch, dass die berufliche Situation zukünftig besser oder zumindest genauso gut sein wird, wie in der Gegenwart. Es hat sich gezeigt, dass der Faktor Hoffnung Einfluss auf die akademischen Leistungen von Menschen mit gleichen intellektuellen Fähigkeiten hat. Manager können Hoffnung erzeugen, indem sie sinnvolle Veränderungsziele vorgeben. Sinnvolle Ziele zeichnen sich durch drei Eigenschaften aus: Sie sind erstens so ehrgeizig, dass sie die Karriereambitionen der Mitarbeiter beflügeln, zweitens erreichbar, damit die Handlungsbereitschaft steigt, und drittens an den Bedürfnissen der Mitarbeiter nach Sicherheit und Zufriedenheit orientiert. Diese Eigenschaften hängen von der Wahrnehmung der Betroffenen ab und können je nach Situation auch anders »verpackt« werden. So kann eine Bedrohung aus einem anderen Blickwinkel betrachtet auch als Chance begriffen werden.

Unternehmen sollten ihre Change-Agents darin schulen, wie man Menschen in traumatischen Umstrukturierungsphasen anspornt und ermutigt. Es müssen sinnvolle Ziele nicht nur gesetzt, sondern auch vermittelt werden. Anschauliche Bilder und emotionale Metaphern sind dazu besonders geeignet. Mit seiner Rede »I have a dream« verstand es Martin Luther King, mit relativ einfachen Worten Menschen aller Rassen Hoffnung zu geben. Einfachheit ist das Wesen der Eleganz und setzt Gefühle frei, weil sie Echtheit und Offenheit suggeriert. Mitarbeiter können durch den wiederholten Dialog zwischen Change-Agents und Betroffenen (statt einseitiger Informationsveranstaltungen), durch die Bereitstellung von Zeit und Ressourcen sowie durch motivierende Reden und Feiern für das Erreichen von Teilzielen angespornt werden. Die Topmanager sind dabei aufgefordert, weniger an Strategien und mehr an Bewusstsein zu denken. Sie können ein Klima schaffen, das Enthusiasmus und Mut erzeugt und Möglichkeiten eröffnet, die Hoffnung und Leben in das Unternehmen bringen. Wenn Mitarbeiter überzeugt sind, dass ihre Handlungen zu einem positiven Ergebnis führen, fallen ihnen schwierige und ungewohnte Aufgaben leichter.

Gefühle zeigen

Emotionale Authentizität ist die Fähigkeit, die eigenen Gefühle zu erkennen, auszudrücken und ehrlich mit ihnen umzugehen. Auch sie ist ein Attribut der emotionalen Intelligenz. Alexithymie ist eine psychische Störung, die es den Betroffenen unmöglich macht, ihre Gefühle wahrzunehmen und auszudrücken. Wer diese Fähigkeit verliert, verbirgt sein wahres Ich hinter falschen Bildern.

Umstrukturierungen stellen das Wohlbefinden und die Überzeugungen vieler Menschen infrage und erzeugen deshalb starke Emotionen. Werden diese Emotionen am Arbeitsplatz geleugnet und unterdrückt, ziehen sich die Menschen zurück. Behandelt und ahndet man offen geäußerte negative Emotionen als Zynismus oder mangelnde Loyalität, lernen die Betroffenen, ihre Gefühle besser zu verstecken und Kooperationsbereitschaft vorzutäuschen. »Verdeckte Widerstandskämpfer« lassen sich dann nicht mehr von Freunden oder der loyalen Opposition unterscheiden, und der Umstrukturierungsprozess wird unberechenbar. Mangelnde Risikobereitschaft, das Zurückhalten von Informationen und verdeckter Widerstand gegen Änderungen verstärken sich immer dann, wenn Kreativität und kontextuelles Wissen am dringendsten benötigt werden, um ehrgeizige Veränderungen zu realisieren. Dürfen Menschen ihre Gefühle auf Dauer nur eingeschränkt äußern, kann es zu einer emotionalen Dissonanz kommen, die den inneren Konflikt zwischen tatsächlichen und zur Schau gestellten Gefühlen widerspiegelt. Emotionale Erschöpfung und Burn-out können die Folge sein. Die daraus resultierende emotionale Taubheit mindert den Stress, weil man seine Gefühlswelt abschottet. Da Gefühle aber wichtig sind, um die Umwelt zu interpretieren, schwindet auch die Empfänglichkeit für neue Ideen und Experimente. Dies kann zu einem Teufelskreis werden. Mit der Belastung durch Burn-out und Stellenabbau nimmt die Erschöpfung jener Mitarbeiter zu, die versuchen, Liegengebliebenes nachzuarbeiten. So bleibt weniger Zeit, um über sich selbst nachzudenken, was für einen tief greifenden Lernprozess unabdingbar ist. Dieser frustrierende Zustand wird der Veränderung angelastet, was wiederum Zynismus fördert und weitere Versuche untergräbt, gemeinsam zu lernen und zu verändern.

Untersuchungen von Arie Hoschschild über Flugbegleiter bei Delta Airlines und von David Noer von Mitarbeitern bei einem Großunternehmen zeigen, welcher psychologische Schaden angerichtet werden kann, wenn Unternehmen Gefühlsäußerungen kontrollieren und unterdrücken, die sie für schädlich halten. Die erfolgreiche Erneuerung von British Airways in den Achtzigern wurde zum Teil darauf zurückgeführt, dass das Topmanagement die »emotionalen Wehen« seiner Mitarbeiter ausdrücklich anerkannte und formelle und informelle Hilfssysteme entwickelte. Jack Welch, der Chef von General Electric USA, erklärte ausdrücklich, dass er mit seiner »Workout Change«-Initiative vor allem erreichen wollte, dass Bereichsleiter die »Schwingungen im Unternehmen – also Meinungen, Gefühle, Verärgerung – direkt erfahren, statt sich nur mit abstrakten Theorien über Organisation und Management zu beschäftigen«. Während traumatischer Umgestaltungsphasen sollten sich Unternehmen der Emotionalität am Arbeitsplatz voll bewusst sein und sie anerkennen.

Wie die Verantwortlichen mit Gefühlen umgehen, ist wichtiger als die Frage, ob es sich um gute oder schlechte Gefühle handelt. Mitarbeiter sollten angeregt werden, ihr Gefühlsspektrum ohne Angst vor Repressalien auszudrücken. Wenn rationale Fähigkeiten unter der Belastung der Transformation versagen, müssen Mitarbeiter ihrer Ernüchterung und ihren verletzten Gefühlen Luft machen dürfen. Und das Management muss offen, ehrlich und sorgsam damit umgehen.

Literaturhinweise
Bennis, Warren: *Führen lernen: Führungskräfte werden gemacht, nicht geboren.* Aus dem Amerikan. von Thorsten Schmidt. München: Heyne u .a., 1996.
Goleman, Daniel: *Der Erfolgsquotient: EQ 2.* München [u. a.]: dtv, 2000.
Hamel, Gary; Prahalad, C. K.: *Wettlauf um die Zukunft.* Wien: Ueberreuter, 1997.
Huy, Q. N.: »Emotional Capability, Emotional Intelligence, and Radical Change«, *Academy of Management Review*, 24, 1999.
Noer, D.: *Healing the Wounds.* San Francisco: Jossey-Bass, 1993.
Salovey, P.; Mayer, J. D.: »Emotional Intelligence«, *Imagination, Cognition and Personality*, 9, 1990.
Tichy, Noel M.; Sherman, Stratford: *Control your Destiny or Someone Else Will.* New York u. a.: Currency Doubleday, 1993.

12
Strategie und Sektoren

Dieses Buch konzentriert sich in erster Linie auf die allgemeinen Grundsätze der Strategie. Doch verschiedene Branchen und Sektoren der Wirtschaft benötigen eigene Methoden oder spezifische Kompetenzen. Betriebe in regulierten Industrien stehen neben allgemeinen Problemen vor eigenen Schwierigkeiten. Des Weiteren werden Strategien für wissenschaftsbasierte Unternehmen vorgestellt, die bekanntlich nur schwer Gewinn abwerfen. Zudem wird das besondere Modell professioneller Beratungsfirmen wie McKinsey und Andersen Consulting behandelt. Abschließend wird das Modell von Großkonzernen diskutiert und die Frage aufgeworfen, ob Gerüchte über ihr Aussterben übertrieben sind.

Herausforderungen für regulierte Unternehmen 399
   (John Kay)

Strategien für Geschäfte mit der Wissenschaft 405
   (Fiona Murray)

Lob des ewig jungen Konglomerats 413
   (Richard Whittington)

Warum Beratungsfirmen als vorbildlich gelten 419
   (Laura Empson)

John Kay

Herausforderungen für regulierte Unternehmen

Unternehmen stehen oft vor den gleichen strategischen Fragen, die auch konventionelle Betriebe bewältigen müssen. Sie werden jedoch außerdem mit Problemen konfrontiert, die spezifisch für regulierte Märkte sind. So müssen sie beim Umgang mit Regulierungsbehörden besonders sensibel auf die örtlichen Bedingungen eingehen. Da Deregulierung und Privatisierung in Europa auf dem Vormarsch sind, wird die Kluft wachsen zwischen effizienten Unternehmen und anderen, die selbstzufrieden, feindselig oder resigniert auf diese Entwicklung reagieren. Dieselben Kräfte fördern derzeit auch den Wandel industrieller Strukturen, die aus Zeiten eines eingeschränkten oder verhinderten Wettbewerbs stammen. In Zukunft werden Marktanteile echte Wettbewerbsvorteile und nicht tradierte Stärke widerspiegeln. Welche Folgen bewirkt die Liberalisierung für neue und alte Marktteilnehmer? Dabei scheint es für alte Marktteilnehmer rational zu sein, einer Öffnung Widerstand entgegenzusetzen. Doch die Entscheidung fällt nicht immer leicht.

Selbst in einer Marktwirtschaft greift der Staat umfassend ins Wirtschaftsleben ein. Einige Aufgaben – wie Bildung, Verteidigung oder die öffentliche Ordnung – werden in erster Linie durch den Staat wahrgenommen. Andere Elemente staatlicher Aufgaben, wie die Rüstungsindustrie, werden von Privatunternehmen gekauft. Und wieder andere Unternehmen werden in einem Rahmen tätig, in dem viele der alltäglichen kommerziellen Entscheidungen, wie über Preise, Investitionen und Produktgestaltung, vollständig oder überwiegend durch den Staat getroffen werden. Die regulierten Branchen, um die es in diesem Artikel geht, gehören in die letzte Gruppe.

Normalerweise wird eine regulatorische Intervention durch Marktversagen ausgelöst. Denn daraus folgt, dass wettbewerbsfähige Strukturen in diesem Bereich nicht möglich sind. Gibt es sie dennoch, führen sie wahrscheinlich zu ineffizienten oder anderweitig unerwünschten Ergebnissen. Ein Beispiel für ein Marktversagen sind die natürlichen Monopole wie etwa bei der Strom- oder der Wasserversorgung. Hier wäre eine Überzahl an Anbietern hoffnungslos unwirtschaftlich.

Marktversagen kann auch externe Ursachen haben. Schäden für Umwelt, Gesundheit oder Sicherheitsprobleme können eine solche Ursache sein – wenn also eine Tätigkeit Auswirkungen auf Menschen hat, die gar nicht unmittelbar damit befasst sind. Auch eine Informationsasymmetrie verursacht immer häufiger Marktversagen – wenn also der Verkäufer weitaus mehr über das Erzeugnis weiß als ein Käufer.

Typischerweise treten in den wichtigsten regulierten Branchen verschiedene Fälle von Marktversagen auf. Zu diesen Branchen zählen Gas-, Elektrizitäts- und Wasserversorger, Telekommunikation, Medien, Verkehr, Finanzdienstleistung, Arbeitsvermittlung und die Pharma-Industrie. Sie alle werden in den meisten Ländern seit hundert oder mehr Jahren reguliert. Es gab jedoch in der jüngsten Vergangenheit wichtige Veränderungen in der Art dieser Regulierungstätigkeit.

Lag Marktversagen vor, dann wurden häufig in der Folge die Geschäftsleitung und die Tätigkeit der betroffenen Firmen umfassend beaufsichtigt. Unbestritten war eine Regulierung der Fluglinien für die Sicherheit der Fluggäste und der gesamten Öffentlichkeit erforderlich. Doch diese regulatorische Tätigkeit erfasste bald auch die Kontrolle der Flugpreise, der Anflugshäufigkeit sowie der finanziellen Solidität der Luftlinien weltweit. In vielen Branchen, auch bei den Fluggesellschaften, nahm die Regulierung die Form einer Verstaatlichung an. Bestimmte Entscheidungen des Managements mussten folglich gegenüber politischen Gremien verantwortet werden.

In den letzten 20 Jahren hat sich der Fokus von Regulierung verengt; sie zielt nun auf spezifisches Marktversagen. Die Kontrolle der Flugpreise schwindet zum Beispiel rapide. Und die Privatisierung hat die Beteiligung des Staates an Versorgern auf einzelne Aspekte der Preiskontrolle und der Einschätzung von Investitionsprogrammen eingeschränkt. Gleichzeitig haben jedoch Wettbewerb und Globalisierung dazu geführt, dass ein Großteil der ehemals impliziten Regulierung heutzutage formalisiert worden ist. So ergibt sich die anscheinend paradoxe Situation von zeitgleicher Deregulierung und Neuregulierung. Besonders deutlich zeigt sich dieses Spannungsverhältnis bei den Finanzdienstleistern. Ein Großteil der strategischen Themen, mit denen regulierte Branchen konfrontiert sind, ähneln denen in konventionellen Unternehmen. Die übrigen lassen sich in zwei Hauptgruppen unterteilen. Zunächst ist die für alle Unternehmen wichtige Arbeit an den Beziehungen zu Regierenden und Regulierenden für ein reguliertes Unternehmen von besonders entscheidender Bedeutung. Zum Zweiten werden in regulierten Unternehmen viele Wettbewerbsregeln und Einflüsse auf die Struktur von Markt und Branchen unterdrückt. Ich will diese Fragen nacheinander ansprechen.

Kaum Übertragbarkeit

Es wächst die Zahl regulierter Unternehmen, die über nationale Grenzen hinweg tätig sind. Regulierung gestaltet sich jedoch in jeder Kultur unterschiedlich. Nicht zuletzt deshalb ist die Globalisierung in zahlreichen regulierten Branchen geringer entwickelt als in der Wirtschaft allgemein. Zudem gibt es im Regulationsmanagement nur wenige international übertragbare Fähigkeiten, und es ist ein besonders hohes Maß an Sensibilität für das lokale Umfeld erforderlich.

Überall auf der Welt und in den verschiedenen Branchen existierte in breites Spektrum von spezifischen, auf festen Regeln beruhenden Strukturen bis hin zu einer Regulierung, die größtenteils auf individuellen politischen Verhandlungen gründet. Weder für die betroffenen Unternehmen noch im öffentlichen Interesse gibt es jedoch ein ideales System: Die Unterschiede ergeben sich aus umfassenderen Differenzen zwischen dem wirtschaftlichen und dem politischen Umfeld sowie besonderen Charakteristika der betroffenen Branchen.

In den Vereinigten Staaten erfolgt die Regulierung üblicherweise auf formalisierter Grundlage und nach festen Regeln. Das führt immer wieder zu ungünstigen, rechtlich umstrittenen Regulierungsprozessen, und das Regulierungsmanagement verlangt spezielle rechtliche und technische Fertigkeiten. Mehr Ermessensspielraum bei der Regulierung gibt es in Großbritannien. Das führt dazu, dass fachliche Argumente von gleicher Bedeutung sind, während Konfrontation sich gewöhnlich kontraproduktiv auswirkt. Dabei kommt der Herstellung einer vertrauensvollen Beziehung zur Regulierungsbehörde eine wichtige Rolle zu. Frankreich hat sich noch weiter in diese Richtung entwickelt. Dort ist man kaum mit dem Konzept einer unabhängigen Regulierung als Vermittlung zwischen Unternehmen und Staat vertraut. Die Regulierung ist in konventionelle politische Abläufe integriert.

Beide extreme Formen führen letztlich zum Scheitern der Regulierung. Das Regelwerk der Regulierung stellt möglicherweise eine derartige Hürde dar, dass das Umgehen oder Unterlaufen dieser Regeln zur wichtigsten Tätigkeit des zuständigen Managers wird. Gilt Regulierung aber als Ermessenssache, neigt sie möglicherweise zu Kumpanei und Korruption. Zwischen den Extremen eines jeden Spektrums bestehen letztlich, wie sooft, kaum Unterschiede. Welcher formale Prozess auch immer Anwendung findet: Alle Regulierungsmechanismen werden im selben ordnungspolitischen Rahmen wirksam. Dem regulierten Unternehmen liegt an einer Maximierung der eigenen Gewinne. Die Manager haben ein herausragendes Wissen über die erforderlichen Kosten, die möglichen Effektivitätsgewinne und die notwendigen Investitionen. Die regulierende Behörde ist zwangsläufig weniger gut informiert als das zu regulierende Unternehmen. Sie entwickelt also Zielvorstellungen, die von denen des Unternehmens abweichen. In einem geregelten System kann es sich dabei um die Auslegung gesetzlicher Verpflichtungen handeln; in einem System mit weiterem Ermessensspielraum mag es um umfassendere Ziele im öffentlichen Interesse gehen und in einem politischen Umfeld um einen Ausgleich zwischen den Anliegen verschiedener Wahlkreise.

Ziel der Regulierung ist eine Struktur, die zu einem Vorteil oder im Idealfall einem direkten Gewinn führt für das Unternehmen, das die ordnungspolitischen Regeln befolgt. Viel Aufwand ist bereits betrieben worden, um Formeln zu entwickeln, um mit einem Anreizsystem zum Ziel zu kommen. Die direkte Kontrolle einzelner Managemententscheidungen durch Regulierungsbehörden soll dadurch minimiert werden. Doch die Formeln selbst und die für ihre Anwendung erforderlichen Informationen sind zwingend Gegenstand politischer Verhandlungen. Ein reguliertes Unternehmen strebt danach, die die regulatorische Struktur konstituierenden Informationen so auszulegen, dass es seinen Gewinn maximieren kann. Seine Auslegungsspielräume sind allerdings dadurch begrenzt, das sein Verhalten, welches das Vertrauensverhältnis von Regulierer und Reguliertem untergräbt, langfristig kontraproduktiv wirkt – umso mehr, je umfangreicher der Ermessensspielraum des Regulierers ist.

Wirksam: Vereinnahmung

Die wirksamste Strategie im Regulierungsmanagement ist die Vereinnahmung. Hierbei adaptiert die Regulierungsbehörde zunehmend die Zielstellungen der regulierten Unternehmen und macht sie sich zu Eigen. Im Luftverkehr ist das beispielsweise so weit gegangen, dass die Regulierungsunternehmen im Namen der etablierten Fluggesellschaften ein Kartell betrieben. Sie taten dies in dem Glauben, dass die Öffentlichkeit ein beträchtliches Interesse an der finanziellen Stabilität dieser Unternehmen hätte. Das gleiche Ergebnis kann auch häufig bei Finanzdienstleistern oder in der Arbeitsvermittlung beobachtet werden.

Allgemeiner ausgedrückt begünstigt die Regulierung normalerweise eher die etablierten Betriebe gegenüber Neueinsteigern. Die ausgesprochen komplexen Regulierungsmechanismen wirken dabei als Zugangsbarriere. Die notwendige Genehmigung von Produkterneuerungen und neue Auslieferungsmechanismen, zwei der besonders häufigen Strategien für Einsteiger, stellt regelmäßig ein Zuganghindernis dar. Einem Großunternehmen verlangen viele regulatorische Bestimmungen einen Anteil am Umsatz in zu vernachlässigender Höhe ab. Die gleiche Verpflichtung kann für kleine Unternehmen jedoch eine große Belastung darstellen.

Regulierung und das entsprechende Management stecken in ihrer professionellen Ausprägung noch in den Kinderschuhen. Wie man am besten reguliert, wird zwar in einigen Lehrbüchern beschrieben, nicht jedoch, wie man sich am besten regulieren lässt. Dabei kann der Nutzen von besonders »talentiertem« Regulierungsmanagement immens sein. Häufig verfluchen Manager die Regulierung oder treiben die Diversifizierung in Bereiche voran, die keiner Regulierung unterliegen. Viele der nachhaltig erfolgreichen Unternehmen haben ihren Erfolg jedoch gerade der Tatsache zu verdanken, dass sie ihr ordnungspolitisches Umfeld wirksam gepflegt haben. Es ist kein Zufall, dass sich etablierte Unternehmen zahlreicher Branchen der Regulierung widersetzen, sich gleichzeitig jedoch dagegen aussprechen, sie grundsätzlich zu beseitigen.

Regeln und Wettbewerb

Die Strukturen regulierter Branchen sind zu Zeiten eines eingeschränkten oder verhinderten Wettbewerbs entstanden. Und die meisten Märkte werden von Unternehmen dominiert, die ihre Wettbewerbsvorteile bereits entwickelt und zum Tragen gebracht haben. In vielen regulierten Industriezweigen sind hingegen beherrschende Unternehmen als Folge nationaler Schutzmaßnahmen oder durch gesetzlich geregelte Monopolbildung entstanden. Privatisierung und Deregulierung haben allerdings viele derartige Marktstrukturen in den letzten Jahren zum Wettbewerb freigegeben. Das wirft einige der zurzeit faszinierendsten Fragestellungen im strategischen Management auf.

Die zukünftige Entwicklung dieser liberalisierten Strukturen unterliegt einer Grundregel. Diese besagt, dass Marktanteile nicht Spiegel tradierter Stärke, sondern Ausdruck von Wettbewerbsvorteilen sein werden. Das Beispiel der amerikanischen Luftfahrtindustrie verdeutlicht diesen Übergang. Zum Zeitpunkt der Deregulierung in den siebziger Jahren waren die Strukturen bereits seit fast 50 Jahren verknöchert. Es folgte eine Welle von Neuzugängen und Erneuerungen. Die meisten Neueinsteiger erlitten Schiffbruch. Den erlitten aber auch einige ältere Firmen mit bekannten Namen und herausragender Tradition.

Schließlich kam es zu einer Umgruppierung um eine kleinere Anzahl von Fluggesellschaften. Unter den Überlebenden fanden sich sowohl Neueinsteiger als auch Mitglieder des ehemaligen Kartells. Sie alle hatten echte Wettbewerbsvorteile entwickelt (Zentralflughäfen im richtigen Umfeld, überzeugende Marken und verschlanktes Management), die sie zu ihrem Vorteil ins Spiel brachten.

Mit dem Vordringen des Wettbewerbs in viele weitere regulierte Branchen wird sich diese Entwicklung wiederholen. Nur in regulierten Branchen trifft man heute noch auf Unternehmen mit einem beträchtlichen Marktanteil und entsprechenden Ressourcen, obgleich ohne Wettbewerbsvorteil. Diese werden Eastern oder Pan American nachfolgen, Fluggesellschaften, die einst jedem Branchenkenner vertraut waren. Entweder sind sie untergegangen oder nur noch ein Schatten früherer Größe. Wir können davon ausgehen, dass ihnen einige große Banken und Telekommunikationsfirmen, Energiegiganten und Medienfirmen folgen werden.

Wettbewerb – künstlich angeregt

Im Allgemeinen bedarf der Wettbewerb in regulierten Branchen einer künstlichen Anregung. Frühe Liberalisierer hofften, der Wegfall gesetzlicher Hemmnisse für den Wettbewerb würde bereits ausreichen, ihn zu beflügeln. Solcherlei Hoffnungen wurden häufig Lügen gestraft. Nur dort, wo der Staat auf Zugang zu etablierten Netzen und anderen lebenswichtigen Einrichtungen bestand und die vorhandenen Unternehmen restrukturiert beziehungsweise bessere Bedingungen für Neueinsteiger geschaffen hat, ist ein Wettbewerb entstanden. Hieraus leiten sich Fragen sowohl für etablierte Betriebe als auch für Neueinsteiger ab. Prinzipiell ist es für einen Alteingesessenen eine rationale Strategie, sich der Liberalisierung zu widersetzen. Genau das geschieht auch normalerweise. Die Erfahrung besagt allerdings, dass die Dinge nicht so einfach liegen. Kann man sich dem Wettbewerb nicht entziehen, ist eine frühe Vertrautheit mit ihm auf dem internen und dem internationalen Markt unter Umständen gleichermaßen von Nutzen. Auf den ersten Blick hatte es so ausgesehen, als ob British Gas mit der Aufrechterhaltung des effektiven Monopols den

Kampf gewonnen hätte, den die zersplitterte Elektrizitätsindustrie in Großbritannien verloren hatte. Im Nachhinein lässt sich jedoch sagen, dass die Elektrizitätsgesellschaften eine größere Autonomie für das Management und eine wettbewerbsfähigere Marktstellung erreicht haben. Den etablierten Unternehmen fällt es politisch und organisatorisch schwer, im Heimatland als Monopolist und im Ausland hingegen als Wettbewerber aufzutreten. Neueinsteiger können sich für den organischen Weg oder sein Gegenteil entscheiden. Erwerber von Firmen oder Firmen liberalisierter Märkte haben häufig keine Freude gehabt, weil der erfolgreiche Bewerber angesichts intensiver Konkurrenz zu viel bezahlt. Den Eintritt in völlig neue Märkte finden wir vorwiegend in Bereichen mit den hinderlichsten regulatorischen Bestimmungen. So haben sich etwa in der Telekommunikation nahezu alle Wettbewerber auf Bereiche wie Ferngespräche von Firmen konzentriert, also auf den Sektor mit der größten Differenz zwischen Preisen und Kosten, und nicht auf die, in denen die am Markt vertretenen Unternehmen am unwirtschaftlichsten arbeiten. Eine solche Strategie verspricht kurzfristig Vorteile, die aber nicht unbedingt von Dauer sein müssen. Die Strategie des Duopols –Mercury Communications im Windschatten der Gebührenstruktur von British Telecommunications – lief total aus dem Ruder, als die Regierung die vollständige Liberalisierung auf die Tagesordnung setzte.

Zusammengefasst

Es besteht der allgemeine Irrglauben, Manager regulierter Unternehmen hätten es leicht. Ganz zu Recht hören die Betroffenen das nicht besonders gern. Es trifft zu, dass viele solcher Unternehmen in den Wettbewerb mit ererbten Aktiva und Ressourcen eintreten, um die sie von anderen beneidet werden. Es stimmt auch, dass ein reguliertes Unternehmen sich schon große Mühe geben muss, um Bankrott zu gehen. Trotzdem werden es einige in den nächsten Jahren schaffen. Regulierte Unternehmen sehen sich fast den gleichen strategischen Fragen wie konventionelle Firmen gegenüber, dazu kommen noch einige für ihr Umfeld typische. Aber die Deregulierung ist in ganz Europa auf dem Vormarsch. Die Kluft zwischen denjenigen, die auf die neuen Fragen wirksame Antworten finden, und denen, die auf die Regulierung und den damit verbundenen Wandel mit Feindseligkeit, Selbstzufriedenheit oder Gleichgültigkeit reagieren, wird sich rasch vergrößern.

Fiona Murray

Strategien für Geschäfte mit der Wissenschaft

Auf welche Weise man wissenschaftliche Erkenntnisse erfolgreich kommerzialisiert – mit dieser Frage beschäftigen sich Unternehmensstrategen, Risikokapitalgeber und Regierungen in zahlreichen Ländern. Dass dies keine leichte Aufgabe ist, dürfte dabei hinlänglich bekannt sein. Es gibt vier mögliche Strategien für eine kommerzielle Verwertung von Wissenschaft: den Verkauf wissenschaftlicher Erkenntnisse, den Verkauf wissenschaftlicher Dienstleistungen, den Verkauf von Produkten aus der Forschung und die Möglichkeit, sich selbst als Mitarbeiter anzubieten. Diese Ausführungen stützen sich überwiegend auf Erfahrungen, die in Großbritannien gemacht worden sind.

Investitionen in einer Höhe von 2,4 Milliarden US-Dollar hatte die britische Regierung in den Jahren 1999/2000 für die wissenschaftliche Forschung vorgesehen. Mindestens weitere 400 Millionen Pfund steckte der Welcome Trust in die Grundlagenforschung in Großbritannien. Viele warten ungeduldig darauf, aus diesen Investitionen wirtschaftlichen Nutzen ziehen zu können. Und die Regierung will binnen drei Jahren die Anzahl der Unternehmen, die aus dem britischen Wissenschaftsbetrieb hervorgehen, um 50 Prozent erhöhen. Sowohl Wissenschaftler als auch Manager haben allerdings nur wenig Erfahrung damit, wann und wie sich Wissenschaft erfolgreich kommerzialisieren lässt.

Denn bedauerlicherweise ist eine beachtliche wissenschaftliche Erkenntnis nicht automatisch auch eine zündende Geschäftsidee. Unternehmen benötigen einen Mix aus Wissenschaft, Wirtschaft und Finanzierung, um erfolgreich zu sein. Aber ohne die passende Strategie kann ein Geldgeber kaum gefunden werden. Oder er springt gleich wieder ab.

Die Entwicklung nachhaltiger Strategien für die Kommerzialisierung von Wissenschaft fällt jedoch schwer, denn der einer wissenschaftlichen Erkenntnis immanente Geschäftswert ist nicht leicht zu fassen. Dieser Artikel untersucht, ob

- Erkenntnisse grundsätzlich von den Wissenschaftlern als ihren Urhebern isoliert werden können und
- der Transfer einer wissenschaftlichen Erkenntnis überhaupt vertraglich geregelt werden kann.

Aus den Antworten auf diese Fragen ergeben sich Anhaltspunkte für die Erarbeitung allgemeiner Strategien zur Vermarktung von Wissen. Vier Strategien für eine kommerzielle Verwertung von Wissenschaft sind denkbar: der Verkauf wissenschaftlicher Erkenntnisse, der Verkauf wissenschaftlicher Dienstleistungen, der Verkauf von Produkten, die aus der wissenschaftliche Forschung generiert wurden (die traditionellste Form), oder die Strategie, sich selbst zur Übernahme anzubieten.

Besondere Merkmale

Diese Fragen ergeben sich aus einem charakteristischen Verhältnis zwischen wissenschaftlichen Erkenntnissen und wirtschaftlichen Handlungen. Es weist Merkmale auf, die viel mit den allgemeinen Eigenschaften von Wissen gemein haben; daher können wir auf Erfahrungen aus dem Wissensmanagement zurückgreifen, um die Charakteristika wissenschaftlicher Erkenntnisse zu skizzieren:

- Anders als bei vielen Technologien, die man in ihrer Anwendung beobachten kann, ist der Einsatz von wissenschaftlichem Know-how kaum beobachtbar und kann nur schwer überwacht werden.
- Wissenschaftliche Erkenntnisse werden häufig von mehreren Gruppen gleichzeitig eingesetzt – ihre Nutzung ist nicht exklusiv. Bei materiellen Gütern wie Grundstücken führte eine mehrfache Nutzung zu Rivalitäten.
- Wissenschaftliche Erkenntnisse setzen üblicherweise ein immenses Vorwissen voraus; sie liegen demnach eher kumulativ als isoliert vor, sowohl ihrem Wesen nach als auch in der Anwendung.
- Wissenschaftliche Erkenntnisse sind potenziell schwer zu reproduzieren. Viele erste Experimente lassen sich später selten erfolgreich wiederholen.
- Die Problematik der Reproduktion wird oft sichtbar bei dem Versuch, ein Individuum von seinen Gedanken zu isolieren. Unveräußerlichkeit, also die Unmöglichkeit, Erkenntnisse zu übertragen, ist ein häufiges Merkmal neuer wissenschaftlicher Ideen.
- Wissenschaftliches Know-how hat einen unterschiedlichen Spezifizierungsgrad. Ist dieser allgemeiner Natur, dient er der Lösung einer ganzen Palette von Problemen. Er kann aber auch sehr hoch sein.

Strategien für eine erfolgreiche kommerzielle Verwertung von Wissen berücksichtigen und nutzen diese besonderen Merkmale des Wissensmanagement.

Es ist daher verständlich, dass die Übertragbarkeit von Erkenntnissen und die Möglichkeiten ihrer vertraglichen Regelung untersucht werden muss. Und Strategien für die Überwindung und Ausnutzung dieser Merkmale lassen sich leichter entwickeln.

Menschen und Ideen

Wissenschaft ist kumulativ, schwer zu reproduzieren und entsprechend häufig unveräußerlich. Die Frage, ob man Ideen und ihre Urheber überhaupt voneinander trennen kann, liegt also nahe. Das Konzept der Veräußerlichkeit spielte bereits im römischen Recht und später im mittelalterlichen Landrecht eine Rolle. Es gesteht einem Eigentümer die Macht zu, ein Recht (analog zu einer Idee) abzutreten (oder hier: zu verkaufen). Bei wissenschaftlichen Erkenntnissen ist es dabei oft wesentlich entscheidender, dass eine Trennung von Idee und Urheber überhaupt möglich ist.

Ob und wie leicht diese Trennung möglich ist, hat strategische Bedeutung, wie das folgende imaginäre, aber durchaus typische Beispiel zeigt. Eine kleine Biotech-Firma arbeitet mit einer Universität an einem gemeinsamen Forschungsprojekt. An der Universität wird eine neue, viel versprechende Methode zur Reinigung von Proteinen entwickelt. Die Firma erwirbt die »Gebrauchsanleitung« für diese Methode von der Universität. In ihrem firmeneigenen Labor wiederholen Mitarbeiter den Vorgang immer und immer wieder, ohne allerdings das gewünschte Ergebnis zu erzielen. Frustriert rufen sie die Wissenschaftler an der Universität an, die mit ihnen am Telefon den Prozess schrittweise durchgehen – ohne Erfolg. Schließlich kommt ein Mitglied des Forschungsteams in das Labor der Firma und bringt den Prozess innerhalb eines Nachmittags zum Laufen.

Dieses Beispiel gilt nicht nur für die Biowissenschaften. Es spricht vieles dafür, dass produktionsnotwendige Fähigkeiten schwer zu transferieren sind, besonders in multinationalen Zusammenhängen. Die enge Verbindung zwischen einer Idee und ihrem Urheber im wissenschaftlichen Umfeld kann für Außenseiter sehr verwirrend sein. In der allgemeinen Vorstellung von wissenschaftlichen Erkenntnissen sind diese deutlich erkennbar und müssen – um überhaupt als wissenschaftlich zu gelten – durch andere reproduziert werden können. In der Praxis ist eine Reproduktion oft kompliziert und komplex. Bereits während dieses Prozesses aber kann die Idee eines Wissenschaftlers die Basis für eine gute Geschäftsgelegenheit bilden, selbst wenn sie noch nicht wissenschaftlich abgesichert ist. Eine schrittweise Trennung von Erkenntnissen und ihren Urhebern lässt sich gut verdeutlichen an der von Nobelpreisträger Cary Mullis erfundenen PCR (Polymerase-Kettenreaktion) und der nachfolgenden Vermarktung durch die Cetus Corporation in Kalifornien. In einem Interview mit dem Anthropologen Paul Rabinow erinnert sich einer der Cetus-Wissenschaftler:

> »Wenn man an einer besonderen Technik arbeitet, ist es wie bei einem Handwerker, der die Fähigkeit erwirbt, etwas Bestimmtes zu tun. Bei der PCR war es so, dass ich damit auf viele Arten herumgespielt habe. mit dem Ergebnis, dass man immer besser wird. Es wird perfekt unter deinen eigenen Händen. Es funktioniert genau so, wie man es wissenschaftlich annehmen würde, wenn man ein solches Experiment plant.«

Welche strategischen Maßnahmen lassen sich aus diesen Beobachtungen ableiten? Wenn sich Ideen und Menschen trennen lassen, ist es möglich, ein Geschäft aufzubauen, das entweder ein aus dieser Idee generiertes Produkt verkauft oder die Idee selbst vermarktet. Ist eine Trennung hingegen nicht möglich, müssen vor allen Dingen die Wissenschaftler bei der Stange gehalten werden, um eine aus der Idee generierte Dienstleistung anzubieten. Oder man muss sich weiter um eine Übertragbarkeit bemühen.

Ob veräußerlich oder nicht, die Verwertung wissenschaftlicher Erkenntnisse muss sich auf die eine oder andere Weise auf dem ökonomischen Marktplatz behaupten. Die zweite wichtige Aufgabe besteht also darin festzustellen, in welcher Form ein Markt für wissenschaftliche Erkenntnisse geschaffen werden kann.

Verträge und Unverträglichkeiten

Die vertragliche Ausgestaltung für die Verwertung wissenschaftlicher Erkenntnisse kann ausgesprochen schwierig sein. Wer eine Information kaufen möchte, wird das erst dann tun, wenn er sie begutachtet hat.

Hat er jedoch die Information »zur Ansicht« erhalten, muss er sie gar nicht mehr erwerben. Und wissenschaftliche Erkenntnisse haben ähnliche Charakteristika wie Informationen.

Stellen Sie sich eine kleine Firma für medizinische Instrumente vor, die an einem neuen Material interessiert ist. Die Wissenschaftler der Firma wenden sich Rat suchend an eine Gruppe von Spezialisten für Materialwissenschaft. Zu Beginn der Verhandlungen bestehen die Käufer darauf, das Material und seine chemische Zusammensetzung im Detail zu sehen – nur um sicherzugehen, dass alles korrekt läuft. Die Materialspezialisten fordern viel Geld für ihr Know-how und der wissenschaftliche Leiter der Firma hält ihre Ideen für zu kostspielig. Eine Woche später herrscht im Labor der Firma für medizinische Instrumente große Aufregung, weil ein bahnbrechendes neues Material erfunden wurde, das viel Ähnlichkeit mit dem Stoff der Materialspezialisten aufweist.

Solchen Problemen könnte man entgegenwirken durch den Aufbau einer guten Reputation in wissenschaftlicher oder geschäftlicher Hinsicht. Verträge über wissenschaftliche Erkenntnisse bleiben dennoch schwierig, weil die Durchsetzung der entsprechenden Nutzungsrechte kompliziert ist. Nicht immer ist es möglich, den Einsatz wissenschaftlichen Know-hows tatsächlich festzustellen, da es zu komplex sein könnte oder dessen Ausdruck nur dem beteiligten Wissenschaftler verständlich ist. Selbst wenn eine Firma die Nutzung ihres Wissens durch andere beobachten kann, kann sie möglichereise trotzdem nicht gerichtlich dagegen vorgehen. Umfassende Urheberrechte können einen Teil dieser Schwierigkeiten überwinden, denn Urheberrechte sind gerichtlich durchsetzbare Rechte. Geht eine Idee mit dem Rechtsanspruch an dieser Idee einher, vermindert dies die Problematik vertraglicher Regelungen, weil damit eine Überprüfung möglich wird. Entsprechend verbessern sich auch die Möglichkeiten, den kommerziellen Wert einer wissenschaftlichen Idee strategisch zu nutzen.

Verschiedene Ansätze

Die strategische Entscheidung für eine kommerzielle Verwertung wissenschaftlicher Erkenntnisse ist also dann umsetzbar, wenn diese Erkenntnisse sich mit vertretbarem Aufwand von ihren Urhebern isolieren lassen (Abbildung 1). Die grundsätzliche Veräußerlichkeit der Erkenntnisse – kombiniert mit der Möglichkeit einer vertraglichen Regelung des Verkaufs – ermöglicht den Aufbau einer Firma, die entweder die wissenschaftlichen Erkenntnisse oder aber das Recht zur Nutzung dieser Erkenntnisse anbietet. Universitäten verfolgen eine solche Strategie, indem sie geistiges Eigentum wiederholt lizenzieren. Durch Lizenzen für die Rekombination von DNA erzielt die Stanford University beispielsweise enorme Einkünfte. Und Firmen wie ARM Holdings, der Halbleiterkonzern mit Sitz in britischen Cambridge, haben bemerkenswerte Summen beim Verkauf ihrer Ideen für die Gestaltung von Computerchips umgesetzt.

Abb. 1: *Kommerzialisierung von wissenschaftlichen Ideen*

Falls die wissenschaftlichen Erkenntnisse kaum von ihren Urhebern zu trennen sind, wurde bislang meist der Urheber mit seinen Erkenntnissen als Mitarbeiter in eine Firma integriert. Häufiger wurden in der letzten Zeit Firmen gegründet, die dann rasch von Konzernen mit großem Forschungs- und Entwicklungsabteilungen wie dem Pharmazieunternehmen Pfizer, dem Chiphersteller Intel oder gar Microsoft übernommen wurden. Auf diese Weise nimmt ein Unternehmen eine Reihe von Mitarbeitern und eben ihre Ideen auf. Insbesondere einige Start-up-Firmen verfolgen diese Strategie wissenschaftlicher Übernahmen recht aktiv.

Kann die Nutzung von Erkenntnissen und Urhebern vertraglich geregelt werden, existiert eine weitere Möglichkeit: die Gründung eines Unternehmens für wissenschaftliche Dienstleistungen. Ein Unternehmen wie Oxford Asymmetry International – ein Dienstleister in der Chemie, hervorgegangen aus der Universität Oxford – bietet Komplettlösungen an. Er setzt das chemische Know-how seiner Mitarbeiter ein zur Bewältigung komplizierter Probleme von Pharma-Unternehmen ein. Die Chemiker sind schnell in der Lösung solcher Probleme und eignen sich durch wiederholte Erfahrungen mit Problemlösungen eine Fülle von grundlegendem Wissen an. Die Kunden honorieren die wissenschaftliche Dienstleistung, aber das generelle wissenschaftliche Know-how (und die Wissenschaftler selbst) verbleiben im Unternehmen.

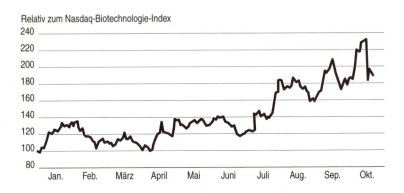

Abb. 2: Millenium Arzneimittel

Aus übertragbaren Erkenntnissen ein wissenschaftliches Produkt zu entwickeln, ist ein eher herkömmliches Verfahren. Ein solches Produkt kann ein Medikament, ein Betriebssystem oder auch ein wissenschaftliches Gerät wie der CT (Computertomograph) sein. Diese Strategie ist potenziell sehr effizient (und ist sicherlich traditionellen strategischen Analysen besser zugänglich), birgt jedoch ebenfalls unterschiedliche Probleme. Denn Produkte erfordern oft nicht nur wissenschaftliches Know-how, sondern begleitend auch Kenntnisse in der Herstellung und im Marketing. Diese zu erwerben, kann schwierig und kostspielig sein. Unter Biotechnologie-Investoren wird die Strategie des wissenschaftlichen Produkts immer unbeliebter, da Unternehmen mit wissenschaftlichen Dienstleistungen bessere Geschäftsergebnisse erzielen.

Die Auswahl

Die Übertragung der Polymerase-Kettenreaktion PCR von einer wissenschaftlichen Erkenntnis in ein Geschäft demonstriert die Wahlmöglichkeiten wissenschaftlicher Unternehmer. Anfangs galt die PCR-Technik selbst bei Cetus als annähernd unübertragbar. Niemandem glückte die Reproduktion von Mullis Experimenten. Es wäre jedoch schwierig geworden, die Strategie einer wissenschaftlichen Übernahme zu verfolgen, denn dadurch hätte das Unternehmen das PCR-Team verloren. Und das Strategieproblem hätte sich einfach nur einer anderen Firma gestellt.

Cetus hatte erwogen, PCR geheim zu halten und den Kunden nur eine wissenschaftliche Dienstleistung anzubieten. Schließlich war das Cetus-Team aber doch in der Lage, eine »Blaupause« für die DNS-Polymerase zu erstellen, und konnte die

Idee patentieren lassen. Durch das Patent und die Veröffentlichung der Idee erwarb Cetus Rechtsschutz für seine Erkenntnisse und zielte darauf ab, seine Position bei der Verwertung der PCR-Wissenschaft zu stärken. Sollte man nun die Idee oder ein Produkt verkaufen? Schließlich war die Idee in weiten Bereichen anwendbar und ein nur einmaliger Verkauf schien unangemessen.

Die nahe liegende Alternative, die Idee zu lizenzieren – eine Strategie zur Vermarktung wissenschaftlicher Erkenntnisse –, stellte eine Herausforderung dar, weil eine Kontrolle der Anwender kaum möglich gewesen wäre. Eine Verwertung scheiterte in diesem Fall daran, dass sie schlicht nicht beobachtbar ist. Leichter wäre es gewesen, die Idee an ein Gerät gekoppelt zu verkaufen – eine Strategie zur Vermarktung wissenschaftlicher Produkte. Schließlich vergab Cetus eine Lizenz für die Idee an HoffmanLa Roche, die dann ein entsprechendes Produkt entwickelte.

Strategiemix

Während Cetus sich für eine einzige Strategie entschied (zumindest im Fall von PCR), schließen sich die verschiedenen Strategien nicht grundsätzlich gegenseitig aus. Das zeigt sich vor allem auf dem wachsenden Sektor der Genforschung, zu der auch die Erforschung der Genexpression gehört, die Informationen darüber liefert, welche Gene bei Krankheiten oder physiologischen Prozessen aktiv oder inaktiv sind. Die amerikanische Gentechnik-Firma Millenium Pharmaceuticals hat sich für eine Kombination der oben beschriebenen Strategien entschieden. In ihren Unterlagen für den Börsengang beschrieb Millenium eine zweigleisige Strategie, bei der sowohl der Verkauf von wissenschaftlichen Dienstleistungen an eine Reihe von Partnern als auch die interne Entwicklung von wissenschaftlichen Produkten verfolgt wird (in diesem Fall Leitmoleküle, »lead molecules«, mit therapeutischer Wirkung). Beide Elemente basieren auf dem grundlegenden wissenschaftlichen Know-how der Firma über Gene, ihren Stellenwert bei Krankheiten und ihrer Funktion.

Incyte, eine andere Gentechnik-Firma, verkauft den Zugang zu wissenschaftlichen Erkenntnissen in ihren Datenbanken. Incyte sagt dazu: »Die Datenbanken enthalten mehr Informationen, als eine einzelne Firma jemals nutzen könnte. Wir glauben, dass unsere Partner aus der Pharmazie sich dadurch von ihren Mitbewerbern abheben werden, wie effizient sie diese Daten nutzen.«

Die Firma verwertet somit übertragbares und lizensierbares wissenschaftliches Know-how und geht noch einen Schritt weiter mit der Feststellung, dass dessen Nutzung nicht zu Rivalitäten führen muss. Mehrere Personen oder Firmen können dieses Wissen parallel nutzen. Von dieser Möglichkeit der Mehrfachnutzung profitieren beide Seiten.

Umsetzung der Strategie

Eine Strategiediskussion ist nicht vollständig ohne einige Anmerkungen zur Umsetzung. Die in diesem Artikel skizzierten Strategien für die kommerzielle Verwertung von Wissenschaft beinhalten große Herausforderungen bei einer praktischen Umsetzung, vor allem beim Verkauf wissenschaftlicher Dienstleistungen. Das liegt einmal mehr an der besonderen Charakteristik wissenschaftlicher Erkenntnisse. Eine Umsetzung muss nicht nur den Schutz von Ideen berücksichtigen, sondern auch den der Wissenschaftler – sie also im Unternemen zu halten. Außerdem muss das kumulative Wesen von Wissenschaft und die Notwendigkeit zur Generierung von generellem und speziellen Wissen bei der Umsetzung Beachtung finden. Wie unsere Erkenntnisse über wissenschaftliches Know-how kann auch die Umsetzung von Kommerzialisierungsstrategien für die Wissenschaft von einem wachsenden Verständnis für das Wissensmanagement profitieren.

Anbieter wissenschaftlicher Dienstleistungen müssen berücksichtigen, dass die Wissenschaftler eine Schlüsselrolle spielen. Das Geschäft ist stark von dem kontinuierlichen Input der Individuen abhängig. Aktienoptionen sind ein gutes Argument, um jemanden in der Firma zu halten, während Wettbewerbsklauseln die Alternativen der Wissenschaftler einschränken. Sowohl bei wissenschaftlichen Dienstleistungen als auch beim Verkauf wisseschaftlicher Erkenntnisse ist die stetige Pflege und Vermehrung wissenschaftlichen Know-hows sehr wichtig für eine erfolgreiche Umsetzung. Wissen wird akkumuliert durch sinnvoll strukturierte Wissensmanagement-Programme, die das Wissen von Einzelnen mit verschiedenen Methoden erfassen. Oxford Asymmetry International hat mithilfe der Beraterfirma Cap Gemini ein umfangreiches Wissensmanagement-Programm installiert, das ebendiese Ziele verfolgt. Man hat dabei erkannt, dass das kontinuierliche Engagement der Wissenschaftler in akademischen Netzwerken einen positiven Einfluss auf Forschung und Entwicklung ausübt. Studien in den Biowissenschaften haben gezeigt, dass erfolgreiche Unternehmen oft auch aktiv an Gemeinschaftsprojekten von Wirtschaft und Wissenschaft beteiligt waren, meist auf informeller Ebene. Zwar können wissenschaftliche Ideen in solchen Zusammenhängen durchsickern; es hält jedoch gerade solche Wissenschaftler in einer Firma, die gleichermaßen an der Forschung interessiert als auch aktiv am wissenschaftlichen Fortschritt beteiligt sind.

In Großbritannien wird die Forderung lauter, Firmen aus den Universitäten heraus zu gründen und auf die kleine, aber wachsende Gruppe von Unternehmen zur Vermarktung wissenschaftlicher Erkenntnisse zu setzen. Diese Unternehmen können jedoch langfristig nur erfolgreich sein, wenn sie die richtigen strategischen Entscheidungen treffen.

Richard Whittington

Lob des ewig jungen Konglomerats

Gerüchte um das Ende der Konglomerate sind übertrieben. Manche stark diversifizierte Unternehmen mussten sich zwar wegen mangelnden Erfolges neu orientieren. An ihre Stelle sind jedoch – vor allem in Europa – neue Konglomerate getreten. Welches sind die Stärken einer solchen Unternehmensform? Warum stehen diese eher auf organisatorischer als auf operativer Ebene, und warum haben Konglomerate in der Regel nur eine relativ kurze Lebensdauer? Das Geheimnis beim Management von Konglomeraten liegt darin, neben ihren Grenzen auch den Zeitpunkt zu erkennen, wann man in eine andere Unternehmensform mit langfristig besseren Chancen übergehen sollte.

Die Gerüchte um das Ende der Konglomerate sind übertrieben. In den vergangenen Jahren sind zwar einige große Konglomerate aufgelöst worden – ITT und Hanson Trust zum Beispiel. Doch gleichzeitig zeichnet sich ein Aufwärtstrend für diese Unternehmensform ab. Die Tätigkeiten von General Electric decken ein Spektrum von Flugzeugmotoren bis zum TV-Sektor ab. Warren Buffet, der erfolgreichste US-Investor, baut gerade ein Konglomerat auf, dass von Versicherungen über Firmenjets und Fast Food bis zu Wohnmobiliar reicht. Und Richard Branson herrscht unter dem Dach seiner Virgin Group über Unternehmen, die sowohl ein Schienennetz betreiben als auch Kosmetika produzieren.

Dennoch: Die Argumente gegen Konglomerate wirken überzeugend. Seit den Achtzigern werden Manager angehalten, bei ihren Leisten zu bleiben, sich auf die Kernkompetenzen zu konzentrieren. Betreiben die einzelnen Unternehmen eines Konglomerats unzusammenhängende Geschäftsfelder, gibt es keine Grundlage für Synergien und kaum Spielraum für die gemeinsame Nutzung betrieblicher Ressourcen. Unternehmen, die auf eigenen Füßen stehen könnten, müssen für die Zentrale des Konglomerats aufkommen und zusätzliche bürokratische Hürden nehmen. Und falls Investoren ihre Risiken streuen wollen, erreichen sie dies in Eigenregie; ein Konglomerat ist hierfür unnötig.

Back to the Roots?

Konglomerate entsprechen den wachstumsfreudigen sechziger und frühen siebziger Jahren. Die Umstrukturierungen, Verschlankungen und Abspaltungen der vergangenen zwanzig Jahre stellen demnach eine längst überfällige Korrektur dar. Eigentlich müssten Konglomerate also abgedankt haben. Doch sie leben noch, und zwar ziemlich gut.

Neben den genannten Beispielen GE, Virgin und Warren Buffet lassen sich das akquisitionsfreudige US-Konglomerat Tyco International oder Thermo Electron anführen, ein Hersteller von Hightech-Analyseinstrumenten. Die Finanzgruppe Citigroup ist schon jetzt in fast allen Finanzdienstleistungen vom Investmentbanking bis hin zu Privatversicherungen vertreten und gilt als weiterer Anwärter für ein Konglomerat. Bricht eines der Imperien zusammen, tritt ein anderes, dynamisches Konglomerat auf den Plan.

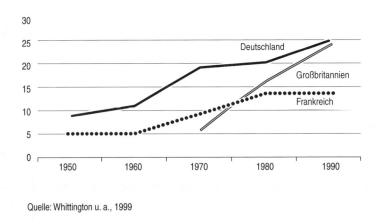

Quelle: Whittington u. a., 1999

Abb. 1: Die Zunahme von Konglomeraten unter großen europäischen Industrieunternehmen

Detailanalysen stützen diese Behauptung. Im Verlauf der achtziger Jahren fand Costas Markides bei seinen Studien zu Diversifizierungstendenzen unter Fortune-500-Unternehmen heraus, dass es proportional gesehen nur einen geringen Rückgang der Konglomerate gab.

Konglomerate, deren Branchenstreuung zu umfangreich war, haben sich tatsächlich neu positioniert, doch immer wieder traten andere Konglomerate an ihre Stelle. Und die Mehrheit der Konglomerate erfreute sich einer weiterhin gesunden Geschäftsgrundlage.

Die Prognosen für Konglomerate in Europa sind sogar noch rosiger. Verschiedene Forschungsarbeiten zeigen, dass es unter den führenden 100 Unternehmen in Frankreich, Deutschland und Großbritannien (ohne Tochtergesellschaften ausländischer Konzerne) in der Nachkriegszeit einen starken Trend zur Bildung weiterer Konglomerate gibt. Zumindest in Großbritannien und Deutschland hat die Umstrukturierung während der achtziger und frühen neunziger Jahre diesen Trend nicht negativ beeinflusst, sodass 1993 ein Viertel der großen Industrieunternehmen Konglomerate waren (siehe Abbildung 1).

Verborgene Stärken

Wenn es also auch künftig Konglomerate geben wird, ist es wichtig zu verstehen, wo ihre Stärken liegen und wie man sie am besten leitet. Kritiker haben sich viel zu sehr auf das Fehlen von Synergien im operativen Bereich konzentriert. Rob Grant unterscheidet hingegen zwei Möglichkeiten, wie Unternehmen miteinander verknüpft sein können: erstens die operative Ebene, auf der die gemeinsame Nutzung betrieblicher Ressourcen wie Maschinen oder Vertriebskanälen entscheidend ist, und zweitens die organisatorische Ebene, auf der das Management quer durch verschiedene Branchen ähnliche Entscheidungen treffen muss – über Investitionen, Zeitvorgaben, Risikoprofile und ähnliche Erfolgsfaktoren.

Vorteile bei Entscheidungen auf organisatorischer Ebene erweisen sich häufig als ebenso wertvoll wie Synergien auf operativer Ebene. Wo nämlich das Topmanagement es versteht, ausgeprägte Ähnlichkeiten auf der organisatorischen Ebene voll zu nutzen, werden strategische Entscheidungen oft schneller und effizienter getroffen. Fehlt diese Übereinstimmung im organisatorischen Bereich, fehlt Entscheidungsträgern womöglich das Vertrauen und die Kompetenz, um Entscheidungen ebenso schnell und effektiv zu fällen. Einige zentrale organisatorische Ähnlichkeiten, von denen Konglomerate über sonst unzusammenhängende Geschäftsfelder hinweg profitieren können, werden im Folgenden genannt:

- *Marketingfähigkeiten:* Virgin zeigt dies in den Bereichen Reisen, Kosmetik, Musik, Getränke und Einzelhandel.
- *Investmentfähigkeiten:* das Talent, unterbewertete Investitionsmöglichkeiten aufzuspüren und zu nutzen: Warren Buffett mit seinem Berkshire Hathaway Investment-Fond ist hierfür ein Paradebeispiel.

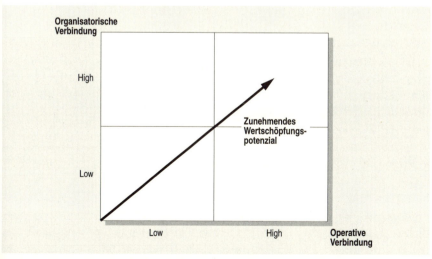

Abb. 2: Organisatorische und operative Verbindungen

- *Talent im Umgang mit Regierung und Beamten:* Dieser Faktor spielt in Entwicklungsländern eine große Rolle; ein gutes Beispiel ist auch das französische Vivendi-Konglomerat in den Märkten für Wasserversorgung, Pay-TV und Telekommunikation.
- *Unternehmerische Fähigkeiten:* Die Firma Thermo Electron beispielsweise hat sie in einer Vielzahl neuer Unternehmungen bewiesen.
- *Fähigkeit zur Sanierung:* Tyco, ein schnell wachsendes Industrie-Konglomerat, zeigt diese Fähigkeiten bei seinen weltweiten Akquisitionen.

Um die Konglomerate mit der größten Wahrscheinlichkeit eines Wertzuwachses zu identifizieren, können wir die Vorstellung von operativen und von organisatorischen Zusammenhängen miteinander verbinden. Dabei haben wir feststellen können, dass ein Konglomerat – also ein Unternehmen mit geringer operativer Überschneidung – nicht zwangsläufig über ein schlechteres Wertschöpfungspotenzial verfügt als ein Unternehmen mit gemeinsamer operativer Ebene.

Vergleichen wir das Virgin-Konglomerat mit einem Mineralölunternehmen, das vertikal mit seinen Tankstellen verbunden ist. Die gemeinsame Operationsbasis ist die Treibstoffversorgung. Die Führungsspitze des Ölunternehmens ist möglicherweise unfähig, die richtigen Entscheidungen über Marketing oder Standort für so kleine Einheiten wie Tankstellen zu treffen. Die der Virgin-Gruppe angeschlossenen Unternehmen hingegen verfügen über eine nur geringe gemeinsame Operationsbasis, profitieren aber sämtlich von der starken Marke und den unternehmerischen Fähigkeiten. Virgins organisatorische Klammer ist also potenziell nützlicher als die gemeinsame Operationsbasis des Ölunternehmens.

Die Erfolgsaussichten eines Konglomerats sind allerdings recht trübe, wenn es über keinerlei gemeinsame Basis verfügt. Andererseits ist ein Unternehmen mit starker operativer und starker organisatorischer Basis nicht automatisch überlegen. Vergrößert sich die gemeinsame Operationsbasis, steigen auch die anfallenden Koordinationskosten.

Hat ein Unternehmen, das gleichermaßen auf organisatorischer und auf operativer Ebene viele Überschneidungen aufweist, mit zu viel Bürokratie und hohen Verwaltungskosten zu kämpfen, erzielt ein schlankes Konglomerat problemlos bessere Leistungen – vorausgesetzt, es nutzt seine organisatorische Basis bestmöglich aus und verursacht keine oder nur geringe Koordinationskosten.

Wunder Punkt

Ihre Stabilität verdanken Konglomeraten der Fähigkeit, Vorteile aus organisatorischen Gemeinsamkeiten zu ziehen. Beim näheren Hinsehen zeigt sich jedoch, dass auch Konglomerate einen wunden Punkt haben. Die Strategien der Konglomerate werden zwar zunehmend von großen europäischen Unternehmen übernommen; langfristig werden sie jedoch nicht bestehen können.

Europäische Studien zeigen, dass viele Unternehmen mit einer starken gemeinsamen Operationsbasis ihre Position und Unternehmensstrategien über längere Zeit praktisch unverändert beibehalten können. Konglomerate sind wesentlich weniger stabil. Unternehmen mit gemeinsamer operativer Basis wie Unilever, Siemens und das mittlerweile mit Hoechst zu Aventis verschmolzene Unternehmen Rhône-Poulenc haben jahrzehntelang erfolgreich Strategien verfolgt, die dabei annähernd unverändert blieben. Gleiches gelang nicht einem einzigen britischen und nur wenigen französischen und deutschen Konglomeraten.

Die relativ kurze Lebensdauer eines Konglomerats hängt von verschiedenen Faktoren ab. Vor allem lässt sich der potenzielle Wert der verschiedenen Bereiche in einer auf organisatorischer Basis geschlossenen Unternehmensgemeinschaft weniger leicht erhalten, wie es bei Unternehmen mit einer gemeinsamen operativen Basis der Fall ist. Denn unternehmerische Fähigkeiten, Investmentfähigkeiten oder die Fähigkeit zum Turn-around hängen oft von Einzelpersonen ab.

So brach die Hanson-Gruppe auseinander, als Gründer Lord Hanson in den Ruhestand ging und Mitgründer Lord White starb. Das britische Maschinenbaukonglomerat GEC fand ab Beginn der achtziger Jahre keine Firmen, deren Zukauf sinnvoll gewesen wäre, und blieb 15 Jahre lang auf seinem Geld sitzen. Außerdem erreichen Konglomerate häufig den Punkt, an dem es vorteilhafter wäre, zu verkaufen. Nachdem das Star-Konglomerat der achtziger Jahre, die Engineering-Gruppe BTR, 20 Jahre lang ihre Märkte abgeschöpft und die Preise angezogen hatte, blieb ihr nur die blamable Fusion mit Siebe zu Invensys.

Kurze Lebensdauer

Die Herausforderung für die Manager eines Konglomerats besteht im richtigen Umgang mit Grenzen eines Zusammenschlusses auf organisatorischer Basis. Drei Faktoren können durch das Management beeinflusst werden, um die Lebensdauer eines Konglomerats zu erhöhen:

- Das Festhalten an der gemeinsamen organisatorischen Basis: Eine einzige Fehlentscheidung kann die Auflösung des gesamten Unternehmens nach sich ziehen. Die Zukunft des einstigen Star-Konglomerats Tomkins stand infrage, seit man 1992 das Nahrungsmittelunternehmen Ranks Hovis McDougall übernommen hatte. Die Abwicklung schneller Verbrauchermarken galt nicht als Stärke dieses Industriebetriebs. 1999 wurde das Konglomerat aufgelöst. Das gleiche Schicksal droht der Virgin-Gruppe, die mit dem Eisenbahngeschäft zu kämpfen hat; Virgins Branding-Fähigkeiten scheinen hier nicht zu passen.
- Das Vereinfachen der Komplexität durch Strukturierung oder Reduzierung der Branchenvielfalt: Durch stete Zukäufe entwickelt sich ein Konglomerat rasch zu einem regelrechten Sammelsurium unterschiedlichster Branchen; eine gemeinsame organisatorische Strategie ist dann kaum noch zu realisieren. Das britische

Maschinenbauunternehmen TI hat sich beispielsweise ganz neu positioniert, indem es sein Portfolio drastisch reduzierte. Die breite Fächerung selbst wurde beibehalten, man konzentrierte sich allerdings auf einige wenige Bereiche, in denen eine Deckungsgleichheit organisatorischer Wesensmerkmale vorlag und auf Nischen, in denen technische Überlegenheit es zur Weltmarktführerschaft bringen kann.

- Wahrung und Pflege der organisatorischen Fähigkeiten: Beinahe 20 Jahre lang hat Jack Welch das Schicksal des GE-Konzerns bestimmt. Er hat sich jedoch dafür eingesetzt, dass GE zukünftig nicht von ihm und einigen Spitzenmanagern abhängig ist. Der Konzern hat stetig in die Ausbildung von Führungskräften investiert. Der mittlerweile über 100 Jahre alte Konzern dürfte also auch den Rücktritt Welchs verkraften.

Sanfter Tod

Manchmal muss man sich auch vollständig von der Strategie des Konglomerats lösen. Und der Aktienmarkt nimmt Umstrukturierungen oder Ausgliederungen häufig enthusiastisch auf. Als sich die Frage der Nachfolge stellte, tat Lord Hanson das einzig Richtige: Er gliederte das US-Geschäft und die Bereiche Chemie, Tabak und Energie aus, sodass ein Kernunternehmen entstand, das leichter zu leiten war. Bei ITT hingegen, aufgebaut von Harold Geneen, benötigte Nachfolger Rand Araskog ganze 16 Jahre, um die Vorteile von Ausgliederungen zu erkennen. Zwischenzeitlich war viel Shareholder-Value zerstört worden.

Letztlich ist die Diversifizierung mit Konglomeraten noch immer ein gängiges und gangbares Verfahren. Das Geheimnis liegt dabei im Erkennen der Grenzen und des Zeitpunkts, an dem der Übergang in eine langfristig aussichtsreichere Unternehmensform stattfinden muss.

Literaturhinweise

Grant, R.: On »Dominant Logic«, Relatedness and the Link between Diversity and Performance. *Strategic management Journal Review*, 39, 1988.

Markides, Constantinos C.: *Diversification, Refocusing, and Economic Performance.* Cambridge, Mass. [u. a.]: MIT Press, 1996.

Ruigrok, W.; Pettigrew, A.; Peck, S; Whittington, R.: »Corporate Restructuring and New Forms of Organizing in Europe«, *Management International Review*, 39 (2), 1999.

Whittington, R.; Mayer, M.; Curto, F.: »Chandlerism in Post-War Europe: Strategic and Structural Change in Post-War Europe, 1950-1993«, *Industrial and Corporate Change*, 8 (3), 1999.

Laura Empson

Warum Beratungsfirmen als vorbildlich gelten

Professionelle Unternehmensdienstleister wie McKinsey oder Accenture dienen anderen Branchen zunehmend als Modell-Unternehmen. So einfach ist die Sache aber nicht. Wie arbeiten solche Unternehmen wirklich, und wie sind sie organisiert? Für diese Branche ist das Hebel-Konzept zentral, das einerseits die essenzielle Grundlage des Wissensmanagements ist und außerdem ein Schlüssel zu möglichst hohen Gewinnen. Professionelle Unternehmensdienstleister müssen sehr fachmännisch mit Erkenntnissen über den Markt umgehen, wobei es wichtiger sein mag, beschlagen zu wirken als tatsächlich beschlagen zu sein. Und: Die Streuung innerhalb der Branche ist groß; professionelle Unternehmensdienstleister stellen immerhin 17 Prozent aller Beschäftigungsverhältnisse in den USA und Europa. Sie sind also schon für sich genommen ein wichtiges Phänomen.

In seinem Buch »The Intellect Industry« (Das Geschäft mit dem Wissen) behauptet Mark Scott kühn: »Professionelle Unternehmensdienstleister sind das Modell für die Firma der Zukunft.« In den frühen Achtzigern waren es noch Produktions- oder Einzelhandelsunternehmen, die als beispielhaft galten; in der aktuellen Managementliteratur werden heute McKinsey und Andersen Consulting regelmäßig als Musterbeispiele für »optimale Unternehmensführung« genannt. Das provoziert verschiedene Fragen: Was genau versteht man unter »professionellen Unternehmensdienstleistern«? Wie arbeiten diese Firmen? Was können wir von ihnen wirklich lernen? Sind sie tatsächlich das Zukunftsmodell für optimale Unternehmensführung?

Mehrdeutiger Begriff

Bevor man die in der Beratungsbranche übliche Art der Unternehmensführung zum Zukunftsmodell für sämtliche Unternehmen erklärt, muss der Begriff »Professioneller Unternehmensdienstleister« klar definiert sein. Eine exakte Definition fällt allerdings nicht leicht; es besteht nämlich kein Konsens, was »professionell« eigentlich bedeutet. Viele Menschen bezeichnen sich zwar gern als »Profi«, »Fachmann« oder »Experten« (immerhin impliziert dieser Terminus einen gewissen Status und besondere Verdienste). Tatsächlich gibt es aber nur einige wenige Personen, die der offiziellen Definition zufolge über die entsprechende Qualifikation verfügen. Genau genommen ist ein »Fachmann« jemand, der durch eine bestimmte Ausbildung und die damit verbundenen Abschlüsse das Recht erwirbt, Mitglied eines bestimmten Berufsverbandes zu werden. Diese Definition trifft zumindest auf einige Fachrichtungen zu: Wirtschaftsprüfer, Juristen, Architekten und Ingenieure.

Aus Fachwissen Lösungen entwickeln

Mark Scott meint aber keineswegs, dass sich nun alle Unternehmen wie Anwaltskanzleien organisieren sollen. Wie schon andere Autoren – etwa David Maister, Mats Alvesson oder Bente Lowendahl – fasst Scott den Begriff weiter und schließt Unternehmensberater, Werbeagenturen und Investmentbanken ein.

Legt man diese weitere Definition zugrunde, dann fällt jedes Unternehmen darunter, dass mit dem Fachwissen seiner Mitarbeiter Speziallösungen für die Probleme seiner Klienten erarbeitet. Dabei unterscheidet sich diese Art Unternehmen durch die Betonung der Kundenspezifik (customisation) von den wissensintensiven Firmen oder von wissensbasierenden Organisationen, wie etwa Pharma- oder Softwareunternehmen, die keine professionellen Unternehmensdienstleister sind.

Wo liegt der Unterschied? Wenn eine Pharma- oder Softwarefirma erst einmal ein materielles Produkt zur Lösung eines bestimmten Problems geschaffen hat, kann sie es an viele verschiedene Kunden verkaufen und die Innovation auf diese Weise voll ausschöpfen.

Professionelle Unternehmensdienstleister hingegen schneidern ihr Produkt, die Lösung eines Problems, exakt auf die speziellen Bedürfnisse des einzelnen Kunden zu – zumindest machen sie uns das glauben.

Kernaufgaben

Das Management eines professionellen Unternehmensdienstleisters muss folgende Kernaufgaben erfüllen:

- Erwerb und Weitergabe von Fachwissen innerhalb des Unternehmens;
- Rekrutierung und Motivation von Mitarbeitern, die über ein solches Wissen verfügen;
- Aufbau einer engen und möglichst kooperativen Beziehung zum Kunden. Solche Aufgaben nehmen besonders zu in einem Arbeitsumfeld, in dem der Einzelne relativ autonom handelt und so besonders flexibel auf den Kunden und seine Bedürfnisse eingehen kann. Die Unternehmensspitze wiederum ist gezwungen, sich bei wichtigen Entscheidungen die Unterstützung der erfahrenen Mitarbeiter zu sichern, schon deshalb, weil sich die Mitarbeiter auf sämtlichen Ebenen einer formalen Kontrolle gegenüber immer häufiger unzugänglich zeigen.

Die Verfasser der aktuellen Managementliteratur halten Unternehmen aller Art verstärkt dazu an, flexibler und innovativer zu werden, und verweisen dabei auf das Beispiel der professionellen Unternehmensdienstleister. Allerdings unterscheiden sich diese in vielen Aspekten grundlegend von anderen Unternehmenstypen.

Wie man Geld macht

Ein professioneller Unternehmensdienstleister stellt seinen Kunden die geleisteten Arbeitsstunden in Rechnung. Die höchstmögliche Einnahme errechnet sich einfach aus dem Honorar der Mitarbeiter multipliziert mit der Zahl aller Arbeitsstunden. Die Summe der abzurechnenden Stunden liegt unter dem theoretisch möglichen Höchstwert, weil die Fachleute auch Zeit für Akquise, Verwaltung und Fortbildung aufbringen müssen, für die der Kunde nicht zahlt. Die tatsächlich abzurechnenden Arbeitsstunden hängen ab von der Fähigkeit eines Unternehmens, genug Kundenaufträge mit angemessen attraktiven Honoraren zu bekommen.

Die Rentabilität eines professionellen Unternehmensdienstleisters wird bestimmt durch das Verhältnis aller Stundenhonorare zur Summe der Mitarbeitergehälter. Die Gehälter erzeugen mit Abstand die höchsten Kosten für einen professionellen Unternehmensdienstleister. Die Kosten für Standort und Ausrüstung sind vergleichsweise gering, und die projektbezogenen Ausgaben werden an den Kunden durchgereicht. Möglicherweise erfährt der Kunde gar nicht im Einzelnen, wer wie viele Stunden zu welchem Honorar gearbeitet hat. Häufig liegt es im Interesse des Dienstleisters, dies in einem Pauschalpreis zu verstecken. Die Wirtschaftlichkeit solcher Dienstleistungsunternehmen beruht darauf, zwei Posten so groß wie möglich zu machen: die Zahl der in Rechnung gestellten Stunden und die Spanne zwischen den eingenommenen Honoraren und den gezahlten Gehältern.

Die Höhe von Honorar und Gehalt ist eine Frage der Position, die der jeweilige Mitarbeiter innerhalb der Firmenhierarchie einnimmt. Anders als in den meisten anderen Branchen kann man den ökonomischen und den betrieblichen Aufbau professioneller Unternehmensdienstleister als zwei Seiten derselben Medaille betrachten; die Belegschaft ist hier nämlich zugleich das eigentliche Produktionsmittel.

Die Organisation

Die oben beschriebene ökonomische Grundstruktur findet sich bei kleinen Start-up-Unternehmen mit vielleicht drei Teilhabern ebenso wie bei einem weltweit tätigen Großunternehmen mit 150 000 Experten. Natürlich ist die Organisationsstruktur in großen Unternehmen wesentlich komplexer. In den Werbebroschüren stellen sich Unternehmensdienstleister gern dar als Unternehmen ohne Hierarchie. In Wirklichkeit haben sie aber genau wie alle anderen im Kern eine klare Hierarchie, wie sie auch für jede klassisch-konventionelle Bürokratie typisch ist.

Es stimmt schon: Junge Mitarbeiter können, verglichen mit Kollegen in anderen Unternehmen, relativ schnell aufsteigen. Ihre Schlüsselaufgaben allerdings, also das, was man den Kunden in Rechnung stellt, und ihr Gehalt sind auf jeder Karrierestufe in ihrer Firma strikt festgelegt.

Beim typischen professionellen Unternehmensdienstleister gibt es eine Rangordnung mit drei Ebenen (Abbildung 1). David Maister erkennt in dieser Hierarchie die Grundvoraussetzung dafür, dass die Sache mit dem »Hebel« (leverage) funktioniert. Auch der wesentliche Unterschied zwischen den erfolgreichen und den weniger erfolgreichen Unternehmen dieser Branche liegt in dieser Hierarchie der drei Ebenen begründet.

Das Hebel-Konzept

Professionelle Unternehmensdienstleister lassen ihre Kunden möglichst in dem Glauben, sie verfügten über spezifisches, wertvolles Fachwissen, das sie durch jahrelange Erfahrung in der Lösung von Problemen erworben haben. Wenn das tatsächlich zutrifft, wie können diese Unternehmen dann das handfeste Honorar für die Arbeit eines Jungakademikers rechtfertigen, der frisch von der Uni kommt? Des Rätsels Lösung heißt: Hebel-Konzept.

Diesem Konzept entsprechend arbeiten Nachwuchskräfte in Projekten Seite an Seite mit erfahrenen Kollegen, die ihnen in einer Art inoffiziellen Lehre demonstrieren, wie der Laden läuft. So können die erfahrenen Mitarbeiter ihr vollständiges und zum Teil stark personalisiertes Wissen weitergeben, das sie sich während ihrer jahrelangen Tätigkeit angeeignet haben.

Das Hebel-Konzept ist aber nicht nur eine wirkungsvolle Mangementstrategie für den Umgang mit Fachwissen, sondern auch eine einträgliche Methode, Geld zu machen. Manche Skeptiker mögen sogar behaupten, dass dieser Hebel nur dazu dient, Nachwuchskräfte auszubeuten und den Kunden damit das Geld aus der Tasche zu ziehen.

Erinnern wir uns: Professionelle Unternehmensdienstleister verdienen an der größtmöglichen Differenz zwischen Honoraren und Gehältern. So mag das Tageshonorar eines langjährigen, erfahrenen Mitarbeiters unter Umständen nur zwei- bis dreimal so hoch sein wie das seines jungen Kollegen, sein tatsächlicher Verdienst wird sich aber in den meisten Fällen auf ein Vielfaches dessen belaufen.

Die Nachwuchskräfte dieser Branche geben sich zumeist mit relativ niedrigen Anfangsgehältern zufrieden, denn diese liegen immer noch erheblich höher als solche, die Berufsanfänger in anderen Branchen erhalten.

Die Kunden akzeptieren diese hohen Honorare in dem Bewusstsein, dass Neulinge ihnen Zugang zum Wissen der Profis verschaffen, und weil sie die Riesensummen gar nicht bezahlen könnten, die die der wahren hoch dotierten Experten sie kosten würde.

Den Markt ausnutzen

Nach Maisters muss ein professioneller Unternehmensdienstleister versuchen, vier unbeständige Größen im Gleichgewicht zu halten: 1. die Organisationsstruktur, 2. die Wirtschaftsstruktur, 3. den Markt für Fachkräfte und 4. den Markt für Unternehmensdienstleistungen.

Der Zusammenhang zwischen Organisation und Wirtschaft eines solchen Unternehmens ist bereits erläutert worden. Das Verhältnis zwischen den beiden externen Märkten stellt sich folgendermaßen dar:

- Kunden werden sich nur dann an einen professionellen Unternehmensdienstleister wenden, wenn sie davon ausgehen, dass das Unternehmen über ausreichend hochkarätige Experten verfügt, um die Dienstleistung in der erforderlichen Qualität erbringen zu können.
- Fachkräfte werden nur dann und so lange für einen Unternehmensdienstleister arbeiten, wie sie abwechslungsreiche, interessante und lukrative Kundenaufträge sowie hinreichend Aufstiegsmöglichkeiten geboten bekommen.

Wenn Teile der Belegschaft abwandern oder nach einer Beförderung in anderen Bereichen eingesetzt werden, wirkt sich das unweigerlich auf die Organisations- und die Wirtschaftsstruktur des Unternehmens aus. Um die Folgen zu lindern, müssen stets neue Nachwuchskräfte rekrutiert und angemessen geschult werden, um die Lücken füllen zu können. Das Unternehmen muss also auf dem Fachkräftemarkt wettbewerbsfähig sein, wenn es nicht im Wettbewerb um Unternehmensdienstleistungen auf der Strecke bleiben will.

Abb. 1: Personalkategorien

Tim Morris und ich haben vor nicht allzu langer Zeit einen Artikel veröffentlicht, in dem wir das Maistersche Grundmodell der wohl ausgewogenen professionellen Unternehmensdienstleister (Abbildung 2) weiterentwickeln. Wir vertreten die These, dass die beiden Forderungskataloge, die sich aus dem Personalmarkt und dem Markt für Unternehmensdienstleistungen ergeben, durch eine dritte Komponente verbunden sind: dem Wissenspool der professionellen Unternehmensdienstleister. Dieser Wissenspool steht gleichermaßen für Input und für Output. Die Art und Weise, wie das Wissen erzeugt, vorgetragen, eingesetzt und erweitert wird, wirkt sich sowohl auf Auswahl und Ausbildung des Fachpersonals aus als auch auf die Definition, Form und Art der Dienstleistungen.

Aufbau und Inhalt des Wissenspools wiederum bestimmen die Höhe der Honorare und die Stärke der Hebel, die in solch einem Unternehmen angesetzt werden. Also verbindet der Wissenspool die bei den externen Märkte sowohl mit der organisatorischen als auch mit der ökonomischen Struktur eines professionellen Unternehmensdienstleisters.

Wissen managen

In Berufssparten wie dem Ingenieurswesen oder der Architektur besitzen Experten kodifiziertes Branchenwissen, das sie durch eine professionelle Ausbildung erworben haben. Ein wesentlicher Teil ihres Wettbewerbsvorteils ergibt sich somit aus der Tatsache, dass sie eine einzigartige Wissenbasis haben.

Lange Zeit galten professionelle Unternehmensdienstleister als Organisationen mit hoch qualifiziertem, ausgesprochen cleverem Personal, die mit ihrem esoterischen Wissen hoch komplizierte innovative Lösungen für die komplexen Probleme ihrer Kunden erarbeiten. Sicherlich trifft das auch auf das eine oder andere Unternehmen zu, aber so viele extrem clevere Menschen gibt es nun auch wieder nicht und die meisten Probleme der Kunden sind so komplex dann doch nicht.

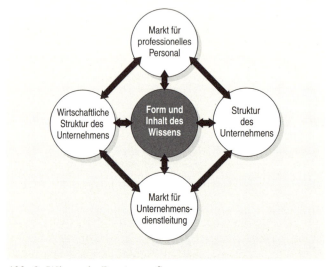

Abb. 2: Wissen in Beratungsfirmen

Das bedeutet: Viele dieser hoch qualifizierten Unternehmensdienstleister sind kleine, spezialisierte »Buden«. Unternehmen wie McKinsey möchten uns zwar glauben machen, dass sie die Ausnahme von der Regel seien, aber derartige Behauptungen sollte man mit Vorsicht genießen. Will ein Unternehmensdienstleister wachsen, muss er lernen, das erworbene Wissen des erfahrenen Personals zu bündeln und innerhalb der Unternehmensstruktur zu verteilen. Lässt sich dieses Wissen dann noch in bewährte Arbeitsabläufe umsetzen und auf eine breite Palette von Kundenproblemen anwenden, steigt das Potenzial für den Hebel-Effekt. Die Bündelung lockert einige der Einschränkungen, die das Lehrlingsprinzip beim Wissenstransfer auferlegt. Steigt die Anzahl von Nachwuchskräften, die unter Aufsicht eines erfahrenen Mentors ihre Qualifikation steigern, erhöht sich auch der Hebel-Effekt und damit die Profitabilität.

Auch Fachwissen ist reproduzierbar

Die Bündelung kann aber auch die Profitabilität eines Unternehmensdienstleisters gefährden, und zwar in zweierlei Hinsicht: Kodifiziertes Wissen ist entmystifiziertes Wissen und dadurch sinkt der Marktwert. Dieser Punkt ist vielleicht sogar noch wichtiger als der erste.

Wahrnehmung steuern

Wenn wir uns mit dem Wesen von Wissen auseinander setzen, gelangen wir in eine wenig durchsichtige Grauzone. Verfügen professionelle Unternehmensdienstleister wirklich über außerordentliches Wissen oder sind sie nur sehr gut darin, ihre Kunden dies glauben zu machen? Mats Alvesson zeigt, dass eines der wesentlichen Erfolgskriterien darin besteht, steuern zu können, wie man von anderen wahrgenommen wird. Es reicht nicht aus, Experte auf einem bestimmten Gebiet zu sein; man muss auch den Kunden überzeugen, das dem wirklich so ist. Für das Personal eines Unternehmensdienstleisters kann der Anschein von Expertentum wichtiger sein als die Tatsache an sich. Das Management der Wahrnehmung von außen ist deshalb so wichtig, weil Unternehmensdienstleister Kunden auf der Basis ihrer Glaubwürdigkeit gewinnen. Ein Unternehmen greift auf die Dienste eines professionellen Unternehmensdienstleisters zurück, weil man dort vermeintlich vor komplexen und wichtigen Problemen steht, die man allein nicht lösen kann: Wie soll das neue Stammhaus aussehen? Wie setzen wir uns in einer Übernahmeschlacht zur Wehr? Wie können wir den Bankrott vermeiden? Bei Unternehmensdienstleistern kann ein Kunde nicht im Vorhinein Muster des gewünschten Produktes einholen. Manchmal kann der Kunde frühestens einige Jahre nach Abschluss des Projekts beurteilen, ob der externe Dienstleister erfolgreich war oder nicht. Der Kunde kann also nur auf Vertrauensbasis einkaufen. Dieses Vertrauen wird in erster Linie durch zwei Faktoren bestimmt:

- die Beziehung, die sich zwischen Berater und Kunde während der Vertragsverhandlungen oder durch frühere Zusammenarbeit entwickelt hat;
- den Ruf, den das Unternehmen und der einzelne Berater auf dem Markt genießen.

Professionelle Beraterfirmen sind bekannt für ein eher diskretes Marketing und die strenge Geheimhaltung der innerbetrieblichen Praktiken. Dass renommierte Beratungsunternehmen jetzt groß angelegte Werbekampagnen starten und Wissenschaftlern das Studium ihrer Firmen erlauben, dient wohl dazu, einem breiteren Publikum ihr Bild von Professionalität näher zu bringen.

In der Anfangsphase erhält ein Unternehmensdienstleister seinen Status durch seine Kunden. Gelingt es dem Unternehmen, sich einen sehr guten Ruf aufzubauen, kann es im Gegenzug seinen Kunden Status verleihen. Ein Firmenstammsitz, der von Richard Rogers Partnership entworfen wurde, besitzt ein Prestige, das sich nicht allein durch die Architektur des Gebäudes erklären lässt.

Wenn nun McKinsey und Andersen Consulting in der einschlägigen Managementliteratur immer wieder als Paradebeispiel für optimale Unternehmensführung genannt werden, ist das für diese Unternehmen von unschätzbarem Wert. Ihr Ruf am Markt steigt weiter und der Nimbus, ein »goldenes Händchen« zu haben, wächst.

Die erlangten Meriten beeinflussen dann wiederum den Fachkräftemarkt. Es ist kein Zufall, dass diese Firmen jedes Jahr aufs Neue zu den begehrtesten Arbeitgebern für Jungakademiker zählen.

Profession contra Kommerz

Geraume Zeit wurde in der Fachliteratur die These vertreten, dass die wachsende Kommerzialisierung im Rechnungswesen und bei Anwaltskanzleien bestimmte Grundprinzipien von Professionalität unterminieren könnten.

Professionalität erfordert das Streben nach qualitativ hochwertigen Diensten am Kunden und einen sorgfältigen Umgang mit Kundenbeziehungen. Das steht nicht zwangsläufig im Widerspruch zur Kommerzialisierung an sich. Professionalität bedeutet jedoch auch, dass der Einzelne professionelle Normen über die Ansprüche seines Arbeitgebers hinaus erfüllt. Zudem beinhaltet sie die Fähigkeit, einer Arbeit nachzugehen, die geistig befriedigend oder für die Gesellschaft von Vorteil ist und nicht nur den Gewinn maximiert.

Kodifiziertes Wissen ist reproduzierbar. Personal kann dieses Wissen bei einem Wechsel der Firma mitnehmen. Auch die Kunden können das erworbene intellektuelle Kapital an die Konkurrenz weitergeben.

Professionalität wird häufig auch in einem Atemzug mit dem Modell einer Partnerschaft genannt, wenngleich diese Unternehmensform keinesfalls universell für professionelle Unternehmensdienstleister ist. In einer Partnerschaft ist eine Gruppe erfahrener Profis Eigner, Geschäftsführer und Zentrum des Unternehmens in Personalunion. Außerdem haftet jeder in vollem Umfang auch für die Arbeit der anderen.

Gegenseitiges Vertrauen und Zusammenarbeit werden dadurch gefördert. Auch in dieser Hinsicht können Unternehmensdienstleister als Modell für sämtliche andere Firmen gelten.

Unterschied: Rhetorik und Realität

Da im Rahmen dieser diffusen Autoritätsstruktur jedoch vor jedem Beschluss erst ein Konsens hergestellt werden muss, verläuft der Entscheidungsprozess in diesem Partnerschaftsmodell üblicherweise langsam und ohne große Risiken einzugehen. Nicht zuletzt aus diesem Grund entfernen sich Unternehmensdienstleister zusehends von der klassischen Form des Partnerschaftsunternehmens oder versuchen, herkömmliche Strukturen der Unternehmensleitung unter Beibehaltung des Partnerschaftsmodells einzuführen. Es entbehr nicht einer gewissen Ironie: In einer Zeit, in der Herstellern und Einzelhandelsfirmen geraten wird, Unternehmensdienstleistern nachzueifern, führen viele Unternehmensdienstleister Betriebspraktiken ein, wie sie für Firmen aus der Produktionsbranche oder dem Einzelhandel typisch sind.

Vorbild für die Zukunft

Professionelle Unternehmensdienstleister verkörpern viele der Qualitäten, die Unternehmen im Allgemeinen durchaus anstreben sollten. Zumindest in der Theorie verfolgen diese Unternehmen eine durchaus effiziente Methode beim Erwerb und bei der Verbreitung fachspezifischen Wissens. Sie erschaffen ein Umfeld, in dem hoch motivierte Mitarbeiter verhältnismäßig viel Autonomie genießen können, und stellen die Hingabe an den Dienst am Kunden über alle andere Erwägungen. All dies geschieht in einem unbürokratischen Umfeld, dass für gegenseitiges Vertrauen und Zusammenarbeit im Rahmen des gesetzten Wertesystems sorgt. Man darf die Rhetorik allerdings nicht mit der Realität verwechseln. Auch wenn professionelle Unternehmensdienstleister nach den oben genannten Prinzipien streben mögen, tun sie dies mit unterschiedlichem Erfolg. Autoren erheben Unternehmensdienstleister gern zum idealen Vorbild. Sie übersehen dabei jedoch die beträchtliche Vielfalt innerhalb der Branche und die Tatsache, wie stark traditionelle professionelle Praktiken und Prinzipien durch steigende kommerzielle Zwänge gefährdet sind.

In den meisten Industriegesellschaften stellen Unternehmensdienstleister heute große, schnell wachsende Segmente dar. Statistiken der Organisation für wirtschaftliche Zusammenarbeit und Entwicklung (OECD) zufolge stellen professionelle Unternehmensdienstleister als Branche 17 Prozent aller Beschäftigungsverhältnisse in den USA und den westeuropäischen Ländern. In den letzten Jahren stieg der Jahresumsatz in dieser Branche um 15 Prozent. Das Unternehmen PwC zum Beispiel rekrutiert zur Zeit die meisten frischgebackenen Hochschulabsolventen in ganz Großbritannien. Mit weltweit 155000 Angestellten und einem Jahresumsatz von

15 Milliarden US-Dollar würde PwC bei einem Börsengang in die Fortune-100 vorstoßen. Wenn man professionelle Unternehmensdienstleister zum Standardmodell für Unternehmen aller Art erhebt, verliert man also die Tatsache aus den Augen, dass sie inzwischen bereits für sich genommen ein wichtiges Phänomen sind.

Literaturhinweise

Alvesson, Mats: *Management of Knowledge Intensive Companies.* Berlin u. a.: de Gruyter, 1995.

Lowendahl, B.: *Strategic Management of Professional Services Firms, 2nd edition.* Copenhagen: Handelshjskolens Forlag, 2000.

Maister, David H.: *Managing the Professional Service Firm.* New York: Free Press u. a., 1993.

Morris, T.; Empson, L.: »Organization and Expertise: An Exploration of Knowledge Bases and the Management of Accounting and Consulting Firms«, *Accounting, Organizations, and Society*, 23, 1998.

Scott, Mark C.: *The Intellect Industry: Profiting and Learning from Professional Services Firms.* Chichester [u. a.]: Wiley, 1998.

13
Strategische Allianzen

Rasche Belieferung des Marktes, geografische Reichweite und konvergente Technologien entziehen sich heutzutage oft den finanziellen Möglichkeiten eines einzelnen Unternehmens. Es überrascht daher nicht, dass die Zahlen von Allianzen und anderen Formen der Zusammenarbeit enorm steigen. Viele Gründe, die zugunsten von Allianzen angeführt werden, gelten jedoch auch für Übernahmen, sodass Manager die Alternativen sorgfältig abwägen müssen, bevor sie einen womöglich gefährlichen Kurs einschlagen. Themen darüber hinaus: die Planung im Vorfeld einer Allianz und die Schaffung von Kompetenzen, über die eine Firma bei solchen Unternehmungen verfügen muss. Außerdem finden Sie verschiedene Arten von Allianzen beschrieben, etwa Allianzen mit leicht erkennbaren Ertragszielen oder Allianzen, die neue Marktchancen erproben sollen. Nicht zuletzt geht es um den Aufbau von Netzwerken aus Allianzen und um die Bedeutung des Vertrauens für das Funktionieren von Joint Ventures.

Kollaborationsstrategie: Die Logik von Allianzen 431
  (Jeffrey J. Reuer)

Allianzen: Chancen, Risiken und Nebenwirkungen 439
  (Will Mitchell)

Wie Allianzen stabiler und erfolgreicher werden 447
  (Mitchell P. Koza)

Welche Vorteile Allianzen als Netzwerke haben 453
  (Toby E. Stuart)

Vertrauen ist gut und Kontrolle nicht besser 461
  (David Faulkner)

Jeffrey J. Reuer

Kollaborationsstrategie: die Logik von Allianzen

Viele der Begründungen, die Unternehmen für Allianzen nennen, wie beispielsweise Synergieeffekte und Größenvorteile, sind ebenso gute Gründe für eine Übernahme. Daher sollten Manager die strategischen Alternativen sorgfältig vergleichen, bevor sie sich für eine Allianz entscheiden.

Denn wenn eine Übernahme machbar erscheint, die daraus resultierende Bindung den Flexibilitätsvorteil der Allianz ausgleichen könnte, die begehrten Firmenteile leicht verdaut werden können und ihr Wert relativ leicht einzuschätzen ist, dann ist es meist besser, sich gegen das Joint Venture zu entscheiden. Führungskräfte, die bereits Allianzen eingegangen sind, und solche, die sich nur widerwillig an einer Kollaborationsstrategie versuchen würden, wissen, dass Erfolge nur schwer zu erreichen sind. Bis zu 70 Prozent aller Projekte scheitern. Doch ein kurzer Blick in die Finanzpresse und Branchenmagazine zeigt bereits, dass Allianzen neuerdings quer durch die Wirtschaftssektoren eine Art Renaissance erleben. Es erscheint merkwürdig, dass so viele Unternehmen sich für eine offenkundig risikoreiche Strategie entscheiden. Was sind die wirklichen Beweggründe hinter der momentanen »Revolution der Allianzen«? Gibt es rationale, wirtschaftliche Grundlagen für Allianzen, anhand derer ein Unternehmen seine Investitionsmöglichkeiten beurteilen könnte?

Führungskräfte antworten hierauf meistens mit dem Verweis auf die Globalisierung, auf notwendige Synergieeffekte, Annäherungen und Konsolidierungen in der Branche, Nutzung des Größenvorteils und die Verkürzung von Produktlebenszyklen. Neue Organisationsformen, für die Bezeichnungen wie »virtuelle Organisationen«, »Netzwerke« und »Heterarchien« im Umlauf sind, stützen sich stark auf Allianzen.

All diese Argumente sind tatsächlich gewichtig. Es ist kaum ein bloßer Zufall, dass Allianzen gerade zu einem Zeitpunkt wieder aufblühen, zu dem diese ökonomischen und organisatorischen Entwicklungen stattfinden. Gleichzeitig unterliegen die Faktoren, die mit der Verbreitung kollaborativer Unternehmungen in Verbindung stehen, ebenso anderen Mustern für wirtschaftliches Handeln. Letztlich nehmen viele der Beweggründe für Allianzen auch eine wichtige Position in den Übernahmeangeboten von Unternehmen ein.

Man denke an Synergieeffekte. 1995 bündelten Credit Suisse und Winterthur ihre Bank- und Versicherungsaktivitäten in einer Allianz, die ein gemeinsames

Dienstleistungsangebot über die Kundennetzwerke beider Parteien gestattete. Fast die gleiche Logik steckte hinter der Fusion von Citicorp und Travelers, durch die die beiden Unternehmen ihre Bank- und Versicherungsdienstleistungen kombinieren wollten.

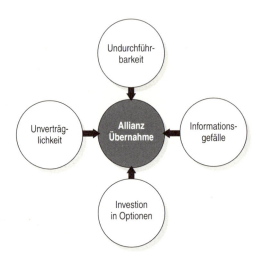

Abb. 1: Vier Aspekte von Kollaboration

In der Mineralölindustrie haben BP und Mobil 1996 Vermarktungs- und Raffineriekapazitäten im Wert von 5 Milliarden US-Dollar in einem paneuropäischen Joint Venture vereinigt. Durch die Zusammenlegung ihrer Downstream-Aktivitäten wollten sie bei ihren gemeinsamen Kraftstoff- und Schmierölgeschäften bis zu 500 Millionen US-Dollar Kosten vor Steuern sparen. Die dann kurz darauf folgenden Übernahmen, aus denen BP Amoco und Exxon-Mobil hervorgingen, waren von ganz ähnlichen synergetischen Ambitionen getrieben. Wenn ein Unternehmen die gewünschten Synergieeffekte durch eine Allianz genauso wie durch eine Übernahme erreichen kann, was bestimmt dann den Weg, den es letztlich einschlägt? Denn für jede erfolgreiche Allianz (wie das Flugmotoren-Joint-Venture GE-Snecma), die Unternehmen mit sich ergänzenden Ressourcen zusammenbringt, scheint es eine andere zu geben (wie Lucent-Philips, Olivetti-AT&T oder Renault-Volvo), die scheiterte, weil sie ihr Potenzial nicht verwirklichen konnte.

Ähnliche Probleme treten auf, wenn man die anderen üblichen Begründungen für Allianzen betrachtet. Der positive Effekt von Größenvorteilen ist beispielsweise eine häufige Rechtfertigung. Allianzen von Fluglinien wie die Qualiflyer-Gruppe von Swissair rechnen mit Einsparungen durch gemeinsame Beschaffung und Flottenwartung. Allianzen in der Pharma-Industrie zielen darauf ab, große Forschungs- und Entwicklungsausgaben für neue Medikamente und auch Marketingkosten zu teilen. Das aber gilt letztlich ebenso für Übernahmen. Der Größenvorteil war ein wichtiger Grund für viele Aktivitäten in jüngster Zeit, insbesondere in sich konsolidierenden Branchen.

Manager, die die Umsetzung von Allianzen überwachen, sind sich nicht einmal sicher, dass diese schneller Gewinn bringen als andere Investitionen. Viele Projekte, die dem Marktzugang in China dienten, benötigten viel Zeit, um Gewinne für die westlichen Mutterkonzerne zu erwirtschaften – wenn sie es ihnen überhaupt gelang. Wie Übernahmen stocken auch viele Allianzen an der Schwelle zwischen der Unterzeichnung einer Vereinbarung und dem Aufbau der konkreten Beziehungen.

Wenn man also die strategische Logik von Investitionen in Allianzen verstehen will, muss man zunächst richtig einschätzen können, wann Allianzen als Alternative zu anderen Entwicklungsoptionen für das Unternehmen eine Berechtigung haben. Nur wenn die Alternativen streng und im Vergleich beurteilt worden sind, können die Führungskräfte mit der konkreten Überlegung über spezielle Formen der Allianz und mit der Gestaltung von Allianzprozessen beginnen.

Da eine Übernahme häufig die zweitbeste Alternative ist, kann sie als Bezugsgröße für die Überprüfung der wirtschaftlichen Logik einer Allianz dienen, bevor investiert wird. Die Beschreibung der spezifischen Vorteile einer Allianz in Relation zu konkreten Alternativen ist weit schwieriger als die Attraktivität einer Allianz grundsätzlich zu beschreiben.

Vier Aspekte

Wann greifen Unternehmen berechtigt auf eine Allianz als Investitionsvehikel erster Wahl zurück? Wann sollten sie kooperieren statt zu übernehmen? Ein Gerüst aus vier wesentlichen Aspekten der Zusammenarbeit (Undurchführbarkeit, Investition in Optionen, Unverdaulichkeit und Informationsgefälle) bietet einen hilfreichen ersten Schritt zur Formulierung einer Kollaborationsstrategie (siehe Abbildung 1).

Undurchführbarkeit
Die Undurchführbarkeit einer Übernahme ist ein häufiger Grund, weshalb Unternehmen in strategische Allianzen investiert haben. Die Kooperation mit einem lokalen Partner war traditionell die Eintrittskarte für Länder mit Einschränkungen für direkte ausländische Investitionen, wie China, Indien und Russland.

Gezielte horizontale Allianzen zwischen großen Konkurrenten wie Toyota und General Motors können außerdem eingesetzt werden, um Kartellprobleme zu umgehen. Die Anzahl der Fluglinienallianzen in Europa und Übersee bescheinigt diesem Instrument Nutzen bei der Überwindung von rechtlichen Hürden. Allianzen sind auch in politisch sensiblen Branchen wie dem Verteidigungssektor und der Telekommunikation oft anzutreffen.

Manchmal ist die Undurchführbarkeit einer Übernahme völlig eindeutig, häufig jedoch ist sie eine Frage der Beurteilung und verlangt nach erneuter Prüfung. Beispielsweise betrug der Gesamtwert der Fusionsaktivitäten im Jahre 1991 in den USA

71,2 Milliarden US-Dollar für 1877 Vorgänge. Heutzutage ist es möglich, dass der Wert einer einzigen Transaktion diese Zahl übersteigt. Für zahlreiche Unternehmenskombinationen stellt der Investitionsumfang kein Hindernis mehr dar. Veränderungen in den Gesetzen vieler Länder zeigen, dass sich ein Unternehmen heute für eine Allianz und morgen schon für eine Übernahme entscheiden kann.

Investition in Optionen
Während Übernahmen den Wert durch Verbindlichkeit erhöhen, ist Flexibilität die Parole von Allianzen. Aus diesem Grund werden Allianzen bevorzugt in unbeständigen Branchen wie der Biotechnologie geschlossen, in denen es notwendig werden kann, dass Unternehmen ihren Einsatz ändern oder auf Gegenkurs gehen.

Allianzen erleichtern auch den Eintritt in geografisch weit entfernte Märkte, da Unternehmen so ihr Engagement abstufen können. Sollte eine bestimmte Technik oder ein bestimmter Markt sich als besonders vorteilhaft erweisen, kann das Unternehmen seine Investitionen schrittweise erhöhen.

Konzerne wie Siemens haben argumentiert, dass eine Kaufoption in einem internationalen Joint Venture einer der wichtigsten Teile der Vereinbarung darstellen kann. Eine Kaufoption gibt einem Unternehmen das Recht, aber nicht die Verpflichtung, seinen Aktienanteil später zu einem bereits festgelegten Preis zu erhöhen. Eine solche Vereinbarung hat Siemens in die Lage versetzt, seine Kontrolle über die Unternehmung Siemens Allis Power Engineering mit Allis Chalmers zu stärken.

Wenn ein Joint Venture dem Unternehmen solche Optionen bietet, die die Flexibilität erhöhen, sollten sie es dem Unternehmen ebenfalls erlauben, sich bietende Gelegenheiten zu kapitalisieren und Verluste zu vermeiden. Meine Forschungen gemeinsam mit Michael Leiblein an der Universität von Ohio haben ergeben, dass inländische und internationale Joint-Venture-Investitionen das Abschwungpotenzial von Firmen in der Regel eher erhöhen als mindern. In einer weiteren Studie wurde festgestellt, dass Unternehmen, die in internationale Joint Ventures investiert hatten, auf Probleme beim Verkauf von Unternehmensteilen stoßen – anders als Unternehmen, die Übernahmen getätigt hatten.

Ungeachtet der Tatsache, dass Flexibilität und Risikominderung regelmäßig als Motive für den Eintritt in Allianzen genannt werden, schöpfen Unternehmen die potenziellen Vorteile häufig nicht aus. Allianzinvestitionen an sich garantieren noch keine größere Flexibilität oder reduzierte Risiken; die Partner müssen Wege finden, die Chancen durch eine entsprechende Ausgestaltung der Allianzen zu erhöhen und die Umsetzung der Allianzen flexibel zu handhaben.

Unverträglichkeit
Die Integrationskosten im Anschluss an eine Übernahme sind eine Quelle für Transaktionskosten. Sie ergeben sich daraus, dass das übernehmende Unternehmen die begehrten Firmenteile »verdauen« muss. Ist die übernommene Firma in einem fremden Land mit anderer Kultur und anderen Managementsystemen angesiedelt, können schwere Störungen auftreten. Wenn die begehrten Kompetenzen tief einge-

bettet sind und in einem komplexen Unternehmen gemeinsam genutzt werden, statt einem separaten Geschäftsbereich zugeteilt zu sein, dann sind solche Probleme alles andere als banal. Bei einer wesentlichen Unverträglichkeit sind Allianzen möglicherweise eine attraktive Alternative; sie erlauben den Unternehmen, ihre Ressourcen selektiv nach Bedarf zu koppeln. Anders als bei Übernahmen sind Unternehmen im Rahmen von Allianzen nicht gezwungen, begehrte Firmenteile aus den übrigen zu extrahieren oder unerwünschte Elemente abzustoßen.

Nestlé ist beispielsweise in Europa mit General Mills ein Joint Venture für Frühstückszerealien eingegangen. Die anderen Geschäftsbereiche der Parteien blieben von dieser Kooperation unberührt. Nestlé arbeitet außerdem mit Coca-Cola zusammen, um Nestlés Markenstärke bei Kaffee und Tee mit Cokes globalem Vertriebssystem zu kombinieren. Die Unternehmen blieben Konkurrenten in Japan, wo häufig neue Produkte eingeführt werden. Coke konnte dort im Lauf der Jahre einen beträchtlichen Marktanteil am Automatenverkauf erringen. Während unteilbare Ressourcen und kulturelle Unterschiede zu höheren Integrationskosten führen, falls ein Unternehmen die Übernahme betreibt statt eine Allianz einzugehen, wirkt sich die Unverdaulichkeit in einem weiteren wichtigen Punkt aus: Sie erschwert es dem akquirierenden Unternehmen, den Wert der Verbindung überhaupt zu beurteilen. Wir wenden uns daher den Bewertungsproblemen beim Zusammenfügen strategischer Ressourcen zu.

Informationsgefälle
Ein Informationsgefälle – eine Partei weiß mehr als die andere – begleitet zahlreiche geschäftliche Aktivitäten. Ein klassisches Beispiel ist der Gebrauchtwagenmarkt. Hier weiß der Verkäufer häufig weit mehr über die Qualitäten des Fahrzeugs als der Käufer, hat oft jedoch Schwierigkeiten, den tatsächlichen Wert des Fahrzeugs überzeugend darzustellen. Deshalb wird der Käufer den angebotenen Preis herunterhandeln, um dieser qualitativen Unsicherheit Rechnung zu tragen.

Einem ähnlichen Problem steht die Entwicklungsabteilung eines Unternehmens gegenüber. Trotz größter Sorgfalt besteht bei dem akquirierenden Unternehmen möglicherweise große Unsicherheit über den wahren Wert der begehrten Aktiva. Wenn Erwerber und Verkäufer unterschiedliche Produkte in verschiedenen Branchen herstellen, liegt das besonders nahe. Ein Informationsgefälle entsteht auch, wenn die begehrten Aktiva in dem angepeilten Unternehmen eingebettet sind, und von mehreren Geschäftsbereichen genutzt werden. Allianzen können solche Beurteilungsprobleme entschärfen, weil sie es Unternehmen ermöglichen, sich ergänzende Ressourcen in begrenztem Umfang zu vereinigen. Und in der wiederholten Interaktion mit dem Partner wird ein Unternehmen vermutlich einen erheblich besseren Eindruck vom wahren Wert der Firmenteile bekommen. Sobald die erforderlichen Informationen vorliegen, kann das Unternehmen sein Engagement verstärken oder aber die Beziehungen abbrechen.

Die Firma Whirlpool ging beispielsweise ein Joint Venture mit Philips ein, mit dessen Hilfe Philips wiederum sich aus dem Geschäft mit Haushaltsgeräten zurückziehen wollte. Whirlpool erwarb eine entsprechende Kaufoption, die knapp drei Jahre später ausgeübt wurde.

In der Zwischenzeit hatte Whirlpool den Wert des Geschäftes erkannt, beim Übergang Hilfe von Philips erhalten und sich davon überzeugt, dass das Händlernetzwerk mit neuem Management effizient arbeiten würde. Meine Forschungen mit Mitchell Koza bei Insead bestätigen den Nutzen von Investitionen in inländische und internationale Joint Ventures, wenn ein Informationsgefälle vorliegt. In einer breit angelegten Analyse von Joint Ventures amerikanischer Unternehmen haben wir festgestellt, dass die Börse dazu neigt, Unternehmen zu belohnen, die bei vorhandenem Informationsgefälle in ein Joint Venture investieren. Liegt ein solches Informationsgefälle nicht vor, reagieren Investoren negativ oder gleichgültig auf die Ankündigung von Joint Ventures.

Wichtige Aufgaben

Wenn das Adjektiv »strategisch«, das üblicherweise »Allianzen« vorangestellt wird, überhaupt etwas bedeutet, dann steht es für den wichtigen Einfluss von Allianzinvestitionen auf die Marktposition eines Unternehmens und den Einsatz von Ressourcen. Es legt nahe, dass ein Unternehmen sich bei der Investition in eine Allianz mit wichtigen Kosten und Risiken konfrontiert sehen wird und obendrein erkennen muss, wann eine Allianz nicht sinnvoll ist. Es gibt sechs wichtigste Aufgaben für Entscheidungsträger.

Allianzen sehr gezielt einsetzen
Zweifellos liegt der Grund für einige der gescheiterten Allianzen und Übernahmen darin, dass eine Allianz die bessere Wahl gewesen wäre, jedoch eine Übernahme getätigt wurde – und umgekehrt. Die Zunahme von Allianzen in vielen Wirtschaftsbereichen ändert nichts an der grundlegenden Regel, dass Allianzen nur in bestimmten Investitionszusammenhängen sinnvoll sind, in anderen hingegen gemieden werden sollten.

Alternativen zu einer Allianz prüfen
Als Entscheidungsträger sollten Sie die Vorteile, aber auch die Kosten und Risiken einer Allianz im direkten Vergleich mit einer Übernahme definieren. Das Abwägen von Größenvorteilen, Globalisierung, Synergieeffekten und Ähnlichem hat sicherlich einen wichtigen Anteil am Entscheidungsprozess; die Logik von Kollaborationsstrategien legt jedoch grundsätzlich eine vergleichende Bewertung nahe.

Risiken abwägen
Die aufgeführten vier wesentlichen Aspekte bieten Ihnen das Grundgerüst für die Wahl zwischen Allianzen und Übernahmen. Wenn eine Übernahme möglich ist, die Bindung wertvoller als die Flexibilität ist, die begehrten Firmenteile gut verdaut

werden können und der Wert dieser Elemente relativ einfach abzuschätzen ist, ist eine Allianz wahrscheinlich nicht die beste Alternative.

In anderen Fällen können einige Kriterien für eine Allianz sprechen, während andere eher eine Übernahme unterstützen. Bei solchen Investitionen muss ein Unternehmen das Risiko abschätzen, das aus der Entscheidung für eine Allianz entsteht, wenn eine Übernahme besser gewesen wäre und umgekehrt. Wenn ein Unternehmen auf beträchtliche Unsicherheiten stößt, und alle direkten Mitbewerber Allianzen eingehen, neigen Manager dazu, es ihnen nachzutun – statt aus der Reihe zu tanzen und eine verbindlichere, weniger reversible Investition zu tätigen.

Die Entwicklung der Allianz erahnen

Das Vierer-Grundgerüst ist als möglicher Maßstab für Entscheidungen über einen Markteintritt dargestellt worden; man kann damit jedoch genauso Allianzinvestitionen über einen längeren Zeitraum verwalten und den möglichen Kurvenverlauf einer Verbindung analysieren. Allianzen können ein stabiles Merkmal bestimmter Branchen sein, solange immer neue Quellen der Unsicherheit entstehen.

Doch eine bestimmte Allianz wird selten eine endgültige Lösung für die beteiligten Unternehmen sein. Sämtliche Elemente des Systems sind dynamisch; folglich müssen Unternehmen die zugrunde liegende ökonomische Logik für eine Allianz stets neu überprüfen. Partner überwinden Informationsgefälle. Der Austausch zwischen Bindung und Flexibilität kann sich durch Entwicklungen in der Technik und auf dem Markt verändern. Erfahrungen mit einem Partner oder in einem fremden Land vermindern die »Verdauungsstörungen« in kulturell unterschiedlichen Ländern. Zugang zu mehr Kapital oder veränderte rechtliche Bedingungen können Übernahmen möglich machen, die lange Zeit unmöglich schienen.

Allianz-Kompetenz entwickeln

Informationen von erfolgreichen Konkurrenten können wertvolle Entscheidungshilfen für eine Allianzinvestition bieten. Informationen über strategische Grundprinzipien, Kriterien für die Auswahl der Partner, die Ausgestaltung verschiedener Allianzen und erprobte Vorgehensweisen können Neulingen und auch erfahreneren Partnern helfen.

Für Unternehmen, die mehrere Allianzen eingehen, kann die Einrichtung von Datenbanken, Websites und Schulungen Sinn machen, um Wissen über frühere Allianzen für zukünftige Investitionsentscheidungen verfügbar zu machen. Unternehmen wie Xerox und Hewlett-Packard zum Beispiel haben solche Instrumente bei dem Versuch eingesetzt, Know-how für das Herbeiführen und die Implementierung von Allianzen zu institutionalisieren und über den üblichen Ad-hoc-Ansatz beim Management von Allianzen hinauszukommen.

Allianzen in der Unternehmensstrategie positionieren

Das Verhältnis zwischen Allianzinvestitionen und Unternehmensstrategie sollte das ausschlaggebende Kriterium sein, nach dem Zusammenarbeit bewertet wird. Zahlreiche Aufsätze über die Kollaboration zwischen Unternehmen behandeln Allianzen als Selbstzweck statt als Instrument einer Unternehmensstrategie zur Entwicklung und Nutzung von Ressourcen. Wie bei den üblichen Investitionen eines Unternehmens gibt es auch im Zusammenhang mit Allianzen eine Reihe von Herausforderungen, denen sich das Management stellen muss.

Die Effizienz wird durch zahlreiche Faktoren beeinflusst. Um Nutzen aus einer Allianz zu ziehen, muss das Unternehmen den richtigen Partner wählen, die Zusammenarbeit stimmig gestalten, die Beziehungen nach Bedarf anpassen und die Schlussphase auf geeignete Weise organisieren. Die Grundlage für diese Aktivitäten und Entscheidungen muss ein umfassendes Verständnis der Beweggründe für Allianzen im Vergleich zu alternativen Entwicklungsmöglichkeiten sein, die einem Unternehmen zur Verfügung stehen.

Literaturhinweise

Reuer, J. J.; Koza, M. P.: »Asymetric Information and Joint Venture Performance: Theory and Evidence from Domestic and International Joint Ventures«, *Strategic Management Journal*, 21, 2000.

Reuer, J. J.; Leiblein, M. J.: »Downside Risk Implications of Multinationality and International Joint Ventures«, *Academy of Management Journal*, (forthcoming).

Will Mitchell

Allianzen: Chancen, Risiken und Nebenwirkungen

Allianzen bergen Risiken. Dennoch sind sie als Teil kurz- und langfristiger Unternehmensstrategien unverzichtbar. Folgerichtig sollten Unternehmen systematisch an die Planung von Allianzen herangehen, effektive Trainingssysteme und Lernanreize schaffen und unternehmensinternes Know-how für Allianzen aufbauen. Es sollte eigens eine Abteilung für Allianzmanagement gebildet werden. Vertrag und Vertragspartner haben eine unterschiedliche Bedeutung für erfolgreiche Allianzen. Während die Verträge Arbeitsweise und Ziele präzisieren, sind der eigentliche Schlüssel zum Erfolg einer Allianz die beteiligten Menschen und das Wissen, das sie sich durch die Allianz aneignen. Anders als eine gute Ehe sind strategische Allianzen nicht für die Ewigkeit gemacht.

Unternehmen sollten darauf vorbereitet sein, den Partner zu wechseln, wenn ein besserer auftaucht. Was haben die Allianzstrategien eines angeschlagenen Elektronikherstellers aus Japan, eines bankrotten Softwareentwicklers aus den USA und eines gescheiterten Pharma-Unternehmens aus Frankreich gemeinsam? Antwort: Der Niedergang jedes der drei Unternehmen begann, nachdem sie eine Allianz mit einem anderen Unternehmen geschlossen hatten. Der Grund für ihr Scheitern: Das jeweils andere Unternehmen hatte genug über das Geschäft des Allianzpartners gelernt, um in direkten Wettbewerb zu treten, während die drei fraglichen Unternehmen nicht genug gelernt hatten, um diesem Wettbewerb die Stirn zu bieten. Und was haben die Allianzstrategien eines zahlungsunfähigen Unternehmens für Krankenhausinformationssysteme aus Großbritannien, eines liquidierten Automobilzulieferers aus Deutschland und eines gescheiterten Telekommunikationsunternehmen aus den USA gemeinsam? Antwort: Jedes der drei wollte unabhängig bleiben und Allianzen vermeiden. Sie mussten sich jedoch aus dem Geschäft zurückziehen, weil das interne Know-how für eine erfolgreiche Geschäftstätigkeit nicht mehr ausreichte. Die Botschaft dieser Beispiele: Allianzen sind zwar gefährlich, aber dennoch überlebenswichtig.

In *Cooperative Strategy* weisen Pierre Dussauge und Bernard Garrette nach, dass Allianzen die Tür zum Know-how anderer Unternehmen sind – mit dem neue Märkte erschlossen, neue Produkte auf den Markt gebracht, neue Bauteile bereitgestellt und neue Verfahren zur Herstellung von Gütern und Dienstleistungen, aber auch zur Organisation des internen Ablaufs erlernt werden können. Viele Leser der

Mastering-Serie verbringen einen Großteil ihrer Arbeitszeit mit Handlungen, die mit denen von Geschäftspartnern und anderen Unternehmenskontakten zusammenhängen. Aber unzureichend gemanagte Allianzen können ebenso das Aus für ein Unternehmen bedeuten. Dies bestätigen mehrere umfangreiche Studien. So haben Kulwant Singh und ich zeigen können, dass Anbieter von Krankenhausinformationssystemen, die im Rahmen ihrer Entwicklungs- und Marketingstrategie auf Allianzen setzen, höhere Überlebenschancenhaben als Wettbewerber, die unabhängig bleiben wollen. Befindet sich die Branche in einer Krise, sind Allianzpartner jedoch hohen Risiken ausgesetzt, denn sie laufen Gefahr, ihren wichtigsten Partner zu verlieren. Pierre Dussauge, Bernard Garrette und ich haben außerdem herausgefunden, dass Verflechtungsallianzen (in denen die jeweilgen Muttergesellschaften unterschiedliche Ressourcen bereitstellen) als Resultat des gegenseitigen Lernens in der Regel zu einer Übernahme oder Reorganisation zugunsten eines der Partner führen.

Der vorliegende Artikel beschreibt Wege zu einem effektiven Management von Allianzen, die strategische Vorteile bringen und gleichzeitig Risiken mindern können. Insbesondere wird der Frage nachgegangen, wie sowohl kurz als auch langfristige Allianzziele erreicht werden können. An erster Stelle der kurzfristigen Ziele steht der Wunsch, direkten Zugang zu den Kompetenzen des Allianzpartners zu bekommen. Langfristiges Ziel ist es, so viel wie möglich über Know-how und Wettbewerbsumfeld des Partners zu erfahren.

Erfolgreiche Strategien für das Management von Allianzen ruhen auf drei Säulen: Planung im Vorfeld der Allianz, Mitarbeitertraining nach Bildung der Allianz und Entwicklung von unternehmensinternem Know-how zum Allianzmanagement.

Die Planung im Vorfeld

Allzu häufig stürzen sich Unternehmen in Allianzen, als ob es sich hierbei um risikolose kurzfristige Bindungen handeln würde. Dieser Fehler gehört in die Kategorie »Dummheit schützt vor Strafe nicht«. Denn selbst eine noch so kurze Verbindung kann langfristige Auswirkungen auf die beteiligten Unternehmen haben. Ein systematischer Ansatz bei der Allianzplanung ist daher unverzichtbar und sucht Antworten auf folgende Fragen:

- *Was wollen Sie kurzfristig erreichen?* Ermitteln Sie zunächst die kundenorientierte strategische Position, die Sie in Ihrem Markt einnehmen wollen. Bestimmen Sie anschließend das Wettbewerbsumfeld für die Waren und Dienstleistungen, die Sie anzubieten planen, und das Know-how, das Sie in die Allianz einbringen müssen und das Ihr Allianzpartner mitzubringen hat, damit Sie Ihre Positions- und Produktziele erreichen können.
- *Mit wem können Sie Ihr Ziel am besten erreichen und welche Ziele verfolgen die anderen?* Ermitteln Sie die infrage kommenden Partner. Bestimmen Sie das funktionale Know-how, das mit der Allianz entwickelt werden soll und/oder was jeder Part-

ner zur Erreichung seiner strategischen Ziele beitragen muss. Zu diesem funktionalen Know-how können unter anderem gehören: Entwicklung, Produktion, Marketing, Vertrieb, Finanzwesen, IT, Markenschutz und Unternehmensführung. Bewerten Sie die Ziele der Allianz aus Sicht beider Partner. Der ideale Partner verfügt über alle Fähigkeiten, die Sie benötigen, und nicht über mehr. Denn er kann am besten Hilfestellung leisten, ohne sich in kürzester Zeit als direkter Wettbewerber zu entpuppen.

- *Was können Sie langfristig von Ihrem Allianzpartner lernen?* Ermitteln Sie so viele langfristige Lernziele wie möglich. Das ich viele Lernchancen erst im Laufe der Allianz eröffnen, gilt es, die Allianz immer wieder daraufhin zu überprüfen.
- *Was soll Ihr Partner nicht von Ihnen lernen?* Listen Sie die Fähigkeiten auf, die Ihr Partner nicht von Ihnen lernen soll, und entwickeln Sie Abwehrstrategien. Hierbei ist es enorm wichtig, dass die an der Allianz beteiligten Mitarbeiter wissen, welches Know-how nicht weitergegeben werden soll.
- *Wer muss über die Allianz Bescheid wissen?* Geben Sie wichtige Informationen über die Allianz an all jene Menschen und Unternehmensbereiche weiter, die mit der Allianz zu tun haben. Zu häufig werden Allianzen von Topmanagern vereinbart, die es dann versäumen, den mit dem Tagesgeschäft befassten Mitarbeitern auf zu tragen, Gründe und Ziele der Allianz an deren Untergebene weiterzugeben. Meist scheitern solche Allianzversuche oder erzielen bestenfalls nur einen Teil des potenziellen Werts.
- *Welche Organisationsstruktur ist zur Erreichung der kurz- und langfristigen Ziele notwendig?* Entwickeln Sie für den Anfang eine Organisationsstruktur. Neben den Vertragsbedingungen und Strukturen müssen auch die Managementsysteme und Mitarbeiter zu Ihrem unternehmerischen Anforderungsprofil und dem der Allianz passen. Die Organisationsstruktur einer Allianz muss einfach und klar sein, um Fallen zu vermeiden. Denn zu häufig versuchen Unternehmen, Strukturen und Systeme von Tochtergesellschaften auf Allianzen zu übertragen. Schon bald fühlen sie sich gefangen in der Komplexität einer vom Scheitern bedrohten oder überflüssigen Allianz, über die sie keine unabhängige Kontrolle mehr haben.

Auf einen Nenner gebracht: Die Basis einer guten Allianz ist Wissen. Sie müssen für sich bestimmen, was Sie von einer Allianz erwarten, wer der ideale Partner ist, was Sie von Ihrem Partner kurz- und langfristig lernen können und wie die Beziehung organisiert und gestaltet sein soll. Sich kopfüber in eine Allianz zu stürzen und zu hoffen, dass wichtige Fragen sich später von allein klären, heißt, ein Scheitern vorzuprogrammieren.

Gute Allianzen: Wissen ist die Basis

Es ist ein großer Irrtum, dass eine gute Allianz, ähnlich wie eine gute Ehe, auf ewig geschlossen ist und unsere Fähigkeiten gemeinsam mit denen unserer Partner reifen.

Dieser Fehler gehört in die Kategorie »Wer weiß, was morgen kommt«. Wir unterschätzen dabei die unmittelbare Notwendigkeit, von unseren Partnern zu lernen. Allianzen zwischen Unternehmen und die Ehe zwischen zwei Menschen sind nun einmal zwei grundsätzlich verschiedene Dinge. Selbst die besten Allianzen gehen auseinander und sollten entsprechend gemanagt werden, am besten mithilfe eines begleitenden Trainings. Ziel eines Allianztrainings ist es, vom Partner zu lernen und dies an die Mitarbeiter im eigenen Unternehmen weiterzugeben. Bei der Planung des Allianztrainings sollten folgende Fragen beantwortet werden:

- *Wer im Unternehmen soll vom Allianzpartner lernen?* Wählen Sie Mitarbeiter aus Ihrem Unternehmen aus, denen die Verantwortung für diese Aufgabe übertragen wird. Vermitteln Sie den an der Allianz beteiligten Mitarbeitern Ihre Lernziele klar und eindeutig. Geben Sie genügend Informationen über langfristige Strategien und Ziele weiter, damit die zuständigen Mitarbeiter unerwartete Lernchancen ergreifen können, die Ihr Unternehmen voranbringen.
  Seien Sie darauf vorbereitet, auch unerwartete Lernchancen zu nutzen. So war ich vor kurzem an einem Projekt beteiligt, bei dem Schulungsteilnehmer die ersten Besucher einer wichtigen Anlage eines Unternehmens waren, mit dem ihr Sponsor gerade eine Allianz geschlossen hatte. Die Schulungsteilnehmer erhielten von uns klare Vorgaben, was sie von dem neuen Partner lernen sollten. Ebenso wurde der neue Partner über die Ziele der Schulungsteilnehmer informiert. Diese bewerteten nun das Know-how des neuen Partners in Bezug auf ein Geschäftsmodell, das der Hersteller soeben entwickelt hatte und dessen weltweite Anwendung im Herstellungsbereich geplant war.
- *Wer ist in Ihrem Unternehmen für das Allianztraining der Mitarbeiter zuständig?* Genauso wichtig wie die Aufgabe, von Ihrem Partner zu lernen, ist es auch, dass Sie dieses Wissen an Ihre Mitarbeiter weitergeben. Schaffen Sie Spielraum für Lernmöglichkeiten wie Jobrotation, fachübergreifende Seminare und gute Kommunikationswege. Vermitteln Sie das Know-how einer kritischen Masse von Mitarbeitern und hoffen Sie nicht darauf, dass wichtige Informationen über Mund-zu-Mund-Propaganda an die entsprechenden Zielpersonen gelangen. Fordern Sie von Ihren Mitarbeitern, Erwartetes, aber auch Unerwartetes vom Allianzpartner zu lernen, während sie sich auf die Anforderungen der Allianz im Tagesgeschäft einstellen. Ist dieser erste Schritt getan, fordern Sie Ihre Mitarbeiter dazu auf, das neue Wissen weiterzuvermitteln.
- *Wie zahlt sich Allianztraining für Ihre Mitarbeiter aus?* Wenig erfolgversprechend dürfte es sein, Ihren Mitarbeitern die Teilnahme am Allianztraining vorzuschreiben. Besser ist es, bei internen Bewertungen und Bonussystemen den Erfolg der Mitarbeiter bei Allianztrainingsprogrammen zu berücksichtigen. Schließlich sollten der Erfolg laufender Aktivitäten und die Umsetzung des im Training Erlernten im Berufsalltag überprüft und bei Erfolg belohnt werden.
- *Wie verändert sich eine Allianz?* Noch bevor die Partner ihre Zusammenarbeit beginnen, verändern sich Allianzen, und häufig sogar auf völlig unerwartete

Art und Weise. Daher sollten die strategische Ausrichtung der Allianz, deren Möglichkeiten und die des Partners sowie die Allianzstruktur laufend auf Veränderungen überprüft werden. Untersuchen Sie nun, wie die Trainingsziele den Veränderungen entsprechend angepasst werden müssen.

- *Was lernt der Allianzpartner von Ihnen?* Häufig genug wird unterschätzt, was der Partner von uns lernt und wie er sich mit diesem Wissen schließlich zu unserem stärksten Konkurrenten mausern kann. Machen Sie sich daher nicht nur Gedanken über Ihren Nutzen aus der Allianz, sondern auch darüber, was Ihr Partner lernt und ob Ihr Verlust der Wettbewerbsfähigkeit durch das neue Wissen ausgeglichen wird.

  Im Rahmen dieser Bewertung sollten Sie nach Wegen suchen, dem Partner den Zugang zu Schlüssel-Know-how zu verwehren, ohne die Allianz unnötig zu behindern. Sie sollten sich dennoch weiterhin intensiv bemühen, von Ihren Partnern zu lernen. Gegen den Verlust der Wettbewerbsfähigkeit sind Abwehrtaktiken in der Regel nur eine kurzfristige Lösung. Sie sind zwar wichtig, wichtiger ist jedoch, ein effizientes Allianztraining aufzubauen.

- *Können Sie im Bedarfsfall aus der Allianz aussteigen?* Ihr Unternehmen kann scheitern, wenn es sich in einer Allianz verstrickt oder von einem dominanten Partner übervorteilt wird. Sie werden im Verlauf der Allianz unweigerlich Abläufe und Systeme entwickeln, die eng mit denen Ihres Partners verknüpft sind. Verlieren Sie hierdurch den Zugang zu Schlüsselsystemen, weil Ihr Partner den Rückzug antritt oder ein dominanter Partner den Zugang zu kritischem Wissen versperrt, so wird die Performance Ihres Unternehmens darunter leiden. Selbst wenn Allianzen zentraler Bestandteil Ihrer Strategie sind, sollten Sie daher ausreichend eigenständige Fähigkeiten entwickeln und sich bewahren, um unabhängig operieren zu können oder zumindest stark genug zu sein, einen anderen Partner zu finden. Um parallel zu Allianzen solche unabhängigen Fähigkeiten auszubilden, sind jedoch häufig zusätzliche Investitionen erforderlich. Kurzfristig betrachtet mag das teuer erscheinen. Bei einer realistischen Bewertung sollte jedoch der langfristige Wert den kurzfristigen Kosten gegenübergestellt werden. Die Bewertung des langfristigen Nutzens ist dabei immer vielschichtiger und erfordert ein besseres Urteilsvermögen als die Ermittlung der kurzfristigen Kosten.

- *Wer aber ist momentan der beste Partner?* Zum Zeitpunkt der Allianzbildung mag Ihr aktueller Partner der beste gewesen sein. Heute aber verfügt vielleicht ein neues Unternehmen über Know-how, das besser zu Ihnen passt. Auch wenn Sie den aktuellen Partner möglicherweise voran bringen können, sollten Sie darauf eingestellt sein, den Partner zu wechseln, wenn sich eine gute Gelegenheit bietet. Ansonsten könnten Sie gegenüber einem Wettbewerber das Nachsehen haben, der Zugang zu besserem Know-how hat. Halten Sie daher beständig Ausschau nach einem neuen Partner, der Ihren jetzigen Partner ersetzen könnte.

  Sind wir dem Irrtum aufgesessen, dass Allianzen etwas mit einer Ehe zu tun haben, dann erscheint uns dieser Rat grausam und unmoralisch. So bald wir aber erkennen, dass strategische Allianzen Teil einer dynamischen Unternehmensstrategie und nicht eines stabilen Familiengeflechts sind, wird klar, dass es sich um einen gut gemeinten Rat handelt. Denn Ihr Partner kann sich selbst schützen. Ein Allianzvertrag kann beide Partner zu Beginn der Verbindung davon abhalten, den anderen zu übervorteilen. Beide haben aber auch die Pflicht, Fähigkeiten zu pflegen und zu entwickeln, mit denen sie einen wertvollen Beitrag zur Allianz leisten können.

Als Fazit bleibt: Training und Weiterbildung stärken die Allianz. So bald Sie mit anderen Unternehmen zwecks Bildung einer Allianz in Kontakt treten, müssen Sie von Ihrem Partner so schnell wie möglich lernen und dieses Wissen nutzen. Für ein Allianztraining sind aber neben dem persönlichen Engagement auch gute Unternehmensstrukturen erforderlich. Zunächst einmal sind Lernen und Lehren zwei eigenständige Aktivitäten. Viele Unternehmen hören allerdings beim individuellen Lernen auf und versäumen es, das Erlernte im gesamten Unternehmen zu verbreiten. Lern- und Lehrprozesse erfordern jedoch durchdachte Strukturen, um Lernziele zu ermitteln, Lernanreize zu schaffen und das Erlernte weiterzugeben.

Strukturelle Unterschiede

Schließlich erfordert eine erfolgreiche Allianzstrategie aber auch das entsprechende Know-how auf Managementebene. Zwei Bereiche stehen beim Allianzmanagement im Vordergrund: das Management der verschiedenen Allianzen und die Trennung von Allianzen und Tochtergesellschaften.

Allzu oft wird jede Allianz so behandelt, als sei sie die einzige Beziehung, die wir pflegen. Hierbei handelt es sich um den so genannten Kaleidoskop-Fehler. Indem wir unsere Allianzen jede für sich und nicht als Einheit betrachten, entsteht eine fragmentierte Sichtweise des Wettbewerbsumfelds. Als Folge dieser Sichtweise treten häufig zwei Probleme auf. Wir schaffen für unterschiedliche Allianzen unterschiedliche Strukturen, die nicht selten in Widerstreit miteinander treten. Hierdurch kommt es zu Konflikten zwischen den Allianzen, die um Ressourcen und Märkte konkurrieren. Zum Zweiten lassen wir häufig Chancen ungenutzt, Wissen aus der Allianz unternehmensweit weiterzugeben. Daher ist die Schaffung einer eigenständigen Abteilung für das Allianzmanagement unter Beteiligung von Konzern- und Unternehmensmitarbeitern extrem wichtig. Dieser Abteilung fällt die Aufgabe zu, die gesamten Anforderungen und Möglichkeiten, die sich aus einem Portfolio an Allianzen ergeben, aber auch Risiken und Nutzen jeder einzelnen Allianz zu bewerten.

Der zweite, häufig begangene Fehler beim Allianzmanagement besteht darin, diese Managementabteilung im Bereich Unternehmensentwicklung mit Schwerpunkt Fusionen und Akquisitionen anzusiedeln. Allianzen dürften aber nicht mit Tochtergesellschaften verwechselt werden. Geschieht das, so werden Allianzpartner behandelt, als hätten sie genauso wenig strategische Autonomie wie Tochtergesellschaften. In Gesprächen mit Führungskräften höre ich immer wieder den Satz: Wir haben erkannt, wie wichtig die Allianz für unser Unternehmen geworden ist und behandeln sie daher wie eine unserer Tochtergesellschaften. Besonders häufig ist diese Einstellung bei Angehörigen der mittleren Führungsebene anzutreffen, die für das Tagesgeschäft in der Allianz zuständig sind. Aber selbst Topmanager sind nicht davor gefeit, Allianzen mit Tochtergesellschaften zu verwechseln.

Folglich besteht die Gefahr, dass Ihr Allianzpartner für Sie nachteilige Maßnahmen ergreift, die Sie nicht verhindern können. So kann Ihr Partner beispielsweise auf einem neuen Markt in Wettbewerb mit Ihnen treten oder sich aus der Verbindung lösen, bevor Sie darauf eingestellt sind. Aus diesem Grund ist die Schaffung einer eigenständigen Allianzmanagementeinheit so wichtig, statt das Allianzmanagement wie einen untergeordneten Aufgabenbereich in der Unternehmensentwicklung zu behandeln. Die für Übernahmen und Allianzen zuständigen Mitarbeiter müssen so miteinander kommunizieren und kooperieren, dass sie sich der unterschiedlichen Herausforderungen beim Erwerb von Tochtergesellschaften und dem Management von Partnerschaften bewusst sind.

Um Allianzen effektiv managen zu können, bedarf es der Freisetzung besonderer Kräfte innerhalb des Unternehmens. Daher muss sich bei allen Mitarbeitern ein Allianzbewusstsein herausbilden, das die Stärken und Risiken der Allianzen erkennt. Bei der Entwicklung eines solchen Allianzbewusstseins kommt einer Abteilung für das Allianzmanagement eine zentrale Bedeutung zu.

Persönliche Kontakte und Verträge

Erfolgreiche Allianzen unterscheiden genau zwischen Verträgen und Vertragspartnern. Gute Verträge sind ein wichtiger Bestandteil von Allianzen, ob sie nun formal ausgearbeitet sind und detaillierte Angaben enthalten, oder informell sind und ein gemeinsames Verständnis über Ziele und Arbeitsweise der Allianz vermitteln. Aber kein noch so guter Vertrag kann alle aktuellen Punkte, geschweige denn alle Eventualitäten berücksichtigen. Neben Verträgen sind die persönlichen Kontakte, die sich zwischen Ihren Mitarbeitern und denen des Allianzpartners entwickeln, weitaus wichtiger und entscheiden letztendlich über Erfolg oder Misserfolg der Allianz. Diese Kontakte sind der wichtigste Weg, Zugang zu den Kompetenzen Ihres Partners und damit zu jenem Know-how zu erhalten, mit dem Sie ihre heutigen Kunden besser zufrieden stellen können. Mithilfe dieser Kontakte werden Sie aber auch von Ihrem Partner lernen und damit dem künftigen Bedarf Ihrer Kunden besser Rechnung tragen können.

Literaturhinweise

Dussauge, Pierre; Garrette, Bernard: *Cooperative Strategy: Competing Successfully through Strategic Alliances*. New York: Wiley, 1999.

Dussauge, Pierre; Garrette, Bernard; Mitchel, W.: »Learning from Competing Partners: Outcomes and Durations of Scale and Link Alliances in Europe, North Africa, and Asia«, *Strategic Management Journal*, 21, 2000.

Singh, K.; Mitchell,W.: »Precarious Collaboration: Business Survival after Partners Shut down or Form New Partnerships«, *Strategic Manangement Journal*, (Summer) 17, Special Issue on Evolutinary Perspectives on Strategy, 1996.

Mitchell P. Koza und Arie Y. Lewin

Wie Allianzen stabiler und erfolgreicher werden

Allianzkapitalismus ist ein Modebegriff für das Paradoxon von Unternehmen, die gleichzeitig miteinander konkurrieren und kooperieren. Allerdings enden Allianzen häufiger mit einer Enttäuschung als mit einem Erfolg. Die Ursache? Die Unternehmen machen sich Alternativen nicht bewusst. Zudem begreifen sie häufig nicht die komplexen Wechselwirkungen zwischen ihrer Gesamtstrategie und der Strategie der Allianz. Es besteht dabei ein wesentlicher Unterschied zwischen gewinnorientierten Allianzen, die augenfällig nach Profitmaximierung streben, und erkenntnisorientierten Allianzen, die vorrangig der Erschließung neuer Märkte und der Erprobung neuer Technologien dienen sollen.

In den letzten Jahren des zwanzigsten Jahrhunderts ist ein Paradoxon im Unternehmenswettbewerb entstanden – die kooperative Konkurrenz. Auslöser war die rapide wachsende Popularität von Allianzen in diesen Jahren. Einige Autoren haben es schon das Zeitalter des Allianzkapitalismus getauft.

Eine gut erforschte und dennoch überraschende Eigenschaft von Allianzen ist ihr hohes Maß an Instabilität und die Häufigkeit von Fehlschlägen. Und Manager geben verschiedene Gründe für das Eingehen einer Allianz an, die alle plausibel sind.

Dazu zählen: Zugang zu einem beschränkten Markt oder die Beseitigung von Hindernissen, Zugewinn von Marktmacht, Erhaltung von Marktstabilität, Übernahme von Technologien, Produkten oder neuen Fähigkeiten, Bündelung von Ressourcen, Beseitigung von Unsicherheiten, Risikoteilung, schnellerer Zugang zu neuen Märkten, Ausschöpfung der Einnahmequellen durch die Kombination von komplementären Wertschöpfungspotenzialen.

Die Aufgabe oder das Scheitern einer Allianz begründen Manager häufig mit einem Mangel an Kooperation und Vertrauen, ungenügender Vorausplanung, zu vielen Detailverhandlungen und zu wenig Management der eigentlichen Allianz. Manager beklagen das Fehlen von Fähigkeiten und Ressourcen zur Gestaltung von kooperativen Beziehungen, eine fehlende Übereinstimmung strategischer Ziele, eine Größenungleichheit oder bestehende kulturelle Unterschiede, Strategieänderungen bei einem Partner, eine falsche Partnerwahl oder eine falsche ursprüngliche Strategie.

Die meisten Allianzen scheitern

Statistiken führen zu dem Schluss: Das Management von Allianzen ist eine schwierige Aufgabe. Zwei Drittel aller Allianzen leiden in den ersten zwei Jahren unter schwerwiegenden Problemen und die Fehlschlagrate liegt bei bis zu 70 Prozent.

Auf den ersten Blick bieten Allianzen ein verführerisches Konzept – eine klare einfache Lösung für eine Reihe strategischer Dilemmata. In der Praxis aber können sie enttäuschen. Meist sind die strategischen Ziele nicht erfasst und artikuliert worden, und es ist versäumt worden, Alternativen zu entwickeln. Die zweite Ursache ist die fehlende Einsicht in die engen Wechselwirkungen zwischen der Gesamtstrategie des Unternehmens und der Rolle einer Allianz in dieser Strategie. Beide kristallisieren sich heraus, während die Allianz sich weiterentwickelt und verändert, wenn die Unternehmensstrategie sich ändert. Also lautet die erste Lektion: Allianzen müssen wieder strategische Stabilität bekommen.

Erkenntnis contra Gewinn

Allianzen sorgen für höhere Einnahmen durch die Kombination komplementärer Ressourcen, die keiner der Partner allein entwickeln würde. So eine gewinnorientierte Allianz wird meist als Kapital-Joint-Venture aufgezogen. Bis Mitte der siebziger Jahre waren gewinnorientierte Allianzen die mit Abstand häufigste Allianzform. Dow Corning, der US-amerikanische Hersteller von Silikonprodukten, ging beispielsweise im Jahre 1937 seine erste gewinnorientierte Allianz als Joint Venture ein und war bis 1988 an mehr als 20 Allianzen beteiligt. 1983 erwirtschaftete Corning 2,4 Prozent seines Gewinns nach Steuern durch solche Allianzen. Die Ziele von gewinnorientierten Allianzen werden allgemein als Erfolgskennziffern formuliert, die Erfolgskontrollen im Verlauf der Allianz vereinfachen oder erst ermöglichen.

Zum Zweiten kann eine Allianz als strategisches und organisatorisches Mittel hilfreich sein, um neue Märkte, Produkte oder Technologien zu erproben oder gemeinsam zu entwickeln. Solche erkenntnisorientierten Allianzen werden meistens als gemeinsam zu entwickelnde Joint-Venture-Projekte mit offenem Ende konzipiert mit der Absicht, Erfahrungen zu sammeln. Erkenntnisorientierte Allianzen sind am besten für explorative Strategien geeignet. Ihre Ziele können jedoch nur weniger spezifisch formuliert werden. Das erschwert die Überwachung des Fortschritts und der Ergebnisse beträchtlich. Ein Scheitern lässt sich oft auf das Vertrauen in Ergebniskontrollen und den Mangel an geeigneten Prozesskontrollen zurückführen.

Gegensätzliche Ziele

Der Grundstein für Spannungen und Instabilität in einer Allianz wird gleich zu Beginn gelegt, falls die Partner eine fehlende Übereinstimmung in ihren strategischen

Absichten nicht erkennen. Unterschiede in der Gewinn- oder Erkenntnisorientierung vergrößern die Gefahr des Scheiterns. Lizenz- und Franchise-Unternehmungen bilden hier die Ausnahme. Die beiden Partner haben vielleicht beim Eingehen der Allianz die gleichen strategischen Absichten, bemerken aber das Aufkommen von Asymmetrien nicht.

Solche Asymmetrien sind ebenfalls ein wichtiger Grund für das Scheitern und die Auflösung von Allianzen. Dies geschieht aus verschiedenen Gründen:

- Die allgemeine strategische Ausrichtung eines Partners ändert sich im Laufe der Zeit, während sich das Unternehmen weiterentwickelt, und die ursprüngliche strategische Absicht der Allianz ist nicht mehr relevant.
- Eine Allianz kann sich leicht in eine Richtung entwickeln, die von der strategischen Absicht einer der beiden Partner abweicht und ebenfalls zu Auflösung oder Aufkauf führen. Dabei liegt es nahe, dass Allianzen sich mit der Zeit verändern und ihre eigene Richtung und Identität entwickeln.
- Es ist außerdem möglich, dass die Strategie der Partner in eine andere Richtung führt als die der Allianz. Es besteht ständig die Gefahr der Auflösung oder Instabilität und die Partner müssen sich dieser Gefahr bewusst sein. Langfristiger Erfolg setzt wechselseitige Anpassung, Justierung und Bekräftigung der strategischen Absichten voraus.

Unterschiede begreifen

Die Logik der Gewinn-/Erkenntnisorientierung bringt drei Typen von strategischen Allianzen hervor. Jede enthält eine eigene Absicht und jede verlangt eine besondere Handhabung.

Lernallianzen bringen Unternehmen mit stark erkenntnisorientierten Absichten zusammen, die wenig oder keine Renditeerwartungen mit dieser Allianz verbinden. Die primäre strategische Absicht ist die Reduzierung des Unwissens der Partner. Lernallianzen gibt es für

- *Märkte*, einschließlich des lokalen Wettbewerbs, Vorschriften, Kundengeschmack und -gewohnheiten, Marketinginfrastruktur;
- *Schlüsselkompetenzen* wie Just-in-time-Prozesse, negative Kapitalbindung, Eins-zu-Eins-Marketing und Massenindividualisierung;
- *Technologien* wie kompetenzzerstörende Innovationen, neue komplementäre Technologien und auch Franchising, wie es die Marke Pizza Hut betreibt.

Unabhängig von konkreten Erkenntnissen zielen Lernallianzen auf die Verringerung der Informationsasymmetrie zwischen den Partnern. Viele Allianzen, deren Ziel der Neueintritt in einen Markt ist, beginnen als Lernallianz, in der die Unternehmen vor einem tatsächlichen Markteintritt Informationen über lokale Bedingungen sammeln. Der entscheidende Erfolgsfaktor für eine erkenntnisorientierte Allianz ist die Fähigkeit der einzelnen Partner, Organisationsprozesse und informelle Verbindungen zu schaffen, zu verwalten und ständig anzupassen und so die Allianz auf dem richtigen Kurs zu halten. Zu einem »Lernwettlauf« (learning race) kommt es, wenn ein Ungleichgewicht in der Lerngeschwindigkeit nicht erkannt und ausgeglichen wird. Dann profitiert ein Partner überproportional von dieser Allianz und löst sie dadurch letztlich auf.

Geschäftliche Allianzen verbinden jene Unternehmen, die ausgeprägte Gewinnabsichten und kaum erkenntnisorientierte Absichten haben. Solcherart Allianzen streben die Festigung einer Position in einem Markt oder Marktsegment an. Das einzige Ziel einer geschäftlichen Allianz ist die Sicherung zusätzlicher Gewinne. Viele erfolgreiche Geschäftsallianzen werden als Kapital-Joint-Ventures (KJV) konzipiert mit dem Ziel, als separate rechtliche oder administrative Einheit geführt zu werden, die die Allianzaktivitäten verfolgt. CFM International, ein Gemeinschaftsunternehmen für Flugzeugturbinen von General Electric und der französischen Snecma, ist ein Beispiel für eine geschäftliche Allianz, die zumindest anfänglich als KJV strukturiert war. Ein wirklich entscheidender Erfolgsfaktor bei geschäftlichen Allianzen als KJV ist die Existenz einer starken Corporate Identity in der neuen Unternehmung. Loyalität kann die latente Gefahr von Stammeskämpfen innerhalb der Allianz reduzieren.

Ein neuer Trend sind als Netzwerk strukturierte Geschäftsallianzen. Ein Netzwerk ist eine Form der Kollaboration zwischen mehreren Unternehmen, bei dem die Mitglieder des Netzwerks üblicherweise Spezialisten sind und eine spezifische, wertschöpfende Ressource in das Netzwerk einbringen. Normalerweise behalten die Netzwerkmitglieder in anderen Dingen ihre Autonomie. Die Star-Alliance bei den Fluglinien besteht zum Beispiel aus einer Reihe von Gesellschaften, die die Flüge der anderen in einem Code-Sharing-System auflisten. Zu den tatsächlich entscheidenden Erfolgsfaktoren einer Netzwerk-Allianz gehört ebenfalls eine starke Identität. Darüber hinaus müssen die kollektiven Vorteile größer sein als die Vorteile, die ein einzelnes Mitglied durch einen Rückzug erreichen könnte. Gehen die kollektiven Vorteile oder die Vorteile einzelner Mitglieder zurück, steigt die Neigung zur Auflösung.

Hybride Allianzen sind ein dritter Typ von Allianzen, die Unternehmen eingehen, deren strategische Absichten sowohl erkenntnisorientiert als auch gewinnorientiert sind. Die Unternehmen maximieren die Gelegenheiten zur Wertschöpfung durch Ausnutzung vorhandener Fähigkeiten und Anlagen und erzeugen außerdem neue Werte durch Lernprozesse. Die Allianz, die Ciba-Geigy vor Schaffung von Novartis mit der kalifornischen Biotech-Firma Alza eingegangen war, diente sowohl dem Markteintritt der Unternehmen mit weniger risikoreichen Produkten als auch dazu, dass Ciba-Geigy die neue ADDS-Technologie zur Medikamentenverabreichung lernen konnte. Somit beginnen Hybrid-Allianzen als Kombination aus geschäftlichen und Lernallianzen. Markterfolge erleichtern die längeren Lernprozesse.

Den Erfolg managen

Diese drei Typen strategischer Allianzen unterscheiden sich in fünf Dimensionen:

- Die *Loyalität* der Manager in einer strategischen Allianz kann gegenüber dem einen, dem anderen Partner oder dem Joint Venture selbst bestehen. In einer Lernallianz muss die Loyalität der Manager beim eigenen Unternehmen bleiben. Wenn ein Allianzmanager seine Loyalität auf den Partner oder die Allianz verlagert, wird es schwierig, die Ergebnisse des Lernprozesses einzubürgern. In einer geschäftlichen Allianz sollte die Loyalität der neuen Unternehmung gelten. Das reduziert die Neigung zu Stammeskämpfen zwischen Partnern und Allianzmanagern, sollten größere Konflikte auftreten. In Hybrid-Allianzen muss die Loyalität ebenfalls beim eigenen Unternehmen bleiben, gilt aber einem neuen und verbesserten Unternehmen.
- Die *Erfolgskontrolle* in geschäftlichen Allianzen sollte durch Ergebniskontrollen erfolgen. Die gewinnorientierte Ausrichtung einer geschäftlichen Allianz lässt sich am besten anhand der Finanz- und Marktperformance beurteilen. Bei Lern- und Hybrid-Allianzen sind Verhaltensänderungen und neues Wissen die wichtigsten Ziele, daher sind Prozess- und Verhaltenskontrollen nötig.
- Die *Fähigkeit, Wissen zu absorbieren*, ist besonders in Lern- und Hybrid-Allianzen wichtig, weil ihr Erfolg auf einer Reduzierung von Informationsasymmetrien beruht. Die Herausforderung in Hybrid-Allianzen besteht darin, die unterschiedlichen Erfolgs- und Misserfolgssignale vorherzusehen und vermittelnd einzugreifen. In geschäftlichen Allianzen wird die Aufnahme von Wissen dann entscheidend, wenn die Allianzpartner den Transfer strategischer Fähigkeiten zwischen den Partnern und der neuen Unternehmung fördern müssen.
- Der *Zeithorizont* Strategische Allianzen variieren in der Dauer ihrer Stabilität. Lernallianzen bestehen meist nur über die Länge des Lernzyklus. Geschäftliche Allianzen dauern meist so lang, wie noch Geschäfte zu machen sind. Hybrid-Allianzen sind meist von mittelfristiger Dauer, da diese Allianzen erst Leistung bringen müssen, bevor der Lernzyklus beginnt.
- *Erfolgskriterien* in Lernallianzen setzen eine gegenseitige Beurteilung voraus. Und in der Selbstbeurteilung neigt man zu Selbstbetrug: Daher gelten Lernallianzen bis zu ihrer Auflösung als erfolgreich. In einer geschäftlichen Allianz ist die regelmäßige Überprüfung des Geschäftsplans und des Geschäftsmodells wichtig. Die Manager müssen sich vor Selbstzufriedenheit schützen. In einer Hybrid-Allianz muss es gegenseitige Beurteilungen und Leistungskontrollen geben. Das Potenzial für eine wirkliche Transformation muss erkannt werden. Das setzt beträchtliche Einstellungsveränderungen bei den Managern voraus.

Wirkliche Transformationen sind dabei selten und meist zufällig. Ein Unternehmen beispielsweise ließ einen Jungmanager bei den Gesprächen am Mittagstisch zählen, wie oft eine gerade umgesetzte neue Technologie erwähnt und positiv oder negativ bewertet wurde. Mit der Zeit nahm die Anzahl der Kommentare und die der positiven Bewertungen stark zu.

Dies illustriert, wie notwendig Kreativität bei der Überwachung und Beurteilung von echten Effekten auf das Denken der Manager bei Hybrid-Allianzen ist.

Der wichtigste Punkt zur Verbesserung der Erfolgschancen strategischer Allianzen ist die Erkenntnis, dass diese in der Strategie der Partner eingebettet sind. Wir haben hier ein Grundgerüst für strategische Entscheidungen über Allianzen und entsprechende Managementprozesse errichtet. Mit diesem einfachen und doch starken Gerüst können die Chancen für den Erfolg einer strategischen Allianz gesteigert werden.

Literaturhinweise

Balakrishnan, S.; Koza, M. P.: »Information Asymmetry, Adverse Selection and Joint Ventures: Theory and Evidence«, *Journal of Economic Behavior and Organization*, 20, 1993.

Dierickx, I.; Koza, M. P.: »Information Asymmetries: How not to Buy a Lemon in Negotiating Mergers and Acquisitions«, *European Management Journal*, 9 (3), 1991.

Koza, M. P.; Lewin, A. Y.: »The Co-evolution of Network Alliances: A Longitudinal Analysis of an International Professional Service Network«, *Organization Science*, 10 (5), 1999.

March, J. G.: »Exploration and Exploitation in Organizational Learning«, *Organization Science*, 2, 1991.

Reuer, J. J.; Koza, M. P.: »Asymetric Information and Joint Venture Performance: Theory and Evidence from Domestic and International Joint Ventures«, *Strategic Management Journal*, 21, 2000.

Toby E. Stuart

Welche Vorteile Allianzen als Netzwerke haben

Wenn Unternehmen viele strategische Partnerschaften schließen, entsteht häufig ein Allianz-Netzwerk. In Hochtechnologie-Branchen wie den Biowissenschaften findet man dieses Phänomen immer häufiger. Solche Netzwerke können Standards setzen, ermöglichen etablierten Unternehmen den Zugang zu neuen Technologien und erleichtern technologische Konvergenz. Den Unternehmen ist zu empfehlen, die Position eines Allianzmanagers zu schaffen, der für alle Partnerschaften der Organisation verantwortlich ist.

Unternehmen bilden aus vielen verschiedenen Gründen strategische Allianzen wie Joint Ventures und Partnerschaften für die Produktentwicklung oder für den formalen Technologie-Austausch. Die Motive sind unter anderem:

- Die Zusammenführung komplementärer Werte. Ein Biotechnologie-Start-up und ein Pharma-Unternehmen schließen zum Beispiel eine Marketing-Allianz, wobei Letzteres ein Medikament vertreibt, welches vom erstgenannten Unternehmen entwickelt wurde.
- Der Wunsch, mit aufstrebenden Technologien Schritt zu halten, die das Kerngeschäft beeinflussen könnten. Ein Telekommunikationsausrüster übernimmt beispielsweise eine Minderheitsbeteiligung an einem Internet-Telefoniedienstleister oder dem Hersteller einer neuen Vermittlungstechnologie.
- Die Teilung von Kosten und Risiken bei großen Investitionen. Zwei Halbleiterhersteller bilden zum Beispiel ein Joint Venture für den Bau einer neuen Fabrik für Computerchips.

Dies ist selbstverständlich eine unvollständige Liste; es gibt viele und vielfältige Anreize, mit anderen Unternehmen Partnerschaften einzugehen. Die Zahl der Allianzen steigt stetig, im Technologiesektor sind sie fast allgegenwärtig. Dies beweist gleichermaßen die strategische Bedeutung solcher Partnerschaften und und die Vielzahl der Anreize, solche zu gründen.

Dieser Artikel beschreibt die Vorteile, die für ein Unternehmen durch die Gründung von mehreren strategischen Allianzen entstehen, nennt Richtlinien für die Auswahl der Partner und befasst sich mit dem Management des Netzwerks. Auf metaphorischer Ebene fungieren Unternehmen mit vielen strategischen Partnern als Dreh- und Angelpunkt (hub) des Netzwerks. Der Artikel konzentriert sich auf Unternehmen, die viele bilaterale Allianzen eingehen, welche wiederum ein Netzwerk bilden. Auf die Darstellung einer verwandten Organisationsform, des Konsortiums, werde ich in diesem Zusammenhang verzichten. Allianz-Netzwerke und Konsortien unterscheiden sich dadurch, dass in einem Konsortium alle Beteiligten an einem Gemeinschaftsprojekt arbeiten. Beispiele hierfür sind Iridium, der in Zukunft voraussichtlich von Boeing finanzierte Satelliten-Telefondienst, und Sematech, das amerikanische Halbleiter-Forschungskonsortium. Während ein Allianz-Netzwerk durch ein Unternehmen gekennzeichnet ist, das im Zentrum vieler bilateraler Allianzen steht, sprechen wir von einem Konsortium, wenn viele Unternehmen in ein und derselben Allianz zusammenarbeiten.

Gründe für Netzwerke

Das Allianz-Netzwerk ist insbesondere in den Hochtechnologie-Branchen mittlerweile weit verbreitet. Neben anderen bekannten Unternehmen haben beispielsweise IBM, Fujitsu, NEC, Intel, Microsoft, Merck, Netscape und Monsanto in den letzten Jahren Netzwerke strategischer Allianzen gegründet. Warum?

Erstens können Allianzen ein äußerst wichtiges strategisches Instrument in der digitalen Wirtschaft sein, insbesondere wenn Standards (also einige koordinierte Gestaltungsmodelle, die den Bestandteilen eines Systems die Zusammenarbeit ermöglichen) eine wichtige Rolle in der Branchendynamik spielen, wie bei Computern, Software, Telekommunikation und Videospielen. Hier ist die Bedeutung von Allianzen auf ein wesentliches Merkmal der Wettbewerbsdynamik zurückzuführen: Diese Branchen werden letztendlich häufig von einem einzigen Standard beherrscht.

So kontrolliert beispielsweise die Microsoft/Intel-Plattform – auch als »Wintel« bezeichnet – das Gros des PC-Marktes. Denn der Vorteil einer bestimmten Standardanwendung liegt in der stetig steigenden Zahl weiterer Anwender, sodass diese Plattform von einem Schneeballeffekt profitiert. (Solche Netzwerkeffekte wurden bereits in Folge 1 dieser Serie im Artikel »Warum der Netzwerkeffekt so entscheidend ist« diskutiert.) Sobald ein Standard gegen eine Konkurrenzmethode Marktanteile gewinnt, beschleunigt sich sein Aufschwung tendenziell so lange, bis er tatsächlich den Markt dominiert. Genau deshalb können Allianzen die Marktdominanz stärken. Und somit können sämtliche Auswirkungen auf einen frühzeitigen Gewinn von Marktanteilen auch den Ausgang dieses Wettbewerbs elementar beeinflussen.

Schließen sich Unternehmen zur Entwicklung eines Standards zusammen, können sie gemeinschaftlich andere davon überzeugen, dass ihre Methode voraussichtlich den Markt beherrschen wird. Andere Unternehmen und Kunden akzeptieren in der Folge diesen Standard und richten ihre Produkte danach aus. Dies genügt oft schon, um früh Marktanteile zu gewinnen und schließlich eine Marktdominanz aufzubauen.

Zweitens: Wenn große, alteingesessene Unternehmen versuchen, ihre Hauptgeschäftstätigkeiten radikal zu verändern, stoßen sie häufig auf Probleme. Hier können

Allianz-Netzwerke sehr nützlich sein. Unternehmen, die führend in ihrer Branche sind, neigen zu relativ umfassenden, höchst komplexen Bürokratien. Grundlegende Veränderungen an der Markt- und Technologiestrategie ihres Produkts werden dadurch oft erschwert. Denn Größe, Erfahrung und Erfolgsgeschichte erzeugen einen recht bequemen Status quo, der Veränderungen nicht zwingend erforderlich scheinen lässt.

Angesichts dessen setzen viele Marktführer auf Allianzen mit kleinen und jungen Firmen, um die nächste technologische Revolution nicht zu verpassen. Allianz-Netzwerke können so aufgebaut werden, dass sie das Mittelpunktunternehmen mit den Entwicklern vielfältiger aufstrebender Technologien verbindet. Durch diese Verknüpfungen kann das Unternehmen im Mittelpunkt verschiedene technische, betriebstechnische und strategische Methoden erproben. Solche Kooperationen sind sowohl leichter zu realisieren als auch weniger riskant als umfassende interne strategische Veränderungen.

Drittens sind Allianz-Netzwerke unerlässlich in Bereichen, die von technologischer Konvergenz betroffen sind. In diesen Branchen verschmelzen vorhandene Technologien miteinander zu etwas Neuem, und kein isoliertes Unternehmen verfügt über alle notwendigen technischen Fähigkeiten, um sich allein in der neuen Domäne zu behaupten. Dieses Phänomen ließ sich unlängst in Bereichen wie Multimedia, Telekommunikation und Arzneimittelforschung beobachten. Der Biowissenschaftskonzern Monsanto ist ein exzellentes Beispiel dafür. Das Unternehmen hat es durch ein Allianz-Netwerk von einem veralteten Chemiekonzern bis an die vorderste Front der Biotechnologie geschafft und meistert heute die rasanten technologischen Entwicklungen in den Biowissenschaften.

Aufbau des Netzwerks

Die Wahl geeigneter Partner steht beim Aufbau eines Allianz-Netzwerks an erster Stelle. Die Beurteilung potenzieller Partner setzt eine tiefe Kenntnis der relevanten Geschäftsbereiche wie der verschiedenen technologischen, betriebstechnischen und strategischen Methoden voraus. In einem richtungsweisenden Artikel haben Westley Cohen und Daniel Levinthal das Konzept der so genannten »absorptive capacity« (etwa: Aufnahmekapazität) entwickelt, die sie als die Fähigkeit von Unternehmen definieren, neue Ideen und Innovationen aus externen Quellen zu integrieren. Cohen und Levinthal gelangten zu der wichtigen Einsicht, dass ein Lernprozess kumulativ verläuft: Je mehr man über eine Sache weiß, desto leichter lassen sich weitere Informationen erwerben, verstehen und anwenden. Für die Auswahl von Allianzpartnern ist dies insofern relevant, als sich die Geschäftsbemühungen eines Unternehmens und seiner potenziellen Allianz-Partner überschneiden müssen. Nur dann kann das Mittelpunktunternehmen die unterschiedliche Qualität potenzieller Partner klar erkennen und von seinen Partnern lernen. Insbesondere im Umfeld von Hochtechnologien lässt sich die Attraktivität technischer Ansätze in ihrem Anfangsstadium nur dann angemessen beurteilen, wenn man über ein gründliches Verständnis des relevanten technischen Gebiets verfügt. Monsanto hatte die Bedeutung von »absorptive capacity« indirekt erkannt: Bevor es irgendwelche biotechnologischen Gemeinschaftsunternehmen gründete, investierte man zunächst mehr als 150 Millionen US-Dollar in den Aufbau einer internen biotechnologischen Forschungsgruppe – eine Gruppe, auf der man bei der Auswahl von Partnern und bei Überprüfungen zurückgreifen konnte.

Anschließend sollten die Aussichten einer Allianz mit der gleichen Logik und Genauigkeit untersucht werden wie sämtliche Entscheidungen, die den Unternehmensbereich betreffen. Das unternehmensstrategische Instrumentarium eignet sich für Entscheidungen über strategische Partnerschaften ebenso wie bei der Ankündigung von Fusionen und Übernahmen. Moderne Unternehmenstheorien legen besonderen Wert auf Zusammenhänge: Die Tätigkeiten einer Organisation sollten hinreichend koordiniert sein, um Verbundvorteile in den Unternehmenseinheiten (Synergien) nutzen zu können. Allianzen sollten demnach nur dann gegründet werden, wenn sie in Verbindung stehen zu Tätigkeiten, die irgendwo im Unternehmen vorkommen. Wiederum dient Monsanto als Beispiel: Das Unternehmen betrachtete die Biotechnologie als Basis und entwickelte mit Allianz-Partnern Fachwissen, dass optimal auf all seinen Endmärkten einsetzbar war. Das biotechnologische Know-how des Unternehmens diente somit als zentrale Ressource, die in jedem Betriebsbereich des Unternehmens genutzt wurde.

Dabei erweisen sich Unternehmen mit kollaborativer Vorgeschichte unter sonst gleichen Umständen oft als bessere Partner. Schließlich haben sie bewiesen, dass sie die Logik von Allianzen begriffen und die schwierge Arbeit in einem Unternehmensverbund gelernt haben. Wichtiger noch: In einer neueren Abhandlung weise ich nach, dass die Dauer der zurückliegenden Allianzen eines potenziellen Partners ein guter Indikator für die Wahrscheinlichkeit ist, dass das Unternehmen auch in Zukunft Allianzen eingehen will und welchen Wert es auf die Wahrung einer Reputation als fairer und verlässlicher Partner legt. Deshalb erweisen sich üblicherweise Unternehmen mit umfangreicher kollaborativer Vorerfahrung als gute Partner.

Leitung des Netzwerks

Wollen Unternehmen mehrere Allianzen eingehen, sollten sie die Position eines Allianz-Managers schaffen. Dieser Posten sollte möglichst auf der Ebene eines Vizepräsidenten nach amerikanischem Muster angesiedelt sein, um die Überwachung sämtlicher Partnerschaften der Organisation zu ermöglichen. Oder aber die Unternehmen orientieren sich an einer Firma wie British Petroleum. Sie hat einen Ausschuss gebildet, dem auch Manager angehören, die die Unternehmensallianzen überwachen – um hier den Gedankenaustausch und den Lerntransfer im Allianz-Management zu fördern. Der Nutzen einer derartigen Position oder aber eines solchen Ausschusses kann an den Erfahrungen eines Konzerns aus der Unterhaltungsindustrie abgelesen werden. Dieser hatte Anfang der neunziger Jahre mehr als ein Dutzend Allianzen im Multimedia-Bereich geschlossen, ohne eine koordinierte Allianz-Strategie zu haben. Das Unternehmen hatte befürchtet, dass Entwicklungen im Multimedia-Bereich sich als Gefahr für das Hauptgeschäft des Unternehmens in der Musik- und Filmproduktion sowie im Verlagswesen erweisen könnten. Jeder Unternehmensbereich schloss deshalb Allianzen mit einer Reihe von kleinen Multimedia-Firmen. Das Resultat war ein eine verwirrende Vielzahl von Partnerschaften, die einen allianzübergreifenden Lernprozess unmöglich machten.

Selbst innerhalb des selben Unternehmensbereichs kommunizierten die verschiedenen Ebenen der Management-Hierarchie zu wenig über Ziele und Prioritäten ihrer Allianzen. Daher fiel es dem Unternehmen schwer, die vertraglich festgelegte Rolle (wie die Vermarktung einiger interaktiver CD-ROMs, die die Partner entwickelt hatten) in den Allianzen zu erfüllen. Viele strategische Partner fühlten sich schlecht behandelt, und der Ruf des Unternehmens als Partner litt.

Wenn eine Führungsposition ausschließlich der Überwachung von Allianz-Tätigkeiten zugeordnet ist, können solche Probleme gelöst und strategische Entscheidungen eher auf Netzwerk als auf Allianzebene getroffen werden. In einer meiner Veröffentlichungen weise ich nach, dass Unternehmen aus Allianzen einen größeren Nutzen ziehen, wenn sie bereits signifikante kollaborative Vorerfahrungen haben (»Nutzen« wird in dieser Studie an der Aktienkurssteigerung des Unternehmens gemessen, die auf die Ankündigung neuer Allianzen folgt). Erfahrene Firmen haben nämlich ihre Auswahlverfahren verfeinert und ihr Verhandlungsgeschick verbessert. Sie gelten außerdem als verlässlich. Diese Faktoren ermöglichen es, zukünftige Allianzen flexibler zu gestalten.

Während die Reputation einzig aus der fairen Behandlung ehemaliger Partner resultiert, setzt ein Lernprozess proaktives Verhalten voraus. Um von Erfahrungen zu profitieren, muss ein Unternehmen das aus Erfahrungen generierte Wissen zusammenführen, einordnen und übertragen. Diese Handlungen müssen zwischen sämtlichen Unternehmenseinheiten koordiniert werden. Sofern keine Führungsposition als Koordinationsmechanismus vorhanden ist, wird das vermutlich ausbleiben.

Es stellt im Management von Allianz-Netzwerken ein besonderes Problem dar, die Grenzen der einzelnen Partnerschaften zu bestimmen. Mit der Zahl der Allianzen in einem Bereich wächst die Gefahr von Interessenkonflikten. Es ist wichtig, den Umfang einer jeden Allianz klar zu umreißen und abzugrenzen, um die Wahrscheinlichkeit von Partnerkonflikten möglichst gering zu halten. Dieser Aspekt wird wiederum am Beispiel des Monsanto-Allianz-Netzwerks deutlich. Monsanto war eine Allianz mit den Saatgutfirmen Pioneer HiBred und NorthrupKing (heute Novartis) im Zusammenhang mit dem Bt-Gen (welches die Insektenresistenz transgener Nutzpflanzen erhöht) eingegangen. Ein weiterer Biotechnologie-Konzern, Mycogen, hatte ebenfalls eine Allianz mit Pioneer sowie den Chemieriesen Dow und Ciba-Geigy (heute ebenfalls Novartis) wegen des Bt-Gens geschlossen. Anschließend verklagte Monsanto Mycogen und seine strategischen Partner – einschließlich Novartis – wegen Verletzung seiner Bt-Patente. Das klingt verwirrend? Ist es auch, nicht zuletzt deshalb, weil sich im Biotechnologie-Bereich für landwirtschaftliche Zwecke eine Anzahl von Allianz-Netzwerken überschneiden. Neben Monsanto stehen auch Dow, Novartis, DuPont und Aventis (selbst ein Joint Venture zwischen Rhône-Poulenc und Hoechst) im Zentrum von Allianz-Netzwerken. Überschneidende Partnerschaften haben hier zu großer Verwirrung und einigen Rechtsstreitigkeiten geführt. Die Betrachtung von Allianz-Netzwerken aus einer »Portfolio-Perspektive« ist ebenso wichtig wie bei der Auswahl strategischer Partner möglichst viel Konfliktpotenzial zu vermeiden.

Vernetztes Wagniskapital

Ich halte es abschließend für nützlich, sich die wertmaximierenden Strategien von Wagniskapitalgebern bewusst zu machen, die in vielerlei Hinsicht als Dreh- und Angelpunkt eines interkorporativen Netzwerks angesehen werden können.

Erstens sind sich Wagniskapitalgeber des Wertes genau bewusst, den sie Portfolio-Unternehmen bringen, den Start-ups, an denen sie eine Beteiligung erwerben: Sie bieten Anleitung, fördern die Legitimität und stellen Verbindungen her zu potenziellen Investoren, Kunden und Dienstleistern. Meine Studien haben ergeben, dass eine Allianz mit dem Mittelpunkt-Unternehmen in einem Netzwerk ebenso die Legitimität der Partner steigert.

Dies trifft vor allem dann zu, wenn es sich dabei um eine relativ junge und unbekannte Firma handelt. Man unterstellt Mittelpunkt-Unternehmen gewissen Erfahrungen und Fertigkeiten bei der Partnerwahl. Entsprechende Allianzen sind also wichtige positive Kriterien für neu gegründete Unternehmen. Diese Pluspunkte lassen sich für den Erwerb zusätzlicher Ressourcen und strategischer Partner nutzen. Machen sich Mittelpunkt-Unternehmen diese Tatsache und andere positive Nebenwirkungen für ihre Partner bewusst, werden sie auch bei den Verhandlungen über Vertragsbedingungen für neue Allianzen davon profitieren.

Wagniskapitalgeber treffen ihre Entscheidungen, welche Unternehmen sie finanzieren, immer nach Maßgabe des Portfolios. Immer häufiger richten sie den Umfang ihrer Investitionen danach, inwieweit Transaktionen unter den Unternehmen ihres Portfolios möglich sind. Die renommierte Wagniskapital-Beteiligungsgesellschaft Kleiner Perkins (KP) beispielsweise finanzierte unter anderem Internetfirmen wie Netscape, Excite, AOL, Amazon.com und @Home. Unter den Internetunternehmen seiner Sammlung hat KP den Weg bereitet für viele strategische Allianzen, Personalwechsel und konzernübergreifende Mitgliedschaften in den entsprechenden Gremien. Excite ist zum Beispiel der Hauptdienstleister für die Websuche auf der Netscape-Plattform – eine Aufgabe, die fast an Infoseek übertragen worden wäre, wenn KP keinen Abschluss mit Excite vermittelt hätte.

Solche Transaktionen waren sowohl für die beteiligten Einzelunternehmen als auch für das Netzwerk wertvoll. Im Verhältnis zu anderen Partnerschaften sind netzwerkinterne Allianzen wertschöpfend, weil das Mittelpunkt-Unternehmen

Transaktionskosten bei Tauschgeschäften innerhalb des Netzwerks effektiv senken kann: Es kann die ersten Gespräche vermitteln, für die Zuverlässigkeit von Partnern bürgen und den Austausch überwachen. Außerdem kann es den Portfolio-Unternehmen zusätzliche Geschäfte verschaffen, die sie auf anderem Wege nicht erhalten hätten. Ganz allgemein also lässt sich sagen: Je mehr Vorteile ein Netzwerk für seine Mitglieder bereithält, desto leichter wird das Mittelpunkt-Unternehmen gute Partner gewinnen und günstige Vertragsbedingungen aushandeln können.

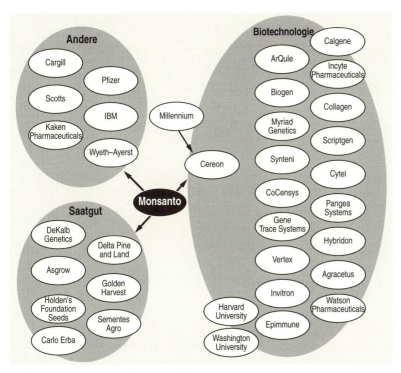

Abb. 1: Die Metamorphose von Monsanto

Monsantos Metamorphose

Unter der Leitung von John Hanley entwickelte Monsanto Mitte der siebziger Jahre großes Interesse an der Biotechnologie, einer Wissenschaft, die die Landwirtschaft revolutionieren sollte und die damals als radikaler, neuer wissenschaftlicher Durchbruch galt. Seither hat das Unternehmen mehr als 50 Allianzen im Bereich der Biotechnologie geschlossen (außerdem verschiedene Akquisitionen). Obgleich die Sorge der Öffentlichkeit über genetisch veränderte Organismen in der Nahrungskette das ökonomische Ergebnis von Monsantos kühner Strategie hätte schmälern können, entstand die radikalste Unternehmenstransformation der jüngsten Wirtschaftgeschichte. Monsant hat sich selbst neu erschaffen; aus einem Kunststoff und Chemiebetrieb wurde einer der weltweit führenden Biowissenschaftskonzerne mit großen Potenzialen in der Biotechnologie und führenden Unternehmen in den Bereichen Unkrautvernichtungsmittel, genetisch veränderte Pflanzen und Medikamente für Menschen. Zu Monsantos kollaborativer Geschichte gehören viele verschiedene Allianzen: mit Universitäten, neu gegründeten Biotech-Unternehmen, führenden Pharmakonzernen, Saatgutfirmen und Nahrungsmittelherstellern. Diese Partnerschaften deckten ein weites Geschäftsfeld ab. Vier der jüngsten Geschäftsabschlüsse werden hier beschrieben. Ein großer Teil des Monsanto Allianz-Netzwerks wird in Abbildung 1 dargestellt.

- *Millennium Pharmaceuticals:* Monsanto stellte 200 Millionen US-Dollar für die Gründung eines Joint-Venture-Unternehmens, Cereon Genomics, bereit, in dem der Genforschungskonzern Millennium genetisch veränderte Pflanzen und Agrarprodukte entwickeln sollte. Millennium trat eine Reihe von Genomtechnologien für die Entwicklung von Biowissenschaftsprodukten einschließlich Pharmazeutika an Monsanto ab. Diesem Abschluss gingen vorherige mit Incyte Pharmaceuticals, Calgene, Synteni und Ecogen voraus.
- *Cargill:* Partnerschaft zur Entwicklung gentechnisch verbesserter Nahrungsmittel und Tierfutter. Verbindet Monsantos Gentechnologie mit den Ressourcen des führenden Getreide- und Nahrungsmittelherstellers. Dadurch können weltweit kundenspezifische Lebensmittel produziert und geliefert werden.
- *Pfizer:* Vertrag zur Kooperation bei Entwicklung und Vermarktung für Celebrex, Monsantos neuartiges entzündungshemmendes Präparat (der erste Cox-2-Inhibitor, der von der US-amerikanischen Gesundheitsbehörde FDA zugelassen wurde). Unter den potenziellen Partnern hatte Pfizer die größte Absatzorganisation in den USA.
- *ArQule:* Monsanto kann die von ArQule gewonnenen Daten nutzen und auf die Kapazitäten des Unternehmens bei der strukturorientierten Arzneimittelentwicklung, modular aufgebauten Chemie, kombinatorischer Chemie und Informatik zurückzugreifen. Mithilfe dieser Daten wird die Identifikation Erfolg versprechender Moleküle für die Entwicklung neuer Nutzpflanzenschutzmittel, Unkrautvernichtungsmittel, Pestizide und Fungizide beschleunigt.

Literaturhinweise

Cohen, W. M.; Levinthal, D. A.: »Absorptive Capacity: A New Perspective on Learning and Innovation«, *Administrative Science Quaterly*, 35, 1990.

Stuart, T. E.; Robinson, D.: »Network Effects in the Governance of Strategic Alliances in Biotechnology«, *Working Paper, Graduate School of Business*, University of Chicago, 1999.

Stuart, T. E.; Hoang, H.; Hybeis, R.: »Interorganizational Endorsements and the Performance of Entrepreneurial Ventures«, *Administrative Science Quarterly*, 44, 1999.

David Faulkner

Vertrauen ist gut und Kontrolle nicht besser

Ob man in einer strategischen Allianz auf Kontrolle oder lieber auf Vertrauen setzen sollte, ist umstritten. Manche betrachten Kontrolle als notwendige Voraussetzung für einen Erfolg. Andere halten dagegen, dass Vertrauen die Notwendigkeit von Kontrollsystemen verringert, sich somit kostensenkend auswirkt und dies eher zu einem Wettbewerbsvorteil führt. Anhand von drei Fallstudien veranschaulicht David Faulkner, dass sich Kontrolle eher kontraproduktiv auswirken kann – obwohl häufig darauf gebaut wird.

Wenn es um Allianzen geht, werden Vertrauen und Kontrolle oft als Schlüsselfaktoren des Erfolgs angeführt. Arbeiten diese Kräfte dabei Hand in Hand oder gegeneinander? Einige behaupten, dass gute Kontrollsysteme die Ausgangsbasis für mehr Vertrauen sind und somit Erfolg gewährleisten. Andere meinen, dass Kontrollsysteme weniger wichtig sind, wenn Vertrauen besteht. Die Kosten für die Beaufsichtigung des Partners sind niedriger, und es ist wahrscheinlicher, dass die Allianz zu einem Wettbewerbsvorteil führt.

Für diesen Artikel sind drei Fälle internationaler Allianzen untersucht worden, die mit Vertrauen und Kontrolle unterschiedlich verfahren. Es wurde versucht, aus den verschiedenen Resultaten zu schließen, ob sich Vertrauen und Kontrolle ergänzen oder widersprechen. Die Ergebnisse legen nahe, dass Manager, die Kontrolle für die notwendige Voraussetzung einer erfolgreichen Allianz halten, einen Fehler begehen.

Was ist Vertrauen?

Es gibt drei Arten von Vertrauen in einer Unternehmens-Allianz:

- *Unbegründetes Vertrauen:* Ein Partner geht davon aus, dass der andere ihm von Nutzen sein kann, und vertraut darauf, dass alles gut werden wird.
- *Begründetes Vertrauen:* Ein Partner glaubt, dass der andere sich an seine Versprechungen halten wird, weil er in der Vergangenheit zu seinem Wort stand.
- *Vertrauen unter Freunden:* In diesem Fall beginnen sich die Partner als Menschen zu mögen, und hier erhält Vertrauen eine persönlichere Dimension. Vertrauen

unter Freunden ist nicht unbedingt eine Notwendigkeit für eine erfolgreiche Allianz. Ist sie jedoch vorhanden, wird sich die Allianz in Krisenzeiten als robuster und flexibler erweisen.

Was ist Kontrolle?

Kontrolle in einer strategischen Allianz bedeutet, dass der eine Partner das Verhalten des anderen und damit die Allianz selbst beeinflusst. Kontrolle muss dezent erfolgen, wenn die Ziele der Allianz erreicht werden sollen, ohne dass sich die Partner eingeschränkt fühlen. Ohne jede Kontrolle fühlen sich die Partner jedoch auch nicht sicher.

Drei Maßstäbe lassen sich an Kontrolle anlegen:

- Umfang,
- Gewichtung,
- Mechanismen.

Anhand dieser drei Größen lässt sich das Ausmaß der Kontrolle in einer Allianz bestimmen. Der Umfang der Kontrolle kann als vertikale Auswirkung beschrieben werden, die definiert, inwieweit die Partner Kontrolle über die Allianz ausüben. Die Gewichtung der Kontrolle ist eine horizontale Kraft und legt die Bereiche fest, in denen ein Partner Kontrolle ausübt. Mechanismen sind die Mittel, mit denen Kontrolle ausgeübt wird.

Kontrollmechanismen gehen weit über herkömmliche – und weiterhin wichtige – Mechanismen wie Anteilsrechte und Mitgliedschaft im Aufsichtsrat hinaus. Sie beinhalten auch Verrechnungspreise, Informationsmanagement, Schulung, Personalentwicklung, Standardisierung von Fähigkeiten und vieles mehr. Angesichts dieser Vielfalt von Mechanismen ist es bei umsichtiger Handhabung zweifellos möglich, Kontrolle auch dann auszuüben, wenn man nur über eine Aktienminderheit verfügt.

Die Meinungen über das Verhältnis von Kontrolle und Leistung gehen weit auseinander. Zwischen dem Wunsch eines Unternehmens, eine neue Unternehmung zu kontrollieren und der Bereitschaft, dem neuen Partner zu vertrauen, wird es immer wieder zu Spannungen kommen. Versucht ein Unternehmen, zu viel Kontrolle auszuüben, kann dies die Beziehungen zu seinen Partnern trüben und die Ergebnisse gefährden. Manager müssen versuchen, die Balance zwischen dem Bedürfnis nach Kontrolle und dem Bedürfnis nach harmonischen Geschäftsbeziehungen zu finden.

Viele Führungskräfte glauben, dass vollständige Kontrolle die Erfolgsaussichten einer Allianz steigert. Das trifft jedoch nicht zwangsläufig zu. Bei der Betrachtung von Allianzen zwischen Firmen aus Industrienationen und Entwicklungsländern zeigt sich, dass eine Allianz effizienter sein kann, wenn der ausländische Partner weniger dominant ist. Teilt man sich die Kontrolle mit dem ortsansässigen Partner, fördert dies seine Mitarbeit insgesamt. Dem ausländischen Partner fällt der Umgang mit den fremden örtlichen Gegebenheiten daraufhin leichter, was zu einer höheren Kapitalrendite führen kann.

Die Größe eines Joint Venture (gemessen am Jahresumsatz), die Höhe des Betriebskapitals und die Anzahl der ausländischen Mitarbeiter sind wichtige Variablen im Verhältnis zwischen Kontrolle und Erfolg. Wenn die Partner hohe Beträge und viel Personal an ein Joint Venture gebunden haben, neigen sie dazu, es stärker kontrollieren zu wollen. Wird ihnen diese Kontrolle verwehrt, halten sie auch die Performance für nicht zufriedenstellend. Wissenschaftler haben bislang aber noch keinen einheitlichen Zusammenhang zwischen dem Grad der von den Allianzpartnern ausgeübten Kontrolle und dem Erfolg der Allianz feststellen können. Deshalb ist es wichtig, ein Gleichgewicht herzustellen zwischen den Ressourcen, die ein Partner bereitstellt, und seiner organisatorischen Kontrolle innerhalb der Allianz.

Fallstudien

In den Fallstudien werden drei verschiedene Arten von Allianzen beschrieben. Die erste ist ein Joint Venture, die zweite ist eine begrenzte, institutionalisierte Zusammenarbeit, die dritte ist ein Konsortium. Alle drei Formen sind beim Aufbau von Vertrauen auf gleiche Weise gefordert. Kontrolle hingegen wird in den drei Formen der Allianz auf verschiedene Weise und in unterschiedlichem Umfang ausgeübt. Da der Aufbau eines Joint Venture besonders viele entsprechende Mechanismen vorsieht, dürfte die Kontrolle hier am stärksten ausfallen. Bei kollaborativen Projekten ohne ein Joint-Venture-Unternehmen muss die Kontrolle subtiler erfolgen. Bei einem Konsortium mit seiner Vielzahl von Partnern kann es zu einer Menge Schwierigkeiten bei der Kontrolle kommen.

Das Joint Venture DowtySema

Unterstützt vom britischen Verteidigungsministerium, wurde 1982 das Joint Venture Dowty-Sema von der Dowty-Gruppe (die 1992 von der TI-Gruppe übernommen wurde) und Sema gegründet. Ziel war es, auf dem hochspezialisierten Markt für Schiffskontroll- und Leitsysteme eine Alternative zum Anbieter Ferranti zu schaffen.

Das Joint Venture gehörte den Firmen Dowty und Sema jeweils zur Hälfte, bis es 1992 Teil von BAeSema wurde. Es erhielt zahlreiche Aufträge vom Verteidigungsministerium und war – gemessen am steigenden Umsatz – ein Erfolg. Innerhalb von zehn Jahren wuchs die Belegschaft auf 110 Personen an, und der Jahresumsatz stieg auf 50 Millionen Pfund. Als Unternehmen jedoch litt Dowty-Sema darunter, dass es Aufträge nicht selbstständig abwickeln konnte. 90 Prozent des jeweiligen Vertragswerts gingen als Unteraufträge an die Mutterfirmen Dowty und Sema zurück; nur zehn Prozent verblieben beim Joint Venture, das somit überwiegend für Marketing- und Verkaufszwecke diente.

Vertrauen hat sich unter den Partnern von Dowty-Sema niemals wirklich entwickelt. Auf der Vorstandsebene waren die persönlichen Beziehungen gut. Doch die

Angestellten kamen aus Unternehmen mit sehr unterschiedlicher Kultur und fassten kaum Vertrauen zueinander, nicht einmal auf »begründeter« Ebene. Bestenfalls entwickelte man eine Art widerwilligen Respekt und ein Mindestmaß an unbegründetem Vertrauen.

Die Kontrolle verblieb in den Muttergesellschaften, was Dowty-Sema – zumindest zu Beginn – eher den Charakter einer Mantelgesellschaft gab. Der Vorstand setzte sich den gehaltenen Anteilen entsprechend zu je 50 Prozent aus Mitarbeitern beider Firmen zusammen. Zunächst bildete man eine gemeinsame Führungsspitze. Als dies jedoch zu Schwierigkeiten bei Entscheidungsprozessen führte, wurde schließlich nur ein Geschäftsführer eingesetzt – ein Sema-Mitarbeiter. Der Kompetenzbereich dieses Geschäftsführers war allerdings begrenzt, denn die eingehenden Aufträge teilten die Partner sich einfach zu gleichen Teilen. Das Joint Venture übernahm nur Geschäfte, die sich nicht eindeutig den Bereichen Hardware (Dowty) und Software (Sema) zuordnen ließen.

Den Aktionären lag viel an einer Kontrolle; das führte zu endlosen Sitzungen zwischen Dowty, Sema und der Dowty-Sema-Geschäftsleitung, bevor andere als Routineentscheidungen überhaupt gefällt werden konnten. Potenziell gewinnträchtige Aufträge wurden dadurch entweder zu spät abgeschlossen oder gar unrentabel. Die Mutterfirmen verlangten außerdem in diesem Zusammenhang, dass die Mitarbeiter des Joint Venture auf der Gehaltsliste einer der Allianzfirmen stehen müssten. Auf diese Weise konnte das Joint Venture kaum eine eigene Identität entwickeln. Obwohl Guy Warner als Geschäftsführer dem Vorstand von Dowty-Sema gegenüber verantwortlich war, wurde die Bewertung seiner Leistungen von Sema vorgenommen.

Projekte wurden unter spürbarer Anspannung realisiert; Informationsaustausch fand nur eingeschränkt statt. Die Kontrolle durch die Partner war so stark, dass praktisch sämtliche Initiativen außerhalb des Verkaufs im Keim erstickt wurden. Besonders stark wurden der Abschluss und die Abwicklung von Verträgen kontrolliert. Auf funktionaler Ebene konzentrierte sich Sema auf die Einrichtung und Kontrolle von Finanzsystemen, während Dowty die Verwaltung und Überwachung der Aufträge übernahm.

Die starke Kontrolle durch die Mutterfirmen korrelierte hier mit einem geringen Maß an Vertrauen auf sämtlichen Ebenen des Unternehmens unterhalb der Führungsspitze. Ergebnis: ein umsatzstarkes, aber gewinnschwaches Unternehmen.

Die Zusammenarbeit zwischen Royal Bank und Banco Santander

Die Allianz zwischen der Royal Bank of Scotland und der spanischen Banco Santander wurde 1988 ins Leben gerufen. Es ist eine Teilunion zweier mittelgroßer nationaler Banken, die angesichts des bevorstehenden Europäisierungs-Prozesses der Banken erfolgte. Beide Banken halten jeweils einen Minderheitenanteil der Aktien des Partners.

Die Allianz ist vielfältig: Sie umfasst Joint Ventures in Deutschland und Gibraltar und fungiert gleichzeitig in mehreren europäischen Ländern unter dem Namen Ibos als Konsortium für den Geldtransfer. Niemand hatte diesem Konsortium bei der Entstehung der Allianz größere Bedeutung beigemessen; es hat sich jedoch als das erfolgreichste Projekt des Unternehmens erwiesen. Dies zeigt deutlich, dass man einer freien dynamischen Entwicklung einer Allianz keine Grenzen setzen sollte. Die Royal Bank of Scotland sowie die Banco Santander haben beide erkannt, dass sie durch den Ausbau von Ibos ihre Ziele für Europa am besten erreichen können, ohne dabei die Kosten und Risiken tragen zu müssen, die mit Akquisitionen verbunden sind.

In den zwölf Jahren seit Bestehen dieser Allianz hat sich die Beziehung der beiden Partner gut entwickelt. Die Zusammenarbeit in den zu Beginn der Allianz festgelegten Bereichen hat sich als wirkungsvoll erwiesen, und die Partner führen Austauschprogramme für Mitarbeiter durch.

Vertrauen ist auf allen zu Beginn dieses Artikels bezeichneten Ebenen entstanden. Um das Unternehmen überhaupt in Gang zu setzen, bedurfte es zunächst unbegründeten Vertrauens. Begründetes Vertrauen hingegen entstand durch die Zusammenarbeit, durch Personalaustausch und die Bereitschaft der Banken, mehr als einen Nominalanteil an den Aktien des jeweils anderen zu erwerben. Schließlich entwickelte sich Vertrauen auf Freundschaftsbasis. Als Ausdruck dieses Vertrauens mag gelten, dass beide Banken sich durch die jeweils andere gegenüber Dritten vertreten lassen. Das seinerzeit von den Banken unterzeichnete Allianz-Abkommen ist dabei als ausgesprochen wichtiger Kontrollmechanismus anzusehen. Der Umfang der Allianz wurde dadurch jedoch nicht eingeschränkt, wie das Beispiel Ibos zeigt. Man richtete ein Komitee für die Überwachung der Geschäftsbeziehung ein und ernannte »Allianz-Beobachter« im Rang stellvertretender Direktoren.

Beide Banken haben Vertreter im Vorstand des anderen Partners. Es sind eigens Maßstäbe für die Bewertung des Fortschritts, den die Allianz macht, entwickelt worden. Außerdem fassen Wirtschaftsprüfer einmal im Jahr alle Kosten zusammen und vergleichen die jeweiligen Investitionen der beiden Partner miteinander. Kontrolle erfolgt auf mehreren Ebenen. Strategische Kontrolle findet üblicherweise auf höchster Geschäftsebene durch den Aufsichtsrat und die Vorstandsmitglieder statt. Die (inner)betriebliche Kontrolle ist Aufgabe der stellvertretenden Direktoren als »Allianz-Beobachter«. Die Kontrolle reicht relativ weit, berührt die übrigen Geschäfte der Partner jedoch nicht. Das Vertrauen ist groß, die direkte Kontrolle gering, und beide Partner empfinden die Allianz als vollen Erfolg.

Das japanische Konsortium IDC von Cable & Wireless

Das Unternehmen Cable & Wireless (C & W) beabsichtigt, sich auf dem Telekommunikationsmarkt als Global Player zu etablieren. Angesichts der Größe und Finanzkraft des Unternehmens ist das jedoch nur durch strategische Allianzen möglich.

Der japanische Markt ist ausschlaggebend für die Strategie von C & W. 1986 bemühte sich das Unternehmen um eine Lizenz, mit der man zum zweitgrößten internationalen Netzbetreiber in Japan aufsteigen wollte. Als vertrauensbildende Maßnahme gegenüber den Behörden beschloss C & W die Bildung eines Konsortiums mit japanischen Großunternehmen. So entstand der International Digital Corporation, an dem C & W, Toyota und C. Itoh mit jeweils 17 Prozent beteiligt sind. Der Rest verteilt sich auf 20 weitere Aktionäre – darunter verschiedene Banken und Konzerne. Nach langem Ringen mit der japanischen Regierung erhielt das Konsortium 1987 schließlich die Zulassung.

Mit einem Marktanteil von 16 Prozent an der internationalen Telekommunikation war die Allianz zweifellos erfolgreich. Japan hatte früher die höchsten Preise für die internationale Telekommunikation in Asien, heute gehören sie mit zu den niedrigsten; der einst relativ unbedeutende Standort Japan ist heute in Bezug auf Netzwerke einer der führenden der Region. IDC hat erheblich zu dieser Entwicklung beigetragen.

Das Vertrauen zwischen den IDC-Partnern ist groß, denn das Konsortium ist das Ergebnis eines gemeinsamen Kampfes. Vertrauen ist durch Taten entstanden, nicht durch Worte. Die Ebenen des begründeten und unbegründeten Vertrauens wurden erfolgreich durchschritten, und es hat sich Vertrauen auf Freundschaftsbasis entwickelt. Kontrolle wird ausgeübt durch traditionell bewährte japanische Mechanismen wie »Nemawashi«, die intensive Suche nach einem breiten Firmenkonsens. Der Einzelne hat folglich in seiner jeweiligen Funktion nur wenig Einfluss. Es gibt kein umfangreiches Vertragswerk, sondern nur einen einfachen Vertrag für die Anteilseigner.

Die Mitgliedschaft im Vorstand ist gemäß der Anteile verteilt. C & W stellt den Hauptgeschäftsführer, C. Itoh den Präsidenten und Toyota den Vorstandsvorsitzenden. Dass nur ein japanischer Staatsbürger für das Konsortium zeichnen darf, scheint C & W nicht weiter zu stören. Durch regelmäßige Meetings versucht man sich vor bösen Überraschungen zu schützen. Im Bereich des Informationsflusses gibt es keine Einschränkungen. C & W hat Einfluss durch seine Sachkenntnis im Bereich der Telekommunikation, die Banken durch die Bereitstellung des Kapitals und die übrigen Anteilseigner dadurch, dass sie die Hauptklientel stellen.

Da IDC ein Konsortium aus rund 20 Partnern ist, ist Kontrolle durch einen einzelnen Partner logischerweise nur in begrenztem Umfang möglich. Natürlich üben die drei Partner C. Itoh, Toyota und C & W mit ihren gemeinsamen 51 Prozent die meiste Kontrolle aus. In einem japanisch geprägten Umfeld lassen sich Ausmaß und Umfang von Kontrolle letztlich nur schwer festmachen, da Entscheidungen auf Führungsebene einen Konsens voraussetzen.

Die Kontrolle im Konsortium scheint dabei relativ zentralisiert abzulaufen, wobei C & W selbst nur wenig Kontrolle ausüben kann und folglich auf seinen Einfluss bauen muss. Die Gewichtung der Kontrolle liegt hier stark auf den Bereichen Technologie und Geschäftsbeziehungen. Wie in Japan üblich, spielt sich das meiste davon im Verborgenen ab.

In dieser Unternehmung herrscht also ein hohes Maß an Vertrauen und ein geringes Maß an Kontrolle. Es ist ein recht erfolgreiches Unternehmen, immerhin hat IDC einen hohen Marktanteil erreicht. Angesichts wachsender Konkurrenz fällt es dem Unternehmen allerdings schwer, hohe Gewinne zu erzielen.

Mehr Erfolg

In den drei genannten Fällen scheint ein hohes Maß an Vertrauen entscheidend für die Effizienz des Unternehmens zu sein. Sowohl die sehr erfolgreiche als auch die relativ erfolgreiche Allianz weisen ein hohes Maß an Vertrauen zwischen den Partnern auf (Abbildung 1). Fehlt wie im Fall Dowty-Sema dieses Vertrauen, wirkt sich dies eindeutig negativ auf die Performance aus.

Für alle drei Beispiele gilt: Je weniger Kontrolle, desto mehr Erfolg. Man darf jedoch nicht vergessen, dass in Fallstudien dieser Art die Veränderungen im Zeitablauf nicht leicht zu berücksichtigen sind. Verschiedene Kontrollmechanismen entwickeln sich erst mit der Zeit; das Gleiche gilt für Art und Umfang des Vertrauens. Auch die Performance ist keine konstante Größe. Es wäre also schlicht vermessen, aus dieser Studie schnelle und unumstößliche Schlüsse zu ziehen. Zumindest aber ist es zweifelhaft, dass eine Allianz am besten funktioniert, wenn die Aktivitäten des Partners lückenlos kontrolliert werden. Die Bedeutung von Vertrauen für den Erfolg einer Allianz ist klar bestätigt worden.

	Art	Vertrauen	Kontrolle	Erfolg
Dowty-Sema	Joint venture	Gering	Groß	Begrenzt
Royal Bank/ Santander	Zusammenarbeit	Groß	Gering	sehr erfolgreich
C&W	Konsortium	Groß	Gering	relativ erfolgreich

Abb. 1: Wechselwirkung von Vertrauen, Kontrolle und Erfolg

14
Strategie und Wissen

Wissensmanagement erfährt seit fünf Jahren einen rasanten Aufschwung. Zunehmend wird klar: Das Erfassen und der gezielte Einsatz von Wissen ist unverzichtbar für eine tragfähige Strategie. Diese Aufsätze ergründen die Beschaffenheit von Wissen, den Unterschied zwischen passivem und aktivem Wissen und die Schwierigkeit, Wissen zu managen. Zu viele Unternehmen blicken ausschließlich zurück, indem sie interne Prozesse mit Daten messen und kontrollieren. Stattdessen sollten sie sich der Gestaltung der Zukunft zu widmen und Markttrends beeinflussen. Die Zukunft des Wirtschaftslebens wird von einer Unmenge sich überlagernder und gegenläufiger Informationsströme geprägt sein. Wissensmanagement ist also keine vorübergehende Managementmode!

Herausforderungen beim Wissensmanagement 471
    (Laura Empson)

Neustrukturierung: vier Wege zum Wandel 481
    (Laurence Capron, Will Mitchell und Joanne Oxley)

Warum Strategie auf Informationen gründen sollte 490
    (Anthony Hopwood)

Laura Empson

Herausforderungen beim Wissensmanagement

Ein Großteil dessen, was heute von Beratern als Wissensmanagement auf den Markt gebracht wird, ist nichts weiter als das vertraute Informationsmanagement unter neuem Namen. Bevor also jemand für die Installation eines Wissensmanagement-Systems bezahlt wird, ist die Frage berechtigt, ob Wissen überhaupt gemanagt werden kann. Was ist der Unterschied zwischen implizitem und explizitem Wissen? Welches sind die Schwierigkeiten beim Sammeln und bei der Verbreitung von Wissen in Organisationen? Welche unkomplizierten Varianten für den Wissenstransfer gibt es? Unternehmen, die wissensbasiert arbeiten wollen, sollten bei ersten Schwierigkeiten nicht gleich aufgeben! Wissensmanagement ist mehr als eine vergängliche Modeerscheinung.

Die Buchläden von Flughäfen bersten beinahe vor Management-Titeln, die jeweils für sich reklamieren, den »definitiven« Leitfaden für Wissensmanagement zu bieten. In den vergangenen fünf Jahren haben Unternehmensberater einen regelrechten Industriezweig dafür aus dem Boden gestampft, in den viele Milliarden US-Dollar fließen. Nach Erhebungen von Richard Husemann und Jon Goodman gaben bei einer kürzlich durchgeführten Befragung 78 Prozent der führenden amerikanischen Unternehmen an, »Bemühungen in Richtung Wissensmanagement« zu betreiben. Ganz offensichtlich nimmt das Thema mehr und mehr Menschen gefangen. Warum ist das so, und was wissen wir tatsächlich über das Thema?

Parallele Entwicklungen

Auf der praktischen Ebene lässt sich die gegenwärtige Bedeutung von Wissensmanagement auf zwei unterschiedliche und dennoch miteinander verbundene Entwicklungen zurückführen. Während des vergangenen Jahrzehnts ist es mit den kapital- und arbeitsintensiven Industriezweigen kontinuierlich bergab gegangen.
 Gleichzeitig hat die Bedeutung von technologie- und informationsintensiven Branchen zugenommen. Zur selben Zeit haben rasche Fortschritte in der Informationstechnologie andere Unternehmen – auch in äußerst traditionellen Branchen – befähigt, hoch entwickelte Systeme für das Aufspüren neuer Informationsquellen zu entwickeln und die so gewonnenen Informationen schneller zu verbreiten und

effektiver zu verwerten. In der Forschung haben zwei parallele Entwicklungen bewirkt, dass die Literatur zum Strategiemanagement dem Wissen immer größere Bedeutung beigemessen hat. Die erste Ursache liegt in der Popularität der ressourcenbasierten Betrachtung von Unternehmen, welche Wissen eindeutig als primäre potenzielle Quelle für nachhaltige Wettbewerbsvorteile identifiziert. Die zweite Ursache ist das Vordringen postmoderner Perspektiven, die grundlegende Annahmen zum Wesen und der Bedeutung von Wissen innerhalb von Unternehmen, Branchen und der gesamten Gesellschaft infrage gestellt haben. Traditionelle Strategiemodelle, wie etwa das Five-Forces-Modell des Management-Autors Michael Porter, konzentrieren sich auf das Wettbewerbsumfeld eines Unternehmens und machen sich nicht die Mühe, auch das Innere von Unternehmen zu betrachten. Im Kontrast dazu stellt die ressourcenbasierte Perspektive die Notwendigkeit heraus, das externe Marktumfeld eines Unternehmens mit seinen internen Kompetenzen in Übereinstimmung zu bringen. Wettbewerbsvorteile ergeben sich demnach aus der Fähigkeit, die erforderlichen Mittel entsprechend zusammenzustellen und nutzbar zu machen.

Wettbewerbsvorteile

Nachhaltige Wettbewerbsvorteile sind das Ergebnis einer ständigen Weiterentwicklung vorhandener sowie der Schaffung neuer Ressourcen in Reaktion auf die veränderlichen Marktbedingungen. Autoren wie Robert Grant vertreten die Auffassung, dass Wissen dabei das wichtigste wertschöpfende Mittel darstellt.

Die vorrangige Aufgabe eines Unternehmens ist es, Bedingungen zu schaffen, unter denen zahlreiche Individuen Expertenwissen zusammenführen können, um Güter und Dienstleistungen zu erzeugen. Die Ressourcenorientierung geht also davon aus, dass Wissen wie jedes andere Wirtschaftsgut aufbewahrt, gemessen und in einer Organisation in Umlauf gebracht werden kann. Diese Annahme wird in der postmodernen Betrachtungsweise von Organisationen infrage gestellt.

Autoren wie Frank Blackler meinen, dass Wissen auf eine absolute oder objektive Weise weder existiert noch existieren kann. Was wir als gültiges Wissen erkennen und die Art und Weise, wie wir es interpretieren und anwenden, wird von unserem sozialen und organisatorischen Umfeld bestimmt. Ein Beispiel für dieses Phänomen ist das Not-invented-here-Syndrom, also der Widerstand gegen Erfindungen, die von außerhalb kommen. Eine aus der Sicht eines externen Beobachters absolut richtige Innovation wird von den Mitgliedern einer Organisation möglicherweise deshalb verworfen, weil sie ihrem intellektuellen Muster von gültigem oder nützlichem Wissen nicht entspricht.

Wenn Wissen – als Resultat menschlicher Interaktion – ein soziales Konstrukt ist, folgt daraus, dass es nicht formell verwaltet werden kann. Wie Kultur kommt auch Wissen innerhalb von Organisationen nur in stark abstrahierter Form vor. Es wird möglicherweise repräsentiert durch bestimmte Gegenstände und beeinflusst durch Handlungen des Managements.

Sein zugrunde liegendes Wesen verändert sich hingegen im Verlauf der Zeit nur allmählich, durch einen Interaktionsprozess zwischen vielen und verschiedenen Individuen, die einer Organisation angehören.

Mit den eher abgehobenen Aspekten in der Auseinandersetzung zwischen diesen entgegengesetzten theoretischen Konzepten müssen Manager sich nun wahrlich nicht befassen. Schließlich liegt Ihnen an Resultaten, nicht an philosophischen Erörterungen.

Bevor Manager jedoch einem Unternehmensberater für die Installierung eines Wissensmanagement-Systems ein beträchtliches Honorar überweisen, sollten sie zumindest verstehen, was genau sie da erwerben. Vielleicht ist auch die Frage angebracht, ob Wissen überhaupt gemanagt werden kann.

Was ist Wissen?

Wissen ist ein flexibler, oft schwer zu präzisierender Begriff. Möglicherweise haben Managementforscher und Unternehmensberater den Gipfel der Eitelkeit damit erreicht, dass sie mit einem angeeigneten Begriff jonglieren, über den sich die Philosophen seit Jahrtausenden den Kopf zerbrechen.

Auf das strategische Management bezogen, fällt es vielleicht am leichtesten, Wissen durch das abzugrenzen, was es nicht ist: Informationen und Daten sind kein Wissen. Bei Daten handelt es sich um urteils- und kontextfrei dargestellte objektive Tatsachen. Zu Informationen werden sie, wenn sie kategorisiert, analysiert, zusammengefasst und in einen Kontext gestellt werden.

> Wissen = Information + Urteil

Bei Informationen handelt es sich also um relevante Daten, mit denen ein Ziel verfolgt wird. Werden Informationen genutzt, um Vergleiche anzustellen, Folgen zu bewerten, Verbindungen herzustellen und um einen Dialog zu führen, verwandeln sie sich in Wissen. Wissen lässt sich somit als Information beschreiben, der Erfahrungen, Urteile, Intuitionen und Wertvorstellungen zugeordnet worden sind.

Hält man sich an diese Definition, dann sind die meisten rechnergestützten Systeme für Wissensmanagement nichts weiter als anspruchsvolle und effiziente Mechanismen für die Ablage und Weitergabe von Informationen. Systeme, die den Gelben Seiten ähneln und den Inhaber bestimmter Wissensbestände innerhalb eines Unternehmens identifizieren, bieten lediglich Informationen darüber, wo das Wissen angesiedelt ist. Sie selbst sind keine Wissensquellen. Denn letztlich ist das meiste Wissen bei den Menschen zu finden.

Unsere Wissensbasis ähnelt dabei ein bisschen einem Eisberg. Das meiste von dem, was wir wissen, ist unter der Oberfläche versteckt. Wir alle verfügen über einen begrenzten Bestand an expliziten Kenntnissen, den wir leicht in Worte fassen und anderen mitteilen können. In diese Kategorie fallen Bücher, die wir gelesen haben, von uns selbst verfasste Berichte oder Ratschläge an Kollegen und Freunde. Der weitaus größte Teil unseres Wissens ist jedoch nicht explizit, sondern implizit.

Implizites Wissen in seiner reinen Form lässt sich nicht artikulieren. Kein erfolgreicher Gärtner kann einem Anfänger genau erklären, warum die Pflanzen gerade bei ihm immer gedeihen. Ein erfolgreicher Vertreter kann einem unerfahrenen Kollegen nicht sagen, wie er nun genau zu einem Abschluss kommt.

Dieses Wissen lässt sich nur aufgrund von Beobachtung und praktischer Erfahrung vermitteln. Darauf baut auch das traditionelle System der Lehrlingsausbildung auf. Professionelle Dienstleistungsunternehmen nutzen dieses Modell der Lehrlingsausbildung auch jetzt noch für die Weitergabe impliziten Wissens von Partnern an Mitarbeiter. Zwischen implizitem und explizitem Wissen verläuft jedoch keine absolute Grenze. Ein Großteil unseres Wissens bleibt nur deshalb implizit, weil wir zu keiner Zeit versuchen, es explizit zu fassen. Gerade dieses nicht in Worte gefasste, jedoch sprachlich artikulierbare Wissen verkörpert die größte Chance für Wissensmanagement innerhalb von Organisationen. Dessen vorrangiges Ziel ist es, das bei Einzelnen zu findende Wissen zu bestimmen und für das gesamte Unternehmen nutzbar zu machen. Dieser dem Anschein nach so einfache Vorgang ist erfahrungsgemäß in der Realität mit Schwierigkeiten verbunden.

Mitteilungsbedürfnisse

Eine der Ursachen für Mitteilungsbedürfnisse ist, dass ein Individuum aus seinem Wissen Macht herleiten kann. Teilen Sie wertvolles Wissen mit einem Kollegen, laufen Sie Gefahr, dass ihr eigener Wert im Unternehmen sinkt und Sie nicht länger als unentbehrlich gelten. Warum also sollten Sie es tun? Tom Davenport und Larry Prusak erkennen drei Bedingungen, unter denen ein Mitarbeiter den Bitten seiner Kollegen nachkommen wird.

- An erster Stelle steht die *Gegenseitigkeit*. Jeder verfügt nur über ein endliches Zeitbudget und begrenzte Energie. Sie werden nur dann Zeit aufwenden, um einem Kollegen zu helfen, wenn Sie sich sicher sind, dass Sie früher oder später von ihm ebenfalls wertvolles Wissen erhalten werden.
- An zweiter Stelle steht Ihr *Ruf*. Es ist in Ihrem eigenen Interesse, im Unternehmen als Experte zu gelten. Ohne eine Reputation als Experte sind Kenntnisse keine Machtquelle. In diesem Zusammenhang müssen Sie sicher sein, dass Ihr Kollege die Quelle seines Wissens nicht verheimlicht und sich nicht mit fremden Federn schmückt.
- Die dritte Voraussetzung beschreiben Davenport und Prusak als *Altruismus*, als Menschenfreundlichkeit, obgleich die Motive wohl der eigenen Genugtuung näher stehen. Manche Dinge fesseln uns, wir finden sie wichtig und möchten uns einfach mit anderen darüber austauschen.

Durch ihre Untersuchungen sind Davonport und Prusak zu der Auffassung gelangt, dass es in einem Unternehmen praktisch einen eigenen Markt für Wissen gibt. Das Wissen wechselt den Besitzer – Gegenseitigkeit, Reputation oder Menschenfreundlichkeit fungieren als Zahlungsmittel.

Und Vertrauen ist eine wesentliche Voraussetzung für das reibungslose Funktionieren dieses Wissensmarkts. Es besteht in persönlichen Beziehungen, entsteht durch enge Zusammenarbeit zwischen Kollegen oder – auf Unternehmensebene – durch die Schaffung eines kulturellen Umfelds, das das Teilen von Wissen unterstützt und belohnt und das Horten von Wissen hemmt und bestraft.

Hürden des Verstehens

Im Grunde genommen ist das Konzept eines internen Wissensmarktes ein den Wirtschaftswissenschaften entlehntes Organisationsmodell. Es kann als solches einige wertvolle Einsichten gewähren, die komplexe Realität allerdings nicht vollständig erklären. Wenn wir zustimmen, dass ein Großteil unseres Wissen in absoluter und objektiver Hinsicht nicht existiert, müssen wir lernen, auf welche Weise Individuen Wissen begreifen und bewerten. Wenn Menschen ihr Wissen nämlich auf grundlegend verschiedene Weise aufbauen, werden sie es schwerlich miteinander teilen können.

Am leichtesten fällt es, mehr über Dinge zu lernen, die wir bereits kennen. Von einem Experten zu profitieren, fällt sehr schwer, wenn man über keinerlei themenbezogene Grundkenntnisse verfügt. Der Experte muss sich dann Zeit nehmen, um den Kontext zu erläutern und die Fachsprache zu übersetzen. Typisch für derartige Kommunikationshindernisse in Unternehmen sind zum Beispiel diejenigen zwischen den Abteilungen Technik und Marketing. Solche Schwierigkeiten lassen sich auf unterschiedliche Inhalte der Wissensbasis zurückführen.

Auch Unterschiede in der vorherrschenden Ausprägung der Wissensbasis führen möglicherweise zu Problemen, wie eine von mir vorgelegte aktuelle Studie nachweist. Darin wurde eine Reihe von Fusionen professioneller Dienstleister untersucht, deren erklärtes Ziel der Transfer von Wissen war.

Es stellte sich heraus, dass insbesondere Berater nur widerstrebend ihr Wissen mit den Kollegen des Partnerunternehmens teilten, wenn ihre Wissensbasis grundlegende, entscheidende Unterschiede aufwies.

Berater, deren Arbeit auf klaren, stark kodifizierten Verfahren beruhte, erachteten das implizite Wissen der neuen Kollegen als geringfügig und kaum greifbar. Berater aus Unternehmen, in denen Wissen im Wesentlichen implizit vorlag, betrachteten hingegen das kodifizierte Wissen der neuen Kollegen als übermäßig vereinfachend und nicht folgerichtig. Vor diesem Hintergrund gaben sie sich zögerlich beim fachlichen Austausch mit den neuen Kollegen, weil sie erwarteten, im Gegenzug lediglich Wissen von geringerem Wert zu erhalten. Daher betont meine Untersuchung besonders die Notwendigkeit, den Kontext nachzuvollziehen, in dem Individuen den

Anspruch ihres Gegenübers auf Wissen bewerten und legitimieren. Sie beschreibt außerdem deren mögliche Auswirkungen auf das Funktionieren des Wissensmarktes innerhalb einer Organisation.

Weitere Bedingungen

Ein Unternehmen hat viele Möglichkeiten, den Transfer von Wissen zu fördern. Rechnergestützte Systeme für Informationsmanagement liefern die entsprechende Infrastruktur, können jedoch erst dann effektiv eingesetzt werden, wenn verschiedene weitere Bedingungen erfüllt sind.

Die Bedeutung von Vertrauen in diesem Zusammenhang wurde bereits erkannt. Sollen wirklich stabile interpersonelle Beziehungen aufgebaut werden, können persönliche Kontakte nicht durch computergestützte Interaktion ersetzt werden. Zeit spielt ebenfalls eine Rolle. Der rasche Austausch von Informationen mag unter gewissen Umständen effizient sein; insbesondere implizites Wissen aber kann nicht auf die Schnelle erkannt, artikuliert und verbreitet werden. Die Entwicklung einer gemeinsamen Sprache für das Reden über Wissen kann sich ebenfalls als hilfreich erweisen – gesteuert zum Beispiel durch Teamtraining oder Mitarbeiter-Rotation. Oder aber man nutzt eher informelle Möglichkeiten, indem man Mitarbeiter ermuntert, über das, was sie wissen und was sie wissen müssen, nachzudenken und zu sprechen. Vieles davon legt letztlich der gesunde Menschenverstand nahe.

Das Vorteilhafte am Wissensmanagement, meinen Davenport und Prusak, sei die Möglichkeit, selbst ein absolut perfektes adäquates System für das Management von Wissen zu entwerfen – indem man sich hinsetzt und in Ruhe darüber nachdenkt. Der schwierige Teil der Arbeit beginnt, wenn es praktisch funktionieren soll. Denn um nachhaltig Wettbewerbsvorteile zu erzielen, muss sich das Wissen einer Organisation kontinuierlich den veränderlichen Marktbedingungen anpassen. Organisationen selbst können jedoch kein Wissen erzeugen. Menschen – nicht Unternehmen – bringen Wissen hervor.

Im Anfangsstadium der Entwicklung einer neuen Idee ist eine Person möglicherweise nicht in der Lage, sich dafür genügend Gehör zu verschaffen. Arbeitet diese Person isoliert, wird sie der Idee eventuell eine klare Gestalt verleihen. Ein Erfinder, der einsam in seinem Gartenschuppen vor sich hin tüftelt, wird beispielsweise nach einiger Zeit eine patentwürdige Neuerung präsentieren. In einer Organisation können Individuen bei der Entwicklung von neuen Ideen Einsichten und Fachwissen ihrer Kollegen mit einbeziehen. In diesem Zusammenhang kann die Erzeugung von Wissen als ein Prozess verstanden werden, in dessen Verlauf implizites und individuelles Wissen in explizites und gemeinschaftliches Wissen umgewandelt wird. Mit ihrem Buch *The Knowledge Creating Company* markieren Ikujiro Nonaka und Hirotaka Takeuchi hier einen Wendepunkt; sie beschreiben vier zusammenhängende Prozesse, die den Fluss des Wissens in sämtlichen Teilen einer Organisation und dessen unterschiedliche Ausgestaltung steuern (vergleiche Schaubild).

Herausforderungen beim Wissensmanagement

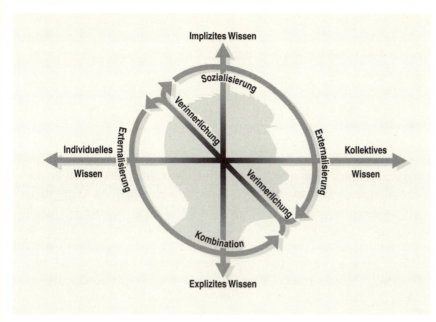

Abb. 1: Vier Wege der Wissensaneignung

Sozialisierung ist ein Kommunikationsprozess, in dem das implizite Wissen Einzelner in einen breiteren Kontext innerhalb der Organisation gestellt wird. Einzelne teilen Erfahrungen, demonstrieren Fähigkeiten und modellieren Verhalten auf eine Weise, die beobachtet und nachgeahmt werden kann. Die Lehrlingsausbildung stellt eine formalisierte Sozialisierung dar; doch der Sozialisierungsprozess beim Transfer impliziten Wissens läuft möglicherweise sogar auf unbewusster Ebene ab.

Im Prozess der Externalisierung wird implizites Wissen in klare Begriffe umgewandelt. Das kann zum Beispiel mittels Modellen oder Metaphern erfolgen, die ein subtiles komplexes Konzept in stark vereinfachter Form darstellen. Das Schaubild selbst ist ein Beispiel für externalisiertes Wissen. Externalisierung erfolgt auf individueller oder kollektiver Ebene, abhängig von der Zahl der am Prozess beteiligten Faktoren.

Nur explizites Wissen erzeugt Neues

Hat der Einzelne erst sein implizites Wissen externalisiert, lässt es sich besser mit dem Wissen anderer kombinieren. Kombination bezeichnet in diesem Zusammenhang den Prozess der Analyse, Kategorisierung und Integration des expliziten Wissens einer Gruppe von Personen, um wiederum neues explizites Wissen zu erzeugen, das innerhalb einer Organisation mit größerer Reichweite verbreitet werden kann.

Diese drei Prozesse veranschaulichen, wie das implizite Wissen Einzelner umgewandelt und im Unternehmen verbreitet wird; es erklärt allerdings nicht vollständig, auf welche Weise neues Wissen entsteht. Die entscheidende Verknüpfung in diesem Prozess stellt die Internalisierung her; Menschen nehmen explizites Wissen auf, und diese stabile Grundlage wiederum bildet die Entwicklungsbasis für neue Formen impliziten Wissen.

Fünf Voraussetzungen

Auf individueller Ebene ähnelt die Internalisierung der Auffassung von unbewussten Kompetenzen im Zusammenhang mit dem Erwerb von Fähigkeiten. Beim Erlernen eines Musikinstrumentes oder einer Sportart müssen wir zu Beginn die streng methodische Ausbildung verinnerlichen und uns durch Übung ein gewisses Können selbst aneignen. Erst danach verfügen wir über das Selbstvertrauen und die Fähigkeiten, um im Lernprozess die nächste Stufe zu erreichen. Wenn wir Nonaka und Takeuchi in ihrer Abstufung bei der Erzeugung von Wissen zustimmen, auf welche Weise dann lässt sich dieser Vorgang unterstützen? Die Autoren selbst beschreiben fünf entscheidende Voraussetzungen.

- *Intention*: Die Unternehmensführung muss verpflichtet sein, das Wissen der Organisation zu sammeln, zu nutzen und zu erneuern. Sie muss fähig sein, Managementsysteme zu erzeugen, die diesen Prozess fördern.
- *Autonomie*: Da neue Ideen immer auf individueller und nicht auf Organisationsebene entstehen, müssen diese Menschen maximalen Spielraum erhalten, um ihre eigenen Initiativen zu verfolgen und unvermuteten Möglichkeiten nachzuspüren.
- *Kreatives Chaos:* Diese Erkundungsphase kann weiter vorangetrieben werden durch die dritte Voraussetzung, das so genannte kreative Chaos. Wandel und Krise bewirken hier eine erneute, grundsätzliche Überprüfung bestehender Regeln.
- *Redundanz:* Wissen sollte nicht rationiert (oder gehortet) werden. Stattdessen sollten Möglichkeiten des Wissensaustauschs selbst für Außenstehende tatkräftig gefördert werden.
- *Vielfalt:* Die interne Vielfalt einer Organisation muss der Komplexität und dem Variantenreichtum ihres äußeren Umfelds entsprechen, um kreativ auf sich wandelnde Bedingungen reagieren zu können.

Ein Skeptiker würde hier leise Zweifel anmelden. Denn ein Wissen erzeugendes Unternehmen, wie es Nonaka und Takeuchi beschreiben, unterscheidet sich in weiten Teilen von der Unternehmensrealität, die die meisten von uns erleben. So können zum Beispiel chaotische Zustände und Krisen schöpferische Kräfte ebenso lähmen wie fördern, weil sie Unsicherheit und Ängste hervorrufen. In solch einem Zusammenhang erhält Redundanz eine ganz andere Bedeutung als die, auf die die Verfasser abheben. Die Mitarbeiter werden kaum vergessen haben, dass die jüngste Management-Mode, die Umstrukturierung der Geschäftsabläufe (als »Business Process Reengineering«), zu tief greifenden Restrukturierungen und hoher Arbeitslosigkeit geführt hat.

Was wir wirklich wissen

Die Frage stellt sich, was wir tatsächlich über Wissensmanagement wissen. Und die ehrliche Antwort lautet: Nicht sehr viel – noch nicht. Uns ist lediglich bekannt, dass wir es verbessern müssen. In einer von Huseman und Goodman durchgeführten Untersuchung reklamierten 78 Prozent der befragten führenden amerikanischen Firmen für sich, Fortschritte in Richtung Wissensmanagement zu machen.

Die Autoren halten jedoch fest, dass die Mehrheit in der Praxis noch weit vom Ziel entfernt ist. Mit dem phänomenalen Erfolg ihres Buches haben Nonaka und Takeuchi in jedem Fall dazu beigetragen, in Unternehmen die »Intention« zu erzeugen. Es mag jedoch noch viele Jahre dauern, ehe den Worten Taten folgen.

Denn es existieren keinerlei Abkürzungen, obgleich manche Managementberater und Autoren etwas anderes nahe legen. Im Streben nach dem Verständnis dessen, wie Wissen verwaltet und beeinflusst werden kann, riskieren manche Autoren, entweder auf plumpe Weise zu vereinfachen oder enttäuschend undeutlich zu bleiben. Und vieles, was Unternehmensberater zurzeit als Wissensmanagement feilbieten, ist schlicht Informationsmanagement, das mit einem neuen Etikett versehen wurde.

Die auftretenden Schwierigkeiten folgen aus dem Versuch, einen mehrdeutigen, schwer abzugrenzenden und abstrakten Wissensbegriff in gedankliche Modelle zu integrieren, die aus hochgradig strukturierten, statischen und systematisierten Organisationsformen hervorgegangen sind. Thomas Bertels und Charles Savage erklären, dass die vorherrschende Logik des Industriezeitalters uns daran hindert, tatsächlich ein Verständnis der Wissensära zu erlangen. »Vielleicht geht es uns erneut wie Galileo Galilei. Wir erkennen die Widersprüche des konventionellen Wissens und erreichen eine neue Ordnung.« Andere mögen meinen: »Vielleicht auch nicht.«

Reise ins Ungewisse

Zweifellos aber sind Unternehmen, die vollständig wissensbasiert arbeiten wollen, zu einer Reise ins Ungewisse aufgebrochen. Selbst ihre »Basislager« lassen sich kaum erkennen. Zahllose Rückschläge und falsche Fährten werden ihnen nicht erspart bleiben. Die akademische Forschung steht bei ihren Bemühungen um aussagekräftige Ergebnisse im Wissensmanagement erst am Anfang. Und verfolgt aufmerksam die Spurensuche ebendieser Firmen. Wir wollen darauf hoffen, dass Wissensmanagement in Zukunft nicht nur als ein weiteres Spielzeug betrachtet und dann wie andere vergängliche Managementideen beiseite gelegt wird. Denn dafür ist es es – zumindest potenziell – viel zu wichtig und faszinierend.

Literaturhinweise

Bertels, T.; Savage, C.: »Though Questions on Knowledge Mangement«, in: *Knowing in Firms: Understanding, Manging, and Measuring Knowledge*. By Krogh, G. H u. a. London: Sage, 1998.

Blackler, F.: »Knowledge, Knowledge Work, and Organizations: An Overview and Interpretation«, *Organization Studies*, 16 (6), 1995.

Davenport, Thomas H.; Prusak, Laurence: *Wenn Ihr Unternehmen wüßte, was es alles weiß ...: das Praxishandbuch zum Wissensmanagement*. Landsberg/Lech: mi, verl. moderne industrie, 1999.

Empson, L.: »Fear of Exploitation and Fear of Association: Impediments to Knowledge Transfer in Mergers between Professional Service Firms«, to appear in: *Human Relations* (Special issue): Knowledge Management in Professional Service Firms, forthcoming.

Grant, R.: »Towards a Knowledge-based Theory of the Firm«, *Strategic Management Journal*, 17, Special Issue, 1996.

Huseman, Richard C.; Goodman, Jon P.: *Leading with Knowledge: The Nature of Competition in the 21st century*. Thousand Oaks, Calif. [u. a.]: Sage Publ., 1999.

Nonaka, Ikujiro; Takeuchi, Hirotaka: *Die Organisation des Wissens: wie japanische Unternehmen eine brachliegende Ressource nutzbar machen*. Frankfurt [u. a.]: Campus, 1997.

Laurence Capron, Will Mitchell und Joanne Oxley

Neustrukturierung: vier Wege zum Wandel

Es gibt vier grundlegende Methoden, um ein Unternehmen zu verändern: interne Entwicklung, gezielter Ressourcenaustausch (also die Aneignung besonderer außerbetrieblicher Ressourcen), Allianzen mit anderen Unternehmen und Firmenübernahmen. Die Notwendigkeit des Wandels zu erkennen ist dabei der einfache Teil der Übung. Die Identifizierung und Implementierung des entsprechenden Änderungsansatzes ist weit schwieriger; das gilt besonders für große und komplexe Unternehmen. Welches sind die Vor- und Nachteile der einzelnen Methoden? In welchem Umfeld sind sie wahrscheinlich erfolgreich? Vor allem im Umgang mit Veränderung geübte Manager sollten sich dabei für einen systematischen Ansatz entscheiden und Abläufe sowie Anreize entsprechend abstimmen.

In der heutigen Wettbewerbslandschaft müssen Manager ihre Unternehmen ständig neu strukturieren und gewinnen Wissen aus internen und externen Quellen hinzu. Wandel gründet dabei auf einem dynamischen Führungsstil und besonders kompetenten Mitarbeitern im gesamten Unternehmen. Doch selbst die besten und klügsten Leute müssen die Methode für den Veränderungsprozess auf den jeweiligen Kontext abstimmen. Die vier grundlegenden Formen des unternehmerischen Wandels werden in diesem Artikel vorgestellt: 1. interne Entwicklung, 2. gezielter Ressourcenaustausch, 3. Allianzen mit anderen Unternehmen und 4. Übernahmen von Firmen. Unsere Forschung hat gezeigt, dass diese vier Veränderungsansätze in unterschiedlichen Kontexten angemessen sind; diese Folgerung wird in Arbeiten von Kollegen unterstützt. Jeder Ansatz bietet einzigartige Vorteile und birgt besondere Risiken. Außerdem gibt es für jede Methode, mit der ein Unternehmen sein Wissen erweitert, entsprechende organisatorische Prozesse und Anreize.

Die Abbildung 1 zeigt den Rahmen unserer Untersuchungen. Wir beginnen dabei mit der internen Entwicklung. Denn dies ist der Ansatz, über den man üblicherweise als Erstes nachdenkt, wenn die Notwendigkeit für Veränderungen erkannt wurde. Diese Untersuchung dient jedoch auch der vergleichenden Analyse von gezieltem Ressourcenaustausch, Allianzen und Übernahmen – außerbetrieblichen Ansätzen, die immer komplexer geworden sind. Dabei zeigen sich auch die Vor- und Nachteile bei der Festlegung auf einen dieser Ansätze. In der Praxis wird man selbstverständlich mehrere oder sämtliche Methoden kombinieren, um die erforderlichen Veränderungen herbeizuführen.

Kontext / Methode	Allgemein	Vorteile	Risiken	Schlüsselprozesse	Entscheidende Anreize
Interne Abwicklung	Die entscheidenden Ressourcen sind im Unternehmen vorhanden	• Geschwindigkeit • Koordination • Schutz	• nicht umkehrbare Verbindlichkeiten • nur schrittweise Änderungen • starke Trägheit	Funktionsübergreifende Koordination	Belohnung von veränderungsorientierten Einzel- und Gruppenleistungen
Gezielter Austausch von Ressourcen	Lebendiger Markt für neue Ressourcen	Geringen Kosten und Störungen bei der geplanten Übernahme der Ressourchen	• begrenze Verfügbarkeit • begrenzt Koordination des externen Austauschs • begrenzter Schutz des aktuellen Austauschs	• externe Recherche • interne Integration	• Recherche belohnen • Integration belohnen
Allianzen zwischen Firmen	Geringe Wahrscheinlichkeit eines Marktversagens der Ressourcen	• Kosteneinteilung • Guter Zugang zu komplexen Ressourcen • Kontrolle der internationalen Koordinaten • Teilweise umkehrbare Enscheidungen • Beidseitiger Schutz	• gestörte Koordination • interne Konflikte • Vermögensverluste	• systematische Partnersuche • Koordination zwischen Firmen • Int. Verbindlichkeiten • Schutz von Verlusten	• auf den Partner abgestimmte Anreize • aufs eigene Unternehmen abgestimmte Anreize
Firmenübernahmen	Große Wahrscheinlichkeit eine Marktversagens der Ressourcen	• Zugriff auf viele Ressourcen • Integrationstiefe • Schutz	• hohe Kosten • langsame Integration • schwache Anreize	• systmatische Recherche vor der Übernahme • systematische Integration nach der Übernahmen	interne Anreize, die auf die vorhandenen und neuen Mitarbeiter abgestimmt sind

Interne Entwicklung

Ein Wandel durch betriebsinterne Entwicklung ist auch von vorhandenen Ressourcen wie technischen Fähigkeiten, Produktionsprozessen, Marketingsystemen und Management-Know-how abhängig. Eine interne Entwicklung ist am ehesten machbar, wenn ein Unternehmen bereits die notwendigen Ressourcen besitzt und diese »nur« noch neu verknüpfen muss, um die angestrebte Veränderung zu erreichen. Ein geläufiges Beispiel ist die Nutzung eines vorhandenen Vertriebssystems, das in einem bestimmten Markt für den Verkauf eines vorhandenen Produktes eingesetzt wird, um es nach der Verfeinerung von Produktmerkmalen oder Produktionstechniken dann für einen neuen Markt zu verwenden. Oder aber es werden immer neuere Versionen vorhandener Produkte oder Dienstleistungen entwickelt, um diese sämtlich im momentanen Marktsegment zu verkaufen.

Die wichtigsten Vorteile einer innerbetrieblichen Entwicklung sind Geschwindigkeit, Koordination und Schutz vor der Konkurrenz. Erstens lassen sich Veränderungen bei einer internen Entwicklung rasch umsetzen – sofern ein Unternehmen bereits über die relevanten Ressourcen verfügt. Denn die Mitarbeiter haben bereits umfangreiches Wissen und sind mit der Situation vertraut. Zweitens werden das gemeinsame Wissen und der gemeinsame Kommunikationscode zwar häufig als selbstverständlich hingenommen und im Unternehmen nicht explizit bemerkt. Sie sind bei der Koordination der Änderungsaktivitäten jedoch ausgesprochen zuträglich. Die problemlose Koordinierung ist besonders dann wichtig, wenn Veränderungen eine aktive und andauernde Beteiligung von vielen Personen und Funktionsbereichen verlangen. Daher gehört die funktionsübergreifende Koordination zu den organisatorischen Schlüsselprozessen, wenn Veränderungen durch interne Entwicklung gefördert werden sollen. Eine entsprechend effiziente Koordination gibt Mitarbeitern mit unterschiedlichen Fähigkeiten und Verantwortungsbereichen die Möglichkeit und die Motivation zur Zusammenarbeit. Drittens trägt die interne Entwicklung auch dazu bei, den proprietären Wert von Änderungsanstrengungen zu schützen, da vorhandene und neu kombinierte Ressourcen im Unternehmen verbleiben. Die innerbetriebliche Weiterentwicklung hat also das Potenzial, sowohl vorhandene Ressourcen zu schützen als auch neue, proprietäre Ressourcen zu erschließen.

Andererseits ist es oft kostspielig und kompliziert, Ressourcen für ein vorhandenes Repertoire an Fähigkeiten zu entwickeln, die tatsächlich neu sind. Die Kosten können zum Streitpunkt werden. Schließlich setzt eine interne Entwicklung voraus, dass man nicht umkehrbare Verbindlichkeiten wegen neuer Ressourcen mit unsicherem Wert eingeht. Diese und weitere Unsicherheiten können dann eine starke Trägheit erzeugen, die wiederum zu einer allgemeinen Unwilligkeit führt oder zur mangelnden Fähigkeit, sich Veränderungen außerhalb der gewohnten Gefilde überhaupt vorzustellen oder gar umzusetzen.

Die Überwindung dieser Trägheit ist eine schwierige Aufgabe. Denn die innerbetriebliche Entwicklung übt nach Ansicht von Ökonomen lediglich einen geringen Anreiz aus. Das liegt daran, dass der einzelne am Wandel beteiligte Mitarbeiter kaum im vollen Umfang von den Veränderungen profitiert. Manager können also nicht allein auf die wirtschaftlichen Anreize setzen, um mit diesem den natürlichen Widerstand zu überwinden, den Mitarbeiter oft gegen die Veränderung des Status quo haben.

Widerstände gegen Veränderungen zu überwinden ist der entscheidende Schlüssel bei der internen Entwicklung. Es kann kaum garantiert werden, dass diejenigen, die den Wandel in einem Unternehmen vorantreiben, auch am stärksten von den Veränderungen profitieren.

Doch je enger Gehälter, Zuschläge und Förderungen an Änderungsanstrengungen und Ergebnisse geknüpft sind, desto mehr Mitarbeiter werden sich zum Wandel und den erforderlichen Anstrengungen bekennen. Wir bezeichnen diese Verknüpfungen als »veränderungsorientierte Anreize«. Veränderungsorientierte Anreize belohnen erfolgreichen Wandel und die Beteiligung an den entsprechenden Maßnahmen. Veränderungsorientierte Anreize müssen sowohl die Beiträge von Individuen als auch von Arbeitsgruppen honorieren. Eine Unternehmensstruktur, die Experimente und Veränderungen fördert, kann unterstützend auch nichtfinanzielle Anreize heranziehen.

Da ein radikaler Wandel jedoch durch innerbetriebliche Entwicklungen meist weniger gut zu erreichen ist als durch betriebsunabhängige Ansätze, entscheiden sich Unternehmen oft für eine der externen Methoden. Diese stellen wir als Nächstes vor.

Ressourcenaustausch

Für einen Wandel durch gezielten Ressourcenaustausch muss sich ein Unternehmen die speziellen Ressourcen aneignen, die für die Veränderung benötigt werden. Dazu gehören meist neue Mitarbeiter, Geräte und Geschäftssysteme. Der gezielte Ressourcenaustausch eignet sich am besten für Situationen, in denen für die benötigten Ressourcen ein lebendiger Markt existiert, der reichlich Gelegenheit bietet, vorhandene Alternativen zu vergleichen und akzeptable Bedingungen auszuhandeln.

Der gezielte Ressourcenaustausch ist die einfachste der externen Veränderungsmethoden und der erste Ansatz, den Unternehmen in Betracht ziehen sollten, wenn sie nach Ressourcen außerhalb des Unternehmens suchen. Der gezielte Ressourcenaustausch ermöglicht es dem Unternehmen, spezielle Ressourcen auszuwählen, sich auf die Kosten für den Erwerb dieser Ressourcen zu konzentrieren, die Vorteile spezialisierter Anbieter zu nutzen und die Notwendigkeit einer umfangreiche Koordination zu begrenzen.

Ein Allheilmittel ist der gezielte Ressourcenaustausch jedoch nicht. Verschiedene Arten von Marktversagen schränken die Wirksamkeit dieses Veränderungsansatzes häufig ein. Marktversagen aufgrund eines Informationsungleichgewichts tritt auf, wenn eine Partei befürchtet, dass der andere seine Informationen zu seinem alleinigen Vorteil nutzt. Marktversagen wegen wechselseitiger Informationsdefizite ist dann möglich, wenn beiden Parteien entscheidende Informationen fehlen. Marktversagen aufgrund von institutioneller Illegitimität tritt auf, wenn ein Unternehmen nicht genügend Glaubwürdigkeit in einem Markt besitzt, um die notwendigen Ressourcen zu erhalten. Ein Beispiel für diese letzte Form des Marktversagens erhielten wir in Gesprächen mit verschiedenen Unternehmen der Telekommunikationsbranche, die ihr Firmenkundengeschäft umwandeln wollten. Die Manager der Unternehmen sagten uns, sie würden einfach am liebsten Personen mit den entsprechenden technischen und Marketingfähigkeiten für die neuen Geschäfte einstellen, aber das sei selbst dann nicht immer möglich, wenn man höhere Gehälter und andere Leistungen biete. Daraufhin haben die Unternehmen versucht, den Wandel intern voranzutreiben, indem die Fähigkeiten vorhandener Mitarbeiter langsam weiterentwickelt wurden. Oder sie sind mit anderen Unternehmen eine Allianz eingegangen oder haben eins übernommen, das über die gewünschten Fähigkeiten verfügt. Selbst wenn es einen potenziellen Markt für die benötigten Ressourcen gibt, funktioniert der gezielte Ressourcenaustausch möglicherweise trotzdem nicht. Das kann passieren, wenn Käufer und Verkäufer sich nicht auf die Bedingungen für den Austausch einigen können – wegen eines Ungleichgewichts oder eines beidseitigen Mangels an Informationen. Diese beiden Formen des Marktversagens treten auf, wenn es erhebliche Ungewissheit gibt über die Kosten und über die Auswirkungen, die beim Ablösen und Übertragen der benötigten Ressource entstehen.

Betrachten wir einen Fall, in dem ein Unternehmen für den Eintritt in einen neuen Markt von einem anderen Unternehmen ein Vertriebssystem kauft. Für diesen Austausch ist es notwendig, das System von den Tätigkeiten des ursprünglichen Unternehmens abzutrennen und es dann an die Produkte und Kunden des Käuferunternehmens anzupassen. Die Prozesse der Abtrennung und Anpassung können langwierig und kompliziert sein und eine beträchtliche Abstimmung zwischen Verkäufer und Käufer erfordern. Außerdem kann die anhaltende Koordination Skepsis erzeugen über den Grad der gegenseitigen Abhängigkeit und die Frage aufwerfen, ob diese Verbindung gleichberechtigt ist.

Wichtig: Recherche und Integration

Um Wandel durch gezielten Ressourcenaustausch zu erzeugen, sind zwei Methoden besonders entscheidend: eine systematische außerbetriebliche Recherche und die systematische innerbetriebliche Eingliederung.

Mit Recherchesystemen finden Unternehmen die besten verfügbaren Ressourcen – unabhängig davon, ob dies materielle Güter, Geschäftssysteme oder Menschen mit bestimmten Fähigkeiten sind, die am ehesten dem erforderlichen Wandel entsprechen. Externe Recherchesysteme unterstützt ein Unternehmen außerdem dabei, die Notwendigkeit von Veränderung anzuerkennen. Unserer Meinung nach wissen die meisten Unternehmen genau, wann sie sich verändern müssen, weil sie es über Kontakte mit Kunden, Lieferanten, Mitbewerbern und die zahlreichen Wirtschaftsmedien rasch erfahren. Der Aufbau eines Recherchesystems, mit dessen Hilfe die für den Wandel erforderlichen Ressourcen gefunden und übernommen werden können, ist allerdings weit schwieriger als die simple Feststellung, dass ein Wandel nötig ist.

Am erfolgreichsten sind solche Systeme, wenn sie mit Wissensbeständen verknüpft sind, die weit außerhalb bereits bestehender Tätigkeiten liegen. Interne Integrationssysteme sind eine wichtige Ergänzung für externe Rechercheprozesse. Die Identifikation und der Erwerb notwendiger Ressourcen sind nur der erste Schritt eines Veränderungsprozesses, der durch gezielten Ressourcenaustausch vorangetrieben wird. Um erfolgreich zu sein, müssen die neuen Ressourcen effizient in die vorhandenen Ressourcen integriert werden. Beispiele für interne Integrationssysteme sind Einzel- und Gruppenschulungen und eine fortdauernde funktionsübergreifende Koordination, wie wir sie im Zusammenhang mit der internen Entwicklung beschrieben hatten.

Mit der Anwendung von externen Recherchesystemen und internen Integrationssystemen werden auch zusätzliche Motivationsprozesse erforderlich, um den Anreiz für einen inneren Wandel zu unterstützen. Die Honorierung eines gezielten Ressourcenaustauschs muss ebenso die Verantwortung und den Ausgleich von Recherche- und Integrationstätigkeiten abdecken. Beim Aufbau eines entsprechenden Belohnungssystems ist das »Ist-nicht-von-hier« Syndrom besonders aufmerksam zu beobachten. Mitarbeiter, die hauptsächlich für interne Weiterentwicklung – vor allem im technischen Bereich – belohnt werden, werden wahrscheinlich keine effizienten externen Änderungsansätze einführen oder unterstützten.

Allianzen

Die dritte Methode, um den Wandel voranzubringen, ist das Eingehen von Allianzen mit anderen Unternehmen. Es gibt viele Formen solcher Beziehungen; sie reichen von der Produktlizenzierung bis zu komplexen Joint Ventures, Partnerschaften und Forschungskonsortien. An Allianzen können zwei oder mehr Unternehmen beteiligt sein; auch Beziehungen zwischen Wirtschaftsunternehmen und öffentlichen Einrichtungen wie Universitäten und Regierungsbehörden sind denkbar. Allianzen werden besonders dann wirkungsvoll sein, wenn den für einen Wandel erforderlichen Ressourcen nur eine überschaubare Wahrscheinlichkeit eines Marktversagens innewohnt.

Allianzen haben mehrere Stärken. Unternehmen können Entwicklungs- und andere Kosten teilen, wenn der Wandel Ressourcen hervorbringt, die nicht nur einem der Partner nutzen. Sie bieten außerdem im Rahmen der organisationsübergreifenden Koordination sowohl kurzfristig als auch langfristig Zugang zu den Ressourcen von Partnerunternehmen. Dieser Mechanismus ist dann besonders wichtig, wenn alle Partner vorhandene Ressourcen tauschen müssen, um in jedem der Unternehmen den erforderlichen Wandel zu erzeugen. Durch Allianzen lassen sich potenziell Schutzmechanismen aufbauen, die weit über das hinaus gehen, was einfache Verträge über Nichteindringung in den Markt (wie sie beim gezielten Ressourcenaustausch üblich sind) ermöglichen. In Ergänzung zu einfachen Verträgen können Allianzpartner Kapitalbeteiligungen an dem oder den Partnerunternehmen erwerben, Foren zur außergerichtlichen Beilegung von Uneinigkeiten einrichten oder sich auf andere Weise überzeugend dafür einsetzen, dass die Bedingungen der Vereinbarung gleichberechtigt umgesetzt werden. Solche Sicherungsmechanismen stärken das vorhandene Vertrauen in das Wohlwollen des Partners.

Die dritte potenzielle Stärke von Allianzen ist ihre Flexibilität. Unternehmen können sich hier leichter aus einem erfolglosen Änderungsversuch zurückziehen als bei internen Veränderungen. Allerdings erzeugen auch Handlungen in Allianzen sehr rasch eine geschäftliche Verbindlichkeit, die sich nicht wieder rückgängig machen lässt. Und außerdem ist es selten erfolgreich, dem Allianzpartner Risiken ohne angemessenen Ausgleich zuzumuten.

Einige große Herausforderungen erwachsen aus Allianzen. Die Koordination zwischen den Partnern kann gestört werden, wenn sie gegensätzliche strategische Ziele verfolgen oder die Bedürfnisse des anderen nicht verstehen. Wollen die Mitarbeiter, deren Arbeitsfeld von der Allianz betroffen ist, sich nicht für die Ziele der Allianz einsetzen, kann es zu schwerwiegenden Konflikten kommen. Außerdem wird in jeder Allianz Eigentum aufs Spiel gesetzt. Denn immer setzt ein Unternehmen dabei seine Ressourcen für Tätigkeiten ein, an denen auch eine andere, strategisch unabhängige Partei beteiligt ist. Selbst wenn ein Unternehmen einen vertrauenswürdigen Partner wählt, die erforderliche Koordination regelt, internes Engagement fördert und vertragliche und organisatorische Schutzmechanismen aufstellt, bleibt immer ein Risiko von Konfusion, Konflikten und Eigentumsverlusten zwischen den

Unternehmen bestehen. Mit zunehmendem Marktversagen nehmen auch solche Risiken zu. Ein effizienter Einsatz von Allianzen setzt eine Mischung voraus aus solchen Prozessen und Anreizen, die bei internen Entwicklungen und gezieltem Ressourcenaustausch benötigt werden. Ebenfalls entscheidend sind Verfahren für die Suche nach Partnern, die Koordination zwischen den Unternehmen, das interne Engagement und der Schutz vor Eigentumsverlusten. Verfahren zur Partnersuche finden potenzielle, vertrauenswürdige Verbündete mit den gewünschten Ressourcen und stellen angemessene Ausgangsbedingungen für eine Allianzvereinbarung zusammen. Koordinationssysteme müssen insbesondere die Art und Weise berücksichtigen, in der die Mitarbeiter der Partner formell und informell zusammenarbeiten, Informationen über allgemeine Ziele und spezielle Aktionen austauschen und sich über die Fähigkeiten des jeweils anderen informieren.

Da Allianzen interne Konflikte auslösen können, müssen internes Engagement und Eigentum systematisch geschützt werden. Taugliche Methoden für das interne Engagement fördern eine umfassende Kommunikation der Ziele der Allianz und auch der Möglichkeiten, die die Allianz für Mitarbeiter und Geschäftsbereiche bietet. Maßnahmen zur Motivation müssen in diesem Zusammenhang entsprechend ausgerichtet werden. Um geistiges Eigentum vor Verlust zu schützen, müssen die Punkte ausgemacht werden, an denen ein Verlust von proprietären Informationen und Marktchancen an den Partner möglich ist. In der Folge können dann Vertragsbedingungen formuliert und Maßnahmen getroffen werden, die den potenziellen Verlust begrenzen. Auf solche Schutzmechanismen ist sowohl zu Beginn einer Allianz zu achten als auch im weiteren Verlauf, wenn sich unerwartete Gelegenheiten und Risiken auftun.

Firmenübernahmen

Die Übernahme einer Firma ist die vierte Möglichkeit, Wandel zu erzeugen. Bei Übernahmen wird ein vollständiges Unternehmen oder aber ein Geschäftsbereich erworben. Akquisitionen sind dann besonders attraktiv, wenn die Wahrscheinlichkeit von Marktversagen über das Niveau ansteigt, das in einer Allianz verarbeitet werden kann. Durch Übernahmen lassen sich rasch eine ganze Reihe neuer Ressourcen erschließen – bei gleichzeitiger Kontrolle über Integration und Schutz dieser für den Wandel erforderlichen Ressourcen.

Übernahmen können allerdings auch erhebliche Nachteile mit sich bringen. Werden beispielsweise andere potenzielle Interessenten überboten, fällt der Preis für die Übernahme möglicherweise höher aus als geplant. Vor allen Dingen aber können die Integrationskosten nach einer Übernahme die oft optimistischen Einsparerwartungen der Analysten vor der Übernahme weit übersteigen. Eine erhebliche Menge an Geld und Zeit kann darauf verwendet werden, die gewünschten Ressourcen auszulösen und anzupassen, ungewollte Ressourcen aus dem übernommenen Unternehmen zu entfernen und sich auch solcher Ressourcen zu entledigen, die man im eigenen Unternehmen nicht länger benötigt. Der Begriff »Fluch des Gewinners« taucht in Debatten um Übernahmen häufig auf und besagt, dass der Käufer die wahren Schwierigkeiten und Kosten der Integration erst nach der Übernahme begreifen wird. Wie bei der internen Entwicklung ist ein geringer Anreiz also auch bei Übernahmen ein Thema.

Kommunizieren: Die Ziele der Allianz

Trotz ihrer Kosten und Schwierigkeiten sind Übernahmen ein wichtiges Mittel, um einen Wandel zu realisieren. Es kann sogar der einzig gangbare Weg für einen Wandel sein, wenn Unternehmen schnell auf komplexe Ressourcen zugreifen müssen, die man intern nicht kurzfristig aufbauen könnte oder das erforderliche Ausmaß der Integration durch eine Allianz nicht erreichbar wäre.

Wie bei den Allianzen erfordern auch Firmenübernahmen eine Zusammenstellung von Verfahren und Anreizen, die für eine interne Entwicklung und den gezielten Ressourcenaustausch anwendbar sind – und zusätzlich noch weitere Prozesse und Anreize. Die beiden wichtigsten Verfahren in Übernahmeprozessen erfolgen mit Suchmethoden (vor der Übernahme) und Methoden zur Umgestaltung (nach einer Übernahme). Durch Suchmethoden werden vor der Übernahme taugliche Kandidaten identifiziert und angemessene Preise festgelegt. Leider liegt das Hauptaugenmerk des gesamten Übernahmeprozesses häufig allein auf dieser Suche, sodass viele Unternehmen mit den Ablauf nach einer Übernahme Schwierigkeiten bekommen. Mithilfe von Umgestaltungsmethoden müssen nach einer Übernahme die benötigten Ressourcen ermittelt werden, um anschließend den Einsatz von Ressourcen des übernommenen und des übernehmenden Unternehmens aufeinander abzustimmen. Außerdem sollen damit überflüssige Ressourcen in beiden Unternehmen ermittelt und eine sinnvolle Verwendung dafür gefunden werden: Diese werden entweder für neue Geschäftsangelegenheiten eingesetzt oder aber abgestoßen. Entscheidend ist dabei, dass ein erfolgreicher Wandel durch eine Übernahme in der Regel eine umfangreiche Restrukturierung sowohl des übernommenen als auch des übernehmenden Unternehmens erfordert, um Kosten und Schwierigkeiten zu bewältigen.

Wie bei Allianzen müssen auch bei Übernahmen die Leistungsanreize neu abgestimmt werden. Dazu gehört auch die Identifikation und Honorierung von Veränderungsimpulsen, die man von den Mitarbeitern des akquirierten Unternehmens erwartet. Dieses veränderte Anreizsystem ist aber auch für die eigenen Mitarbeiter bedeutsam. Denn auch diese müssen ihre Handlungen möglicherweise ändern, um sie auf die Ressourcen des übernommenen Unternehmens abzustimmen. Bei vielen Übernahmen gelingt es nicht, von sämtlichen Veränderungshandlungen zu profitieren: Die Mitarbeiter der beiden Firmen betrachten sich weiterhin nur als Angehörige ihres ursprünglichen Betriebs. Und noch Jahre nach der »Integration« verhalten sie sich entsprechend.

Notwendigkeiten

Wir haben vier Änderungsansätze und ihre Vor- und Nachteile sowie die Verfahren und Anreize beschrieben, die zur Unterstützung des Wandels jeweils benötigt werden. Die jeweilige Gewichtung der Vor- und Nachteile hängt natürlich immer vom aktuellen Wettbewerbsumfeld, von der Art des Geschäfts und von den angestrebten Veränderungen ab. Dennoch haben unsere Kontakte mit Managern uns klar gemacht, dass die Analyse von Details eines bestimmten Veränderungskontextes innerhalb dieses allgemeineren Rahmens sinnvoller ist.

Wir beenden diesen Artikel mit einem Aspekt, der schon zuvor angesprochen worden ist: Für einen erfolgreichen Wandel muss man erkennen, dass ein Wandel überhaupt notwendig ist. Und man muss das gesamte Unternehmen dazu bringen, sich dafür einzusetzen. Die Notwendigkeit des Wandels zu erkennen ist dabei der einfache Teil der Übung, dessen sind wir überzeugt. Weitaus schwieriger ist es, die passenden Änderungsansätze zu bestimmen und sich anschließend vollständig der Realisierung des Wandels zu widmen, insbesondere in großen und komplexen Organisationen. Manager, die mit einem systematischen Ansatz die für ihr Umfeld passenden Änderungsmethoden auswählen und die hierfür geeigneten Prozesse und Anreize initiieren, werden die erfolgreichen Veränderer der Zukunft sein.

Literaturhinweise

Capron, L.; Mitchell, W.: »The Impact of Relevant Resources and Market Failure on Four Modes of Business Change«, *University of Michigan Business School working Paper*, may, 1999.

Capron, L.; Dussauge, P.; Mitchell, W.: »Resource Redeployment Following Horizontal Mergers and Acquisitions in Europe and North America, 1988-1992«, *Strategic Management Journal*, 19, 1998.

Oxley, J. E.: »Institutional Environment and the Mechanism of Governance: The Impact of Intellectual Property Protection on the Structure of Inter-firm Alliances«, *Journal of Economic Behavior and Organization*, 38, 1999.

Oxley, J. E.: *Governance of Institutional Strategic Alliances: Technology and Transaction Costs*. Amsterdam: Harwood Academic Publishers, 1999.

Anthony Hopwood

Warum Strategie auf Informationen gründen sollte

Im Umgang mit Informationen verhalten sich viele Unternehmen so, als lebten sie in der Vergangenheit. Statt Informationen zur Beeinflussung von Markttendenzen und zur Gestaltung der Zukunft einzusetzen, werden sie lediglich für die Messung und Kontrolle interner Prozesse genutzt. Es gibt schlechte Gewohnheiten in Unternehmen, die einer vorwärtsorientierten Informationsstrategie im Weg stehen – einschließlich der leistungsbezogenen Kostenrechnung (ABC) und Balanced Scorecards. Sicher ist, dass sich so etwas wie eine Informationsdemokratie in Unternehmen entwickeln wird. Die zukünftigen Generationen von Unternehmen werden dann vermutlich aus fließenden Informationen bestehen, die sich teils überschneiden, teils widersprechen.

In der Geschichte der Keramik darf der Name Wegdwood nicht fehlen. Und auch die Geschichte des Managements wäre unvollständig, ohne den Gründer des Unternehmens zu erwähnen. Josiah Wedgwood war mehr als nur ein einfacher Töpfer; dank seiner bemerkenswerten strategischen und unternehmerischen Fähigkeiten gilt das von ihm im 18. Jahrhundert gegründete Unternehmen bis heute als Synonym für edle Keramiken.

Wer heute etwas über Strategien erfahren will, sollte sich den Tätigkeiten widmen, auf denen Wedgwoods Genie gründet. Er blieb stets auf dem Laufenden über Veränderungen in der Materialtechnologie und betrieb selbst wissenschaftliche Forschung. Auf der Grundlage dieses Wissens entwickelte er innovative Produkte und veränderte die Fertigungstechnik umfassend. Wedgwood berücksichtigte den sich wandelnden ästhetischen Geschmack und erneuerte die gesellschaftliche Bedeutung des Speisens. Er war sich der sozialen Dynamik einer neu entstehenden bourgeoisen Gesellschaft genau bewusst. Und er erkannte in diesem Wandel das Potenzial, eine neue Dimension des Konsums und die entsprechende Rentabilität zu erzeugen.

Wedgwood war clever, unternehmerisch begabt, erfolgreich – und informiert. Als besessener Analytiker investierte er zunächst in Verständnis und erst dann in Kostenreduzierung. Mit unbeständigen Umsätzen ging er vorsichtig um und schuf somit letztlich eine neue Herrschaft des Konsums. Auch Produktionsmethoden wurden analysiert und geändert. Ein aktiver Umgang mit Informationen und Verständnis war für Wedgwood wesentlicher Bestandteil seines strategischen Vorgehens. Er war der Prototyp eines »reflektierenden Praktikers«, der konsequent bestrebt war zu lernen. Zu wissen und informiert zu sein, stellten die Schlüsselelemente seines Managementansatzes dar.

Dass dies nicht immer so sein muss, illustriert das heutige Unternehmen Wedgwood. Das zeitgenössische Waterford Wedgwood, ein irischer Luxusartikelhersteller, ist eher für seinen Traditionalismus bekannt als für sein innovatives Potenzial. Es steht nicht mehr für die Entwicklung neuer Materialien, passt sich offenkundig nicht an eine sich ändernde Ess- und Konsumsoziologie an. Und es macht keinen Gebrauch vom Gestaltungstalent eines David Hockney oder des jungen britischen Künstlers Damien Hirst. Folglich ist es eher ein selbstbezogenes als ein analytisches Unternehmen. Es wirkt, als ob die Verbindung zwischen Analyse und Information auf der einen Seite und Strategie auf der anderen Seite abgerissen ist.

Die Information, auf der eine effiziente Strategie aufbauen muss, kann also nicht als selbstverständlich vorausgesetzt werden (obwohl dies bei vielen Unternehmen immer noch der Fall ist). Sie muss aktiv erworben und sorgfältig gepflegt werden. Nachdem nun die Relevanz der richtigen Verbindung zwischen Information und Strategie erkannt worden ist, konzentriert sich dieser Artikel auf zwei Fragen:

- Welche Faktoren hemmen die Entwicklung einer wirkungsvollen Informationsbasis für die Formulierung einer Strategie?
- Was wird benötigt, damit Informations- und Strategieprozesse produktiv zusammenarbeiten?

Einschränkungen

Eine falsche Information zum falschen Zeitpunkt am falschen Ort kann die Formulierung einer Strategie deutlich beeinträchtigen. Sowohl die Erfahrung als auch immer mehr Forschungsergebnisse legen nahe, dass die folgenden Faktoren die Entwicklung einer vorwärts gewandten Informationsstrategie ernsthaft einschränken:

Zu starke Kontrolle: Kontrolle ist natürlich wichtig. Wenn die Informationssysteme und -methoden eines Unternehmens der Kontrolle jedoch zu viel Bedeutung beimessen, werden neue Chancen möglicherweise verpasst. Viele Informationssysteme von Unternehmen legen zu viel Gewicht auf Vorgeschichte, Gleichförmigkeit und Einschränkung. Information darf keinen Überraschungswert besitzen. Und Anpassung ist wichtiger als Lernen. Ein Unternehmen, das auf diese Art und Weise geführt wird, mag zwar effizient sein. Auf Dauer jedoch wird sich die Effektivität wohl kaum halten lassen.

Fixierung auf die Performance: Inner- und außerbetriebliche Leistung ist in der heutigen Zeit zum bestimmenden kulturellen Wert geworden. Immer häufiger, auf immer mehr betrieblichen Ebenen und in immer mehr Bereichen wird enorme Aufmerksamkeit auf Erfolgskriterien gerichtet. Organisationen sind zu Beobachtungseinheiten geworden und konzentrieren sich auf das Messbare und Quantifizierbare.

| Die herkömmliche Unternehmensinformation als technische Funktion | Das seit kurzem schwache Unternehmen betreibt Nabelschau und verliert dabei den Bezug zur Wirklichkeit | Das strategisch mobile Unternehmen versteht die Zusammenhänge und wandelt sich |

Abb. 1: Informationstypen

In der Hast, die gesteckten Ziele zu erreichen, wurde der Errichtung einer Basis aus detaillierten Informationen, auf der Leistung wachsen kann, sehr viel weniger Aufmerksamkeit geschenkt. Bessere Leistungen sind zwar gut; wie aber erhält man sie? Es sind asymmetrische Informationen, die in Betrieben an die Oberfläche gelangen. Sie stellen lediglich ein Ergebnis heraus, statt die weit nützlichere Frage zu beantworten, auf welche Weise Resultate erzielt worden sind. Letzteres aber ist die Voraussetzung für tatsächlichen Wandel.

Betrachten wir zum Beispiel die Kosten. Leistungsberichte konzentrieren sich bei der Ermittlung von Betriebskosten auf die Statistik. Kontrollmethoden funktionieren ganz ähnlich. Eine strategischere Perspektive betont die Notwendigkeit eines dynamischen Verständnisses, das Veränderung zulässt – um Kosten zu etwas zu machen, was sie in Wirklichkeit nicht sind. Warum sind Kosten so, wie sie sind? Wodurch können die Höhe und die Zusammensetzung von Kosten verändert werden? In welcher Verbindung stehen Kosten zu anderen Entscheidungsfeldern?

Neues, schlechtes Verhalten Solche Tendenzen werden sichtbar und beunruhigend, wenn Unternehmen in einer Krise stecken. Üblicherweise wird auf finanzielle Schwierigkeiten mit einer Verstärkung des innerbetrieblichen Informationsflusses reagiert. Berichte fallen detaillierter aus und tauchen überall und häufiger im Betrieb auf. Daran ist nichts auszusetzen, oft ist es sogar notwendig. Werden allerdings keine weiteren Maßnahmen ergriffen, so führt dies lediglich zu einer verstärkten Konzentration auf Interna, ausgerechnet zu einem Zeitpunkt, an dem der Blick nach außen gerichtet werden sollte. Wenn es sich um externe, wirtschaftlich bedingte Probleme handelt, hilft eine intensive Nabelschau ganz gewiss nicht. Es besteht die durchaus reale Gefahr, dass sich das Unternehmen immer stärker vom außerbetrieblichen Umfeld ablöst und infolgedessen in den Bankrott geht.

Um unter solchen Umständen erfolgreich zu sein, müssen Unternehmen mehr über sich selbst lernen, während sie gleichzeitig noch mehr über die außerbetrieblichen Zusammenhänge erfahren, in denen sie tätig sind. In Krisensituationen müssen Unternehmen informationsintensiver werden und ihre Wahrnehmung sowohl nach außen als auch nach innen richten.

	Konventionelle Unternehmen	Strategisch bewegliches Unternehmen
Lokalisierung	Buchhaltung, Management-Informationssystem	Im Unternehmen weit verstreut
Funktion	Kontrolle	Lernen und Kontrolle
Erzeugtes Wissen	Berechnung der Ergebnisse	Verständnis für Prozesse und deren Veränderung
Ausrichtung	Interne Sichtbarkeit	Externe und interne Sichtbarkeit
Zeitliche Dimension	Immer noch die Vergangenheit	Fast immer die Zukunft
Handlungsziel	Anpassung	Wandel

Abb. 2: Information – neue Trends

Interne Orientierung: Der vorangegangene Punkt verdeutlicht, dass die üblichen Ansichten von Informationsspezialisten häufig zur Prüfung des Unternehmens selbst statt seines Umfeldes führt. Kosten werden deutlicher sichtbar als Verkaufserlöse – obwohl Letztere auf etwas verweisen, was tatsächlich zählt: den Kunden. Den Finanzergebnissen wird größerer Wert beigemessen als der Einführung von neuen Produkten, Veränderungen der Marktposition oder den Rahmenbedingungen. Die Gestalter der Informationen vergessen allzu leicht und nur zu oft, dass zur Strategie auch die Beziehung eines Unternehmens zu seiner Umgebung gehört. In diesem Zusammenhang muss ein Unternehmen nicht nur sich selbst, sondern auch seine Konkurrenten, Mitarbeiter und sein Marktumfeld kennen, in dem sie alle tätig sind. Das Unternehmen von heute muss vorausschauend handeln.

Neue Kleider

In der Praxis beginnt der Informationssektor zweifellos damit, sich von den soeben beschriebenen Fesseln zu befreien. Den Erfordernissen der Strategieformulierung wird endlich mehr Aufmerksamkeit geschenkt. Lernen und Verstehen ergänzen die Kontrolle als treibende Kraft hinter dem Fluss der Informationen an das Management. Leistungsbemessung unterliegt nun einer komplexeren Perspektive, die tatsächlich mit der Strategie verknüpft ist – im Gegensatz zu den allein buchhalterischen Interessen. Es sind außerdem viel versprechende Anzeichen erkennbar, dass Unternehmen nun Markt und Kunden deutlicher wahrnehmen und stärker in den Mittelpunkt rücken. Innovationen sollten jedoch nach wie vor mit einer gewissen Skepsis betrachtet werden. Alter Wein kann leicht in neuen Schläuchen präsentiert werden. Nehmen wir die Aktivitätenkostenrechnung (activity based costing, ABC), die darauf abzielt, möglichst viele betriebliche Einflussgrößen auf die Kosten einzelner Geschäftszweige und Produkte zu berücksichtigen. Wie es scheint, ist dies ein neuer, interessanter Ansatz zur internen Finanzberichterstattung. In der Praxis aber werden die Kosten meist nur zugeordnet und nicht analysiert. Nach wie vor wird also mitgeteilt, was Kosten sind – statt dem Unternehmen behilflich zu sein, aus Kosten das zu machen, was sie nicht sind. Man konzentriert sich darauf, so bürokratisch wie möglich die Einsicht zu vermitteln, warum die Kosten so sind, wie sie sind. Und obgleich ABC oft ehrgeizige Ansprüche erhebt, wird tatsächlich nach einer Methode vorgegangen, die immer noch Schwierigkeiten hat, in einem strategischen statt in einem buchhalterischen Kontext zu wirken. Ich bin überzeugt, dass die ABC-Methode in Kürze der Vergangenheit angehören wird.

Das Gleiche gilt wohl für Balanced Scorecards, eine weitere von Beratern eingeführte Innovation. Mit ihnen sollen in Tabellenform Leistungsmessungen vorgenommen werden, die nicht nur die finanzielle Situation, sondern auch andere, qualitative Dinge erfassen wie die Meinung der Kunden über das Unternehmen oder seine Innovationsstärke. Doch obwohl mehrfache Leistungsmessungen nur einer Messung vorzuziehen sind, kann ihr Einsatz im selben Bericht ebenso viele Probleme wie Lösungen hervorbringen. Ein vibrierendes, erfolgreiches Unternehmen setzt auf viele verschiedene Informationskanäle – wobei sich mit der Zeit das Gleichgewicht verändert, abhängig von der Art der Probleme, die ein Unternehmen hat.

Um dynamisch zu sein, müssen Informationsflüsse potenziell miteinander konkurrieren können, statt bürokratisch koordiniert zu werden. Sowohl ABC als auch die Balanced Scorecards entsprechen der Vergangenheit. Sie lassen sich eher von einem abstrakten Denken ableiten als aus Erfahrungen und den Grenzen der Praxis. Obwohl behauptet wird, dass sie besser sind, konnte darüber bisher noch kein überzeugender Nachweis erbracht werden.

Es ist ja nicht so, als ob erfolgreiche Unternehmen dafür bekannt sind, unterschiedliche Kostenrechnungen oder Balanced Scorecards vorweisen zu können. Tatsächlich verfügen sie nicht darüber. Erfolgreiche Unternehmen verfolgen sehr viel innovativere Ansätze – oft sind sie auch schlampiger, gewöhnlich weniger bürokratisch, manchmal vorübergehend und fast immer unveränderlich verknüpft mit praktischem Lernen und Experimentieren. Innovatoren wie Benetton oder Hewlett Packard sind bekannt dafür, in großem Ausmaß in temporäre, ad hoc entstehende und sehr unterschiedliche Informationskanäle zu investieren.

Neue Trends

Mit einem manchmal erstaunlichen Tempo verändern einige neue Entwicklungen die Art und Weise, mit der Informationen betrachtet, gemanagt und als strategisches Instrument eingesetzt werden.

Die Streuung des Expertenwissens: Während Information einst die Domäne der Buchhalter und IT-Experten war, ist sie heute viel weiter gestreut. Buchhalter wissen das. Und sie sind zu Recht darüber besorgt. Mit der Erfassung, Analyse und Anwendung von Informationen im gesamten Unternehmensbereich entsteht eine Art Informationsdemokratie. Informationen können sich nun überall befinden – in betrieblichen Prozessen, im Marketing, Finanzwesen, Vertrieb, in der Entwicklung. Und tatsächlich spielt sich hier einiges mehr ab als dort, wo die Bürokraten zu finden sind. Man könnte sagen, dass Informationen langsam zum Leben erwachen. Das Unternehmen selbst verwandelt sich in ein Wesen aus Information.

Solche Entwicklungen bieten enorme Möglichkeiten, den Modus der Informationsverbreitung im Unternehmensbereich zu verändern – von betrieblichen Abläufen zur Strategie. Die Gestalter und Nutzer von Informationen können nun dieselbe Person sein. Wer eine Frage stellt, kann sie oft selbst beantworten. Weil Informationen nun weiter gestreut sind, lässt die bislang vorherrschende Ausrichtung an Kontrolle langsam nach. Lernen ist nun endlich in Mode.

Lieber analysieren als rechnen: Durch diesen Verbreitungsprozess wird allmählich die Art und Weise geregelt, wie Informationen in Unternehmen eingesetzt werden, nicht zuletzt strategisch – die Information über den Umsatz beispielsweise. In der Vergangenheit durchlief diese Information zunächst den Absatz, bevor sie an die Buchhaltung weitergeleitet wurde. Dort wurde erst gerechnet, um den Umsatzerlös festzustellen; hinzu kam eine Wertberichtigung auf uneinbringliche Forderungen. Und oft genug war die Sache damit erledigt.

Zunehmend begreift man, dass Umsätze einen Strom von Informationen über den Kunden darstellen – darüber, wer was wo und wann kauft. Ein amerikanischer Versandhandel konnte mit einer Umsatzanalyse beispielsweise genau feststellen, welche Kunden das Durchschnittsprodukt am ehesten kauften. Diese Leute erhalten nun frühzeitig neue Kataloge, während die Einkäufe bei Lieferanten hinausgezögert werden. Das Unternehmen sieht sich an, was die »Vorhut« kauft, und stimmt seine Einkäufe darauf ab. Lagerbestände und Unverkäufliches gibt es jetzt weniger und die Gewinne sind höher.

Gleichermaßen identifizieren Einzelhandelsketten in Großbritannien das Potenzial für E-Commerce, indem sie herausfinden, wer wiederholt die gleichen Waren kauft. Diese Unternehmen verstehen, reizen und prägen anhand von Verkaufsinformation mit dem Lauf der Zeit den Geschmack der Kunden. Und auf dem Luftfahrtsektor, in dem das Ertragsmanagement zuerst eingeführt wurde, sind derartige Analysen der Antrieb für Marketing-Kampagnen und verschiedenen Methoden, um Kunden in Segmente einzuteilen.

In einer sich wandelnden Geschäftswelt ist es allerdings lebensnotwendig, mehr zu analysieren als den Stand der Dinge. Selbst beim Umsatz ist es entscheidend, Analyse und Verständnis bis zu dem Punkt voranzubringen, an dem erkennbar wird, was den Wandel antreibt. Bei der Beschaffung und der Analyse von Informationen gewinnt das, was sein könnte, zunehmend an Bedeutung. Auf welche Weise wirken sich größere kulturelle, ökonomische und soziale Veränderungen auf den

Konsum aus? Wie erschaffen neu entstehende Lebensstile neue Möglichkeiten für Konsum? Wedgwood hatte die zentrale Bedeutung dieser Fragen klarer erkannt als seine Nachfolger. In den mobilen und verbraucherorientierteren Unternehmen der Gegenwart ist das Streben nach diesem Verständnis die Grundlage, auf der sich Information und Analyse der Zukunft widmen können.

Information erzeugt somit die entscheidende Dynamik des Wandels, die das Unternehmen mit sich trägt. Was einst ignoriert wurde, gilt nun als strategische Ressource. Rechnen und Kontrollieren werden durch Fragen und Verständnis ersetzt. Das Rechnungswesen verliert immer mehr an Bedeutung. Ähnliche – wenn auch langsamer voranschreitende – Entwicklungen sind im Kostenbereich zu beobachten. Gerechnet wird nach wie vor, wie die Faszination von ABC beweist. Immer mehr Unternehmen wollen allerdings erfahren, warum ihre Kosten so sind, wie sie sind, damit sie Änderungen einleiten können. Die klassische Kostenrechnung und auch ABC können dies nicht leisten. Es sind detaillierte Untersuchungen erforderlich, vor Ort ausgeführt von Leuten, die die Technologie, das Produkt oder die Dienstleistung sowie den Markt kennen.

Information wird breiter gestreut. Bürokratie wird zur Nebensache. Was gewöhnlich auf dem Spiel steht, ist die Zusammensetzung von Information, Verständnis und das Management von Spezialisten sowie Fachkenntnissen. Dort, wo viel geschieht, treten Einsichten dynamisch zutage. Derartige Entwicklungen geben den Buchhaltern noch mehr Anlass zur Sorge.

Informationen aufsaugen: Interne Informationen müssen in größeren Zusammenhängen interpretiert werden, eine Maßgabe, die sich im weit verbreiteten Interesse am Benchmarking widerspiegelt. Gegenüberstellungen ermöglichen eine Antwort auf die Frage, ob der Status quo gewahrt bleibt oder ob Änderungen erforderlich sind. Sie nennen logische Gründe, weshalb man lernen, kausale Zusammenhänge nachvollziehen und Dinge anders machen sollte. Gute Vergleiche führen zu Taten.

Umsatz steht in Relation zu Marktanteilen, Markttendenzen, wettbewerbsfähigen Schlüsselprodukten und ähnlichen Erzeugnissen. Kosten können nicht nur mit dem Kostenumfang, sondern auch mit der Kostenstruktur der Konkurrenten verglichen werden. Verschiedene Kostenstrukturen können auf verschiedene Wettbewerbsoptionen hinweisen.

Mehr Information

Wie durch die oben stehenden Beispiele der Kostenrechnung illustriert wird, liegt der Fokus der neuen Informationsgesellschaft darauf, die Zukunft so zu gestalten, wie sie normalerweise nicht sein würde – statt herauszufinden, was in der Vergangenheit geschehen ist. Information wird dringend benötigt, um eine Wirkung auf die Welt zu erzielen. Eine neue, handlungsorientierte Dynamik ist in die Welt der Information eingetreten. Information, Strategie und Aktion gehen nun gemeinsam voran.

Josiah Wedgwood wären all diese Ideen vertraut gewesen, obgleich in vereinfachter Form. Dass dies bei seinen Nachfolgern möglicherweise nicht der Fall ist, sollte der Tatsache Nachdruck verleihen, dass eine effiziente Informationswirtschaft aktiv gestaltet werden muss. Sie ist nichts, was sich einfach offenbart. Obwohl viele der neu entstehenden Entwicklungen nachvollziehbar erscheinen, ermitteln zahlreiche Umfragen weiterhin, dass die meisten Unternehmen noch immer in der Informationsvergangenheit leben.

Nehmen wir die Analyse der Verkaufsunterlagen – ein scheinbar nahe liegender Bereich. Selbst die Vereinigten Staaten hinken auf diesem existenziellen Gebiet hinterher. Eine jüngere Umfrage hat ergeben, dass mehr als zwei Drittel der Unternehmen das in ihren eigenen Unterlagen verborgene Wissenspotenzial nicht nutzen. Sie konnten nicht mit letzter Genauigkeit sagen, auf welche Kunden sie ihr Augenmerk richten sollten, auf welchem Gebiet sie der Konkurrenz gegenüber im Vorteil waren und wo sie den Kürzeren zogen. Trozt alledem wird das Unternehmen der Zukunft wahrscheinlich stärker auf Informationen ausgerichtet sein. Neue Technologien sind Teil dieser Geschichte. Sie stellen jedoch nur Potenzial zur Verfügung – dieses Potenzial muss erkannt und genutzt werden. Ich habe das Gefühl, dass die Erkenntnis und der Nutzen daraus eher in dem Maße auftreten werden, in dem sich Fachwissen, Neugier und Experimentieren überall im Unternehmen ausbreiten. Anstelle der Quasi-Monopole auf Informationen, wie es sie in der Vergangenheit gab, wird das Unternehmen der Zukunft durch eine Zahl sich überschneidender und widersprüchlicher Informationsflüsse charakterisiert sein.

Die Ordnung, die sich daraus ergibt, wird weniger eine bürokratische Form haben und mehr Prozess und Aktion zugleich, also stärker marktorientiert sein. Das Unternehmen der Zukunft wird höchstwahrscheinlich über eine Vielzahl von Scorecards verfügen, deren Gewichtung sich mit der Zeit ändern wird. Dynamische Unternehmen erfordern eine dynamische Informationswirtschaft, keine statischbürokratische.

Lituratatur

Bertels, T.; Savage, C.: »Though Questions on Knowledge Mangement«, in: *Knowing in Firms: Understanding, Manging, and Measuring Knowledge.* By Krogh, G. H u. a. London: Sage, 1998.

Blackler, F.: »Knowledge, Knowledge Work, and Organizations: An Overview and Interpretation«, *Organization Studies,* 16 (6), 1995.

Davenport, Thomas H.; Prusak, Laurence: *Wenn Ihr Unternehmen wüßte, was es alles weiß ...: das Praxishandbuch zum Wissensmanagement.* Landsberg/Lech: mi, verl. moderne industrie, 1999.

Empson, L.: »Fear of Exploitation and Fear of Association: Impediments to Knowledge Transfer in Mergers between Professional Service Firms«, to Appear in: *Human Relations (Special issue):* Knowledge Management in Professional Service Firms, forthcoming.

Grant, R.: »Towards a Knowledge-based Theory of the Firm«, *Strategic Management Journal,* 17, Special Issue, 1996.

Huseman, Richard C.; Goodman, Jon P.: *Leading with Knowledge: The Nature of Competition in the 21st century.* Thousand Oaks, Calif. [u. a.]: Sage Publ., 1999.

Nonaka, Ikujiro; Takeuchi, Hirotaka: *Die Organisation des Wissens: wie japanische Unternehmen eine brachliegende Ressource nutzbar machen.* Frankfurt [u. a.]: Campus, 1997.

Capron, L.; Mitchell, W.: »The Impact of Relevant Resources and Market Failure on Four Modes of Business Change«, *University of Michigan Business School working Paper*, may, 1999.

Capron, L.; Dussauge, P.; Mitchell, W.: »Resource Redeployment Following Horizontal Mergers and Acquisitions in Europe and North America, 1988-1992«, *Strategic Management Journal*, 19, 1998.

Oxley, J. E.: »Institutional Environment and the Mechanism of Governance: The Impact of Intellectual Property Protection on the Structure of Inter-firm Alliances«, *Journal of Economic Behavior and Organization*, 38, 1999.

Oxley, J. E.: *Governance of Institutional Strategic Alliances: Technology and Transaction Costs.* Amsterdam: Harwood Academic Publishers, 1999.

15
Strategie und Produktion

Strategieentwicklung und betriebliche Abläufe werden in vielen Unternehmen voneinander getrennt. Die Lehrmethoden der meisten Business-Schools verstärken diese Teilung. Dennoch ist diese Trennung zurückzuweisen ebenso wie die Vorstellung, dass die richtige Kombination von Produkten, Märkten und Preisen ein System erzeugen könne, das die Waren quasi automatisch verkauft. Der hier vorgestellte Gegenentwurf: Wenn die Führungsspitze neue strategische Möglichkeiten ausschöpfen will, dann muss sie sich auch in die Niederungen der komplexen Betriebsabläufe begeben. Neueste Informationssysteme ermöglichen die Integration des gesamten Unternehmens – insbesondere hinsichtlich der Ressourcenplanung – und bergen damit enorme Chancen, sich durch eine überlegene betriebliche Organisation Wettbewerbsvorteile zu sichern. Die Unternehmen müssen sich dabei zwischen zentralisierten und dezentralisierten Management-Kontrollsystemen entscheiden.

Warum der Kopf wissen muss, was die Hände tun 501
   (Steve New)

Modulare Produktion: mehr als die Summe der Teile 506
   (Mari Sako und Fiona Murray)

Wie man Entscheidungen sinnvoll automatisiert 515
   (William S. Lovejoy)

Steve New

Warum der Kopf wissen muss, was die Hände tun

Strategische Planung und operative Umsetzung können in der modernen Geschäftswelt nicht länger getrennt betrachtet werden. Denn mit modernen Informationssystemen für unternehmensweite Integration lassen sich Wettbewerbsvorteile durch überlegene operative Fähigkeiten sichern. Welches sind die Methoden, mit denen Unternehmen bislang die Verbindung zwischen »Denkern« aus der Vorstandsetage und »Machern« aus der Werkstatt hergestellt haben? Unternehmensführung muss heute mehr Verständnis entwickeln für die Komplexität des Betriebs.

In einer politischen Auseinandersetzung sah sich Michael Howard, damals Innenminister einer konservativen Regierung in Großbritannien, mit Rücktrittsforderungen konfrontiert. Eine Serie von Ausbrüchen aus Hochsicherheitsgefängnissen hatte die Öffentlichkeit alarmiert. Medien und Opposition sorgten dafür, dass es um Howards Kopf ging: Waren nicht seine Entscheidungen zur finanziellen und personellen Ausstattung letztlich verantwortlich für den kritischen Zustand des nationalen Strafvollzugs? Howard wies diesen Vorwurf zurück – mit einem Argument, das eines der Kernprobleme im Management ausmacht: »Machen Sie nicht mich dafür verantwortlich«, sagte er, »ich mache nur die Politik – und dies ist ein operatives Problem.«

Die vermeintliche Unabhängigkeit von Strategie und betrieblichen Abläufen ist ein echtes Problem für Unternehmen und Körperschaften, im öffentlichen wie im privaten Sektor. Es berührt den Kern des professionellen Managements und spiegelt eine weit verbreitete Betrachtungsweise intellektueller Arbeit wider: Strategie = Gehirn, Operation = Muskeln. Strategie gibt vor, Operation führt aus. Diese Trennung entspricht auch den von Frederick Taylor festgestellten Unterscheidungen zwischen Planung und Ausführung in der Mitarbeiterschaft. Aber entspricht sie auch den geschäftlichen Anforderungen unserer modernen Welt?

Robert Lutz, Geschäftsführer des Autobatterieherstellers Exide Corporation, erklärte in einem Interview, dass Teamleiter für große Projekte lieber von etwas »weiter unten« aus der Firmenhierarchie stammen sollten. Er wolle »Leute, die noch frisch genug sind, um zu wissen, wie das Unternehmen tatsächlich funktioniert«. Wie konnten wir einen Punkt erreichen, an dem Erfahrung beim Verständnis von Betriebsabläufen als Hindernis gilt?

Ich spreche mich in diesem Artikel gegen eine Trennung von Strategie und Operation aus, obwohl diese Unterscheidung in vielen großen Organisationen fest verankert ist und durch die Standardlehren der Wirtschaftsschulen weiter verstärkt wird. Ich werde mich außerdem mit einer speziellen Entwicklung beschäftigen, nämlich dem Aufkommen von ERP (Enterprise Resource Planning). Diese Methode setzt eine Verknüpfung von Operation und Strategie voraus und stellt Topmanager vor neue Anforderungen. Zunächst werde ich jedoch einige grundlegende Ideen beschreiben, die Strategie und betriebliche Abläufe in Verbindung setzen.

Dass die operative Seite strategische Bedeutung haben könnte, ist von führenden Wissenschaftlern kontrovers diskutiert worden. Die wohl einflussreichsten, Wickham Skinner und Terry Hill, wiesen jedoch nach, dass Strategie mehr umfasst als die richtige Kombination aus Produkten, Märkten und Preisen. Makro-Analysen können schließlich nicht aus sich heraus ein Geschäftssystem generieren, das die Waren tatsächlich erzeugt. Ein Grundproblem sieht Hill darin, dass »operative Mitarbeiter« tendenziell Dinge ermöglichen und Probleme lösen wollen. Ignoriert das Topmanagement ihre Anliegen, werden diese Mitarbeiter eher nicht gegen die Ignoranz protestieren, sondern das Beste aus der bestehenden Situation machen. Statt eine strategische Debatte über die Organisation des Verkaufs zu führen, wird ein Fabrikleiter angesichts eines unrealistischen Auftrags vielmehr versuchen, das Unmögliche möglich zu machen.

Analyse erzeugt keine Umsetzung

In der operativen Strategie hat man betriebliche Abläufe möglichst bis in die Sphären der strategischen Entscheidungsfindung »aufgewertet«, damit operative Probleme auch in der Vorstandsetage berücksichtigt werden. Dabei ist man auf drei Schwierigkeiten gestoßen, denen sämtlich die Vorstellung zugrunde liegt, dass zwischen Vielfalt, Bestand und Qualität abgewogen werden muss. Einem Modell für strategische Entscheidungsfindung entsprechend, das auf eine rationale Analyse setzt, sollten Topmanager Vorteile und Nachteile verschiedener Optionen abwägen und eine operative Strategie wählen, die am besten zum Markt und den unternehmensinternen Kapazitäten passt. Abstrahiert man operative Fragen auf diese Weise, erlaubt dies anscheinend einen einfachen und direkten Entscheidungsfindungsprozess. Die scheinbare Einfachheit aber trügt, denn durch die Abwäge-Entscheidung wird Komplexität verschleiert – mit möglicherweise negativen Folgen.

Größenvorteile

Als Erstes müssen Unternehmen die Vielfalt ihres Angebots prüfen: Wollen sie ein Produkt für jeden Kunden maßschneidern, oder sollen diese aus begrenzten Optionen wählen? Normalerweise sinken die Kosten mit zunehmender Standardisierung. Diese überzeugende Logik der Größenvorteile lenkt Unternehmen in Richtung Produktuniformität. War damit nicht auch Henry Ford erfolgreich? Ja – bis Alfred Sloan von General Motors eine breitere Auswahl anbot, die besser zu einem immer stärker fragmentierten Markt passte.

Als grundlegende wirtschaftliche Problematik ist dies allgemein bekannt. Wir alle wissen, dass ein Unterschied besteht zwischen einem maßgeschneiderten Anzug und einem Anzug von der Stange. Es liegen Welten zwischen einem Essen bei Mossiman, einem erlesenen Londoner Restaurant, und einer Mahlzeit bei McDonald's. Operative Schwierigkeiten hingegen sind weniger leicht zu durchschauen. Eine massenhafte Herstellung standardisierter Produkte kann die Stückkosten senken; sie schränkt jedoch den Zugang der Entscheider eines Unternehmens zu Informationen über Kundenbedürfnisse ein.

Investitionen in die Infrastruktur einer Massenproduktion können das Unternehmen auf Jahre an unflexible Produktionsmethoden fesseln. Und schließlich können launische Kunden ihr Augenmerk vom Preis auf andere Produkteigenschaften lenken. Ein Hersteller, der sich für Massenproduktion entschieden hat, sitzt dann schnell auf dem Trockenen. Die Abwägung von Masse und Vielfalt sollte also nur anhand detaillierter Kenntnisse über Abläufe und Marketing erfolgen.

Japanische Methoden als Vorbild

Die zweite Überlegung betrifft die Art, wie ein Unternehmen die Lagerhaltungskosten gegen die Vorteile der Produktionsstabilität abwägt. Lange Produktionsläufe sichern Größenvorteile und verringern die Rüstzeiten, die beim Wechsel von einem Produkt zum anderen entstehen. Sie verursachen jedoch auch Kosten durch die höheren Anforderungen an das Inventar. Und auf den versteckten Kosten der Lagerhaltung beruht eine der wichtigsten Lehren der japanischen Produktionsweise.

Normalerweise werden Lagerhaltungskosten auf Grundlage der Kosten des Betriebskapitals und der direkten Kosten für die Lagerhaltung berechnet. Eine zentrale Erkenntnis aus dem Produktionssystem des japanischen Industriekonzerns Toyota Motor ist, dass dabei die Nachteile der Lagerhaltung extrem unterschätzt werden. Das Lager dient als Puffer zwischen Unternehmen und Unsicherheiten im Umfeld. Also werden betriebliche Probleme mit der Zuverlässigkeit oder der Qualität oft verschleiert. Große Lagerbestände verhindern Problemlösungen.

Mit einem geringen Lagerbestand und einem Just-in-Time-System hingegen können Ausfälle bei Lieferanten oder Maschinen schnell zu einer Krise führen. Die Manager müssen also ihre Aufmerksamkeit auf die Ursache des Problems richten. In einem durch große Lager abgesicherten System aber werden Probleme eher eingelagert als gelöst. Der japanische Produktions-Guru Shigeo Shingo bezeichnet dies als »Betäubungseffekt«. Auch die dritte Entscheidung, bei der Kosten und Qualität gegeneinander abgewogen werden, geht auf Gedanken der japanischen Unternehmensführung zurück. Üblicherweise erzeugt hohe Qualität auch hohe Kosten. Präzise Produktstandards gehen mit entsprechend hohen Kosten einher. Die Erfahrungen in Japan haben zu einer Neuformulierung dieses Problems geführt. Qualität wird hier als Maßstab dafür betrachtet, wie gut eine Leistung den Bedürfnissen und Erwartungen des Kunden entspricht, und nicht mehr dafür, wie stark ein Produkt vergoldet wurde. Misst man Qualität an Fehlern oder Zuverlässigkeit statt an Spezifikationen, ist es also möglich, dass ein billiges Auto ein weit teureres übertrifft. Eine Abwägung von Produktqualität und Kosten hängt davon ab, wie man Qualität definiert.

Bei der Prozessqualität ist dieses Thema noch wichtiger. Hier ist die Beziehung zwischen Kosten und Qualität zwar weniger leicht zu erkennen. Es ist jedoch fast immer sinnvoll, in die Vermeidung von Qualitätsproblemen zu investieren. Eine fehlerhafte Produktion kann sich als überraschend teuer erweisen, wenn man sämtliche Kosten addiert. Das Abwägen zwischen Qualitätsanstrengungen und den Kosten durch Fehler ist also kein gradliniger Prozess.

Fertigungsstrategie

Die Entwicklung einer Fertigungsstrategie beruht meist auf einem dieser drei Abwägungsmodelle. Eine endgültige Entscheidung kann erst dann getroffen werden, wenn analysiert wurde, welches davon die Kundenaufträge hundertprozentig absichert. Wird dieses Thema vernachlässigt, verliert man möglicherweise den Bezug zur geschäftlichen Realität – und den Zugriff auf entsprechende Wettbewerbsvorteile. Aber reicht eine weitere Perspektive aus? Der Erfolg von ERP (Entreprise Resource Planning) scheint das Gegenteil nahe zu legen und ganz neue Gedanken über operative Strategien zu provozieren.

Die Einführung firmenweiter Informationssysteme hat in den vergangenen Jahren rapide zugenommen und fragmentarische Systeme ersetzt. Führende Hersteller wie SAP, Baan und Peoplesoft, haben Systeme entwickelt, die Unternehmen bei fast allen wichtigen Betriebsabläufen unterstützen. Der effiziente Einsatz von ERP ermöglicht eine Vielzahl von Verfeinerungen und Verbesserungen der Betriebsabläufe eines Unternehmens. Statt eines statischen Analyseprozesses, der »richtige« Antworten hervorbringt, gerät die Umsetzung der Fertigungsstrategie zu einem fortdauernden intelligenten Prozess.

Richtig eingesetzt sind ERP-Systeme sehr kraftvolle Instrumente für Informationsprozesse und Performance-Entscheidungen. Sie öffnen außerdem den Blick für mögliche neue Produkt und Dienstleistungsangebote. Warum sollte man sein Lagersystem nicht auch seinen Kunden zugänglich machen? Könnte man die detaillierten Performance-Daten von Produktionsstätten auf der ganzen Welt nicht für ein ständiges Benchmarking nutzen? Mehr verfügbare Informationen führen zu besseren Analysen.

Angebote können verfeinert und erweitert, kleinere Marktnischen identifiziert und komplexere Kundenwünsche berücksichtigt werden. Andererseits sind viele Firmen mit ERP-Systemen ernsthaft in Schwierigkeiten geraten. Misserfolge bei der Implementierung von ERP treten jedoch nur dann auf, wenn Computersysteme auf unzureichend durchdachte Geschäftsprozesse aufgepfropft werden oder die Betriebsabläufe nicht vollständig begriffen wurden.

Neuordnung

Die Fähigkeit eines Unternehmens, Produktvielfalt zu managen, steht und fällt mit den veränderten Kundenbedürfnissen und den Kosten für eine entsprechende Anpassung der Produktion. Mittels Internettechnologie könnten Unternehmen die Risiken der Massenproduktion verringern. Auch die Lagerverwaltung wird durch solche Informationssysteme leichter und effizienter. Das geht weit über die Erfassung von Lagerbeständen hinaus. Die neuen Systeme ermöglichen eine wesentlich detailliertere Kontrolle und Analyse als bisher. Ford beispielsweise plant, gebrauchte Fahrzeugteile über das Internet anzubieten. Dies wird dem Unternehmen sowohl mehr Einfluss auf den Gebrauchtwagenmarkt verschaffen als auch die Einhaltung der Umweltauflagen erleichtern.

Die Einführung von ERP-Systemen ermöglicht also den Quantensprung im operativen Management. Bei der Formulierung der Unternehmensstrategie spielen die betrieblichen Abläufe eine zunehmend wichtige Rolle. Solange allerdings operative Themen unter Spitzenstrategen als zu detailliert oder zu banal gelten, wird das Verbesserungspotenzial vermutlich nicht genutzt. Die einzige Lösung ist eine weit greifende Neuordnung intellektueller Verantwortlichkeiten der Topmanager.

Möglichkeiten, die sich aus überlegenen operativen Fähigkeiten ergeben, sind zu gut, um ignoriert zu werden. Die Unternehmen müssen – auf höchster Ebene – die Komplexität ihrer Operationen begreifen. Das Topmanagement kann sich nicht länger aus der Verantwortung für Misserfolge im operativen Bereich schleichen.

Literaturhinweise
Clark, K.: »Competing through Manufacturing and the New Manufacturing Paradigm: Is Manufacturing Strategy Passé?«, *Production and Operations Management*, 5 (1), 1996.
Hayes, Robert H.; Pisano Gary P.; Upton, David M.: *Strategic Operations: Competing through Capabilities*. New York [u. a.]: Free Press, 1996.
Hill, Terry: Manufacturing Strategy: Text and Cases. London: Macmillan, 1995.
Skinner, W.: *Manufacturing in the Corporate Strategy*. New York, NY: Wiley, 1978.

Mari Sako und Fiona Murray

Modulare Produktion: mehr als die Summe der Teile

Viele europäische und amerikanische Unternehmen wenden bei der Produktion und der Produktgestaltung zunehmend »modulare« Strategien an. Solche modularen Produkte sind aus Elementen zusammengesetzt, die unabhängig voneinander hergestellt wurden. Dieser Artikel vergleicht die Erfahrungen in der Computerbranche, wo ein modularer Aufbau den Forderungen der Verbraucher entsprach, mit der Entwicklung in der Automobilindustrie, wo Modularität dazu führen soll, Kosten und Komplexität zu verringern. Diskutiert werden die Wahl zwischen Integration und Modularisierung als strategische Entscheidung, vor der jeder Originalhersteller heute steht.

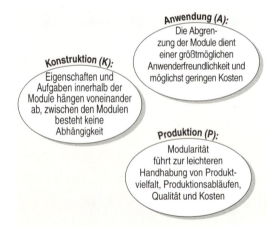

Abb. 1: Schauplätze der Modularisierung

Während des gesamten vergangenen Jahrhunderts haben zentrale strategische Ideen ihren Ursprung in der Automobilindustrie genommen. Das Fließband bei Ford beispielsweise hatte erstmals die Arbeit standardisiert. Und das von Taiichi Ohno entwickelte Herstellungsverfahren bei Toyota gehört mit der Lean Production zu den entscheidenden Innovationen im Management. Bei der Konstruktion, der Produktion und dem Vertrieb von Autos werden die entscheidenden strategischen Herausforderungen sichtbar, die mit einem komplexen und technologisch ausgereiften Produkt zusammenhängen. Unternehmen aus anderen Branchen haben sich aus diesem Grund davon inspirieren und belehren lassen. Heutzutage legen viele europäische und amerikanische Hersteller bei der Produktgestaltung und in der Produktion den Schwerpunkt auf so genannte modulare Strategien. Dieser Artikel untersucht den Erfolg dieser neuen Entwicklung. Und bewertet ihre Tauglichkeit als strategische Waffe bei der Suche nach neuen Möglichkeiten, in der Herstellung einen Wettbewerbsvorsprung zu erreichen.

Modulare Struktur

Eine modulare Strategie ist eine Strategie, die die Vorteile modularer Produktarchitektur optimal ausnutzt. Ein modulares Produkt ist ein komplexes Erzeugnis, dessen einzelne Bestandteile unabhängig voneinander konstruiert werden und zusammen dann als nahtloses Ganzes funktionieren. Diese Art Produkte wurden in der Computerbranche sehr früh eingeführt. Festplatten, Betriebssysteme oder Mikroprozessoren sind zum Beispiel solche Module.

Durch die Einführung einer modularen Strategie konnte IBM die Entwicklungszeiten für die Entwicklung und die Fertigung seines System deutlich verkürzen. Allerdings brachten die Definierung und die anschließende Standardisierung der Module Microsoft und Intel den Erfolg, da der Mehrwert nicht vom Architekten der modularen Strategie eingeheimst wurde, sondern von den Zulieferern der Module. Die Verteilung der Gewinne, die aus der Einführung modularer Strategien resultieren, ist allerdings von verschiedenen, branchenspezifischen Eigenschaften abhängig, wie die Gegenüberstellung von Computern und Autos zeigt (siehe Abbildung 1).

Ursachen

Die Entwicklung modularer Computer wurde hauptsächlich durch eine modulare Nutzung vorangetrieben: Die Anwender verlangten Kompatibilität, Austauschbarkeit und die Möglichkeit zum Upgrading ihrer Computersysteme. Daraufhin wurde viel Zeit und Anstrengung investiert, um weltweit einheitliche Standards für die Konstruktion und für die Kommunikation zwischen den Modulen festzulegen. Die modulare Produktarchitektur wiederum führte zu einem modularen Geschäftsaufbau mit unabhängigen Entwicklungsteams. Der Zerfall der Branche in Zulieferer wurde außerdem – zumindest in den USA – durch die Verfügbarkeit von Risikokapital für Start-ups und die Bereitschaft qualifizierter Mitarbeiter zum Firmenwechsel begünstigt.

In der Automobilbranche hingegen ging die Einführung von Modulen von der Herstellung und nicht von der Nachfrage aus. Der Vorzug modularer Produktionsverfahren besteht darin, dass dadurch die Komplexität, Kapitalbindung und Montagekosten gesenkt werden können. Für modulare Baugruppen werden die Produktionsaufgaben in Bestandteile zerlegt, die voneinander unabhängig erfüllt werden können. Das Endprodukt wird dann aus diesen großen Unter-Baugruppen zusammengesetzt. Fiat in Italien entschied sich in den achtziger Jahren für ein innerbetriebliches modulares Produktionsverfahren, um angesichts von Problemen mit der Belegschaft stärker zu automatisieren. Die Modularisierung kann aber auch ein Schritt in Richtung Outsourcing der Produktion verstanden werden. Beim Outsourcing werden Komplexität, Kapitalbindung und Kosten auf den Zulieferer verlagert.

Komplexität und Kosten senken

Der nächste logische Schritt nach einer Modularität in der Produktion ist die Berücksichtigung des modularen Aufbaus bereits bei der Produktplanung. Die modulare Planung zerlegt den Konstruktionsprozess in trennbare Einzelaufgaben, die den einzelnen Produktbestandteilen entsprechen können, aber nicht müssen. Diese eindeutig festgelegten Produktabgrenzungen bieten den Herstellern zahlreiche Möglichkeiten, auch den Konstruktionsprozess auszulagern und den Umfang der Entwicklung zu verringern (siehe Abbildung 2).

Auf den Druck der Automobilhersteller hin entwickelten sich die Zulieferer der Automobilbranche weiter, um ihr technisches Know-how zu erweitern und zu vertiefen und sich auf Investitionen einzustellen. Unternehmen wie Delphi Automotive Systems (ehemals der Geschäftsbereich Autoteile von General Motors) haben ihre technischen Fähigkeiten auf Bereiche wie Glasfaseroptik, Multimedia, Energiesysteme und Elektronik ausgeweitet.

	Computer	**Autos**
Auslöser	(A) (P)	(P) (K)
Einführung	Konstruktionsteams und Neugründungen, später Outsourcing	Outsourcing, Aufbau und Festigung des Zuliefernetzes
Arbeitsmärkte	Mobilität bei den technischen Berufen	Lohnunterschiede bei OEMs und Zulieferern
Kapitalmärkte	Wagniskapital für Gründer	Übernahmen auf Empfehlung von Investementbanken

Abb. 2: Warum Module konstruiert werden

Einige Zulieferer ändern ihre Geschäftsstrategie, um erheblich mehr technische Kompetenz zu bieten als bisher – damit sie bei der Planung der Module überhaupt zum

Zuge zu kommen. Diese Unternehmen werden auch immer stärker in die Herstellung von Modulen und Unter-Baugruppen eingebunden. Statt die Komponenten zum Werk des Herstellers zu transportieren, richten sie Produktionsstätten für die Teilmontage ein. Diese liegen meist außerhalb des Werks, häufig allerdings nur wenige Kilometer entfernt von der Endmontagestätte. In Alabama baut Delphi beispielsweise das Cockpit der neuen Mercedes-M-Klasse mit einem nur 120-minütigen Zeitfenster für Montage und Lieferung an das Endmontageband zusammen. Bis es das Band erreicht, bleibt das Cockpit Eigentum von Delphi, und auch für die Qualität ist Delphi verantwortlich.

Es gibt also zwei relativ unterschiedliche Stadien auf dem Weg zu modularen Produkten. Der erste Schritt ist die Zerlegung des Produkts in eigenständige Module innerhalb des Entwicklungs- oder Produktionsprozesses. In einem zweiten Schritt muss überlegt werden, ob man diese Tätigkeiten an einen Zulieferer auslagert. Die Aufgliederung des Autos in einzelne Produktionselemente ist relativ einfach. Seit Henry Ford mit der Fließbandfertigung als Erster das Prinzip der standardisierten Arbeit einführte, ist ein stetiger Prozess der Vereinfachung und Vereinzelung im Gange. Der Konstruktionsprozess ist allerdings weniger leicht zu zerlegen, da das Auto aus einer physisch zusammenhängenden Baugruppe und Systemen besteht – beispielsweise für die Klimaregelung, Sicherheit oder Elektronik. Die Systemintegration ist wichtig für die Performance. Dennoch können die Vorgaben durch die Baugruppen den Anforderungen der Systeme so sehr zuwider laufen, dass sie kaum ohne Performance-Verluste zu konstruieren sind.

Der Unterschied zur Computerbranche ist sehr aufschlussreich, wenn man die strategischen Ergebnisse vergleicht, die durch die Einführung modularer Produkte erzielt werden. Wie bereits festgestellt wurde, war der modulare Aufbau von Computern durch die Modularität in der Anwendung begründet. Die Planung bei IBM war auf dieses Ziel ausgerichtet. IBM hatte herausgefunden, dass das elektromechanische System gut für eine Zerlegung geeignet war, ohne dass nennenswerte Performance-Verluste auftraten (obwohl interessanterweise die meisten Hochleistungscomputer nicht mit Festplatten oder Betriebssystemen in Modulbauweise konstruiert werden). Die Computerbranche wurde nicht von der Modularität in der Produktion angetrieben. Und IBMs bewusster Entschluss, die Entwicklung und Herstellung des Betriebssystems und des Chips an Microsoft und an Intel auszulagern, wurde viel später getroffen als die grundsätzliche Entscheidung für eine modulare Produktarchitektur. Trotz wesentlicher Unterschiede zwischen beiden Branchen stellt die Erfahrung von IBM doch eine wichtige Lektion dar über mögliche Konsequenzen für die Organisation einer Branche, für ihre Stärke und für die Vorteile, die sich aus einer veränderten Produktarchitektur ergeben können. Der Mehrwert verschob sich bei den Computern rasch vom übergeordneten Produktarchitekten, also IBM, zu den Konstrukteuren und Herstellern der Module wie Intel und Microsoft. Muss man in der Automobilindustrie und anderen Branchen mit ähnlichen Entwicklungen rechnen? Und welche Strategien sollten die Autohersteller und Zulieferer verfolgen?

Wettbewerbsvorteile

Originalgerätehersteller (Original Equipment Manufacturer, OEM) können ihre strategische Wahl treffen zwischen der Entscheidung, integriert zu bleiben oder aber modular zu werden. Integrierte Unternehmen behalten die Kontrolle über den gesamten Konstruktions- und Produktionsprozess und müssen in beide Bereiche viel investieren. Durch strenge Kontrolle des gesamten Konstruktionsprozesses kann ein integriertes Unternehmen die technologische Führung behalten. Wird Technik standardisiert und von dominanten Modulherstellern kontrolliert, ist dies kaum noch möglich. Außerdem kontrolliert ein integriertes Unternehmen den gesamten Produktionsprozess und somit auch Qualität und Komplexität.

Da ein Auto verschiedene Technologien vereinigt, sind die Schwierigkeiten mit dieser Strategie die üblichen Probleme der OEMs – überzogene Aufwendungen für Forschung und Entwicklung (F&E), schwierige technische Diversifikation, kostspielige Investitionen in neue Werke und komplexe Produktionsverfahren. Diese Probleme können gemildert werden, wenn man die technische Kontrolle über F&E und die Konstruktion behält, sich bei stark modularisierten Produktionsprozessen jedoch verstärkt auf die Zulieferer verlässt. Mercedes scheint diesem Modell folgen zu wollen. Innerbetrieblich werden umfangreiche F&E-Projekte durchgeführt, während die Komplexität der Produktion großen Zulieferern überlassen wird, die die Module produzieren und in der Nähe der Endmontagestätten investieren.

Unternehmen, die noch stärker auf Module setzen, lagern die komplexe Produktion an die Zulieferer aus und streben gleichzeitig nach einer modularen Konstruktion, die die modulare Produktion erleichtert. Sie werden immer stärker auf Zulieferer setzen, die nicht nur Produktions-Know-how, sondern auch Planungs- und technische Expertise mitbringen. OEMs, die auf Module setzen, verlieren die technische Führerschaft und möglicherweise auch die Quelle des Mehrwerts, wenn der Zulieferer die technische Kontrolle übernimmt. Doch durch Markennamen, Kundendienst, Produktgestaltung oder innovative allgemeine Produktkonzepte können modulorientierte Unternehmen ihren Wert erhalten (der Smart, Mercedes' Auftritt in der Kleinwagenklasse, ist hier für ein gutes Beispiel). Eine globale Präsenz ist ebenfalls wertvoll und wird – weil durch das Outsourcing weniger Investitionen erforderlich sind – leichter möglich sein.

Technische Kontrolle behalten

Die strategischen Wahlmöglichkeiten der OEMs sind also folgende: Nachhaltige Gewinne ergeben sich aus der Kontrolle über das Anlagevermögen und die Marktposition. Wettbewerbsvorteile können ihren Ursprung in verschiedenen Bereichen haben wie der technischen Innovation, Standardisierung- und Markenmanagement. Bei der Modularisierung in der weltweiten Automobilbranche steht allerdings heute noch nicht fest, wer die Kontrolle behält und ob es eine entscheidende Verschiebung bei der Kräfteverteilung innerhalb der Branche gibt. Welche Konsequenzen haben diese Strategien für die Zulieferer? Oft wird über Unternehmensstrategien losgelöst vom Rest der Branche nachgedacht. Tatsächlich sind jedoch die Entscheidungen von Zulieferern und OEMs untrennbar miteinander verbunden. Große europäische und US-amerikanische Zulieferer entscheiden sich bewusst für eine modulare Strategie. Sie müssen also ihre technischen Kompetenzen erweitern und in Planungs- und Verfahrenstechniken sowie F&E investieren. Denn dies befähigt sie, lange vor dem eigentlichen Wettbewerb um konkrete Planungen unverwechselbare Konzepte auf den Tisch zu legen. Diese Strategien zahlen sich dann aus, wenn die Zulieferer ihr Hauptaugenmerk auf die »modularisierten« OEMs richten; diese werden ihre ersten Kunden sein.

Wenn Zulieferer von Modulen geistigen Besitz anhäufen, mit dem sie die Branche prägen können, dann nehmen sie eine bessere Position ein als die integrierten Unternehmen. IBM zum Beispiel musste den Markt der Betriebssysteme aufgeben, weil der Zulieferer des entsprechenden Moduls – Microsoft – den Standard der Branche gesetzt hatte. Nur wenige Zulieferer allerdings können ihre Existenz sichern, indem sie Module entwickeln und Standards setzen. Ein Modulzulieferer der ersten Ebene, der direkt mit dem OEM Geschäfte tätigt, macht höhere Gewinne, als es Zulieferern einer niedrigeren Ebene möglich ist. Letztere können jedoch dadurch einen eigenständigen Wettbewerbsvorteil erringen, dass sie sich auf F&E und Spezial-Know-how konzentrieren. Ein integrierter OEM ist bei seiner Strategie also auf die Kooperation der Zulieferer von Spezialkomponenten angewiesen. Ein Modulezulieferer indes benötigt ebenfalls strategische Allianzen mit anderen Zulieferern, die über ergänzende technische Fähigkeiten verfügen.

Implementierung

Die modulare Produktion wird vor allem von Projekten »auf der grünen Wiese« gefördert. Ohne Einschränkungen durch bereits vorhandene Werke, Arbeitsverträge und lokaler Lieferanten können die Zulieferer von Modulen um die neue Produktionsstätte herum angesiedelt werden, wie es bei der Smart-Fabrik und dem VW-Werk im brasilianischen Resende zu beobachten war. Bereits erschlossene Standorte schränken den Grad der in der Produktion erreichbaren Modularität unausweichlich ein. Auch der Widerstand der Gewerkschaften gegen eine Auslagerung ist ein typisches Hindernis.

Und selbst bei einer Neugründung auf der grünen Wiese muss der modulare Aufbau von Technikern und F&E-Managern des Kernunternehmens organisiert werden. Modularität verändert die Aufgabe dieser Fachleute von der Konstruktion und der Beschreibung von Teilen hin zu einer hochgradigen Systemintegration und detaillierten Spezifikation der Performance dieser Module. Trotz der aktuellen Entwicklung hin zu integrierten Produktentwicklungsteams ist eine funktionale Spezialisierung in einigen OEMs noch immer vorhanden. Die Konstruktion eines Cockpits setzt beispielsweise wenigstens technische Fähigkeiten in Plastikspritzguss, Elektronik, Audio-Technik und Elektrik voraus. So wie der Standort auf der grünen Wiese das Experimentieren mit modularer Produktion ermöglicht, hat auch die modulare Konstruktion in Unternehmen wie BMW (mit dem Z3) oder Mercedes (mit der M-Klasse und dem Smart) als innovatives Projekt an der Peripherie des OEM ihren Anfang genommen.

Die Geschichte des Unternehmens beeinflusst natürlich die Umsetzung von Modular-Strategien. Dadurch können verschiedene OEMs ihre unterschiedlichen Fähigkeiten erhalten, entwickeln oder verwerfen. Man stelle sich einen Autohersteller mit einer nicht modularen Produktgestaltung und einer stark vertikal integrierten Produktion vor.

Dieses Unternehmen kann auf drei Wegen zu einer modularen Konstruktion und ausgelagerter Produktion gelangen: erstens durch die Planung von Modulen, die erst im Hause produziert werden, bevor man sie auslagert; zweitens durch die Auslagerung nicht modularer Komponenten vor der Verwirklichung modularer Planung; drittens durch die gleichzeitige Implementierung von modularer Konstruktion und Outsourcing. Jeder Weg führt zu anderen Fähigkeiten und zu einer anderen Performance der Lieferkette.

Auf dem ersten Weg wird der modulare Aufbau nur dann übernommen, wenn er zu deutlichen Performance Verbesserungen und Lösungen für ergonomische Probleme und für Schwierigkeiten durch Komplexität führt. Wenn Module ausgelagert werden, profitieren die Zulieferer von Lösungen, die der Automobilhersteller gefunden hat. Beim zweiten Weg ist eher die Auslagerung als die Modularisierung der eigentliche Antrieb. Es steht nicht fest, ob der Autohersteller oder aber der Zulieferer bei der Einführung modular aufgebauter Verfahren und der Integration von Komponenten die Nase vorn haben wird. Beim dritten Weg wird die gleichzeitige Einführung des modularen Aufbaus und der ausgelagerten Produktion nicht unbedingt die Komplexität reduzieren, wenn diese einfach vom Autohersteller zum Zulieferer verschoben wird.

Den Gesamtaufwand reduzieren

Wird also der Gesamtaufwand in der Lieferkette durch Modularisierung und Auslagerung reduziert oder bleibt es gleich, wenn der Autohersteller die Komplexität nach weiter unten in der Lieferkette auslagert? Die Antwort hängt von den Grenzen des Verbundes ab, für den der Architekt die Ziele optimiert hat. Ein Autohersteller, der die Module intern produziert oder die Lösungen von Zulieferern umsetzen lässt, wird wahrscheinlich von einer allgemeinen Verbesserung aufgrund der Modularisierung profitieren können. Wenn aber ein Autohersteller die Module ohne eigene interne Lösungen auslagert, wird die Komplexität in der gesamten Lieferkette möglicherweise nicht reduziert. Die Module sind daraufhin teurer, als wenn sie selbst produziert würden.

In Japan ist die Produktion von Komponenten schon vor langer Zeit ausgelagert worden. Doch bislang sind die japanischen Firmen sehr vorsichtig mit der Auslagerung von Baugruppen. Die Montage von Modulen wird zwar von einigen OEMs in Betracht gezogen, überwiegend jedoch weiterhin im eigenen Betrieb durchgeführt (in Abbildung 3 dominiert Weg 1). In Europa hingegen ist die Auslagerung von Komponenten ein relativ neues Phänomen und es gibt das starke Bestreben einiger Autohersteller, die Module an Zulieferer auszulagern (Weg 3 in Abbildung 3). Außerdem werden einige vorhandene Zulieferer von Komponenten aufgefordert, eine Arbeitsgemeinschaft für die Lieferung eines Moduls zu bilden (und Weg 2 zu vervollständigen).

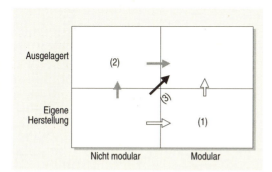

Abb. 3: Wie Modularisierung und Outsoursing zusammen wirken (drei Schritte)

Die globalen Kräfte, die zur Modularisierung führen – die Notwendigkeit großer globaler Investitionen ohne nennenswert höhere Fixkosten und die Probleme beim Management komplexer globaler Verbünde –, haben in unterschiedlichen Bereichen sicherlich unterschiedliche Auswirkungen. Dies führt jedoch nicht, anders als manche Beobachter meinen, zwangsläufig zu einer Vereinheitlichung im Führungsstil und im Branchenaufbau.

Unsere Forschungen, die vom International Motor Vehicle Programme (IMVP) unterstützt werden, haben gezeigt, dass die Zulieferer in Europa und den Vereinigten Staaten erheblich investieren, um als Modulzulieferer wettbewerbsfähig zu sein. Sie werden angespornt durch die anspruchsvollen Anforderungen der Finanzmärkte und die Notwendigkeit, ihren Beitrag zur Wertschöpfung in der Automobilentwicklung und -produktion zu erhöhen.

In diesen Bereichen deutet sich eine Verschiebung an: Zulieferer sind keine Gegner mehr, sondern aktive Vertragspartner. Und über den Stückpreis hinaus sind auch Innovation, Geschwindigkeit und Zugang zu geistigem Eigentum maßgeblich. Im Gegensatz dazu, haben unsere japanischen Kollegen herausgefunden, ist bei den japanischen OEMs nur eine begrenzte Bereitschaft zur Modularisierung vorhanden. Sie ziehen es vor, bei den engen, aber hierarchischen Zuliefererbeziehungen zu bleiben, die sie über einen langen Zeitraum hinweg aufgebaut haben. Aber da auch sie global expandieren und im Ausland neue Werke aufbauen, werden auch die japanischen OEMs zu modular planenden Unternehmen oder zumindest zu Unternehmen mit modularer Produktion werden.

Es dürfte somit Strategien geben, die je nach Ursprungsland des OEM variieren. Die japanischen Unternehmen folgen einem anderen Weg als die US-amerikanischen oder europäischen, geprägt durch ihre Geschichte und dadurch begründete Besonderheiten. Dieses Muster jedoch wird durch die Geografie der Standorte kompliziert. In etablierten Werken werden OEMs vielleicht einer bewährten Strategie folgen, neue Fabriken und neue Automodelle hingegen als Anlaß nehmen, mit Modularität in der Produktion oder Modularität in der Planung zu experimentieren. Daraus entsteht ein komplexes Geflecht aus Branchenstruktur und Unternehmensstrategien. Die Strategie der OEMs wird von ihrem Ursprungsland, dem Land der jeweiligen Geschäftstätigkeit und dem Standort der Zulieferer abhängen. Zulieferern muss es möglich sein, verschiedene OEMs zu versorgen, um profitabel zu sein. Und sie müssen sich flexibel genug zeigen, um eine Reihe modularer Optionen anzubieten, die von der reinen Produktion bis zu einem Komplettpaket aus Konstruktion und Produktion reicht.

William S. Lovejoy

Wie man Entscheidungen sinnvoll automatisiert

Aus der Betriebsmittelplanung und ähnlichen integrierten Software-Systemen können Unternehmen häufig großen Nutzen ziehen. Dass sich die Versprechungen der MRPII-Systeme vor 25 Jahren als falsch erwiesen haben, sollte dabei jedoch als Warnung verstanden werden. Letztlich muss der Wandel des Wettbewerbsumfelds darüber entscheiden, ob Unternehmen Kontrolle mit zentralen oder dezentralen Koordinationsmechanismen ausüben sollten. In einem volatilen Umfeld ist nämlich eine Zentralisierung kaum sinnvoll: Hier müssen die Mitarbeiter ausreichenden Zugriff auf Informationen haben, um eigenständig Entscheidungen zu treffen und umzusetzen. Entscheidend ist in diesem Zusammenhang die Personalentwicklung durch entsprechende Anreizsysteme.

»Begeisterte Anwender aus allen wichtigen Branchen und der schnell wachsende Markt für Geschäftssoftware sind klare Indikatoren für die Stärken moderner Informationsverarbeitung bei der Lösung klassischer betrieblicher Aufgaben. Diese Softwaresysteme verarbeiten Daten so, dass sie stets auf dem neuesten Stand, standardisiert und für jeden zugänglich vorliegen. Sie bieten Herstellern und Lieferanten die Möglichkeit, bei jeder Änderung der Nachfrage oder der Verfügbarkeit von Betriebsmitteln automatisch die erforderliche taktische Entscheidung zu treffen. Produktionsmengen und Zeiten werden präzise geplant, um optimalen Kundenservice bei minimalen Kapazitätsüberschüssen und/oder Lagerbeständen zu gewährleisten. Der Umsatz mit solchen Softwarelösungen wächst rasch, und die großen Beratungsunternehmen empfehlen die Anwendung dieser Systeme. Die Anwenderberichten von deutlichen verbesserten Leistungen bei Lagerhaltung, Lieferfristen und Pünktlichkeit.«

Diese Aussagen entstammen nicht einer Produktbeschreibung von Firmen wie SAP für Betriebsmittel oder Ablaufplanungssoftware (Entreprise Resource Planning, ERP oder Advanced Production Scheduling, APS). Sie wurden fast 30 Jahre alten Artikeln über Systeme zur Materialbedarfsplanung (Materials Requirements Planning, MRP) entnommen. Deren Weiterentwicklung (MRPII) sollte die Informationstechnologie für die Optimierung betrieblicher Abläufe auf ähnliche Weise nutzen. MRPII versprach die Integration von Unternehmensplanung, Marketing und Vertrieb, Entwicklung und Konstruktion, Finanzwesen und Buchhaltung, Materialverwaltung und Fertigungssteuerung durch ein Kommunikationsnetz und eine integrierte Datenbank. MRPII war bereits modular aufgebaut, um bei einer Systemerweiterung die Einbindung neuer Softwarekomponenten zu ermöglichen.

Neue Systeme – alte Probleme

MRPII hat vor mehr als 25 Jahren genau das versprochen, was ERP/APS heute verspricht. Die meisten Anbieter von Software werden vermutlich Einwände gegen diese Verallgemeinerung erheben. Doch unter den in diesem Artikel festgelegten Vorzeichen haben ERP/APS und MRPII in Bezug auf Anspruch, potenzielle Fähigkeiten und Implementierung mehr Gemeinsamkeiten als Unterschiede. Die zentrale Frage ist hier nämlich, wie viele Entscheidungsprozesse ein Unternehmen automatisieren sollte. Jedes Unternehmen muss sich dieser entscheidenden Frage stellen, und zwar unabhängig davon, für welche der genannten Systeme es sich entscheidet.

Trotz der oben zitierten enthusiastischen Versprechungen über seine Leistungsfähigkeit geriet MRP bereits in den achtziger Jahren zunehmend in die Kritik. Berichte über langwierige Implementierung, über das Ausbleiben des versprochenen Nutzens und fehlerhafte Umsetzungen sorgten für allgemeine Ernüchterung. MRP-Systeme wurden als kostspielige Fehlentscheidungen stigmatisiert. Die Presse, die MRP zunächst in den Himmel gelobt hatte, schwenkte um ins andere Extrem und erklärte jeden, der in MRP-Systeme investierte, für heillos rückständig. Vom wichtigsten Instrument zur Prozesssteuerung in den achtziger Jahren verblieb lediglich Just in Time (JIT), ein wenig anspruchsvolles visuelles Managementsystem, für das man keinen Computer benötigte, sondern nur ein paar Karteikarten für die Terminplanung.

Betrachtet man nun die aktuellen Einschätzungen über ERP/APS-Systeme, ist ein Déjà-vu-Erlebnis unvermeidlich. Haben wir aus den Erfahrungen mit MRP gelernt? Und wenn ja – haben wir etwas gelernt, das uns ein ähnliches Schicksal erspart?

Etwas gelernt haben wir auf jeden Fall: Wir verfügen über einige verdiente Konzepte der Unternehmensorganisation, die wir zur Beantwortung der Frage heranziehen können, welche Funktionen ERP/APS-Systeme enthalten sollten. Es ist in jedem Fall sinnvoll, Datenbanken zu integrieren, damit alle Beteiligten in Bezug auf wichtige Leistungsparameter (wie Prognosen, Liefertermine, Abrechnungen oder verlangte technische Änderungen) denselben Informationsstand haben. Information ist dadurch eher vollständig und leichter zugänglich. Integration an sich stellt aber noch keinen Entscheidungsprozess dar. Bei der Umsetzung von Informationen in Entscheidungen müssen Unternehmen sehr sorgfältig beobachten, wie viele Lösungen für die Planung und Terminierung sie der Verantwortung verbesserter Informationssysteme überlassen.

Denn ERP-Systeme können sich zwar auf die Integration von Datenbanken beschränken. Sie lassen sich aber auch durch Module erweitern, die auf der Basis der vorliegenden Informationen automatisch Entscheidungen treffen. Möchten Sie, dass Ihre Software eine Absatzprognose erstellt? Wollen Sie, dass Ihre Software den Ablauf in der Produktion bestimmt? Bevorzugen Sie, dass Ihre Software Entscheidungen an sich reißt oder aber sie schlicht mitteilt? Möchten Sie, dass Ihre Software »optimale« Entscheidungen sucht und umsetzt? Vielleicht ja, vielleicht nein.

Die Volatilität Ihres Wettbewerbsumfelds entscheidet darüber, in welchem Umfang ERP/APS-Systeme für Ihr Unternehmen sinnvoll sind. Wichtig ist dabei die Unterscheidung zwischen Entscheidungshilfe und Entscheidungsfindung. Um die Urteilsfähigkeit eines Entscheiders zu schärfen und zu verbessern, kann die Bereitstellung von Informationen in verschiedenen Formen nützlich sein. Die Ablösung menschlichen Urteilsvermögens durch einen automatischen Prozess kann eventuell hilfreich sein, möglicherweise aber auch nicht.

Grundsätzlich gilt, dass Entscheidungen in einer Umgebung, die raschem Wandel unterliegt, besser Menschen als Computern überlassen bleiben. In stabilen Umfeldern hingegen macht die Automatisierung von Entscheidungsprozessen durchaus Sinn. Menschen zeigen das größere Talent bei der kreativen Lösung von Problemen, während bei der schnellen Umsetzung vorhandener und vorbestimmter Pläne ein Computer klare Vorzüge besitzt.

Volatilität

Ein Wettbewerbsumfeld bezeichnet man als »volatil«, wenn es durch schnellen Wandel in Technik, Konkurrenz und Marktpräferenzen gekennzeichnet ist. Das gilt beispielsweise für Unternehmen, die in Hochtechnologiemärkten tätig sind. Bleiben Technik und Kundenwünsche über einen relativ langen Zeitraum unverändert, spricht man von einem stabilen Umfeld. Das gilt beispielsweise für Unternehmen der Papier und Stahlindustrie, die Waren mit standardisierten Merkmalen produzieren. Unternehmen aus der verarbeitenden Industrie, die im Wettbewerb zu bestehen versuchen, nehmen ihr Umfeld möglicherweise gar nicht als stabil wahr; das ändert jedoch nichts daran, dass »stabil« als ein relativer Begriff hier zutrifft. Das Management hat allerdings keine leichtere Aufgabe, sondern schlicht eine andere.

Wie der Entscheidungsprozess in einem Unternehmen organisiert werden sollte, hängt entscheidend davon ab, wie stark die Volatilität des Wettbewerbsumfelds ist. In einem stabilen Umfeld sind die wichtigsten Produkt und verfahrenstechnischen Anforderungen bereits mehrfach analysiert, und es stehen relativ gute Lösungen zur Verfügung. Kapazitäten, Kosten und Kunden sind bekannt, und die Kostenrechnung kann auf recht umfangreiches Datenmaterial zugreifen. Alle Informationen für eine Modellierung der Unternehmensprozesse sind also vorhanden. Unter solchen Bedingungen können systematische Modelle die Wirklichkeit relativ genau abbilden und Pläne entwickeln, die optimal oder nahe am Optimum sind. Die Mitarbeiter haben die Aufgabe, die empfohlenen Maßnahmen umzusetzen. In einem stabilen Umfeld ist diese Strategie effektiv. Wenn die beste Lösung für eine bestimmte Aufgabe bereits bekannt ist, warum sollte es ein Unternehmen dann tolerieren, dass

Mitarbeiter von einer solchen Lösung abweichen? Stahl- und Papierunternehmen nutzen für die Kapazitäts- und Ablaufplanung komplexe Optimierungsalgorithmen. Das ist für ihren relativ stabilen Markt ein durchaus angemessenes Verfahren. Entwickelt man dieses Konzept logisch zu Ende, hat man menschenleere, unbeleuchtete Fabriken vor Augen, in denen sämtliche Abläufe von Computern gesteuert werden – mit vorprogrammierten Lösungen für jeden Eventualfall.

In volatilen Umgebungen stellen sich hingegen fortwährend neue Aufgaben. Und für deren Lösung können Unternehmen nicht auf Erfahrungen zurückgreifen. Kapazitäten, Nachfrage, Erlöse, Qualitätsanforderungen und andere wichtige Parameter sind nicht bekannt oder ändern sich ständig. Den besten Einblick in das aktuelle Geschehen haben die Mitarbeiter der unteren Unternehmensebenen, die in engem Kontakt mit Kunden und technischer Entwicklung stehen. Diese Mitarbeiter können Aufgaben, die sich dem Unternehmen täglich stellen, am besten bewältigen. Sie sollten daher nicht eingeschränkt werden durch Pläne, die auf veralteten oder unvollständigen Informationen beruhen. Es ist viel effizienter, diesen Mitarbeitern die Freiheit eigener Entscheidungen einzuräumen– sofern sie motiviert und in der Lage sind, Entscheidungen zu treffen, die gut für das Unternehmen sind.

Informationsfluss

Einen potenziellen Vorteil bieten ERP-Systeme jedoch allen Unternehmen, unabhängig davon, in welchem Umfeld sie tätig sind. Makoto Komoto, Chef von Nippon Otis (das als Tochtergesellschaft von Otis Elevator zum US-Konzern United Technologies gehört), hat einmal gesagt, dass die Beseitigung brachliegender Bestände und Informationen der Schlüssel zur Prozessoptimierung sei. Brachliegendes Material, das Kapital bindet, ist relativ leicht auszumachen. Bei brachliegenden Informationen ist das nicht immer so einfach.

Dazu ein Beispiel: Der Zulieferbetrieb eines Mischkonzerns an der Westküste der USA nutzte für die Produktionsplanung die Bestelldaten der Einkaufsabteilung einer anderen Firmensparte. Der Zulieferer behandelte die Bestellungen dabei so, als läge ihnen eine durch Zufallsfaktoren bestimmte Nachfrage zugrunde. Um Nachfrageschwankungen abfedern zu können, wurden Sicherheitsbestände und Überkapazitäten vorgehalten. Tatsächlich jedoch wurden die Aufträge durch den Produktionsplan der bestellenden Sparte bestimmt, der dessen Einkaufsabteilung Wochen im Voraus bekannt war. Die einfache Übermittlung der Produktionspläne von einer Sparte an die andere hätte die teure Vorratshaltung vermieden. Dies ist ein Beispiel für brachliegende Informationen, solche, die in einem Unternehmen vorhanden sind, die jedoch niemand kommuniziert. ERP-Systeme lösen solche Informationsinseln auf, indem sie einen einfachen unternehmensweiten Zugriff auf wichtige Daten ermöglichen. Informationen für Entscheider bereitzustellen, damit sie ihre Aufgabe besser erfüllen können, ist also etwas ganz anderes, als ihnen die Entscheidung abzunehmen. Letzteres sollte in volatilen Wettbewerbsumgebungen vermieden werden.

Entscheidungen

Während die Verbesserung der Vollständigkeit und Verfügbarkeit von Informationen für ein Unternehmen fast immer vorteilhaft ist, sind die von ERP-Systemen bereitgestellten Module für eine erweiterte Ablaufplanung (APS) eher für stabile als für volatile Wettbewerbsumfelder geeignet. Software sollte keine Entscheidungen »optimieren« (also auswählen statt Auswahlmöglichkeiten anzubieten), deren Basisparameter (wie Investitionen, Kapazitäten und Qualitätsanforderungen) unbeständig sind. In einer Welt des raschen Wandels ist das Modul, das Entscheidungen trifft, bereits überholt, lange bevor die Nutzer des Systems das merken. Die entsprechenden Entscheidungen beruhen dann also auf einem Modell der Wirklichkeit, das mit der Realität nichts mehr zu tun hat. Das Modul wird also schlechte Entscheidungen treffen.

In Mexiko habe ich einmal ein Motorenwerk besucht, das die Beschaffung wichtiger Teile, die früher (mit langer Vorlaufzeit) in Brasilien eingekauft worden waren, auf einen einheimischen Lieferanten umstellte. Niemand aktualisierte das MRP-System, das die Bestellungen für die Teile nach wie vor so terminierte, als würde die Lieferung viele Monate dauern. Die Folge war ein Berg von Teilen im Lager, die bis zu einem Jahr nach Lieferung nicht angefasst wurden. Erst als das Unternehmen ein JIT-System einführte, wurde der immense Überschuss sichtbar.

Natürlich weisen die Softwareanbieter darauf hin, dass – für die Abbildung eines Unternehmens in einem volatilen Umfeld – die Modelle häufig aktualisiert werden müssen. In der Praxis geschieht dies allerdings aus verschiedenen Gründen nur selten. Zum einen sind die Optimierungsmodelle von APS-Systemen weder leicht zu erkennen noch leicht zu verstehen. Wenn die Berater das Haus verlassen haben, wird kaum jemand im Unternehmen die erforderlichen Kenntnisse besitzen oder die Lust verspüren, sich die Software tatsächlich anzueignen. Zweitens sind die Modelle unsichtbar, regelrecht hinter Computerbildschirmen versteckt und die Probleme (wie im mexikanischen Motorenwerk) liegen oft im Verborgenen. Und drittens neigen diese Systeme dazu, Mitarbeiter zu entmündigen. Diese tun entweder nur noch das, was der Computer sagt – ganz gleich, wie unsinnig die Anweisungen sind. Oder sie ignorieren das System und erledigen die Arbeit ohne den Computer – was durchaus eine vernünftige und konstruktive Maßnahme sein kann.

Wenn die Welt sich verändert, muss jemand das Modell entsprechend anpassen. Es hat sich gezeigt, dass diese eigentlich recht einfache Aufgabe in der Praxis oft nicht schnell genug erledigt wurde. Schlimmer noch ist es, wenn das Modell gar auf falschen Annahmen basiert (wie bei MRP-Systemen die festen Vorlaufzeiten für Bestellungen). Die Folge ist ein System, das als Modell der Wirklichkeit allmählich (und manchmal auch sehr rasch) versagt, weil sich die Wirklichkeit schneller ändert als das Modell.

Die bei einem Hightechunternehmen aus dem Silicon Valley tätigen Einkäufer wussten mehr über den aktuellen Markt und die Situation ihrer Lieferanten als dem MRP-System des Unternehmens eingegeben wurde. Sie ignorierten daher die MRP-

Berichte und erledigten ihre Arbeit auf andere und effektivere Weise. Das Unternehmen leistete sich also ein Informationssystem, dessen Empfehlungen weitgehend ignoriert wurden – auch wenn niemand das unumwunden zugeben mochte.

Die in den achtziger Jahren rückblickend auf die Erfahrungen mit MRP-Systemen geäußerte Kritik stimmte weitgehend darin überein, dass viele Probleme auf die »mangelnde Disziplin der Mitarbeiter« zurückzuführen seien. Die Mitarbeiter weigerten sich also, ihr Verhalten den Systemvorschriften anzupassen. Dies war jedoch nicht die Ursache des Problems, sondern sehr viel wahrscheinlicher die Folge rationalen Handelns von Mitarbeitern, die trotz überholter Empfehlungen des Programms das Richtige für das Unternehmen tun wollten. Mit der Zeit wurde das System immer häufiger umgangen, bis sich parallele Informationssysteme entwickelt hatten, die das MRP-System überflüssig werden ließen.

Verantwortlichkeit

Volatile Wettbewerbsumfelder erfordern dezentrale Steuerungssysteme. Denn durch diese erhalten Mitarbeiter ausreichend Spielraum, um auf Grundlage ihrer umfassenderen Sachkenntnis eigenständig Entscheidungen zu treffen. Die entscheidende Aufgabe in solchen Zusammenhängen besteht darin, Verantwortlichkeiten festzulegen und genügend Anreiz zu bieten, damit Entscheidungen im Sinne des Unternehmens getroffen werden. Der formale Aufbau der Organisation und die Einrichtung eines Anreizsystems sind also die vordringlichen Aufgaben.

Wenn sich das Absatzergebnis eines Vertriebsmitarbeiters an seiner eigenen Prognose messen lassen muss, wird er diese Prognose – unabhängig von seinen Informationen über das tatsächliche Absatzpotenzial – möglichst niedrig ansetzen. Der Vertriebsleiter ist sich über diese Haltung seiner Mitarbeiter im Klaren und erhöht die Prognosen, um sie den aktuellen Gewinnerwartungen anzupassen. Der Fertigungsleiter weiß, dass die Prognosen tendenziell geschönt sind, und wird – da er für zu hohe Lagerbestände verantwortlich ist – die Bedarfseinschätzungen wieder reduzieren. Dieses Spiel, bei dem jeder jedem etwas vormacht, wird immer weiter fortgesetzt. Zwar sind sich alle Beteiligten dieser Tatsache bewusst, aber im Rahmen des bestehenden Anreizsystems ist niemand bereit, davon abzuweichen. Der Schwall der Verzerrungen wird selbst dann nicht unterbrochen, wenn alle Beteiligten ihre Informationen uneingeschränkt mit den anderen teilen.

Wissen ersetzt keine Entscheidung

Es kann nicht oft genug darauf hingewiesen werden, dass zwischen der Bereitstellung von Informationen und Entscheidungen auf der Grundlage dieser Informationen ein Unterschied besteht. Theoretisch ist es sicherlich besser, wenn Produktgestalter, die parallel an einem Projekt arbeiten, Zugriff auf die neuesten Konstruktionsdaten haben. Die Bereitstellung von Informationen über konstruktive Änderungen in Echtzeit kann vorteilhaft sein. Das heißt jedoch nicht, dass vollständigere Informationen zwangsläufig zu besseren Konstruktionsentscheidungen führen. Arbeiten die Produktgestalter eines Teams auf der Grundlage gegensätzlicher Motivation, können erweiterte Informationssysteme solche Konflikte und Blockaden zwischen den Teammitgliedern noch verstärken.

ERP-Systeme, die allen Mitarbeitern schnellen und einfachen Zugriff auf einen einheitlichen Datenbestand ermöglichen, können wertvoll sein. Denn dezentrale Entscheidungen können leichter getroffen werden, wenn sie auf möglichst vollständigen Informationen gründen. Die wichtigste Aufgabe in dezentralen Systemen besteht jedoch darin, die Personalstruktur so zu gestalten, dass die Mitarbeiter bereit und fähig sind, diese Informationen angemessen umzusetzen. Erweiterte Informationstechnologien können dies unterstützen, bieten jedoch keine Lösung für die eigentliche Aufgabe. In volatilen Wettbewerbsumfeldern steht also nach wie vor die Mitarbeiterführung als entscheidende Aufgabe im Mittelpunkt.

Kreativität als Ressource

ERP/APS-Systeme versprechen Leistungen, mit denen sie an die der MRPII-Systeme erinnern. Möglicherweise werden sie auch zum Teil die gleiche Kritik hervorrufen. ERP-Systeme, die schnellen und einfachen Zugriff auf einen gemeinsamen Datenbestand ermöglichen, können für Unternehmen grundsätzlich Nutzen bringen. Und Module für die erweiterte Fertigungs-, Vertriebs- und Ablaufplanung, die eine Optimierung taktischer Entscheidungen versprechen, können in einem relativ stabilen Wettbewerbsumfeld von Wert sein. In volatilen Umfeldern, die durch raschen technologischen Fortschritt und schnelle Marktveränderungen gekennzeichnet sind, sollten diese Module nicht angewendet werden. Denn hier verändert sich die Welt schneller als die entsprechenden Modelle. Automatisierte Entscheidungen können dabei also kaum von besonderer Güte sein.

Für volatile Umfelder sind dezentrale Koordinationsmethoden besser geeignet. Mitarbeiter müssen befähigt werden, Entscheidungen zu treffen und umzusetzen. Dafür müssen ihnen alle erforderlichen Informationen zur Verfügung gestellt werden. Zentrale Aufgabe ist der Aufbau einer Personalstruktur, die die Mitarbeiter zu einer klugen Nutzung der Informationen motiviert. Mit einer starren Technologie lässt sich dieses Ziel nicht erreichen. In volatilen Umfeldern ist menschliche Kreativität nach wie vor die wertvollste Ressource – und das Personal-Management die größte Herausforderung.

Dan Schendel

Ausblick: Frischer Wind für die Zukunft

Die Aufsätze dieses Bandes stammen von einigen der besten Autoren, die heute auf dem Feld des strategischen Managements arbeiten. Ihre Artikel zeigen, wie komplex strategisches Management in der heutigen Zeit ist, wie schnell es sich entwickelt und was das für Wettbewerb und Erfolg bedeutet.

Als Berater, Dozent und Forscher bearbeite ich seit fast 40 Jahren dieses Themengebiet. In dieser Zeit haben die technischen Inhalte des strategischen Managements immer mehr Raum und Einfluss gewonnen, sowohl im Fachgebiet als auch in der angewandten Praxis. Nur wenige Entwicklungen im Management hatten einen so großen Einfluss. Doch wir alle müssen uns um einen unangemessenen Gebrauch der Sprache, Konzepte und Theorien des strategischen Managements sorgen. Zu oft werden deren Annahmen und Meinungen schließlich als Forschung und Wissen verstanden.

Strategie: die richtigen Dinge richtig machen

Das Fachgebiet des strategischen Managements ist heute komplex, entwickelt sich rapide und hat einen Einfluss, den man sich vor Jahren noch nicht vorstellen konnte. 1960 wurde der Begriff »Strategie« noch gar nicht verwendet. Die grundlegenden Ideen entwickelten sich allerdings bereits. Und die Unternehmen hatten – auch nach heutiger Definition – natürlich eine Strategie, gleichgültig ob eine gute oder schlechte.

Damals wie heute steht hinter einer Strategie die grundlegende Vorstellung, dass ein erfolgreiches, leistungsfähiges Unternehmen über bestimmte Kompetenzen oder Wettbewerbsvorteile verfügen muss. Das vom Unternehmen angebotene Produkt oder die Dienstleistung soll die höchste Marge relativ zur Umgebung bringen, einschließlich Kosten, Marktpreis, Wettbewerb und dem vom Kunden empfundenen Nutzen. Ohne einen Vorsprung, ohne Kompetenz, so sagt die Logik, wird das Unternehmen um die Marge kämpfen müssen und möglicherweise scheitern.

Schon seit langem wird Strategie als bedeutsam angesehen. Es überrascht daher, wie häufig der Begriff heute angewendet wird, ohne Hinweis zu geben oder Bezug zu nehmen auf diese grundlegende, prägende Idee in der Entwicklung des strategischen Managements als Fachgebiet. Für zu viele Menschen ist schlicht alles – oder nichts – Strategie.

Annahmen gelten zu oft als Wissen

Von den Arbeiten des Management-Autors Chester Barnard abgesehen, begannen die Managementstudien erst in der zweiten Hälfte des 20. Jahrhunderts zu unterscheiden zwischen den Gedanken über die Führung eines Geschäfts und den Gedanken darüber, was das Geschäft eigentlich im Kontext seiner Umgebung ausmacht.

Bis dahin hatte der größte Fortschritt in der Spezialisierung des Management darin bestanden, das Aufgabenfeld eines Managers in Funktionseinheiten aufzuschlüsseln. Spezialisten für die Funktionselemente des Geschäfts – also Marketing, Finanzen oder Produktion – verkörpern diese Aufteilung der Gesamtaufgaben im Management. Sie ermöglichen es größeren Organisationen, sich zu entwickeln und zu wachsen. Die Hauptaufgabe des Geschäftsführers war es in diesem Zusammenhang, die Funktionen des Geschäfts zu integrieren, um den effizienten zweckgebundenen Einsatz von Ressourcen sicherzustellen. Der Zweck selbst wurde als unveränderlich betrachtet.

Multi-Business-Unternehmen wurden zunächst kaum beachtet. Erst später spielte die Unterscheidung von trennbaren Geschäftsbereichen in derselben juristischen Einheit eine wichtige Rolle im strategischen Management. Man begriff allmählich, dass Organisationsformen und Verfahren sich in einem einzigen, kontinuierlichen Geschäftsprozess um Funktionen zentrieren und sich daran anpassen.

Aber diese funktionale Sicht auf Unternehmen und Managementaufgaben hat sich unter dem Druck rascher technischer Fortschritte und anderer Elemente der Unternehmensumgebung gewandelt. Seit 100 Jahren, mit Beginn des industriellen Zeitalters und der starken Anhäufung von Kapital und Arbeit in einer juristischen Einheit, haben sich Managementstudenten und Praktiker in großen Unternehmen vor allem der Effizienz gewidmet. In Bezug auf Strategie mussten die Manager sich ausschließlich mit Wettbewerbsvorteilen und der Suche nach den geringsten relativen Kosten unter den gegebenen Bedingungen befassen – was gemeinhin als statisch aufgefasst wurde.

Die Zeit- und Ablaufuntersuchungen in der Arbeitswissenschaft setzten im 19. Jahrhundert mit dem Entstehen großer Unternehmen ein. Heute kann man eine Firma nicht mehr kompetent führen, ohne etwas von betrieblichem Rechnungswesen, Varianzanalyse oder Planungs- und Steuerungssystemen zu verstehen. Wettbewerbsvorteile wären ohne das Verständnis dieser Dinge und die entsprechenden Fähigkeiten nicht zu erreichen. Leider scheitern noch immer viele Unternehmen an ihrer Ineffizienz, unabhängig von der Qualität der Strategie.

Jemand hat diesen Prozess einmal als die »Wissenschaft des Schaufelns« bezeichnet (weil dazu physische Arbeit gehörte, wie etwa das Schaufeln von Kohle). Die Beschäftigung mit diesen Aspekten der Managementpraxis hat einen hundertjährigen Vorsprung vor der »Wissenschaft der Strategie«. Was allerdings nicht daran liegt, dass es keine Wettbewerbsvorteile oder Strategien oder kein strategisches Management gegeben hätte.

Nichts Neues?

Man muss lediglich die frühe Geschichte von Andrew Carnegie und der Stahlindustrie oder die von Henry Ford und der Automobilindustrie betrachten, um neue Strategien auszumachen, die die Branchen ebenso wie heute revolutionierten. Solche Veränderungen sind also nicht neu. Neu ist die Häufigkeit, mit der sich bestehende Wettbewerbsvorteile ändern und damit die Struktur einer ganzen Branche ins Wanken bringen. Solche Änderungen treten seit dem Zweiten Weltkrieg in immer schnellerer Folge auf.

Mit dem Wandel ging immer auch die übliche Veränderung bestehen der Unternehmen einher. Management-Guru Peter Drucker hat es treffend formuliert: »Die Dinge richtig zu machen«, also effizient, kann ein Unternehmen nicht retten, wenn es nicht »die richtigen Dinge macht«. Strategisches Management ist dafür zuständig, dass die richtigen Dinge getan werden; es ist die Wissenschaft von der Strategie. Operatives Management sorgt dafür, dass die Dinge richtig gemacht werden; es ist die Wissenschaft vom »Schaufeln«. Sowohl das operative als auch das strategische Management müssen gut erledigt werden, um Erfolg und Wettbewerbsvorteile zu erringen und zu erhalten.

Es war die Einsicht in diese Zwillingsaufgabe für das Management, die zu den komplexeren Organisationsformen und Managementprozessen geführt hat, die wir für die Entwicklung des zeitgemäßen strategischen Managements brauchen. Eine funktionale Spezialisierung reichte nicht mehr aus. Die Not brachte neue Erfindungen und schließlich neue Möglichkeiten, hier die Technologie des Managements. Diese allerdings führt – wird sie nicht beachtet oder falsch verstanden – zum Scheitern oder zu dessen modernen Äquivalent, der Fusion oder Übernahme. Berichte über solche Fehlschläge gibt es reichlich, und viele sind auch in den Artikeln dieser Serie zitiert worden. Dies ist der rote Faden, der sich durch die Serie zieht: Wenn Sie ein erfolgreicher, professioneller Manager sein wollen, müssen Sie verstehen, was das strategische Management zu bieten hat und wie es Ihren Job verändert, sonst droht Ihnen letztlich der Verlust Ihres Unternehmens. Und wenn Sie nicht begreifen, was strategisches Management ist – Ihr Wettbewerber begreift es möglicherweise.

Selbst wenn man die Bedeutung des strategischen Managements erkannt hat, heißt das noch nicht, dass man es versteht oder seine Entwicklung verfolgt. Früher war dies leicht, heute wird es täglich schwieriger. Was wissen Sie über Allianzen, Barrieren beim Markt eintritt, Diversifizierung, Globalisierung, horizontale Reichweite, Innovation, lernende Organisationen, Marktmacht, Netzwerke, Optionstheorie, ökonomische Wertschöpfung, den Vorteil des ersten Zugs, Wettbewerbsvorteile oder Wissensmanagement? Jeden Tag werden neue Konzepte, neue Ideen und neue Theorien vorgestellt. In dieser Serie wurden viele davon angesprochen, aber gewiss nicht alle. Darüber hinaus ist auch nicht jedes Konzept gut, und es gibt wohl außer detailliertem Sachverstand keinen Schutz gegen Scharlatane, Gurus, Schnellschüsse, Irrwege und Irrtümer. Was kann ein Manager also tun? Der Entwicklungsstand des Managementwissens wird gelegentlich verglichen mit dem

Status der Medizin zu einer Zeit, als der Aderlass als Therapie für jede Krankheit galt. Wenn diese Einschätzung zutrifft, dann muss die professionelle strategische Managementpraxis sämtliche Anforderungen dieses Fachgebiets herausarbeiten. Nur so kann sie sich mit den Insignien der Wissenschaft schmücken in einem Umfeld, wo Lernen und Entwicklung durch Theorie, Wiederholbarkeit und die Ansammlung von Wissen charakterisiert werden. Dozenten, Forscher und Praktiker müssen gleichermaßen nach Anzeichen und hinreichenden Beweisen dafür suchen, dass ihre Ratschläge funktionieren, wenn man sie befolgt und umsetzt.

Wer dieses wegen seines Jobs liest, wird sich fragen: »Wie kann man beurteilen, ob ein Ratschlag von einem Autor, Guru, Dozenten, Berater und ähnlichen Leuten aus dem Bereich der Managementtheorie ein guter Rat ist, der sich praktisch umsetzen lässt und zu einem guten Resultat führt?« Erweitern wir die Frage: »Was muss ein professioneller Manager wissen, um Ratschläge annehmen zu können?« Und weiter: »Wenn man sein Vermögen oder seine Zukunft einem professionellen Manager anvertraut, welche Sicherheiten sollte man fordern als Gewähr, dass dieses Gut bestens bewahrt und vergrößert wird?« Leider gibt es auf diese Fragen weder nahe liegende noch einfache Antworten.

Die Bewertung ist das Schwierigste

Eines der in dieser Serie kontrovers diskutierten Themen, das sich so auch in der Fachliteratur zum Strategie-Management findet, ist die Bedeutung einer ressourcenbasierten Betrachtung (»resource based view«, RBV) des Unternehmens und insbesondere dessen Rolle bei der Erklärung von Performance und Erfolg eines Unternehmens. Die RBV wird oft als Gegensatz zur Betrachtung der Marktstruktur oder Marktmacht des Erfolgs angesehen. Es ist noch zu früh, um vorherzusagen, wie diese Kontroverse ausgehen wird. Der Ausgang sollte jedoch in jedem Fall auf von Fachleuten überprüften Untersuchungen basieren, die von anderen veröffentlicht, überprüft, besprochen und fortgesetzt werden. Die Wiederholbarkeit ist wichtig und notwendig für jedes Fachgebiet, das sich wie die Wissenschaft durch Beweise weiterentwickelt.

Solche Argumente und die Fachliteratur über strategisches Management, in denen sie enthalten sind, sind Praktikern nur schwer zugänglich (und, wie ich fürchte, auch vielen Dozenten und Forschern). Denn diese sind nicht in der Lage oder nicht willens, Zeit und Mühe zu investieren, um sie zu verstehen. Darf die Gesellschaft einen Wettbewerb zulassen, der jene verdrängt, die nicht mithalten können? Ist das effizient? Oder müssen professionelle Manager beweisen, dass sie die Grundgedanken unserer Erkenntnisse verstanden haben?

Die Gesellschaft lässt nicht zu, dass jemand ohne umfassende Ausbildung als Arzt praktiziert. Professionelle Manager hingegen haben es hier viel leichter als beispielsweise Klempner oder Apotheker, für die eine Ausbildung und Prüfung Voraussetzung sind.

Verbesserungen

Es gibt immer mehr Hinweise darauf, dass die Praxis verbessert werden kann, obgleich Strategie und ihr Management immer komplexer werden. Wir konnten in den vergangenen 40 Jahren einige bedeutende Errungenschaften verzeichnen, wie das Aufkommen des Preisbildungsmodells für Geld- und Vermögensanlagen (»capital asset pricing modell«, CAPM) und die moderne Portfolioverwaltung im Finanzwesen. Diese Entwicklungen haben neben anderen Faktoren die »Growth-Share-Matrix« (Wachstums-Aktien-Matrix) als Diagnoseinstrument abgelöst, die in den sechziger Jahren durch die Boston Consulting Group bekannt wurde.

Die Growth-Share-Matrix (und ihre Klone) wurde früher von den Beraterfirmen als die ultimative Lösung verkauft. Aber inzwischen ist die CAPM-Rechnung in der Praxis wohl etabliert, und das Konzept der von der Marktentwicklung abweichenden Rendite, der »abnormal return«, ist ein Wettbewerbsvorteil. Ebenso ist die Optionstheorie während ihrer Entwicklung bereits dabei, die traditionelleren Ansätze der Kapitalbedarfsrechnung zu verdrängen. Letztere werden allerdings noch von jenen übernommen, die erst jetzt das Verständnis für die Rolle der Kapitalkosten entwickeln.

Die dynamische Sichtweise der Strategie stellt der Forschung Konzepte zur Verfügung, mit denen erklärt werden kann, wie sich Unternehmen an die Veränderungen in ihrer Umgebung anzupassen haben. Wie viele professionelle Manager und sogar Dozenten und Forscher können auf diesem Gebiet wirklich folgen? Zu wenige, fürchte ich.

Im strategischen Management erfährt man gleichermaßen, was man tun und was man lassen soll. Bedingungen zu schaffen, die zu einem Wettbewerbsvorteil führen, ist dabei noch immer eher eine Kunstform als eine Wissenschaft. Es ist dennoch bereits ein großer Fortschritt, die Fallen zu umgehen, die zu Misserfolgen führen. Und dies kann die Forschung unterstützen.

Die Anwendung von Strategie und ihre Umsetzung erschließen sich einem Manager vielleicht leichter im Zusammenhang mit Vorschriften und Vorhersagen. Es liegt in der Natur des Managements, dass Strategieentwicklung vorab erfolgen muss. Gelegenheiten für Experimente, die für die Naturwissenschaften so grundlegend sind, gibt es hierbei kaum. Um zu lernen, ist das strategische Management auf nachträgliche Untersuchungen der Ergebnisse und Störungen angewiesen. Multivariable Statistiken, Datenbanken und komplizierte empirischen Erhebungen werden eingesetzt, als ob tatsächlich ein Experiment durchgeführt worden wäre. Für uneingeweihte Forscher – oder für Leser, die fehlerhafte Arbeiten nicht erkennen können – ist dies ein gefährliches Gebiet. Zu viele allerdings sind nicht in der Lage, notwendige Untersuchungen vorzunehmen oder Mängel aufzuspüren. Vieles wird übersehen, weil es zu schwierig ist. Aber so ist es eben: Entweder begreift man etwas, oder man muss die Risiken tragen, die mit Unwissenheit verbunden sind. Ich selbst meine, dass das Fachgebiet gute Fortschritte gemacht hat und durch die Anwendung geeigneter wissenschaftlicher Methoden vorangekommen ist. Es muss jedoch noch weiter gehen. Über manche Dinge wissen wir noch nicht annähernd genug. Und wir wenden bereits geleistete Arbeit nicht oft genug erneut an. Ich denke, wir sollten unter anderem in folgenden Bereichen noch mehr Wissen erwerben:

Die Erklärung von Erfolg durch die Ressourcenbasierte (RBV) und die an der Marktstruktur orientierte Betrachtung (»market-based view«) schließen sich möglicherweise nicht gegenseitig aus. Sie könnten unvorhersehbare, spezifische, identifizierbare Bedingungen des Lebenszyklus eines Technologiekonzepts erläutern, das Produkten oder Dienstleistungen zugrunde liegt: Ist hier ein dynamischer Lebenszyklus am Werk? Kann man ihn in Phasen gliedern? Und muss die Forschung die möglichen Bedingungen jeder einzelnen Phase berücksichtigen?

Über Allianzen, Netzwerke und neue Organisationsformen ist viel geschrieben worden. Aber alles scheint nur eine Variation der Frage zu sein, warum Unternehmen existieren und warum Märkte versagen. Ist ein dynamischer Prozess daran beteiligt? Erklärt er die verschiedenen Rechtsformen, mit denen diverse Tätigkeiten in der Wertschöpfungskette kontrolliert werden sollen, die Waren und Dienstleistungen für die Gesellschaft erzeugen?

Verändert sich die Technologie des Managements und wie verändern neue Managementprozesse wiederum lebensfähige Strategien? Wie viele der geläufigen Erklärungen für Erfolg verdanken wir eher dem praktischen Management als der Erfindung von Produkten oder Dienstleistungen?

Die Funktion von Innovation beim Wandel ist enorm, wird aber kaum begriffen. Diese Funktion beinhaltet nicht nur Unternehmertum, neue Unternehmungen und die Schaffung von Arbeitsplätzen, sondern auch die Anpassungsfähigkeit eines Wirtschaftssystems an Veränderungen und Wettbewerb. Selbst auf theoretischer Basis wird die Funktion der Innovation in Privatfirmen oder Aktiengesellschaften nicht weiterentwickelt. Der Ökonom Joseph Schumpeter mag Recht gehabt haben. Doch ist die Theorie ausreichend entwickelt, damit wir Innovationen begreifen und verwalten können?

Wenn man das Management in der Praxis verbessern will – wie viel kann auf formale Weise vermittelt werden, und was muss jeder selbst erfahren? Kann man strategisches Management lernen? Oder müssen wir auf Ausnahme-Manager wie Jack Welch hoffen, während schlechte Manager Geld verschwenden?

Ist es schon so weit, dass die Fertigkeiten professioneller Manager geprüft und lizenziert werden müssen? Einige Manager kontrollieren Werte, die den Besitz mancher Länder übertreffen. Dennoch gibt es viele Bereiche in der Managementabfolge und -steuerung, die allein der Marktkontrolle überlassen sind. Und die erweist sich oft als ineffizient. Sollte die Gesellschaft darauf mehr Acht geben?

Es gibt viele weitere Fragen und Probleme im Bereich des strategischen Managements, die man hier anführen könnte. Mit der Zeit werden die Forschung und die Erfahrung sie lösen. Die wesentliche Herausforderung für uns alle besteht darin, uns in diesem Gebiet auf dem Laufenden zu halten und seine Entwicklungen und Anwendungen zu begreifen.

Literaturhinweise

Lovejoy, William S.: *Integrated Operations*. South-Western College Publishers, forthcoming 2000.

Die Autoren

Rod Adner ist Assistant Professor für Strategie und Management am Insead in Frankreich.

Ronald S. Burt ist Professor für Soziologie und Strategie an der University of Chicago Graduate School of Business und Professor für Human Resources am Insead in Frankreich.

Allan Afuah ist Assistant Professor für Unternehmensstrategie an der University of Michigan Business School.

Ram Charan berät Führungskräfte und arbeitet mit Aufsichtsräten. Laut *Business Week* ist er einer der zehn Besten für Firmenschulungen.

Bruce Ahlstrand ist Professor für Management an der Trent University im kanadischen Ontario

Judith A. Chevalier ist Professor of Economics an der University of Chicago Graduate School of Business and Faculty Research ‚Fellow am National Bureau of Economic Research.

Jay Anand ist Assistant Professor für Corporate Strategy and International Business an der University of Michigan Business School.

Laurence Capron ist Assistant Professor für Strategie am Insead in Frankreich.

Wayne E. Baker ist Professor für Organisational Behaviour and Human Resource Management und Faculty Director für das Executive Education Programme on Building Social Capital an der University of Michigan Business School.

Karel Cool ist Professor für Europäischen Wettbewerb und Professor für Strategisches Management am Insead.

Keith J. Crocker ist Professor für Risikomanagement und Versicherung an der University of Michigan Business School.

Robert Gertner ist Professor of Economics and Strategy an der University of Chicago Gradutate School of Business. Er ist im Vorstand der Lexecon, einer Unternehmensberatung.

Jeff DeGraff ist Fakultätsmitglied der University of Michigan Business School. Er ist im Vorstand von Wholeonics Leadership, einem internationalen Beratungsunternehmen.

Thomas N. Gladwin ist Professor für Sustainable Enterprise an der University of Michigan Business School of Natural Resources and Environment. Er leitet das Erb Environmental Management Institute.

Yves Doz ist Professor für Globale Technologie und Innovation am Insead.

Austan Goolsbee ist Associate Professor für Wirtschaft an der University of Chicago Graduate School of Business.

Laura Empson gehört dem St. Anne's College an und ist Dozentin in Management Studies an der Saïd Business School, Oxford.

Philippe Haspeslagh ist Professor in Partnership and Private Enterprise am Insead in Frankreich.

David Faulkner ist Tutorial Fellow am Christ Church College der Oxford University und MBA Director an der Saïd Business School.

Anthony Hopwood ist Director und Professor für Operations Management an der Saïd Business School.

Luis Garicano ist Assistant Professor of Economics and Strategy an der University of Chicago Graduate School of Business.

Thomas N. Hubbard ist Assistant Professor für Ökonomie und Strategie an der University of Chicago Graduate School of Business.

Die Autoren

Quy Nguyen Huy ist Professor für Strategie und Management am Insead und Finanzanalyst.

Marc J. Knez ist Associate Professor für Strategie an der University of Chicago Graduate School of Business.

Peter Johnson ist Fellow des Exeter College und Dozent für New Business Development.

Mitchell P. Koza ist Professor für internationales strategisches Management und Leiter des Centre for International Business, Cranfield School of Management.

Aneel G. Karnani ist Associate Professor für Unternehmensstrategie und Internationale BWL an der University of Michigan Business School.

Francine Lafontaine ist Associate Professor für Business Economics und Public Policy an der University of Michigan Business School.

John Kay ist Gründer und Leiter von London Economics, einer britischen Unternehmensberatung. Kay war der erste Direktor der Saïd Business School.

Joseph Lampel ist Professor für Strategisches Management an der University of Nottingham Business School.

W. Chan Kim ist Professor für Internationales Management am Insead in Frankreich.

Arie Y. Lewin ist Professor für Management und Leiter des Centre for International Business, Education and Research (CIBER), Puqua School of Business, Duke University.

Thomas C. Kinnear ist Professor of Entrepreneurial Studies, Professor of Marketing und Executive Director an der University of Michigan Business School. Er gehört verschiedenen Aufsichtsräten an.

William S. Lovejoy ist Professor für Manufacturing Management und Professor für Operations Management an der University of Michigan Business School.

Renée Mauborgne ist Distinguished Fellow und Affiliate Professor für Strategie und Management am Insead in Frankreich.

Colin Mayer ist Professor für Management an der Saïd School of Business und am Fellow of Wadham College.

Henry Mintzberg ist Cleghorn Professor für Management an der McGill University und Professor für Organisation am Insead, Frankreich.

Will Mitchell ist Professor für Corporate Strategy und International Business an der University of Michigan Business School.

Randall Morck lehrt Unternehmensorganisation, Unternehmensfinanzierung und Gesellschaftseigentum an der University of Alberta in Kanada.

Fiona Murray ist Fellow und Tutor an den St. Catherine's and Wadham Colleges und University Lecturer für Management an der Saïd Business der Oxford University.

Steve New ist Lektor für Management an der Saïd Business School und Fellow des Hertford College, Oxford. Sein Forschungsschwerpunkt: Operations Management.

Joanne Oxley ist Assistant Professor für Corporate Strategy und International Business an der University of Michigan Business School.

Joan Penner-Hahn ist Assistant Professor für Corporate Strategy und International Business an der University of Michigan Business School.

Andrew Pettigrew ist Professor für Strategie und Organisation an der Warwick Business School.

C. K. Prahalad ist Professor für Business Administration und Corporate Strategy und International Business an der University of Michigan Business School.

Canice Prendergast ist Professor für Wirtschaft an der Universtiy of Chicago Graduate School of Business.

Die Autoren

Robert E. Quinn ist Professor of Organizational Behavior and Human Resource Management an der University of Michigan Business.

Fiona M. Scott Morton ist Associate Professor für Economics und Strategy an der Yale University School of Management.

Subramanian Rangan ist Professor für Strategie und Management am Insead.

Dan Schendel ist Professor für Management an der Krannert Graduate School of Management, Purdue University.

Jeffrey J. Reuer ist Assistant Professor für Strategie und Management am Insead in Frankreich.

Toby E. Stuart ist Associate Professor für Organisation und Strategie an der University of Chicago Graduate School of Business.

Andrew Rosenfield ist Chief Executive Officer von Unext.com, einem Anbieter von Online-Unternehmensschulungen. Er ist außerdem Chairman der Lexecon und Trustee der Univerität von Chicago.

F. Brian Talbot ist Associate-Dekan und Professor für Executive Education und Business Administration an der University of Michigan Business School.

Winfried Ruigrok ist Professor für Internationales Management an der Universität St. Gallen, Schweiz.

Anjan V. Thakor ist Professor für Banken und Finanzen an der University of Michigan Business School.

Mari Sako ist stellvertrende Forschungsleiterin und Professor für International Business an der Saïd Business School der University of Oxford. Außerdem ist sie Fellow des Templeton College.

Heinz Thanheiser ist Professor für Strategie und Management am Insead, Frankreich.

 **Noel M. Tichy** ist Professor an der University of Michigan Business School und als Berater tätig.

 Richard Whittington ist Dozent für Strategie an der Saïd Business School der Oxford University und Fellow des New College, Oxford.

 **Paul Verdin** ist Affiliate Professor am Insead und hat den Lehrstuhl inne für Strategie und Organisation an der Solvay Business School in Belgien.

 **Bernard Yeung** ist Professor für Globales Business an der Stern School of Business der New York University. Zuvor lehrte er an der University of Michigan Business School.

 **James P. Walsh** ist Professor of Business Administration an der University of Michigan Business School.

 **Maurizio Zollo** ist Assistant Professor für Strategie am Insead, Frankreich.

 **B. Joseph White** ist Dekan und Professor für Business Administration an der University of Michigan Business School.

Die Beiträge wurden ins Deutsche übersetzt von:

Sabine Breit, Dieter Bromberg, Claus Cartellieri, Per Döhler, Jürgen Dünnebier, Cornelia Eder, Helke Heino, Susanne Himken, Thomas Klimaschewski, Christoph Hendrik Müller, Ingrid Ortmann, Michael Pauls, Manuela Wille und Matthias Schulz.

Die Business-Schools

University of Michigan Business School

In der Umfrage unter unternehmerischen Führungskräften, die das Magazin »Business Week« alle zwei Jahre veröffentlicht, wurde die University of Michigan Business-School (UMBS) als innovativste Einrichtung ihrer Art in den Vereinigten Staaten gewertet. In derselben Umfrage landete die UMBS neben nur einer weiteren Schule in jedem der vier aufgeführten Funktionsbereiche unter den zehn Testsiegern. Die »Financial Times« bezeichnete die UMBS als »eine der am stärksten international ausgerichteten Business-Schools in den USA«.

Die MBA- und Undergraduate-Studiengänge der UMBS verbinden die auf allen Gebieten herausragende akademische Qualität der Schule mit der intensiven Einübung praktischer Fähigkeiten und Kompetenzen, um in jeder Hinsicht erfolgreiche Führungskräfte auszubilden. Mit dieser äußerst effektiven Kombination setzt die UMBS Maßstäbe. Mittlerweile gehören ihre Absolventen zu den gesuchtesten Nachwuchskräften der Welt. In erster Linie werden sie von Firmen aus den Bereichen Technologie, Unternehmensberatung, Verbrauchsgüter, Fertigung und finanzielle Dienstleistungen eingestellt.

Neben den akademischen Studiengängen bietet das Executive Education Center der UMBS breit gefächerte Fortbildungsmöglichkeiten, die entweder auf das allgemeine Publikum oder auf praktizierende Führungskräfte zugeschnitten sind. Diese Lehrgänge, die sowohl auf dem Campus in Ann Arbor (Michigan) als auch im Ausland stattfinden, werden jährlich von mehr als 5000 Teilnehmern besucht. Präzision, neuester Kenntnisstand, Weitblick und Ergebnisorientierung verbinden sich bei der UMBS zu einem hochkarätigen Programm, von dem die Absolventen der Fortbildungskurse unmittelbar profitieren.

Ausgangspunkt aller Angebote der UMBS ist ein blühendes Unternehmen, eine ausgesprochen anspruchsvolle Fakultät, an der bedeutende Einsichten und neue Erkenntnisse gewonnen werden. Die Mastering-Serie über Strategie lässt den Leser daran teilhaben.

Saïd Business School

Die Saïd Business School ist die jüngste Einrichtung der University of Oxford, einer der ältesten Universitäten der Welt. Eine Spende Wafic Saïds in Höhe von 20 Millionen Pfund, die von der Universität aufgestockt wurde, ermöglichte ihre Gründung im Jahr 1998. Schwerpunkt der Schule ist die Spitzenforschung über internationale Wirtschaftsthemen, darunter Strategie, Finanzwirtschaft und Corporate-Governance.

Sie bietet darüber hinaus MBA-, Undergraduate- und Forschungsprogramme für Studenten aus aller Welt an.

University of Chicago Graduate School of Business

Die University of Chicago Graduate School of Business bemüht sich an führender Stelle um ein fächerbasiertes Studienkonzept. Die Fakultät der GSB in Chicago genießt in der ganzen Welt einen hervorragenden Ruf und hat mehr Nobelpreisgewinner hervorgebracht als jede andere Business-School. Bekannt ist sie darüber hinaus für ihre Stärken auf einer ganzen Reihe von Gebieten, darunter Strategie, Finanzwirtschaft, Unternehmertum, internationale Geschäftstätigkeit, allgemeines Management, Volkswirtschaft, Rechnungswesen und Marketing. Hinzu kommt ein innovativer MBA-Studiengang, der in Barcelona, Singapur und Chicago angeboten wird. Mit der Gründung des Center for Decision Research nahm die GSB als erste Business-School auch den Themenkomplex Entscheidungsfindung als Schwerpunkt in die Studieninhalte ihrer MBA- und PhD-Programme auf. Die Schule bietet sieben Fachrichtungen an, die mit dem MBA-Examen abgeschlossen werden; hinzu kommen nichtakademische Lehrgänge für Führungskräfte. Außerdem besteht die Möglichkeit, den PhD-Titel für Business zu erwerben. Rund 350 Absolventen der Chicago GSB bekleiden leitende Positionen an Business-Schools und Universitäten. Mehr als 50 Absolventen haben eine Stellung als Dekan inne.

Insead

Innerhalb von nur vierzig Jahren hat sich das Insead von einem bescheidenen europäischen Start-up-Unternehmen im Bildungssektor zu einer der weltweit führenden Business-Schools entwickelt, die jährlich von 650 MBA-Anwärtern, 5500 Führungskräften und 40 PhD-Anwärtern aus mehr als 75 Ländern besucht wird. An der international anerkannten Fakultät unterrichten 124 Professoren aus 26 Ländern. Ihr ausgedehntes Alumni-Netzwerk vertritt in 122 Ländern mehr als 20000 Absolventen der MBA-Studiengänge und der Lehrgänge für praktizierende Führungskräfte.

Insead war die erste Business School, die den einjährigen MBA-Studiengang in einem wahrhaft international geprägten Umfeld anbot; sie ist bekannt für ihre außergewöhnliche Diversität und multikulturelle Prägung. Die Insead weiß, dass sie ihre Spitzenstellung in der Managementausbildung nur durch ständige Innovationen halten kann. Das jüngste Beispiel hierfür ist die Gründung einer neuen Universitätsanlage, des vollständig ausgestatteten Asian Campus in Singapur. Im Rahmen des Konzepts »eine Schule, zwei Standorte« werden die Studenten die Möglichkeit haben, sich entweder in Europa, in Asien, oder aber an beiden Standorten zugleich einzuschreiben.

Sachregister

A

Abfallwirtschaft 100
Abhängigkeiten 158
Absprachen 177
Abstoßen 246
Abwartetaktik 78
activity based costing, ABC 494
Advanced Production Scheduling (APS) 515
Agency-Probleme 316
Akquisitionen 237, 245, 281, 487
Allianz-Beobachter 465
Allianzen 44, 113, 224, 376, 431 ff., 435 f., 438 f.,
  441 ff., 445, 447 f., 450, 452 ff., 463, 486 ff.
  absorptive capacity 455
  Allianz-Manager 456
  Alternativen 433, 436
  Asymmetrien 449
  Bewertungsprobleme 435
  Erfolgskriterien 451
  erkenntnisorientierten 448
  geschäftliche 450, 451
  Größenvorteil 432
  Informationsgefälle 435, 436
  Lern- und Lehrprozesse 442 ff.
  Lernallianzen 449
  Marktdominanz 454
  Netzwerke 450, 453 ff., 458
  Partner 443, 453, 456
  Risiken 436
  strategische 194, 376
  Synergieeffekte 432
Allianzmanagement 444 f.
  Fehler 444
Allianztraining 442, 444
Allis Power Engineering 434
AMD (Advanced Micro Devices) 227, 323, 325 ff.
Analyse 314, 317, 495
Analysemethoden 21
Anreiz 176, 282, 385 ff., 483, 485, 488. *Siehe auch*
  Leistungsanreize
  veränderungsorientierter 483

Anreizmethoden 383
Anreizsysteme 378, 401, 520
Ansatz
  kognitiver 31, 33
  unternehmerischer 29
  wirtschaftswissenschaftlicher 45, 47
AOL Netscape 44
APS 516, 519, 521
Armut 133
Arrangement der Güter 117
ASEA 206
Aspekt
  emotionaler 254
  normativer 46
AT&T Global Information Solutions 378
Auktionen 60 f., 85, 111
Auto Nation USA 128
Automobilindustrie 98, 124, 506, 509, 524
Automotive Systems 508

B

Balanced Scorecards 494
Bankenwesen 63, 121
Bankers Trust 276
Belohnung 205, 380
Belohnungssystem 75
Benchmarking 496, 504
Berater, externer (Nein-Sager) 241
Beratungsunternehmen. *Siehe*
  Unternehmensdienstleister
Bereich, empirischer 46
Bertrandsches Modell (Preiswettbewerb) 64
best response function (BRF) 89
Beta 223
Beteiligungen 276 ff.
  in Familienbesitz 276
Beteiligungsstruktur 276, 281
  hierarchische 277
Betrachtungsweise, evolutionäre 26
Betriebsrisiken 302 ff.
  Schadensbegrenzung 304
Bevölkerungswachstum 131

Bewertung 290, 298, 309 f., 312 f., 525
    fair 253
    Finanzoptionen 310
    reale Optionen 310
    strategische 295
Bewertungsmodell 295
Bewertungsprobleme 435
Beziehungen 26
    soziale 376
Beziehungsnetz 183
Bilanzkosmetik 286
Bildungsprogramme 334, 337
Blockadestrategie 223, 225
Bonus 385
Börsenmakler 115
Boston University School of Management 191
Branchen 41, 48 f., 53, 63, 70, 89, 92 f., 96, 98, 108, 111 f., 116, 121, 126, 128 f., 149, 251, 281, 284, 290, 341, 351, 353, 355, 401, 417, 455, 471, 507, 509, 514, 524
    Fusionen 251
    konzentrierte 63
    regulierte 399 f., 402 f.
Branchenstruktur 109
Branchenstrukturanalyse 108
Branchenstrukturparadigmas 108
Branchenumfeld beeinflussen 112
Branchenverzeichnisse 83
Branchenwissen 424
Brauereien 82, 99, 195
BtGen 457
BTR 417
Buchführung 295
Buchhändler 115
Buchwert 293 f., 297
Burnout 396
Business Process Reengineering 479

C

capital asset pricing modell (CAPM) 526
Capital Partners 381
Cashflow-Prognosen 317
Cashflow 290
Cashflow-Analyse (DCF-Analyse) 308
CD-Technologie 77
Change-Agents 393 ff.

Club of Rome 381
Code, genetischer 340, 344
Computerbranche 121, 213, 507
Computernetzwerktechnologie 173
Corporate-Governance 176, 244, 276, 278
Cross Marketing 125

D

DCF-Analyse 292, 298, 309 f., 312
Deregulierung 108 f.
Dienstleistungen, wissenschaftliche 406, 409 ff.
Differenzialrente 23 ff.
Digital Equipment 129, 166
Digitalisierung 108, 110
Discount-Kaufhäuser 75
Discounted Cashflow (DCF) 290, 319
Dissonanz 395
Diversifikation 125, 171 ff., 177
    und Wertsteigerungen 172
    und wissensbasiertes Kapital 175
Diversifikationsabschlag 97
Diversifikationsstrategien 346
Diversifizierung 103, 204
downsizing 358
Duty Free Shops 124
Dynamik (Kriterien) 212
Dyson Appliances 120

E

E-Trade 112, 146
E-Trade Securitie 221
early adopters 43
Economic Value Added 293
EDS 124, 360
Effekte
    negative 94
    direkten 93
    positiv 94
    strategische 93 f.
    Synergien 97
Effizienz, wirtschaftliche 294
Eigenschaften 22, 24 ff., 65, 68
    des Marktes 70
    spezifische 24 f.
Eigentum, geistiges 175
Einflussdiagramme (influence diagrams) 313

Einflussfaktoren 45
Einfühlungsvermögen 131
Einführungspreis 119
Einzelhändler 115
Elektronikindustrie 124
Elektronikunternehmen 42
Emotionale Intelligenz 391, 393 ff.
Emotionen 390 ff., 395
Empathie 393
Energie, emotionale 340
Energiebranche 109
Enterprise Resource Planning (ERP) 502, 504, 515
Entgeltsysteme 383, 386 f.
    leistungsbezogen 384 ff.
    Wandel 383
Entlohnung 384, 386
Entscheidungen 74, 77 f., 91, 93
Entscheidungsbaum 311 ff., 323
Entscheidungsfindung 316 f., 346
Entscheidungsprozesse 517
    Automatisierung 517
Entscheidungsregel 85
Entwicklung, nachhaltige 134, 138
Entwicklungsländer 126 f., 132, 416
    Wandel 109
Erfahrung 45
Erfahrungskurve 22
Erfolg und Vertrauen 467
Erkenntnisse Wissenschaftliche
    kommerzielle Verwertung 409
    Mehrfachnutzung 411
    Vermarktung 412
    und wirtschaftlichen Handlungen 406
ERP-Systeme 519, 521
Ethik 139
    ethisches Unternehmen 134
    ethisches Verhalten 130
EVA 294, 296 f.
EVA-Analyse 293
EVA-Ansatz 293 f., 297
EVA-Formel 294
Expansion ins Ausland 162
Experten, externe 348
Externalisierung 477

F

F&E Strategie 150
Fähigkeiten 20, 23, 25 f., 97, 101, 111 f., 124, 152, 223, 357, 381, 407, 477 f.
    distinktive 25 f.
    dynamisch 33
    individuelle 25
    innere 20, 21
    reproduzierbare 24 f.
    soziale 391
    spezifische 24 ff.
    wissensbasierte 175
Fahrzeugbau 173
Fahrzeughersteller *siehe* Automobilindustrie
Faktoren Wertschaffende (key value driver) 284, 286 f., 289
FDA 460
Federal Communications Commission (FCC) 60 f., 318
Feedback 87
Fehler 238
Fertigkeiten 24
Fertigungsstrategie. *Siehe* Produktion
FI 263
Finanzierung 294
Finanzoptionen 312 f.
Finanzoptionsanalyse 312
Finanzoptionspreisverfahren 312
First Interstate (FI) 263
First Mover 83
    Vorteil 314
First Team Sports 80
Fluggesellschaften 115, 285
Fluglinien 121
Flugzeugbauindustrie 63, 83
Forschung und Entwicklung (F&E) 149, 151 f., 412, 510
    Integration 152
    Kooperation 224
Forschungsprojekte 150, 151
Franchising 185 f., 188 ff., 199
Fraunhofer Institut für Systemtechnik und Innovationsforschung 152
Führung 364
    ohne Kontrolle 159
    stabilisieren 214

Führungskräfte 333, 336 ff., 348, 364
   Qualifizierung 335 f.
Führungspositionen 344
Führungsprinzipien 357
Führungsqualität 175
Führungsstil 288
Fünf-Kräfte-Modell 22, 296
Fürsorge 373, 393
Fusionen 100, 115, 173
   und Akquisitionen 175, 177
   und Unternehmenskultur 355

G

Gefangenendilemma 57, 60, 68
Gefühle 390 ff., 395 f.. *Siehe auch* Emotionen
Gemeinschaftseffekte 82
GE Medical Systems 342
GE Power Systems 342
Gerüchte 42
Geschäftsaufbau, modularer 507
Geschäftsdynamik 212
Geschwindigkeit 111
Gestaltungsansatz 28 f., 32
Gewinne 23, 43 ff., 51, 66, 69, 71, 79, 85, 88, 90, 95, 98, 119, 290, 294
Gewinnmargen 63, 89, 117, 119
Gewinnrückgang 80
Gewinnteilungssysteme 387 f.
Glaubwürdigkeit 58
Gleichgewicht 47, 92, 94, 127, 182, 211
   sozio-ökonomisches 134
   Spezialisierung und Koordination 182
Global Player 110
Globalisierung 110, 126 f., 129, 154, 160, 165 ff., 338
   und Entwicklungsländer 163
   und Lohnkosten 164
   und Nationale Kulturen und Grenzen 163
Goodwill-Wert 293
Greenpeace 139
Grenzen 20, 23, 25, 172 f.
Growth-Share-Matrix 526
Gründe für Misserfolg 237
Grundwerte 339
Gruppen, strategische 29
Gruppendynamik 210

Güter 116
   exklusive 116
   inklusive 116
Gütermärkten 90
Güterverknappung 116

H

Haftung 304
Haftungsrecht 302
Handelsschifffahrt 50
Handlungsalternativen 91
Handlungsspielraum 75, 78
Handlungsweise, unumkehrbare 73
Harvard Business School 351
Hebel-Effekt 425
Heimwerkerketten 115
Herdenverhalten 210
Heterogenität 49
Hierarchie 112
Hochtechnologiebranchen 39
Humankapital 97, 101 ff., 135, 137, 341, 375
Hybrid-Allianzen 451 f.
Hypen 42

I

ICI 267
IDC 465 f.
Ideen 116 f., 119, 228, 340, 378, 476
   innovative 117
   und Urheber 407
IFI 276
IFIL 276
Implementierung 25, 511
Indikatoren, starke 351
Individualisierung 111
Informationen 60, 492 f., 495 ff.
Informationsgefälle 435
   und Sachkentnis 351
Informationsgesellschaft 496
Informationskanäle 494
Informationsmanagement 476, 479, 494
   dynamisch 497
Informationsprozesse 504
Informationssysteme 491, 504 f.
Informationszeitalter 155
Innovation 111, 119, 128, 228, 230, 233, 346, 527

Innovationsmanagement 228 ff.
Insead 436
Insider-System bei Beteiligungen 279 f.
Instinkt 45
Integration 96 ff., 124, 180, 200, 488
   horizontale 180
   vertikale 97, 124, 193 ff., 199, 247
   Vorteile 97
Integrationskosten 103, 434, 487
Integrationsprozess 265 f., 268, 271
Integrationsstrategien 99 ff.
   Risiken 100
Integrationssysteme 485
Integratoren 181
Intelligenz, soziale 391
Investitionsentscheidung, typische 313
Intention 479
Interaktion 53, 68, 210, 472, 476
   sequentielle 58
Interaktionsprozess 473
Interessenkonflikte 238, 316
Interface 139
Internalisierung 478
International Bureau of Chambers of Commerce 381
International Franchising Association Educational Foundation 190
International Franchising Research Centre 189
International Motor Vehicle Programme (IMVP) 513
Internationalisierung 346
Internet 21, 85, 108, 110, 112, 124, 162, 289, 342, 505
Internet-Unternehmen 39 f.
Invensys 417
Investitionsentscheidung, typische 313
Investitionsstrategie 309
Ivey-Memorandum 305

J

Joint Ventures 194, 204, 206
Just in Time (JIT) 503, 516

K

K-Mart 128
Kaffeehäuser 115
Kanaltunnelbau 82

Kapital-Joint-Ventures 450
Kapital, geistiges 175
Kapitalwertmethode 291
Kellogg Graduate School of Management 376
Kernkompetenzen 25, 28, 125, 206, 341
Know-how 101
   und Know-who 348 f.
Kommerzialisierung 426
Kommerzialisierungsstrategien 412
Kommunikationshindernisse 475
Kommunikationsprozess 477
Kommunikationsstrukturen, informelle 393
Kompetenzen 24 f., 341, 472, 478, 522
   emotional 391 f.
   reproduzierbare 24
   spezifische 24
   technische 24
Komplementaritäten 202 ff.
Komplementaritätenperspektive 206
Komplementaritätstheorie 202 ff.
Komplemente, strategische 89
Kompromiss
   Spezialisierung und Koordination 182
   zwischen Flexibilität und Zuverlässigkeit 166, 181, 238
Konfiguration 32
Konflikt zwischen Finanzen und Strategie 291
Konglomerate 123 f., 177, 413 ff.
   Probleme 416
   Stärken 415
Konkurrenz 20, 51, 53
Konsortium 465 f.
Konstruktions- und Produktionsprozess 510
Konsumgüterbranche 53
Kontrolle 19, 20, 83, 243, 275, 277 ff., 281, 441, 462 f., 466 f., 491, 495, 510
Kontrollmechanismen 462, 467
Konvergenz, technologische 108
Konzepte
   neuen Organisationsformen 201
   Selbstorganisation 201
Konzerne, transnationale 155
Kooperation 68 f., 224
   Forschungsprojekte 151
Koordination 70
Koordinationsmethoden, dezentrale 521

Kosten 23, 47, 102, 117, 119, 120, 483 f., 492, 494, 496, 503 f.
   verlorene 82
Kostenstruktur 496
Kreativität 521
Kultur 350
Kulturansatz 31
Kultureffekt 351 ff.
Kundenbedürfnisse 20
Kurierdienstunternehmen 124

L

Lebensmittel-Sparte 125
Lebensqualität 131
Lebenszyklus 156
   dynamischer 527
   einer Struktur 208
Lehrer 337, 344
Leistungsanreize 380, 383
Leistungskontrolle 275
Lernallianzen 449, 451
Lernansatz 31
Lernen 357, 493 ff.
Lernprozess 269, 270, 392, 396, 478
   und Emotionen 392
Lizenzen 60 f., 150, 409
Lizenzversteigerung 60
London Economics 293
LVMH 124

M

M. I. T. 's Sloan School 197
Macht 59
Machtansatz 31
Machtverteilung, vertikale 146
Management-Fehler 238
Management-Felder 334
Management-Schulungsprogramm 333
Management, strategisches 522, 524 ff.
   Fragen und Probleme 522, 527
Managementlogik, neue 155, 158 f.
Marken 25, 50
Markenimage 25
Markenpositionierung 143
Market Value Added (MVA) 293
market-based view 527

Marketingfähigkeiten 24
Marketingsynergien 98
Marktanteil 341
Marktdurchdringung 129
Märkte 21, 25, 79, 89 f., 96, 100, 103, 119, 123, 126 f., 194, 229, 231, 238, 280, 341, 402, 475
   horizontale 145 f., 148
   in den Entwicklungsländern 127
   liberalisierte 404
   vertikale 144
Markteintritt 59, 75, 77, 193, 324 f.
   Entscheidung 328
Marktführer 215, 221
Marktführerschaft 25
Marktsegmente 144 f.
   bedürfnisorientierte 146
Markttransparenz 71
Marktumfeld 472, 493
Marktversagen 399 f., 484, 486 f.
Marktwert 294, 297, 341
Marktwirtschaft und Planwirtschaft 176
Marktzutritt 79, 80, 82 f.
Masse, kritische 209 ff., 217
   Dynamik 217
   Führung stabilisieren 214
   Marktführer 215, 217
Materials Requirements Planning (MRP, MRPII) 515
Matrixstruktur 182
   globale 206
MBA 45
Mehrwert 23, 117, 221, 296
   wirtschaftlicher 23
Meistbegünstigungsklausel 71 f.
Mengenmarkt 90
Mengenwettbewerb 90 ff., 94
Methoden 313
   mentäre 48
Mitgefühl 373, 393 f.
Mitteilungsbedürfnisse 474
Mobilfunkmarkt 69
Modelle 46 ff., 88
Modularisierung 508, 510, 512 f.
   Kontrolle 510
   Lieferkette 512
   Outsourcing 508

Module 507, 509 ff., 516, 521
Möglichkeiten, technische 20
Monopolies and Mergers Commission (MMC) 99
MRP Systeme 516, 519 f.
MRPII-Systeme 515 f., 521
Multi-Business-Unternehmen 156, 159, 523
Multitasking 385
Mythen 284 ff., 289

N

Nachahmer 116 f.
Nachhaltigkeit 131, 135, 137 ff.
Nash-Gleichgewicht 57, 64
National Association for Female Executives 381
Nettoproduktionswert 295
Netzwerke 113, 450, 454
   bei Allianzen 450, 454 f.
Netzwerkeffekte 39, 40 ff., 82 f., 85
Niedrigpreisstrategie 119
Normen 45
Not-invented-here-Syndrom 472

O

Ökologie 130, 135 f.
   ökologische Störungen 134
Öl produzierende Unternehmen 50
Öl- und Transportgeschäft 195
Oligopol-Märkte 95
OPEC 66, 68, 90
Operationen 505
   Management 524
   Probleme 502
   Strategie 504
Optionen 387
   reale 309, 310, 312 ff.
Optionsbewertung 310 f.
Optionspreisfindung 311
Optionspreismodelle 313
Optionspreistheorie 311
Optionspreisverfahren 312 ff.
Optionstheorie 526
Organisation für wirtschaftliche Zusammenarbeit und Entwicklung (OECD)
   Entwicklung (OECD) 427
Organisationsaufbau 288

Organisationsformen 204 f.
Originalequipment Manufacturer (OEM) 510 f., 513 f.
Outsider-Systeme bei Beteiligungen 279 f.
Outsourcing 124, 204, 508, 510
Oxford Asymmetry International 412

P

Paradigma 22, 27, 107
Patente 42, 80 f., 116
Penetrationspreispolitik 43
Performance 202, 268, 298, 491
   Entscheidungen 504
   Veränderungen 204
   wirtschaftliche 298
Perspektiven
   postmoderne 472
   strategische 346
Pharmaindustrie 80 f., 116, 121, 150, 230, 253
Pharmaunternehmen 72
Photo Disc 257
PIMS-Projekt 29
Planung 20 f., 26, 28, 309
   langfristige 19
Planungsansatz 29
Portfoliomatrix 22, 346
Portfolioverwaltung 526
Positionierungsansatz 29, 33
Potential, kreatives 340
Preis und Qualität 43
Preisbildung
   Bedingungen 66
   kooperative 66
   monopolistischen 70
Preisgestaltung 98
Preiskämpfe 63, 68, 77, 80
Preissenkung 64, 69 ff.
Preistransparenz 70
Preisverzerrung 98
Preiswettbewerb 63, 65, 71 f., 76 f., 88 ff.
PriceCostMargin (PCM) 296
Privatisierung 108
Probleme, konzeptionelle 294
Production 506
Produkte, wissenschaftliche 410 f.
Produktdifferenzierung durch Strategie 285

Produktinnovation 288
Produktion
  von Vakuumröhren 81
  modulare 509, 512
Produktionsaufwand hoher 81
Produktionsweise, japanische 503
Professionalität 426
Profit 370
Projektbewertung 291
Prozessprobleme 347
Prozessveränderung 204
Public Policy 23

Q
Qualität 503 f.
Qualitäts-Orientierung 335

R
Ranking 293
Rationalität 139
Reaktionsfunktion 91 ff.
Reaktionszeiten 110 f.
Recherchesysteme 485
Regulierung 400 ff., 404
Regulierungsbehörde 401 f.
Regulierungsmanagement 401 f.
Rentabilität 101
Rentabilitätsproblem 343
resource based view (RBV) 472, 525, 527
Resource Margin Accounting (RMA) 290, 295 ff.
Ressourcen 292, 295 f., 343, 483 f., 488
  Messung 296
Ressourcenaustausch 481, 484 ff.
Ressourcenmargen 295 ff.
Ressourcenverbrauch 131
Ressourcenverknappung 133
Risiken 97, 436
Risikokapital 375
Risikomanagement 303
  Sofortmaßnahmen 306
Risikoverminderung 304
Rohstoffe 135
Rolle des Aufsichtsrats 239
Rollerblade 80
Rückwärtsintegration 97
Rüstungssektor 121

S
Schattenwirtschaft 126
Schlüsselindustrien 108
Schlüsselpersonen 337
Schlüsselpositionen 333
Schlüsselprognosen 204
Schulung 334, 336, 381. *Siehe auch* Bildung
Schwellenmärkte 126
Scorecards 497
Securities and Exchange Commission
  (SEC) 286
Seifenmarkt 84
Selbstorganisation 158
Sensitivitätsanalysen 308, 317
Service Corporaton International 129
Shareholder-Value 279 f., 282 ff., 289, 292
  Mythen 284
Silicon Valley 149
Software-Systeme 515 f.
Softwareunternehmen 42
Soziale Missstände 368
  Verantwortung 373
  Zerrüttung 131, 133
Sozialisierung 477
Sozialkapital 135, 375 f., 378 ff.
  als Kompetenz 375, 382
  Aufbau 380 ff.
  Einfluss auf 376
  Methoden zur Messung 378
  strukturelle Löcher 377
Spezialisierungshierarchie 181
Spezialisten 147, 348
Spiele, sequentielle 58 f.
Spielmatrix 55
Spielregeln 70, 71, 109, 361
Spieltheorie 29, 53, 60 ff., 64, 323 ff.
  dominante Strategie 56 f.
  Entscheidungsfindung 322
  Gefangenendilemmas 55
  Geschlechterkampf 57
  Kritiker 325
  Kollektivdilemma 55
  Nash-Gleichgewicht 57
  Nutzen und Grenzen 60
  Rückwärts-Induktion 58
  Stärken 324

Werbung 54
Spielverlauf, sequentieller 58
Spread 292, 297
   Konzepte 297
Stahlindustrie 42, 50, 524
Stahlmärkte 100
Stahlproduktion 102, 195
Stakeholder 369
Stakeholder-Management 367
Standards und Flexibilität 127
Störungen 134
Strategie
   dominante 54 f., 57
   erfolgreiche 68, 224
   modulare 507, 511
   Struktur und Prozess 207
   verantwortungsbewusste 131
Strategieanalyse 108
Strategiebildung lernen 347, 349
Strategieentwicklung 345, 347
   handwerkliche Fähigkeiten 347 f.
   konzeptionellen Fähigkeiten 348
   Probleme 526
Strategieentwicklungsprozess 112
Strategiegruppenanalyse 108
Strategiematrix des Spiels 54
Strategien für Wettbewerbsvorteil durch
   Technologie 223
Strategieplanungsprozesse 109 f.
structure follows strategy 201
Structure-Conduct-Performance-Modell 296
Strukturveränderungen 206
SWOT-Analyse 108
Symbiosis 232
Synergieeffekte 97 f., 125, 144, 173f., 202 f., 432
Synergien 97 f., 173, 196, 202
   bei Fusionen 173
Systeme
   kohärente 203
   lebensunterstützende 134
Szenarien 326 ff.
Szenarienanalyse 317 ff., 322 f., 325 f., 328 f.
   Best-Case-Szenario 321
   Bottom-upAnsatz 319
   Entscheidungsfindung 322
   Perspektivwechsel 326

Szenario-Variablen 321, 327
Top-down-Ansatz 319
Worst-Case-Szenario 320
zehn Schritten 329

T

Tabakindustrie 125
Teams 146, 181
   horizontale 147
Teamstruktur 181, 182
Technologie 221 ff.
Technologie-Strategie 221 f.
Telekommunikationsfrequenzen 59 ff.
Telekommunikationsmärkte 100
Theorie des Strategisches Managements 346
Transformation 109, 137, 347
Transformationspläne 21
Transportwesen 74
Trends 112
Trendumkehr 213
Trittbrettfahrer 116 f., 119
Tuck School of Business 376

U

Übernahmen 177, 206, 237, 279, 481, 488
   fehlgeschlagene 237
   feindliche 279
   freundliche 279
Übernahmen und Fusionen (mergers &
   acquisition, M&A) 237 ff., 246 ff., 251, 253 ff.,
   260 ff., 265 f., 268 ff.
Übernahmeprozesse 488
Umbauprozesse 357
Umfeld 21, 26, 87, 97, 112, 132, 154 f.
   volatile 520 f.
Umgestaltungsphasen, traumatische 396
Umsetzbarkeit 242
Umsetzungsprobleme 20
Umstrukturierungsphasen, traumatischen 395
Umweltansatz 32
Umwelthaftung 304
Umweltschäden 133
Unsicherheiten 323
   strategische 323, 327
   strukturelle 323, 327
Unterhaltungsindustrie 173

Unternehmen
  fokussierte 123
  neue Wertschöpfungstheorie 359
  pharmazeutische 48
  regulierte 400 f., 404
  zentralen Dimensionen 359
Unternehmenssicht, ressourcenbasierte 292, 295. *siehe* resource based view
Unternehmensstruktur 179
Unternehmensdienstleister 420 ff.
Unternehmenskontrolle 275, 276
Unternehmenskultur 50, 233, 350 f., 353 f.
  und Leistung 353 ff.
  und Strategie 355
Unternehmensstruktur 180, 183
Unternehmensumbau 357 ff., 362
Unternehmenswandel und Emotionen 390
Unumkehrbarkeit 74
Urheberrechte 408
US-Behörde für Betriebssicherheit und Gesundheit 302
US-Handelsministerium 188, 190
US-Zuwachsraten 188

V

Vakuumröhren 81
Value Added Pricing Model (VAPM) 290
Value-Base-Markanagement-Konzepte 292
Veränderungen 154
  kohärente 208
  stimulieren 158
  strukturelle 206
Veränderungsmethode 484
Verantwortung
  soziale 368 ff., 373
  von Unternehmen 370
Verarmungszone 135
Verbraucherelektronik 213
Vergütungssystem 146, 148
  für horizontale Teams 148
Verhalten 477
Verhaltensänderung 358
Verhaltensmuster 91
Verluste 82
Verlustrisiko 82
Vermögenswerte
  materielle 50
  wissensbasierte 174 ff.
Verständnis 394, 495 f.
Vertrauen 476
  und Kontrolle 461, 466
Verwertung
  kommerzielle 406, 412
  wissenschaftliche 408
Vier-Quadranten-Wertthese 286
Visionen 20 f., 25, 29, 339 f., 343 f.
Volatilität 517
Vorteile einer Integration 97
Vorzeigekunden 43

W

Wachstum 121 f., 124, 126, 128 ff., 339 f., 342 ff., 352
  ausgeglichen 339, 343
  durch Diversifikation 175
Wachstumsstrategien 122, 125, 129
Wagniskapital 458
Wandel 204, 481 ff., 492, 495 f., 524, 527. *Siehe auch* Unternehmensumbau
  Dynamik 496
  Kontrolle 487
  strategischer 204
Waste Management (heute WMX) 128
Wechsel der Wettbewerbsbedingungen 108
Wechselwirkungen, strategische 53
Weltkommission für Umwelt und Entwicklung 134
Werbung 49
Werte 340, 369
Werteketten 22, 29
Wertentwicklung, langfristige 283
Wertschöpfung 121, 246, 287
Wertschöpfungsfaktor 288
Wertschöpfungskette 108, 124, 229
Wertschöpfungspotenzial 294, 416
Wertzuwachs 173, 266, 292
Wettbewerb 41, 95, 103, 404
Wettbewerbsausschlüsse 99 f.
Wettbewerbsdruck 92
Wettbewerbslandschaft 109, 111
Wettbewerbsrealität 107, 113
Wettbewerbssituationen 95

Wettbewerbsumfeld beeinflussen 111 f.
Wettbewerbsvorteile 21, 24 f., 223, 226, 476, 510, 522
  Nachhaltige 472
Wettlauf-Strategie 224 f.
Wholonics-Modell 286
Wirtschaftsgüter 101
  spezifische 101
Wirtschaftswissenschaft 51
Wissen 24, 33, 52, 116, 120, 149, 151, 406, 425 ff., 472 ff., 481
  Definiton 473
  explizites 474, 476
  implizites 474, 476 f.
  Vielfalt 478
Wissenschaft 405 ff., 412
  Kommerzialisierung 405
Wissenserzeugung 478
Wissensgesellschaft 115 f., 120
Wissensmanagement 412, 471, 473, 476, 479
Wissensmarkt 475 f.

Wissenstransfer 425
Wissenswirtschaft 116
World Business Council for Sustainable Development 137

Y

Young Presidents Organisation 381

Z

Zeithorizont 451
Zielgruppendefinition 143
Zielvorgaben 247
Zusammenarbeitsstrategie 224
Zutrittsbarrieren 80 f., 83 f., 100
  Investition 83
  Markentreue 83
  Nutzen 84
  rechtliche 80
  Regulierungsmechanismen 402
  überwinden 84 f.

Firmenregister

@Home 458
3COM 44
3Com 40
3M 139, 174, 177, 339

A

ABB 163, 202, 205 ff., 357, 361 f.
ABN Amro 251
Acer 127
Air France 125, 394
Air Nippon 125
Airbus 53, 60
Alcar 292
AlliedSignal 335
Allis Chalmers 434
Alza 450
Amazon 40, 53, 60, 77, 85, 100, 112, 115, 117, 128, 146, 458
American Airlines 71
American Express 144
American Tobacco 49
Amoco 202, 207
Andersen Consulting 124, 175, 186, 419, 426
AOL 458
Apple 42, 121, 231, 357
ARM Holdings 409
ArQule 460
AT&T 20 f., 125, 385, 394, 432
Aventis 417, 458
Avon Products 348

B

Baan 504
BAeSema 463
Bain 296
BancOne 129
Banco Santander 464 f.
Bank America 266
Barnes & Noble 53, 100, 128
Barnevik 206 ff.

Bates 188
Bay Networks 263
BBC 348
Beecham 253
Benetton 494
Benetton Sportsystem 80
Berkshire Hathaway Investment Fond 415
Best Buy Co. 128
Blanc 394
Blockbuster Entertainment 128
Blockbuster Video 162
Bloomingdales 161
Body Shop 117, 128
Boeing 53, 60, 196
Borealis 251
Boston Consulting Group 29
BP 202, 207 f., 432
BP (jetzt BP Amoco) 207
BP Amoco 205, 432
Bridgestone 124
British Airways 229, 285, 396
British Gas 403
British Petrole um/Amoco 139
British Petroleum 456
British Telecommunications 404
Brown Boveri 206
Browne 208
Burger King 213

C

Cable & Wireless (C & W) 465 f.
Calgene 460
Calvin Klein 174 f.
Canon 124, 160
Cap Gemini 412
Caprel Consulting Inc. 379 f.
Cargill 460
Carrefour 126
Caterpillar 382
CBS Records 199

Cemex 127
Cereon Genomics 460
Cessna 302
Cetus Corporation 407, 410 f.
CFM International 450
Charles Schwarz 117
Chrysler 116, 117, 173, 253, 276
Ciba-Geigy 450, 457
Cisco Systems 111, 115, 246, 249 f., 267, 270
Citibank 161
Citicorp 112, 173, 432
Citigroup 414
Club Mediterranee 162
CNN 162
Coca-Cola 88, 90, 110, 129, 161, 247, 283, 343, 357, 435
Colgate-Palmolive 84
Columbia 248
Compaq 98 f., 121, 129, 327
Corning 376
Credit Suisse 431
Cummins Engine Company 336
CVA 292

D

Daimler-Benz 156, 173, 253, 276, 286, 357
DaimlerChrysler 123, 166, 248, 251
DEC 327
Dell 115, 128, 145, 161
Delphi 124, 508 f.
Delta Airlines 396
Detroit Edison 307
Deutsche Bank 276
DHL 124, 213
Digital 228
Dodge 370
Dow Corning 448, 457 f.
Dowty Sema 463 f., 467
Disney 162, 283 f., 363
DuPont 201, 458
Duracell 348

E

e-Bay 40, 85, 112
E-Steel 42
Eastern 403

Eastman Kodak 108, 121, 123, 125, 339
Ecogen 460
Elf Aquitaine 252
Eli Lilly 81
Emerson Electric 339
EMI 222
Enron 115 f.
Ericsson 121, 339
Excite 458
Exxon 310 f., 370
Exxon-Mobil 432

F

Federal Express 124, 213, 342
Ferranti 463
Fiat 276, 508
Fokker 376 f.
Ford 19, 108, 110, 126, 301 ff., 306 f., 370, 505 f.
Franchise-Recruiters Ltd. 189
Frandata Inc. 187 f.
Fujitsu 454

G

Galerie Lafayette 160 f.
Gateway 145
GEC 417
GE Capital 181, 266, 270, 342
General Electric (GE) 81, 124, 155 f., 158, 171, 181, 222, 246, 266, 283, 335, 342, 357, 361 f., 364, 390, 396, 413 f., 418, 450
General Mills 435
General Motors 21, 48, 110, 112, 124, 201, 305, 358, 388, 433, 503, 508
GE-Snecma 432
Getty Images 257
Go! 229, 231
Goizueta 343
Goldmdan Sachs 162
Great Northern Railway 100

H

Hadady Corp. 381
Haloid Corporation 231
Hanson plc. 267, 413, 417
Harold Hotelling 48
Heskett 351 ff.

Hewlett Packard 123, 181, 361, 437, 494
Hilton Hotels 112
Hoechst 417, 458
Home Depot 115, 117, 128
Honda 123
Horton 207
HP 181
Huseman 479

I

IBM 21, 43, 83, 108, 112, 116, 124, 145, 215, 226, 228, 327, 348, 358, 360, 454, 507, 509, 511
Ibos 465
Ikea 128, 161
Imperial Chemical Industries 123
Incyte Pharmaceuticals 411, 460
Infoseek 458
Ingram Books 100
Inland Steel Industries 127
Intel 115 f., 221, 226 f., 268, 270, 323, 325 ff., 361, 409, 454, 507, 509
International Digital Corporation 466
Ispat International 127
ITT Corporation 123, 171, 413, 418

J

Jabil Circuit 124
Johnson & Johnson 124, 307, 352
JVC 41, 83, 216, 223

K

Kentucky Fried Chicken 247, 267
KLM 71
Kleiner Perkins (KP) 458
Kodak 125, 360

L

La Jolla 149
Life Sciences 137
Lincoln Electric Holdings 163
Lindahl 208
L'Oréal 161
Louis Harris and Associates 368
Lucent-Technologie 110, 432
Lufthansa 358, 362 f.

M

Macys 161
Marakon 292
Matsushita 199, 216, 223, 248
Maytag 129
McAfee 62
McDonalds 110, 127 f., 162, 188, 199, 213, 302
McKinsey 346, 348, 419, 425 f.
McMillan 62
McNamara 19
Medco 124
Medicaid 72
Mercedes-Benz 158, 164
Merck 124, 454
Mercury Communications 404
Mercury PCS 61
Merrill Lynch 112, 146
Metreon 313 ff.
Microsoft 43, 111, 115 f., 166, 215, 283, 342, 360, 409, 454, 507, 509, 511
Milgrom 202 f.
Millennium Pharmaceuticals 411, 460
Minnetonka 84 ff.
Mirabilis 40
Monsanto 139, 454 ff.
Motorola 360
Mycogen 457

N

National Semiconductor (NS) 327
Nationsbank 266, 270
NCR 21, 125
NEC 327, 454
Nestlé 435
Netscape 117, 454, 458
NexGen 227
Nextel 318
Nippon Otis 518
Nirula 110
Nissan 164
Nokia 123, 343, 359
Nonaka 478 f.
Nortel 263
NorthrupKing (Novartis) 457
Novartis 450, 457 f.
NS 327

Nucor 116, 128
Nuovo Pignone 342

O
Office Depot 128
Olivetti 432
Ollila 343, 359

P
Pan American 403
Paramount 98
Peoplesoft 504
Pepsi 88, 90, 129, 247, 267, 359
Pfizer 409, 460
Pharmacia & Upjohn 121
Philip Morris 125
Philips 77 f., 121, 123, 358 f., 363, 432, 435 f.
Pioneer 457
Pizza Hut 191, 247, 267, 449
Price.com 112
Procter & Gamble 84 f., 146
Prusak 474 ff.
PwC 427 f.

Q
Quaker Oats 240

R
Rank Xerox 363
Ranks Hovis McDougall 417
RCA 81
Renault 164, 432
Renault-Nissan 166
Revlon 108
Reynolds and Reynolds Co. 342
RFS 181
RhônePoulenc 417, 458
Ricardo 23
Richard Rogers Partnership 426
Richardson Electronics 81
RJR Nabisco 348
Rohm and Haas 382
Rouge Steel 301 ff., 307
Royal Bank of Scotland 464 f.
Royal Dutch 364
Royal Dutch/Shell 318

S
SAP 504, 515
Sears 126, 128
Sears Roebuck 76
Safelite 383
Saks Fifth Avenue 161
SAS 125
Selectron Corp. 124
Sema 463 f.
Shell 318, 364
Siebe 417
Siemens 226, 363, 417, 434
   Allis Power Engineering 434
Silicon Graphics (SGI) 43
SMH 119
SmithKline Beecham 251, 253, 255, 362 f.
Snapple 240
Snecma 450
Sodehxo Alliance 162
Sony 41, 43, 78, 83, 108, 123, 199, 248, 313 ff., 360
South African Breweries 161
Southwest Airlines 115, 128
StarAlliance 450
Starbucks 115 ff., 339
Stern Stewart 293
Sunbeam 357
Sustain-Ability Ltd. 137
Swatch 118 f.
Swissair 432
Sylvania 81
Synteni 460

T
Taco Bell 247, 267
Texas A&M 61
Textron 302
Taiwan Semiconductor Manufacturing 127
The Boston Consulting Group 346
Thermo Electron 414, 416
TI 418
Tomkins 417
Toshiba 226, 327
TotalFina 252
Toyota 161, 433, 466, 503
Travelers Group 173, 432
Tyco International 414, 416

U

Unilever 84, 108, 123, 202, 205 ff., 348, 417
United Airlines 125
United Technologies 518
Universal 248
Unix International 215
UPS 213
US-Steel 100

V

Virgin 413 ff.
Virgin Airways 117, 162
Visa International 139, 143
Vivendi 416
Volkswagen 363 f., 511
Volvo 432

W

Wal-Mart 53, 60, 76, 84, 115, 126, 128, 283 f., 289
Walt Disney 98, 125 f., 198 f., 247, 282 f., 285, 289
Wedgwood 490 f., 496
Welcome Trust 405
Wells Fargo 263
Wendys 247
Western Electric 81
Westinghouse 81, 123, 358
Whirlpool 160 f., 435 f.
Winterthur 431

X

Xerox 228, 231, 437

Y

Yahoo! 115

Z

Zeller Stores 76 f.

Personenregister

A
Agnelli, Giovanni 276
Akers, John 358
Alchian, Armen 101
Almeida, Paul 152 f.
Alvesson, Mats 420, 425
Anderson, Ray C. 139
Andrews, Ken 19
Ansoff, Igor 19
Araskog, Rand 418
Arthur, Brian 223
Axelrod, Robert 68

B
Barnard, Chester 523
Barnevik, Percy 206, 357, 362
Barwise, Patrick 292
Bates, Timothy 188
Bauman, Bob 253, 255, 363
Benkard, C. Lanier 83
Bertels, Thomas 479
Bertrand, Joseph 63 f., 88
Bezos, Jeff 40, 117
Blackler, Frank 472
Blair, Roger 190
Blanc, Christian 394
Bode, Thilo 139
Bossidy, Larry 335
Brandenburger, Adam M. 72
Branson, Richard 413
Brown, George 19
Browne, Sir John 139, 207
Buffett, Warren 249, 413, 415
Bulow, Jeremy 88
Burns, Malcolm 49
Burns, Tom 22
Burt, Ron 377, 378

C
Cantwell, John 152 f.
Caprel, Thomas 379, 381

Carnegie, Andrew 524
Castillo, Bernal Diaz de 73
Chandler, Alfred 22, 201
Coase, Ronald 48, 172
Cockburn, Ian 48
Cohen, Westley 455
Corning, Owens 335
Cortés, Hernán 73 ff.
Cournot, Augustin 90
Crawford, Robert 101

D
Dant, Rajiv 191
D'Aveni, Richard 376
Davenport, Tom 474
DeSimone, Livio D. 139
Dixit, Avinash K. 59
Drucker, Peter 524
Dunlap, Al 357
Dussauge, Pierre 439 f.

E
Eisner, Michael 282 ff.
Elevator, Otis 518
Eliot, T. S. 138
Ellwood, John 372

F
Fama, Eugene 291
Faulkner, David 461
Fischer, George 360
Ford Jr., William Clay 301, 306
Ford, Henry 301, 370, 502, 509, 524
Franks, Julian 372
French, Kenneth 291

G
Gabbay, Shaul 376
Galbraith, John Kenneth 19
Galilei, Galileo 479
Gandhi 393

Garrette, Bernard 439 f.
Gates, Bill 342
Geanakoplos, John 88
Geneen, Harold 418
Gerstner, Louis 348
Gilson, Stuart 371
Goizueta, Roberto 343, 357
Goodman, Jon 471
Grant, Rob 415
Grant, Robert 472
Grossman, Sanford 101
Gulati, Ranjay 376

H
Haig, Thomas 76
Hamel, Gary 25, 33
Handy, Charles 23
Hanley, John 459
Hanson, Lord 418
Hardaway, Tim 385
Hart, Oliver 101
Hawken, Paul 135
Hayek, Friedrich August von 51
Hayek, Nicholas 118 f.
Heijden, Kees van der 318
Henderson, Jim 336
Henderson, Rebecca 48
Heskett, James 351
Hill, Terry 502
Hiner, Glen 335
Hirst, Damien 491
Hock, Dee 139
Hockney, David 491
Holmes, Dave 342
Horton, Robert 207
Hoschschild, Arie 396
Howard, Michael 501
Huizenga, H. Wayne 128
Husemann, Richard 471

I
Ishikawa, Kaoru 336
Itoh, C. 466

J
Johnson, Samuel C. 139
Juhn, Chinhui 368

K
Kalnins, Arthurs 191
Katz, Lawrence 368
Kaufmann, Patrick 191
Kay, John 293
King, Martin Luther 393, 395
Klein, Benjamin 101
Klein, Calvin 174
Klemperer, Paul 88
Klugt, Cor van der 358
Komoto, Makoto 518
Kosnik, Rita 372
Kotter, John 351 ff.
Koza, Mitchell 436
Krackhardt, David 378

L
Leenders, Roger 376
Lego, Paul 358
Lehn, Kenneth 238
Leiblein, Michael 434
Leschly, Jan 253
Levin, Richard 80
Levinthal, Daniel 455
Levitt Jr., Arthur 286
Liebeck, Stella 302
Lopez 363
Lovins, Amory B. 135
Lovins, L. Hunter 135
Lowendahl, Bente 420
Lucas, George 43
Lutz, Robert 501

M
Macaulays, David 313
Maister, David 420, 422
Manville, Johns 307
Markides, Costas 414
Marshall, Sir Colin 285
Mayer, Colin 372
McAfee, Preston 61
McGahan, Anita 77
McGill, Archie 394
McMillan, John 61
McNamara, Robert 19
Mencken, H. L. 245
Milgrom, Paul 48, 61, 202

Miller, Ron 282
Miller, Steve 364
Mintzberg, Henry 23
Mitchell, Mark 238
Monteverde, Kirk 48
Montezuma 73, 76
Moore, John 101
Morck, Randall 97
Morgenstern, Oskar 53
Morris, Tim 423
Mullis, Cary 407
Murphy, Kevin 368

N

Nalebuff, Barry J. 59, 72
Nardelli, Bob 342
Nash, John 57
Nasser, Jacques 393
Neumann, John von 53
Nilsson, Sven Christer 339
Noer, David 396
Nonaka, Ikujiro 476

O

Obstfeld, David 378
O'Hanlon, John 294
Ohno, Taiichi 506
Ollila, Jorma 343
Oster, Sharon 50

P

Pasteur, Louis 382
Peasnell, Ken 294
Penrose, Edith 23
Perrin, Charles 348
Peters, Tom 282
Pfeiffer, Eckhard 339
Piëch, Ferdinand 363
Pierce, Brooks 368
Porter, Michael 22 f., 29, 195, 296, 346, 472
Prahalad, C. K. 25, 33
Prusak, Larry 474

R

Rabinow, Paul 407
Rappaport, Alfred 291 f.
Reger, Guido 152

Reuter, Edzard 357
Riccardo, David 296
Richardson, George 23
Roberts, John 48, 202 f.
Roger, Richard 426
Rubin, Robert 375
Ruhnau, Heinz 358
Rysman, Marc 79, 83

S

Saloner, Garth 49
Savage, Charles 479
Schacht, Henry 336
Schrempp, Jürgen 357
Schultz, Howard 339
Schumpeter, Joseph 527
Schwab, Charles 115
Schweitzer, Albert 134
Scott Morton, Fiona 71
Scott, Mark 419 f.
Sculley, John 357
Sendak, Maurice 313
Shaik, Ben Van 376 f.
Shane, Scott 188
Shapiro, Robert B. 139
Shaver, Myles 153
Shelling, Thomas 59
Shepard, Andrea 50
Shiller, Robert 375
Shingo, Shigeo 503
Shleifer, Andrei 97
Simester, Duncan 197 f.
Simon, David 207 f.
Singh, Kulwant 440
Skinner, Wickham 502
Slade, Margaret 99
Sloan, Alfred 502
Sobczynski, Daniel S. 304, 307
Stalker, G. M. 22
Stanworth, John 189
Stempel, Robert 358
Stern, Scott 48
Stewart, Stern 23
Summers, Lawrence 375
Sutton, John 48
Sykes, Sir Richard 253

T
Takeuchi, Hirotaka 476, 478 f.
Taylor, Frederick 501
Teece, David 48
Tzu, Sun 29, 73 f.

V
Vishny, Robert 97

W
Walton, Sam 284
Warner, Guy 464
Warner, Jerold 371
Warren Buffet 414
Waterman, Robert H. 282
Watts, Ross 371
Weatherup, Craig 359
Weber, Jürgen 362 f.
Wedgwood, Josiah 490
Welch, Jack 155, 157, 335, 342, 357, 364, 390, 396, 418, 527
Wendt, Henry 253
Williamson, Oliver 101
Wilson, Harold 19
Wilson, Robert 61
Wruck, Karen 371

BUSINESS-BÜCHER FÜR QUERDENKER

Talentierte Köpfe sind die Produktivkraft der Zukunft, der beschleunigte Wandel erfordert auch im Business vernetztes und »wildes« Denken. Künftig werden nur diejenigen Unternehmen überleben, die sich in kreative und unkonventionelle Denkfabriken verwandeln. Ein freches Plädoyer für die Funky Inc. des 21. Jahrhunderts - absolut kultverdächtig!
Die Autoren zählen zu den originellsten Management-Gurus Europas und lehren an der renommierten Stockholm School of Economics.

Jonas Ridderstråle
Kjell A. Nordström

Funky Business
Wie kluge Köpfe das Kapital zum Tanzen bringen

258 Seiten

€ 23,95 [D] / sFr 43,00

ISBN 3-8272-7001-4

Financial Times Prentice Hall
Martin-Kollar-Straße 10-12
81829 München

Telefon: +49-89-46 00 3-282
Telefax: +49-89-46 00 3-280
www.FTmanagement.de

BUSINESS-BÜCHER FÜR QUERDENKER

Ein visionärer Reader: Perspektiven für das Managment im neuen Jahrhundert. Richtungsweisende Essays aus der Feder der Crème de la Crème der internationalen Management-Denker beleuchten aus unterschiedlicher Perspektive, wie sich Business, Management, Führung, Geschäftsprozesse und Firmenorganisation im 21. Jahrhundert verändern werden und wie Manager sich auf diesen Wandel einstellen sollten.

Mit ausschließlich unveröffentlichen Originalbeiträgen von z.B.:
Jonas Ridderstråle
Paul Evans (INSEAD)
Sumantra Ghoshal, Christopher Bartlett und Peter Moran
(London und Harvard Business School)
C.K. Prahalad
Peter Lorange (IMD, Lausanne)
Peter M. Senge
Rosabeth Moss Kanter

Subir Chowdhury (Hrsg.)

Management 21 C
Führung, globales Business und
Organisation im 21. Jahrhundert

352 Seiten

€ 44,95 [D] / sFr 81,00

ISBN 3-8272-7010-3

FINANCIAL TIMES
DEUTSCHLAND

Financial Times Prentice Hall
Martin-Kollar-Straße 10-12
81829 München

Telefon: +49-89-46 00 3-282
Telefax: +49-89-46 00 3-280
www.FTmanagement.de

BUSINESS-BÜCHER FÜR QUERDENKER

Die Business-Revolution!
Erfolgreiche Unternehmen verabschieden sich von formalen Hierarchien und starren Abteilungsstrukturen. Auch die Grenzen zwischen Unternehmen, Geschäftspartnern und Kunden werden unschärfer: Zentrale These der Vordenkerin aus Harvard: Erfolgreich sind in Zukunft nur solche Unternehmen, die eine Kultur flexibler Netzwerke übernehmen. Netzwerke bringen zeitlich begrenzt Menschen und Ressourcen zur Umsetzung konkreter Projekte zusammen. Auf jede Veränderung des Umfelds reagieren sie ohne zentrale Steuerung. Sie organisieren sich selbst ständig neu. Ist ein Projekt realisiert, dann stehen die Teile des Netzwerkes wieder frei zur Verfügung.

Rosabeth Moss Kanter, Professorin an der Harvard Business School, gehört zu den führenden Management-Denkern der Welt. Die Times zählt sie zu den 50 einflussreichsten Frauen der Welt. Kanter ist Autorin zahlreicher internationaler Bestseller.

Rosabeth Moss Kanter

e-volve: Revolutionieren Sie Ihr Business!
Was Unternehmen in der Netzwerk-Kultur kreativ, wendig und erfolgreich macht

320 Seiten

€ 39,95 [D] / sFr 73,00

ISBN 3-8272-7062-6

Financial Times Prentice Hall
Martin-Kollar-Straße 10-12
81829 München

Telefon: +49-89-46 00 3-282
Telefax: +49-89-46 00 3-280
www.FTmanagement.de